經國序民

禮學與中國傳統文化國際學術研討會論文集

楊華　薛夢瀟　主編

上海古籍出版社

本書為國家社會科學基金重大項目
"中國傳統禮儀文化通史研究"（18ZDA021）階段性成果

"禮學與中國傳統文化國際學術研討會"與會學者合影

"禮學與中國傳統文化國際學術研討會"會場照片

前　言

一

　　20世紀初，中國傳統經學退出歷史舞臺。作爲其重要一支，禮學在20世紀也陷入冷宮，由顯學淪爲絶學。不過，在最近的三十年間，禮學研究不僅出現了復興，而且有轉盛的跡象。

　　其一，禮學研究取得豐碩成果。這包括幾個層次：一是出版了兩套中國禮制通史，即陳戍國先生獨撰《中國禮制史》（共六卷）和吴麗娱先生主編《禮與中國古代社會》（共四卷）；二是禮學的各個側面也出版了不少通論、通史，如喪葬史、婚禮史、冠禮史之類；三是各個時段都有禮學論著出版，缺環很少，先秦、西漢、唐代、明清等幾個時段的工作尤其深入；四是每年以禮學和禮制爲主題發表的論文數量相當可觀。據不完全統計，以禮學爲選題的博士和碩士學位論文，迄今已逾200篇，而且每年有增無減。

　　其二，禮學研究的資料大有擴充。首先，出土文獻（包括甲骨文、金文、簡帛文字、敦煌文書、碑銘石刻等）刷新了禮學研究的内容。例如，陳夢家、沈文倬先生的武威漢簡《儀禮》整理研究，虞萬里先生的上博楚簡《緇衣》篇研究，周一良、趙和平、吴麗娱等先生的敦煌《書儀》研究，都利用了前人未及得見的新材料。其次，考古發掘的多處遺址、墓葬，爲禮制研究增加了新資料。例如，中國社科院考古研究所編《西漢禮制建築遺址》，揭示了西漢長安城南郊的圜丘、明堂、辟雍、太學、靈臺、社稷壇和王莽九廟等建築，爲進一步研究漢代禮制打下基礎。劉慶柱《古代都城與帝陵考古學研究》、高崇文《古禮足徵》、姜波《漢唐都城禮制建築研究》、劉瑞《漢長安城的朝向、軸綫與南郊禮制建築》，都是利用考古發掘而做出的新貢獻。中日學者關於"城市禮儀空間"的討論，完全得益於城市考古學的新進展。再次，某些傳世文獻的"再發現"，拓展了禮制研究的視野。例如，《天聖令》中的《喪葬令》，爲復原唐宋喪葬禮制提供了新材料。明清日用類書中的"四禮"信息、課童儀式、應酬程式等，都爲復原當時日常生活禮儀提供了第一手材料。

　　其三，禮學研究的維度和視角大有拓展。在傳統學術體系中，禮學研究基本只局限于經學研究範疇。到 20 世紀前半葉，其内容稍有拓展，一些學者將人類學、社會學方法引入禮學研究。例如，李安宅《〈儀禮〉與〈禮記〉之社會學的研究》、江紹原《禮俗迷信之研究》和《禮部文件》系列文章、鄭振鐸《髮鬚爪》等，均別開生面。1949 年之後，很多學者用馬克思主義歷史唯物論研究古代禮制，也取得相當成就，例如侯外廬《中國思想史》體系中的禮學思想論、金景芳的中國奴隸社會禮制論、范文瀾的中國封建社會禮制論、楊寬《古禮新研》系列、蔡尚思《中國禮教思想史》等。改革開放以來，不同學科均從不同角度對禮學研究有所掘進，例如，陳戍國《中國禮文學史》、馬小紅《禮與法：法的歷史連接》、科大衛《明清社會和禮儀》、鄭振滿和劉永華《民間歷史文獻論叢·儀式文獻研究》、梅珍生《晚周禮的文質論》、劉永華《禮儀下鄉：明代以降閩西四保的禮儀變革與社會轉型》等，分別從文學、哲學、史學、法學、人類學等學科視野入手，這都是此前未曾關注的視角和未曾涉足的内容。

其四，禮學研究的學術機構和發表園地增加。目前，國内已有清華大學、浙江大學、北京大學、中國人民大學四所大學成立了禮學研究中心。在此之外，嶽麓書院、南京師範大學、山東師範大學、河南師範大學、武漢大學等高校都有專門從事禮學研究的學者。各地每年召開禮學會議，不少雜誌還辟有禮學研究專欄。古禮研究這一冷門學術，也開始採用新媒體向青年學生輻射。目前，全國已出現"學禮堂""燕園禮學""禮樂微言"三家微信公衆號，不斷推送禮學知識，發佈研究信息，促進學術交流。

其五，從事禮學研究的學術隊伍不斷壯大，青年學者越來越多。近 30 年來，除了金景芳、楊向奎、王夢鷗、錢玄、楊寬、沈文倬、饒宗頤等老一輩禮學專家之外，已經仙逝的陳公柔、王文錦、周何、李學勤、楊天宇、任爽等先生，以及仍然健朗的吕友仁、陳戍國、彭林、郭齊勇、湯勤福、鄒昌林、葉國良、方向東、虞萬里、鄧國光、黃懷信、吳麗娱、梁滿倉、宋鎮豪、丁鼎、林素英、張壽安、王啓發等學者，都對 30 年來的禮學復興大有貢獻。尤其值得注意的是，一大批中青年學者已經成爲新時期禮學研究的生力軍，例如楊志剛、賈海生、王鍔、吳飛、楊華、鄧聲國、王振忠、趙克生、羅新慧、許子濱、張煥君、劉源、史睿、劉豐、雷聞、曹建墩、楊英、林存陽、劉永華、顧濤、張濤、吳羽、朱溢、王美華、潘斌、殷慧、任慧峰、薛夢瀟、吕博、李志剛、趙永磊、楊勇等，均在各自領域掘井汲泉，推動了當代禮學研究的新進展。

其六，海外漢學界對禮學研究的熱情也有增無減。在 20 世紀早期，海外漢學界衹有葛蘭言（Marcel Granet）、加藤常賢等少數漢學家對禮學問題感興趣，而現在情況發生了變化。漢學界普遍意識到，從禮制問題切入，對於理解和把握中國傳統文明至關重要。目前,海外漢學的各個時段、各個學科,均有關注禮制問題的專家。在英美學界,羅森(Jessica Rawsson)、夏含夷(Edward L. Shaughnessy)、羅泰(Lothar von Falkenhausen)、伊佩霞(Patricia Buckley Ebrey)、田浩(Hoyt Tillman)、普鳴(Michael Puett)、柯鶴立(Constance A. Cook)、陸威儀(Mark Edward Lewis)、麥大維(David Mcmullen)、魏侯瑋(Howard J. Wechsler)、周紹明(Joseph Mcdermott)、卜正民(Timothy James Brook)、韓書瑞(Susan Naquin)、周啟榮(Kai-wing Chow)、來國龍、米蘭達(Miranda Brown)等學者,都對中國禮學各有專論。西周中期禮制變革論、禮典與王權專制、《朱子家禮》在東亞的影響、禮治與東亞秩序、明清禮制與日常生活等問題,已成爲漢學家的常見話題。在日本學術界,在藤川正數、西嶋定生、栗原圭介等上一代學者之外,涉足禮學的專家相當多,例如,小南一郎、吉川忠夫、池田溫、妹尾達彦、小島毅、池田秀三、吾妻重二、高木智見、金子修一、阿部幸信、橋本秀美(喬秀岩)、渡辺信一郎、樋口勝、井上徹、石川英昭、佐川英治等學者,均在某些禮學領域造詣頗深,其成果常爲學者引用。

以上東洋和西洋的禮學研究論著,很多在中國大陸已有漢譯本出版。

二

雖然已取得如上成績,但我們認爲,今天的禮學研究仍然存在不少問題,有待提升。

其一,各時段的研究極不平衡,某些"點"式研究很深入,但整體性不夠,對禮文化的敘述在時間上不夠貫通。目前的禮學研究成果,主要集中在先秦、西漢、唐朝、兩宋、明清這幾個時期,而秦朝、三國、兩晉、南北朝、五代、遼朝、西夏、元朝、晚清民國等時段,研究相對薄弱。這固然與史料的多少有關,也與各時段研究者的學術積累和興趣有關。例如,晚清民國時期,並不缺乏史料,但目前的工作仍然停留在對中國傳統風俗如何西化的過程描述上,沒有揭示傳統禮文化的內在演化邏輯。另外,由於研究者多以時段爲限,集中于本時段的精耕細作,無心或無力關注其他時段的研究工作,導致禮文化的研究還存在不少學術盲點或研究荒地。這也是禮文化通史缺乏、敘述不夠連續的一大原因。

其二,禮文化本身應有的研究內容不夠平衡,學科界劃明顯。所謂禮文化,應當包括禮學、禮制、禮儀、禮俗、禮義、禮法等多方面內容。以今天的學科分類來說,它們分別屬於文獻學、制度史、民俗史、哲學史、法律史等領域。事實是,屬於文獻學的"三禮"之學研究較多,屬於制度史的禮制研究較多,其他領域則相對薄弱。即使在傳統的"五禮"

框架之内,研究也極不平衡。一般來說,五禮之中,吉禮和凶禮的研究最爲豐富,佔有論著的大多數;對於各時段賓、軍、嘉三禮的研究則很不充分。冠禮、鄉飲酒禮、朝賀、元會、官員履新儀式等,各個朝代祇有斷斷續續的成果,根本無法貫通成爲通史。還有一些禮文化研究的題中應有之義,例如樂舞與禮制、服章與禮制、禮教與社會等,研究成果更少,甚至存在空白點。

其三,對少數民族的禮文化研究不夠充分。禮儀乃是華夏文明的核心內容和文化符號。《左傳·定公十年》"裔不謀夏,夷不亂華"下,孔穎達疏謂:"中國有禮儀之大,故稱夏;有服章之美,謂之華。華、夏一也。"華夏漢族區別於周邊"四夷"的核心標志,就是禮儀和服章。歷代中原王朝和中原士人,藉以自處和自傲的也是這些內容,所以他們常常自稱衣冠華夏、冠蓋華夏、文獻名邦、詩書國度、名教淵藪。基於這種華夏文明中心論,"三禮"文本和歷代正史之《禮儀志》《禮樂志》主要關注華夏漢族的禮文化,對於周邊少數民族一概視爲"夷狄","夷狄之有君,不如諸夏之亡也"(《論語·八佾》)。這種漠視和蔑視造成的史料缺乏,使得歷來的禮學史敘述均對少數民族禮制觀照不夠,論著極少。其實,去除大漢族主義思想和華夏文化中心觀,從今天人類學、民族學眼光看來,這些少數民族具有非常豐富的禮儀生活,也不缺乏田野資料,如何補齊這一筆,是亟待改進之處。

其四,沒有處理好"禮"與"俗"的關係。在目前的敘述框架下,"禮"的内容往往歸入經學文獻學、哲學史、制度史的研究範圍,而"俗"的内容往往歸入民俗史、社會史、人類學的研究範圍,兩者似難協調處理。然而,自古以來,風俗即從屬於禮,是教化民衆的重要內容。孔子說"安上治民,莫善於禮;移風易俗,莫善於樂",管子有"教訓正俗"之論,荀子有"習俗移志"之說,吕不韋也說"觀其俗而知其政"。柳詒徵、費孝通等人也指出,"禮俗之界,至難劃分","鄉土中國"就是"禮俗社會"。劉志琴先生指出,正因爲歷代認爲俗從屬於禮,按照禮的倫理道德標準來對待風俗,所以歷代正史設有《禮儀志》,但未設《風俗志》,"禮與俗相依又相悖"。在重新敘述傳統禮文化時,打通學科畛域,處理好禮制與風俗的關係,大有必要,也大有可爲。

其五,對儒家之外其他宗教的禮儀內容重視不夠。傳統中國,沒有國教,在國家層面以儒家爲主流意識形態,儒家禮儀也自然而然成爲朝廷和官方的禮儀規範。然而,在實際社會生活中,儒、釋、道三教共弘,三教合流。這三大宗教以及其他諸民間信仰都有自己的禮儀形式,佛教、道教科儀與儒家禮儀互相鑒取、互相吸收,又各自自成體系。越是到傳統社會的後期,國家和地方政府禮儀行爲的非儒家成份越是豐富。例如,魏晉隋唐時期盛行佛教禮儀,明朝盛行道教禮儀。這在目前的敘述框架中,也未得到應有的反映。實際上,相關領域並不乏研究,可供鑒取比較的資源相當豐富。

其六,微觀研究較多,但對某些宏觀理論問題則思考不夠,既無提問也無回答。傳統禮學常常被譏爲"餖飣之學",雖然不無冤辭,但多少反映了傳統研究方法和研究視野的局限。如果把禮文化置於整個中國文化史、社會史和思想史視野中,而不是"就禮言禮",就會產生很多值得思考的理論問題。例如,今天常用的"國家祭祀"概念,與傳統禮學中的"五禮"概念,其範疇是否重合？如何闡述禮儀文化對於東亞文化圈(儒家文化圈)的影響？如何理解所謂"禮制霸權主義"？禮文化是否祇能與農業社會的經濟基礎相協調,到工業社會和後工業時代,是否還有現實意義？諸如此類,均可以作爲重新思考禮文化的理論背景。

以上問題和局限性,都爲我們進一步研究留下學術空間,也是未來必須特別觀照、着力突破的學術瓶頸。

三

如上所言,我們對"禮學"的理解,傾向于採用廣義的界定,而不是狹義的"三禮"之學。後者祇是傳統的禮經學,屬於傳統四部分類法中的經部"禮"類,往往限於對"三禮"文本的注疏解説。"三禮"文本固然是一切禮學研究的基礎,而廣義的禮學研究則較之寬泛得多,傳統中國的思想觀念、典章制度、行爲規範、日常生活無不透露着禮的信息,可以歸納爲禮學、禮制、禮儀、禮俗、禮義、禮法、禮樂等多個側面。楊志剛先生稱之爲"泛禮學"。錢玄先生在《三禮辭典》序言中説得更明確:

> 其範圍之廣,與今日"文化"之概念相比,或有過之而無不及。是以三禮之學,實即研究上古文化史之學。

錢先生將禮學研究與文化史研究相通約的論斷,可謂切中肯綮。至於將中國傳統文化的核心約之爲禮的論述,在柳詒徵、錢穆、蔡尚思等學者的論著中更是常見。

三十年來,我們見證並參與了禮學研究的復興過程。通過學術會議、論著切磋,結識了從事"三禮"文獻研究的諸多時賢,受教良多。與之同時,也常常向從事禮典制度研究、禮學思想研究的學者請益,在交流切磋中獲得新知和快樂。由是愈發相信,禮是揭示中國傳統文化基因的重要鎖鑰,是一種内涵豐富、系統自洽的文化,僅僅局限於經注文本梳理,或典章制度復原,或禮家思想闡釋,都不能完整理解禮文化的豐富性和複雜性,也不能全面深刻地理解中國傳統文化。

經過一段時間籌備,我們武漢大學中國傳統文化研究中心於2018年11月9至11日,召開了"禮學與中國傳統文化"國際學術研討會。我們爲此次會議確定的主題包括四個方面,即禮學文獻研究、禮樂制度與古代國家治理、古代禮樂思想研究、禮儀實踐與古代日常生活。意在促進從不同角度開展禮學研究的學者們産生碰撞,擦出火花。來自中國大陸及港臺地區、日本、韓國、美國等地的70餘名禮學專家與會,共收到參會論文67篇(詳見本書所附會議論文目錄)。

在會議交流中,大家從文獻學、歷史學、哲學、法學、社會學等多種學科的多維視角,就禮學文獻、禮儀制度、禮學思想、禮法關係、禮樂文明的現實關懷等問題,展開了深入討論。本次會議,無疑是三十年來禮學研究由冷轉熱、走向復興的一環。不過可以說,這是非常重要的一環。參會代表基本囊括了當今海内外最爲前沿的禮學同行,討論的範圍突破了以往歷次會議對禮學的理解,幾乎涵括了禮文化的各個方面。謂之"空前",或不爲過。

經過一年多的沉澱之後,我們編輯出版這册會議論文集。由於各種原因,部分學者的論文未能收入本集,殊爲遺憾。薛夢瀟副教授全程參與了會議的籌備、舉辦和論文集編輯工作;武漢大學十多位碩博士研究生參與會務;武漢大學中國傳統文化研究中心各位同事傾力支持。在此一併表示感謝!最應當感謝的是,前來參與會議、貢獻智慧的各位同道!

本書也是國家社會科學基金重大項目"中國傳統禮儀文化通史研究"(批號18ZDA021)的階段性成果。

武漢大學中國傳統文化研究中心　楊華
2020年元旦於珞珈山下

目　　錄

前言 ··· 楊　華　1

禮樂教化與儒家的修齊治平之道 ································· 彭　林　1
儒家禮樂文明的人文精神及其現代意義 ······················· 郭齊勇　8
説"禮"
　　——以諸《禮》爲例 ·· 黄懷信　23
"禮法儒家"：從先秦文獻論儒家政治思想中"法律"與"守法"的
　　重要性 ·· 周啓榮　28
觀察禮學對大學文科教材影響的一個視角
　　——試論王力主編《古代漢語》在禮學方面的十處失誤 ········ 吕友仁　55
中國禮圖學的歷史、現狀與發展趨勢 ···························· 丁　鼎　71
鑄造永生容器：夏商喪禮的一個角度 ···························· 郭静云　82
"方帝"卜辭與殷人祭帝之禮 ······································ 郭旭東　90
禮、宗教與中國早期文明的演進模式 ···························· 曹建墩　99
神靈形象與商周尸禮研究 ·· 李志剛　111
秦漢社會禮儀中的用色考察
　　——以喪禮和降禮爲例 ··· 曾　磊　130
論馬王堆漢墓《喪服圖》題記所反映的"本服"觀念
　　——從"服術"的角度看《喪服圖》的復原方案 ············· 徐　淵　139
西晉時期《喪服》詮釋略論 ······································· 鄧聲國　155
《通典》凶禮議初探 ·· 卞倉涉　166
也談唐代郊廟祭祀中的"始祖"問題 ····························· 吴麗娱　192

唐初明堂設計理念的變化	吕　博	225
五代時期都城開封的崛起與國家儀禮	金相範	241
宋真宗"封禪滌恥"説質疑		
——試論真宗朝統治危機與天書降臨、東封西祀之關係	湯勤福	258
南宋大禮鹵簿制度及其實踐	朱　溢	276
祈福銘文中的方音字	賈海生	287
説衽	王　鍔	299
上博楚簡《民之父母》的儒道融合	西山尚志	307
孔子道德理想與禮樂文化傳播	蘭甲雲、艾冬麗	317
春秋時代的"樂"		
——從音樂與國家統治的關係出發	水野卓	326
《賈誼新書》的禮學來源		
——《容經·容》與先秦禮説之比較	工藤卓司	332
鄭玄的"古今"之辨	陳壁生	346
唐成伯璵《禮記外傳》體例略説		
——兼評其書之馬國翰輯本	張　濤	363
略論魏了翁對古代禮制的考釋及特點、得失		
——以魏了翁著《周禮折衷》爲考察中心	郭善兵	370
再論《儀禮集説》	蔣鵬翔	386
經義、奏疏與判詞：清前期關於繼嗣問題的爭論與困境	任慧峰	395
儒家禮學之實踐		
——以陳璸家書爲例	汪中文	416
太平天國以後徽州祭祀禮儀的重整		
——以抄本《祭神祀祖大例集記》爲例	王振忠	424
孔廟祭祀與鄉村教化		
——以山西現存鄉村孔廟及方志碑刻爲中心	孟梓良、張焕君	461
日本近世的儒教喪祭禮儀		
——《家禮》與日本	吾妻重二	480
ベトナムの「家訓」文獻から見た伝統倫理	佐藤トゥイウェン	498
附：提交會議論文目録		520

禮樂教化與儒家的修齊治平之道

清華大學中國經學研究院　彭　林

錢賓四先生説："梁任公以中國重禮治與西方重法治相對，此可謂深得文化分别之大旨所在。"①中國禮治始于周公制禮作樂，其内在依據則是周人的德治思想，儒家修身、齊家、治國、平天下之道，皆由此發端，浸成體系，影響中國數千年。

一、國家亦"道德之樞機"

武王克商、殷周代謝的偉大意義在於，兩者"乃有德與無德之興亡"。② 有德之周不僅取代無德之殷，而且"德治"的理念由此確立，古代中國的政治模式亦由此底定。

周人有道德傳統，《詩》《書》所載，在在多有，此不贅引。司馬遷敘述周人歷史，但凡關鍵之君，均讚譽以德，如：

> 后稷之興，在陶唐、虞、夏之際，皆有令德。
> 公劉雖在戎狄之間，復修后稷之業，務耕種，行地宜……行者有資，居者有畜積，民賴其慶……周道之興自此始，故詩人歌樂思其德。
> （古公亶父）積德行義，國人皆戴之……民皆歌樂之，頌其德。③

其後，及至大王遂欲傳位季歷以及昌，泰伯乃逃之荆蠻，"三以天下讓"，孔子贊爲"至德"（《論語·泰伯》），"西伯積善累德，諸侯皆向之"④云云，皆是周人富於道德傳統之明證。

---

① 《中國知識分子》，載《國史新論》，三聯書店，2003年，第179頁。
② 《觀堂集林》卷10《殷周制度論》，中華書局，1959年，第479頁。
③ 《史記》卷4《周本紀》，中華書局，1959年，第112頁。
④ 《史記》卷4《周本紀》，第114頁。

殷紂失德無道，激起天怨人怒，一朝覆亡。兩相對比，最爲鮮明，周人益知國運系于民心，認識到"至治馨香，感於神明。黍稷非馨，明德惟馨"的道理，①"至治"與"明德"才是最能感動神明的供品，進而認識到國家"非徒政治之樞機，亦道德之樞機也"的道理，②政府負有道德建設的責任。若要長治久安，必須以道德爲準繩，"納上下于道德，而合天子、諸侯、卿、大夫、士、庶民以成一道德之團體"，③因而提出"德治"與"民惟邦本"的爲政綱領，道德作爲社會穩定的"壓艙石"，成爲舉國上下的文化信仰，掀起思想領域裏一場革命，影響深遠。

二、"制度典禮者，道德之器也，周人爲政之精髓實存於此"

道德雖美好，且符合社會期待，然而抽象空洞，殊難在社會中貫徹，極易流爲無補於事的口號，虛懸一格。周公制禮作樂，用制度典禮作爲過渡與轉換，成爲人人可以學習、踐履、提升的行爲規範，使道德得以真正貫徹到社會的所有層面。王國維對此給予極高評價："周之制度典禮，實皆爲道德而設。"④周禮絕非作秀的形式，而是道德之器械，"制度典禮者，道德之器也，周人爲政之精髓實存於此"，⑤周公制作的精髓在此，至確。道德與禮，名實相輔，內外一體。尤其可貴者，是周人強調德位必須相配，天子既當施行仁政，同時又當爲天下之道德楷模，"其所謂道德者，又非徒仁民之謂，必天子自納于德而使民則之"，⑥中國文化之新局，由是肇啓。

周代所作禮樂，大至郊天、祭社等國家典禮，小至冠婚喪祭等人生禮儀，既有嚴格詳到的儀軌，又具豐富的人文內涵，人們於揖讓周旋之中，可以體悟禮樂之深意，故其所承擔者，乃是社會教育之職能，不可小覷。《禮運》云：

> 故禮行於郊，而百神受職焉；禮行於社，而百貨可極焉；禮行於祖廟，而孝慈服焉；禮行於五祀，而正法則焉。故自郊社、祖廟、山川、五祀，義之脩而禮之藏也。⑦

---

① 《尚書正義》卷18《君陳》，北京大學出版社，1999年，第491頁。
② 《觀堂集林》卷10《殷周制度論》，第475頁。
③ 同上，第454頁。
④ 同上，第477頁。
⑤ 同上，第475頁。
⑥ 同上，第476頁。
⑦ 《禮記正義》卷22《禮運》，北京大學出版社，1999年，第706頁。

唐儒孔穎達亦云:"祭祀之禮教之恭敬則民不苟。""鄉射、飲酒之禮教之謙讓則民不爭。""男女昏姻之禮教之相親則民不怨曠。"① 類似之論,不勝枚舉。故云:"禮之所興,衆之所治也。禮之所廢,衆之所亂也。"②"所以養生送死,事鬼神之大端也。所以達天道順人情之大竇也。"③孔子"道之以德,齊之以禮"(《論語·爲政》)的治國理念,正是源自周公制禮作樂。

荀子將儒學分爲誦經與讀禮兩個層面,前者可以成爲熟知經義的士;而惟有走向禮的層面,令經典之義體之於身心,用於推動社會進步,方能成爲聖人:"學惡乎始?惡乎終?曰:其數則始乎誦經,終乎讀禮;其義則始乎爲士,終乎爲聖人。"(《荀子·勸學》)可謂深刻之至。

歷代大儒論禮之説甚多,曾國藩爲其中論述最爲詳密而深入者,以爲"舍禮無所謂道德",④ 又云:

> 先王之道,所謂修己治人,經緯萬匯者,何歸乎?亦曰禮而已矣。⑤
> 先王之制禮也,因人之愛而爲之文飾,以達其仁;因人之敬而立之等威,以昭其義。雖百變而不越此兩端。⑥

曾國藩爲有清一代鴻儒,平生精研經史百家,於學無所不窺,故深知儒學精義在禮。

三、"禮義也者,人之大端也"⑦

中國文化以"人"爲中心展開,核心問題是人如何成爲君子,如何從生物學意義上的人成長爲道德理性意義上的完人。周代民智已開,不再將命運寄託於神明,《詩·大雅·文王》"無念爾祖,聿修厥德,永言配命,自求多福",箋云:"王既述修祖德,常言當配天命而行,則福禄自來。"⑧ 鄭公子忽云:"《詩》云'自求多福',在我而已。"⑨ 表明周人

---

① 《毛詩正義》卷4,北京大學出版社,1999年,第277頁。
② 《禮記正義》卷50《仲尼燕居》,北京大學出版社,1999年,第1390頁。
③ 《禮記正義》卷22《禮運》,第708頁。
④ 《曾國藩全集》第14册,《詩文》,嶽麓書社,2012年,第410頁。
⑤ 《曾國藩詩文集》文集卷3《聖哲畫像記》,上海古籍出版社,2013年,第291頁。
⑥ 《曾國藩詩文集》文集卷4《書儀禮釋宫後》,第366頁。
⑦ 《禮記正義》卷22《禮運》,第708頁。
⑧ 《毛詩正義》卷16,第964頁。
⑨ 《春秋左傳正義》卷6,北京大學出版社,1999年,第179頁。

已有將命運握在自己手中的人文覺醒。

　　儒家認爲，人性本善，人是萬物的靈長，萃聚了宇宙之精華：

　　　　故人者，其天地之德，陰陽之交，鬼神之會，五行之秀氣也。①
　　　　故人者，天地之心也，五行之端也。②

　　儘管如此，但人絕非天生即是聖賢，恰恰相反，人有七情六欲，若不修爲，則難以抵制外物的引誘，做出類同禽獸的行爲。惟有時時學禮、行禮，庶幾可以保持人類應有的氣象。因此，"禮義也者，人之大端也"，③"凡治人之道，莫急於禮"，④"禮，天之經也，地之義也，民之行也"。⑤

　　社會進步的基礎在人的成長，儒家將禮樂教化、修身進德作爲超越身份等級、貧富差距，所有社會成員都不可逃避的人生課題，要求從"自天子以至於庶人，壹是皆以修身爲本"，⑥並將禹、湯、文、武、成王、周公作爲人生的典範：

　　　　此六君子者，未有不謹於禮者也。以著其義，以考其信，著有過，刑仁講讓，示民有常。⑦

　　禮是使人保持人的品格的不二法門，"聖人作爲禮以教人，使人以有禮，知自別於禽獸"；⑧此外，禮是中華民族優秀文化的標志，"禮一失則爲夷狄，再失則爲禽獸"。⑨通過持續不斷地踐行禮，使尊老、敬賢、孝悌、謙恭、文雅等美德內化于心，樹立人格尊嚴與文化自覺，成爲人生理念的一部分。"禮之於人也，猶酒之有糵也，君子以厚，小人以薄。"⑩禮要端正的，是人性中與生俱來的諸多弱點，《禮運》云：

---

① 《禮記正義》卷22《禮運》，第690頁。
② 《禮記正義》卷22《禮運》，第698頁。
③ 同上，第708頁。
④ 《禮記正義》卷49《祭統》，第1345頁。
⑤ 《左傳》昭公二十五年。
⑥ 《四書集注》之《大學章句》，嶽麓書社，1987年，第7頁。
⑦ 《禮記正義》卷21《禮運》，第660頁。
⑧ 《禮記正義》卷1《曲禮上》，第15頁。
⑨ 《二程遺書》卷2上《二先生語二上》，上海古籍出版社，2000年，第94頁。
⑩ 《禮記正義》卷22《禮運》，第709頁。

> 何謂人情？喜、怒、哀、懼、愛、惡、欲，七者弗學而能。何謂人義？父慈、子孝、兄良、弟弟、夫義、婦聽、長惠、幼順、君仁、臣忠，十者謂之人義。……故聖人之所以治人七情，脩十義，講信脩睦，尚辭讓，去爭奪，舍禮何以治之？飲食男女，人之大欲存焉。死亡貧苦，人之大惡存焉。故欲惡者，心之大端也。人藏其心，不可測度也。美惡皆在其心，不見其色也。欲一以窮之，舍禮何以哉！①

儒家宣導的人生理想，是成爲內外兼修、境界高遠的"完人"，禮則是達到這一目標的最高條件：

> 子路問成人。子曰："若臧武仲之知，公綽之不欲，卞莊子之勇，冉求之藝，文之以禮樂，亦可以爲成人矣。"（《論語·憲問》）

人的道德成長，理應內外兼善，表裏一致，既要在行爲上中規中矩，又要有理性高度的認知，由《禮記》可知，周代禮的教育，在儀式之外，多教以內涵深刻的格言警句，如"毋不敬"一句，乃是提示禮義的總綱；再如"敖不可長，欲不可從"，是從中庸思想發散出來的自律意識，凡事要節制、適度、恰到好處，體現在人際交往中，則要分寸感；又如"臨財毋苟得，臨危勿苟免"，則是提示遇事當分辨義利以及要有擔當精神。諸如此類，不勝枚舉。

四、"修身、齊家、治國、平天下，則一秉乎禮"②

孔子希冀建設"天下爲公"的"大同"世界，這一目標，並非自然而然就能達到，而要有周密的理論闡發。孔子説："聖人耐以天下爲一家，以中國爲一人者，非意之也，必知其情，辟於其義，明於其利，達於其患，然後能爲之。"③爲達到"以天下爲一家，以中國爲一人"的目標，必須自下而上，逐步凝聚民衆的文化認同，形成共同的人生觀與社會價值觀，"欲明明德於天下者，先治其國；欲治其國者，先齊其家；欲齊其家者，先修其身"；"身修而後家齊，家齊而後國治，國治而後天下平"（《大學》）。儒家以修身、齊家、治國、

---

① 《禮記正義》卷 22《禮運》，第 689 頁。
② 《曾國藩全集》第 14 册《詩文》，嶽麓書社，2012 年，第 410 頁。
③ 《禮記正義》卷 22《禮運》，第 688 頁。

平天下作爲治國的理路,其中一以貫之的則是禮。

修身以禮,已如上文所說。司馬光云"治家莫如禮",禮是家族共同生活的合理準則,如《士冠禮》包含成人教育、家庭的代際交接儀式。《士昏禮》記家庭内部夫婦、舅姑、父子、姒娣之間如何以禮相接,和諧相處。此外,喪,葬之以禮;死,祭之以禮;生者與逝者之間依然以禮溝通。

治國的關鍵是教化萬民,教化不是空洞的說教,教化的工具依然是禮,"禮義不行,教化不成","爲政不以禮,政不行矣"(《荀子》)。《禮運》云:"治國不以禮,猶無耜而耕也。"曾國藩亦云:"治國以禮爲本。"①

儒家宣導的禮樂教化,唯有通過行政體系方可推行於天下。此外,離不開刑法的保證作用。禮、樂、政、刑,有主有從,相須爲用,是儒家治平之道的基本綫條:

> 故禮以導其志,樂以和其聲,政以一其行,刑以防其奸。禮樂政行,其極一也,所以同民心而出治道也。②

曾國藩是禮治主義者,與梁任公相同,都將儒家的修齊治平之道歸結爲禮,"古之學者無所謂經世之術也,學禮焉而已",③甚是。曾氏對禮在古代教育中的全面貫徹,有如下的表述:

> 先王之制禮也,人人納于軌範之中。自其弱齒,已立制防,灑埽沃盥有常儀,羹食肴胾有定位,綏纓紳佩有恒度。既長,則教之冠禮,以責成人之道;教之昏禮,以明厚別之義;教之喪祭,以篤終而報本。其出而應世,則有士相見以講讓;朝覲以勸忠;其在職,則有三物以興賢,八政以防淫。其深遠者,則教之樂舞,以養和順之氣,備文武之容。教之《大學》,以達於本末、終始之序,治國、平天下之術。教之《中庸》,以盡性而達天。故其材之成,則足以輔世長民,其次亦循循繩矩。三代之士,無或敢遁於奇衺者。人無不出於學,學無不衷於禮也。④

---

① 《經史百家雜鈔》序例,中華書局,2014 年,第 1 頁。
② 《禮記正義》卷 37《樂記》,第 1076 頁。
③ 《曾文正公詩文集》文集卷 3《孫芝房侍講芻論序》,第 300 頁。
④ 《曾文正公詩文集》文集卷 2《江寧府學記》。

上引曾文所述，精賅、通透，可以得見儒家修齊治平之道切實有序的宏大體系，從弱齒開始學習幼儀，經由傳習冠婚喪祭朝聘之禮，領會《大學》《中庸》精義，盡性達天，成長為熟知治國、平天下之術，足以輔世長民之人才，無不得益於禮的引導與涵養，讀之猶如醍醐灌頂，堪稱能深層把握禮學思想之大儒。鄙見，不如此認識禮對於人生、社會之重要價值，即不能真正認識儒家思想之真諦。

儒家禮樂文明的人文精神及其現代意義

武漢大學國學院　郭齊勇

禮樂研究方面有很多的專家，錢玄、楊天宇、彭林、陳戍國、呂友仁、王鍔、丁鼎、楊華、龔建平、歐陽禎人等教授。我不是這方面的專家，祇是客串，祇是覺得禮樂文明十分重要，應該好好學習，應該繼承和創造性的轉化。

今天我要談一談學習禮樂經典的膚淺體會，就教于各位專家、同仁和朋友。禮之中有不少行爲規範其實就是文明的一個習慣，在今天仍然有價值。它的行爲規範，比方説吃飯的時候你不要發出"吒吒"的聲音、你用筷子夾起的魚肉不要再放回盤中去、不要專挑一樣好東西吃、不要側耳偷聽別人説話、答話不要高聲的喊叫、看人的時候目光不要遊移不定、站立要正、坐姿要雅等。這都是禮。

《禮記》裏面還有不少道德訓誡也具有普遍意義。比如《曲禮上》説："傲不可長，欲不可縱，志不可滿，樂不可極。"還有"臨財毋苟得，臨難毋苟免"，[1]都是有益我們身心的格言。

禮是什麼？我國很早就是禮儀之邦，也就是文明的國家或者文明的民族。儒家的禮是古代社會生活的規範、規矩，它包括等級秩序等，當然禮起源於習俗。儒家的禮節除日常的應事接物以外，重大的像冠、喪、婚、祭、朝、聘、鄉、射等，都有具體含義。例如冠禮，在明成人之責，是成年禮；婚禮在成男女之別，立夫婦之義；喪禮在慎終追遠，明死生之義；祭禮使民誠信忠敬，其中祭天爲報本返始，祭祖爲追養繼孝，祭百神爲崇德報功；朝覲之禮，在明君臣之義；聘問之禮，使諸侯相互尊敬；鄉飲酒之禮在明長幼之序；通過射禮可以觀察德行等。這些古禮包含、綜合了宗教、政治、倫理、藝術、美學的一些價值，對於穩定社會、調治人心、提高生活品質都有積極意義。

儒家除了禮教還有《詩》教、《樂》教、《書》教、《易》教、《春秋》教等，統稱六藝之教。總體上這些教育、教化，都是爲了使人擴充善性，敦厚莊敬，相互和睦，克服人性負面的

---

[1] 本文《禮記》引文俱見楊天宇撰：《禮記譯注》，上海古籍出版社，1997年。

東西。而就禮治、禮防、禮教而言,它根本上要使社會有序化。樂教要使社會和諧化,所以六藝之教它是提升人的素養,使人有教養,更加文明。

一、儒家重構了禮樂文明並提揚了其內在價值

　　禮樂文化是孕育儒家的文化土壤。禮樂文明早於儒家的正式誕生。夏、商都有禮儀,西周禮樂制度完備,但是我們見到的西周典章制度、禮儀規範,又大多是經過孔子之後的儒家改造、重塑、整理過的。楊寬先生的《西周史》考證了西周春秋的一些鄉遂、宗法、文教等制度、社會結構、貴族組織等,可見"三禮"及諸經典所説確有其實,當然也有儒家的理想化、系統化的成分。儒家和禮樂文化的關係密不可分。徐復觀先生講,"禮在《詩經》的時代已轉化爲人文的徵表。則春秋是禮的世紀,也即是人文的世紀。"①這個判斷也是禮樂早於儒家,而儒家又強化了禮樂。它是一種人文性的象徵。

　　黄侃季剛先生有《禮學略説》一文,特別強調有禮之意、禮之具、禮之文。禮之意也就是禮的內涵與意義,禮之具就是禮的器具,禮之文就是禮的儀節。他引用《郊特牲》所説的"禮之所尊,尊其義也。失其義,陳其數,祝史之事也。故其數可陳也,其義難知也"云云。他指出禮的器具、儀節背後的意義、義理更爲重要。他説比如"三年之喪",原來並不是過度的,而"毀之者不知禮也",批評他的人不知禮義。他又引《檀弓》篇子游回答有子"喪之踊"之問,以言"禮道"之文,認爲"喪禮有不可妄訾者","觀此則《喪禮》儀文無不具有微意,後世雖不能盡行,而不可以是非古人也"。② 所以黄侃先生指出禮的細節中蘊含有聖人的微旨,它的意義在於遠別禽獸,近異夷狄,也就是今人所謂文明。

　　他講的禮具是指各種禮器,他説我們學禮學,學儀禮,首先就要辨其名物。他説三禮,名物必當精究,辨是非而考同異,然後禮意可得明也。所以學習三禮,最難的還是這些名物訓詁,但是又非常的必要。

　　他説禮文,當然是節文度數,比方説喪禮、祭禮,喪禮主哀,祭禮主敬。但是如果没有器物,没有威儀,那這些感情就表達不出來。他説宴享相見、三辭三讓等,那都是禮樂的一些步驟,這些儀節、程式、過程都非常重要。

　　他説禮之失則或專重儀文而忘其本意。所以禮具、禮器、禮文都很重要,不能偏廢,不能減省,正是在細節中才能體會出禮意,但是我們又不能沉溺在禮具、禮文中。相比

---

① 徐復觀:《中國人性論史》(先秦篇),臺灣商務印書館,1987年,第47頁。
② 黄侃:《禮學略説》,陳其泰等編:《二十世紀中國禮學研究論集》,學苑出版社,1998年,第27頁。

較而言,在禮具、禮文、禮意三者中,禮意更重要,其中蘊含的價值,比禮具、禮文更重要。另一方面,沒有儀節就不可以行禮,所以儀文度數也很重要。當然,它祇是禮之粗跡,不是其中精要的東西,更重要的是其中蘊含的禮意,即意義的世界、價值的世界。

傳統社會有關於禮的系統和功能,還有一些講法,比如講禮防、禮制、禮治、禮教等。《禮記·坊記》:"禮者,因人之情而爲之節文,以爲民坊者也。""坊"通"防",取防水災的堤防之意。禮防是防什麼?防民邪僻,使情感欲望的表達有所節制,達到適中的狀態。

禮治的治,有水治,有刀制,以禮治國是水治的治,涵蓋面廣,而禮制則是刀制的制,強調了制度、體制的層面,與禮中包含的成文與不成文的法有關。禮樂刑政四者協調配置,總體上叫禮治。禮教所凸顯的是禮治教化的層面,禮教又和樂教相配合,是禮文化中最重要的內容。所以禮教的積極意義,現在被人們開始重視起來,當然還是很不夠的。

至於樂,當然就沒有樂防這一說了,樂也是禮樂刑政四種治理社會的方法之一。樂是樂教,起教化的作用。禮樂禮樂,以禮爲中心,以樂爲補充。禮樂文化有知識系統、價值系統、信仰系統。按照黃季剛先生的說法,知識系統就是禮的器具、禮的儀節、儀文。價值系統就是這些裏面所蘊含的禮意,仁義禮智、孝悌忠信、誠敬恕、廉恥勇,或者君仁臣忠、父慈子孝、夫義婦順、兄友弟恭、朋友有信等。徐復觀先生講,從禮儀中抽繹出來的禮的新的觀念,淡化了宗教的意味,特別是許多的道德觀念,幾乎都是由禮加以統攝的。徐先生從《左傳》《國語》裏面找到很多資料,特別是關於敬、仁、忠信、仁義等觀念是和"禮"緊密地聯繫在一起的。

除了知識系統、價值系統之外,還有信仰系統。信仰系統就是對終極性的昊天上帝,對天地、對山川等自然神靈,對祖宗神靈、對人文始祖的崇拜,禮之中雖然淡化了宗教成份,但是仍然保留了一些宗教意涵。

二、禮樂文明是具有宗教性的人文精神

儒家的人文不反對宗教,包容了宗教。禮樂文明是具有宗教性的人文精神。禮樂文明中有終極關懷。禮是人文化的宗教,是道德性人文精神的自覺。儘管如此,它仍有終極關懷在其中。禮不僅是人間的秩序,而且還是天地的秩序,是宇宙的秩序。中國文化和外國文化的區別,就在於中國有系統的"禮",不祇有宗教和法制。這不是說外國沒有禮儀、禮貌、禮敬,也不是說外國文化中沒有禮制,祇是說外國文化中雖然很重視禮儀,但是它沒有把"禮"作爲整統性的大文化系統。外國凸顯的是宗教和法律,中國強調

的是人文性的禮。禮包含有宗教和法律,但是不墮入盲從性、排他性的教,也不墮入太過剛性的法。禮是宗教、政治、社會、倫理、道德、法律的綜合體,實質是道德人文主義的,強調人文教化、感化。

《禮運》曾經假孔子之口,回答言偃的提問,講"禮必本於天,效於地。列于鬼神,達於喪、祭、射、御、冠、昏、朝、聘。故聖人以禮示之,故天下國家可得而正也。"這就指出禮是前代聖王秉承天之道來治理人情的,禮根據于天,效法於地,具有神聖性。

《禮運》又指出,規範有序、莊嚴肅穆的祭祀,用以迎接上天之神和祖宗神靈的降臨。祭禮的社會功能,可以端正君臣,親和父子兄弟的恩情,整齊上下關係,夫婦各得其所。這是承受了上天的賜福。祭祀最重要的是祭天、祭地,此即追本溯源。在這個意義上,天地是人的父母,有價值本體的意涵,又具有宗教性意涵。所以從《禮運》來看,天神是至上神,對天神的崇拜要重於對地神的崇拜,然後才是對山川諸神的崇拜。除祭祀至上神與自然神靈外,還要祭祀祖宗神靈。這就反映出人文化的"禮"仍然具有"宗教性"與"超越性"。"宗教性"與"超越性"是不同的而又有聯繫的兩個概念。天是人文之禮最終的超越的根據。我們都讀過《禮記·孔子閒居》,其中有"五至"(志至、詩至、禮至、樂至、哀至)與"三無"(無聲之樂、無體之禮、無服之喪)等思想。志向到了,詩到了,禮到了,樂到了,哀情也到了。"五至"、"三無",馬一浮先生怎麼解讀的呢?他認爲這裏説的是秉承天的性德流出了六藝的動態的過程,即包括禮樂在内的六藝六經,已成爲與生活世界内在相通的真善美的内容。① 六藝不僅是儒家經典、經學形態、學術研究的物件,更是人類性德中所本具的生命意涵、文化脉絡。所以馬先生講,通過禮教、樂教,能夠喚醒人之天賦的内在性德,我們又通過修身養德,才使自己成爲一個真正的人。

人是具有宗教性的動物,人有終極性的信念信仰,對至上神、昊天上帝,對天地自然神靈、對祖宗神靈、對人文始祖與至聖先師禮敬禮拜,可以增加生命的莊嚴感和神聖性。冠昏喪祭之禮不可廢,我們要結合現代和傳統,有創造性地在現代重新制禮作樂,結合西方現代文化,重新制禮作樂。

三、禮樂文明中的政治正義和社會治理的智慧

中國人對於社會治理有高度的智慧,所包含的政治正義的内涵也非常豐富。比如

---

① 馬一浮:《復性書院講録》,《馬一浮全集》第 1 册,浙江古籍出版社,2013 年,第 223—248 頁。

《周禮》，錢玄先生認爲，《周禮》是儒家之書，它成書在戰國後期，思想主要屬早期儒家，但是也有一些是發展到戰國後期的儒家融合儒、道、法、陰陽等家思想而成。楊寬先生說，《周禮》是春秋戰國間的著作，其中一些制度已非西周時代的本來面目，夾雜著拼湊和理想的成分。但是其中的某些制度，如鄉遂制度等，基本保存著西周、春秋時代的思想。

楊寬先生又講，《周禮》所在，當然已非西周原有的制度了，它是儒家按後世流行的制度改造過的。我們看《周禮》與《禮記·王制》，都是討論制度的，大致體現了先秦儒家的理念和制度的設計。其中有的制度在西周、春秋時代實行過，有的在戰國時代實行過。《周禮·地官司徒》與《禮記·王制》，前者是古文經，後者是今文經。假如打破今古文經的壁壘，從兩者有關社會公平正義和福利制度的内容來看，其實相關性還是比較大的。

在禮的制度設計中，有對後世的土地制度極有影響力的"一夫授田百畝"的制度設計。《王制》篇有"制農田百畝"。制度規定，一個農夫到了一定年齡就要單獨定居，一個農夫就授田百畝。百畝土地按肥瘠分類，上等土地一個農夫可供養九人，次一等的可供養八人，依次遞減爲七人、六人、五人。庶人在官府任職的俸祿，依這五等農夫的收入區分等差。諸侯的下士的俸祿比照上等土地的農夫，使他們的俸祿足以代替他們親自耕種所得。中士的俸祿比下士多一倍，上士的俸祿比中士多一倍，卿的俸祿是大夫的四倍，君的俸祿是卿的十倍。俸祿顯然是有差等的，但農夫有農田，是最基本的生活保障。

《周官》和《王制》都有對社會弱者給予關愛的制度設計。如養老制度，上古虞夏殷周都有養老之禮。綜合前代的周制，特別強調實行養老的禮儀制度。五十歲以上的老人，包括平民，享受優待。三代君王舉行養老禮之後，都要按戶來校核居民的年齡，年八十的人可以有一個兒子不服徭役，年九十的人可以全家不服徭役，殘疾人、有病的人、生活不能自理的人、爲父母服喪者，三年不服徭役。從大夫的采地遷徙到諸侯采地的人，三個月不服徭役，從別的諸侯國遷徙來的人，一年不服徭役。

關於對待鰥寡孤獨和社會弱者，《王制》幾乎重複了孟子之說，如"少而無父者謂之孤，老而無子者謂之獨，老而無妻者謂之矜，老而無夫者謂之寡。此四者，天下之窮而無告者也，皆有常餼"。常餼即經常性的食物救濟或者生活補貼。又對於聾啞和肢體有殘疾、有障礙的人，有供養制度，由國家養活。國家就以工匠的收入來供養他們。"庶人耆老不徒食"，就是老百姓中的老人不能祇有飯而没有菜肴。"養耆老以致孝，恤孤獨以逮不足"，就是通過教化，形成風氣，引導人民孝敬長上，幫助貧困者。

古時候借助民力耕種公田,不收民的田税,貿易場所只徵收店鋪的税,不徵收貨物的税,關卡只稽查不徵税,還開放山林河湖,百姓可以按時令去樵采漁獵,耕種祭田不徵税,徵用民力一年不超過三天,土地和居邑不得出賣。這樣一些條文,在禮儀裏面,在《孟子》《荀子》裏面都有內容相近甚至文字相同的表述,這都是儒家的經濟制度訴求。

涉及政治參與權、受教育權和有關於選拔人才的制度,我們看《王制》對庶民中的人才選拔、任用,並授以爵祿,都予以肯定,並規定了步驟。禮樂文化中,有關於社會治理和國家治理,強調的是禮樂刑政的配置。《樂記》説,"是故先王之制禮樂,人爲之節。衰麻哭泣,所以節喪紀也;鐘鼓干戚,所以和安樂也;昏姻冠笄,所以别男女也;射鄉食饗,所以正交接也;禮節民心,樂和民聲,政以行之,刑以防之,禮樂刑政,四達而不悖,則王道備矣!"就是四個方面來調節,"禮以道其志,樂以和其聲,政以一其行,刑以防其奸。禮樂刑政,其極一也;所以同民心而出治道也"。禮樂裏面講到的王道、治道,都是講治理社會和國家要用禮、樂、刑、政四種方法來加以配合。

"樂者爲同,禮者爲異,同則相親,異則相敬。樂勝則流,禮勝則離。合情飾貌者,禮樂之事也。禮義立,則貴賤等矣;樂文同,則上下和矣。好惡著,則賢不肖别矣;刑禁暴,爵舉賢,則政均矣。仁以愛之,義以正之,如此,則民治行矣。"可見《樂記》中的這些道理,是把禮樂文化、價值,看作滋潤政刑的東西,政令刑罰一定要配上禮樂,"樂所以修内也,禮所以修外也,禮樂交錯於中,發形於外,是故其成也懌,恭敬而溫文"。所以禮樂教化在社會治理和國家治理中強調和諧,並且提升百姓素養。

如前述,禮是帶有宗教性、道德性的生活規範,在禮這種倫理秩序中,也包含著一定的人道精神、道德的價值。荀子推崇禮,認爲它是"道德之極"。"禮"的目的是使貴者受敬,老者受孝,長者受悌,幼者得到慈愛,賤者得到恩惠。在貴賤有等的禮制秩序中,含有敬、孝、悌、慈、惠這些德目,以及對於弱者、弱小勢力的保護問題。《曲禮上》講,"太上貴德,其次務施報。禮尚往來,往而不來,非禮也。來而不往,亦非禮也。人有禮則安,無禮則危。故曰:'禮者,不可不學也。'夫禮者,自卑而尊人,雖負販者必有尊焉,而況富貴乎？富貴而知好禮,則不驕不淫;貧賤而知好禮,則志不懾。"其中所謂禮尚往來,祇是次之,施報關係也是次之。最重要的是禮自卑尊人,負販者、小民也要得到尊重。

這裏就提到了對負販者、貧賤者、弱者的尊重和對等的施報關係。過去我們對"禮不下庶人"的理解有偏頗,根據清代人孫希旦的注釋,"禮不下庶人"説的是不爲庶人制禮,而不是説對庶人可以無禮,或庶人没有禮可遵行。古代制禮,是對士這個等級以上的,如冠禮、婚禮、相見禮都是士禮,庶人參照士禮而行,婚喪嫁娶、祭葬等,標準可以降低,這主要是考慮庶人家庭的節文儀物應量力而行。

在社會治理上,儒家重視道德教化,也重視法制。《王制》篇有關於刑法制度的記錄和設計,涉及在審案、判案、處罰過程中如何審慎、如何認真、如何講規範,還要避免冤假錯案,嚴格程式,以及對私人領域的保護問題。

總之,《周禮》的《地官》、《禮記》的《王制》等有關理念和制度安排,體現了先民的原始人道主義。如果配合《論語》《孟子》《荀子》,可以看到中華民族以仁愛爲核心的價值系統和人文精神,其中不少制度文明的成果值得我們重視。如,我們有應對災荒、瘟疫並且予以組織化救助的制度等。我們有關對老幼病殘、鰥寡孤獨、貧困者等社會弱者的尊重和優待的制度,這都是極有人性化的制度,而且後世在理論和實踐上都有發展。這些就類似于今天的福利國家和福利社會的因素。此外有關頒職事及居處、土地、賦稅、商業的制度和政策中,對老百姓權利和福祉的一定程度的關注和保證,有關於小民的受教育權和參與政治權的基本保障,有關於對百姓施以技能教育的制度,有關於刑律制定和審判案件的慎重、程式化和私人領域的保護方面等,也都涉及今天所謂社會公平公正問題。我們用歷史主義的觀點去審視,同樣是在等級制度中,以我國先秦和同時代的古希臘、古印度、古埃及的政治文明相比照,不難看出中國的政治理念和制度的可貴之處,這些資源今天還可以做進一步的創造性轉化。

我們現在一提到中國文化、儒學、禮制,就說是等級秩序。請問,人類哪一個社會沒有等級秩序呢？人類的社群,人類組成社會,當然要有等級秩序。問題在於我們的制度文明、禮制、禮學中,不僅有等級制度,還有等級間正常流動的機制,如通過教育公平達到政治公平,"朝爲田舍郎,暮登天子堂"。歷朝歷代由布衣而爲三公者不乏其人。如前述,對於貧賤者的尊重,對於最不利者的關愛,以及由教育公平達到社會公平,都是禮制中的寶貴因素。

《禮運》的作者認爲,政治權力根源在天、天命,所以"政必本於天"。"故政者君之所以藏身也,是故夫政必本於天,殽以降命。"因此國政本于天理,要效法天理來下達政令,政令要符合地德,也要符合人的道德。另外,《禮運》開篇講大同之世,這也是中國人的社會理想、文化理想,包含有最高的政治正義的追求。

四、禮樂文明中的生態智慧

我的朋友、山西大學的崔濤先生,對這一方面有深入的研究。我這裏講的也有他的一些研究成果。

"天地"是萬物之母,一切皆由"生生"而來。《禮記·月令》云:"天地和同,草木萌動。"《樂記》説:"和故百物皆化。"所以"草木""百物"的化生都是以"和"爲條件的。天地不和,則萬物不生,"天地合而後萬物興焉"。天地是萬物化生的根源,生態系統的生生大德,是借天地兩種不同力量相互和合、感通而實現的。

《禮記·樂記》有一段話,與《周易·繫辭》相通:"天地相蕩,鼓之以雷霆,奮之以風雨,動之以四時,暖之以日月,而百化興焉。如此則樂者天地之和也。"禮的文化中通過對天地生物於四時的描述,認爲樂是天地之和的體現。反而觀之,天地通過雷霆、風雨鼓動宇宙間的陰陽兩種力量、兩種氣,而四時無息地展現出生生大德的景象,這何嘗又不是宇宙間最壯麗動人的生命交響的演奏呢?

儒家對生態系統生生大德的認識,對天地、陰陽和以化生的認識非常深刻。所以生態系統它是一個不斷創生的系統,也是一個各類物種和諧共生的生命共同體,這是儒家對天地這個大的生態居所的一種深切感悟。這在今天也成爲東西方的環境倫理學的一個基本共識。

天人合一的理念中,天是一切價值的源頭,而從生物而言,天與地往往並舉,有時候要舉天來統攝地。所以也可以説,天或天地是生態系統中一切價值的源頭。儒家有人與天地萬物一體的體悟。正是這樣一種情況下,人才可以説對萬物都持有一種深切的仁愛、關懷,將整個天地萬物都看作是與自己的生命緊密相連的。在這種價值來源的共識之上,儒家的生態倫理可以建立"範圍天地之化而不過,曲成萬物而不遺"的生態共同體,將生態系統真正視爲人與萬物共生、共存的生命家園。

正是這樣一種生命家園的意識,使得《禮運》所謂宇宙生態的各種層次中,人處在較高層次,體現了生態系統的整體意義。人體現了天地德行、陰陽交感、鬼神妙合,薈萃了五行秀氣。人又是天地的心臟,五行的端緒,是能夠調和且品嘗各種滋味、創造且辨別各種聲調、製作且披服各色衣服的動物。儘管人是萬物之靈,但人仍從屬於生態系統整體。因此,聖人制禮作樂,以生態天地的大系統爲根本,以陰陽二氣的交感爲起點,以四時所當行的政令爲權衡,以日星的運行來紀時,以十二月來計量事功,以鬼神爲依榜,以五行的節律爲本位,以禮義爲器具,以人情爲田地,以四靈爲家畜。因此,人在天地之中一定要尊重山川、動物、植物。這種尊重和敬畏,是通過祭祀山林川澤來加以表達的。

禮"合于天時,設於地財,順於鬼神,合于人心,理萬物者也。是故天時有生也,地理有宜也,人官有能也,物曲有利也。故天不生,地不養,君子不以爲禮"。在山地生活的人不能夠拿魚鱉等湖區產的禮物送人,居在湖區的人不能拿鹿豕等山貨作爲禮物,因爲那些東西在當地太貴。禮是大倫,要從地理出發,制禮行禮的原則,不違背自然的原則。在一定時空條件下,不適於生長的物產,君子是不用來行禮的,鬼神也不會享用。

關於生態保護,如仲春之月"安萌芽,養幼少";"毋竭川澤,毋漉陂池,毋焚山林"。"孟夏之月,繼長增高,毋有壞墮,毋起土功,毋發大衆,毋伐大樹。"人們取用動植物,要考量季節、時間,不可以在動植物的生長期、繁衍期濫砍濫殺,不要砍伐小樹,不射殺幼鳥獸和懷孕的獸,否則就是不孝。曾子引用孔子的話説:"樹木以時伐焉,禽獸以時殺焉。夫子曰:'斷一樹,殺一獸,不以其時,非孝也。'"由此可見時令的重要性。

總之,儒家以禮法保護生態資源有三個重要內容:第一是禁止滅絕性的砍伐、捕獵;第二是保護幼小的生命;第三是重"時"。禁止滅絕性的砍伐、捕獵,是因爲這種行爲與天地的生生大德背道而馳。保護幼小生命與儒家重視"養"的思想有關,天地生萬物要養育之,這符合天地自然之道。

《樂記》也説"先王之制禮樂也,非以極口腹耳目之欲也,將以教民平好惡而反人道之正也"。即飲食等禮節的制定,不是爲了滿足人的口腹欲望,而是爲了讓人返歸"人道之正"。所以儒家有關生態保護的禮樂觀念,它是遵從天地的生養之道,也出於對人的物欲進行節制的目的。

有人説,儒家是人類中心主義者。從上可知顯然不是。儒家主張生態系統存在客觀內在價值,人有人性,物有物性,甚至人性中也有神性,物性中也有神性。儒家對生態系統的價值判斷基於天地對萬物賦形命性的認識。萬物生生不已的過程中,都被賦於了形以及它的性,這種賦予是普遍的、無遺漏的,差異衹是陰陽創化的不同。從天地創生、賦形命性的普遍性去作價值判斷,價值自然不僅限於有機的生命體,萬物和人一樣,具有客觀的內在價值。

因此,在儒家看來,"天地"這種創生具有價值本體論的意義。事實上,儒家對萬物都是關愛的,而且從其所具有的內在價值去確定這種愛。因爲萬物的內在價值都是"天地"所賦予的,與人的內在價值同出於一源。

古代中國的生態環保意識是被逼出來的,因爲我們是個自然災害多發、頻發的國家。根據鄧拓的《中國救荒史》、竺可楨的《歷史上氣候之變遷》可知,古代的自然災害從未間斷,大災荒每半年就有一次。在這樣的狀況下,才有了應對災荒的本領。

總之,儒家對於以禮樂來理順生態資源,有三原則:第一,人要生存,不得不對生態資源有所取用,當然應該順應生態系統的生養之道,要做到有理,"順於鬼神、合于人心";還要做到有節,"合于天時,設於地財"。人類不能爲了一己之私,日益竭盡天地之材。第二,以禮樂精神關照生態問題,意味著對天地之道有清醒的認識。天地默運而萬物化成,故對於生態系統的保護,人類最有效的策略是盡可能少地去干預它的完善自足的生養之道。只要人不去破壞生態環境,天地自然會讓萬物生化不已、充滿生機。第三,生態問題的徹底解決不祇是一個生態問題,要"暴民不作,諸侯賓服,兵革不試",需要禮樂所起的作用。大樂和天地和同,大禮和天地同節。人類如果自身不能和睦共處,導致戰爭四起,社會動盪,那麼所謂生態保護就是一種奢望。

禮文化中對生態系統的認識,容納在天、地、人、神諸多要素的天地概念下進行,是一個整體論、系統論的觀念。它以"和"爲條件的不斷創生,是古人對生態系統的根本認識。他們對天地的創生現象持有價值判斷的觀念,肯定天地萬物皆有內在的價值,要求一種普遍的生態的道德關懷。而他們對人性、物性的辯證認識,又同時清楚地表明了一種生態倫理的等差意識,或是對不同倫理圈層區分的意識。儒家即使從工具價值的立場取用生態資源的同時,並不忽視動植物的內在價值。從儒家天人合一的理念來看,生態倫理作爲一種新的倫理範式,其確立的基礎必須建立在對人性的重新反思之上。

五、禮樂文明中的道德理性和君子人格

《禮記》中有《表記》,"表"就是標準,以仁德爲標準。《儒行》記載了孔子論述儒者的十六種高貴品行,有溫良、敬慎、寬裕、遜接、禮節、言談、歌樂、散財等,都是以仁德爲本。所以熊十力先生、錢穆先生都很重視《儒行》篇。

三禮中有關於人格教養和人格成長,特別是君子人格養成的智慧,它體現了儒家文明的特點,儒家教育是多樣的、全面的,內核是成德之教,尤其是培養君子成聖成賢,方法是用禮樂、六藝浸潤身心,用自我教育調節性情心靈爲主,它的功能在於改善政治與風俗,美政美俗,它的特點是不脫離平凡生活,知行合一、內外合一的一種體驗。所以在當代我們建設現代公民社會、培養平民化的自由人格的過程中,尤其需要調動儒家的修養身心和涵養性情的文化資源。

《禮運》對人的界定,是把人放在天地之中。儘管人是天地中最靈秀的,是具有終極信念的人,但人又是在自然生態序列中的人,又是治理的主要對象,所以"人情以爲田,故人以爲奧也"。即用禮來節制人過頭的欲望欲念。道德教化,如《王制》所謂六禮、七教、八政,司徒之官的使命,當然首先是精英層自身的一種道德修煉,但同時也要重視教

化,要節民性、興民德,肯定人文教育,發揮退休官員、鄉下賢達的作用,運用射禮、鄉飲酒禮,通過習禮來對民眾、青年進行持續不斷的教化。

所以司徒修習六禮,包括冠、婚、喪、祭、鄉飲酒和鄉射禮,來節制民眾的性情,講明七教(父子、兄弟、夫婦、君臣、長幼、朋友、賓客等倫理),來提高人們的德行。整頓八政(飲食、衣服、技藝、器物品類、長度單位、容量單位、計數方法、物品規格等制度和規定)來防止淫邪,規範道德來統一社會風俗,贍養老人來誘導人民孝敬長上,撫恤孤獨的人來誘導人們幫助貧乏的人,尊重賢能的人以崇尚道德,檢舉、摒除邪惡,實在是屢教不改的人,再摒棄到遠方。由此可見,王制就是道德之治。

在人與自然、人與社會、人與人的交往關係,以及人自身的身心關係方面,儒家有極其重要的資源,尤其是"修己及人""將心比心"的"恕道","推愛""推恩"的方式,"愛有差等"是具體理性、實踐理性。在"愛有差等"的過程中,恰好可以推己及人,成就普愛。成己、成人、成物,是仁德之心推擴的一個過程。中國哲學的突破,並不斬斷人與宗教、神靈、自然萬物的聯繫。人是宗教、神性意義的天的產兒,人又是自然生態序列中的一個成員,這是連續性的、整體性的中國哲學的題中應有之意。人又是一個道德的人,人的道德性尤其表現在對自然物取用上的反思性,人是宇宙大家庭的成員,應自覺地維護生態平衡。人的道德性又表現在社會治理上,尊重庶民大眾的權益,予不利者以最大的關愛,有更多制度的保障,構成社會的一種和諧。教育公平之於政治公平是一個基礎,使得階級、階層間有合理的流動,保證一定意義上的社會公正,這些都是禮學的真義。人應是一個有終極信念的人,他當然要對底層的人有惻隱之心,他需要在人和天地萬物交往中不斷地反省、調節自身。

六、禮樂文明中的藝術和美學的精神

《郭店楚簡》提到,多聽古樂對君子心性人格的培養尤其重要。《樂記》曰:"樂由中出,禮自外作。樂由中出,故靜;禮自外作,故文。""樂者,天地之和也;禮者,天地之序也。和,故百物皆化也;序,故群物皆別也。"禮樂有不同的側重,"禮主別異,樂主合同"。禮用來治理身,樂用來陶冶心。荀子說:"樂也者,和之不可變者也;禮也者,理之不可易者也。樂合同,禮別異,禮樂之統,管乎人心矣。"禮樂是相互配合發生作用的,特別關乎人心。

徐復觀先生在《中國藝術精神》中特別論述了樂的本質,認定樂是仁德的表現,是美與仁的統一。他指出，孔子所要求于樂的，是美與仁的統一，而孔子之所以特別重視樂，也正是因爲仁中有樂，樂中有仁的緣故。可見孔子把仁德作爲禮樂最重要的内涵。徐先生重視古代樂的内在精神，認爲堯舜的仁德精神，融透到了《韶》樂中去。仁德是道德，樂是藝術，孔子把藝術的盡美和道德的盡善——仁德融合在一起。這又是如何可能的呢？徐復觀說，這祇是因爲樂的正常本質與仁德的本質，仍有自然相通之處。樂的正常本質，可以用一個"和"字來總括。在先秦、秦漢的典籍中，都以樂的特徵與功能爲"和"。"和"本是各種相異、有差異的東西的相成相繼，諧和統一。所以荀子在《樂論》中講"樂和同"，《禮記·樂記》講，"樂者爲同……樂者，異文合愛者也。"《儒行》講："歌樂者仁之和也。"也就是說，仁者必和，"和"中含有"仁"的意味。仁者的精神狀態，也就是"樂合同"的境界。《白虎通》講"樂仁"，也就是認爲樂是仁德的表現、流露，所以把樂和五常之仁配在一起，把握到樂的最深刻的意義。樂和仁就是藝術和道德，道德充實了藝術的内容，藝術助長安定了道德的力量。

　　徐復觀先生闡發了音樂、藝術的政治教化和人格修養的意義。他說："樂的藝術，首先是有助於政治上的教化。更進一步，則認爲可以作爲人格的修養、向上，乃至也可以作爲達到仁的人格完成的一種工夫。"①他認爲，同樣起教化作用，和禮教相比較起來，樂教是更加順乎人的情感而加以誘導的，是積極的。"儒家在政治方面，都是主張先養而後教。這即是非常重視人民現實生活中的要求，當然也重視人民感情上的要求（原注：'禮禁于未然之前'，依然是消極的）。樂順人民的感情將萌未萌之際，加以合理地鼓舞，在鼓舞中使其棄惡而向善，這便是没有形跡的積極的教化。"②按照徐先生的理解，構成"樂"的三要素詩、歌、舞，是直接從人的心發出的，主體性很強。他說："儒家認定良心更是藏在生命的深處，成爲對生命更有決定性的根源。隨情之向内沉潛，情便與此更根源之處的良心，於不知不覺之中，融和在一起……由音樂而藝術化了，同時也由音樂而道德化了。"③

　　所以中國的樂不是一般的器物和形式，它是與人的内在精神、情感緊密聯繫在一起，從心中流出的，樂和樂教起著安頓情緒、支撐道德、修養人的品格、提升人的境界的作用。

　　關於禮樂與禮樂之教，《荀子·勸學》說："禮之敬文也，樂之中和也。"《禮記·樂

---

① 徐復觀：《中國藝術精神》，臺灣學生書局，1966年，第20頁。
② 同上，第23頁。
③ 同上，第27頁。

記》説:"禮節民心,樂和民聲……樂者爲同,禮者爲異。同則相親,異則相敬。樂勝則流,禮勝則離。""大樂與天地同和,大禮與天地同節……禮者,殊事合敬者也。樂者,異文合愛者也。禮樂之情同,故明王以相沿也。""仁近于樂,義近於禮。樂者敦和……禮者別宜……""樂也者,聖人之所樂也,而可以善民心。其感人深,其移風易俗,故先王著其教焉。"足見禮樂有不同的特性與功能,樂比禮更與人的内在情感相通,二者又相輔相成。總體上説,禮樂教化或禮樂之治,有助於社會安定、人格完善,至少有助於上層社會的文明化與下層社會的移風易俗。

七、禮樂文明的現代意義

中國人之所謂人文,其實就是指的禮樂之教、禮樂之治。《周易》的"觀乎人文以化成天下",實即興禮樂以化成天下。徐復觀先生説:"儒家的政治,首重教化;禮樂正是教化的具體内容。由禮樂所發生的教化作用,是要人民以自己的力量完成自己的人格,達到社會(原注:風俗)的諧和。由此可以瞭解禮樂之治,何以成爲儒家在政治上永恒的鄉愁。"①

徐先生指出,禮樂有三方面的功能或作用。第一,在政治層面上,人把人當人看待,這是理解禮治的一個基礎。第二,在社會層面上,建立一個"群居而不亂""體情而防亂",既有秩序又有自由的合理的社會風俗習慣。第三,在個人修養層面上,"仁德修養的根本問題,乃在生命裏有情和理的對立。禮是要求情理得其中道,因而克服了這種對立而建立一種生活形態"。"現代文化的危機,根源現在不祇一個。但是人的情感得不到安頓,趨向橫決,人的關係得不到和諧以至於斷絕,應當也是其中最主要的根源。""那麽這個時候我們提出中國人文的禮樂之教,把禮樂的根源意義在現代重新加以發現,這是現代知識份子得以重視的重大的課題之一。"②所以徐復觀先生這個説法值得深思,也確需我們重新發現禮樂的現代價值。

關於禮樂的現代價值,徐先生説它包羅廣大,其中之一乃在於對具體生命的情欲的安頓,使情欲與理性能得到和諧統一,以建立生活中的中道,使情欲向理性升進,轉變原始性的生命,以成爲成己成物的道德理性的生命,由此道德理性的生命,來承擔自己,承擔人類的命運。這就可以顯示出中國人文主義的深度,並不同於西方所謂人文主義的

---

① 徐復觀:《中國藝術精神》,第23頁。
② 同上,第240—241頁。

深度。中國人文主義和西方人文主義確有不同,中國的人文主義它不是寡頭的人文主義,它不與宗教對立,不與自然對立,不與科學對立,的確有其深度。

徐復觀先生對於"禮教吃人"的説法也加以批評。他説:"即使在所謂的封建時代,禮也是維繫人的地位和人與人的合理關係,而不是吃人的。封建的宗法制度,主要是靠親親、尊尊的兩種精神,禮是把這兩種精神融合在一起,以定出一套適切的行爲規範。這些與法家祇有尊尊没有親親的精神所定出的秦代的禮儀,是決然不同的。在實際上,儒家禮樂大大緩衝了政治中的壓制關係,漢儒是多反對叔孫通取秦儀來定漢儀,而思另有製作的根本原因在此。"①

所以,我們以禮節來節制人的性格和行爲,這是近仁的工夫,是孔子立教的最大的特色。我們現在要在禮樂文明中來調動它的資源,在現代重新詮釋禮樂,借助禮樂之教的推行來補充刑法、政令的單面化,發展民間社會,調整政治、社會和人生。在一定意義上,禮樂是補充、調整、改善單面的刑法和政令的,有助於文明的建構和保護民間的道德資源。

儒學以仁義爲道體,以禮樂爲路徑。禮是民族、國家、社會、家庭的秩序。以個人言,守禮則文明,無禮則禽獸;以群體言,隆禮則致治,悖禮則致亂。樂是禮的補充,禮治理身形,樂陶冶性情。

法律出於强制,禮則出於人性之自然,靠人的良知與社會習尚即可推行。法治無禮樂輔助,則徒有具文。禮的作用,在保障人與人自由的界限,人類要求得自由,不能離開禮與樂。

禮與樂是傳統四民社會具有内在約束力的信仰系統,是從社會上層到庶民的行爲方式。西方法律背後是基督教精神在支撑,中國新時代法律背後一定要有本土文化精神,特別是長期積澱下來並對公序良俗有滋潤的儒家禮樂文明來支撑。

"禮"具有秩序、節度、和諧、交往四大原理。三禮之學是中華民族寶貴的精神遺產,仍有其現代價值。禮讓爲國,安定社會,消弭爭奪戰亂,節制驕奢淫逸,是使人民得以安居樂業的前提。以一定的規矩制度來節制人們的行爲,調和各種衝突,協調人際關係,使人事處理恰到好處,是禮樂制度的正面價值。這裏有社會正義的意藴,即反對貧富過於懸殊。一部分人富起來了,富了以後怎麽辦?孔子講"富而後教""富而好禮",講教化、教養,反對鋪張浪費、誇財鬥富,用今天的話來説,就是不要有土豪的心態與做派。

---

① 徐復觀:《中國思想史論集》,臺灣學生書局,1959年,第237頁。

目前我國的大衆文化渲染淫逸,對社會風氣有極大的腐蝕作用,對青少年的成長十分不利,而文化批評的力量却格外薄弱。這是值得我們檢討的。"禮"恰好是調節、治理我們的欲望、人情的。

就現代生活而言,在外在强制的法律與内在自律的道德良知之間,有很大的空間,即包含社會禮俗在内的成文與不成文的生活規範,這就是所謂"禮"。古今社會規範的差異不可以道里計,但提高國民的文明程度,協調群體、鄉村、社區、鄰里的關係,促成家庭與社會健康、和諧、有序地發展,不能没有新時代的禮儀文化制度、規矩及與之相關的價值指導。今天我們仍然面臨提高國民的文明程度的任務。在這一方面,禮學有深厚的資源。就國家間的交往而論,儘管周秦之際的諸侯國與現代的民族國家不可同日而語,但互利互惠、和平共處的交往之禮義,亦有可借鑒之處。

過去講五倫,君臣、父子、夫婦、兄弟、朋友。現在,君臣一倫可以發展爲上下級關係一倫。朋友一倫可以發展爲同事關係一倫,或群己關係一倫。五倫關係可改造轉化爲新的禮治秩序,進而發展文明間、宗教間、民族間、國家間的交往倫理,乃至生態倫理。前年我在《新時代"六倫"的新建構》一文中指出,應增加同事一倫,還應增加群己一倫,以應對個人與社會、國家、人群之間或陌生人之間的交往,乃至調整人類與天地、山河、動植物類的關係,處理好自我與他者的關係問題。新"六倫"似應爲:父(母)子(女)有仁親、夫妻有愛敬、兄弟(姊妹)有情義、朋友有誠信、同事有禮智、群己有忠恕。

禮樂文明在社會與國家治理方面,在人的精神安立、安身立命方面的意義甚大甚廣,不可輕視。我們今天建設新時代的禮與禮樂,應以此爲目標。

説 "禮"
——以諸《禮》爲例

曲阜師範大學　黄懷信

傳世古籍有禮書《周禮》《儀禮》《禮記》《大戴禮記》，世人研習之，因有"禮學"之説。然而諸《禮》性質各不同，如《周禮》講職官、《儀禮》講禮儀、《禮記》記雜事，爲何皆稱"禮"？"禮"究竟是什麽？一般認爲，禮是介於道德和法律之間的一種社會規範，或認爲禮是輿論約束和法制約束的混沌體，等等。

諸《禮》的"禮"是不是這個意思？讓我們從"禮"字本義求起。《説文解字》云："禮，履也，所以事神致福也。從示從豊，豊亦聲。"履，即履行。可見以《説文》而言，凡人所履行、用以事神求福的行爲都叫禮。那麽，諸《禮》之"禮"是否符合這一本義呢？先看《周禮》：

《周禮》本名《周官》，是一部專講周代官制的書，分"天官冢宰""地官司徒""春官宗伯""夏官司馬""秋官司寇""冬官考工記"六大部分，各部分均先有所謂"敘官"（或"總敘"），以總説各自屬官之名號與人數。比如"天官冢宰"部分之"敘官"曰："惟王建國，辨方正位，體國經野，設官分職，以爲民極。乃立天官冢宰，使帥其屬而掌邦治，以佐王均邦國。治官之屬：大宰，卿一人。小宰，中大夫二人。宰夫，下大夫四人、上士八人、中士十有六人。旅，下士三十有二人、府六人、史十有二人、胥十有二人、徒百有二十人。宮正，上士二人、中士四人、下士八人、府二人、史四人、胥四人、徒四十人。宮伯，中士二人、下士四人、府一人、史二人、胥二人、徒二十人。膳夫，上士二人、中士四人、下士八人、府二人、史四人、胥十有二人、徒百有二十人……"[1]以下再分述各官具體職事，如云："大宰之職，掌建邦之六典，以佐王治邦國：一曰治典，以經邦國，以治官府，以紀萬民；二曰教典，以安邦國，以教官府，以擾萬民；三曰禮典，以和邦國，以統百官，以諧萬民；四曰政典，以平邦國，以正百官，以均萬民；五曰刑典，以詰邦國，以刑百官，以糾萬

---

[1] 吕友仁：《周禮譯注·天官冢宰第一》，中州古籍出版社，2004年，第1頁。

民;六曰事典,以富邦國,以任百官,以生萬民。以八法治官府……以八柄詔王馭群臣……以八統詔王馭萬民……以九職任萬民……以九賦斂財賄……以九式均節財用……以九貢致邦國之用……以九兩系邦國之民……"及其布政之事。以下再述"小宰之職,掌建邦之宮刑,以治王宮之政令"云云。① 其餘諸篇大致類此。

可見《周禮》一書,實際上是講周代各種職官的設置與職能。顯然,所講這些職官的設置與職能,具有規範性。因爲記有關周代職官的規範性設置與職能而被稱爲"周禮",説明其所謂"禮",是指規範性的社會制度,而非介於道德和法律之間的社會規範,亦與輿論約束和法制約束無關。

再看《儀禮》。《儀禮》十七篇,分别記述所謂士冠禮、士昏禮、士相見禮、鄉飲酒禮、鄉射禮、燕禮、大射儀、聘禮、公食大夫禮、覲禮、喪服、士喪禮、既夕禮、士虞禮、特牲饋食禮、少牢饋食禮、有司徹等。具體如《士冠禮》開首一段:"筮於廟門。主人玄冠,朝服,緇帶,素韠,即位於門東,西面。有司如主人服,即位於西方,東面,北上。筮與席、所卦者,具饌於西塾。布席於門中,闑西閾外,西面。筮人執策,抽上韇,兼執之,進受命于主人。宰自右少退,贊命。筮人許諾,右還,即席坐,西面。卦者在左。卒筮,書卦,執以示主人。主人受□,反之。筮人還,東面,旅占,卒,進,告吉。若不吉,則筮遠日,如初儀。徹筮席。宗人告事畢。"後面是各項前期準備活動之禮儀及服飾等方面的規定等,如云"屨,夏用葛。玄端黑屨,青絇繶純,純博寸。素積白屨,以魁柎之。緇絇繶純,純博寸。爵弁纁屨。黑絇繶純,純博寸。冬,皮屨可也"之類,極爲具體細緻。② 又如《鄉射禮》:"鄉射之禮,主人戒賓,賓出迎,再拜。主人答再拜,乃請。賓禮辭,許。主人再拜,賓答再拜。主人退;賓送,再拜。無介。乃席賓,南面,東上。衆賓之席,繼而西。席主人于阼階上,西面。尊于賓席之東,兩壺,斯禁,左玄酒,皆加勺。篚在其南,東肆。設洗于阼階東南,南北以堂深,東西當東榮。水在洗東,篚在洗西,南肆。縣于洗東北,西面。乃張侯,下綱不及地武。不系左下綱,中掩束之。乏參侯道,居侯黨之一,西五步。……主人阼階上答拜。賓西階上北面坐卒爵,興,坐奠爵,遂拜,執爵興。主人阼階上答拜……主人坐取觶於篚,以降。賓降,主人奠觶,辭,降。賓對,東面立。主人坐取觶,洗,賓不辭洗。卒洗,揖讓升。賓西階上疑立。主人實觶,酬之,阼階上北面坐奠觶,遂拜,執觶興。賓西階上北面答拜。主人坐祭,遂飲,卒觶,興,坐奠觶,遂拜,執觶興。賓西階上北面答拜。主人降洗。賓降辭,如獻禮,升,不拜洗。賓西階上立。主人實觶賓之席前,北

---

① 吕友仁:《周禮譯注·天官冢宰第一》,第 12—16 頁。
② 彭林:《儀禮全譯》,貴州人民出版社,1997 年,第 2—32 頁。

面。賓西階上拜。主人坐奠觶於薦西。賓辭,坐取觶以興,反位。主人阼階上拜送。賓北面坐奠觶於薦東,反位云。"全文長達七八千字,極爲繁細。① 另外,還有關於祭祀及喪葬禮儀方面的内容,等等。可見《儀禮》是專講各項禮儀規範及規定的,其"禮"亦不必與道德和法律有關,但也可以用"規範"二字來概括。

再看《禮記》。《禮記》一書内容較爲龐雜,如《曲禮上》曰:"謀于長者,必操几杖以從之。長者問,不辭讓而對,非禮也。""凡爲人子之禮:冬溫而夏清,昏定而晨省,在醜夷不争。""爲人子者,居不主奥,坐不中席,行不中道,立不中門。食饗不爲概,祭祀不爲尸。聽於無聲,視於無形。不登高,不臨深,不苟訾,不苟笑。""從於先生,不越路而與人言。遭先生於道,趨而進,正立拱手。先生與之言則對;不與之言則趨而退。""從長者而上丘陵,則必鄉長者所視。""登城不指,城上不呼。""將適舍,求毋固。將上堂,聲必揚。户外有二屨,言聞則入,言不聞則不入。將入户,視必下。入户奉扃,視瞻毋回;户開亦開,户闔亦闔。有後入者,闔而勿遂。毋踐屨,毋踏席,摳衣趨隅。必慎唯諾。"等等,皆是各種細小的行爲規範。② 又如《檀弓》篇,主要記諸弟子與孔子之間或其他人物有關禮儀活動的問對於行事;或者禮儀方面的規定與行爲規範,如"夏后氏尚黑,大事斂用昏,戎事乘驪,牲用玄。殷人尚白,大事斂用日中,戎事乘翰,牲用白。周人尚赤,大事斂用日出,戎事乘騵,牲用騂"等。③《王制》篇記各種社會規定,如:"天子之田方千里,公侯田方百里,伯七十里,子男五十里。不能五十里者,不合于天子,附于諸侯,曰附庸。天子之三公之田視公侯,天子之卿視伯,天子之大夫視子男,天子之元士視附庸。""制:農田百畝。百畝之分,上農夫食九人,其次食八人,其次食七人,其次食六人;下農夫食五人。庶人在官者,其禄以是爲差也。諸侯之下士視上農夫,禄足以代其耕也。中士倍下士,上士倍中士,下大夫倍上士。卿,四大夫禄;君,十卿禄。次國之卿,三大夫禄;君,十卿禄。小國之卿,倍大夫禄,君十卿禄。次國之上卿,位當大國之中,中當其下,下當其上大夫。小國之上卿,位當大國之下卿,中當其上大夫,下當其下大夫。其有中士、下士者,數各居其上之三分。""凡四海之内九州,州方千里。州建百里之國三十,七十裏之國六十,五十裏之國百有二十,凡二百一十國;名山大澤不以封。其餘以爲附庸、閒田。八州州二百一十國。天子之縣内,方百里之國九,七十里之國二十有一,五十里之國六十有三,凡九十三國;名山大澤不以肦,其餘以禄士,以爲閒田。凡九州,千七百七十三

---

① 彭林:《儀禮全譯》,第121—128頁。
② 王文錦:《禮記譯解》,中華書局,2001年,第2—9頁。
③ 同上,第63頁。

國,天子之元士、諸侯之附庸不與。"等等。① 《月令》篇,記一年十二個月的各項活動規範,如:"孟春之月……先立春三日,大史謁之天子曰:'某日立春,盛德在木。'天子乃齊。立春之日,天子親帥三公、九卿、諸侯、大夫以迎春于東郊。還反,賞公卿、諸侯、大夫于朝。命相布德和(宣)令,行慶施惠,下及兆民。慶賜遂行,毋有不當。乃命大史守典奉法,司天日月星辰之行,宿離不貸(忒),毋失經紀,以初爲常。""是月也,天子乃以元日祈穀於上帝。乃擇元辰,天子親載耒耜,措之參保介之御間,帥三公、九卿、諸侯、大夫,躬耕帝藉。天子三推,三公五推,卿諸侯九推。反,執爵於大寢,三公、九卿、諸侯、大夫皆御,命曰勞酒。""是月也,命樂正入學習舞,乃修祭典。命祀山林川澤,犧牲毋用牝。禁止伐木。毋覆巢,毋殺孩蟲、胎、夭、飛鳥。毋麛、毋卵。毋聚大衆,毋置城郭。掩骼埋胔。"等等。②

可見《禮記》一書内容確實較雜。但如果加以分類,似乎又可以分爲"通論類",如《禮運》《禮器》《學記》《中庸》等篇;"禮儀條文"類,如《曲禮》《玉藻》《投壺》《奔喪》等篇;"制度與政令類",如《王制》《郊特牲》《月令》等篇;解釋《儀禮》有關篇章類,如《冠義》《昏義》《射義》等篇。而所有這些,基本上都與禮儀或法範有關,說白了也都屬於社會規範。

如果加上《大戴禮記》,"禮"的這一意義就更加明顯。如其《曾子立事》《曾子大孝》等篇,完全是講"君子"的行身規範。如《曾子立事》篇云:曾子曰:"君子攻其惡,求其過,强其所不能,去私欲,從事於義,可謂學矣。君子愛日以學,及時以行,難者弗辟,易者弗從,唯義所在。日旦就業,夕而自省思,以殁其身,亦可謂守業矣。君子學必由其業,問必以其序。問而不決,承閒觀色而復之,雖不悦,亦不强争也。君子既學之,患其不博也;既博之,患其不習也;既習之,患其無知也;既知之,患其不能行也;既能行之,貴其能讓也。君子之學,致此五者而已矣。"③可見完全不關禮儀。

由上可見,諸《禮》都是講社會規範的。據此我們可以知道,其所謂"禮",就是社會規範。而社會規範,無疑就是社會成員所需要共同遵守的。這樣,我們又可以知道,前述《説文解字》"禮,履也,所以事神致福也"的界定還是比較合理的,意思是:禮,是人所履行,藉以"事神",又藉以"致福"的規範。所謂"事神"自然是從祭祀方面而言的;而"致福"則是講行禮的結果。之所以説履行禮可以致福,因爲一個人遵守社會規範,就不

---

① 王文錦:《禮記譯解》,第159—161頁。
② 王文錦:《禮記譯解》,第197—198頁。
③ 黄懷信主撰,孔德立、周海生參撰:《大戴禮記匯校集注》,三秦出版社,2005年,第449—453頁。

會有禍,無禍,自然是福。可見古人對"禮"的作用有深刻的認識。但是,"禮"的最大功能,還應當是維護社會秩序,體現文明進步。無怪乎孔子曰:"周監於二代,鬱鬱乎文哉!"

　　最後一個問題是"禮"與"法"的區別。"法"也是社會規範,二者的區別,事實上也很清楚。因爲"法"是强制性的,而且主要是對已然行爲的强制性制裁;而"禮",則主要是通過教育,要求人們自覺執行的社會規範,不具備强制性,其功能,既體現社會文明,同時也預防犯罪。古人强調禮,除了體現文明,主要無非是教育人自覺地遵守社會規範。所以我們可以給"禮"做一簡單定義:"禮",是要求社會成員自覺遵守的社會規範。正因爲此,禮纔具有預防犯罪的功效,所以中國古代言"禮"先於言"法"。

"禮法儒家"：從先秦文獻論儒家政治思想中"法律"與"守法"的重要性

美國伊利諾大學東亞語言文化系、歷史系　周啓榮

一、引言：對先秦儒家重"禮"輕"法"的誤解

學術界,包括研究思想史、法律史的學者,有一種非常普遍的看法,就是把"禮"視爲儒家的專屬概念,而將"法"劃歸"法家"。學者批評儒家重"禮"輕"法",而法家則是任法輕禮。這種化約式的黑白二分法一方面嚴重地抹殺了儒家對於客觀"法"規、制度包括刑法,對於治理人民的重視。另一方面,學者錯誤地將先秦文獻中的"法"字理解爲現代意義上的"法律""司法"的意義,錯誤地形成一種觀點,認爲儒家講"禮治""德治""人治",而不重視"法律",形成了中國過去"法治"極度不發達的現象。結果導致近代講求引進西方"法治"(rule of law)觀念的學者視儒家爲發展"法治"的主要理論與文化的障礙。其實已經有學者對這個問題有深入的研究和精闢的分析。俞榮根《儒家法思想通論》系統地論證了儒家思想對"法"的重視。[①]他指出梁啓超是始作俑者,提出儒家是"人治主義"而法家是"法治主義"的錯誤論點。這種二分法成爲後來研究先秦政治與法律思想的學者的分析典範。他認爲將"人治"與"法治"對立起來是"一條虛構的儒法鬥爭主綫"。[②]然而,自從瞿同祖提出"法律的儒家化"的觀點,視儒家思想與"法律"爲兩個原先各自獨立不同的現象之後,這種視過去兩千多年中國"法律"被"儒家化"的思維模式在學術界流傳甚廣。雖然已有不少學者提出質疑、指出其中的一些問題,但是這種將"法律"視爲獨立於文化、社會,尤其是儒家思想的思維模式仍然以不同的方式在學

[①]　俞榮根：《儒家法思想通論》,廣西人民出版社,1991年。
[②]　俞榮根：《儒家法思想通論》,第28—33頁。

術界不斷被複製。①

本文旨在論證先秦文獻中"禮"與"法"的涵義是多義的,而兩字有重疊的涵義。在解讀諸子各家文獻時,不能習慣式的把"禮"與"法"的涵義歸屬於完全不同性質的單一概念。透過這種歷史語言視角的分析,再回來看儒家有關客觀的"法"與"禮"對於治理方面的主張,然後論證先秦儒家對"法令""法度"或"法制"的重視。儒家對於治理人民的客觀法規,包括管理官吏和人民的法令、禁非除暴的法禁與調解民間糾紛的"聽訟"都十分重視,並非提倡所謂"德治"而輕視客觀行爲規範的"法度"與維持秩序的刑罰,更非提倡以"人治"或"禮治"代替懲罰性的"法律"。

"法"與"禮"兩字在先秦文獻中已經是多義詞。研究儒家、法家及其與"法律"及"禮"之間的複雜問題時,必須謹記語言文字的多義性、縱向的歷史性嬗變與橫向的地區差異的可能性。絕對不能把先秦文獻中的"法"字簡單理解爲現代意義的"法律"或"司法"而錯誤地把"禮"與"法"視爲兩個完全不同的概念。就如梁治平所説:"禮與法,作爲中國古代法政思想中最重要的兩種概念,不但淵源久遠,意藴豐富,且不爲儒家思想所範圍。尤其'法'之一字,歷史上一度幾成法家禁臠,而爲儒家堅壘之'禮'亦未嘗不具法意。"②即"法"與"禮"不能簡單的視爲儒家與法家的代表符號。法家與儒家並不代表"人治"與"法治"之争。③本文透過初步分析先秦文獻的"法""禮""刑"與相關的一些字,論證先秦儒家的孔子、孟子與荀子都極爲重視"法制",包括刑罰在治理人民方面的重要作用。儒家的"法制"思想包括了"禮法"與"刑法";"禮法"或稱"德法",與"刑法"都是構成儒家政治哲學的主要部分。

---

① 例如張師偉,見《中華法系體構造中的儒家與法家—漢代天人感應理論體系下的法律儒家化》,《政治思想史》第 29 卷第 1 期,2017 年,第 34—49 頁。吴正茂雖然指出瞿同祖的"法律儒家化"化約了法家、儒家,誇大了法家法律的平等性與儒家的差等性,但他仍然認爲"儒家思想與法律從未完全合而爲一"。這種思維仍以"法律"爲獨立於社會價值、思想文化以外的一種"形式規則系統"(《再論法律儒家化:對瞿同祖"法律儒家化"之不同理解》,《中外法學》第 23 卷第 3 期,2011 年,第 496 頁)。何永軍雖指出"法律儒家化"的一些問題,但仍提出"荀子是第一個公開宣導儒家化的思想家","荀子實際已擁有了禮法兼施,王霸統一思想"。"法律儒家化(以禮如法)並非是瞿先生杜撰的一個虚假的問題或者是其發現的一個隱秘規律,而是中國歷史上真實存在的事實與問題"(《法制與社會發展》2014 年第 2 期,第 129—130 頁)。這種提法没有脱離瞿同祖的"法律"獨立於社會文化的思維模式。
② 梁治平:《"禮法"探原》,《清華法學》2015 年第 1 期,第 82 頁。但梁治平没有將"禮法"一詞拆分爲"禮""法"兩字,而視"禮法"爲一個雙字詞。但先秦文獻絶大多數貌似雙字詞的,其實都是獨立成詞。所以在《商君書·更法》中出現的"禮、法以時而定,制、令各順其宜",不一定是"禮法"作爲一個雙字詞的第一次出現。在商鞅這句裏,"禮""法""制""令"都各自有專指。
③ 俞榮根:《儒家法思想通論》,第 28—33 頁;《禮法傳統中的現代法治價值》,《法治研究》2018 年第 5 期,第 3 頁。

二、先秦文獻中的"法""刑""禮"

語言文字是一個社會的公共符號系統,並不屬於任何一個學派。同時,一個人可以選擇或習慣使用不同的字、詞表達相同或相近的意涵。要理解儒家"法"的思想,我們需要瞭解儒家文獻中"法"字的用法,而要瞭解儒家文獻中"法"字的各種涵義,我們必須概略地分析"法"字在先秦文獻中所使用的各種涵義。首先,與絕大部分的字一樣,"法"字在先秦文獻中已經是一個多義字,累積了好幾個涵義。先秦諸子,即使是同一個思想家,在使用"法"字的時候,在不同的語境下,"法"字的涵義都不一定是相同的。先秦時期"法"字的主要涵義由廣到狹,大體可以分爲四個:1. 效法,2. 方法,3. 法度或法制,4. 刑法。涵義1與涵義2基本是同義,祇是在現代語法的視角下可以區分爲動詞的"效法"與名詞的"方法"。下面只選擇幾個例子作爲代表説明"法"字的四種涵義。

1."法"字用作"效法"解:

《易經·繫辭上》:知崇禮卑,崇效天,卑法地。

《易經·繫辭下》:古者包犧氏之王天下也,仰則觀象於天,俯則觀法於地,觀鳥獸之文,與地之宜,近取諸身,遠取諸物,於是始作八卦,以通神明之德,以類萬物之情。

《道德經》:人法地,地法天,天法道,道法自然。

《莊子漁父》:故聖人法天貴真,不拘於俗。

《禮記·檀弓》:孔子在衛,有送葬者,而夫子觀之,曰:"善哉爲喪乎!足以爲法矣,小子識之。"

2."法"字意謂方法[①]:

《尚書·大誥》王曰:"若昔朕其逝,朕言艱日思。若考作室,既厎法,厥子乃弗肯堂,矧肯構?"

《易經·繫辭上》:形乃謂之器;制而用之,謂之法。

[①] "法"字没有在《詩經》中出現,而在《尚書》則使用了7次。其中三次與"刑罰"有關,二次用作"法度",1次作方法解。用作"法度"與"刑法"無疑是"法"的主要涵義。

《墨子·法儀》：子墨子曰："天下從事者，不可以無法儀，無法儀而其事能成者無有也。雖至士之爲將相者，皆有法，雖至百工從事者，亦皆有法。百工爲方以矩，爲圓以規，直衡以水，以繩，正以縣。無巧工、不巧工，皆以此五者爲法。巧者能中之，不巧者雖不能中，放依以從事，猶逾己。故百工從事，皆有法所度。"

《周禮·地官司徒》：以土圭之法測土深、正日景，以求地中。

《周禮·天官冢宰》：外府：掌邦布之入出，以共百物而待邦之用，凡有法者。共王及後、世子之衣服之用。

3. "法"字指法度，包括"法制""法令""法禁"，總括爲現代"制度"之意。這個涵義的內容最廣，可以包括、但不專指"刑法"。下面尤其是《左傳·昭公七年》提到"周文王之法"一段最能代表這個用法：

周文王之法曰有亡荒閱，所以得天下也。吾先君文王作僕區之法，曰盜所隱器，與盜同罪，所以封汝也。若從有司，是無所執逃臣也。逃而舍之，是無陪臺也。王事無乃闕乎。昔武王數紂之罪，以告諸侯曰：紂爲天下逋逃主，萃淵藪。故夫致死焉。君王始求諸侯而則紂，無乃不可乎？若以二文之法取之，盜有所在矣。王曰：取而臣以往，盜有寵，未可得也。遂赦之。

《尚書·盤庚上》：盤庚斆於民，由乃在位，以常舊服，正法度。

《墨子·尚賢中》：故唯昔三代聖王堯、舜、禹、湯、文、武，之所以王天下正諸侯者，此亦其法已。

《商君·書開塞》：聖人不法古，不修今。法古則後於時，修今則塞於勢。周不法商，夏不法虞，三代異勢，而皆可以王。故興王有道，而持之異理。

《周禮·天官冢宰》：以八法治官府。

上面《尚書》《左傳》《墨子》《商君書》的引文中"法"字的涵義基本相同，都是指夏商周三代治理人民的"法度"、方法。《周禮·天官冢宰》裏"八法"的治理物件是官員，但"法"仍有管理、治理的意涵。

先秦文獻中除了"法"有"法制""法令""法度"的意思之外，還有另一個非常重要的字。"典"同樣具有"法制""法令""法度"的意思。"典"字比"法"出現可能更早。《詩經》《尚書》裏提到三代聖王的治理方法與模範往往用"典"字。例如：

《詩經·大雅·蕩》：文王曰咨、咨女殷商。匪上帝不時,殷不用舊。雖無老成人,尚有典刑。曾是莫聽,大命以傾。

《詩經·周頌·維清》：維清緝熙,文王之典。肇禋,迄用有成,維周之禎。

《詩經·周頌·我將》：我將我享,維羊維牛,維天其右之。儀式刑文王之典,日靖四方。

《尚書·堯典》：昔在帝堯,聰明文思,光宅天下。將遜于位,讓于虞舜,作《堯典》。

《尚書·舜典》：虞舜側微,堯聞之聰明,將使嗣位,曆試諸難,作《舜典》。

《詩經》《尚書》裏提到三代聖王治理的總體都是以"典"來表述。《詩經·大雅·蕩》"尚有刑典"中"刑"與"典"並舉。但"典"的涵義可以包括"刑"而"刑"不能概括"典"。《尚書》中的《堯典》《舜典》就是證據。"典"可以是"法"的總稱。但是"典"一般是有文字記載的。"法"可以是口傳的。"法"與"典"可以互換的例子,可以在《荀子·非十二子》裏找到：

尚法而無法,下修而好作,上則取聽於上,下則取從於俗,終日言成文典,反紃察之,則倜然無所歸宿,不可以經國定分;然而其持之有故,其言之成理,足以欺惑愚衆:是慎到田駢也。

荀子批評慎到、田駢雖"終日言成文典"然而"無所歸宿"。這種批評相當於說他們只強調"成文法"而且把"法"作爲工具却沒有明確而合理的目的。

4. "法"作"刑""辟"解,專指刑罰,或與"令"連用作"法令"：

《尚書·呂刑》：苗民弗用靈,制以刑,惟作五虐之刑曰法。

《尚書·君陳》：王曰：君陳,爾惟弘周公丕訓,無依勢作威,無倚法以削,寬而有制,從容以和。殷民在辟,予曰辟,爾惟勿辟;予曰宥,爾惟勿宥,惟厥中。

《易經·蒙卦》：象傳：利用刑人,以正法也。

《易經·噬嗑》：雷電噬嗑;先王以明罰敕法。

《道德經》：法令滋彰,盜賊多有。

《墨子·辭過》：法令不急而行,民不勞而上足用,故民歸之。

《墨子·尚賢中》：賢者之治國者也，蚤朝晏退，聽獄、治政，是以國、家治而刑、法正。

上面的例子證明"法"在先秦的文獻裏，可以歸納爲最少有四種涵義，並不專指刑罰或者法禁。"法"的廣義指效法、方法，而具有強制性的管治行爲的方法或規範是"法令""法度"。"刑罰"顯然是"法"的一個很早出現的涵義。"正法"就是實行"刑罰"。"法"之中帶有殺傷懲罰的規範則用"刑"來表述。觸犯"法令"的人受到的懲罰是"刑"。《尚書·呂刑》曰："惟作五虐之刑曰法。"與《易經》蒙卦："象傳：利用刑人，以正法也。"這兩個都是"法"字專用以指"刑法"的例子。

在先秦文獻中，"法"並不是唯一指刑罰的字，還有其他同義詞如"辟""制"等。上面引《尚書·君陳》篇"殷民在辟，予曰辟，爾惟勿辟"，便是典型的用法。"辟"應該是刑罰中不牽涉殘害肉體的懲罰，是相當於流放、放逐遠方，使備受艱苦的懲罰。① "制"字從"刀"旁，有使用武力制服的意思。所以先秦文獻中，"制"常常與"刑"同時出現。但是，一如"法"字的多義性，"制"也引申爲制定、製作之意，與"法"在這特指涵義上可以說是同義字。例如《荀子·非十二子》："今夫仁人也，將何務哉？上則法舜禹之制，下則法仲尼子弓之義，以務息十二子之説。如是則天下之害除，仁人之事畢，聖王之跡著矣。"這裏荀子説："法舜禹之制"中的"法"與"制"基本是同義詞，衹有現代語法上用作名詞與動詞的差異。"法"用作動詞而"制"可以説是作爲名詞而使用。

"法"用作"法制""法令""法度"與另外一個字也有重疊的涵義。"政"字具有"施政"、政務、政策、政事的意思，涵義也是非常廣的。它與用作"法令"或"法度"的"法"字，具有相近的涵義，可以通用。下面列舉一些含有"政"字的例子：

《墨子·尚賢中》：子墨子言曰："今者王公大人爲政于國家者，皆欲國家之富，人民之衆，刑政之治，然而不得富而得貧，不得衆而得寡，不得治而得亂，則是本失其所欲，得其所惡，是其故何也？"

《墨子·尚賢中》："何謂三本？曰爵位不高則民不敬也，蓄禄不厚則民不信也，政令不斷則民不畏也。"

---

① 《尚書·蔡仲之命》："惟周公位冢宰，正百工，群叔流言。乃致辟管叔于商；囚蔡叔于郭鄰，以車七乘；降霍叔于庶人，三年不齒。蔡仲克庸祇德，周公以爲卿士。叔卒，乃命諸王邦之蔡。""辟管叔"與"囚蔡叔"並舉。"辟"作命令蔡叔遠離到商地去"躲避"，其實就是放逐的意思，是一種懲罰。

《荀子·王霸》：上之於下，如保赤子，政令制度，所以接下之人百姓，有不理者如豪末，則雖孤獨鰥寡必不加焉。

《荀子·議兵》：政令信者强，政令不信者弱。

《韓非子·內儲説上》：大臣無重則兵弱於外，父兄犯法則政亂於內。兵弱於外、政亂於內，此亡國之本也。

上面所有這些例子中，除了《墨子尚賢中》第一段引文"爲政於國家者"與《韓非子》引文外，"政"字可以與"法"字互换。

據此，先秦文獻中，"法"字最少有 4 種涵義，而用作"法制""法度""法令"的"制度"涵義時可以用其他同義字如"政"和"典"來代替。"法"字用作刑罰解又有"辟"與"制"等相近或同義字以供選擇。因此，解讀先秦諸子的文本，對於"法"字的多義性及其各涵義的同義字必須分析研究，始能客觀地解讀儒家文獻中有關"法"字與"禮"字的語境義。

甲、"禮"的多義與"法"涵義的重疊義

先秦文獻中的"法"字既然有最少四種涵義，那麼其中有没有與"禮"字相同的涵義？"禮"字在先秦文獻中同樣是多義的。"禮"字從廣義到狹義，由具體到抽象，可以分爲四種：1."禮法"，即制度；2."禮儀"，即"禮數""禮節"；3."禮義"，即制禮的意義與價值；4."禮敬"。

先秦文獻中的"法"字用作"法度""法制"的涵義與"禮"的廣義相通：

《莊子·天道》：賞罰利害，五刑之辟，教之末也；禮法、度數，形名比詳，治之末也。

《莊子·天運》：故禮義、法度者，應時而變者也。

《周禮·天官冢宰》：以法掌祭祀、朝覲、會同、賓客之戒具，軍旅、田役、喪荒亦如之。七事者，令百官府共其財用，治其施捨，聽其治訟。

《莊子·天道》以"禮法"與"度數"並舉，歸類爲治民的方法。《周禮·天官冢宰》列舉的"祭祀""朝覲""會同""賓客之戒具"都屬於周"禮"。所以"法"與"禮"相通而不是屬於兩類不同性質的行爲規範。《周禮·天官·冢宰》説："凡朝覲、會同、賓客，以牢禮之法掌其牢禮、委積、膳獻、飲食、賓賜之飧牽與其陳數。"由於"禮"是行爲的具體規範,需要一定的客觀規則,所以經常與"法"字同時出現。

再看墨子對"法"與"禮"的使用習慣。在《墨子》中,"禮"與"法"兩字所指涉的內容並不屬於兩類截然不同的行爲規範。墨子雖然反對儒家的繁文縟節,浪費資源,但是對於社會上的基本人倫禮義並不反對。《墨子·尚同中》曰:"天下之亂也,至如禽獸然,無君臣、上下、長幼之節,父子兄弟之禮,是以天下亂焉。"墨子與儒者都視君臣、父子、夫婦、兄弟等基本人倫關係爲理所當然,社會最基本的人倫規範。無論對於先秦哪一個學派,這些都是"禮"或"禮義"的主要內容。男女之防在春秋貴族中是非常重要的一個行爲規範(禮義)。男女如何防範却需要客觀行爲規則的建立,墨子認爲這些禮義的維繫有賴於具體規劃居住空間的"宮室之法"。《墨子·辭過》曰:

> 子墨子曰:古之民,未知爲宮室時,就陵阜而居,穴而處,下潤濕傷民,故聖王作爲宮室。爲宮室之法,曰:室高足以辟潤濕,邊足以圉風寒,上足以待雪霜雨露,宮牆之高,足以別男女之禮,謹此則止。費凡財勞力,不加利者,不爲也。

"別男女之禮"的體現是透過墨子所謂"宮室之法"。"宮室之法"用另一種表述就是宮室制度。用上面《莊子·天運》的話,就是體現"禮義"的"法度"。

乙、早期法家文獻中的"法"與"禮"

再看法家對於"法"與"禮"的用法,看看將"禮"全劃歸儒家的做法符不符合當時文字的使用習慣。早期法家商鞅提倡"變法",同時"更禮"。他反對不依照時代的需要而墨守過時的禮、法。但沒有反對"禮"或者主張完全廢除"禮"。《商君書·更法》曰:"法者,所以愛民也;禮者,所以便事也。是以聖人苟可以強國,不法其故;苟可以利民,不循其禮。"商鞅要變法更禮。不是只任法廢禮。也不是對民只用"法"而對貴族只用"禮"。"法"與"禮"都適用于貴族、官與民。商鞅只要提倡"變法"同時"更禮"沒有提出去禮。《更法》云:

> 伏羲神農教而不誅,黃帝堯舜誅而不怒,及至文武,各當時而立法,因事而制禮。禮、法以時而定,制令各順其宜,兵甲器備各便其用。臣故曰:"治世不一道,便國不必法古。"湯武之王也,不循古而興;殷夏之滅也,不易禮而亡。然則反古者未

可必非,循禮者未足多是也。君無疑矣。

法家如商鞅並非只任法而廢禮。"立法"與"制禮"都是治理百姓的重要手段。他認爲古代的聖王如文王、武王都是"當時而立法,因事而制禮"。他衹是主張"禮、法以時而定",反對泥古不知隨時而更改"法"與"禮"而已。

對於商鞅、墨子來説,君臣、上下、父子、夫婦的基本人倫制度,就是"禮義"的重要内容,都是不可廢的,"立法"的一個重要目的是保證貴族、百姓遵守"禮義"。下面一段對於這些基本的人倫制度,商鞅的立場是非常清楚的,都是站在儒家、墨家的立場上的。《商君書・君臣》:

> 古者未有君臣上下之時,民亂而不治。是以聖人别貴賤,制爵位,立名號,以别君臣上下之義。地廣,民衆,萬物多,故分五官而守之。民衆而奸邪生,故立法制爲度量以禁之。是故有君臣之義,五官之分,法制之禁,不可不慎也。處君位而令不行,則危;五官分而無常,則亂;法制設而私善行,則民不畏刑。君尊則令行,官修則有常事,法制明則民畏刑。法制不明,而求民之從令也,不可得也。

商鞅認爲君臣上下之義需要用"法"來確立,即明文規定而公佈於民。"民亂而不治"的根本原因是民不明"君臣上下"之義,而"君臣上下"的區分的根本原則就是貴賤的區別,而"貴賤"必須依靠"爵位""名號"的"法"來辨別與維繫。"法"明確指"法制""法令",所以此處"法制"的涵義與"禮制"不異。商鞅稱"别貴賤,制爵位,立名號"爲"義"而不用"禮"字來表述。然而,"别君臣上下之義"不就是儒家"禮"所藴含的"禮義"嗎?從涵義的具體内容來看,商鞅所謂"義"與儒家所謂"禮義"並無二致。因此認爲"法家"提倡"法治"而儒家主張"禮治"是不符合當時的事實的。這是因爲没有經過對先秦文獻中"法"與"禮"字同時進行涵義分析的結果。

我們再來看另一個被劃分爲法家的《管子》中"禮"與"法"使用的涵義。無論學者把《管子》視爲早期法家或者戰國後期成書的法家著作,有關"禮"與"法"的思想,在内涵上都與商鞅和韓非相近。但是《管子》"禮"、"法"並用,並不像韓非,多用"法"字而少用"禮"字。《管子・五輔》:

> 民知義矣,而未知禮,然後飾八經以導之禮。所謂八經者何? 曰:上下有義,

貴賤有分,長幼有等、貧富有度,凡此八者,禮之經也。故上下無義則亂,貴賤無分則爭,長幼無等則倍,貧富無度則失。上下亂,貴賤爭,長幼倍,貧富失,而國不亂者,未之嘗聞也。是故聖王飭此八禮,以導其民;八者各得其義,則爲人君者,中正而無私。爲人臣者,忠信而不黨。爲人父者,慈惠以教。爲人子者,孝悌以肅。爲人兄者,寬裕以誨。爲人弟者,比順以敬。爲人夫者,敦蒙以固。爲人妻者,勸勉以貞。夫然則下不倍上,臣不殺君,賤不逾貴,少不陵長,遠不閒親,新不閒舊,小不加大,淫不破義,凡此八者,禮之經也。夫人必知禮然後恭敬,恭敬然後尊讓,尊讓然後少長貴賤不相逾越,少長貴賤不相逾越,故亂不生而患不作,故曰禮不可不謹也。

管子這裏所謂"八經"是"上下有義,貴賤有分,長幼有等、貧富有度,凡此八者,禮之經也"。這"八經"也是"禮之經"。如果統治者對這"八經"不謹慎,便會"上下亂,貴賤爭,長幼倍,貧富失,而國不亂者,未之嘗聞也。是故聖王飭此八禮,以導其民。"管子這些話赫然像孔子,主張治理百姓,不能只用刑罰,而應該"齊之以禮"！然而,《管子》並沒有用"法"來表述,却用"禮"來指涉者"八經"。《管子‧五輔》這篇中對於基本的社會行爲規範有極詳盡的陳述,足以厘清商鞅、韓非在用字上偏好用"法"而不用"禮"的習慣的事實。《管子‧權修》曰:"貴賤不明,長幼不分,度量不審,衣服無等,上下凌節,而求百姓之尊主政令,不可得也。"

又,《管子‧乘馬》曰:"故一國之人,不可以皆貴;皆貴,則事不成而國不利也。爲事之不成,國之不利也。使無貴者,則民不能自理也,是故辨於爵列之尊卑,則知先後之序,貴賤之義矣,爲之有道。"

"尊卑""貴賤"是"義",是治理人民的重要手段。管子認爲"一國之人,不可以皆貴"而如果一個國家沒有"貴"人,"則民不能自理也"。管子這種思想就是肯定社會分工對於社會秩序的重要,與孟子說"勞心者治人,勞力者治於人"的話,雖然表達不同,但是意思是一樣的。人倫各種差等關係,尤其是"貴賤之義",《管子》與其他各家都沒有差別,與儒家的立場沒有不同。

法家即使到了韓非,也沒有只用法而廢棄"禮義",沒有主張採用所謂"法治"而反對儒家的"禮義"。韓非確實是多用"法"字而少用"禮"。許多在《管子》《商君書》中用"禮"字表述的涵義都改爲用"法"來表述。對於《管子》書中思想的解讀也是"以法蓋禮",突出"法"而不提"禮"。《韓非子‧奸劫弒臣》:

伊尹得之湯以王,管仲得之齊以霸,商君得之秦以強。此三人者,皆明于霸王之術,察于治強之數,而不以牽於世俗之言;適當世明主之意,則有直任布衣之士,立爲卿相之處;處位治國,則有尊主廣地之實;此之謂足貴之臣。湯得伊尹,以百里之地立爲天子;桓公得管仲,立爲五霸主,九合諸侯,一匡天下;孝公得商君,地以廣,兵以強。

韓非推崇管仲與商鞅的理由都是因爲他們能夠幫助齊桓公與秦孝公建立富強的國家,而當時管仲之所以得到齊桓公的信任就是因爲他的言論都是"法"與"術"。《韓非子‧難三》:

或曰:管仲之所謂言室滿室、言堂滿堂者,非特謂遊戲飲食之言也,必謂大物也。人主之大物,非法則術也。法者,編著之圖籍,設之於官府,而布之于百姓者也。

他解釋管仲的"言"就是對國君有用的"大物",而"大物"就是"法"與"術"。韓非不但在自己的論著中少用"禮"字,同時在引用他推崇的管仲、商鞅的時候,都不提"禮義"或"禮"。那些原來在《商君書》與《管仲》中的"禮"與"禮義"都用"法"字代替了。

韓非定義的法,"法者,編著之圖籍,設之於官府,而布之于百姓者也"。就是荀子批評慎到所崇尚的"成文典"。重點是公開頒佈"法令"於民,這一點儒家是不反對的。我們再看韓非所謂"法"裏面有沒有其他諸子所說的"禮"或"禮義"。《韓非子‧大體》:

寄治亂於法術,托是非於賞罰,屬輕重於權衡;不逆天理,不傷情性;不吹毛而求小疵,不洗垢而察難知;不引繩之外,不推繩之內;不急法之外,不緩法之內;守成理,因自然;禍福生乎道法而不出乎愛惡,榮辱之責在乎己,而不在乎人。一以法爲斷,法之外不問,法之內必究。

韓非斬釘折鐵地說:"一以法爲斷,法之外不問,法之內必究。"那麼"法之內必究"的違法行爲有沒有與"禮"有關的呢?《韓非‧解老》:

義者,君臣上下之事,父子貴賤之差也,知交朋友之接也,親疏內外之分也。臣事君宜,下懷上宜,子事父宜,賤敬貴宜,知交友朋之相助也宜,親者内而疏者外宜。義者,謂其宜也,宜而爲之,故曰:"上義爲之而有以爲也。"

"君臣上下""父子貴賤""親疏内外"都是理所當然的"義"。就是因爲"臣事君""下懷上""子事父""賤敬貴""友朋之相助""親者内而疏者外"所有這些行爲規範都是所有人"宜"遵守的"法之内"的内容。所以,需要用客觀、明文的規定"法"來維持。可見"法"就是用來維護"法之内"的"義"。如君臣、貴賤、上下、男女,這些"禮義"韓非絶對不會反對。在治理百姓、國家方面,與商鞅相同,韓非並没有主張廢棄區分人倫關係的"義"。韓非的思想與《管子》中有關尊卑、長幼、貴賤的主張並没有不同。然而,《管子》却用"禮"來指這些"義"而韓非用"法"字來表述這些"義"。

丙、"刑""法"與士的關係

要論證先秦儒家政治思想有没有輕視客觀規範的"法制"、是不是重禮不重刑,輕視帶有强制性與刑罰的"法律"以及討論儒家與"法治"問題的關係,我們需要對現代意義的"法律"所涵蓋的各類問題稍作梳理。"法"的最終目的是控制與管理社會秩序與維護民衆的價值,即"治"(order/government),而達到"治"的目的主要途徑可以分爲三個方面:1. 禁令;2. 生活規範;3. 解決糾紛(聽訟)。與這三種目的相應的現代"法律"語言是 1. "法禁""法律";2. "法令""法規""條例";3. 執行"法律"的"司法"。

與西方中古以前一樣,中國古代政府的"立法""執法"、與"司法"的權力没有在體制上明確分離。因此,中國傳統是"政""法""刑罰",在"法源"、制定法律與執行三方面没有在體制上分離。但司法在政府内部職能分工裏也有由專門機構與人員來負責(例如司寇、刑部、大理寺、按察司等)。現代"法律"細分爲很多不同的類型。主要大類包括:1. 有關社會與政府合法性規範的"憲法"(constitutional law);2. "立法"程式的"立法法"(legislative law);3. 管理政府官員的"行政法"(administrative law);4. 管治社會日常生活的"民政法"(civil administrative law);5. 解決公民之間糾紛的"民法"訴訟法(civil procedure law);6. 執行懲罰破壞與違反社會基本價值如生命、財產的"刑法"(criminal law)。除了明文的"憲法"與"立法法"外,古代的"禮"與"法"基本涵蓋現代"法律"的各方面。祇是"法源"與"立法過程"有所不同。所以"法"字在先秦文獻中的含義常常包括其中 3 到 5 其中一種,甚至兩種的含義。

"法"字在儒家文獻中有没有具備"立法""執法"與"司法"三個意思呢?最原始形

態的政權如部落領袖必定是能夠保護人民的生命、財產、安全,而要達到這些目的,他必須擁有仲裁紛爭的權力,鎮壓和消滅侵害生命、財產的賊寇,而武力是這兩種能力的基礎。紛爭需要仲裁,判決的結果需要執行,如果訟方不接受判決便需要強制執行,而執行需要武力作後盾。中國上古的聖王就是能夠用"刑"與"法"來治理人民的領袖。

上面所引《尚書》《詩經》已經說明孔子以前儒家的經籍中,"法度""刑罰"都是重要的治民手段。《尚書》《周易》《詩經》中"法""刑"都代表正面、合理的管治方法。帶有強制性的行為規範"法"是政治權力、制度產生最原始的形式。儒家經籍中記載的上古聖王如堯舜禹等都是清除賊寇,處理"爭訟"與解決紛爭的模範領袖。刑罰牽涉的訴訟、負責執行刑罰的人員(士)在儒家經籍裏都有概括但清楚的記載。刑罰從開始便是儒家政治思想中非常重要的一個部分。這可以從儒家對於"士"的職責的描述中看出。"士"是周代貴族的下層,擔任所有戰爭與治理人民的職務。而其中最重要的兩個是保衛與執行刑罰。

　　《尚書·堯典》:帝曰:"籲!囂訟,可乎?"
　　《尚書·舜典》:曰:帝曰:"皋陶,蠻夷滑夏,寇賊奸宄。汝作士,五刑有服。"
　　《尚書·呂刑》:士制百姓于刑之中,以教祗德。

《尚書·舜典》舜任命皋陶"作士"的主要目的是使其掌管"五刑"。而能夠執行刑罰的人需要掌握武力而"士"是上古時期武力的主體。上古的"士"在平時是執行"司法"的主要人員。因此"士"需要熟悉"法令"。《周禮》雖然成書年代可能是戰國或更後的西漢,但是其中有關司寇職掌的說明也是繼承《尚書·舜典》裏有關抵抗寇盜,保衛生命、財產責任的傳統。《周禮·秋官司寇》"秋官,司寇掌邦禁。"最早設立與"法律"有關的官職是司寇,而司寇得名無疑是為了保護百姓,抵抗"寇"的侵擾。

"法"與"士"關係之密切在《孟子》與《荀子》中也是非常清楚的。士需要懂禮,也需要"行法"。"行法"就是執行法的意思。《盡心下》:

　　孟子曰:"堯舜,性者也;湯武,反之也。動容周旋中禮者,盛德之至也;哭死而哀,非為生者也;經德不回,非以干祿也;言語必信,非以正行也。君子行法,以俟命而已矣。"

孟子認爲人人皆可以爲堯舜，但是現實中所有人都需要努力擴充自己天賦的性善"四端"，能不能成爲聖人，則祇能聽命了。然而，在努力的過程中，"君子行法"，一個君子的行爲須要依乎"法"。孟子沒有用"禮"字。但無疑，"法"必定包括所有儒家認爲重要的"禮義"，也包括遵守一國的法制、法禁。

儒家不僅僅強調一個君子要學禮，同時需要學"法"與守"法"。荀子在推崇"禮"，尤其是具體、客觀的行爲規範方面，比孟子更明確，更有系統，更重視對於客觀"法"的學習。他說："故隆禮，雖未明，法士也；不隆禮，雖察辯，散儒也。"（《勸學》）他從學習的角度來比較對於學習禮的重要性。一個能夠學習，實行"禮"的學士，雖然不完全明白行禮的意義，但是他是一個依法而學的人，所以稱爲"法士"；而有辨識能力的學士，但沒有好好學禮，他祇能是散漫無節制的儒生。守"法"與守"禮"對荀子來說是一樣的。

荀子《勸學》篇又說："好法而行，士也；篤志而體，君子也；齊明而不竭，聖人也。人無法，則倀倀然；有法而無志其義，則渠渠然；依乎法，而又深其類，然後溫溫然。"這裏，荀子反覆強調"法"的重要。"好法而行"是從"士"開始學習的起點，最終學爲聖人。可見"行法"的重要。"人無法，則倀倀然"，"依乎法，而又深其類，然後溫溫然"。"法"在荀子的"學習"過程中是極爲重要的。荀子所說的"法"當然包括"禮"與政府裏的"法令""法禁""法度"。有關荀子"禮"與"法"的關係，在下面再申論，先論孔子、孟子與荀子思想中的"法"思想。

三、孔子思想中的"法""刑"與"政"

儒家學說不是一個嚴密有系統的學派，沒有西方宗教的教條（doctrine）意識。從孔子、孟子，到荀子、董仲舒，每個思想家的語言與思想環境都不一樣。由於每個思想家個人的學習背景和文化背景的差異，在語言上會出現表述的習慣上的個人習慣與特色。由於語言及其載體，尤其是先秦時期的文字，假借、衍生的情況非常普遍而複雜，所以先縱觀一個思想家使用語言的習慣，觀察其一些表述傾向，再分析其思想是非常重要的。

"法"字雖然可以涵蓋"法度""法制""法禁"與"刑法"衆多意涵，但在《論語》裏"法"却只出現了 2 次，"刑"字出現了 5 次，而"禮"字出現了 75 次。從出現次數來看，好像孔子不重視"法"與"刑"，而認爲孔子是提倡"禮治"的說法有很堅實的資料支援。但是，上面已經論證"法"字作爲"刑罰"可以用其他同義詞如"辟""制"來代替，而"法"字用作"法度""法令""法禁"在內容上與"政"字是相通的。所以，《論語》中"法"字只出現2次的事實不能證明孔子不重視客觀治理人民的規範與"刑罰"。先看看孔子的政治思想中是不是不重視客觀的行爲規範與刑罰。

首先，須要通觀《論語》中有關使用"法""禮""刑"等字的情況。在《論語》中祇有兩處用了"法"字。

《論語·子罕》："子曰：法語之言，能無從乎？改之爲貴。巽與之言，能無說乎？繹之爲貴。說而不繹，從而不改，吾末如之何也已矣！"

《論語·堯曰》："謹權量，審法度，修廢官，四方之政行焉。興滅國，繼絕世，舉逸民，天下之民歸心焉。"

"法語"具體所指不十分明晰。但《論語·堯曰》裏的"審法度"的用法就是治理人民需要有客觀的制度、方法的意思。也就是孟子說的先王之法。這個涵義的"法"字與"禮"可以相通。孔子的政治思想並不是不重視"法制""法令""法度"，而"法制""法令""法度"可以涵蓋刑罰。

《論語爲政》曰："子曰：'道之以政，齊之以刑，民免而無恥；道之以德，齊之以禮，有恥且格。'"在這句話中，孔子提到了他政治思想中的核心概念："政""刑""德""禮"。孔子沒有提到"法"。但是如果"法"指"法度""法令""法禁"，"政"與"禮"兩字便包括了"法"。我們要分析《論語》中"禮"與"政"字的涵義，看看這兩個字有沒有包涵"法度""法令"與"制度"的意思。孔子說：

子張問："十世可知也？"子曰："殷因于夏禮，所損益，可知也；其或繼周者，雖百世可知也。"（《論語·爲政》）

這裏說的"禮"是廣義的"禮制"。孔子對於夏商周三代制度的因襲是用"禮"來表述的。但除了"禮"字，孔子也喜歡用"政"來指涉治理人民的"方法"或"法制"。在《論語》中，"政"字出現43次。孔子語言習慣無疑喜歡用"政"多於"法"。同時，"法"字雖然可以指"刑罰"但並不是"刑罰"的代名詞。所以孔子沒有說"道之以政，齊之以法"而是"齊之以刑"。

認爲儒家"重禮輕刑"的另一個原因是誤解了孔子的刑罰觀。學者對於儒家重禮輕法的誤解，以及將"德治"與"法治"視爲相衝突的觀點主要來自對《論語》兩段文字的誤讀。第一段是孔子有關"聽訟吾猶人也,必也使無訟乎!"學者認爲孔子"息訟"的主張代表了孔子對於"法"的主要態度。但是"訟"祇是"法"的其中一個涵義。訴訟是治理人民的"政"的一個部分。孔子説自己作爲一個官員的態度與作爲一個普通人一樣,也是不希望被訴訟牽累的。然而,一個常人希望無訟不等於在治理人民的立場上輕視刑法或作爲外在的客觀行爲規範的"法度"或"法令"。

上面已經論證孔子以前的《詩經》《尚書》中對於"刑罰"都視爲治理人民的重要手段。孔子以《詩》《書》教授,他的思想中繼承了這一種思想應該是理所當然的,但這點也需要論證。

我們再看經常被用來證明孔子和儒家的政治思想不重視刑罰的,是上面已經引過的《論語·爲政》:"子曰:'道之以政,齊之以刑,民免而無恥;道之以德,齊之以禮,有恥且格。'"學者往往只用後面"齊之以禮"一句來證明孔子不重視刑罰或者"法律",簡單地以"刑"對"禮"而又將"刑"轉換成"法",與之等同或相連,遂由原來的"禮""刑"變爲"禮""法"的對舉,"德治"與"法治"的衝突。但這種解讀法是一種粗率的誤讀。其實,正確的理解是:孔子首先肯定"道之以政,齊之以刑","刑"也是"齊"的手段。但是,孔子認爲不足,因爲人民祇是恐懼受刑才守法,而如果人民被教導守法的意義,人民不僅不會犯法,而且會產生羞恥的道德意識,進而改變行爲,成爲一個良善、明禮義、以守法爲理所當然的良民。所以孔子不是提倡廢除或者不重視"刑罰",孔子祇是認爲僅僅用刑罰來治理社會不是最有效和理想的方法。孔子並沒有將"政""刑"與"德""禮"對立起來,視爲非此即彼的治民手段,而是認爲在政與刑的基礎之上,仍需要以德和禮來教導人民,除了能自我約束,不觸犯法網,受刑罰之苦之外,還能改過從善,成爲有操守,知禮守法的人。

其實,孔子對於刑罰的態度最有代表性的不是在經常被引用的《爲政》篇裏,而是在《子路》篇。子路問政,孔子回答説:"正名。"在這一段裏,孔子對於"刑罰"的態度表述得很清楚,《論語·子路》曰:

> 子路曰:"衛君待子而爲政,子將奚先?"子曰:"必也正名乎!"子路曰:"有是哉,子之迂也!奚其正?"子曰:"野哉,由也!君子於其所不知,蓋闕如也。名不正,則言不順;言不順,則事不成;事不成,則禮樂不興;禮樂不興,則刑罰不中;刑罰不中,則民無所措手足。故君子名之必可言也,言之必可行也。君子於其言,無所苟而已矣。"

"刑罰不中則民無所措手足"一句很清楚顯示孔子認爲"刑罰"在治理人民中具有非常重要的作用。祇不過,需要"刑罰中"前面的幾個條件是"名正""言順""禮樂興"。所以"禮樂"與"刑罰"同樣是重要的政治手段。在治理人民方面,孔子沒有只重視"禮"而認爲"刑法"不重要的思想。如果學者認爲刑法是"法治"的主要內容,那麼,孔子的政治思想決不能説是祇有"禮治"而沒有"刑治"。

四、孟子思想中的"法"與"禮"

在孟子的語言中,"法"與"禮"也是多義的,而在指涉"制度"、治民方法上,兩字同樣有重疊、相同的涵義。《孟子》提到"法"11處,上面列出"法"字的四個涵義在孟子一書中都可以找到。有作"仿效""效法"解,但效法的内容是"制度"與"政"。《公孫丑上》曰:"若是,則弟子之惑滋甚。且以文王之德,百年而後崩,猶未洽於天下;武王、周公繼之,然後大行。今言王若易然,則文王不足法與?"仿效文王之法,其具體内容也就是三代所共同施行的治民之政與制,包括政府設立的"學"。《滕文公上》:

> 設爲庠序學校以教之:庠者,養也;校者,教也;序者,射也。夏曰校,殷曰序,周曰庠,學則三代共之,皆所以明人倫也。人倫明於上,小民親於下。有王者起,必來取法,是爲王者師也。《詩》云"周雖舊邦,其命惟新",文王之謂也。子力行之,亦以新子之國。

效法文王當然就是指文王治理天下方法的統稱。孟子也有用"法"指組織或具體施政的方法,如任用賢能之士爲官,實行便民而不苛徵稅收的市集管理,讓商人交易謀利。《公孫丑上》曰:"尊賢使能,俊傑在位,則天下之士皆悦而願立於其朝矣。市廛而不征,法而不廛,則天下之商皆悦而願藏於其市矣。""法而不廛"就是提供良好的市場秩序而不徵收場租。對孟子來説,這就是不與民爭利的良法。孟子推崇古先王治民之道,提倡仁政。無論"堯舜之道"或"先王之道",孟子亦稱之爲"先王之法"。《離婁上》:

> 離婁之明,公輸子之巧,不以規矩,不能成方員;師曠之聰,不以六律,不能正五音;堯舜之道,不以仁政,不能平治天下。今有仁心仁聞而民不被其澤,不可法於後世者,不行先王之道也。故曰徒善不足以爲政,徒法不能以自行。《詩》云:"不

愆不忘,率由舊章。"遵先王之法而過者,未之有也。

孟子以"法"統稱三代的治民之道,所以"法"在孟子思想中並不專指"刑罰"而是指施政或治理人民的行政。孟子不用"先王之禮"來表述"政"或"道",却用"先王之法"與"先王之道",並不是説孟子不重視"禮",而是"禮"在孟子語言中已經多用作指抽象的"禮義",而"法"則用來指具體的客觀施政、具體的制度。

在孟子的語言中,"禮"字的用法,除了指一般的禮制外,經常是用來指抽象的道德原則或態度,就是"禮義"。《孟子·離婁下》曰:"君子以仁存心,以禮存心。仁者愛人,有禮者敬人。""禮"作爲客觀規範祇能見於具體的行爲,但作爲産生"禮"的行爲驅動力必然來自個人的主觀認同與主動遵守的道德意願。所以孟子説"以禮存心"的"禮"不可能是可見的行爲如"禮節"或"禮數",而是只可以被認同與接受的行爲規範原則及其價值,屬於内在意識層面的認知,只可以透過心來理解與接受的"禮義"。

孟子在語言的習慣上已經開始漸漸離開孔子而與荀子接近,多用"法"來表述三代聖王的"法",包括客觀行爲規範的"法令""法度""法禁";而"禮"除了指具體的禮儀、禮數外,更多的是指"禮義",就是合乎"禮"行爲的内在道德意識與價值。

如前述,孔子喜歡用"禮"而不用"法"字來表述制度。所以《論語·爲政》説:"殷因於夏禮,所損益,可知也;其或繼周者,雖百世可知也。"這些夏商周"先王之禮"就是"禮"的廣義,即制度。但孟子喜歡用"先王之法"來表述三代的制度。在孟子的語言中,"法"的用法是廣義的,指制度,包括"禮"與"刑"。他説:

> 徒善不足以爲政,徒法不能以自行。《詩》云:"不愆不忘,率由舊章。"遵先王之法而過者,未之有也。(《離婁上》)

先王之"法"是上古聖王用以治理百姓的方法。孟子遊説當時的諸侯國君效法堯舜治民之法。首先,他指出善心必須要體現在治理人民的具體施"政"上,而"政"就是"法";然而僅僅有"法"却不能保證"政"的合理性,不能保證"法"爲人民的"善"心。孟子並没有輕視"政法"對人的客觀規範作用。孟子並没有提倡"人治"而不要"政法"。孟子的"法"是包括"刑罰"的"刑法",但不限於懲罰性的法規。《孟子·離婁上》:

> 爲政不因先王之道,可謂智乎?是以惟仁者宜在高位。不仁而在高位,是播其

> 惡於衆也。上無道揆也。下無法守也，朝不通道，工不信度，君子犯義，小人犯刑，國之所存者，幸也。

孟子認爲人君不仁無道的結果是"上無道揆也。下無法守"。"下"包括官員與百姓。因爲他在《孟子·盡心下》章裏説："君子行法。"因此他説"君子犯義，小人犯刑"指的就是君子違反"禮義"而百姓觸犯"刑罰"。"禮義"與"刑罰"都包括在"法"之中，所以他説："下無法守"的"法"兼指"禮"與"刑"。與孔子"齊之以刑""齊之以禮"一樣，在孟子的政治思想中，"禮教"與"刑罰"都是治理人民的制度，也就是"法"。《孟子·滕文公上》：

> 設爲庠序學校以教之：庠者，養也；校者，教也；序者，射也。夏曰校，殷曰序，周曰庠，學則三代共之，皆所以明人倫也。人倫明於上，小民親於下。有王者起，必來取法，是爲王者師也。

"取法"的内容是教導人民的"校""序"與"庠"，夏商周三代教民的場所。這些自然都屬於制度。這些制度可以教人民"人倫"。"人倫"自然是禮義的主要内容。所以"法"作爲制度與"禮"是相通的，也是可以涵蓋"禮"的，這與孔子説的"殷因與夏禮"的"禮"在涵義上都是指制度而不是特指禮儀。

孟子講"法堯舜""法先王"的"法"是"效法"的意思。但是效法堯舜的具體内容就是他們體現"仁政"的制度與治理方法。《離婁上》：

> 規矩，方員之至也；聖人，人倫之至也。欲爲君盡君道，欲爲臣盡臣道，二者皆法堯舜而已矣。不以舜之所以事堯事君，不敬其君者也；不以堯之所以治民，賊其民者也。孔子曰："道二：仁與不仁而已矣。"

對於何謂"仁政"，孟子在勸梁惠王行仁政時給出很精簡的解釋，《梁惠王上》：

> 地方百里而可以王。王如施仁政於民，省刑罰，薄税斂，深耕易耨。壯者以暇日修其孝悌忠信，入以事其父兄，出以事其長上，可使制梃以撻秦楚之堅甲利兵矣。彼奪其民時，使不得耕耨以養其父母，父母凍餓，兄弟妻子離散。彼陷溺其民，王往

而征之,夫誰與王敵?故曰:"仁者無敵。"王請勿疑!

孟子的仁政包括三方面:"省刑罰""薄賦稅""修其孝悌忠信"。三方面都是施政的重要部分,都屬於"法"和"政"的範圍。孟子強調保障人民基本經濟生活的重要性,"薄賦稅",即對於人民的徵收賦稅必須要"有制",有制就是有一定之法。《滕文公上》:

> 民之爲道也,有恒產者有恒心,無恒產者無恒心。苟無恒心,放辟邪侈,無不爲已。及陷乎罪,然後從而刑之,是罔民也。焉有仁人在位,罔民而可爲也?是故賢君必恭儉禮下,取於民有制。

"取於民有制"指的是合理的賦稅制度。仁政的體現之一在讓百姓有恒產與恒心,所以合理的賦稅制度是仁政的重要内容。但採用適量的抽取賦稅制度却牽涉人君對於人民的敬愛。所以孟子説"是故賢君必恭儉禮下,取於民有制"。戰國時期,各諸侯國君皆致力於增加政府的財富收入,擴大徵兵,對百姓苛征重稅,對百姓祇有役使,哪來尊重!對人民不尊重的結果自然是横徵暴斂,罔顧人民疾苦與生死而驅之戰場之中。能對人民懷有"恭儉禮下"自然是符合"禮義"的德行,而"禮義"就體現在具體的徵稅制度—"治法"之中。

堯舜等古代聖王一般人是無法仿效的,雖然孟子的性善説以及他"人皆可以爲堯舜"在理論上是容許一切人有成爲聖人的可能。但是事實上,成爲聖人的目標對絶大部分的人來説祇是遥遠不可及的理想。但所有志於學的士應該以君子爲最基本的模範,所以孟子説:

> 堯舜,性者也;湯武,反之也。動容周旋中禮者,盛德之至也;哭死而哀,非爲生者也;經德不回,非以干禄也;言語必信,非以正行也。君子行法,以俟命而已矣。

孟子認爲人的命運不可知,但是爲君子的,需要"行法"!孟子爲什麽不説"君子行禮"?當然,在孟子的思想中,"法"用作廣義是包括"禮"在其中的。《孟子·離婁上》曰:"徒善不足以爲政,徒法不能以自行。《詩》云:'不愆不忘,率由舊章。'遵先王之法而過者,未之有也。"孟子這裏提出施政的三個要素:"善人""政"與"法"。他没有輕視"法"的意思,祇是指出"法"是政的重要部分而"法"的推行、執行有賴"善人"。雖然孟子認爲

"徒法不能以自行",然而,他對於政府裏面執法的主要人員"士"的要求却是要他們依照"法令""法度"來辦事。在孟子的語言中,"政""法"必定包括"刑罰"在内,而他説的"先王之法"在内容上必然包括孔子説的夏殷周的"禮",即制度。

五、荀子思想中的"法"與"禮"

戰國時期,大國争霸,爲了"富國强兵"增加資源備戰,無論是爲了自保與生存或擴張領土,各國紛紛透過强制性的規範"法"來增加税收、擴大兵源、鎮壓貴族内部的反抗與人民的叛亂。帶有懲罰性的法令、法度、法禁被大量地用來驅使百姓去開闢土地,提高糧食産量,藉以增加賦税。各國强制性地要求百姓接受軍事訓練,保衛國家與開闢疆土。各國政府透過"法度""法令""法禁"强行推行各種富强的政策,對於刑罰與實質性的獎賞越見依賴。這種趨勢在荀子的思想中有充分的反映。"法度""法令""法禁"在荀子的思想中的重要性相對地提高。"法"字在《荀子》中出現 183 次,"禮"字出現 343 次。但是,在涵義上,"法"與"禮"的重疊更多而導致荀子經常將"禮"與"法"並舉。

《荀子》中"法"字的一個常用涵義是廣義的,指制度的法制。因此,"法"與"禮"是同性質的,指一般的行爲規範。

> 《勸學》:禮者,法之大分,類之綱紀也。故學至乎禮而止矣。夫是之謂道德之極。
> 《荀子·勸學》:學莫便乎近其人。禮樂法而不説,詩書故而不切,春秋約而不速。
> 《荀子·非相》:法先王,順禮義,黨學者,然而不好言,不樂言,則必非誠士也。

戰國各國爲了應付日益擴大的領土,新收納或吸收被征服的臣民,在治理上面對各地複雜的風俗、語言習慣,一國固有的行爲規範已經不足以適應新的政治生態,各國不得不透過劃一、强制性的"法令""法禁""法度",尤其是刑罰來治理風俗、信仰、語言不同的複雜人口。《荀子·大略》:

> 有法者以法行,無法者以類舉。以其本知其末,以其左知其右,凡百事異理而相守也。慶賞刑罰,通類而後應;政教習俗,相順而後行。

荀子上面這段話折射了當時各國對於"法"的重視。"有法者以法行,無法者以類舉"指的就是當時在治理上出現很多問題是已無法規可循,祇能"以類舉",有點像英美法系的"先例法"。然而"法(度)"與"禮義"在荀子的思想中並非分離的。"禮義"體現在具體的"法度"之中。要正確解讀荀子有關"法"與"禮"的關係必須要從他的人性論開始。

荀子認爲"人之性惡,其善者僞也"。(《荀子·性惡》)。荀子認爲人之所以能産生"善"的行爲是因爲"人爲"的努力"僞"。要把人性的"惡"變爲"善",必須學。荀子有一套"學"的理論,而學的内容主要是禮與法。《荀子·榮辱》:

> 人之生固小人,無師無法則唯利之見耳。人之生固小人,又以遇亂世,得亂俗,是以小重小也,以亂得亂也。君子非得埶以臨之,則無由得開内焉。今是人之口腹,安知禮義?安知辭讓?安知廉恥隅積?亦呻吟而噍,鄉鄉而飽已矣。人無師無法,則其心正其口腹也。

荀子認爲人出生後因爲性惡,幾乎無一例外必定是"小人"。所以必須學習"禮義""辭讓""廉恥",而學習的方法是"師"與"法"。"法"當然包括"禮"與政府頒發的"法"。所以,荀子在《修身》裏説:"怒不過奪,喜不過予,是法勝私也。《書》曰:'無有作好,遵王之道。無有作惡,遵王之路。'此言君子之能以公義勝私欲也。"能用來克制私欲的是"法",荀子没有用"以禮勝私"的表述。這裏的"法"可以换成"禮"。"以公義勝私欲"的説法與孔子的"克己復禮爲仁"可以相通。但是孔子用"禮"來表達,而荀子用"法"來申述。荀子引《尚書·洪範》的"遵王之道""遵王之路"指的當然是"法令""法度""法禁"了!《荀子·性惡》曰:"故聖人化性而起僞,僞起而生禮義,禮義生而制法度;然則禮義、法度者,是聖人之所生也。"聖人所生的"禮義""法度"是所有人,包括君子、小人都必須要學習的。"禮義生而制法度"指基於人倫的道德價值而制定法律、刑罰。因此"法"不僅僅是用來統治百姓的,也是用來管理在政府裏任官的"君子"。對荀子來說,君子修身不僅僅包括學習"禮",同時包括遵守國家的"法令""法制""法禁"。所有在政府裏任職的"士"自然更要學習以"法勝私"了。所以特別强調"士"需要學"法"、守"法"。荀子説:"故隆禮,雖未明,法士也;不隆禮,雖察辯,散儒也。"(《荀子·勸學》)。

"法"與"禮"都是所有人必須學習的,而學習最有效的方法是跟隨老師。《勸學》:

> 禮者,所以正身也;師者,所以正禮也。無禮何以正身? 無師吾安知禮之爲是也? 禮然而然,則是情安禮也;師云而云,則是知若師也。情安禮,知若師,則是聖人也。故非禮,是無法也;非師,是無師也。不是師法,而好自用,譬之是猶以盲辨色,以聾辨聲也,舍亂妄無爲也。故學也者,禮、法也。夫師,以身爲正儀,而自安者也。《詩》云:"不識不知,順帝之則。"此之謂也。

因此,荀子引《詩經》"順帝之則"指的就是聖人、政府制定的禮、法。如果"士"尤其是有官職者不遵守"禮""法",他們同樣會受到"法"的懲罰。《荀子·榮辱》曰:"刑、法之所大禁也,然且爲之,是忘其君也。憂忘其身,内忘其親,上忘其君,是刑、法之所不舍也,聖王之所不畜也。"荀子不接受春秋時期"刑不上大夫"的貴族特權思想。所有君子都需要受"禮"與"法"的約束,而"法"包括"刑",所以說"刑、法之所大禁也"。從修身與做好一個"士"的本分的角度來看,遵守"禮法"是對每一個士的要求。

荀子認爲"禮義生而制法度",所以"禮"與"法"並不屬於兩種不同的行爲規範。他説"故非禮,是無法也","禮"與"法"異名而同體。"禮義生而制法度"清楚地說明"禮義"是設定"法度"的基礎原則與價值。

與孔子、孟子相較,荀子雖然更強調"法"在修身與治人兩方面的重要性,但是"法"與"禮"在他的思想中兩者不屬於不同性質的行爲範疇。因爲"法"的作用就是要維護、體現"禮"的原則與價值。《荀子富國》曰:"禮者,貴賤有等;長幼有差,貧富輕重皆有稱者也。"這些都是當時絕大部分的思想家所認同的價值。①

荀子一方面重視"法"對人的行爲的約束,另一方面清楚地瞭解到"法"在治理效果方面的限制。他説:

> 有亂君,無亂國;有治人,無治法,羿之法非亡也,而羿不世中;禹之法猶存,而夏不世王。故法不能獨立,類不能自行;得其人則存,失其人則亡。法者,治之端也;君子者,法之原也。故有君子,則法雖省,足以遍矣;無君子,則法雖具,失先後之施,不能應事之變,足以亂矣。不知法之義,而正法之數者,雖博臨事必亂。(《君道》)

荀子説"有治人,無治法",充分顯示他瞭解到"法"本身無法保證"法"的建立、闡釋

---

① 墨子也不例外。他的兼愛思想並不建立在人人平等的階級觀之上。

與執行必定符合制法的原意,所有這些有關"法"的環節都是要由人來實現。所以說:"法不能獨立,類不能自行;得其人則存,失其人則亡。"但是,荀子並沒有因爲"法"需要人的建立、闡釋和執行而不重視"法",因爲"法者,治之端也"。荀子的政治思想裏,絕對沒有"法治"與"人治"的對立。"禮"與"法"都是治理社會必須的工具,所以,"禮""法"可以直接連成爲"禮法"。荀子說:"治之經,禮與刑,君子以修百姓寧。明德慎罰,國家既治四海平。"(《荀子·成相》)。與孔子一樣,荀子同樣重視"禮"與"刑"在治理國家方面的重要性。

在春秋戰國諸子各派的爭辯中,儒、道、墨、法爲了建立理想的政治制度與社會環境而各自提出不同的方案。但是他們之間的差異不是用"法"與"禮"來區分的。我們概略地看看荀子《非十二子》中是如何分辨與批評各個派別的。他批評慎到、田駢是"尚法而無法",惠施、鄧析是"不法先王";子思、孟子是"略法先王"。最後總結:"今乎仁人也,將何務哉? 上則法禹舜之制,下則法仲尼、子弓之義,以務息十二子之說。如是則天下之害除,仁人之事畢,聖王之跡著矣!"荀子評價各學派都是用是不是"法"先王,而"法"先王的内容是"制"。"制"當然就是"法度",即他所謂的"禮法"了。荀子並沒有批評其他學派,尤其是法家的先驅慎到不重視或反對"禮"。

六、漢代儒家文獻中對於"禮"、"法"、"刑"的論述

秦統一六國之後,刑律繁重。漢初繼承秦的官僚體制,包括律刑。儒家重視帶有强制性的客觀行爲規範的"法"到了漢代更加突出。一方面,更多本來是"禮義",即不成文的規範,轉化爲成文的"法",就是說,社會生活更多的行爲被納入成文規範與法禁的範圍。由於原來屬於"禮義"的規範也變爲"法",而"法"又涵蓋"刑",所以爲了更好區分成文法裏非刑法與刑法的不同,"法"字在觀念與語言上便出現了新的分化。這種現象在《大戴禮記》裏有很清楚的顯示。《大戴禮記·盛德》篇將"法"區分爲"德法"與"刑法":

> 刑罰之所從生有源,不務塞其源而務刑殺之,是爲民設陷以賊之也。刑罰之源,生於嗜欲好惡不節。故明堂,天法也;禮度,德法也;所以御民之嗜欲好惡,以慎天法,以成德法也。刑法者,所以威不行德法者也。

《大戴禮記·盛德》的作者認爲民之所以犯法違禮是因爲情欲沒有受到節制，"嗜欲好惡不節"需要用"德法"即"禮度"來教化，但作者同時深明"禮"也不一定能對所有人起到作用，因此，那些不接受"德法"的人便需要用"刑法"的"威"來管理。至此，"法"明確地被區分爲"德法"與"刑法"。"德法"與"刑法"都是治理民眾的重要手段。《大戴禮記·禮察》進一步指出："禮者，禁於將然之前；而法者，禁于已然之後。是故法之用易見，而禮之所爲生難知也。""法"與"禮"雖然是被區分爲使用於"禁"之前後不同的階段，但是這種區分祇是兩種"法"的區分，"（德法）禮"用於前，"（刑）法"用於後。這裏"禮"與"法"在儒家政治思想中具有相同的重要性表達得最清楚不過了。

然而，儒家思想與先秦其他學派尤其是韓非代表的"法家"的分別，在於儒家在肯定"刑法"作爲一個重要的治理手段的前提下，強調理想的政府需要用"教化""德法"來節制人性的情欲，從根上消減"刑罰之源"（《大戴禮記·盛德》）。儒家的政治思想有理想的一面，就是希望儘量透過"德法""禮法"來教化人民而可以做到省刑罰。但是儒家也有現實的一面，認爲"刑法"也是治理人民必要的手段。這種思想充分地表現在《大戴禮記·盛德》中：

> 故季冬聽獄論刑者，所以正法也。法正，論吏公行之。是故古者天子孟春論吏德行能（理）功，能德法者爲有德，能行德法者爲有行，能理德法者爲有能，能成德法者爲有功。故論吏而法行，事治而成功；季冬正法，孟春論吏，治國之要也。

《大戴禮記·盛德》代表戰國晚期、漢初時期儒家對於理想治國的思想。"德法"與"刑法"都是有德的國君和他的政府所必須重視的。所以說"治國之要"是"季冬正法，孟春論吏"，而考核官吏的表現却在審查他們是否"能德法""行德法""理德法""成德法"。其實，"論吏"的評審標注也離不開"正法"，因爲"冬季聽獄論刑"也是每年官員必須慎重處理的大事。儒家對於"刑獄"非常重視，因爲"刑獄"也是一個政府"盛德"的表現。所以"聽獄論刑"是否符合"德法"或"禮度"是一個政府是否行德政的指標。

再看《禮記》中的有關"禮""法""刑""政"之間的關係。《禮記·明堂位》：

> 凡四代之服、器、官，魯兼用之。是故魯王禮也，天下傳之久矣。君臣，未嘗相弒也；禮、樂、刑、法、政、俗，未嘗相變也，天下以爲有道之國。是故，天下資禮、樂焉。

魯國的王"禮"包括了物質的形制和官職。"官職"制度也可以是"法"。同時"法"與"禮、樂、刑、政、俗"並舉。《禮記》的作者並沒有視"法""刑"與"禮"爲不相容的治理手段,相反都是同樣重要的。

再看《禮記》對於"刑"的重視。《禮記・樂記》:

> 故禮以道其志,樂以和其聲,政以一其行,刑以防其奸。禮樂刑政,其極一也;所以同民心而出治道也。
>
> 禮節民心,樂和民聲,政以行之,刑以防之。禮、樂、刑、政,四達而不悖,則王道備矣。

《禮記》清楚地主張"禮、樂、刑、政,四達而不悖,則王道備矣"。任何一個國君只要用這四種不相抵觸的手段治理人民,便可以達到"王道"。上面這兩段文字作者沒有用"法"字,但是"法"作爲制度、法制、法禁、法令、法度的用法,已經被包含在"禮""樂""政""刑"之中了。

不論是"禮""法""政""刑"都需要官吏來施行與執行。官吏論刑聽獄必須同時熟悉"刑法"與"禮"。這種思想在漢代儒家裏,可以董仲舒爲代表。董仲舒《春秋繁露・五刑相生》説負責訟獄的司寇是需要崇尚"禮"的。他推崇孔子處理訴訟時執法不阿,説:

> 執法司寇也。司寇尚禮,君臣有位,長幼有序,朝廷有爵,鄉黨以齒,升降揖讓,般伏拜謁,折旋中矩,立而磬折,拱則抱鼓,執衡而藏,至清廉平,賂遺不受,請謁不聽,據法聽訟,無有所阿,孔子是也。爲魯司寇,斷獄屯屯,與衆共之,不敢自專。

董仲舒認爲對執法司寇的要求是"尚禮"與"據法聽訟"。對於聽訟論刑的官員來說,"禮"與"法",即《大戴禮記》所説的"德法"與"刑法"都是同樣重要的。董仲舒稱讚孔子,説他當魯司寇的時候:"至清廉平,賂遺不受,請謁不聽,據法聽訟,無有所阿。"董仲舒認爲孔子是"據法聽訟"而"斷獄屯屯,與衆共之,不敢自專"。孔子的做法充分體現儒家重視遵守"法律""法規"的思想,而官員與司法人員"守法"必須有"清廉"的操守,能抗拒賄賂。漢代今文經學的一個重要特點是以《春秋》斷獄。這種發展無疑是儒家傳統重視"法制""法度""法禁"與"法律"思想在漢代的歷史體現。

七、結　　論

　　研究先秦儒家思想必先從歷史語言學的分析開始。因爲文字是一套社會公共書寫的符號系統，符號的涵義往往累積而變成多義。解讀先秦文獻，不能不考慮與分析每一個字的多重涵義與每一個字被使用的語境涵義。透過對先秦文獻中的"法""禮""刑"與相關字的多重涵義的分析，證明先秦儒家思想十分重視現代意義的法律：法令、法禁、刑罰，同時強調學習與遵守法律的重要。論證了將"禮"歸儒家，而"法"歸法家的粗率解讀方法與推理方式的謬誤。

　　上面對於先秦文獻中有關"法"與"禮"及相關的字的分析充分顯示"法"與"禮"都是多義字，而兩字有一些重疊的涵義。不論是在儒家文獻，或者其他諸子文獻如《道德經》《莊子》，包括被歸類爲法家的《商鞅》《管子》中，"法"與"禮"字都沒有在所有涵義上被用作對立，完全不相同的概念。在儒家的文獻裏，在廣義上作爲"制度""方法"的用法，"禮"與"法"兩字可以是同義詞。"法"祇有在用作狹義的時候才專指"刑罰"。

　　從先秦的孔子、孟子、荀子到漢代的董仲舒，儒家在治理人民的思想裏，沒有一個儒者只重視透過"禮"的教化來成就人民的"德行"和治理人民，他們都重視客觀的制度規範（政、法、典、刑）對於人的行爲的引導與約束。沒有一個先秦儒者把"禮"與"法"視爲對立不相屬的治理手段。也沒有儒家不重視"刑法"在治理人民中的重要性。所以視儒家的治理模式爲"德治""人治""禮治"以與"法家"的所謂"法治"或"刑治"相對立、矛盾是不符合歷史事實的。重視客觀的行爲規範制度"法制"，包括誘導性的"禮法"或"德法"與強制性的"刑法"是儒家自先秦以來的一個極爲重要的傳統。

　　儒家政治思想與"法律"思想在近代一直受到因爲誤解而被攻擊和拋棄。自從梁啟超提出的"人治"與"法治"相對的概念，儒家思想便被認爲不重視帶有強制性的客觀治理規範的"法律"，而提倡所謂"禮制""人治"或"德治"。瞿同祖提出的"法律儒家化"的概念同樣是無視儒家，從孔子、孟子到荀子，都重視治理人民的客觀"法制"、"法度"與"法禁"，但他們沒有將這些客觀規範歸入"法"與"刑"，而是用"禮法"來表述。

觀察禮學對大學文科教材影響的一個視角

——試論王力主編《古代漢語》在禮學方面的十處失誤

河南師範大學　呂友仁

一、《古代文化常識三·婚姻》:"古代的婚姻,據說要經過六道手續,叫做六禮。第一是納采,男家向女家送一點小禮物(一隻雁),表示求親的意思;第二是問名,男家問清楚女子的姓氏,以便回家占卜吉凶;第三是納吉,在祖廟卜得吉兆以後,到女家報喜,在問名納吉時當然也要送禮;第四是納徵,這等於宣告訂婚,所以要送比較重的聘禮,即致送幣帛;第五是請期,這是擇定完婚吉日,向女家徵求同意;第六是親迎,也就是迎親。"(983頁)①

呂按:這段文字有三點失誤。第一,給學生講課,爲什麽要用"據說"一詞?據何人說?據何書說?明白無誤地告訴學生不好嗎?爲什麽要故弄玄虛?如何引書,前人有說,詳下。第二,《禮記·表記》:"子曰:'無禮不相見也,欲民之毋相褻也。'"鄭玄注:"禮,謂贄(見面禮)也。"②婚禮六禮中的每一步,都是須要有贄的,而編者對贄的介紹則時有時無,且欠準確,很不到位。我懷疑編者的"據說"不是第一手資料。第三,古代婚姻的六禮,並非都是由男方主動實施,也有特殊情況。下面逐一說之。

第一,清季學者陳澧《東塾續集》卷一《引書法》:"前人之文,當明引不當暗襲,《曲禮》所謂'必則古昔',又所謂'毋剿說'也。明引而不暗襲,則足見其心術之篤實,又足徵其見聞之淵博。若暗襲以爲己有,則不足見其淵博,且有傷於篤實之道。明引則有兩善,暗襲則兩善皆失之也。"③

第二,記述婚禮"六禮"的第一手資料是《儀禮·士昏禮》。據《士昏禮》,古代婚禮

---

① 括注頁碼,是王力主編《古代漢語》(校訂重排本)頁碼,中華書局,1999年。下同。
② 阮刻《十三經注疏》,中華書局,1980年影印本,第1638頁。
③ 陳澧:《東塾續集》,臺北文海出版社,1966年,第28頁。

六禮中的五禮（納采、問名、納吉、請期、親迎）都是用一隻生雁爲贄。《古代漢語》編者説雁是"一點小禮物"，言外之意，似乎在計較禮之厚薄。實際上，除納徵外，五禮都用雁爲贄，可見古人對以雁爲贄的看重。之所以以雁爲贄者，不在於其禮之厚薄，而在於取其象徵意義。《士昏禮》鄭注云："納采而用雁爲摯者，取其順陰陽往來。"賈公彥疏："'順陰陽往來'者，雁木落南翔，冰泮北徂。夫爲陽，婦爲陰，今用雁者，亦取婦人從夫之義，是以昏禮用焉。"①朱熹《家禮》補充説："凡贄用雁，程子曰：'取其不再偶也。'"②至於納徵，編者説："納徵，這等於宣告訂婚，所以要送比較重的聘禮，即致送幣帛。"也有斤斤計較之嫌，殊不知古人看重的仍然是其象徵意義。《士昏禮》云："納徵，玄纁束帛、儷皮。"鄭玄注："玄纁者，象陰陽備也。束帛，十端也。儷，兩也。皮，鹿皮。"③按：玄是黑色，象徵天，象徵陽；纁是淺絳色，象徵地，象徵陰。二丈爲一端，二端爲一兩。十端則是五兩。據賈公彥疏："陽奇陰耦，三玄二纁也。"④何以要用鹿皮爲贄？而且必須是"儷皮"？因爲鹿是吉祥的動物，漢字中含有"鹿"字者也多有吉祥義。例如"慶"字，《説文》云："行賀人也。從心夂（段注：謂心所喜而行也。）從鹿省。吉禮以鹿皮爲贄，故從鹿省。"⑤再如"麗"字，《説文》云："旅行也。鹿之性，見食急則必旅行。"⑥請注意，此所謂"旅行"，不是現代漢語的"旅行"，而是"兩兩結伴而行"。這個"旅"字，後人寫作伴侣之"侣"。再如"儷"字，漢語詞彙裏有"伉儷"一詞，習指夫婦。不獨此也，連"鹿"的同源字"禄"也有吉祥義。張舜徽先生《説文解字約注》云："禄、鹿二字，本有可通之跡。'禄'字在金文中，但作'録'，不從'示'。知從示之'禄'，乃後起增偏旁體也。古'鹿'、'録'聲通，或即一字。'簏'，或體作'籙'；'漉'，或體作'渌'；'睩'，讀若鹿：皆其證也。本書《鹿部》'麗'下云：'禮，麗皮納聘，蓋鹿皮也。'可知鹿之爲物，于古爲重，聘問賞賜，悉取用焉。字既變而爲'禄'，故'禄'亦有賞賜義。'禄'之得義，實源于'鹿'。"⑦

第三，古代婚姻的六禮，並非都由男方主動實施。例如，《宋史》卷115《禮志》十八："嘉祐初，禮官言：禮閣新儀，公主出降前一日，行五禮。古者，結婚始用行人，告以夫家采擇之意，謂之納采；問女之名，歸卜夫廟，吉，以告女家，謂之

---

① 阮刻《十三經注疏》，第961頁。
② 朱熹：《家禮》，《影印文淵閣四庫全書》本，第142册，第545頁。
③ 阮刻《十三經注疏》，第962頁。
④ 同上，第963頁。
⑤ 段玉裁：《説文解字注》，上海古籍出版社，1981年，第505頁。
⑥ 同上，第471頁。
⑦ 張舜徽：《説文解字約注》上册卷一，中州書畫社，1983年，第6頁。

問名、納吉。今選尚一出朝廷，不待納采；公主封爵已行誕告，不待問名。若納成則既有進財，請期則有司擇日。宜稍依五禮之名，存其物數，俾知婚姻之事重、而夫婦之際嚴如此，亦不忘古禮之義也。"①然則，宋代皇室公主出嫁，六禮的施行由女方主動。

實際上，這種六禮的施行由女方主動，可以上溯到唐代。《大唐開元禮》卷116《公主降嫁·納采》："前一日，主人設使者次於大門之外道右，南向。其日大昕，使者至於主人大門外，贊禮者延入次。使者出次，贊禮者引至大門外之西，東面。主人立于東階下，西面。儐者立于主人之左，北面受命，出立於門東，西面，曰：'敢請事。'使者曰：'朝恩既室於某公之子某，某公有先人之禮使某也（某公，稱父名。某也，使者名），請納采。'儐者入告，主人曰：'寡人敢不敬從。'"②

可以下及到明代。《明集禮》卷27《納采問名儀注》："公主將出降，奉制擇壻訖，令某王或某官爲掌昏。至期，掌昏者先具納采時日奏聞訖，前一日，壻家設香案于正廳，南向；設表案於香案之北。設掌昏者立位於香案之東，設壻父拜位於廳下正中，北向，壻拜位於其後。"看這陣勢，女方之主動，一目了然。

二、《古代文化常識三·婚姻》："以上所說的六禮當然祇是爲貴族士大夫規定的，一般庶民對這六禮往往精簡合併。"（983頁）

呂按：這兩句概括的話，至少不符合南宋以後的社會實際情況。何者？按朱熹《家禮》卷3《婚禮》祇有三禮：納采、納徵、親迎。省去了問名、納吉和請期，其"納幣"下注云："古禮有問名、納吉，今不能盡用，止用納采、納幣，以從簡便。"③黃榦《勉齋集》卷36《朱文公行狀》："所輯《家禮》，世多用之。"④所謂"世多用之"，非謂僅僅"一般庶民"用之也。

而從元代開始，朱熹《家禮》有關婚禮六禮的簡化逐漸被朝廷接受，上升爲國家的法律。知者，《元典章》卷30《婚禮·婚姻禮制》："至元八年九月，尚書禮部，契勘人倫之道，婚姻爲大。照得朱文公《家禮》內《婚禮》，酌古准今，擬到下項事理，呈奉尚書省，劄付再送翰林院兼國史院披詳，相應移准。中書省咨議，得登車、乘馬、設次之禮，亦貧家

---

① 《宋史》，中華書局校點本，第2733—2734頁。
② 《大唐開元禮》，《影印文淵閣四庫全書》本，第646冊，第685頁。
③ 朱熹：《家禮》，《影印文淵閣四庫全書》本，第142冊，第540頁。
④ 黃榦：《勉齋集》卷36，《影印文淵閣四庫全書》本，第1165冊，第47頁。

不能辦外,據其餘事,依准所擬,遍下合屬,依上施行。"①婚禮六禮,《元典章》所載僅有三禮:納采、納徵、親迎。《明集禮》卷28《品官昏禮》並問名於納采,也透露出簡併資訊。《欽定大清通禮》卷24,六禮祇有納采、納幣、請期、親迎四禮,並問名、納吉於納采,其適用範圍,遍及士人、庶人。②

總之,朱熹《家禮》首開簡化六禮先河,繼而不同程度地影響了元明清三代官方對婚禮六禮的簡化,影響所及,不僅是一般庶民,而且包括貴族士大夫在內。

三、《古代文化常識三·喪服》:"大功次於齊衰,這是用熟麻布做的,比齊衰精細些。功,指織布的工作。"(991頁)

吕按:"大功"之"大"字怎麽講?"功"字是"指織布的工作"嗎?竊以為,其中的"大"字很關鍵,該講而未講,而其中的"功"字則講錯了。按:"大功"之"大",乃粗略之義。知者,《儀禮·喪服》:"大功布衰裳。"鄭玄注:"大功布者,其鍛治之功粗沽之。"清胡培翬《儀禮正義》云:"斬衰、疏衰不言功與布者,以不加人功,未成布也。此則稍加以人功,而其鍛治之功粗略,故謂之大功布也。沽,猶略也。'沽'下'之'字,敖繼公作'也',似長。"③鄭注以"粗沽"釋"大"字,胡培翬以"粗略"釋"大"字,故曰"大,乃粗略之義"。又,《儀禮·喪服》:"冠者沽功也。"鄭玄注:"沽,猶粗也。"④是"沽"字亦有"粗"義。《集韻·上聲·姥韻》:"沽、苦,略也,或作'苦',通作'盬'。"⑤在"粗略"意義上,"沽""苦"為借字,"盬"為本字。

再說"功"字。鄭注以"鍛治"一詞釋"功"字,是"功"字非謂"織布"也。按《廣雅·釋詁》:"鍛,椎也。"王念孫《疏證》:"鍛者,《説文》:'小治也。'徐鍇《系傳》曰:'椎之而已。不銷,故曰小治。'李善注《長笛賦》引《倉頡篇》云:'鍛,椎也。'"⑥按:椎,同"搥",即搥打、搥擊。"功"字的含義,具體地説,就是將用來製作大功衰的布洗過以後用木棒加以搥打。

至此可知,所謂"大功布",就是將布洗過以後,用木棒加以粗略的搥打而已。此與古人之"擣衣"有相通之處。

---

① 《元典章》卷30,《續修四庫全書》本,第787冊,第315頁。
② 《欽定大清通禮》,《摛藻堂四庫全書薈要》本,第200冊,第320—325頁。
③ 胡培翬:《儀禮正義》,《續修四庫全書》本,第92冊,第407頁。
④ 阮刻《十三經注疏》,第1103頁。
⑤ 《集韻》,《影印文淵閣四庫全書》本,第236冊,第585頁。
⑥ 王念孫:《廣雅疏證》,《續修四庫全書》本,第191冊,第66頁。

四、《古代文化常識四·衣飾》："衮，這是天子和最高級的官吏的禮服。據説衮上繡有蜷曲形的龍。後代所謂'龍袍'就是衮的遺制。"（1007頁）

吕按：竊以爲《古代漢語》編者對"衮"字的釋義有三個問題。第一，衮上的龍形圖案是繡上去的嗎？衮上祇有一種龍形圖案嗎？龍形圖案，天子和最高級官吏完全一樣嗎？答案都是否定的。

我們且來看看經學家對"衮"字的説解。《周禮·春官·司服》："享先王則衮冕。"鄭司農云："衮，卷龍衣也。"鄭注："《書》曰：'予欲觀古人之象，日、月、星辰、山、龍、華蟲，作繢；宗彝、藻、火、粉米、黼、黻，希繡。'此古天子冕服十二章（章，謂圖案），舜欲觀焉。王者相變，至周而以日、月、星辰畫於旌旗，所謂'三辰旂旗，昭其明也'。而冕服九章，登龍於山，登火于宗彝，尊其神明也。九章：初一曰龍，次二曰山，次三曰華蟲，次四曰火，次五曰宗彝，皆畫以爲繢；次六曰藻，次七曰粉米，次八曰黼，次九曰黻，皆希以爲繡，則衮之衣五章，裳四章，凡九也。"①清代學者多不同意鄭玄此"王者相變"之説，認爲天子既有十二章之衮，亦有九章之衮。孫詒讓《周禮正義·司服》云："今依戴震、金鶚説，天子有十二章與九章之衮，又依孔廣森説，不改《虞書》十二章之次，則大裘之衮衣裳皆從偶數，衣六章，日、月、星辰、山、龍、華蟲（有五色文采的蟲類）也；裳六章，宗彝（虎與蜼。蜼是一種長尾猿）、藻（水草）、火、粉米（白米）、黼（黑白相間的斧形圖紋）、黻（黑青相間的兩己相背形圖紋）也。其九章之衮，衣五章，山、龍、華蟲、宗彝、藻也；裳四章，火、粉米、黼、黻也。"②其他則同鄭説。然則，天子之衮服，或十二章，或九章，龍的圖案僅僅是其中的一章，且不居首章。龍的圖案，是繪上去的，不是繡上去的。

又，《儀禮·覲禮》鄭玄注："上公衮，無升龍。"賈疏："云'上公衮無升龍'者，案《白虎通》引《禮記》曰：'天子乘龍，載大旗，象日月升龍。'傳曰：'天子升龍，諸侯降龍。'以此言之，上得兼下，下不得僭上，則天子升降俱有，諸侯直有降龍而已。"③然則，天子和最高級的官吏（即上公）的禮服是有區别的，不能一概而論。

最後，讓我們看看沈從文《從文物中所見古代服裝材料點點滴滴》怎麽説的："西周是個講究制度排場的時代，史稱周公制禮作樂，不會完全是空談。相傳《虞書》帝王冕服十二章的繡繪文飾，也應當成熟於此時。"④

---

① 《周禮注疏》，上海古籍出版社，2010年，第791頁。
② 孫詒讓：《周禮正義》，中華書局，1987年，第1632頁。
③ 《儀禮注疏》，北京大學出版社，2000年，第592—593頁。
④ 《沈從文全集》第30卷《物質文化史》，北嶽文藝出版社，2002年，第210頁。

五、《古代文化常識四·什物》:"筷子古代叫箸,但是先秦時代,吃飯一般不用筷子。《禮記·曲禮上》:'毋摶飯。'意思是不要用手把飯弄成一團來吃,可見當時是用手送飯入口的。"(1013頁)

呂按:《禮記·曲禮上》:"毋摶飯。"鄭玄注:"爲欲致飽,不謙。"孔疏:"'毋摶飯'者,共器,若取飯作摶,則易得多,是欲爭飽,非謙也。故注云:'爲欲致飽,不謙也。'"①可見"毋摶飯"句的本義是批評摶飯這種吃相不雅。如果要證明"先秦時代,吃飯一般不用筷子,用手",應當選擇合適的例子。而合適的例子並不遥遠,就在"毋摶飯"此句的上文:"共飯不澤手。"鄭玄注:"爲汗手不潔也。澤,謂挼莎也。禮,飯以手。"孔疏:"'共飯不澤手'者,亦是共器盛飯也。澤,謂光澤也。古之禮,飯不用箸,但用手,既與人共飯,手宜潔净,不得臨食始挼莎手乃食,恐爲人穢也。"②鄭注説"禮,飯以手",孔疏云"古之禮,飯不用箸,但用手",説得何等清楚明白!

六、《苛政猛於虎》:"孔子過泰山側,有婦人哭於墓者而哀,夫子式而聽之。"王力《古代漢語》注釋:式,通"軾",車前橫木,這裏用如動詞,扶軾。古時乘車,遇到應表敬意的事,乘者即俯身扶軾。在這裏,孔子扶軾是表示對婦人哭墓的注意和關懷。(210頁)

呂按:竊以爲,注釋所説"遇到應表敬意的事"以下四句欠妥。換言之,把孔子爲什麼"式"的原因搞錯了。按《禮記·檀弓下》:"子路曰:'吾聞之也,過墓則式,過祀則下。'"孔疏:"'過墓則式,過祀則下'者,墓,謂他家墳壟;祀,謂神位有屋樹者。居無事,主於恭敬,故或式或下也。他墳尚式,則己先祖墳墓當下也。"③可知原因簡單而又明確,就是"過墓則式"。式是一種表敬之禮,表敬的物件,或者是人,或者是物,從來不對"事"。式作爲表敬之禮,主要載於《禮記》。兹摘録數例,供讀者閱覽裁決。

《禮記·曲禮上》:"君知所以爲尸(按:尸是代替死者接受祭祀的活人)者,則自下之,尸必式。"鄭注:"禮之。"孔疏:"尸必式者,廟門之外,尸尊未伸,不敢亢禮,不可下車,故式爲敬,以答君也。式,謂俯下頭也。"④這是尸式國君以表敬。同篇:"故君子式黃髮"鄭玄注:"敬老也。"⑤這是人們式老者以表敬。又,《禮記·曲禮上》:"入里必式。"鄭玄注:"不誣十室。"孔疏:"'入里必式'者,二十五家爲里,里巷首有門。十室不

---

① 阮刻《十三經注疏》,中華書局影印本,第1242頁。
② 同上。
③ 《禮記正義》,上海古籍出版社,第409頁。
④ 《禮記正義》,第96—97頁。
⑤ 《禮記正義》,第125頁。

誣,故入里則必式而禮之爲敬也。《論語》云:'十室之邑,必有忠信如丘者焉。'是'不誣十室'也。"①這是對某個固定的地方式以表敬。又,《禮記·曲禮上》:"大夫士下公門,式路馬。"鄭玄注:"皆廣敬也。路馬,君之馬。"孔疏:"'大夫士下公門,式路馬'者,公門,謂君之門也。路馬,君之馬也。敬君,至門下車。重君物,故見君馬而式之也。馬比門輕,故有下、式之異。"②這是對國君的馬式以表敬。

總而言之,式以表敬的物件,可以是人,可以是物,可以是固定的場所,但不可以是"事"。這是由於"事"的不確定性決定的。什麽事可以式以表敬,誰能説得清楚呢!

七、《大同》:"昔者仲尼與於蜡賓。"王力《古代漢語》注釋: 蜡(zhà),古代國君年終祭祀叫蜡。(210~211頁)

吕按:這條注釋的問題有五,請次第説之。

第一,祭祀的主體僅限於"國君"嗎? 非也。《禮記·郊特牲》:"天子大蜡八。"孔穎達疏:"蜡云'大'者,是天子之蜡,對諸侯爲大。云諸侯亦有蜡者,《禮運》云'仲尼與於蜡賓',是諸侯有蜡也。"③《周禮·春官·籥章》:"國祭蜡。"孫詒讓《周禮正義》:"'國祭蜡'者,此祭亦通于王國及都邑也。"④所謂"都邑",謂公卿大夫之采地。然則采地亦有蜡也。

第二,這個"年終",是夏曆的年終? 還是周曆的年終? 在不作交代的情况下,學生十之八九會理解爲夏曆的年終,即夏曆的十二月。而注釋之所以以"年終"一詞解之,應該是看到鄭玄的注中有個"歲十二月",⑤未加深思,就以"年終"解之。而孔穎達的疏却是把這個問題説明白了:"十二月者,據周言之。若以夏正言之,則十月,謂建亥之月也。"建亥之月,即夏曆十月,是秋收完畢的月份。蜡祭與否,與秋收的好壞很有關係,所以定在夏曆十月舉行。詳下。

第三,蜡祭每年都一定舉行嗎? 答案是否定的。蜡祭舉行的原則是,豐收了就舉行,否則不舉行。爲什麽這樣説呢? 《禮記·郊特牲》:"八蜡以記四方。四方年不順成,八蜡不通,以謹民財也。順成之方,其蜡乃通。"⑥意謂東西南北四方中的哪一方如

---

① 《禮記正義》,第125—129頁。
② 同上,第125頁。
③ 《禮記正義》,第1071頁。
④ 《周禮正義》,第1915頁。
⑤ 《禮記正義》,第874頁。
⑥ 《禮記正義》,第1080頁。

果穀物收成不好,祭八個神靈的蜡祭就不舉行。爲什麼呢?因爲舉行蜡祭要花不少錢,收成不好,這筆錢不能亂花!孔穎達疏云:"所以然者,以蜡祭豐饒,皆醉飽酒食。"①説的就是這個意思。清代學者孫希旦《禮記集解》説得也很明白:"記四方,謂記明四方之豐歉也。通猶行也。順成,謂風雨和順,而五穀成熟也。有不順成之方,則蜡祭不行,其當方黨、鄙之祭亦然。蓋八蜡所以報功,今神既無功於民,故不行蜡祭,所以使民謹於用財,亦凶荒殺禮之意也。"②要之,蜡祭的舉行,是有條件的。哪年哪個地方豐收,就舉行;否則,就不舉行。

　　第四,"祭祀"是一個籠統的概念,注釋没有把蜡祭的性質作個交代。祭祀總是有物件的,注釋也没有交代。今按,蜡祭是豐收之後的報功之祭。要報答的神靈太多,多得不可勝數,所以《禮記·郊特牲》説:"蜡者,索也,合聚萬物而索饗之也。"③所謂"萬物",也就是"萬神"。《漢書·武帝紀》元封五年:"夏四月,詔曰:'朕巡荆揚,輯江淮物。'"顏師古注引如淳曰:"物,猶神也。"④是"物"有"神"義。清人秦蕙田《五禮通考》説:"蜡者,索也,合聚萬物而索享之。《楚辭》'吾將上下而求索',是'索'字義也。"⑤實際上,把"萬物"都"索"來是辦不到的,於是就有"天子大蜡八"之説,也就是天子蜡祭祭祀八種有代表性的神靈。這八種神靈,按照《郊特牲》經文,一是先嗇,即神農;二是司嗇,即后稷;三是百種,即百穀之種;四是農,即田官;五是郵表畷,即田官督率百姓的辦公處;六是貓虎,因爲貓吃田鼠,虎吃田豬;七是坊,即堤防;八是水庸,即水溝。這八種神靈,都與收成好壞息息相關。

　　第五,"古代"這個時間概念太泛泛,按照《漢語大詞典》"古代"的釋義:"在我國歷史分期上泛指十九世紀中葉以前的時代。"而據有關專家的研究成果,蜡祭存在的實際時間僅僅是先秦的周代,漢代以後就名存實亡了。《禮記·郊特牲》説:"伊耆氏始爲蜡。"鄭玄注:"伊耆氏,古天子號也。"⑥究竟是哪位古天子,他没有交待。孔穎達疏云:"《明堂位》云:'土鼓葦籥,伊耆氏之樂。'《禮運》云:'夫禮之初,始諸飲食,蕢桴而土鼓。'俱稱'土鼓',則伊耆氏,神農也。"⑦而陸德明《經典釋文》則云:"伊耆氏,或云即帝

---

① 《禮記正義》,第 1081 頁。
② 孫希旦:《禮記集解》,中華書局,1989 年,第 698 頁。
③ 《禮記正義》,第 1071 頁。
④ 《漢書》,中華書局,第 196 頁。
⑤ 秦蕙田:《五禮通考》,《影印文淵閣四庫全書》本,第 136 册,第 254 頁。
⑥ 《禮記正義》,第 1071 頁。
⑦ 《禮記正義》,第 1080 頁。

堯。"①迄無定論。由此看來,説"伊耆氏始爲蜡",不足考信。從先秦文獻記載來看,實實在在的蜡祭,看來祇有周代才有。拿《禮記》來説,除了《禮運》《郊特牲》兩篇以外,《雜記下》篇也有有關"蜡"的記載:"子貢觀於蜡,孔子曰:'賜也,樂乎?'對曰:'一國之人皆若狂,賜未知其樂也。'子曰:'百日之蜡,一日之澤,非爾所知也。'"②寫的就是蜡祭之時,人人酒醉飯飽,舉國若狂的歡樂場面。實際上這就是世界上最早的狂歡節。③《周禮》中有記載,已見上。《詩經》中也有記載。《毛詩・小雅・甫田》:"我田既臧,農夫之慶。"箋云:"臧,善也。我田事已善,則慶賜農夫。謂大蜡之時,勞農以休息之也。年不順成,則八蜡不通。"④從有幾分證據説幾分話的意義上來説,目前我們還祇能説,蜡祭只存在于周代。

　　蜡祭什麽時候名存實亡了呢? 根據學者研究的結果,到了漢代,蜡祭就名存實亡了。什麽原因呢? 因爲人們陰差陽錯地把蜡祭與臘祭攪混在一起了。周曆的十二月(即夏曆的十月),除了蜡祭之外,還要舉行臘祭。這是兩種不同的祭祀。《左傳》僖公五年:"宫之奇曰:'虞不臘矣!'"⑤這是古書中第一次提到臘祭。臘祭的時間,楊伯峻《春秋左傳注》説:"虞亡於十月朔,《左傳》之臘亦是夏正十月。"⑥《禮記・月令》:"孟冬之月(亦即夏正十月),臘先祖、五祀。"⑦可知臘祭的對象,一是先祖,即祖先。二是五祀,即五種和人們日常生活息息相關的神:門神、户神、中霤神、灶神、行神。爲什麽叫作"臘"呢? 孔穎達疏云:"臘,獵也,謂獵取禽獸以祭先祖、五祀也。"⑧由此可知,蜡祭與臘祭,是兩種不同的祭祀,二者不僅命名不同,而且所祭物件亦異。遺憾的是,禮學權威鄭玄在注釋《月令》"臘先祖、五祀"一句時,説了錯話:"此《周禮》所謂蜡祭也。"⑨他把臘祭與蜡祭混同爲一了。鄭玄是禮學大師,不應該犯如此低級的錯誤。究其原因,鄭玄可能是受到兩漢祭祀實際情況的影響,因爲兩漢時期已經没有蜡祭而祇有臘祭了。我們試查了《漢書》《後漢書》,竟然没有一個"蜡"字,而"臘"字倒是累見不鮮。唐代孔穎達也早就察覺了這種情況,他在疏通《左傳》"虞不臘矣"這句話時説:"此言'虞不臘

---

① 《經典釋文》,上海古籍出版社,1985年,第725頁。
② 《禮記正義》,第1675頁。
③ 參看李慧玲:《試説中國古代的狂歡節——蜡祭》,《河南師範大學學報》2011年第2期。
④ 《毛詩注疏》,上海古籍出版社,2013年,第1204頁。
⑤ 楊伯峻《春秋左傳注》,中華書局,1981年,第310頁。
⑥ 同上。
⑦ 《禮記正義》,上海古籍出版社,2008年,第726頁。
⑧ 《禮記正義》,第727頁。
⑨ 《禮記正義》,第726頁。

矣'，明當時有臘祭。周時，臘與大蜡，各爲一祭。自漢改曰臘，不蜡而爲臘矣。"①

這條注釋的問題如此之多，原因何在？主要原因是注者在參考《禮運》鄭玄注時，没有抓住要害。試看《禮記·禮運》鄭玄對"蜡"字的注釋："蜡者，索也，歲十二月，合聚萬物而索饗之。亦祭宗廟。"②鄭玄注的重心在"蜡者，索也，歲十二月，合聚萬物而索饗之"上，而這條注釋却把重心放到了"亦祭宗廟"四字上。王引之《經傳釋詞》："亦，承上之詞也。"③承此四字之上的鄭注是"蜡者，索也，歲十二月，合聚萬物而索享之"十六字，這才是鄭注的主體部分，换言之，是給"蜡"字下的定義。這個定義很權威，因爲它並不是鄭玄自己的發明，而是鄭玄借用的《禮記·郊特牲》的現成經文。祇有"亦祭宗廟"四字的著作權才是屬於鄭玄的。

在此，筆者不揣譾陋，試爲"蜡"字釋義如下："周代年終（夏曆十月），豐收之後舉行的一種誠邀諸多有功田事的神靈會聚而報謝之的祭祀。天子、諸侯、卿大夫也乘機祭祀宗廟。收成如果不好，此祭便不舉行。"

八、《大同》：孔子曰："大道之行也，與三代之英，丘未之逮也，而有志焉。"《古代漢語》注釋：有志焉，指有志於此。孔子這句話是説：大道實行的時代和三代英明之主當政的時代，我都没有趕上，可是我心裏嚮往。（210頁）

吕按：這條注釋，乍一看來，似乎合情合理，非常妥帖。深究起來，大謬不然。筆者認爲，傳統的解釋——鄭注與孔疏才是正確的。鄭玄注："志，謂識古文。"孔疏："雖然不見大道三代之事，有志記之書焉。披覽此書，尚可知於前代也。"④鄭注、孔疏是不是有道理呢？請先看段玉裁《説文解字注》：

《説文·心部》："志，意也。"段玉裁注："按此篆小徐本無，大徐以'意'下曰'志也'，補此爲十九文之一。'志'所以不録者，《周禮·保章氏》注云：'志，古文識。'蓋古文有'志'無'識'，小篆乃有'識'字。《保章》注曰：'志，古文識。識，記也。'《哀公問》注曰：'志，讀爲識。識，知也。'今之'識'字，古文作'志'，則志者，記也，知也。惠定宇曰：'《論語》"賢者識其大者"，蔡邕《石經》作"志"；"多見而識之"，《白虎通》作"志"。今人分志向一字，識記一字，知識一字，古祇有一字一音。《哀公問》注云'志，讀爲識'

---

① 《春秋左傳正義》，阮刻《十三經注疏》，第1795頁。
② 《禮記正義》，第874頁。
③ 王引之：《經傳釋詞》，嶽麓書社，1984年，第72頁。
④ 《禮記正義》，第874—878頁。

者,漢時志、識已殊字也。許心部無'志'者,蓋以其卽古文'識'而'識'下失載也。"①

段注的意思,簡言之,這個"志"字,就是後起的"識"字,是"記載"之義,忠實地傳達了鄭注之義。這是一。

再看古代學者支持鄭注者。例如:

宋戴侗《六書故》卷十一:"識,職吏切,聞言而志之不忘也。孔子曰:'小子識之。'《記》曰:'博聞强識。'通作'志'。"②

元吳澄《禮記纂言》:"謂大道之行與三代英異之主。雖不及身見。而有志記之書存焉。披覽尚可知也。志是記識之名。"③

清朱彬《禮記訓纂》:"劉氏台拱曰:'志,識記之書,如《夏時》《坤乾》之類。'"④

而當代學者的《禮記》注釋著作,幾乎一邊倒地將此"志"字釋作"記載",限於篇幅,姑略之。

以上是從文字訓詁來探討"志"是何義。下面我們來探討一下孔子"心裏嚮往"的究竟是什麼?

《論語·八佾》:"子曰:'周監於二代,鬱鬱乎文哉!吾從周。"《集解》引孔安國曰:"監,視也。言周文章備於二代,當從之。"邢昺疏:"此章言周之禮文尤備也。'周監於二代,鬱鬱乎文哉'者,監,視也。二代,謂夏、商。鬱鬱,文章貌。言以今周代之禮法文章回視夏商二代,則周代鬱鬱乎有文章哉!'吾從周'者,言周之文章備於二代,故從而行之也。"⑤朱熹《論語集注》引尹氏曰:"三代之禮,至周大備,夫子美其文而從之。"⑥

《論語·陽貨》:"子曰:'夫召我者而豈徒哉?如有用我者,吾其爲東周乎!'"何晏注:"興周道於東方,故曰東周。"南朝梁皇侃疏:"'如有'云云者,若必不空然而用我時,則我當爲興周道也。魯在東,周在西,云東周者,欲于魯而興周道,故云'吾其爲東周'也。"⑦朱熹《論語集注》:"爲東周,言興周道於東方。"

《論語·述而》:"子曰:'甚矣,吾衰也!久矣吾不復夢見周公也。'"何晏《集解》引孔安國注曰:"孔子衰老,不復夢見周公也,明盛時夢見周公,欲行其道也。"⑧

---

① 段玉裁:《説文解字注》,上海古籍出版社,1981年,第502頁。
② 戴侗:《六書故》,《影印文淵閣四庫全書》本,第226册,第198頁。
③ 吳澄:《禮記纂言》,《影印文淵閣四庫全書》本,第121册,第90頁。
④ 朱彬:《禮記訓纂》,中華書局,1996年,第331頁。
⑤ 《論語注疏》,北京大學出版社,2000年,第39—40頁。
⑥ 朱熹:《四書章句集注》,中華書局,第65頁。
⑦ 皇侃:《論語集解義疏》,《影印文淵閣四庫全書》本,第195册,第499頁。
⑧ 皇侃:《論語集解義疏》,第396頁。

呂按：從以上三節《論語》的夫子自道來看，孔子嚮往的並不是五帝時代和夏商二代，孔子嚮往的是周代，尤其是周公。周公輔佐成王，制禮作樂，這是孔子夢寐以求之事。質言之，孔子嚮往的是"禮治社會"，所以他說："一日克己復禮，天下歸仁焉。"

至此，我們完成了"志"字是"記載"之義的證明。

應該說，把此句的"志"字理解爲"心裏嚮往"者，古今大有人在，並非自王力《古代漢語》開始。例如：

《南齊書·本紀第一高帝上》："皇帝敬問相國齊王，大道之行，與三代之英，朕雖闇昧而有志。"①

南宋衛湜《禮記集說》引蔣氏君實："夫既以帝者之事爲大同，而指三代爲小康矣，而均曰'未之逮也，而有志焉'何哉？此有以見聖人思欲還上古之風而不可得，而猶思其次也，故其下歷歷言之。"②

元陳澔《禮記集說》："夫子言：我思古昔大道之行於天下，與夫三代英賢之臣所以得時行道之盛，我今雖未得及見此世之盛，而有志于三代英賢之所爲也，此亦夢見周公之意。"③

清孫希旦《禮記集解》："孔子言帝王之盛，己不及見，而有志乎此。蓋登高遠眺，有感于魯之衰，而思得位行道，以反唐虞、三代之治也。"④

説到這裏，我們不禁提出質疑：《古代漢語·凡例》第五條說："注釋一般採用傳統的說法。其中有跟一般解釋不一樣的，則注明'依某人說'。"據此，《古代漢語》"而有志焉"的注釋，並沒有採用傳統的說法，即鄭注孔疏的說法，按照《凡例》，應該注明"依某人說"才是。現在沒有注明，難免有掠美之嫌。

九、司馬遷《報任安書》："'刑不上大夫'，此言士節不可不勉勵也。"《古代漢語》注釋：語見《禮記·曲禮上》。（919頁）

呂按：這條注釋很特別，只告訴讀者被注釋語的出處，但不予一字的解釋。筆者推測，也可能是《古代漢語》編者發現"刑不上大夫"的注釋是個衆說紛紜的老大難問題，有此苦衷，所以才這樣做。但揆之古人，固有知之爲知之不知爲不知之成例在也。《論

---

① 《南齊書》，中華書局，第21頁。
② 衛湜：《禮記集說》，《影印文淵閣四庫全書》本，第118冊，第117頁。
③ 陳澔：《禮記集說》，中國書店，1994年，第184頁。
④ 孫希旦：《禮記集解》，中華書局，1989年，第581—582頁。

語·子路》:"子曰:'君子於其所不知,蓋闕如也。'"①博學如司馬光者,也曾爲不明"刑不上大夫"的真詮,以至於在進士策問中直截了當地公開發問:

  《曲禮》曰:"禮不下庶人,刑不上大夫。"按《王制》:"六禮以節民性;冠、婚、喪、祭、鄉、相見。"此庶人之禮也。《舜典》:"五服三就,大夫于朝,士於市。"此大夫之刑也。夫禮與刑,先王所以治羣臣萬民,不可斯須偏廢也。今《曲禮》乃云如是,必有異旨,其可見乎?②

  竊不自揣,下面談談"刑不上大夫"當作何解。筆者寫有《"刑不上大夫"舊解發覆》一文,載彭林主編《中國經學》第五輯,廣西師範大學出版社2009年10月第1版,後收入拙作《〈禮記〉研究四題》,中華書局2014年出版。後又收入拙作《讀經識小録》,上海古籍出版社2017年出版。拙文約一萬四千字,爲節省篇幅,謹撮要敘述如下:

  "刑不上大夫"(還有"禮不下庶人")一語,鄭玄以下,古今説者多矣,之所以不得其解者,是因爲切入點選錯了。人們總是把切入點放在"上"字上,其結果就是作繭自縛,勢必陷入一個論證僞命題的怪圈中。從古到今,被殺被關的大夫(官員)多了去了,僅一部二十四史,就難以數得清。因此,要正確理解"刑不上大夫"這句話,就必須首先調整切入點。具體地説,切入點要放在"刑"字上。其次,要明白這個"刑"字不是包括死刑在内的載入刑典的"五刑",而是"刑辱"之義,即種種刑訊手段給當事人帶來的羞辱。所謂種種刑訊手段,例如當衆辱駡、繩捆索綁、腳鐐手銬、鞭抽棍打、剃光頭、著囚服等。這對於習慣于養尊處優的大夫來説,這種羞辱給他們帶來的難堪之劇烈可想而知。"刑不上大夫"這句話的意思是,大夫犯了罪,該殺就殺,該剮就剮,而由種種刑訊手段給當事人帶來的羞辱不能施之于大夫。

  上述看法,並非鄙人的發明。在我之前,已經有不少古人、今人如此説解,祇是不爲大家留意罷了。例如:

  (1)西漢初年的賈誼在上政事疏中説:"臣聞之,履雖鮮不加於枕,冠雖敝不以直履。夫嘗已在貴寵之位,天子改容而體貌之矣,吏民嘗俯伏以敬畏之矣,今而有過,帝令廢之可也,退之可也,賜之死可也,滅之可也。若夫束縛之,系紲之,輸之司寇,編之徒

---
① 朱熹:《四書章句集注》,中華書局,1983年,第142頁。
② 司馬光:《傳家集》卷75《進士策問十五首》,《影印文淵閣四庫全書》本,第1094册,第685頁。

官,司寇小吏詈罵而榜笞之,殆非所以令衆庶見也。夫卑賤者習知尊貴者之一旦吾亦乃可以加此也,非所以習天下也,非尊尊貴貴之化也。夫天子之所嘗敬,衆庶之所嘗寵,死而死耳,賤人安宜得如此而頓辱之哉!……故古者禮不及庶人,刑不至大夫,所以厲寵臣之節也。古者大臣有坐不廉而廢者,不謂'不廉',曰'簠簋不飾';坐污穢淫亂男女亡别者,不曰'污穢',曰'帷薄不修';坐罷軟不勝任者,不謂'罷軟',曰'下官不職'。故貴大臣定有其罪矣,猶未斥然正以呼之也,尚遷就而爲之諱也。故其在大譴大何之域者,聞譴何則白冠氂纓,盤水加劍,造請室而請罪耳,上不執縛系引而行也。其有中罪者,聞命而自弛,上不使人頸羈而加也。其有大罪者,聞命則北面再拜,跪而自裁,上不使捽抑而刑之也。"①

按:細讀此節,可知賈誼所説的"刑不至大夫"的"刑",不是五種刑名之刑,而是指使用各種刑訊手段令罪人受辱,即所謂"束縛之,系緤之,輸之司寇,編之徒官,司寇小吏詈罵而榜笞之"之類是也。

(2)《明史·刑法志三》:"太祖常與侍臣論待大臣禮。太史令劉基曰:'古者公卿有罪,盤水加劍,詣請室自裁,未嘗輕折辱之,所以存大臣之體。'侍讀學士詹同因取《小戴禮》及賈誼疏以進,且曰:'古者刑不上大夫,以勵廉恥也。必如是,君臣恩禮始兩盡。'帝深然之。"②

(3)今人韓國磐先生《中國古代法制史研究》説:"'刑不上大夫'之説從何而來呢?試讀《漢書·賈誼傳》,在賈誼的上疏中,有專門談到不應戮辱大臣的一段。……由於當時戮辱大臣,賈誼才上疏,借古事以諷喻當世。"③

筆者的微薄貢獻在於,論證了"刑不上大夫"的精神基礎是"士可殺而不可辱"。《禮記·儒行》云:"儒有可親而不可劫也,可近而不可迫也,可殺而不可辱也。"④由於這三句話是孔子説的,所以其爲士大夫所服膺也就非常自然。三句話中對後世影響最大的是"士可殺而不可辱"一句。在古代,士農工商,所謂四民,儒居四民之首。由於儒者的社會地位與士相近,所以"儒"字就變成了"士"字,於是乎就有了"士可殺而不可辱"這句話。請注意,"士可殺而不可辱"這句話中的"士",不是與大夫相對立的最低級爵位之稱,而是"士大夫"的通稱,也可以説是"大臣""高官"的通稱。司馬遷在《報任安

---

① 《漢書》卷48《賈誼傳》,中華書局,1962年,第2256—2257頁。
② 《明史》卷95《刑法志三》,中華書局,1974年,第4020頁。
③ 韓國磐:《中國古代法制史研究》,人民出版社,1993年,第214—216頁。
④ 孔穎達:《禮記正義》,第2222頁。

書》中説:"傳曰'刑不上大夫',此言士節不可不厲也。"可證。"士可殺而不可辱",就是"刑不上大夫"的精神基礎。

十、柳宗元《答韋中立論師道書》:"本之《書》以求其質;本之《詩》以求其恒;本之《禮》以求其宜;本之《春秋》以求其斷;本之《易》以求其動。此吾所以取道之原也。"《古代漢語》注釋:禮,《周禮》,《儀禮》,《禮記》。宜,合理。柳宗元認爲《禮》的優點是合理。(1042頁)

吕按:這幾句話中提到的經書,《書》指《尚書》,《詩》指《毛詩》,《春秋》指《春秋》,《易》指《周易》,都是指的單一的一種書。到了《禮》,竟然變作指三部經書,這樣的注釋,不能不讓人生疑。筆者認爲,此處的《禮》,是指《禮記》一書。筆者試從兩個方面來論證。

第一,《周禮》《儀禮》《禮記》合稱"三禮",分而論之,各有側重。《周禮》原名《周官》,《隋書·經籍志》著録作《周官禮》。爲了避免與《尚書》中的《周官》篇混淆,後人就以《周禮》稱之。《周禮》是講設官分職制度的,所以《周禮》的框架就是六官,即天官冢宰、地官大司徒、春官大宗伯、夏官大司馬、秋官大司寇、冬官大司空。《周禮》的内容與"宜"不搭界。再説《儀禮》。《儀禮》十七篇,是講人的一生在不同階段、不同場合的禮儀,如冠禮、婚禮、喪禮、祭禮等等,具體的很,也死板得很,抬手動足,都要合轍。韓愈《讀儀禮》有云:"餘嘗苦《儀禮》難讀,又其行於今者蓋寡,沿襲不同,復之無由,考於今,誠無所用之。"[1]所以説,《儀禮》的内容與"宜"也不搭界。至於《禮記》,就不一樣了。《禮記》中談到"宜"的地方很多。例如,"禮從宜,使從俗""禮,時爲大,順次之,體次之,宜次之,稱次之""義者宜也""修其教,不易其俗;齊其政,不易其宜"等。清代學者焦循《禮記補疏序》説:"以餘論之,《周官》《儀禮》,一代之書也。《禮記》,萬世之書也。《記》之言曰:禮以時爲大。此一言也,以蔽千萬世制禮之法可矣。"[2]

第二,從唐代的教育環境來看,《禮記》的地位高於《周禮》和《儀禮》。首先,孔穎達奉敕修撰的《五經正義》,其中的《禮》是《禮記》,不是《周禮》《儀禮》。第二,唐代學者對學習《周禮》《儀禮》缺乏熱情。《通典》卷十五:"開元八年七月,國子司業李元瓘上言:'三禮、三傳及《毛詩》《尚書》《周易》等,並聖賢微旨,生人教業,必資事經

---

[1] 馬茂元:《韓昌黎集校注》,上海古籍出版社,1986年,第39頁。
[2] 焦循:《禮記補疏》,《續修四庫全書》本,第105册,第1頁。

遠,則斯文不墜。今明經所習,務在出身,咸以《禮記》文少,人皆競讀。《周禮》,經邦之軌則;《儀禮》,莊敬之楷模;《公羊》《穀梁》,歷代崇習。今兩監及州縣,以獨學無友,四經殆絶。"①

從以上兩點來看,此"禮"字非《禮記》莫屬。

---

① 杜佑:《通典》,中華書局,第355頁。

中國禮圖學的歷史、現狀與發展趨勢*

山東師範大學 丁 鼎

以《儀禮》《禮記》和《周禮》三部重要的儒家禮學經典作爲研究對象的"三禮學"在我國古代長期處於"顯學"的地位。"三禮學"研究對於我們認識我國古代社會制度、思想文化和民俗生活具有重要的學術意義。歷代從經學的角度詮釋和訓解"三禮"的著作自然以文字訓詁和義理闡釋及名物解説的注疏之作爲大宗。但除此以外,在古代三禮學著述中還有一類以繪製圖像爲主並輔以相應的文字解説,對三禮中所涉儀節和器物進行詮解的禮圖類著述。

清代著名學者陳澧《東塾讀書記》卷八云:"《儀禮》難讀,昔人讀之之法,略有數端:一曰分節;二曰繪圖;三曰釋例。今人生古人後,得其法以讀之,通此經不難矣。"[1]清末著名今文經學家皮錫瑞也有與此大致相同的説法:"讀《儀禮》重在釋例,尤重在繪圖,合以分節。三者備,則不苦其難。"[2]與陳氏的説法相比,皮氏把以圖治禮的方法看得更重要。需要説明的是陳、皮二氏所謂"繪圖"法,雖然祇是就《儀禮》學而言,但實際上,學術史上也有許多學者以"繪圖"的方式對《周禮》和《禮記》進行解讀和闡釋,撰寫繪製了許多禮圖類著述。

這些有關三禮學的禮圖類著述及相關的研究著述雖然不是禮學研究的大宗,但在漢代以來的三禮學研究中一直發揮著不可替代的重要作用,佔有非常重要的地位,是三禮學研究的一個子學科。

作爲三禮學的一個子學科,"禮圖學"理應得到學術界的充分重視和關注,但現代學術界對禮圖學注意不夠,相關研究較少。這與"禮圖學"著述在我國古代三禮學史上的重要地位和發生過的重要影響是很不相稱的。有鑑於此,本文擬從學術史的角度對我國"禮圖學"發展的歷史、現狀、特點和發展趨勢作一簡要概述,以引起學界對這一研究

---

* 【基金項目】國家社科基金項目:中國禮圖學史研究(批准號:18BZS018)階段性研究成果。
① 陳澧:《東塾讀書記》卷8《儀禮》,朝華出版社,2017年,第215頁。
② 皮錫瑞:《經學通論》三《三禮》,中華書局,1954年.第31頁。

領域的重視。

一、我國古代禮圖學的發展與流變

(一) 漢唐時期——"禮圖學"的開創與發展

禮圖類著述大約創始于東漢時期的鄭玄與阮諶。鄭玄是東漢集大成式的經學大師。他遍注群經,尤精於三禮之學。阮諶,字士信,東漢陳留(今河南開封)人,生卒年不詳。他曾任東漢侍中,也是著名禮學家。《隋書·經籍志》載:"《三禮圖》九卷,鄭玄及後漢侍中阮諶等撰。"①《隋志》本條記述不太分明,不知是鄭玄與阮諶合著《三禮圖》,抑或是二人分別撰有《三禮圖》。

宋聶崇義《三禮圖集注》曾稱引鄭玄與阮諶舊《圖》。由此可知鄭玄、阮諶所作《三禮圖》宋初猶存於世,後來不知何時亡佚了。清代馬國翰《玉函山房輯佚書》輯有後漢鄭玄、阮諶撰《三禮圖》一卷,共輯佚一百五十五條。

不過,《四庫全書總目》于聶崇義《三禮圖集注》下提要曰:"考《禮圖》始於後漢侍中阮諶。……勘驗《鄭志》,玄實未嘗爲《圖》。殆習鄭氏學者作《圖》歸之鄭氏歟?"②四庫館臣認爲《禮圖》創始于阮諶;所謂鄭玄《三禮圖》當是鄭玄後學所爲。按鄭玄孫鄭小同《鄭志》卷中記載:"趙商問《司服》王后之六服之制,目不解,請圖之。答曰:'大裘、袞衣、鷩衣、毳衣、絺衣、玄衣,此六服皆纁裳、赤舄。韋弁衣以韎,皮弁衣以布,此二弁皆素裳、白舄……'"③這裏記載鄭玄的學生趙商向鄭玄請教王后六服之制,並請鄭玄畫圖解之。這裏只記述鄭玄以語言進行了講解,未記述鄭玄是否畫圖解之。《四庫提要》可能就是據此認爲"玄實未嘗爲《圖》"。四庫館臣的這一推論並無文獻學依據,理據並不充分。

值得注意的是東漢時期一些碑刻中出現了一些"五玉"或"六玉"圖,也可以看作是早期的《禮圖》。據宋人洪适《隸釋》所載東漢桓帝永壽年間所立"益州太守碑"碑陰刻有"五玉三獸"。據洪适《隸釋》記載,蜀中漢碑還有柳敏碑陰和馮緄墓道刻有"雙排六玉碑,又有單排六玉碑"。④ 這些碑刻上所刻的"五玉"或"六玉"就是璧、琮、圭、璋、璜、

---

① 魏徵:《隋書·經籍志》,中華書局,1973年,第924頁。
② 永瑢等:《四庫全書總目》卷22《經部·禮類四》,中華書局,1965年,第176頁。
③ 鄭小同:《鄭志》卷中,商務印書館影印文淵閣《四庫全書》,第182冊,1986年,第336頁。
④ 洪邁:《隸釋》卷17《益州太守碑陰》,中華書局,1986年,第177頁。

琥等玉制禮器。然則《隸釋》所載這些蜀地漢碑所刻的"五玉圖"或"六玉圖"就可以看作是早期的禮圖。

《隋書·經籍志》還著錄了三國吳射慈的《喪服變除圖》五卷、晉崔遊的《喪服圖》一卷、南朝齊王儉的《喪服圖》一卷,以及佚名學者撰作的《喪服禮圖》、《五服圖》、《冠服圖》等;《新唐書·藝文志》載夏侯伏朗《三禮圖》十二卷,張鎰《三禮圖》九卷;《崇文總目》載梁正《三禮圖》九卷。這些魏晉至隋唐時期的禮圖學著述雖在歷代史志目錄中有案可稽,但後來均已亡佚了。其中有些有清人輯佚本,有些完全亡佚,不可復見其原貌。

(二) 兩宋時期——"禮圖學"的興盛與發展

兩宋時期,學者們普遍很重視三禮學的研究,且有多部禮圖學著作流傳於後世。其中影響最大的就是聶崇義根據鄭玄、阮諶、夏侯伏朗、張鎰、梁正和開皇官撰等六家禮圖學著作,參互考定而撰作的《新定三禮圖》二十卷。

聶崇義的《新定三禮圖》是一部具有劃時代意義的"禮圖學"集大成之作。聶崇義,洛陽(今屬河南)人。北宋初年著名經學家,善《禮》學,通經旨,學問賅博,深受世人推崇。聶崇義五代後漢乾祐(948—950)中,累官至國子《禮記》博士。後周世宗詔崇義參定郊廟祭玉,崇義因取《三禮》舊圖,重加考訂。至北宋建隆三年(962)四月表上之,得到宋太祖的嘉獎。太祖詔令頒行聶氏《三禮圖》於天下,並畫於國子監講堂之中。聶崇義《三禮圖》所作圖像雖"未必盡如古昔",但援據經典,考釋器象,較舊圖大有新意,具有重要的參考價值,因而博得學界高度評價,大行於世。本書有圖,有解說,凡圖380餘幅。現存禮圖之近于古者,莫若是書。《四庫提要》稱其"抄撮諸家,亦頗承舊式,不盡出於杜撰"。[①]

另外,北宋吕大臨的《考古圖》、王黼的《宣和博古圖》、王洙的《周禮禮器圖》、陳祥道的《禮書》《周禮纂圖》、龔原的《周禮圖》,南宋楊甲的《六經圖》和楊復的《儀禮圖》、《儀禮旁通圖》,是兩宋時期有代表性的禮圖學著作。

陳祥道的《禮書》(一百五十卷)是北宋時期一部卷帙浩繁、很有特色的禮圖學著作。陳祥道,字用之,福州(今屬福建)人,治平四年進士。北宋熙寧年間,王安石在宋神宗支持下實施變法,改組了國子監,撤換一批反對變法的官員。陳祥道由於是王安石的門生,且推崇、支持王安石的變法策略,因而被委任爲國子監直講(後詔改爲太學博士)。

---

① 永瑢等:《四庫全書總目》卷22《經部·禮類四》,第176頁。

陳祥道《禮書》論辨詳博，附以繪畫，于唐代諸儒之論，近世聶崇義之圖，或正其失，或補其缺。是一部很有價值的禮圖學著作。作爲王安石的學生，陳祥道在本書中多從宋學的立場"掊擊鄭學，如論廟制，引《周官》《家語》《荀子》《穀梁傳》，謂天子皆七廟，與康成天子五廟之説異。論禘祫，謂圜丘自圜丘，禘自禘，力破康成禘即圜丘之説。論禘大於祫並祭及親廟，攻康成禘小祫大，祭不及親廟之説。辨上帝及五帝，引《掌次》文辟康成上帝即五帝之説。蓋祥道與陸佃皆王安石客，安石説經既刱造新義，務異先儒。故祥道與佃亦皆排斥舊説。"①據此可知，陳祥道的《禮書》體現了宋學精神。

此外，王安石的另一位學生陸佃所作《禮象》也是一部影響較大的禮圖學著作，爲明代劉績《三禮圖》所借鑒和取資。但此書現已亡佚。

南宋楊復所作的《儀禮圖》在禮圖學史上有着特殊的地位。楊復字茂才，號信齋，宋福州（今屬福建）人，曾受業于朱熹之門。楊復《儀禮圖》是禮學史上第一部以繪圖的方式對《儀禮》各儀節進行闡釋的完整禮圖學著作，受到後世學者的高度評價，對後世禮圖學産生了重要影響。清人張惠言負有盛名的《儀禮圖》就是在楊復《儀禮圖》的基礎上發展完善而成。故陳澧《東塾讀書記》曰："楊信齋作《儀禮圖》厥功甚偉。惜朱子不及見也。《通志堂經解》刻此圖，然其書巨帙不易得，故信齋此圖罕有稱述者。張皋文所繪圖更加詳密，盛行於世，然信齋創始之功不可没也。"②

南宋林希逸的《考工記解》（又名《鬳齋考工記解》）二卷也是一部禮圖學著作。此書于明代由張鼎思補圖、屠本竣補釋，以《考工記圖解》行於世。林希逸，字肅翁，號鬳齋，福清（今屬福建）人，南宋理宗端平二年進士。林希逸《考工記解》的特點是："僅存宋儒，務攻漢儒。故其書多與鄭康成注相刺謬。"③體現了林希逸反對漢學的宋學立場。

宋代還出現了一些以"考古""博古"爲名的圖書，著錄了許多與禮學、禮器相關的古器物。這類圖譜類著作雖不以"禮"爲名，但也屬於禮圖學著述的範疇。這類著作以北宋吕大臨的《考古圖》和王黼的《宣和博古圖》爲代表。

吕大臨，字與叔。其先汲郡（今河南汲縣）人，後移居藍田（今屬陝西）。王安石變法時期保守派人物吕大防之弟。歷官太學博士、秘書省正字。初學于張載，後從二程（顥、頤）遊。吕大臨所作《考古圖》共十卷，著錄了當時宮廷和私家收藏的古代銅器、玉器。卷一至卷六爲鼎、鬲、簋、爵等商周器。卷七爲鐘、磬等樂器。卷八爲玉器。卷九、

---

① 永瑢等：《四庫全書總目》卷22《經部·禮類四》，第178頁。
② 陳澧：《東塾讀書記》卷8《儀禮》，朝華出版社，2017年，第221頁。
③ 永瑢等：《四庫全書總目》卷19《經部·禮類一》，第152頁。

卷十爲秦漢器。《考古圖》通過著録大量古器物圖並加以考證,使得古器物與"三禮"制度和三禮學相聯繫,對於考證古禮很有價值。本書爲我國最早有系統的古器物圖録,在著録古器物的體例上具有開創性的功績。

王黼,北宋開封府祥符縣(今河南開封)人,字將明,原名甫,後因與東漢宦官王甫同名,賜改爲黼。崇寧進士,曆翰林學士、承旨,宣和元年間任宰相。在其任相期間,他奉敕組織編纂了《宣和博古圖》。其書著録了宋代皇室在宣和殿中收藏的自商代至唐代的青銅器839件。分爲鼎、尊、罍、彝、舟、卣、瓶、壺、爵、觶、敦、簋、簠、鬲、鍑及盤、匜、鐘磬、錞於、雜器、鏡鑒等,凡二十類。各種器物均按時代編排。每類器物都有總説,每件器物都有摹繪圖、銘文拓本及釋文,並記有器物尺寸、重量與容量。有些還附記出土地點、顏色和收藏家的姓名,對器名、銘文也有詳盡的説明與精審的考證。

(三) 元明時期——理學思潮影響下的"禮圖學"

雖然元明時期,禮圖學著述明顯不如宋代發達和繁榮,但也出現了許多禮圖學著述。其中影響較大的禮圖學著作有:元代龔端禮的《五服圖解》、韓信同的《韓氏三禮圖説》;明代劉績的《三禮圖》和王圻、王思義的《三才圖會》等。兹分別簡介如下:

龔端禮,字仁夫,元代嘉興(今屬浙江)人。龔氏《五服圖解》以圖表的形式對《儀禮·喪服》所載重要而繁雜的"喪服制度"進行了非常條理、清楚的解説。本書以斬衰、齊衰、大功、小功、緦麻等五服分列五門,每門又以男、女及成人、未成人分科加以陳述,同時又對各服的正服、加服、降服、義服四等加以解説。對於學習、研究喪服制度很有裨益。

韓信同,字伯循,甯德(今屬福建)人,元代著名的禮學家和理學家。正史無傳。生平事蹟見於《宋元學案》卷六十四"潛庵學案"。韓信同著有《三禮旁説》與《三禮圖説》(二卷)等書。韓氏《三禮圖説》(二卷)雖然篇幅不大,然多補聶崇義《三禮圖》所未備,考訂精詳,案斷有據,誠爲元代很有影響的禮圖學著作。

劉績《三禮圖》最爲著名。劉績,字用熙,號蘆泉,江夏(今武漢江夏區)人,明代弘治庚戌進士,官至鎮江府知府。劉績《三禮圖》多本于宋人陸佃《禮象》、陳祥道《禮書》、林希逸《考工記解》諸書,而取諸《博古圖》者爲尤多。"不惟補崇義之闕,且以拾希逸之遺。其他斑茶曲植之屬,增舊圖所未備者,又七十餘事。"[1]在宋明理學思潮的影響下,

---

[1] 永瑢等:《四庫全書總目》卷22《經部·禮類四》,第176—177頁。

劉績《三禮圖》的一個最大特點是反對漢學而崇信宋學。這當是宋明理學思潮的影響所致。劉績在《三禮圖》卷首《三禮圖説》中自謂其撰寫本書的旨趣曰："三代制度本於義，故推之而無不合。自漢以來失其傳，而率妄作。間有微言訓詁者又誤，遂使天下日用飲食衣服作止皆不合天人，而流於異端矣。績甚病之。既注《易》以究其原，又注《禮》以極其詳。顧力於他經不暇，故作此圖以總之。"①

《三才圖會》又名《三才圖説》，是由明朝人王圻及其兒子王思義撰寫的百科式圖録類書。該圖書共一百零六卷，分天文、地理、人物、時令、宫室、器用、身體、衣服、人事、儀制、珍寶、文史、鳥獸、草木等十四門。涉及的内容不但有天文地理、礦産資源、曆法術數、衣冠制度、琴棋書畫、草木魚蟲、排兵佈陣，還涉及海外異事、刀法劍譜、棍術，等等。對每一事物，均繪其圖像，加以説明。圖文互證，細大畢載，足資鈎稽。本書内容廣博，許多門類的内容超出了禮學的範疇，但其中宫室、器用、衣服等門類的内容就屬於禮學範疇，故可作爲禮圖學著作來使用。

（四）清代——漢學背景下的"禮圖學"大發展、大繁榮

清代是我國經學史上漢學復興的時期，也是三禮學全面發展的時期。這一時期的"禮圖學"出現了大發展、大繁榮的局面。清代禮圖學著述非常繁榮，盛極一時。不僅乾隆欽定《三禮義疏》後分別附有《周禮圖》四卷、《禮器圖》四卷、《禮節圖》四卷和《禮記圖》五卷，而且有清一代還先後出現了多達幾十種禮圖學專著。諸如江永的《鄉黨圖考》、戴震的《考工記圖》、阮元的《考工記車制圖解》、焦循的《群經宫室圖》、胡培翬的《燕寢考》、張惠言的《儀禮圖》、吳之英的《儀禮禮事圖》、《禮器圖》等，都在以圖像解禮方面作出了重要貢獻，在禮圖學史上佔有很高地位。

江永的《鄉黨圖考》雖然本是一部《論語·鄉黨》篇名物制度的專門研究著作，但由於其内容大多與禮學有關涉，因而可以看作一部特殊的禮圖學著作。江永，字慎修，清徽州婺源人（今江西婺源）人，是清代早期著名的經學家、禮學家。戴震、金榜皆從其受業。他有鑒於當時經學研究中"著述家得其大者遺其細，如宫室、衣服、飲食、器用皆未暇數之"，遂"輯《鄉黨圖考》十卷，自聖跡至一名一物，必稽諸經傳，根據注疏討論源流，參證得失，宜作圖譜者，繪圖彰之。界畫表之。"②本書乃爲《論語·鄉黨》篇名物制度的專門研究著作。卷一爲圖譜。有《孔子先世圖》《孔子年譜》等圖表三十，每圖皆輔以

---

① 劉績：《三禮圖》卷1《三禮圖説》，影印《文淵閣四庫全書》第129册，臺灣商務印書館，1986年，第286頁。
② 江永：《鄉黨圖考·序》，《影印文淵閣四庫全書》第210册，臺灣商務印書館，1986年，第216頁。

文字説明。卷二爲聖跡,考孔子一生足跡所至,立目十七。卷三爲朝聘。卷四爲宮室。卷五、六爲衣服。卷七爲飲食。卷八爲器用。卷九爲容貌。卷十爲雜典。本書體例每先引經文及傳注,附以按語,加以考證,多有精義新見。

張惠言《儀禮圖》是清代最著名的禮圖學著作之一。張惠言原名一鳴,字皋文,號茗柯先生,常州武進(今屬江蘇)人,嘉慶四年進士,清代著名經學家。他精研《周易》,與惠棟、焦循一同被稱爲"乾嘉易學三大家"。又精研禮學,著有《儀禮圖》十八卷。張惠言《儀禮圖》是一部繼承發展宋代楊復《儀禮圖》的禮圖學著作。本書兼采唐宋元明諸儒的有關成果,斷以經注,首爲宮室圖、衣服圖,總挈大綱,然後隨事立圖,讀之使讀者對於揖讓進退之節、房室堂庭之位與豆籩尊鼎之陳均有清楚的瞭解。

吴之英的《儀禮禮事圖》和《禮器圖》是清代晚期最有代表性的禮圖學著作。吴之英,字伯竭,又字伯傑,號西蒙愚者、西蒙老漁、蒙陽漁者等。清末民初四川名山(今雅安市名山區)人。其《儀禮禮事圖》將《儀禮》各篇經文依其行儀次序、步驟分解爲諸多節目或章次,進行了較全面的圖解。吴之英《儀禮禮器圖》主要包括宮室圖和器物圖兩部分,其中器物圖主要繪畫《儀禮》十七篇各篇所涉器物之圖像、形制。當代著名學者謝興堯評述吴之英的禮圖學著作說:"是編雖取襲前人之圖,而分門別類,條分縷析,頗稱宏博,且能以《説文》、古史證明古制,發前人所未發,致力之深,洵足欽矣。"又説:"此書於各類名物,考據極精,至所附圖,則多附會,然不害其爲傑構也。"[1]由此可知吴之英的《儀禮禮事圖》和《禮器圖》可以稱得上是集清人禮圖學研究成果之大成的著作。

二、20世紀初葉迄今我國禮圖學的發展現狀、特點與趨勢

(一)民國以來我國禮圖學的發展現狀

20世紀初葉,隨著社會政治制度的轉型和文化範式的變遷,傳統三禮學備受冷落,從總體上可以説進入衰微時期。"禮圖學"也隨之進入了全面式微時期。從民國建立以來的一百多年間,現代學術界對於禮圖類著述一直重視不夠,無論對"禮圖類著述"本身的研究還是對"禮圖學"學術史的研究都非常薄弱。不過這一時期的禮圖學研究雖然較爲冷落,但一直不絕如縷。無論是大陸地區和臺灣地區都一直有學者從事這方面的研

---

[1] 中國科學院圖書館:《續修四庫全書總目提要·經部·禮類》,中華書局,1993年,第525頁。

究和著述。

其中大陸地區有代表性的禮圖類著述有如下這些,以圖像的形式對傳統禮學著作或禮器、禮事進行考釋研究的專著:容庚的《武英殿彝器圖錄》(燕京大學哈佛燕京學社1934年)、《商周彝器通考》(燕京大學哈佛燕京學社1941年)、錢玄的《三禮名物通釋》(江蘇古籍出版社1987年)、沈文倬的《宗周禮樂文明考論》(杭州大學出版社1999年)、馬承源的《青銅禮器》(臺北幼獅文化事業股份有限公司1996年)、汪少華的《中國古車輿名物考辨》(商務印書館2005)、戴龐海的《先秦冠禮研究》(中州古籍出版社2006)、于省吾的《雙劍誃古器物圖錄》(中華書局2009年)、賈海生的《周代禮樂文明實證》(中華書局2010年)、袁俊傑的《兩周射禮研究》(科學出版社2013年)、高崇文的《古禮足徵——禮制文化的考古學研究》(上海古籍出版社2015年)、徐淵的《〈儀禮·喪服〉服叙變除圖釋》(中華書局2017年)等著作。有代表性的禮圖學文章有:劉克明、周德鈞的《〈周禮〉與古代圖學》(《文獻》1997年第1期)、李學勤的《〈周禮〉玉器與先秦禮玉的源流》(《東亞玉器》第1册,1998年11月)、程爾奇的《胡培翬燕寢考考論》(《中國典籍與文化》2009年第2期)、李巖的《周代服飾制度研究》(吉林大學中國古代史博士論文,2010年)、易善炳的《〈三禮圖〉雞彝圖像考辯》(《南京藝術學院學報》2013年第4期)、陳緒波的《〈儀禮〉宫室考》(南開大學文學院博士論文2014年)、曲柄睿的《〈周禮〉諸圖研究》(《孔子研究》2014年第2期)、易善炳的《〈三禮圖〉圖像研究》(陝西師範大學藝術學碩士論文,2014年5月)、喬輝的《賈公彦〈周禮注疏〉、〈儀禮注疏〉引禮圖考略》(《理論月刊》2014年第9期)、《秦蕙田〈五禮通考〉引聶崇義〈三禮圖〉考論》(《古籍整理研究學刊》2016年第2期)等。

值得注意的是近幾年已故禮學專家楊天宇先生的高足買靳編著出版了兩部很有創新性的禮圖學著作:《新編儀禮圖之方位圖》(吉禮卷)和《新編儀禮圖之方位圖》(凶禮卷)。這兩部《新編儀禮圖之方位圖》以繪製圖表的形式直觀形象地解釋了《儀禮》所載吉禮與凶禮各個儀節的方位和禮事。書中內容分方位圖、人物行事表、禮例表和方位圖表,爲讀者研讀《儀禮》提供了一種形象有效的解讀方式。

另外,值得注意的是河南大學歷史學院曹建墩教授主持的《三禮名物圖釋》專案。該項目于2007年由河南大學立項,於2011年結項。筆者對本專案一直很關心,很期待。由於曹建墩教授是考古學出身,因而本項目一個很重要的特點就是多以後世考古實物圖來解説三禮名物。

尤其值得注意的是彭林教授于2014年立項的國家社科重大招標課題"《儀禮》

復原與當代禮儀重建研究"。目前已經以真人、實物、實景的方式拍攝出《士昏禮》《士冠禮》《鄉射禮》等幾部電視節目。本課題可以看作是對臺灣孔德成先生和葉國良先生主持的"《儀禮》復原研究叢刊"和有關《儀禮·士昏禮》的黑白電影和動畫片的繼承和發展,是對傳統禮圖學的創新性發展。作爲一項跨學科研究,本課題突破了傳統的從文本到文本、從文本到實物的研究範式,力圖應用數碼技術、多媒體技術,一方面建設資料庫平臺,彙集歷來《儀禮》相關研究成果,進行綜合性的梳理、分析與借鑒吸收,以爲進一步研究的基礎;另一方面,通過數碼復原,將《儀禮》文本及具體考訂從文字形式轉換爲虛擬影像,開拓了學術成果社會轉化的可能空間。

臺灣地區代表性的禮圖類著述當以臺灣中華書局於1971—1973年出版的"《儀禮》復原研究叢刊"爲代表。這部叢刊雖然並非傳統的禮圖類著述,但以圖像的形式對《儀禮》中的儀節、禮器、禮事進行考釋、闡述却是其中的重要內容。這部叢刊由臺灣大學的台靜農教授爲召集人,由孔德成教授擔任指導教師。這部研究叢刊由臺灣中華書局於1971年1月至1973年10月初版,後又於1985年至1986年之間發行二版,共有十二種,依出版次序分別是:

  陳瑞庚《士婚禮服飾考》
  章景明《先秦喪服制度考》①
  張光裕《儀禮士昏禮、士相見之禮儀節研究》
  黃啓方《儀禮特牲饋食禮儀節研究》②
  鄭良樹《儀禮士喪禮墓葬研究》③
  鄭良樹《儀禮宮室考》
  曾永義《儀禮車馬考》
  曾永義《儀禮樂器考》④
  吴達芸《儀禮特牲、少牢、有司徹祭品研究》

---

① 陳瑞庚:《士婚禮服飾考》、章景明:《先秦喪服制度考》合輯一書,《儀禮復原研究叢刊》,臺北中華書局,1971年1月初版、1986年2月二版。
② 張光裕:《儀禮士昏禮、士相見之禮儀節研究》、黃啓方:《儀禮特牲饋食禮儀節研究》合輯一書,《儀禮復原研究叢刊》,臺北中華書局,1971年2月初版、1986年9月二版。
③ 鄭良樹:《儀禮士喪禮墓葬研究》,《儀禮復原研究叢刊》,臺北中華書局,1971年9月初版。
④ 鄭良樹:《儀禮宮室考》、曾永義:《儀禮車馬考》《儀禮樂器考》合輯一書,《儀禮復原研究叢刊》,臺北中華書局,1971年9月初版、1986年2月二版。

沈其麗《儀禮士喪禮器物研究》①
施隆民《鄉射禮儀節簡釋》
吳宏一《鄉飲酒禮儀節簡釋》②

這套"《儀禮》復原研究叢刊"是我國學術史上第一部系統研究《儀禮》儀節的叢書，品質很高，影響很大。

此外，這次《儀禮》復原工作還利用現代影像技術，拍攝了《儀禮·士昏禮》黑白影片，再現了周代士人婚禮的全過程，以影像的方式保存了現代學術界首次嘗試復原《儀禮》古禮的重要成果。《儀禮》復原小組本來計畫將多種禮儀拍攝爲黑白影片，但由於經費不足而難以爲繼。

後來孔德成先生的博士葉國良教授繼起進行《儀禮》復原研究工作，於 1999 年、2000 年連續申請"國科會"研究資助，主持進行《儀禮·士昏禮》彩色 3D 動畫與影像光碟的製作。此次工作以孔德成等先生的原有成果爲藍本，加入新的研究成果（如對服飾、器物顏色的考證），並借助電腦動畫技術，在表現形式與傳播形式上大爲改進，完成了《儀禮·士昏禮》彩色 3D 動畫光碟，將《士昏禮》的全過程以 3D 動畫形式展示出來，對促進《儀禮》研究大有裨益。

（二）我國現代禮圖學的特點與發展趨勢

通過以上對現代禮圖學發展狀況的總結，可知我國現代禮圖學呈現如下兩個顯著特點：

（1）充分利用考古資料進行禮圖學研究。

現代禮圖學研究者受王國維"二重證據法"的啓發，高度重視 20 世紀上半期的考古發現，普遍注意將出土材料與傳世文獻結合起來作對比研究，充分利用考古發掘成果與傳統禮學文獻所記之器物、墓葬、向位等作比較研究。

（2）把現代影視技術引入禮圖學研究

前揭孔德成先生主持的《儀禮·士昏禮》黑白電影、葉國良先生主持的《儀禮·士

---

① 吳達芸：《儀禮特牲、少牢、有司徹祭品研究》、沈其麗：《儀禮士喪禮器物研究》合輯一書，《儀禮復原研究叢刊》，臺北中華書局，1973 年 5 月初版、1985 年 9 月二版。
② 施隆民：《鄉射禮儀節簡釋》、吳宏一：《鄉飲酒禮儀節簡釋》合輯一書，《儀禮復原研究叢刊》，臺北中華書局，1973 年 10 月初版、1985 年 9 月二版。

昏禮》彩色3D動畫光碟和彭林先生主持的《士昏禮》《士冠禮》《鄉射禮》等幾篇的真人實物實景電視節目,都是以現代影像技術展示三禮學內容的影視作品的成功嘗試。這類成果以影像的方式保存了現代學術界嘗試復原《儀禮》古禮的重要成果,可以看作是對傳統禮圖學的創新性發展。

以上所述現代禮圖學的兩個重要特點,實際上也體現了我國現代禮圖學的發展趨勢。毫無疑問,在利用考古資料和影像技術進行禮圖學研究方面還祇是剛剛起步,還有許多研究領域需要進一步開拓。

鑄造永生容器：夏商喪禮的一個角度

中正大學歷史系　郭静云

一、盤龍城隨葬破碎容器的禮儀

長江中游地區自新石器時代以來有在喪葬禮儀中將容器打破的傳統，並且用這些已破碎的廢器殘片作爲隨葬品。邱詩螢發現，盤龍城遺址出現很多有意破殘的容器，並且隨葬廢器的傳統應該源自屈家嶺、石家河時代。[1] 筆者重新對照盤龍城發掘報告中的殘損青銅器，發現並不是所有的青銅禮器都會在隨葬前被人爲有意地破碎，其中可以發現明顯的選擇性，按照盤龍城報告的分期，所得觀察結果如下：

盤龍城三期楊家灣六號墓出土殘缺的銅爵和鬲形斝，都從上部殘缺，已不能容納任何東西，可以說這是有意打破，有意使容器不再有"容納"的作用，就象送葬者的屍體不再能容納其靈魂，故要破反其包懷生命的作用，以便使其重新再生；這種已無容納作用的"反包藏品"，應該象徵著解除靈魂原來所有的束縛和枷鎖，以預備其重新獲得新生。與爵和斝相對照的是，出於同一墓葬中的銅鬲，祇有足部有點殘缺，不影響其作爲容器的作用，不象是有目的性的打破，這或許顯示早商喪禮中爵和斝有特殊的神祕作用。

盤龍城四期王家嘴出土殘斝，七號祭祀坑又出土了破殘的銅爵和完整的銅觚；李家嘴二號大墓出土幾件完整的銅鼎、尊、盉、斝，銅觚雖然口沿有點殘缺，但不影響其作容器的作用，是否故意被弄殘還有待商榷，但是大部分銅爵是"反包藏"的破殘隨葬器。樓子灣四號墓出土了幾件破殘的銅爵和銅斝，還有一件錐足銅鼎似乎也是有意打破的，另一件銅鼎則完整，銅觚也都完整。

到了盤龍城五期，王家嘴七號祭祀坑出土了殘斝；李家嘴一號墓出土完整和殘缺的兩種銅觚、銅爵和銅斝，但尊、盉、鼎、鬲、簋、盤都完整，祇有一件尊和一件鼎有自然銹的殘缺，不影響它們作爲容器的功能；楊家嘴出土了有意打破的"反包藏"的銅觚和銅爵，

---

[1]　邱詩螢：《長江中游史前毀器葬》，《三峽大學學報人文社會科學版》2014年第5期，第17—21頁。

但是銅斝完整;樓子灣既有完整亦有"反包藏"的殘缺爵、斝和觚,但殘缺的反包藏的禮器以斝爲多,並且爵、斝、觚這三類之外的容器都完整。盤龍城六期王家嘴一號墓出土反包藏的殘缺觚、爵和斝,但鬲形斝是完整的;楊家灣觚、尊、鼎都完整,而爵和斝中反包藏殘缺器和完整器的比例相當;樓子灣十號墓出土了反包藏的殘爵。在採集的盤龍城五、六期的禮器中,故意被弄破殘、有反破容器現象的青銅器中,銅斝最多,其次爲銅爵,第三爲銅觚,而鼎和簋都完整。楊家灣七期衹有幾件銅斝爲殘破的反包藏器,其他器物都没有被弄破殘。①

因爲資料零散,很難作絶對的結論,但據初步的觀察,似乎在有意弄破殘的反包藏品中,銅斝和銅爵佔絶對的優勢,從盤龍城三期已可以看出此情況。從盤龍城五期以後,另外才開始出現被有意弄破殘的銅觚,可是時代偏晚,數量也不如斝、爵多。至於其他器型,如鬲、鼎、尊、盤、簋等容器基本上都完整,未見有意弄破殘,少數因鏽而致殘足等,但不影響它們作容器的作用。

根據器物被有意選擇的情況可以進一步推論,在盤龍城三、四期喪禮文化中,斝、爵已被特別選擇出來用作通天地的"明器"(關於"明器"的定義和含義,詳見下文説明);到了盤龍城五、六期,開始直接用明紋象徵這兩種寶貴明器的特殊地位,而且在同時也開始把銅觚用作明器,但因爲銅觚上未見有明紋、有意被弄破殘的器物數量也偏少,銅觚在喪禮的地位可能次於爵和斝;到了盤龍城七期即殷商時期,人爲弄殘明器的禮儀埋没失傳,並没有被殷商吸收,因此遵從該禮儀的人越來越少,反包藏器的傳統逐漸消失了。

二、爵、斝爲"明器"的定義

盤龍城四、五期以來,銅斝、爵上開始出現一種特殊的紋飾,在盤龍城這種紋飾只見於斝和爵上。學界一般將這種紋飾稱爲"渦紋"②或"圓渦紋",③這種定義源自日本文化對" "紋飾的認識。日本最初可能從中國文化接受" "" "紋飾,一旦移入便獲得新意思,自飛鳥時代以來,一直將這種紋飾用於瓦當上,象徵水渦以防止建築被火

---

① 湖北省文物考古研究所:《盤龍城:1963—1994年考古發掘報告》,文物出版社,2001年,第222、123、132、162—175、367—369、133、190—203、336—339、378—383、137—141、246—257、389、273—290頁等。
② 孟婷:《商周青銅器上的渦紋研究》,吉林大學碩士學位論文,2009年。
③ 張婷、劉斌:《淺析商周青銅器上的圓渦紋》,《四川文物》2006年第5期,第68—71頁。

燒。後來在討論商代禮器時,也用"渦紋"一詞來指稱相似的紋飾,並被中國學者所接受和沿用。但這種指稱從根本上誤解了該紋飾的本來意義。此外,李朝遠先生曾特別提出這種紋飾應爲"火紋",並將其解釋爲大火星或鶉火星崇拜。① 以筆者淺見,這種解釋亦不能成立。孟婷在其碩士論文中提出,所謂"渦紋"其實與"囧"字很象,而"囧"即是表達大明、太陽的意思。雖然孟婷後面提出的結論不能成立,包括用太陽崇拜概念以及新石器時代一些紋飾與明紋作連接,都不妥當,但是將所謂"渦紋"釋爲"明紋",將其與"囧"字和日象作連接,可以説是相當準確的觀察。②

郭静云曾經論述,"明"字的本義是日月升天,是故"明"的形象不是簡單地圖畫日月,而就是以日圖形容"升天"的意思。③ 從此有關古文字的討論出發,可見"明"之義與"囧"字的關係,"囧"字最初的象形意義應該是日象大明。後來在語文發展下,具體指出太陽時用"日"字,但這並不意味著囧即大明的形象消失,且大明形象的重點就是"明時",即太陽明亮地升天的形象。

在兩商時代的禮器上,明紋與神紋同樣爲跨區域的紋飾母題,④在盤龍城(含鄭州二里崗)、吳城、三星堆、殷墟都可見到。從盤龍城青銅器資料來看,明紋出現時代比神紋稍晚,神紋在盤龍城二、三、四期已普遍,而明紋好像只從五期才成爲普遍的紋飾(相當二里頭四期到二里崗下層),之後五、六、七期一直在用。⑤

盤龍城時代的硬陶上出現明紋的例子極少,大部分是在青銅器上,但有一個特殊例子,即二里崗灰坑中被特意打破的硬陶的器底上。⑥ 這種在器底的明紋出現率不高,但一定有特殊意義。青銅器上亦出現過明紋在内底和外底的盤形器,如新淦大洋洲銅豆的盤内外環有夒紋,而中心有明紋;⑦鄭州向陽街窖藏出土的銅盂裏,盤中有菌狀中柱,

---

① 李朝遠:《青銅器火紋象徵意義的原型及其轉换》,《文藝理論研究》1991年第5期,第73—79頁;陳佩芬:《夏商周青銅器研究》。
② 孟婷:《商周青銅器上的渦紋研究》。
③ 郭静云:《"神明"考》,中華孔子學會:《中國儒學》叢刊第1輯,商務出版社,2007年,第427—434頁;郭静云:《先秦易學的"神明"概念與荀子的"神明"觀》,《周易研究》2008年3期,第52—61頁。
④ 關於神紋的定義和意義,參郭静云:《由禮器紋飾、神話記載及文字論夏商雙嘴龍神信仰》,《漢學研究》第25卷第2期,2007年,第1—40頁。
⑤ 湖北省文物考古研究所:《盤龍城:1963—1994年考古發掘報告》,圖三○二,第416頁;圖八八,第141頁;圖二○三,第279頁。此外其他盤龍城出土斝和大部分爵都有此紋。中國社會科學院考古研究所河南第二工作隊、趙芝荃、徐殿魁:《1983年秋季河南偃師商城發掘簡報》,《考古》1984年第10期,圖4、5,第872—879、961—963頁;陳佩芬:《夏商周青銅器研究》夏商卷,圖二一,上海古籍出版社,2004年,第46—47頁。
⑥ 河南省文化局文物工作隊:《鄭州二里崗》,圖叁拾:23、圖版拾叁:25,科學出版社,1959年。
⑦ 江西省博物館、上海博物館合編:《長江中游青銅王國:江西新淦出土青銅藝術》,圖28,兩木出版社,1994年,第35頁。

其頂上有明紋。① 用作盤之外底紋飾的明紋,大部分出現在烏龜的造型上。但這都是盤龍城以外的或盤龍城以後的禮器,在盤龍文化的中央區域,可見明紋先用作爵和斝的紋飾。

在盤龍城早商文化裏,明紋多出現在斝和爵之菌狀柱頂上。反之,菌狀柱頂基本上都有明紋;另有部分見於斝腰部。筆者認爲,明紋出現在器物刻意升高之處,這恰恰表達"明"爲升天的意思(較少見的器底明紋,則是在表達明自地出,而具有升天的能力)。帶明紋的器物都屬禮器,所以被預備跟著死者升天,或用來升享給祖先。因此明紋是在表達,用該禮器的祭禮,具有如同太陽自地下升天的能力,故而將象徵大明升天能力的紋飾,特別安排於禮器之向上或向外突出的部位上,且安排在祭禮意義最深刻的斝和爵上。

也就是説,兩商禮器上,不僅有神紋,亦有明紋,而且有神紋和明紋合在一起的構圖。湯商時期禮器上明紋的形狀,絶大部分圓圈裏有四勾,即將圓圈分成四段,較少數分成三段,另有較少量多勾形狀。殷商時期四勾的依然多,但多勾已然占優勢,且在造型上似已不太講究明紋的具體形狀。

就明紋的圖案結構來説,筆者假設,三勾其實就是甲骨文習見的「囧」字字形,而四勾恰恰符合所謂从"⊞"的"⊞)"(明)字。因爲早商時期四勾形狀是最常見的,可能恰恰表達當時"日"或"囧"的字形,"⊞)"字的"⊞"並不是"田",而就是表達日象的符號。後來在紋飾上發展出多勾形狀的原因,或是因爲紋飾形狀的自由度往往比字型大,故無必要始終一定跟著某字形。同時也不排除,早期的字形會有異文,但在用文字擴展其形象與意義的過程中,逐漸被固定下來。

換言之,禮器上的神紋與商語文之"神""虹""電"等字密切相關,②而明紋則與"日""囧""⊞)"(朙、明)等字密切相關;前一組皆爲象徵天的範疇、由天所生的神精,而後一組則象徵地的範疇、由地所生的明形。從發掘非常不足的盤龍城遺址來看,從中還是可以發現國家通用的典禮,表明楚商的信仰禮儀已經很規範,每種禮器在禮儀上的作用較爲固定,因此" ◉ "明紋只出現在銅斝、銅爵上。

下面將在前述討論明紋寓意的基礎上,進一步探討"明器"的概念,筆者將説明,斝和爵在其時都被用作通天的"明器"。

---

① 河南省文物考古所、鄭州市博物館、楊育彬、於曉興:《鄭州新發現商代窖藏青銅器》,圖十七:2,《文物》1983年第3期,第49—59、97、101頁。
② 郭靜云:《由禮器紋飾、神話記載及文字論夏商雙嘴龍神信仰》。

晉代杜預注《左傳·昭公十五年》曰："謂明德之分器。"①對何謂"明器"的意思解釋得非常準確,即"明德之分器",亦是藉此而通達上天之意。

"明德之分器"概念的產生及演化,筆者擬另文再討論。在此只擬強調,"明器"是很具體的概念,是指明德之器,不可將其用於沒有"明德"和"明器"概念的時代,因此考古界對三代或甚至新石器時代的禮器,動輒採用此定義,恐有不妥;況且,"明器"與"祭器"之區分,祇能用於描述東漢的墓葬,從青銅器銘文來看,殷周喪禮中"明器"就是"祭器";至於用"明器"來指稱非實用的隨葬器物,這僅祇是漢代的觀念,甚至只主要能夠代表東漢時期。

筆者認爲,"明器"概念的出現與將"明器"做成非實用器,這兩者所代表的是不同的歷史階段。"明器"概念的形成涉及"明器"的本義:即具備於升天的能力,因此商周時期祭祀天上神祖的祭品就是"明器"。

三、帶明紋的反包藏器與陶缸的關係

盤龍城五期以來,銅斝、爵上開始出現"明紋"符號,這就是指出:這些禮器被用來作通天的"明器"。盤龍城即楚商(或謂湯商)文化,明紋只見於斝和爵上,吳城另見於豆的盤底上,殷商時期明紋通見於各種禮器上。在殷商祭祀祖先的禮器上普遍有明紋,表明這些具備升天功能的祭器就是"明器";但是觀察楚商的考古資料,筆者發現禮儀和禮器神祕功能可以做更細緻的區分。筆者推想,是否在楚商文明中,斝和爵有特殊的禮儀上的作用? 這一假設,或許與可以從邱詩螢所發現的長江中游毀器葬傳統獲得啟發。

最常被故意弄破殘的斝、爵,恰好也是最常帶明紋的禮器。或許這一現象從兩方面表達,斝、爵是最早的特選的"明器"。有意弄破殘的痕跡,使我們推想,這些殘毀器先經過某群人共同參加的一種禮儀,之後才被隨葬,該禮儀的內在意義,應該通過了解其形象的語言來解讀。

死亡意味著生命的容器——活人的身體被打破,這一過程可以與明紋禮器被打碎互爲隱喻,體現的都是反包藏;死後的永生需要通過神祕過程塑造新的形體。在面對同樣的問題上,尼羅河流域的古文明塑造很多取代身體的雕塑;但是從盤龍城的喪葬禮儀來看,江漢古文明的人們或許認爲,永恒的形體塑造是一種頗神祕、人不可見的過程,永

---

① 《春秋左傳正義》,《十三經注疏》,新文豐出版公司,2001年,第2129頁。

恒生命的形體的形狀人不可知，但是参加葬禮的人們需要預備塑造永生形體的材料，使死者獲得長久不朽且有升天能力的新身。在楚商人的信仰禮儀中，這種材料即是明器，但並不是人們鑄造成形的斝、爵，而是需要重新經過神祕鑄造的、人不可知的明形。因此，人們預備的明器在喪禮中被破開弄殘，但其殘片都放在墓裹，通過特定的祈禱禮儀，祈求爲死者重新鑄造長久不朽的永生形體。同時，明紋的指標，更加闡明永生形體應備於升天，強調此禮儀的目的是讓死者升天永生。那麼，青銅器的殘片怎麼樣才能夠變爲永生形體的基礎？從隨葬品組合來看，答案是，一定要重新經過神祕的冶煉。

筆者認爲，盤龍城墓裹經常隨葬未曾用過的火缸（發掘報告一般稱之爲"陶缸""陶臼"），在意義上與破殘的明器有直接的關聯。長江中游社會，從發現金屬、發明冶煉技術以來，冶煉、鑄造的過程都被視爲神祕的創生過程，石家河早期祭壇上發現很大的孔雀石、銅渣和銅片，[①]顯示當時的社會正在對冶煉技術進行神祕化的建構，在社群共同的祭禮活動中，包含有與冶煉有關的儀式。同時，石家河貴族墓裹開始隨葬大火缸，筆者認爲，墓中隨葬冶煉用火缸的含意，就在於預備死者融化其腐爛的肉體，而重新鑄造堅固不朽的永生形體。在先民的經驗中，青銅材料最爲堅固而長久不朽，因此最符合用於塑造永生形體（青銅材料長久不壞不變的堅固性，則是夏國先民自行摸索而了解到的偉大突破和發現，所以這一觀念衍生自他們的獨特文化中）。

在石家河文化地層和墓葬中，習見一種厚胎厚底的紅陶杯。這種杯器形小，杯底很厚，既不合實用，亦不好看，但出土數量却奇多，如在石家河城内三房灣整個東台頂面大量散佈這種紅陶杯，調查者保守估計達數萬至數十萬件。[②] 這種現象令人困惑。筆者以爲，這種厚胎紅陶杯在當時是作爲儀式中的法器來使用的。這種器物實際上是冶煉用的陶缸的小型化，其造型上特別強調其小型、内凹而厚重的底部，這跟冶煉用大火缸強調小型而厚重的底部是出於同樣的意思：隔熱、耐火以便融鑄（它在顏色上的火紅或許也與此有關）。所以，這種器物旨在以象徵的方式，表達通過冶煉而實現神奇再生與轉化的願望，因此之故，它被用作祈禱的法器，被石家河人廣泛用於各類儀式場景。

石家河文化是這種通過冶煉而再生信仰的源頭，當時人們同時使用大型火缸和小

[①] 郭静云、邱詩螢、范梓浩、郭立新、陶洋：《中國冶煉技術本土起源説：從長江中游冶煉遺存直接証據談起》（一）（二），《南方文物》2018 年第 3 期、2019 年第 3 期；郭静云、邱詩螢、郭立新：《石家河文化：東亞自創的青銅文明》（一）（二），《南方文物》2019 年第 4 期、2020 年第 3 期。湖北省文物考古研究所 2014—2015 年發掘天門石家河印信臺祭壇遺址，在上面發現孔雀石和煉渣的遺跡，發掘簡報待刊。

[②] 北京大學考古系、湖北省文物考古研究所、胡北荆州地區博物館石家河考古隊：《石家河遺址群調查報告》，《南方民族考古》第 5 輯，1992 年，第 227 頁。

型紅陶杯。但在繼起的盤龍城文化中，紅陶杯消失了，大火缸仍在，而且得到進一步發展。與此相應的是在盤龍城（即湯商國家）精神文化獲得進一步發展和系統化，其在葬禮中表現爲：被人爲弄殘破的明器是青銅器，這些殘器象徵著死者腐爛的肉體也必須先破殘，經過大火缸一般的神祕轉化和冶煉之後重鑄永生容器。屍體與被弄破殘的明器葬在一起，經過俗世中未用過的大火缸，合成爲一體而冶煉、重鑄爲人不可知的新體，從土中再生並取象於日獲得升天的神能。這應該是楚商文化喪葬禮的核心所在。是故，在楚商文化的喪葬禮中，被弄破殘的明器和大火缸所代表的是一套神聖的禮儀規範，在這種規範的背后，還有一套深入的人生信仰作爲基礎。

總結：從石家河到盤龍城喪葬禮儀的形成及其核心觀念

夏商文明喪葬禮儀的建構經歷了一個漫長的過程，濫觴於石家河，即相當於唐虞，以及後石家河，即相當於三苗及夏的歷史階段。從前文論述可知，這一體系奠基於對生命本源和再生升天能力的崇拜。

屈家嶺文化的遺址中開始出現銅料，石家河時期的人們不僅初步了解煉銅技術，而且將其神祕化爲神奇的創生力量，從而上升爲一種重要的社會隱喻，並在信仰體系的建構中舉足輕重。石家河文化的人們崇拜煉銅，表明煉銅技術是他們自行摸索和發現，由社會內部衍生出來的新技術。屈家嶺、石家河人發現了這種經過融化而重新創造新物質的神祕技術，並經過幾百年的研究、試驗，不斷尋找新方法以掌握和加強冶煉銅的方式。事實上，石家河文化已出現鉛錫銅三元合金技術。這種高等級的具有變形變質、重新塑造型體的技術，祇有極少數人才能掌握，且因其神奇和稀有，而在社會中被神祕化，成爲信仰和崇拜需要模擬的對象。

所以，這種新技術因素，進而轉化爲表征其時精神文化核心要素的喪禮禮儀中。石家河貴族墓裏隨葬冶煉用火缸的含意，就在於隱喻死者融化其腐爛的肉體，而重新鑄造永生的形體。此外，石家河人還普遍將火缸小型化爲厚胎紅陶杯，將其作爲祈禱的法器，以象徵的方式表達通過冶煉而實現神奇再生與轉化的願望。在青銅技術已非常發達的盤龍城文化中心地帶（即商國家），該喪葬禮意識又有進一步的發展：被人爲弄破殘的青銅器，應該象徵著死者的腐爛肉體也必須破殘，經過一同隨葬的大火缸之神祕轉化和冶煉之後，重鑄永生的容器；同時，特意將刻有明紋的禮器弄破碎，旨在強調，亡者與明紋禮器之間具有一體相關性。容易腐爛的屍體與難朽的殘破青銅明器葬在一起,經過俗世中未用過的大火缸的神秘轉化,融鑄爲一體,而創造出人不可知的新體;而青銅殘器上的明紋,則更加闡明,永生形體備於升天,故須從土中再生。

換言之,被弄破殘的明器與大火缸,在楚商的喪禮中組成一套神聖的"禮",象徵死者腐爛肉體神祕轉化,而在其基礎上重新鑄造有升天能力的永生之體。

"方帝"卜辭與殷人祭帝之禮

安陽師範學院甲骨學與殷商文化研究中心　郭旭東

就殷墟甲骨卜辭所見,在殷人崇拜的衆神當中,高高在上、雄居金字塔頂端的正是"帝"神。殷人對之頂禮膜拜,極爲虔誠,無論是年成豐歉和城邑的建設,還是軍事征伐,殷人都希望得到它的大力保佑,同時也十分擔心其降禍於自己。"帝"既有自然權威,可令風令雨,也有人事權能,禍福人間。其行動完全由他自己決定而不受別人影響與控制,他身上没有規定的義務,天馬行空,非常自在,根本不像殷人的先公先王一樣,身上背負有護佑自己子孫平安幸福的責任,事必躬親。它作用于王而不作用于其他殷朝貴族和平民,正説明這些人的等級與層次還不夠資格讓"帝"神眷顧,而這種秩序也正表現出"帝"的最高地位。"帝"不同於其他系統的神,他獨立建有帝廷組織,有一套自己的臣工班子,絕大部分事情就由手下"五豐臣"們去做而不勞其親自動手,上帝對其他人的施福降禍是通過控制這些自然神靈而間接施加作用的。即使是人王死後也以能夠賓其身旁而深感自豪,甚至是殷人非常尊崇的商王朝的開創者——大乙成湯也要到其處所作賓配享。因此,"帝"作爲卜辭中的最高神、至上神是無可懷疑的,我們還找不出能夠超越它的神靈。這大概也是甲骨文裏其又名"上帝"的原因吧。

一

從甲骨卜辭記載來看,殷人無論軍國大事、還是生活瑣事,都要事先進行占卜,並會對自己崇拜的各類神靈大肆祭祀,以此作爲國之大事而不敢稍加懈怠。因而,我們在卜辭中經常可以看到殷人不惜殺伐大量的獸牲和人牲,採用名目不一的祭祀名稱與方法,不厭其煩、甚至是發展到周而復始地對神祖進行祭祀。應該説幾乎所有的天神、祖先神以及自然神均被殷人網羅,這一點,已成爲甲骨學界的共識。但是,有一個情況却與此不大協調,並成爲學術疑案:即人們一方面認爲上帝是殷人心目中絕對的最高神,另一方面,却又認爲卜辭中的"帝"不受祭祀。絕大部分學者認爲甲骨卜辭中没有明顯祈求和祭祀上帝的記錄，上帝在殷商時期是不享人間祭祀的。這種觀點長期以來十分流行，似乎已成定論。但也有學者不贊同這一意見，如日本學者島邦男、①古文字學家高明②爲代表的少數學者就主張卜辭中"□"有時可借爲"帝"，上帝在殷商時期是受到商人隆重祭祀的神靈。

那麼，上帝究竟是否受祭呢？筆者以爲殷商時期，崇信上帝而不祭之，是非常不合情理的事情，也是違背"殷人信神，率民以事神，先鬼而後禮"原則的。作爲殷人所祭神靈系統的至上神，上帝理應受到殷人祭祀，這是應該肯定的，也是順理成章的。

首先，從傳世文獻記載看，殷商時期的人們是十分敬畏上帝的，《尚書·湯誓》："予惟聞汝衆言，夏氏有罪，予畏上帝，不敢不正。"《尚書·盤庚》："肆上帝將復我高祖之德，亂越我家。"這兩篇都是商代的真文獻，文字雖有後人的稍許改動，但基本上反映了商代歷史的真實。文中"上帝"的權威顯而易見，它高高在上，無與倫比，一個"畏"字表現出上帝是深受商王尊敬和畏懼的至上神靈。又，《尚書·多士》："自成湯至於帝乙，罔不明德恤祀。亦惟天丕建，保乂有殷。殷王亦罔敢失帝，罔不配天其澤。"這裏透露出殷人原是祭祀上帝的。而"昏棄厥肆祀"正是武王伐紂的理由之一。因此，從歷史典籍相關記錄的隻言片語中，我們尚能夠覺察出，殷人當時應該是祭祀上帝的。

此外，不僅是文獻有載，殷墟出土的甲骨文也有明確反映，先看以下三條卜辭：

1. 庚午卜，惟斧再，呼帝降食，受佑？　　　　　　　　　　　　《合集》21073
2. 癸亥卜，翌日辛帝降，其入於獄大寁？在寁。　　　　　　　《合集》30386
3. □卯卜，帝其陟……？　　　　　　　　　　　　　　　　　　《合集》30387

1辭的降，甲骨文字寫作"🅁"形，應是"降"字。"再"即舉。本辭所記是説庚午日，殷人舉行某種宗教儀式，招呼上帝從天而降來享食殷人奉獻給它的犧牲等食物，目的自然是希望得到它的佑護。2辭中的"獄"爲地名，今爲何地不得而知。"大寁"之"寁"，陳夢家先生據《内則》與《爾雅·釋宫》記載，認爲它與"側"相通，"疑所謂夾室、側室在大室的兩旁，大室在正中"。③"寁"爲地名或建築物名。這樣，2辭是説癸亥日占卜未來

---

① 島邦男：《禘祀》，《古文字研究》第1輯，中華書局，1979年，第396—412頁。
② 高明：《從甲骨文中所見王與帝的實質看商代社會》，《高明論著選集》，科學出版社，2001年。
③ 陳夢家：《殷虚卜辭綜述》，科學出版社，1956年，第472頁。

的辛日上帝是否降至獻地宗廟的側室。3辭的"陟"乃"升"的意思,與"降"字相反。"帝其陟"即上帝降臨人間受享後反歸登天之義。以上兩辭言"帝降",一辭言"帝陟",説明"帝"神其居於上天,所降之處爲宗廟建築,顯然是爲了享食殷人陳獻給它的祭品,1辭中的"降食"已經清楚地説明了殷商時期,殷人爲了求得帝神的佑助,像對祭祀其他諸神一樣,經常於宗廟之類的建築物裏陳供祀品對帝祭祀,並非常恭敬地邀請它從天上下至人間前來享食。殷代的這種祭"帝"之禮,周人也有繼承,《詩·雲漢》:"不殄禋祀,自郊徂宫。上下奠瘞,靡神不宗。后稷不克,上帝不臨。"郊,郊祭也;宫,祖廟也。可見周人祭祀上帝,不僅祀於"郊",有時也祭于"宫"。

但僅此所論,上帝受祭的根據仍是單薄,下面我們就甲骨文中的"方帝"卜辭展開討論,以期解决"帝"是否受祭這一問題。

"方帝"卜辭大約有幾十件,主要集中在甲骨文的第一期和第四期,即商王武丁與武乙、文丁時期。如:

4. ……方帝三羌? 《合集》405
5. 壬午卜,[貞]:方帝? 《合集》14304
6. 辛卯貞:于夕令方帝? 《合集》33281

甲骨文中的"帝"字,字形衆多,王輝先生曾有過羅列,多達16種。① 但在卜辭中出現頻率最高的則主要是"𣎴"和"𣎵"兩種字形,其他的"帝"多是以他們兩個爲基礎筆劃或增或減變化而成。據陳夢家先生總結,"帝"在卜辭中的用法大致有三種:"一是爲上帝或帝,是名詞;二爲禘祭之禘,是動詞;三爲廟號的區別字,如帝甲、文武帝,名詞。"②這個意見基本合於卜辭所見。

主張殷人不祭上帝的學者認爲,甲骨文中所見到的"方帝"卜辭,其意義爲殷人禘祭四方之神,商承祚先生謂"此辭(指《佚》四〇)曰方帝,乃祭四方之統名"。③ 于省吾先生對此表示贊同,並言"甲骨文的方帝習見,即帝方之倒文,也即帝于方之省文"。④ 不能否認,甲骨文中有大量的祭祀東、西、南、北方神的記録,有總祭四方的,也有單祭某一

---

① 王輝:《殷人火祭説》,李雪山、郭旭東、郭勝强主編:《甲骨學110年:回顧與展望——王宇信教授師友國際學術研討會論文集》,中國社會科學出版社,2009年,第172頁。
② 陳夢家:《殷虚卜辭綜述》,第562頁。
③ 商承祚:《殷虚佚存考釋》,南京金陵大學中國文化研究所影印本,1933年,第9頁下。
④ 于省吾:《甲骨文字釋林·釋方、土》,中華書局,1979年,第185—188頁。

方的,祭名包括"帝",等等。對此,我們後面還會詳細加以討論。但是我們認爲,卜辭"方帝"並不是"帝方",而是殷人祭祀上帝的占卜記錄。理由如下:

首先,卜辭中在關於"方帝"與"帝方"之辭上,"方帝"這樣的形式占了絕大多數,這麼多數量的"方帝"說明殷人的真實意思就是祭祀帝神,而非是禘祀方神。因爲禘祀方神有"帝方"卜辭,因此,我們没有必要將"方帝"硬説成是"帝方之倒文"。否則,"帝方"又是不是"方帝"的倒文呢？顯然,我們在理解"方帝"一詞的意義時,還是應按其占絕大多數的正常形式作爲時人正常的思維方式。

其次,將"方帝"卜辭理解爲殷人方祭帝神的記録完全釋然可通。"方"在甲骨文中除了作東、西、南、北四方和方國之名外,也有作爲祭祀動詞即方祭使用的,如:

7. 貞:方於蒙?
   貞:方勿於蒙? 　　　　　　　　　　　　　　　　　　　　《合集》8648 正
8. 于父乙方……?
   ……不正? 　　　　　　　　　　　　　　　　　　　　　　《合集》2271
9. 方告于東西? 　　　　　　　　　　　　　　　　　　　　　　《合集》8724
10. 丁卯卜,惟今日方,有雨?
    其方,有雨? 　　　　　　　　　　　　　　　　　　　　　《屯南》108
11. 己巳卜,争貞:方母于亳?
    貞:方母勿于亳? 　　　　　　　　　　　　　　　　　　　《合集》11018 正

以上諸辭,7 辭中的"方"明顯是動詞,這是卜問是否於蒙地進行方祭。8 辭爲武丁時期卜辭,雖然不全,但還可以看出這是武丁因某事向其父輩的小乙進行方祭,"于父乙方"即向父乙方祭。9 辭則是占卜如果當日舉行方祀是否會降下雨來,辭中雖未言祭祀物件,但推測應是帝神,因爲帝掌管著雨神,故舉行方祀以期得雨。11 辭中的"方母"的"母",常玉芝認爲不能釋成"毋"字,"因爲有反問的'方母勿于亳',知在否定詞'勿'之前的字不能再釋成否定詞'毋'了……"她認爲此"母"是女性神,或即卜辭中的"東母"和"西母",也即東方女神和西方女神。① 常的意見是對的,11 辭就是殷人占卜是否于亳地"方母"即方祭自己的女神之意。從這幾條卜辭可以明顯看出,"方"在甲骨文中經常

---

① 常玉芝:《"帝五臣"、"帝五豐臣"、"帝五豐"的所指》,王宇信、宋鎮豪、徐義華主編:《紀念王懿榮發現甲骨文 110 周年國際學術研討會論文集》,社會科學文獻出版社,2009 年,第 376—377 頁。

用作祭名使用。既然"方"有作祭名之例,那麼,卜辭"方帝"應該就是方祀帝神的意思。"方"的這種用法,後世也還有記錄,如《尚書·呂刑》言蚩尤:"虐威庶戮,方告無辜於上,上帝監民。"此處之"方",爲祭名無可懷疑。

不少學者認爲,甲骨文的"禾"是上帝神之"帝",而"禾"則代表的是禘祭之"禘"。由於在"方帝"卜辭中,帝字多寫爲"禾"形,於是就將"方帝"看成是"方禘",進而認爲這是倒文,最終將其理解爲禘祭方神。其實這是一種誤解,情況並不全是如此:

其實在甲骨文裏,"禾"與"禾"以及其他形式的"帝"是可以互換的,如:

12. 貞:方禾一羌、二犬,卯一牛?
    貞:勿方禾?   《合集》418 正
13. [貞]:禾其令[雷]?   《合集》14130 正

12 同版卜辭中,"方帝"之"帝"字正問作"禾",反貞作"禾",字形不一,但根據辭例內容知道所卜的"方帝"與"勿方帝"是一回事兒,因此可以得出兩個"帝"字是能夠通用和互換的。13 辭的"帝"作"禾"形,在此,它非常明顯的是作上帝之"帝",故可令雷,如果將其理解爲禘祭之"禘",則全辭不通。因此,不能把"禾"與"禾"絕然分成帝神之"帝"和禘祭之"禘"。又:

14. 丙辰卜,方帝?   《合集》33309
15. 方帝,于己亥雨?   《合集》34159
16. 辛亥卜,帝工害我,侑三十小牢?
    辛亥卜,雨,帝北巫?   《合集》34157
17. 癸亥貞:今日雨,帝于方牡一、犬一?   《合集》34155
18. 庚辰卜,帝?
    庚辰卜,弜帝?
    癸[亥卜],帝南?   《合集》34153

上面諸辭中的"帝"均寫作"禾"形。按照"禾"爲"帝"神的說法,14 和 15 兩辭裏的方"禾"即方"帝",如此,"方帝"祇能解釋爲方祀上帝。16 辭中的"帝工"是指上帝的 5 個臣工,此"帝"爲名詞上帝之意,但下面的"帝北巫"之"帝"肯定是禘祭之"禘",同一片卜骨上同一個字,一作帝神,一作禘祭(注意字的寫法問題),可見在理解相關卜辭時還應順其自然,不做強解爲好。17 辭更是明顯,"帝于方"即禘祭于方神,"㗊"與"㞢"通又加一例。18 辭則不必贅言。

19. 方帝?
    勿方帝? 《合集》456 反
20. 方帝羌,卯牛?
    勿方帝? 《合集》478 正
21. 貞:方帝𧗁酒岳?
    勿方帝? 《合集》14470 正

以上卜辭均爲正反選貞卜辭,除此三例外,甲骨文中尚有一些相同的辭例,如《合集》2334、14303、14307、14308 等。這類辭中的"帝"的寫法雖然均爲"㗊"形,但其正反兩面所問均作"方帝"和"勿方帝"的卜問形式,而無一例作"帝方"或"勿帝方",很明顯,殷人所卜之事乃是方祭不方祭上帝,故而在形式上正反一樣,前後一致,沒有差錯。由此也可證明"方帝"確實就是方祭上帝之意。

觀察以上各例,我們認爲,對於"方帝"卜辭的理解,不能因"帝"字的寫法不同而強行將其分爲"帝"與"禘",而是要根據該字在卜辭中的位置及其前後之字來確定其正常用法,這是其一;其二,不論"方帝"之"帝"的字形如何,甲骨文中的"方帝"完全沒有必要以"倒文"來解釋,只要按照正常字序作正常理解即可,亦即方祭上帝之意,這樣,可免舍直求曲、徒增煩瑣之爲。又:

22. □□[卜],亘貞:燎土、方帝? 《合集》14305
23. ……[求]于土,方帝? 《合集》14306
24. □午卜,方帝三豕又犬,卯於土二宰,求雨 《合集》12855
25. 燎於土宰,方帝? 《合集》11018 正
26. 壬午卜,燎土延(巫)方帝,呼……? 《合集》21075

以上諸辭都是同時祭祀上帝與土地神的占卜記錄,正與前面所引《禮記·曲禮》合。

"土"在卜辭中就是"社",王國維認爲"(甲骨文中)假土爲社,疑諸土字皆社之假借字"。① 社即土地神所在。51 辭的"燎土、方帝"也有學者將其連讀爲"燎土方帝",以爲此"帝"是"土方之帝",又將《合集》14220 中的"危"與"帝"相連,以爲指"在危方的帝",②誤。就 14220 卜辭看,正確的釋讀應爲"丁丑[卜],囗[貞]:王其伐[下]危,帝畀我?"其中,"伐"字雖殘但尚可辨認。因此,將某方與"帝"連讀是成問題的。而 22—26 辭反映出來的都是兩層意思,一是燎祭"社"神,一是方祀"帝"神,兩者是並列關係。而"燎土"與"方帝"相對,實際上相當於後世的祭祀天地之神的意思,這樣理解的話,更可證明甲骨卜辭中的"方帝"就是祭祀上帝,而且其祭祀方式也或與"燎"相近,大概即"禋祀"、"實柴"、"槱燎"之類,具體而言就是先積柴,然後加牲體於上,燔燒使之生煙,以使受祭者聞之。26 辭的"延"即連續之義,該辭是說在燎祭社神之後,殷人又接著方祭上帝。

卜辭除"方帝"外,還有"✝帝"一詞,多見於師組和曆組卜辭。對"✝"字,過去不少學者均有過釋讀,但影響最大者則是唐蘭先生所釋的"巫"。③ "✝帝"即"巫帝"。范毓周先生近年提出新說,認爲甲骨文"✝"字乃是"方"字的初文,"✝帝"不是"巫帝"和"帝巫",而是"方帝"。④ 他還將其放於卜辭辭例中,莫不相合。但他認爲卜辭中的"✝帝"之辭是習見的對四方禘祭的"方帝"卜辭,這一點我們則不同意。其實,在此之前關於這個問題,陳夢家已有過注意,他言:"上述'巫帝'之巫若爲動詞,則與此'方帝'相似。'方帝'見於武丁卜辭,'巫帝'見於武文卜辭。巫作✝象四方之形。"⑤日本學者島邦男也曾有過相似的觀點,他將"✝帝"當作"方帝"看待,並言:"'燎於土'與'方帝'是兩種祭祀而行於同一祭事之辭。"⑥應該說,范先生的將"✝"釋爲"方"、將"✝帝"釋爲"方帝",就卜辭所見是正確的,也合于商代歷史實際。如此,方帝的材料就更多了。

二

我們在來看看殷人的祭帝之禮吧:

---

① 王國維:《殷卜辭所見殷先公先王考》,《觀堂集林》,中華書局,1959 年。
② 王蘊智:《試論殷墟時期上帝觀念的發展》,四川聯合大學歷史系:《徐中舒先生百年誕辰紀念文集》,巴蜀書社,1998 年,第 81—82 頁。
③ 唐蘭:《古文字導論》增訂本下編,齊魯書社,1981 年,第 166 頁。
④ 范毓周:《殷墟卜辭中的"✝"與"✝帝"》,《南昌文物》1994 年第 2 期。
⑤ 陳夢家:《殷虛卜辭綜述》,第 579 頁。
⑥ 島邦男:《殷虛卜辭研究》,日本鼎文書局,1975 年,第 199 頁。

27. ……方帝三羌？   《合集》405
28. 方帝羌，卯牛？
    勿方帝？   《合集》478 正
29. □午卜，方帝三豕又犬，卯於土宰，求雨？   《合集》12855
30. 貞：方帝一羌、二犬，卯一牛？
    貞：勿方帝？   《合集》418 正
31. □□卜，爭〔貞〕：翌乙亥方帝十犬？   《合集》14298
32. 己亥卜，貞：方帝一豕、一犬、二羊？ 二月。 《合集》14301
33. ……今丁酉夕改十犬方帝？   《合集》14299
34. 貞：方帝，卯一牛又南？   《合集》14300
35. 庚……方帝二犬？   《合集》21076
36. 方帝一犬、一豕？   《合集》21078
37. 庚戌卜，方帝一羊、一犬？   《合集》33291

　　從上面所引卜辭中，殷人祭祀上帝所用牲品主要是牛、犬、豕、羊等，數量從一個到十個不等，所知的殺牲方式有"卯"和"改"，這些都是甲骨文中常見的。但我們也看到了殷人方祭上帝時也使用人牲，且不止一個，如 27 和 28 兩辭，說明殷人對此也比較重視，不惜殺伐羌人用於祭帝，禮儀還是比較隆重的，但是這種隆重程度與殷人祭祖殺牲的數量之多以及場面之宏大比較起來，還是無法相比的。這主要是帝神的地位高高在上，與人間的人王沒有血緣關係，手下又建有自己的班子，因此，一般人難以接近。殷王有事只需通過隆重祭祀和自己有著血緣關係並賓在帝所的先王，請求他們幫忙轉奏上帝即可，或者是努力伺候好帝的臣工們。故而，我們在卜辭中看到，殷人在祭祀其祖先問題上毫不含糊，不惜代價。而在對帝神的祭祀上，由於帝居於高高的天上，可敬而不可及，故殷人祇是舉行較爲簡單的方望之祭，用牲數量也不是太多，僅僅保持著自己對帝神的不遠不敬的高山仰止態度，重點則放在對自己祖先和其他重點神靈的祭祀上。這樣，就使甲骨學界產生了殷人不祭上帝而只尊奉帝神這樣的一種誤解。

　　"方帝"作爲殷人對上帝的祭祀方式，其意義陳夢家先生曾有所言，他認爲即後世的"方祀"或"望祀"。《公羊傳·僖公三十一年》："天子有方、望之事。"《禮記·曲禮》云："天子祭天地，祭四方，祭山川，祭五祀，歲遍。"又，本書《月令》又記有天子分別於一年的孟春、仲夏、季秋、孟冬時節，要祈穀於上帝、大雩帝、大饗帝和祈來年于帝宗。《周禮·大宗伯》云:"以禋祀祀昊天上帝,以實柴祀日、月、星、辰,以槱燎祀司中、司命、風師、雨師。"這些典籍記載都反映了古時天子人君均有祭祀天帝諸神的禮制,周禮承襲于殷禮,因此,我們有理由相信殷商時期殷人是祭祀"帝"神的。由於帝居住在浩緲無垠的上天,並有著自己的帝廷,除了死去了的殷王先祖能夠賓其左右外,凡人是很難企及的,故而在祭祀其時祇能是燎牲遠望而祭之。後世天子祭天地神靈之禮,于殷商卜辭中已有濫觴。

禮、宗教與中國早期文明的演進模式

河南大學歷史文化學院　曹建墩

禮與宗教祭祀的關係,學者探討很多,[①] "禮"的最初含義是將祭品奉獻於神靈,來祈求神靈的福佑,這已是學界共識。上天崇拜與祖先崇拜是早期複雜社會與夏商周三代宗教信仰的核心內容,與之伴隨的宗教祭祀在王權與早期國家形成過程中發揮著重要作用,直接影響到早期國家結構和政治格局的形成,並影響了上古禮制的性格。本文擬對禮與宗教的關係,以及早期禮制在文明演進中的功能作一探討。

一、從家爲巫史到絕地天通:宗教祭祀的禮制化

新石器時代的宗教形式主要是鬼神崇拜和巫術信仰。從新石器時代早期到龍山時代,宗教隨著從村落到複雜的政治實體演進,也逐漸複雜而政治化、禮制化。宗教的發展也存在區域性差異,以及發展程度的不平衡性。

(一) 新石器時代早期(約 7000BC—5000BC):家爲巫史

新石器時代早期階段,氏族內部沒有發生明顯的貧富分化,氏族成員的社會地位基本平等,屬於平等的農耕聚落社會。[②] 各村落之間語言相通,有著大致相同的經濟生產模式、宗教信仰、習俗,並有一定的公共禮儀活動。在社會複雜化尚未發生、階級尚未發生明顯分化的情況下,基於人的宗教崇拜心理,這些原始禮儀對聚落成員的行爲有所規範,但尚未形成制度性規定。

此時期,家户(household)是社區中主要的經濟單位,也是直接與生態系統發生關係的最基本的社會群體,以家庭爲單位或者以聚落爲單位的宗教祭祀成爲典型的宗教活動形式。如内蒙古興隆窪文化遺址(約 6200BC—5200BC)中尚未發現獨立於居住區之

[①] 王國維:《釋禮》,《觀堂集林》,中華書局,1959 年,第 290—291 頁。
[②] 王震中:《中國古代國家的起源與王權的形成》,中國社會科學出版社,2013 年,第 69—99 頁。

外的祭祀區,推測當時的很多祭祀活動是在居住區內或室內舉行的,少數房屋具有居住兼祭祀的雙重功能。興隆窪文化流行人面雕像,尤其是婦人雕像。白音長汗遺址北區房址(F19)內發現一尊通高 36.6 釐米的石雕婦人像,①應與當時人的祭祀活動與女神崇拜有關,是聚落居民集體供奉的神祇。河北易縣北福地遺址數座房址中出土有刻陶假面具,形制大者與真人面部基本相同,小的 10 釐米左右。人形面具四周有小穿孔,眼睛部位鏤空,可以佩戴於人面部。推測這些面具是居住區內進行巫教禮儀活動時使用,可能是巫師法器。② 巫術也是此時期的宗教形式之一。華北和東北地區流行陶塑面具與人面雕像,應與原始巫術有關。從出土巫術法器來看,巫覡人員應已出現,但尚未挣脱氏族血緣組織,也沒有特權,但憑藉其巫醫、巫術知識技能等獲得人的尊崇。

宗教的區域性差異也比較明顯。燕山南北與遼西地區的宗教祭祀有使用玉器傳統,如白音長汗遺址出土有玉管、玉玦、玉蟬等;③宗教崇拜中有陶人面像、婦人像、石雕人像、龍崇拜、山頂石圓圈祭祀遺跡等,④尤其是女神像傳統悠久而普遍。而黃淮地區的裴李崗文化賈湖遺址(約 7000BC—5500BC)中則有龜靈崇拜以及相關的宗教禮儀活動,⑤祭祀遺存質略無文。

(二) 貧富分化與社會複雜化階段(約 5000BC—3000BC)

大約公元前五千紀,史前文化進入一個轉捩點,聚落數量急劇增加,人口迅速增長,地區間的文化交流與融合進一步加強,社會開始發生變化。尤其是在公元前四千紀以後,社會等級化的現象普遍出現,血緣組織內成員存在貧富分化,社會結構開始複雜化,體現於考古學上如有:出現宏大的禮儀建築、隨葬精美隨葬品的貴族墓葬;社會複雜化,修建圍牆的聚落;貴族權力與神權聯繫;等級化社會組織興起,各考古學文化區呈現跨越式發展,這一切都意味著社會形態將要發生本質的變化。

此時期,以家庭爲中心的巫教祭祀進而擴展至區域性的公共宗教祭祀,由於地區間的文化互動增強,各種禮儀知識、文化交流也逐漸增加,導致大範圍內某些共同信仰的

---

① 中國社會科學院考古研究所:《中國考古學·新石器時代卷》,中國社會科學出版社,2010 年,第 164 頁。
② 河北省文物研究所:《北福地:易水流域史前遺址》,文物出版社,2007 年,第 110—134 頁。
③ 內蒙古自治區文物考古研究所:《白音長汗——新石器時代遺址發掘報告》,科學出版社,2004 年,第 308—310 頁。
④ 中國社會科學院考古研究所:《中國考古學·新石器時代卷》,第 164 頁。
⑤ 河南省文物考古研究所:《舞陽賈湖》,文物出版社,1999 年,第 456—461 頁。

形成。① 例如,紅山文化大型公共宗教性禮儀建築成爲區域性的公共宗教活動中心,而紅山文化各地區出土玉器的風格、形制却基本相似,表明紅山文化分佈範圍内具有大致統一的宗教信仰和公共禮儀體系。紅山文化祭壇、女神廟、積石冢具有禮儀中心的性質,當時很可能已經出現了比較高級的社會組織形式。紅山文化最高層次的遼寧凌源牛河梁壇廟冢遺址,體現了王權與神權的結合。當時爲建造巨型公共建築物調動組織了很大的社會力量,採石、制玉、制陶已有相當專業化的分工,還出現了神職人員等特殊階層,表明已存在高於氏族部落的政治實體。② 但是這種政治體統治方式具有强烈的巫術色彩。

原始宗教禮儀也在經歷著重組與革新,向制度化、複雜化方向演進,一些發達地區如神權色彩明顯的紅山文化,具有了宗教禮儀體系。紅山文化的分佈區域内,權貴階層控制了禮儀玉器的生産,掌控了社會控制權力,並利用宗教來神聖化這種權力。從凌家灘文化的祭壇、墓葬隨葬品差異和出土的各種不同用途的玉器,也可以看出這個時期已經出現貧富分化與不同的社會等級,初步有原始祭儀,並且表明一種比較成熟的宇宙觀和與之相關的宗教觀念形成,與天地溝通的宗教佔有特别重要的地位,而神聖的溝通權已被特殊階層壟斷。③

各地的宗教信仰與原始禮儀也存在區域差異。燕山南北與遼西地區的宗教禮儀與信仰延續了更早的傳統並有所發展,比如動物崇拜、女神崇拜與祭祀、人面雕像、公共性祭祀場所等。黄河流域仰韶文化的宗教信仰和宗教禮儀具有自己的特徵。如河南靈寶西坡遺址和甘肅秦安大地灣遺址都發現有大房子。西坡遺址房址 F105 占地面積 516 平方米,房址 F106 室内面積達 240 平方米,是目前發現的同時期最大的兩座單體房屋建築遺跡。④ 大地灣遺址 F901 是一座由前堂、後室和東西兩個廂房構成的多間式大型建築,原來面積當在 300 平方米以上。⑤ 陝西扶風案板村遺址的 3 號建築面積有 165.2 平方米,周圍灰坑内出土不少陶塑人像。⑥ 這些面積較大的建築應是舉行大規模公共活動的場所,是禮儀中心。這些考古發現也表明,仰韶社會對大型公共建築高度重視,重大

---

① 李新偉:《中國史前玉器反映的宇宙觀——兼論中國東部史前複雜社會的上層交流網》,《東南文化》2004 年第 3 期,第 66—71 頁。
② 蘇秉琦:《遼西古文化古城古國——兼談當前田野考古工作的重點或大課題》,《文物》1986 年第 8 期,第 41—44 頁。
③ 中國社會科學院考古研究所:《中國考古學·新石器時代卷》,第 496 頁。
④ 中國社會科學院考古研究所、河南省文物考古研究所:《靈寶西坡墓地》,文物出版社,2010 年,第 12 頁。
⑤ 中國社會科學院考古研究所:《中國考古學·新石器時代卷》,第 236 頁。
⑥ 中國社會科學院考古研究所:《中國考古學·新石器時代卷》,第 238 頁。

社會活動、禮儀行爲多在公共性建築内進行,仰韶社會的宗教信仰應是以祖先崇拜爲主,祭祖禮儀具有内聚性、氏族向心性特徵,具有集體取向。從考古材料看,仰韶社會社會分層程度較低,比較重視社群内部成員的團結與凝聚,公共禮儀活動非常有利於氏族的團結與凝聚力,增强氏族成員的情感認同與集體認同。

(三)新石器時代晚期(約3000BC—2000 BC):絶地天通

從公元前3500年左右開始,黄河中下游、長江中下游和西遼河流域等主要文化區的文明化進程均呈現出加速發展趨勢。種種證據表明,已出現可控制一定地區和大量人口的政治組織及掌握了世俗和宗教權力的社會上層。在公元前3000年左右,一些文化和社會發展較快的地區開始相繼進入初期文明階段。[1]

此時期是原始宗教的發展演進期,上古"家爲巫史"的情況到龍山文化時代發生了巨大變化。權貴階層認識到宗教祭祀在鞏固領導權、維護社會秩序方面可以發揮巨大作用,因此開始壟斷控制宗教祭祀權力,作爲宗教信仰的祭祀較早地被納入禮制體系,與社會等級制結合,成爲維持世俗政權的工具。《國語·楚語下》有"絶地天通"的記載:

> 及少暤之衰也,九黎亂德,民神雜糅,不可方物。夫人作享,家爲巫史,無有要質,民匱於祀而不知其福。蒸享無度,民神同位。民瀆齊盟,無有嚴威。神狎民則,不蠲其爲,嘉生不降,無物以享。禍災薦臻,莫盡其氣。顓頊受之,乃命南正重司天以屬神,命火正黎司地以屬民,使復舊常,無相侵瀆,是謂重、黎絶地天通。[2]

張光直先生指出:"這個神話的實質是巫術與政治的結合,表明通天地的手段逐漸成爲一種獨佔的現象。就是説,以往經過巫術、動物和各種法器的幫助,人們都可以與神相見。但是社會發展到一定程度之後,通天地的手段便爲少數人所獨佔。"[3]顓頊以政治權力整合分散的巫教,[4]使少數氏族貴族階層控制了交接上天的權力,通天成爲權貴階層的壟斷性權力。上天崇拜在中國早期文明中具有神聖至上的地位,它是世俗王

---

[1] 李新偉:《最初之中國的考古學認定》,《考古》2016年第3期,第86—92頁。
[2] 徐元誥:《國語集解》,中華書局,2002年,第514—515頁。
[3] 張光直:《美術、神話與祭祀》,遼寧教育出版社,2002年,第29頁。
[4] 徐旭生先生認爲顓頊"屬於華夏集團,但是受東夷集團的影響很大",參徐旭生《中國古史的傳説時代》,文物出版社,1985年,第74—86頁。

權合法性的終極依據,天的信仰也是社會公權力形成的神聖依據。壟斷交接天人的手段是早期社會權貴階層獲得政治權力的重要手段。

　　從《尚書》記載可看出堯、舜、禹三位邦國聯合政體的首領本身擁有祭祀權、戰爭征伐權。考古資料也表明,早期複雜社會的王權也是集軍事征伐權、宗教主祭權于一身,這是中國文明演進進程中的一大特色。陶寺遺址大墓中發現有宗教禮儀用器玉琮和玉璧,同時還發現有鼉鼓、特磬等禮器,這些器物多與玉石鉞共出於大墓中。我們知道,斧鉞曾經是軍事民主制時期軍事首領的權杖,後來演變爲王權的象徵物,[①]這種隨葬品的組合方式,表明墓主人不但擁有軍權,也擁有宗教祭祀權。良渚文化遺址中也有玉鉞和玉琮(還有玉冠)在同一墓葬中出土,它"是良渚社會宗教與世俗權力密切結合的一個濃縮的反映"。[②] 反山 M12 出土玉鉞上刻著神徽,[③]也是良渚社會中神權和世俗權力結合緊密的生動寫照。

　　在早期社會複雜化的背景下,宗教信仰與祭祀儀式可以賦予部族邦國首領一種卡里斯馬(charisma)的"聖王"氣質,爲其政治統治賦予神聖性、合法性。

二、文明演進模式與不同的政治策略

　　考古材料表明,中國史前文化的發展是多源性的,文明的起源是多中心而又具有一統性。中原地區與周邊地區的文明生成模式並不完全相同,[④]大致可以分爲以世俗政治秩序爲核心的王權模式,以及以宗教巫術爲核心的神權模式。[⑤]

　　神權模式以紅山、良渚文化爲代表。趙輝先生指出,自然條件較好的東部、南部地區,社會複雜化和社會分層化程度較高。隨著社會等級的確立,這些地區發展出一套複雜的等級象徵系統。聚落和聚落群之間也有清晰的等級秩序,社群開始分化。爲了維護和鞏固這種等級秩序,宗教發揮著至關重要的作用,[⑥]如紅山文化、良渚文化都顯示出神權體制複雜化水準之高。早期複雜社會的社會系統相對脆弱,爲了維繫與强化宗教

---

① 林沄:《説王》,《林沄學術文集》,中國大百科全書出版社,1998年,第1—3頁。
② 謝維揚:《中國早期國家研究》,浙江人民出版社,1995年,第293頁。
③ 浙江省文物考古研究所反山考古隊:《浙江余杭反山良渚墓地發掘簡報》,《文物》1988年第1期,第1—31頁。
④ 韓建業將早期文明演進分爲"中原模式""東方模式"和"北方模式",參《原史中國:韓建業自選集》,中西書局,2017年,第180—193頁。
⑤ 李伯謙:《中國古代文明演進的兩種模式——紅山、良渚、仰韶大墓隨葬玉器觀察隨想》,《文物》2009年第3期,第47—56頁。
⑥ 趙輝:《以中原爲中心的歷史趨勢的形成》,《文物》2000年第1期,第41—47頁。

的意識形態主導地位，統治集團花費大量物力人力建造大規模的祭壇神壇，製作宗教性禮器，舉行神秘莊嚴的祭祀禮儀，將宗教祭祀和意識形態的控制與權力運作結合起來。一般而言，早期複雜社會中的玉禮器、蛋殼黑陶、陶禮器均屬於奢侈品，權貴階層往往在這上面消耗大量的能量（人力、物力、財力等），以顯示首領的威望，吸引更多的支持者和追隨者。良渚文化的玉璧、玉琮等重要禮器通常裝飾繁縟，雕刻有神像，具有極強的視覺衝擊力，可以對人造成心靈威懾。權貴階層控制了這些神聖的禮器，可以使民衆對其臣服，實現政治控制。更重要的是，玉禮器也是交接上天的法物，①對玉璧、琮等禮器的佔有，也就是對交接超自然力權力的佔有，是早期權貴階層溝通人神關係，獲取並強化世俗權力的重要方式。綜合考古材料，良渚、紅山社會等神權政體，其宗教組織即世俗社會的管理組織，走的是無限擴大神權的路徑。②

　　南方江漢平原的石家河文化也爲宗教巫術迷信所籠罩。位於石家河古城西北部的鄧家灣遺址，是一公共宗教祭祀禮儀場所，發現有屈家嶺文化期的祭台和大型筒形器遺跡，石家河文化期的套缸遺跡，以及大量陶塑動物、陶人面偶像、紅陶杯等。這些罕見遺跡遺物與宗教祭祀有關。③石家河古城內西南部的三房灣是另一個宗教祭祀中心，發現有十萬件以上的厚胎紅陶杯殘件，④表明當時宗教祭祀比較頻繁。在石家河古城西印信台遺址發現了人工黄土台基和套缸等遺跡，推測這裏屬於石家河文化晚期多次進行祭祀活動的特殊場所，也是目前發現的長江中游地區規模最大的史前祭祀場所。⑤石家河文化尤以宗教禮儀玉器爲特色。玉器造型豐富，有人頭像、飛鷹、豬龍、蟬、璜、管等。玉雕動物應是佩帶或綴於某物體上作爲一種通神的法器，也可能這些動物形象是石家河先民崇拜神靈的形象。石家河文化中的玉人頭像基本都具有"頭戴冠帽、菱形眼、寬鼻、戴耳環和表情莊重"的特徵，它們可能代表著石家河先民尊奉的神或巫師的形象。⑥總之，大量考古材料表明，長江中游地區的巫神信仰熾盛，在宗教形態上尚處於原始的靈物崇拜階段，大量的陶塑、玉雕動物以及人面的盛行，應與這種宗教觀念有關。石家河文化社會是一個巫教氣氛濃厚的神權政體，宗教熱情和宗教信仰是人群凝聚、社會公共工程修建等集體專案的核心動力，巫教祭祀是重要的政治統治策略。

---

① 張光直：《考古學專題六講》，文物出版社，1986年，第10—11頁。
② 李伯謙：《中國古代文明演進的兩種模式——紅山、良渚、仰韶大墓隨葬玉器觀察隨想》，第47—56頁。
③ 嚴文明：《鄧家灣考古的收穫（代序）》，石家河考古隊：《鄧家灣》，文物出版社，2003年。
④ 石家河考古隊：《石家河遺址群調查報告》，《南方民族考古》第5輯，四川科學技術出版社，1992年，第227—228、280頁。
⑤ 孟華平等：《石家河遺址考古勘探發掘取得重要成果》，《中國文物報》2017年2月10日5版。
⑥ 中國社會科學院考古研究所：《中國考古學·新石器時代卷》，第669頁。

英國考古學家柴爾德指出,巫術盛行的國家直接破壞的財富遠甚於其間接創造出來的財富,對於早期文明社會來說,過度僵化的宗教體制可能會削弱社會的應變能力,並成爲阻礙社會發展的桎梏。① 良渚社會製作宗教玉器,修建遍佈各地的祭壇更是耗費大量的人力、物力資源,不利於財富的積累,從而導致社會發展畸形,削弱社會的自我更新調整以及應變能力。很多學者認爲,良渚文化的崩潰消亡,紅山文化及石家河文化没有發展至更高階段的國家形態,極可能與其神權體制有關。②

在文明化進程中,中原地區的演進軌跡不同于周邊文化的神權模式,具有重實用與重血緣人倫的理性色彩,形成了積極進取、剛健有爲、務實内斂的文化性格。高江濤先生曾提出"陶寺模式"的概念,並根據陶寺文化指出其特徵之一是文化和社會發展的務實性與世俗性。③ 中原龍山文化的文明演進模式大致可以稱爲世俗王權模式,有别於以良渚文化爲代表的神權模式。

考古學材料表明,仰韶與龍山時代的中原缺少紅山文化的壇、冢、女神廟和玉豬龍,没有良渚文化的玉器、大型祭壇、高臺墓地,甚至没有屈家嶺和石家河那樣的玉人玉雕和大型祭祀場所,④與周邊地區相比,龍山時期的中原社會缺少宗教巫術色彩,缺少大型祭祀遺存考古學記録。⑤ 從玉禮器看,良渚文化之後散見於中原龍山文化體系的玉、石琮,一般形體矮小,紋飾簡單,而未見到如良渚玉琮上繁縟的獸面紋;陶寺文化墓中出土的玉鉞多素面,也未見如良渚鉞上的神人獸面紋及鳥紋,宗教色彩已相對淡薄,更重在權力和財富等世俗觀念的體現。⑥ 其中陶寺遺址出土的鼉鼓、石磬和彩繪蟠龍紋彩陶是王室權威的象徵性禮器,與石家河文化、紅山文化巫術色彩濃厚的禮器不可同日而語。陶寺器物製作多是用於日常生活和生産的陶、石器等,即使與祭祀有關的器具也多是以酒器、食器等容器構成的禮器。⑦

中原文化的世俗化、理性化特徵,形成原因比較複雜,一個重要原因是與中原地區戰争頻繁有關。一方面,中原地區由於資源相對匱乏,社會分化程度普遍較低,社會的

---

① 轉引自陳淳《文明與國家起源的理論問題》,《考古學的理論與研究》,上海書店出版社,2007年,第227—228頁。
② 趙輝:《良渚文化的若干特殊性——論一處中國史前文明的衰落原因》,浙江省文物考古研究所:《良渚文化研究》,北京:科學出版社,1999年,第104—119頁。
③ 高江濤:《中國文明與早期國家起源的陶寺模式》,《三代考古》(五),北京:科學出版社,2013年,第38—46頁。
④ 曹兵武:《史前中原的文化優勢》,《中原文物》2001年第4期,第43—45頁。
⑤ 趙輝:《中國的史前基礎——再論以中原爲中心的歷史趨勢》,《文物》2006年第8期,第50—54頁。
⑥ 高煒:《陶寺文化玉器及相關問題》,《襄汾陶寺遺址研究》,科學出版社,2007年,第466—477頁。
⑦ 高煒:《龍山時代的禮制》,《慶祝蘇秉琦考古五十五年論文集》,文物出版社,1989年,第235—244頁。

主要矛盾更多體現在聚落之間和聚落群之間的利益衝突,而非社群內部,社群之間的衝突和暴力似乎是其社會生活中的重要內容。① 另一方面,中原地區處天下之中,自然條件優越,容易吸引周邊族群的內遷或入侵,②屬於四戰之地。據《史記·五帝本紀》記載,華夏集團的黃帝與東夷集團蚩尤曾戰于涿鹿之野,堯舜邦國聯盟曾對三苗、契貐、鑿齒、九嬰、大風、封豨、修蛇等敵對勢力進行征討。③ 如李澤厚先生指出,事關生死存亡的戰爭使巫術的非理性成分日益消減,促使理性因素增強,④同時,由於中原地區的動盪與衝突,也使中原社會的上層形成一種務實的實用主義態度和開放心態來維護政治秩序;此外,中原乃是東西部兩大板塊文化的交流融合之地,中原文化吸四方文明之精華,因而具有開闊視野和相容並包的開放胸襟,這也有助於其理性精神的生長。

如考古材料顯示,新石器時代曾經燦爛一時的紅山文化、良渚文化、凌家灘文化、石家河文化等史前文化,進入龍山時代後由於種種原因導致政治組織及文化傳統衰落,最終未能跨入更高的國家階段,而中原腹地的二里頭文化則異軍突起,最早進入多元一體的王國文明階段。其原因,學者或從環境和經濟因素解釋,或從中原的地理區位優勢、氣候變遷、大禹治水對於社會的整合等各角度作了解釋。一般而言,從早期複雜社會演進到文明國家階段,需要兩個基本條件,一是生產力的發展能夠生產更多的剩餘產品,從而爲複雜社會向更高的政治體演進提供物質資源和經濟基礎;二是在上層建築領域有進步的制度,即良好的社會制度以及孕育、推進和維護這一新制度的意識形態。本文主要關注後者。在文明化進程中,中原地區採取了一種適合的政治策略,這就是禮治,它是促使中原社會邁入國家階段的重要因素。這一禮治策略是一種世俗化、理性化的政治治理方式,它是一種集體取向的合作策略。

據學者研究,早期複雜社會的二重過程領導策略有兩種,一種是網略策略(network),一種是合作策略。⑤

網略策略是一種個人取向的政治經濟策略,它的維繫依賴於以個人爲中心的統治策略,神權模式的早期政體,如上述紅山文化、良渚文化都較多的利用這種政治策略,在宗教上以壟斷控制天人交接關係爲手段,使少數高級貴族或家族的權力合法化,這種政

---

① 趙輝:《中國的史前基礎——再論以中原爲中心的歷史趨勢》,第50—54頁。
② 武津彥:《略論河南境內發現的大汶口文化》,《考古》1981年第3期,第261—265頁。
③ 徐旭生:《中國古史的傳說時代》,科學出版社,1960年,第93—120頁。
④ 李澤厚:《説巫史傳統》,上海譯文出版社,2012年,第25頁。
⑤ Blanton, R., et al. (1996). *A dual-processual theory for the evolution of Mesoamerican civilization*. Current Anthropology, 37(10), 1–14.

治策略具有壟斷性特徵。在這種以個人爲中心的統治策略中,神權體制有利於珍貴資源向權力中心階層集中,促進政治體的迅速發展,但這種策略有很大的不穩定性,政治經濟系統具有脆弱性和易於僵化等弊端,難以應對自然災害的挑戰,如紅山文化、良渚文化等神權政體都存在這一問題。

合作策略的社會則主要採取集體取向的政治策略,集團利益被置於貴族個人的身份之上,集團内部的差異較小,社會内部成員的團結凝聚可能通過公共禮儀活動,以及通過對公共工程的投入而得以强調。① 中原龍山文化即採取這種集體取向的政治模式,推行了一種合作性的政治策略。如劉莉指出,龍山時期豫中和豫北地區的遺址極少發現厚葬、特殊的宏偉建築以及奢侈品,但是却有基於集體利益而修建的城,這樣的聚落系統可以視爲集體取向的政治實體。②

中原地區採取集體取向的合作型政治策略的原因主要有以下幾點。首先,如上所述,中原地區面臨著四周族群的威脅,這就要求各社群整合内部社會秩序,協調社群之間的矛盾,相互合作,從而共同對外。③ 其次,中原旱地農業生産依靠自然降雨,加以各種自然災害,農業生産不穩定,隨著農業的發展,人口劇增,人口矛盾與資源生産供應產生緊張,這就要求在農業技術和生産工具不發達的情況下採取適合的政治策略,以組織更多勞力從事農業勞作,從而生産更多的物資。不可否認,中原地區各族群的兼併融合中曾有過血淋淋的戰爭廝殺,但當中原邦國部族聯合體形成後,大規模的戰爭主要發生在中原與三苗、東夷等周邊族群之間。攘外必先安内,這就需要中原政體内部建立穩定的政治秩序以促進生産、調動各種資源,同時必須採取一種務實有效的政治統治策略,以應對周邊族群威脅和自然災害等多重壓力。因此,中原各邦國部族之間的合作聯合,强化組織管理是一務實的選擇。實際上,中原地區邦國部族林立,氏族血緣群體聚集,因而中原政體也就比其他文明發祥地(如埃及、蘇美爾等)的居民更容易積累處理複雜群體關係的經驗和政治能力,並在此基礎上形成適合的政治統治方式,即下文所要論述的一種集體合作取向的道德政治(德政)。

需要説明的是,上述兩種政治統治策略其實並不是非此即彼的排斥性的,而是在一種政體或社會中可以共存的,祇不過在史前複雜社會中,中原地區世俗政體和周邊神權

---

① 劉莉:《中國新石器時代:邁向早期國家之路》,文物出版社,2007年,第229—230頁。
② 劉莉:《中國新石器時代:邁向早期國家之路》,第228頁。
③ 魏興濤認爲,龍山時期中原城址的出現是中原集團與其他集團(如東夷)衝突的反映。參魏興濤:《中原龍山城址的年代與興廢原因探討》,《華夏考古》2010年第1期,第49—58頁。

政體運用的政治策略側重點不同。

三、中原早期社會的祖先崇拜與道德政治傳統

　　氏族血緣組織的存在是認識中國古代禮制,尤其是早期社會禮制與宗教的關鍵,也是分析中原地區文明化進程的重要切入點。中原地區的文明化、國家化進程中,血緣組織並沒有隨著戰爭征服以及族群兼併被打散,不同家族或氏族在空間上雜居或插花式分佈,反而繼續成爲國家與社會的基本單元或細胞,這已是古史學界的共識。如侯外廬先生曾指出中國古代文明社會的形成走的是"保留氏族制度的維新的路徑",①張光直先生指出,中國國家起源中,城市與以前的氏族聚落具有連續性,社會組織結構中的血緣關係從氏族社會延續下來,包容了新的地緣關係。② 考古資料也表明,龍山時期的社會是以父權家族爲核心的"宗族—家族"結構形態,父權家族內包括多個父系家庭及其子女。③

　　血緣組織在早期文明進程中並未被斬斷,其原因是複雜的,值得注意的是:其一,北方精耕細作的旱作農業生產模式需要農業生產者依附於土地而定居,人口流動性一般不強;再者由於旱作農業依賴天時,或受到自然災害影響而具有不穩定性,這都導致生產者以族爲單位聚居,以血緣紐帶來增加凝聚力,共同協作,從而增強應對能力。其二,在史前先民的觀念中,血緣關係是最牢靠的,即使是人口遷徙也往往是族群的遷移,如周人先祖古公亶父、商人先祖王亥等遷徙都是族人共同遷徙,這也使血緣組織得以保留下來。其三,早期複雜社會的形成是以征服兼併融合的方式形成政治共同體,④主要目的是獲得統一農耕生產的領導權或組織權,從而建立更大的政治體,獲得更多的財富來源,若非特殊情況,一般没必要對被戰敗族群屠戮殆盡,因此在這一進程中並未採取瓜分豆剖被戰敗族群的方式,而是保留了氏族基本組織。⑤

　　經過長時期的兼併戰爭,從龍山晚期到二里頭時期,中原政治體迅速膨脹,規模龐大,如何整合這些大大小小發展不平衡的邦國部族,以及處理低下的生產力與貴族階層

---

① 侯外廬:《中國思想通史》,人民出版社,1957年,第1—17頁。
② 張光直:《中國青銅時代》,三聯書店,1999年,第484—496頁。
③ 中國社會科學院考古研究所:《中國考古學·新石器時代卷》,第798頁。
④ 曹兵武:《史前中原的文化優勢》,《中原文物》2001年第4期,第43—45頁。
⑤ 這種策略方式作爲一種傳統在西周滅商分封時仍然沿用,如周天子封魯國時賜給"殷民六族""殷民七族",封晉國時賜有"懷姓九宗"(《左傳·定公四年》)。

無節制的貪欲之間的矛盾，便成爲早期政治共同體統治階層首要考慮的問題。也正是由於父權血緣氏族組織的發達，以及社會血親觀念的根深蒂固，導致早期政治共同體內非常重視以血緣紐帶來整合族內關係。由於血緣親情或族群之間存在姻親關係，因此上古中國的政治統治更主要的是依賴一種道德機制，從而形成一種柔性的治理方式——禮治，禮成爲社會整合的重要方式。《尚書・堯典》記載堯"克明俊德，以親九族。九族既睦，平章百姓。百姓昭明，協和萬邦。黎民于變時雍"，這種政治治理模式是建立在親緣情感基礎上的血緣政治模式，其中親親之德是其重要的理念，親親理念的落實便是禮儀制度。建立在親緣關係基礎上的規範準則，是早期社會"德"的重要内容，經過夏商周三代的發展，進而形成了一種以德禮爲核心的治理模式，所謂"以德綏諸侯"（《左傳・僖公四年》）、"我求懿德，肆于時夏"（《詩經・周頌・時邁》），"德以柔中國"（《左傳・僖公二十五年》）等表述即體現出這種道德政治的特徵。

　　上文所述的中原地區集體取向的理性策略是一種建立在血緣氏族組織基礎上，以祖先崇拜信仰爲核心的禮制策略。當然，中原地區的族群邦國也祭祀天和其他自然神，陶寺文化的觀象臺和《尚書・堯典》《禮記》等文獻記載都表明早期中原社會存在天帝崇拜。但值得注意的是，第一，如商周二代所反映，周代對天的祭祀具有質樸、儉約取向，如《禮記・郊特牲》所言的"至敬不壇""掃地而祭"，祭天只用一隻牛牲；而至少目前發現的殷商甲骨卜辭中尚見不到祭上帝的記錄，種種資料表明，中原政體對上天的祭祀方式具有崇樸尚質的傾向，並不像良渚文化和紅山文化以規模巨大的祭壇及玉禮器爲特色；第二，史前中原地區的天地山川祭祀爲權貴階層所壟斷，而祖先崇拜則具有普遍性，是庶民至貴族階層的祭祀物件，祖先崇拜才是中原地區宗教信仰的核心。

　　禮莫重於喪祭。早期社會爲了凝聚血緣氏族組織向心力和維護強化社會等級分層體制，祖先崇拜及相關的喪葬、祭祖禮儀是極其重要的方式，這在龍山時期及二里頭文化的貴族墓葬、宗廟宮殿建築、祭祀遺存等現象中都有鮮明而充分的體現。以祖先崇拜爲核心的禮儀制度具有宗教、倫理、政治等多重屬性，它可以從多方面、多層面爲政治秩序的穩定和諧提供支援。祭祖不僅是維護政治權力的儀式，可以構建意識形態權力，而且，社會成員基於共同的祖先信仰並參與公共祭祖活動，可以促進共同的文化認同與政治認同，這對於增强貴族階層與邦國部族成員的凝聚力，強化宗族成員的血脈聯繫，具有重要意義。可以説，建立在血緣氏族與祖先崇拜基礎上的親親、血親、族類意識與喪祭禮有機摶聚在一起，構成了早期華夏集團具有凝聚力、向心力的深層次精神動力，它是中原地區國家形成的重要助推力。中原社會的祖先崇拜與喪葬祭祖禮儀，其價值取向是集體主義的、理性的,它重視宗教的道德建構功能與人倫秩序建構功能,刻意淡化宗教色彩而強調祭祀的人文意義,這一集體合作取向、理性的禮制導向的是一種道德政治模式,它使早期複雜社會的政體具有一種向心力和凝聚力,在加強親緣組織的團結,促進集體協作以應對各種挑戰方面發揮了至關重要的作用。

因此,建立在集體取向的禮制基礎上的社會容易導向一種道德政治。實際上,中原地區有一種淵源久遠的道德政治傳統。從《尚書》《禮記》文獻記載看,上古聖王之所以具有政治威信,取得政治成功,關鍵是具有人格美德和功業盛德,比如體現爲:聖王能夠爲民衆謀福祉,博施濟衆,"協和萬邦""成天下之大功",具有"法施於民,以死勤事之,以勞定國,能禦大災,能捍大患"的功德,聖王個人且具有可以爲百姓所效法的卡里斯馬(charisma)式的人格魅力。譬如帝嚳能"博施利物,不於其身",①堯能"以親九族""平章百姓","夏禹能單平水土,以品處庶類者也;商契能和合五教,以保于百姓者也;周棄能播制百穀蔬,以衣食民人者也"。② 可見聖王之德更多的是關注公共權益,具有一種爲民衆服務的政治美德,這與上文我們強調中原政體政治策略的集體取向是可以相互印證的。而上古社會的祖先崇拜與宗廟祭祀、喪葬制度等禮儀制度又強化了崇德報功、報本反始、"克明俊德"等倫理道德觀念,並成爲中原社會的核心價值觀,反過來又促進道德政治的進一步發展。

中原政體以世俗政治體系來組織整合宗教祭祀,並利用宗教信仰來建構用以穩固世俗政體的倫理道德、價值觀、意識形態。宗教祭祀從屬並服務於世俗政治導致宗教祭祀的理性化、禮制化,這是複雜社會向早期國家演進中宗教的重要特徵,也是中原早期社會禮制的重要特徵。

總之,建立在氏族基礎上的中原農耕民族,其以內聚力、集體取向爲特徵的政治策略更容易聯合凝聚各邦國部族形成更高級的政治團體,中原之所以在邦國林立的史前時期異軍突起,較早邁入文明國家,這種理性的禮治傳統和務實的禮治策略起到了重要作用。

---

① 王聘珍:《大戴禮記解詁》卷7《五帝德》,中華書局,1983年,第120頁。
② 徐元誥:《國語集解·鄭語》,第446頁。

神靈形象與商周尸禮研究

泰山學院　李志剛

神靈有無具體的形象？《禮記·中庸》描述爲"視之而弗見，聽之而弗聞，體物而不可遺，使天下之人齊明盛服以承祭祀，洋洋乎如在其上，如在左右"，[①]是則神靈恍兮惚兮，無所在又無所不在，似未有具象。《韓非子·外儲説》："客有爲齊王畫者，齊王問曰：'畫孰最難者？'曰：'犬馬最難。''孰易者？'曰：'鬼魅最易。'夫犬馬，人所知也，旦暮罄於前，不可類之，故難。鬼魅無形者，不罄於前，故易之也。"[②]鬼魅無形故可隨意作畫。現代學者的研究也支持神靈形象的不突出。羅新慧認爲："周人對祖先形象描述有其突出特點：專注於儀容，但却没有關於祖先身體、五官、髮式等的具體描繪，既没有形狀，也没有聲音，祇是威儀、容止。"[③]蒲慕州認爲："儒家的鬼神，是一種事實上離人世比較遠的存在，他們的面貌到底如何？是儒者没有考慮的，或者不願考慮的。"[④]鬼神無具體形象，是否有辦法"狀乎無形影，然而成文"，[⑤]藉由載體使之視而可見，聽而可聞，獲得形象？

古人立尸以祭神，所謂"象神儀式"，[⑥]似能承擔"成文"功能。《禮記·曾子問》："祭成喪者必有尸。尸必以孫。孫幼則使人抱之。無孫則取于同姓可也。"[⑦]祭祀時以孫之倫爲尸以象祖先。尸即是祖先神的憑依與象徵。中國古代的立尸禮，於殷墟卜辭中已有發現。首次發現卜辭中立尸受祭現象爲郭沫若，後饒宗頤、連劭名、曹錦炎、方述鑫、葛英會、沈建華、胡新生等均有討論。[⑧] 晁福林《卜辭所見商代祭尸禮淺探》是研究

---

① 孔穎達：《禮記正義》卷52，《十三經注疏》，中華書局，1980年，第1628頁。
② 王先慎：《韓非子集解》，中華書局，1998年，第270—271頁。
③ 羅新慧：《祖先形象與周人的祖先崇拜》，《南開學報（哲社版）》2015年第5期。
④ 蒲慕州：《追尋一己之福——中國古代的信仰世界》，上海古籍出版社，2007年，第65頁。
⑤ 王先謙：《荀子集解》，中華書局，1988年，第378頁。
⑥ 彭美玲："立主"與"懸影"——中國傳統家祭祀先象神儀式樣式之源流抉探》，《台大中文學報》第51期，2015年，第41—98頁。
⑦ 孔穎達：《禮記正義》卷19，第1399頁。
⑧ 饒宗頤：《殷代貞卜人物通考》，《饒宗頤二十世紀學術文集》第2册第2卷《甲骨上》，新文豐出版股份有限公司，2003年，第294頁；連劭名：《殷墟卜辭所見商代祭祀中的"尸"與"祝"》，四川聯合大學（轉下頁）

殷商立尸禮最新成果。①神靈形象方面,學者關注不是很多。羅新慧《祖先形象與周人的祖先崇拜》利用金文資料,研究認爲周人的祖先形象不具有個體色彩,是理想狀態下的完美形象,最需注意。② 另有學者從禮容或威儀等角度的討論,也爲研討神靈形象提供了借鑒。③ 神靈有所憑依,靈魂得以安寧,形象才能呈現。古人立尸以祭,尋物以安神,正好爲我們揭示神靈形象提供了新的途徑。

一、祭必有尸與立尸以象神

(一) 祭必有尸

甲骨中所見的祭饗立尸,主要是祖先神之尸與帝尸。例如:

> 癸巳卜,大貞:王賓尸,歲,亡尤。
> 甲午卜,大貞:王賓陽甲,歲,亡尤。(《合集》25152)
> 丁巳卜,即貞:王賓尸,歲,亡尤。(《合集》22583)
> 庚寅卜,旅貞:王賓尸,歲,亡尤。(《合集》41131)
> 戊寅卜,貞:彈延尸,七月。(《合集》25)
> 戊寅卜,貞:於祊賓延尸。《合集》831)
> 貞於祊,亥延尸。(《合集》833)
> 貞:於大賓延尸。(《合集》830)
> 唯王帝尸,不若。(《合集》26090)

上揭卜辭所載,除最後一條爲帝尸外,均爲祖先神之尸。在《合集》25152 中,第一天貞

(接上頁) 歷史系主編:《徐中舒先生百年誕辰紀念文集》,巴蜀書社,1998 年,第 61—65 頁;曹錦炎:《説卜辭中的延尸》,四川聯合大學歷史系主編:《徐中舒先生百年誕辰紀念文集》,巴蜀書社,1998 年,54—55 頁;方述鑫:《殷墟卜辭所見的"尸"》,《考古與文物》2000 年第 5 期;葛英會:《説祭祀立尸卜辭》,《殷都學刊》2000 年第 1 期;沈建華:《卜辭所見賓祭中的尸和侑》,《初學集——沈建華甲骨文學論文選》,文物出版社,2008 年,第 27—34 頁;胡新生:《周代祭祀中的立尸禮及其宗教意義》,《世界宗教研究》1990 年第 4 期,《周代的禮制》,商務印書館,2016 年,第 262—290 頁。

① 晁福林:《卜辭所見商代祭尸禮研究》,《考古學報》2016 年第 3 期。
② 羅新慧:《祖先形象與周人的祖先崇拜》,《南開學報(哲社版)》2015 年第 5 期。
③ 彭林:《論郭店楚簡中的禮容》,《郭店楚簡國際學術研討會學術論文集》,湖北人民出版社,2000 年,第 138 頁;甘懷真:《皇權、禮儀與經典詮釋: 中國古代政治史研究》,華東師範大學出版社,2008 年,第 12 頁;張懷通:《商周禮容考論》,《古代文明》2016 年第 2 期。

問王賓尸,第二天接著貞問王賓陽甲,且賓後之祭"歲"一樣,可以確定前一天所貞之尸即陽甲之尸。王賓尸應理解爲商王以尸爲賓,迎而祭之。至於帝尸,《合集》26090已有所見。《周禮·秋官·士師》:"祀五帝,則沃尸及王盥。"孫詒讓說:"尸,即帝尸也。"①則周人祭饗五帝時,立有尸。東漢許慎引《魯郊禮》:"祝延帝尸。"②可見魯國行郊禮時,帝亦有尸,與甲骨文正相吻合。

卜辭中僅見祖先神、帝有尸,或代表殷人立尸禮尚未完備。到周代時天神、地祇、人鬼均有尸。《周禮·春官·掌次》:"凡祭祀,張其旅幕,張尸次。"賈疏:"諸祭皆有尸。"③《禮記·月令》:"其祀户,祭先脾。"鄭注:"凡祭五祀於廟用特牲,有主有尸。"④《禮記·曲禮上》"君子抱孫不抱子。此言可以爲王父尸",孔疏:"言孫可以爲王父尸,子不可以爲父尸。……諸侯祭社稷、境内山川,及大夫有采地祭五祀,皆有尸也。外神之屬,不問同姓異姓,但卜吉則可爲尸。"⑤《通典》:"自周以前,天地、宗廟、社祭一切祭享,凡皆立尸。秦漢以降,中華則無矣。"⑥所言基本與禮制演變歷程相符。朱熹答門人問云:"古人祭祀無不用尸,非惟祭祀家先用尸,祭外神亦用尸,不知祭天地如何,想惟此不敢立尸。"⑦朱子認爲祭天地不敢用尸,是錯誤的。王國維認爲:"古之祭也必有尸。宗廟之尸,以子弟爲之。至天地百神之祀,用尸與否,雖不可考,然《晉語》載'晉祀夏郊,以董伯爲尸',則非宗廟之祀,固亦用之。"⑧許地山認爲:"尸本來用於宗廟,後來推到天地山川等等祭祀也用起來。"⑨夏郊乃祀天之祭,以董伯爲尸,實以董伯爲尸以象天,已非僅涉及宗廟祭祀。《曲禮》孔疏引《虞夏傳》"舜入唐郊,以丹朱爲尸"。《白虎通·宗廟》亦載"周公祭太山,召公爲尸""周公祭天,用太公爲尸"。⑩周人祭天時,以太公爲尸,周公祭太山時,以其弟召公爲尸,即以人爲尸,代表天地、山川之神接受致祭。古人祭天用大臣爲尸,是常見禮制。⑪

---

① 孫詒讓:《周禮正義》,中華書局,1987年,第2792頁。
② 陳壽祺:《五經異義疏證》,上海古籍出版社,2012年,第14頁。
③ 賈公彦:《周禮注疏》卷6,第677頁。
④ 孔穎達:《禮記正義》卷14,第1354頁。
⑤ 孔穎達:《禮記正義》卷3,第1248頁。
⑥ 杜佑:《通典》,中華書局,1988年,第1355頁。
⑦ 黎靖德編:《朱子語類》,中華書局,1986年,第2309頁。
⑧ 王國維:《宋元戲曲史》,《王國維全集》第3卷,浙江教育出版社,2009年,第5頁。
⑨ 許地山:《道教的歷史》,北京工業大學出版社,2007年,第170—171頁。
⑩ 陳立:《白虎通疏證》,中華書局,1994年,第580—581頁。
⑪ 蘇軾說:"八蠟,三代之戲禮也。歲終聚戲,此人情之所不免也,因附以禮義。亦曰:'不徒戲而已矣,祭必有尸,無尸曰奠,始死之奠與釋奠是也。'今蠟謂之祭,蓋有尸也。貓虎之尸,誰當爲之?置鹿與女,誰當爲之?非倡優而誰!葛帶榛杖,以喪老物,黄冠草屨,以尊野服,皆戲之道也。"(蘇軾:《蘇軾文集》第5册,中華書局,1986年,第1991—1992頁)

祭地祇用尸,文獻中亦有記載。《周禮·秋官·士師》:"若祭勝國之社稷,則爲之尸。"①勝國指已亡之國,如殷爲周之勝國。祭勝國社神與稷神,在周代用士師爲尸。士師爲刑官,用之爲尸,存有貶抑亡國之意。《穀梁傳·莊公二十三年》:"夏,公如齊觀社,常事曰視,非常曰觀。觀,無事之辭也。以是爲女尸也。"范寧注:"尸,主也,主爲女往爾,以觀社爲辭。"②此是用女人爲社神之尸。社神爲陰,③女爲陰,故以女人爲社神之尸。可見立尸均有所象,非隨意爲之。學者論到立社尸有兩個條件:一是爲尸之人占卜須吉,不必考慮與主祭之人是否同姓;二是爲尸之人應該尊貴。④ 第一點大致無誤,第二點則有可商榷之處。齊國祭社用女人爲尸即是證據。通檢《春秋》三傳關於此事的評述,均僅批評莊公以"觀社"爲藉口而實際目的是觀女,並未批評齊人用女人爲社尸,可見用女人爲社尸並未失禮。再如,"天子不以公爲尸,諸侯不以卿爲尸,爲其太尊,嫌敵君。故天子以卿爲尸,諸侯以大夫爲尸"。⑤ 立尸若以尊貴爲必要條件的話,天子祭神用諸侯好過了用卿大夫,但現實正好相反。之所以如此,乃是因尸必與主人酬酢以分庭抗禮,若其太尊,有可能奪原神及主人之尊。地位較低者則無此嫌疑。

至於祭祖用尸,周禮更是常見,《特牲饋食禮》《少牢饋食禮》記載最爲詳備。具體儀節包括筮尸、迎尸、尸九飯或十一飯、禮尸、儐尸等。清華簡《楚居》云:"夜而內尿。"整理者認爲"尿"爲祭祀之名。⑥ 沈培指出"尿"指祭祀之尸,且"內尿"讀作"入尸"。⑦ 沈氏之説得到曹建墩的支持。曹建墩進一步認爲"內"不必讀作"入尸",古"內""納"通假,"納尸"即禮典文獻中的"迎尸"。⑧《楚居》此句所講爲楚人夜間迎尸祭祖的禮節。《左傳·襄公二十八年》載,祭于太公之廟時"麻嬰爲尸"。《通典》載有天子級別的饗尸禮,如"祭日之晨,王及尸皆服絺冕。樂則《大司樂》'奏太蔟,歌應鐘,武《咸池》,以祭地祇'"。⑨ 天子之禮相對于大夫士而言,最主要的區別是有"朝踐",即薦黍稷前的用玉、血及生食、熟食的薦牲之禮。

總的來説,殷周人的祭饗均立尸以祭。主祭之人通過與尸之間的酬酢往來,達到祭

---

① 賈公彦:《周禮注疏》卷35,第875頁。
② 楊士勛:《春秋穀梁傳注疏》卷6,第2386頁。
③ 《周禮·地官·牧人》:"凡陽祀,用騂牲毛之;陰祀,用黝牲毛之。"鄭玄注:"陰祀,祭地,北郊及社稷也。"
④ 史志龍:《先秦社祭研究》,武漢大學2010年博士論文。
⑤ 杜佑:《通典》,中華書局,1988年,第1354頁。
⑥ 李學勤主編:《清華大學藏戰國竹簡(一)》,中西書局,2010年,第185頁。
⑦ 沈培:《關於古文字材料中所見古人祭祀用尸的考察》,李宗焜主編:《古文字與古史》第3輯,中研院史語所會議論文集之十,2012年,第57頁。
⑧ 曹建墩:《〈楚居〉中的"內尸"小議》,復旦大學出土文獻與古文字研究中心網站,2011年4月1日。
⑨ 杜佑:《通典》,中華書局,1988年,第1265頁。

祀的目的。無論天神、地祇、還是人鬼,作爲代表者與象徵者的尸,既物象其類,在實際的禮儀活動中,又往往是作爲主人之賓的身份出現。孫詒讓認爲:"祭祀主於事尸,大饗主於事賓,故以賓如尸禮。"①孫氏所説甚精。祭祀之時,立尸以獻祭與觥籌交錯,人與神相對猶如賓主相向。② 顧炎武曰:"尸禮廢而像事興,蓋在戰國之時矣。"③立尸禮逐漸消亡而畫像誕生後,祭神用畫像代替立尸以狀死者生前之貌,逐漸成爲主流。

(二) 尸身與神像

《禮記・郊特牲》:"尸,神像也。"④宗廟之祭立孫之倫(同昭穆者)爲尸以祭父祖,孫的形象就是父祖之神的形象。此點留後討論,現討論非宗廟之祭的尸身與神像。

因尸而推知神的形象爲何,史料記載微茫,但並非毫無綫索。重要祭祀活動中尸的形象往往未加詳細描述,但雜祭中的尸身與神像可以推而得知。

《山海經》中關於山水之神的祭祀記載較多,且多有對神形象的描述。如:

> 凡䧿山之首,自招摇之山,以至箕尾之山……其神狀皆鳥身而龍首,其祠之禮:毛用一璋玉瘞,糈用稌米,一璧,稻米,白菅爲席。⑤

> 凡南次二經之首,自櫃山至於漆吴之山……其神狀皆龍身而鳥首。其祠:毛用一璧瘞,糈用稌。

> 凡南次三經之首,自天虞之山以至南禺之山……其神皆龍身而人面。其祠皆一白狗祈,糈用稌。

> 凡西次二經之首,自鈐山至於萊山……其十神者,皆人面而馬身。其七神皆人面牛身,四足而一臂,操杖以行:是爲飛獸之神。其祠之,毛用少牢,白菅爲席。其十輩神者,其祠之,毛一雄雞,鈐而不糈。毛采。

> 凡首陽山之首,自首山至於丙山,凡九山,二百六十七里。其神狀皆龍身而人面。其祠之:毛用一雄雞瘞,糈用五種之糈。堵山,冢也,其祠之:少牢具,羞酒祠,

---

① 孫詒讓:《周禮正義》,第1782頁。
② 李志剛:《祭饗賓饗異同考——兼及"〈饗禮〉存佚"問題》,《齊魯文化研究》2013年卷。
③ 黄汝成:《日知録集釋》,上海古籍出版社,2006年,第849頁。
④ 孔穎達:《禮記正義》卷26,第1457頁。
⑤ 袁珂:《山海經校注》,上海古籍出版社,1980年,第8頁。

嬰毛一璧瘞。騩山，帝也，其祠羞酒，太牢具。合巫祝二人儛，嬰一璧。①

　　類似記載在《山海經》內不勝枚舉。既描寫了山神的祭祀之禮，又詳細説明了神的形象。山神有祭祀必立有尸，那麽這個神像是否就是尸身？晁福林論到："《山海經》當中諸多的人獸合一的形象，很可能就是巫師裝扮動物的形象。"②甚爲精當。所謂"尸""巫"後世雖逐漸有所分殊，但他們本身就是同源的，既降神導神又扮神。③《海外西經》把巫彭、巫抵、巫陽、巫履、巫凡、巫相與"夾窫窳之尸"並列，可見巫尸同類。然則可以相信，巫師在祭祀山神的時候作爲尸而裝扮成神的形象。首陽山"合巫祝二人儛"，可能就是祭祀現場的情況。山神形象之所以怪異，實乃尸身裝扮的結果，具有很强的儀式性表演成分。④

　　《山海經》中亦有直接描寫尸身與神像的記載。《海內北經》："據比之尸，其爲人折頸披髮，無一手。"郭璞注："據比，一云掾比。"清郝懿行曰："掾比，一云掾北。"《淮南子·墬形篇》高誘注："諸比，天神也。"袁珂認爲，諸比、據比、掾北三者同，諸、據、掾乃一聲之轉。⑤ 所謂"據比之尸"，即爲祭祀天神諸比而所立之尸。折頸、披髮、無一手，指祭祀中尸的具體打扮。《海內北經》："王子夜之尸，兩手、兩股、胸、首、齒，皆斷異處。"王子夜即王亥，乃殷人先王，遭有易部落殺害。有學者認爲，此處之尸爲"屍首"義，于文意雖能講通，但統觀《山海經》全文及相關文獻則有未盡之處。《左傳·襄公三十年》史趙曰："亥有二首六身，下二如身，是其日數也。"⑥所言與《山海經》相近，但並非指王亥的屍首，而是確指王亥有二首六身，神化跡象非常明顯。實質上，此處之"尸"也爲神主之象。古人因王亥遭殘殺的傳説故事，以制其尸受祭之象。所謂"兩手""兩股""二首"等，就是祭祀時王亥之尸的扮相。

　　神尸的裝扮，與其人活著時候的形象、職能、地位、性格、死因具有密切關係。勝國社神之尸用主刑的士師爲之，一般社神之尸用女人爲之，均是物象其類。王亥因被殺，所以有兩手、兩股、二首，象其遭肢解的經歷。《國語·晉語二》載："虢公夢在廟，有神

---

① 袁珂：《山海經校注》，第 38 頁。
② 晁福林：《天命與彝倫：先秦社會思想探研》，北京師範大學出版社，2012 年，第 7 頁。
③ 錢鍾書：《管錐篇》，中華書局，1986 年，第 156—158、598—600 頁。
④ 有神爲方相氏。《周禮·夏官·方相氏》："方相氏掌蒙熊皮，黃金四目，玄衣朱裳，執戈揚盾，帥百隸而時難，以索室驅疫。大喪先柩。及墓入壙，以戈擊四隅，驅方良。"方相氏既是神也是人，在驅儺與葬儀中的怪異形象，也是裝扮與演繹的結果。
⑤ 袁珂：《山海經校注》，第 314 頁。
⑥ 孔穎達：《春秋左傳正義》卷 40，第 2012 頁。

人面白毛虎爪,執鉞立于西阿之下。公懼而走。神曰:'無走!帝命曰:'使晉襲於爾門。'公拜稽首,覺,召史囂占之,對曰:'如君之言,則蓐收也,天之刑神也。'"①刑神的形象爲"面白毛虎爪,執鉞",與他的具體職能密切相關。《海外西經》載有"女丑之尸":"女丑之尸,生而十日炙殺之。在丈夫北。以右手鄣其面。十日居上,女丑居山之上。"②袁珂認爲女丑疑即女巫。女巫之尸或正說明了巫尸的合一。《大荒西經》則描寫其形象:"有人衣青,以袂蔽面,名曰女丑之尸。"③《海外西經》:"形天與帝至此争神,帝斷其首,葬之于常羊之山,乃以其乳爲目,以臍爲口,操干戚以舞。"④刑天被帝斷首,故以乳爲目,以肚臍爲口,操干戚而舞的形象,應該是祭祀刑天時神尸裝扮與表演時的形象。這再次表明神尸的表演與其神死前的生活有很大的關係。這些神奇靈異的記載,就是正式祭祀鬼神時神明的真實描寫。⑤

《海外南經》載讙頭國"人面有翼,鳥喙,方捕魚"。郭璞注:"讙兜,堯臣,有罪,自投海而死。帝憐之,使其子居南海而祠之。"⑥讙兜,即丹朱。⑦ 所謂"人面有翼,鳥喙",即丹朱之子祭祀乃父時神尸的扮裝,因投海自殺而制其捕魚之像。《海外南經》:"貫胸國在其東,其爲人胸有竅。"⑧所謂"貫胸國"與《淮南子‧墜形篇》穿胸民應屬同類。《藝文類聚》引《括地圖》載:"禹誅防風氏。夏后德盛,二龍降之。禹使范氏御之以行,經南方,防風神見禹怒,射之,有迅雷,二龍升去。神懼,以刃自貫其心而死。禹哀之,瘞以不死草,皆生,是名穿胸國。"⑨可見貫胸或穿胸,緣自"刃自貫其心而死"的遭遇,故名爲貫胸。尸身神像也是"人胸有竅"。《山海經》中同類記載尚多,有"奢比之尸""貳負之尸""祖狀之尸""夏耕之尸""戎宣王尸""相顧之尸"等,以前有學者讀"尸"爲"夷",認爲是氏族名,或屬誤會。此類之"尸",均爲祭祀神靈時所立之尸象。

---

① 徐元誥:《國語集解(修訂本)》,第283頁。
② 袁珂:《山海經校注》,第218頁。
③ 袁珂:《山海經校注》,第400頁。
④ 袁珂:《山海經校注》,第214頁。
⑤ 錢志熙認爲:"《山海經》中的山神,與後世那些威儀堂堂,相好莊嚴的嶽神河伯不一樣,都是些人面獸身或人面鳥身,蛇身的半人半獸的合成體。人類學家認爲這是圖騰崇拜的現象。這也反映了原始混沌的生命體驗。……山神即是司掌山林之神,其形象當然極易與獸類發生聯繫,但他們既是人類在山林中權力的化身,所以又不能不具有人的形體特徵。況且在它的幻想中,人獸結合的東西,其體能智力是巨大的,只有它們才配作山嶽的真正的統治者。這中山神的形象特徵再次證明了《山海經》所記錄的是早期的山嶽崇拜。"錢志熙:《論上古至秦漢時代的山水崇拜山川祭祀及其文化內涵》,《文史》2000年第3輯,第243—244頁。
⑥ 袁珂:《山海經校注》,第190頁。
⑦ 童書業:《丹朱與驩兜》,《童書業著作集》第3卷,中華書局,2008年,第66—71頁。
⑧ 袁珂:《山海經校注》,第194頁。
⑨ 歐陽詢:《藝文類聚》卷96,上海古籍出版社,1982年,第1662頁。

正統禮典文獻中,言及尸所穿衣服乃祖先所遺留,而尸的神像不見詳細記載。立尸以祭,神尸的形象與神的遭遇、職能、性格等密不可分。物象其類,神尸的形象就是神形象的一次裝扮與演繹,是狀乎無影,化而成文的結果。《山海經》記載雖怪誕詭奇,却在尸象方面,提供了一個重要的參考標的。

二、父子一體與依孫以象神

上古中國宗法傳統中,守文垂體者上溯祖禰,下及子孫,旁涉兄弟,傳先祖之重,屬世代傳遞脈絡中承上啓下的一環。子孫在血脈與精神上屬先祖留存世間之"遺體"。《儀禮·喪服傳》"爲世父母叔父母期"載:

> 世父叔父,何以期也,與尊者一體也。然則昆弟之子何以亦期也?旁尊也,不足以加尊焉,故報之也。父子,一體也。夫妻,一體也。昆弟,一體也。故父子,首足也。夫妻,胖合也。昆弟,四體也。①

父子、夫婦、兄弟構成"一體"關係。賈公彦疏:"凡言體者,若人之四體,故傳解父子夫妻兄弟,還比人四體而言也。"胡培翬也説:"父尊子卑,其一體如首足。夫陽妻陰,其一體如胖合。昆弟同氣連枝,各得父之體以爲體,如四肢之本爲一體也。"②父子一體,猶如首與足;夫妻一體,猶如兩個半體;兄弟一體,則如手足四肢。各類角色雖有尊卑差異,但各得其所,共同構成了完整的人體,確定了在家族中的地位與角色。

《大戴禮記·哀公問於孔子》載:

> 妻也者,親之主也,敢不敬與?子也者,親之後也,敢不敬與?君子無不敬也,敬身爲大。身也者,親之枝也,敢不敬與?不能敬其身,是傷其親。傷其親,是傷其本。傷其本,枝從而亡。③

在"一體"觀念中"父子一體"最爲重要,並可上延及"祖孫一體"。父子爲首足,祖孫亦

---

① 賈公彦:《儀禮注疏》卷30,第1105頁。
② 胡培翬:《儀禮正義》,江蘇古籍出版社,1993年,第1410頁。
③ 王聘珍:《大戴禮記解詁》,中華書局,1983年,第15頁。

爲首足,代代相續,永遠流傳。《禮記·祭義》載:

> 曾子曰:"身也者,父母之遺體也。行父母之遺體,敢不敬乎?"
> 天之所生,地之所養,無人爲大。父母全而生之,子全而歸之,可謂孝矣。不虧其體,不辱其身,可謂全矣。……不敢以先父母之遺體行殆。一出言而不敢忘父母。是故惡言不出於口,忿言不反於身。不辱其身,不羞其親,可謂孝矣。①

子之身體得之父母,子所行爲象其父母所行爲。敬自己的身體即是敬父祖的身體,敬兒子的身體,同樣是敬父祖的身體。祖先是子孫生命的源頭,子孫是祖先身體的複製。自始祖以降,"全而生之""全而歸之",代代相傳,循環往復,轉相爲本,"遺體"不絶,任何單獨個人無權利侮辱與毀傷。父祖已逝,神靈高登天庭,作爲物質性存在的肉身也掩藏入地下。假若"遺體"真能世代相傳未受毀傷,那麽子孫的形象就完全等同於父祖的形象。世人若想得知其具體之形象,在世子孫的身體就成爲父祖形象展示的最佳載體。祖先的神靈形象可以從子孫身上找尋。

《左傳·昭公七年》記載鄭國伯有鬧鬼之事。伯有死而無子孫祭祀,成爲厲鬼作禍。子產重新立他的兒子爲後乃止。子大叔不解而問子產,子產答曰:"鬼有所歸,乃不爲厲,吾爲之歸也。"人死有後可歸依乃不爲厲鬼。子產後至晉國,趙景子就此事發問。子產回答説:

> 人生始化曰魄,既生魄,陽曰魂。用物精多,則魂魄强,是以有精爽,至於神明。匹夫匹婦强死,其魂魄猶能憑依於人,以爲淫厲。況良霄,我先君穆公之胄,子良之孫,子耳之子……其用物也弘矣,其取精也多矣,其族又大,所憑厚矣,而强死,能爲鬼,不亦宜乎?②

根據子產的兩次回答,可以得出兩點認識。第一,人死後魂魄得要有所憑依,正常情況下立有後,就可以憑依在爲後的子孫身上,受其祭祀。若强死未有後者,則成爲厲鬼。第二,人死魂魄的强度與其生時用物多寡豐儉密切相關。用物之多寡又與其族裔之貴盛强弱大小密切相關。伯有源出鄭穆公,父祖又爲鄭國顯貴,正所謂"所憑厚矣"。生時

---

① 孔穎達:《禮記正義》卷48,第1599頁。
② 孔穎達:《春秋左傳正義》卷44,第2050頁。

所憑厚,死爲鬼則强。① 作爲個人無論生時死後,均得有所憑依,生時憑依父祖遺留下之"用物",死後憑依子孫爲後者的祭祀。父祖子女一體貫徹于生死永恆的時間脉絡之中。

"父子一體,自然天性",子孫身體得之于父祖,在世代傳遞過程中"等量移交"最爲理想,但生老病死與世事遷移也必然有所損益。在身體的自然損益過程中,如何保證父祖的身體在子孫的身體上呈現,在禮制上成爲問題。古人對"髦"的處理爲我們提供了一個例證。所謂"髦"者,是人出生時所具毛髮,直接來自父母之身,與父母血脉一體,至生三月剪髮之時修成左右兩條羈或角之狀,且一直留存至父母逝世而行小斂或殯禮之時。②《禮記·玉藻》"親没不髦",正此之謂。雙親並死,孝子不再事親,即"去爲子之飾"的髦。髦是年幼的孑遺,是人子與雙親血肉相連的象徵。親在則存,親殁則去。故人生在世,父母存亡如何,世人只要觀看其兩鬢之髦存亡與否,即可加以判斷。髦在父母在,髦去父母亡。父子一體,在"髦"的身上表露最爲明顯。

父祖在世,尚可以借助髦在子孫身上展示父祖的存在。父祖去世後,神靈已登天庭,茫然不知所象,將如何展現祖先形象? 古人解决的方法,乃是借助祖孫一體觀念,祭祀時立孫之倫(即與被祭者同昭或同穆)爲尸以象祖先神。《禮記·祭統》:"夫祭之道,孫爲王父尸。所使爲尸者,於祭者子行也;父北面而事之,所以明子事父之道也。此父子之倫也。"鄭注:"子行,猶子列也。祭祖則用孫列,皆取於同姓之嫡孫也。"③以孫爲尸代表父祖接受祭祀,孫子在血脉與身體意義上完全可以繼承的父祖形象。當然,僅有血脉之像還是不够的,父祖形象在以孫爲尸身上的呈現,尚要借助物質與精神兩方面的力量來完成。

物質上的幫助,除了子孫身體來自父祖的血脉之軀外,主要是借助父祖留存下的衣服或其他遺物。《周禮·春官·守祧》:"守祧掌守先王、先公之廟祧,其遺衣遺服藏焉。若將祭祀,則各以其服授尸。"④尸所穿之服乃先公先王所遺留下的衣服。《禮記·曾子問》:"尸弁冕而入。"任啓運云:"尸入廟則象乎神,故服先王先公之遺衣服。"⑤尸除了血脉繼承父祖外,裝扮所穿之衣也來自父祖。子孫穿著父祖留存下的衣服而立爲尸,形似

---

① 厲鬼的形象,《左傳·成公八年》載"晉侯夢大厲,被髮及地,搏膺而踊",《國語·晉語》"寡君之疾久矣。上下神祇,無不遍諭,而無除。今夢黄熊入於寢門,不知人鬼乎,抑厲鬼邪",可做參考。
② 李志剛:《孺慕之孝:上古中國禮俗中的"親前不稱老"與代際交替》,《孔子研究》2015 年第 4 期。
③ 孔穎達:《禮記正義》卷 49,第 1605 頁。
④ 賈公彦:《周禮注疏》卷 21,第 784 頁。
⑤ 任啓運:《天子肆獻祼饋食禮》卷上,《景印文淵閣四庫全書》,第 109 册,臺灣商務印書館,1986 年,第 836 頁。

父祖已更進一步。《楚辭·九歌·東皇太一》:"靈偃蹇兮姣服。"洪興祖《補注》:"古者巫以降神。言神降而託于巫也。"①朱熹講:"古者巫以降神,神降而托于巫,則見其貌之美而服之好,蓋身則巫而心則神也。"王國維則説:"《楚辭》之靈,殆以巫而兼尸之用者也。其詞謂巫曰靈,謂神亦曰靈,蓋羣巫之中,必有像神之衣服形貌動作者,而視爲神之所憑依,故謂之曰靈,或謂之靈寶。"②

與父祖的"神似",還需要通過繼承父祖威儀及借助祭祀齋戒禮儀活動實現。正如羅新慧所言:"生者形象與祖先形象相似,表明生者在描摹自我形象時,刻意地與祖先相像,反映出在他的觀念中,十分看重與祖先形象的接近,願意在容貌儀態方面與祖先貼近,這樣來成爲'肖'之子孫。"繼承父祖威儀,則是子孫肖似祖先的必要之途,羅教授利用金文資料已有很好的論述。③ 比如癲簋載:"穎皇祖考嗣威儀,用辟先王,不敢弗帥用夙夕。"癲鐘載:"丕顯高祖、亞祖、文考,克明厥心,胥尹厥威儀用辟先王。癲不敢弗帥祖考秉明德,恪夙夕佐尹氏。"皇祖考繼承了更早祖先的威儀,而癲也不能不日夜效法模仿,當然也要繼承。叔向父禹簋載:"余小子司朕皇考,肇帥型先文祖,恭明德,秉威儀。"虢叔旅鐘載:"丕顯皇考惠叔,穆穆秉元明德,御於厥辟,里純亡潛。旅敢肇帥型皇考威儀,祗御于天子。"祖先威儀代代相傳,子孫通過模仿可以學習獲得並繼承。關於威儀爲何的論述很多,大體而言不外乎祖先的容止與行爲規則。④ 這兩者均會表露在祖先的形象上,子孫通過帥型而學習之,自然也會有所繼承與展示。

更深度地獲取祖先的精神氣質與外在形象,則需通過齋戒祭祀來實現。《禮記·玉藻》:"凡祭,容貌顏色,如見所祭者。"⑤《禮記·郊特牲》:"齋之玄也,以陰幽思也。故君子三日齋,必見其所祭者。"⑥孝子于内心重構父祖神靈形象。《禮記·祭義》:"致齋於内,散齋於外。齋之日,思其居處,思其笑語,思其志意,思其所樂,思其所嗜。齋三日,乃見其所爲齋者。"⑦祭祀之前孝子行散齋七日、致齋三日之禮,目的是於此十日内"回憶與想念"父祖生時所居何處、音容笑貌、想什麽問題、因何而歡樂,嗜好爲何。孔穎達認爲孝子若思念親生時此五事,可以"精意純孰,目想之,若見其所爲齋之親也",則是

---

① 洪興祖:《楚辭補注》,中華書局,1983年,第56頁。
② 金開誠等:《屈原集校注》,中華書局,1996年,第194頁。
③ 羅新慧:《祖先形象與周人的祖先崇拜》,《南開學報(哲社版)》2015年第5期。
④ 羅新慧:《"帥型祖考"和"内得於己":周代"德"觀念的演化》,《歷史研究》2016年第3期;《周代威儀辨析》,《北京師範大學學報(社科版)》2017年第6期。
⑤ 孔穎達:《禮記正義》卷30,第1485頁。
⑥ 孔穎達:《禮記正義》卷26,第1457頁。
⑦ 孔穎達:《禮記正義》卷47,第1592頁。

能夠因思念而"目見與重現"已逝之親人。《禮記·祭義》多有類似記載：

> 祭之日，入室，僾然必見乎其位；周還出戶，肅然必有聞乎其容聲；出戶而聽，愾然必有聞乎其歎息之聲。
>
> 是故先王之孝也，色不忘乎目，聲不絕乎耳，心志嗜欲不忘乎心。致愛則存，致慤則著，著存不忘乎新，夫安得不敬乎！
>
> 虛中以治之……於是諭其志意，以其慌惚以與神明交，庶或饗之。
>
> 曾子曰：身也者，父母之遺體也。行父母之遺體，敢不敬乎？

齋戒或祭祀之時，子孫掏空屬於自我的一切欲念與執著，"虛中"以接納神明來舍。《禮記·祭義》："唯聖人爲能饗帝，孝子爲能饗親。饗者向也，向之然後能饗焉。"鄭注："言中心向之，乃能使其祭見饗也。"[1]父祖生時的音容笑貌，思維意志，甚至包括歎息之聲與已融爲一體。至此，子孫進入了與父祖神明交相融合，人神相交、祖孫一體的恍惚之境。蘇軾講："蓋人之意氣既散，孝子求神而祭，無尸則不享，無主則不依。……魂氣必求其類而依之，人與爲類，骨肉又爲一家之類。己與尸各心齋潔，至誠相通，以此求神，宜其享之。"[2]王文錦認爲："往昔帝王對已逝雙親的孝心是，父母的容顏永不從眼中消失，他們的聲音永不從耳中斷絕，他們的心意和嗜好永不從心中遺忘。由於極爲熱愛，雙親就永遠存活在心中。由於極爲摯誠，雙親的形象就永遠顯著。顯著的形象、生存的風貌在心目中永不淡忘，那怎能對他們不恭敬呢？"[3]尸本身又是孫之倫，血緣上是先祖的遺體，具有天生的相似性。降神附於尸身上，尸的神貌也是祖先的神貌。

大孝之人終生不忘乎親，心念、精誠唯專注于親人之誠感誠應上，推至極致，終達於"見其所爲齋者"，與鬼神相感相應的境地。在此狀態下，能夠有"僾然必有見乎位""肅然必有聞乎容聲""愾然必有聞乎其歎息之聲"的神秘體驗。[4] 通過齋戒，穿祖之衣，行祖之范、思祖之樂、言祖之語，與祖先神明相交。自己的容顏神貌，已是祖先的容顏神

---

[1] 孔穎達：《禮記正義》卷47，第1593頁。
[2] 蘇軾：《尸說》，《蘇軾文集》，第5冊，中華書局，1986年，第1992頁。
[3] 王文錦：《禮記譯解》，中華書局，2001年，第679頁。
[4] 尸與神靈形象的重構，還須裸禮降神。《尚書·洛誥》："王賓，殺、禋，咸格，王入太室裸。"僞孔傳："裸鬯告神。"孔穎達疏："裸者，灌也。王以圭瓚酌鬱鬯之酒以獻尸。尸受祭而灌於地，因奠不飲，謂之裸。"尸入室後，接受主人、主婦鬱鬯之獻，不飲而灌注入地，香氣達於淵泉，引起神靈注意，使之起而與己附合。《孟子·離婁》朱熹注："宗廟之祭，以鬱鬯之酒灌地而降神也。"只有尸與神完全結合後，魂魄複合且歸依于尸身，主人、主婦才能通過獻尸，嘉善死者魂魄，從而實現尸飽如親飽，尸醉如神醉的祭祀目的。祭祖中主人、主婦、賓等所有與尸相獻祭、酬酢的禮節，均建立在裸禮降神附尸的基礎上。

貌。所謂恍惚之態,正是人神相交,人神不分時的神態。齋戒後神靈形象的呈現,漢宣帝詔書中有生動的描寫:"齋戒之暮,神光顯著。薦鬯之夕,神光交錯。或降於天,或登於地,或從四方來集於壇。上帝嘉饗,海内承福。"①宛如群神的盛宴。

子孫們的"帥型祖考之德""帥型祖考威儀""儀刑文王",學習祖先的威儀,祖考也成爲後世子孫效仿、學習、觀看的典範。整齊容貌如"見所祭者",非僅是抽象意義上爲表示虔誠的内心感受。這已太過理性,應該是通過齋戒祭祀使己身與被祭對象融爲一體,神靈借助齋戒者的"道成肉身"而再現。"祭如在,祭神如神在",或也當如此理解。學者爲强調儒家的人文色彩,多突出"如"導致神靈虚化的理性主義傳統,而忽略"祭"的儀式與"神在"的真正結果。齋戒後人神合體,已入神秘之境。儀式本身具備神聖性,甚至可以創造或重現神靈。

通過齋戒,虚無微茫的祖先借助齋戒者所施儀式,與之合而爲一,交融無間。神靈的奧秘之體得以呈現。董仲舒《春秋繁露·祭義》:"祭者,察也,以善逮鬼神之謂也。善乃逮不可聞見著,故謂之察。吾以名之所享,故祭之不虚,安所可察哉！祭之爲言際也與？祭然後能見不見。見不見之見著,然後知天命鬼神。"②如董仲舒所言,主祭之人通過祭祀能"逮"住神靈,見到不可見之神靈形象。

主祭者爲子行,爲尸者爲孫行,均屬於血脉一體的體系之内。主祭之人與神靈能夠交融無間,尸更是如此。《詩·小雅·楚茨》非常形象地描述了神尸合一與即將分開時的儀態"神具醉止。皇尸載起,鼓鐘送尸,神保聿歸"。《白虎通·宗廟》載:

  祭所以有尸者何？鬼神聽之無聲,視之無形,升自阼階,仰視榱桷,俯視几筵,其器存,其人亡,虚無寂寞,思慕哀傷,無可寫泄,故座尸而食之,毁損其饌,欣然若親之飽,尸醉若神之醉矣。③

清儒杭世駿認爲:"古者孝子之道,事死如事生,事亡如事存,蓋言精誠所至,儼如其形聲之相接也。然祖考既没,但可接以心而不能接以目,能遇以神而必不能遇以形也。追遠雖云情切,音容不可假借,設裳立主,斯亦可矣。子孫爲尸,不幾涉於假借乎！且夫

---

① 《漢書》卷8《宣帝紀》,第263頁。
② 蘇輿:《春秋繁露義證》,中華書局,1996年,第441—442頁。
③ 陳立:《白虎通疏證》,中華書局,1994年,第580頁。

宗廟之中,原以祖臨乎孫,而尸則臨乎其祖矣,又何倒置也?"①杭世駿認爲以孫之倫爲尸,是以孫凌駕于父祖之上,有祖孫倒置之嫌,但也不能否定借尸之立可以見到父祖之音容,儼如形聲相接也。清儒俞樾有詩云:"古祭必立尸,精神相感召。"②晁福林也認爲:"商周祭祖禮之所以將'尸'作爲受祭物件,目的是再現祖先形象。商周祭典之所以以幼童爲尸,愚以爲是古人會合魂魄的觀念所致,即《禮記·禮運》所謂的'嘉魂魄'。"③子孫而重現父祖,行父祖之所行,思父祖之所思,當然更能繼承發揮父祖世世代代遺留下來的道德遺軌。

可見,通過祭前的齋戒活動與正規的祭祀活動,加上誠敬之心與血脉之軀,子孫無論在外在形態還是内心上,均重構與顯現了父祖神靈的形象。尸外穿父祖留存之衣,内藉十日之齋,實現精神上與父祖的重合。儀式中,父祖神靈的奥秘之體借助子孫,在身體與精神兩方面獲得了重生。主祭子孫不僅"看見了"已逝之祖先,更是與祖先血脉相融,神明相交,自己的形象某種程度上已是祖先形象的再現。

三、無形之像與依物憑神

祭禮中以孫之倫爲尸,憑依祖先之神,呈現祖先之像,已如上論。那麽在未有尸的禮儀中,神靈將何所依,何所象?曰神將憑物而成像。

《儀禮·士昏禮》納采載有"施几筵"儀節:"主人筵于户西,西上,右几。"鄭玄注:"筵,爲神布席也。户西者尊處,將以先祖之遺體許人,故受其禮於禰廟也。席西上,右設几,神不統於人。"④納采在新娘父親家的宗廟内舉行。新娘父親作爲主人在堂上户牖之間最尊貴處設一席一几。堂上布席之法,於人以東爲上,於神以西爲上。同理,設几於人在左,於神在右。此席以西爲上,几在右,故知是爲神而設。在納采、問名諸多儀節,主賓雖分庭抗禮,相拜却北向,即主賓均對祖先几筵而行禮。通過几筵之設,主人把祖先神請到了堂上。祖先也"觀看與參與"了禮儀的舉行。《禮記·祭統》:"鋪筵,設同

---

① 杭世駿:《質疑》,《清經解》第 2 册,卷 309,上海書店出版社景印,1988 年,第 527 頁。
② 俞詩《畫像》:"古祭必立尸,精神相感召。尸廢圖像興,則在求之貌。金母畫甘泉,其像必已肖。唐代拜御容,尊嚴比宗廟。流傳逮氓庶,沿襲成典要。若非有畫像,何以寓追孝。"俞樾用詩化語言概述神靈畫像的歷史脉絡,認同立尸禮的精神感召價值,而又認爲求神之貌要等到尸禮廢,則未認識到尸象即神象,稍顯遺憾。參見俞樾:《春在堂詩編》卷 23,《續修四庫全書》第 1551 册,上海古籍出版社,1995 年,第 679 頁。
③ 晁福林:《卜辭所見商代祭尸禮淺析》,《考古學報》2016 年第 3 期。
④ 賈公彦:《儀禮注疏》卷 4,第 961 頁。

几,爲依神也。"①若舅姑早逝,新娘須行廟見之禮,《士昏禮》載"席於廟奧,東面,右几。席於北方,南面。"②此几筵也是爲神而設。宋儒李如圭説:"祭設同几,精氣合。廟見象生時,故別席也。"舅姑兩人同設一几,喻示神靈精氣合一,爲常祭之禮;行廟見禮,則與生時婦見舅姑一樣,舅姑二人分席而坐。在奥爲舅設席,在北墉下爲姑設席。無論如何,几筵陳設,代表已逝之舅姑接納了嫁入之新婦。在"几筵"前實行納采、問名、嫁娶、廟見等儀節,表明祖先具在,主人不敢有所專或先祖對新婦的認可。空蕩而静穆的几筵,爲神靈所憑依。神靈也藉以顯示自己的在場。

神靈通過几筵之設而在場。《儀禮·聘禮》也有所記載。聘賓即將出國訪問而行告廟之禮,"有司筵几於室中。祝先入,主人從入。主人在右,再拜,祝告,又再拜"。③ 聘賓爲主人向歷代先祖告廟辭行。有司在廟中之室内設几筵。祝告與主人之拜,均面向几筵行禮如儀。几筵也是祖先神的象徵。更著名的几筵之設,出現在《尚書·顧命》中:

牖間南向,敷重篾席,黼純,華玉仍几。西序東向,敷重厎席,綴純,文貝仍几。東序西向,敷重豐席,畫純,雕玉仍几。西夾南向,敷重筍席,玄紛純,漆仍几。④

《顧命》所載爲康王即位之禮。而"牖間南向"下,僞孔傳"因生時几,不改坐。此見群臣覲諸侯之坐"。説明此處所設數重之席不是爲新即位的康王而設,而是爲已逝的成王而設。堂上其他三席,即西序東向席、東序西向席、西夾南向席,與牖間席形成了一個"四面之坐"。它們分別是爲"旦夕聽事者""被饗養之國老、群臣"及"私宴之親屬"而設。可見這個"四面之坐"復原了成王生時處理朝政的場面。成王雖崩,在象徵意義上却並未"缺席"康王的即位典禮。太保、太史、太宗是在成王君臣神靈的見證之下,把即位册命移交給康王。"四面之所"以巨大的虚空暗示著已逝天子的神靈永駐。

與几筵陳列類似,典籍中還有"屏攝之位"的説法。《左傳·昭公十八年》子產"使子寬、子上巡群屏攝,至於大宫"。杜預注:"屏攝,祭祀之位。"⑤大宫爲鄭國祖廟,屏攝則是廟中的祭祀之位,用以象徵祖先神靈所在。《國語·楚語下》:"次主之度,屏攝之位,壇場之所,上下之神祇,氏姓之所出,而心率舊典者爲之宗。"韋昭注:"屏,屏風也。

---

① 孔穎達:《禮記正義》卷49,第1605頁。
② 賈公彥:《儀禮注疏》卷6,第970頁。
③ 賈公彥:《儀禮注疏》卷19,第1047頁。
④ 孔穎達:《尚書正義》,第239—240頁。
⑤ 孔穎達:《春秋左傳正義》卷48,第2085頁。

攝,形如今要扇。皆所以分別尊卑,爲祭祀之位。"①屏攝之位與神主、壇場等一起,爲神靈所憑依,也是神靈具在的見證。

几筵陳設與屏攝之位,均是祭祀場合的神靈憑依之所,在墓室之中亦有"靈座"與"神位"代表了墓室主人不可見的靈魂。巫鴻研究馬王堆漢墓與滿城漢墓爲我們提供了生動的案例。② 他認爲,靈座在墓内前室之中,定義出一個祭祀空間的存在。墓室内"座位上没有偶像或肖像——它是爲了一個看不見的角色而準備的坐處",但在"一個設有厚墊並背靠畫屏的座位"四周,"牆上張掛的絲帷""地上覆蓋的竹席""座位前放著的兩雙絲履",還有"手杖""漆盒"等,通過衆多物品的陳設暗示了墓主神靈的存在。巫鴻說,甚至可以想像"無形的軑侯夫人靈魂一邊享用著酒食,一邊坐在空座上欣賞歌舞表演"。③ 軑侯夫人的神靈借助一個空蕩蕩的靈座,出現在墓室的核心位置。

值得注意的是,滿城漢墓中竇綰墓内無靈座,而劉勝墓有兩個靈座,且有主次之分,顯示竇綰祇能到其夫劉勝的墓内接受祭祀。但祭祀之禮"嘉魂魄"求在精氣相合,夫婦合祭無兩設靈座之必要。④ 之所以設兩個靈座,應與前論新婦行廟見舅姑之禮,在室内奧與北墉下兩地分設舅姑神席一樣,目的是模仿生時情況。滿城漢墓内設兩靈座,正是復原劉勝夫婦生活中的真實場景。祇是處於陽世,夫婦歌舞昇平,縱酒作歡;處黄泉之下,則以空蕩的靈座,權作象徵,以替肉身,以憑靈魂。延及後世,靈座或是墓室壁畫"一桌二椅"的遠源。"一桌二椅"再變爲墓主夫婦對坐宴飲圖。⑤ 虚無演化爲實在,神靈形象已栩栩如生。進入宋代後,尊儒辟佛的士大夫制禮作樂,摒棄畫像、影堂而重歸几筵桌椅,化形象入虚無的復古基調,從反面角度或也能説明此問題。

憑物以象神實爲上古禮儀中的普遍現象。除了几筵、靈座之外,尚有"主""重""銘旌""衣物",甚至宗廟,均可以憑物以象神。人死之時,肉身與靈魂分離,鬼神必得有所依歸,否則將爲厲鬼,故隨儀式進程,設奠、制重、作銘以依之。喪事完畢,神主則成爲最爲重要的憑神聖物,陳列于祖廟之中。學者論道:"'重''主''尸'之設,均乃'狀乎無形影',籍由不同的設施物甚至表演者,將已逝的親人精魂具體化,以爲喪奠、喪祭和吉祭

---

① 徐元誥:《國語集解(修訂本)》,中華書局,2002年,第513—514頁。
② 巫鴻:《"玉衣"或"玉人":滿城漢墓與漢代墓葬藝術中的質料象徵意義》,《禮儀中的美術》,生活·讀書·新知三聯書店,2005年,第131頁。
③ 巫鴻:《黄泉下的美術:宏觀中國古代墓葬》,生活·讀書·新知三聯書店,2010年,第66—69頁。
④ 《禮記·禮運》:"夫與婦交獻,以嘉魂魄,是謂合莫。"鄭注:"嘉,樂也;莫,虚無也。"黄以周曰:"嘉謂嘉會,合莫謂合魂魄于虚莫,此即所謂合鬼與神是也。"
⑤ 鄧菲:《"香積廚"與"茶酒位"——談宋金元磚雕壁畫墓中的禮儀空間》,復旦大學文史研究院編:《圖像與儀式:中國古代宗教史與藝術史的融合》,中華書局,2017年,第205—208頁。

行禮的標的對象。"①甚至到魏晉南北朝時期,此類禮俗尚遺留不異,《魏書·禮志二》載:"今銘旌紀柩,設重憑神,祭必有尸,神必有廟,皆所以展事孝敬,想像平存。"②"重"與"主"象神,彭美玲已有詳論,可參考。衣物以象神,筆者亦曾著文討論。③ 特別提到,諸侯在行遷廟之禮時,從舊廟遷祖靈進入新廟,祖先之衣物爲承擔其靈魂依附的重要禮器。奉衣者奠衣物於新廟堂上户牖之間爲神所設的席上,可得知衣服具有神聖特性,被以神靈對待。遷廟禮中奉衣者所奉之衣,即亡親魂靈的象徵。或者説,祖先神靈附于衣服,而被遷至新廟。

至於宗廟建築,也在一定程度上模擬祖靈之像。《説文·广部》:"廟,尊先祖貌也。"段玉裁注:"尊其先祖而以是儀貌之,故曰宗廟。諸書皆曰:'廟,貌也。'《祭法》注云:'廟之言貌也。宗廟者,先祖之尊貌也。'古者廟以祀先祖。"④《釋名·釋宫室》:"宗,尊也。廟,貌也。先祖形貌所在也。"⑤《白虎通·宗廟》:"宗者尊也,廟者貌也,象先祖之尊貌也。所以有室何？所以象生之居也。"⑥西晉崔豹《古今注》講:"廟者,貌也,所以仿佛先人之靈貌也。"⑦王健文認爲:"宗廟象先祖之尊貌,且有室以象生之居。基本上宗廟是古代親緣團體在空間上藉以聯繫、凝聚爲一整體的最主要仲介。築室以象生之居,蓋祖先之居所也;室内或繪或雕先祖之尊貌,以示祖先與後代子子孫孫同在。"⑧

憑物以依神,神靈實質上處於在與非在,可視與不可視之間。"器物承載著對祖先的追憶,對家國的歌頌,對豐收的期盼。這一切將表現性的聲、樂、舞和符號性的器物相結合,形成了一個生動的場面。"⑨在與可視,因爲有"物"莊嚴静穆地陳設在行禮空間内,行禮之人必得與之周旋揖讓,行禮如儀。非在與不可視,則是空有座位而無人物。几筵之設、四面之座,空蕩蕩的靈座上坐著一個看不見的神靈。無形之神,見證與參與了人間的禮儀,甚至能夠"觀看"一場生動的歌舞演出。憑物以依神,神是静穆而無形的,也是没有個性的。但神又實實在在棲息在那裏,寂兮寥兮、恍兮惚兮,穆穆翼翼、安閒静幽、盛大顯赫,儀容與形象描述,既是所憑之物莊嚴肅穆所給予子孫視角衝擊所帶

---

① 彭美玲:《"立主"與"懸影"——中國傳統家祭祀先象神儀式樣式之源流抉探》,《臺大中文學報》第51期,2015年,第41—98頁;《古禮經説中的"主"制來由蠡測》,《臺灣文史哲學報》2016年,第84期。
② 魏收:《魏書》卷108《禮志二》,中華書局,1974年,第2771頁。
③ 李志剛:《中國上古禮制中衣服所具功能與靈魂附歸問題》,《古代文明》2014年第4期。
④ 段玉裁:《説文解字注》,上海古籍出版社,1988年,第446頁。
⑤ 劉熙撰,畢沅疏證,王先謙補:《釋名疏證補》,中華書局,2008年,第181頁。
⑥ 陳立:《白虎通疏證》,第567頁。
⑦ 崔豹:《古今注》卷上,中華書局,第7頁。
⑧ 王健文:《奉天承運:古代中國的"國家"概念及其正當性基礎》,東大圖書公司,1995年,第139頁。
⑨ 閆月珍:《作爲儀式的器物——以中國早期文學爲中心》,《中國社會科學》2017年第7期。

來的效果,也是子孫虔誠敬慕内心中對靈座上虛無神靈的無限想像。

餘 論

在偶像崇拜不是很發達的上古中國,虛無縹緲的神靈如何展現在人間世,並獲得具象的認識,不是件容易的事情。《禮記·檀弓上》載孔子語:"之死而致死之,不仁而不可爲也;之死而致生之,不知而不可爲也。"① 對待已逝親人,到底是以生待之,還是以死待之,與仁智之心有很大的關係。以已死的心思對待已死之人,若没有仁愛之心作爲保障,是不應該的;以未死之心對待已死之人,若没有智慧作支撑,也是不可取的。② 雖如此,送死陪葬的明器,照樣需具備與陳設。仁智之心隱藏在内,明器陳設顯露在外,且最終通過明器使已死之人"神明之",獲得最終的神性。

類似情況,也發生在立尸禮中。《禮記·禮器》載孔子談到夏商周三代立尸禮之異:"周坐尸,詔侑武方,其禮亦然,其道一也。夏立尸而卒祭,殷坐尸,周旅酬六尸。"③孔穎達解釋爲夏商周三代之禮相因又相異。夏代之尸是人,人不可久坐神座,故只在有事即獻酢酬時,尸才被認作是神而坐于席。無事即在兩道儀式的間隙,尸是人,必須站立。殷商之尸有事無事恒坐不立,"尸本象神,神宜安坐,不辯事與無事"。周代之尸則更進一步,除了安坐爲神外,加上旅酬儀節,祫祭之時,六位歷代祖先之尸旅酬相飲。曾子甚至把神尸間的旅酬比作人間的"合錢飲酒"。夏商周三代之尸的神性跟隨儀式進程而不斷變異。夏代之尸,乍立乍坐,乍人乍神,在人神之間不斷摇擺;殷商之尸,恒坐不立,神性十足;周代之尸像是夏殷的合體,有事恒坐不立,但又加上人間色彩較濃的旅酬,神尸之間相互勸酒。夏商周立尸之禮是否真如此,還是孔門師弟的概述與想像,不可確知。時至《禮器》編撰時代的儒家看來,尸的神性與禮的施行密不可分。禮儀使神靈可以被感知,形象得以呈現。④ 禮甚至參與了神性的創造。英國人類學家哈里森研究古希臘神

---

① 孔穎達:《禮記正義》卷8,第1289頁下。
② 鬼神之有知與無知,儒家的態度甚爲有趣。信仰中鬼神之有無存而不論,相對而言較爲重視禮儀中的鬼神。《孔子家語·致思》有一則師門師徒的對話:"子貢問於孔子曰:'死者有知乎?將無知乎?子曰:'吾欲言死之有知,將恐孝子順孫妨生以送死;吾欲言死之無知,將恐不孝之子棄其親而不葬。賜欲知死者有知與無知,非今之急,後自知之。'"這是典型的"擱置爭議"。但是孔子還是強調"祭如在,祭神如神在",禮儀活動中鬼神的存在,孔子還是明確的。禮儀是人舉行的,鬼神存在於人舉行的禮儀活動中。
③ 孔穎達:《禮記正義》卷24,第1439頁。
④ "禮樂場合對器物的置放和表演,呈現了器物的實物形態。從器物被置放和表演的場合,我們可以發現器物參與了程式化和形式化的儀式過程,以表演形態昇華和強化了神和人、人和人之間的聯繫。"閆月珍:《作爲儀式的器物——以中國早期文學爲中心》,《中國社會科學》2017年第7期。

靈起源時說:"儀式中的激情和儀式中的活動不可避免地在人們的心目中打下深深的烙印,留下永久的印象,這些印象就是神的原型。"①儀式創造了一個新的神。若要獲得神的形象,衹能回到儀式中去尋找。

神靈本來面貌如何,不可知,也不可能真知。既然神在禮儀中活動,神像也就在禮儀中呈現。所謂的神像都是禮中的神像。本章正是從禮的角度,分析上古中國禮儀實踐中,古人對神靈形象的認識與想像。具體而言,得出如下結論。

第一,中國古代天神、地祇與人鬼所有祭祀均必立尸。尸既是人又是神靈的象徵與憑依,是神在禮儀實踐中呈現形象的最佳載體。若要獲得神靈形象,當然首先必須知道尸身的形象。《山海經》記載衆多對山水神靈的祭祀及其神靈的具體形象。我們認爲,這些奇怪的神靈形象,實際上就是古人祭祀山水之神時,所立神尸的具體裝扮。立尸以祭遵循了物象其類的原則,神尸的形象與神的遭遇、職能、性格、死因等密不可分。

第二,祭祖必也立尸,祖神形象也是借助尸身的形象獲得再現。主祭之子與爲尸之孫,通過祭前的齋戒活動與正規的祭祀活動,加上血脈之軀與誠敬之心,無論在外在形態還是內心上,均重構與顯現了父祖神靈的形象。尸外穿父祖留存之衣,内藉十日之齋實現精神上與父祖的重合。儀式中,父祖神靈的奧秘之體借助子孫,在身體與精神兩方面獲得了重生。主祭子孫不僅"看見了"已逝之祖先,更是與祖先血脈相融,神明相交,自己的形象某種程度上是祖先形象的重現。

第三,有尸之時,神像借助尸身得以呈現。無尸之時,神像藉由物象得以呈現。物象包括重、主、銘旌、衣物、宗廟、几筵之設、四面之座、屏攝之位等。于此之時,神實質上處於在與非在,可視與不可視之間,獲得更深沉的神秘性。所謂憑物以依神,神是靜穆而無形的,也是没有個性的,是一種實實在在存在行禮空間内,而又無形的神靈之像。

總之,我們討論的神靈形象,衹能是禮儀實踐中的神靈形象。神像在尸中呈現,在子孫身上呈現,在物中呈現。除此之外,是否還有神靈,因有降神儀存在,或許在天庭之上或黃泉之下是有的,衹是不可知、不可視、不可聞。可知可視可聞的神靈是禮儀中的神靈。在這個意義上講,禮創造了神。

---

① 簡·艾倫·哈里森:《古代藝術與儀式》,劉宗迪譯,生活·讀書·新知三聯書店,2007年,第99頁。

秦漢社會禮儀中的用色考察
——以喪禮和降禮爲例*

中國社會科學院古代史研究所 曾 磊

顏色本是一種客觀存在的光學現象。自然界中的顏色經過人類視覺系統的處理呈現在我們眼前。人類對顏色進行語言描述,就産生了顏色詞。在人類文明初期,顏色因其鮮明的視覺特性,可能比文字更容易表達特定的情感和思想。人類在各自的文化環境中,通過自身的生産實踐逐漸賦予顏色不同的文化寓意。顏色也成爲一種鮮明的文化符號。人類學家馬歇爾・薩林斯(Marshall Sahlins)指出:

> 實際上,顏色就是符號。在世界各地的各種社會關係中,顏色無論是作爲詞彙,還是作爲具體事物,都是一種標志:通過這種有意味的形式,個人和團體,物體和環境,有區別地融合在文化秩序中。①

顏色作爲文化符號,能夠帶來强烈的視覺衝擊,具有重要的象徵意義。法國學者米歇爾・帕斯圖羅在《色彩列傳:綠色》導言中對顏色的社會屬性有精彩的論述:

> 對於歷史學家——也包括社會學家和人類學家——而言,色彩的定義首先是一種社會行爲,而不是一種物質,更不是光綫的碎片或者人眼的感覺。是社會"造就"了色彩,社會規定了色彩的定義及其象徵含義,社會確立了色彩的規則和用途,社會形成了有關色彩的慣例和禁忌。因此,色彩的歷史首先就是社會的歷史。②

---

* 本文爲國家社科基金重大項目"中國傳統禮儀文化通史研究"(批號18ZDA021)、國家社會科學基金青年項目"秦漢顏色觀念研究"(17CZS009)的階段性研究成果。
① M. Sahlins, *Colour and Cultures*, Simiotica, no. 16(1976), p. 3. 轉引自汪濤《顏色與祭祀:中國古代文化中顏色涵義探幽》,郅曉娜譯,上海古籍出版社,2013年,第7頁。
② 米歇爾・帕斯圖羅:《色彩列傳:綠色》,張文敬譯,生活・讀書・新知三聯書店,2016年,導言第5頁。

因爲人類文明的延續性和差異性,同一種顏色在不同歷史時期、不同文化族群中會有不同的文化寓意。直至今日,顏色仍然是區分國家、族群的顯著標志。因此,研究顏色的社會屬性,要與使用該顏色的族群的時代風貌、社會文化心理緊密結合。

顏色的象徵意義在具有多變性的同時,又有其相對的穩定性。汪濤指出:"儘管某種顏色的具體含義,會因時間、地點或個體而迥然有別,但在多數情況下,顏色涵義的確並非任意的,而是有條件或有目的性的。在某種特定的文化語境,尤其是宗教語境中,象徵性通常會被集合化和法典化,[1]成爲一種文化現象。"[2]這使我們對特定時段内特定顏色象徵意義的考察成爲可能。

中國古代對事物顏色的重視往往超出今人的想象。這種重視自商周以來就表現得十分明顯,[3]在秦漢時期依然可以見到。《史記·封禪書》《漢書·郊祀志》《續漢書·祭祀志》可以見到對祭品、祭服顏色的繁複規定。《續漢書·禮儀志》《續漢書·輿服志》也可以看到對服色制度的詳細規定。這些規定並非多餘,而自有其象徵意義。

顏色祇是表象,其背後思想基因的源流十分久遠,影響也非常深遠。本文嘗試以喪禮和降禮爲例,對秦漢社會禮儀中的用色進行初步考察,以就教于方家。

一、白色與喪葬禮儀

《漢書·酷吏傳·尹賞傳》載:

> 長安中奸猾浸多,閭里少年群輩殺吏,受報仇,相與探丸爲彈,得赤丸者斫武吏,得黑丸者斫文吏,白者主治喪。城中薄暮塵起,剽劫行者,死傷横道,旗鼓不絶。

所謂"白者主治喪",顏師古注:"其黨與有爲吏及它人所殺者,則主其喪事也。"[4]長安閭里的奸猾惡少年以探丸殺人爲業,探得白丸者主辦喪事,正是以白色象徵喪葬。白色作

---

[1] 原文作"集體合化",疑誤。
[2] 汪濤:《顏色與祭祀:中國古代文化中顏色涵義探幽》,郅曉娜譯,第7頁。
[3] 參汪濤《顏色與祭祀:中國古代文化中顏色涵義探幽》,郅曉娜譯;郭靜云:《"幽玄之謎":商周時期表達青色的字彙及其意義》,《歷史研究》2010年第2期,第4—24頁。
[4] 《漢書》卷90《尹賞傳》,中華書局,1962年,第3673頁。

爲喪葬禮儀的主色調幾千年來並未發生太大變化。①

按五行學説,白色屬金,是西方肅殺之氣,是衰敗的開始。喪葬禮儀自然是肅殺衰敗,但白色成爲喪葬的主色調,應該遠在五行説産生之前。

《儀禮注疏·喪服》卷首賈公彦疏以爲:"黄帝之時朴略尚質,行心喪之禮終身不變。"唐虞之時則"淳樸漸虧,雖行心喪,更以三年爲限"。而三王以降,"澆僞漸起,故制《喪服》以表哀情"。賈公彦進一步解釋説:

> 明三王已降,澆僞漸起,故制喪服以表哀情者,案《郊特牲》云:"大古冠布,齊則緇之。"鄭注云:"唐虞已上曰大古。"又云"冠而敝之可也",注云:"此重古而冠之耳。三代改制,齊冠不復用也。以白布冠質,以爲喪冠也。"據此而言,則唐虞已上,吉凶同服,惟有白布衣、白布冠而已。故鄭注云白布冠爲喪冠。又案三王以來,以唐虞白布冠爲喪冠。又案《喪服》記云:"凡衰外削幅,裳内削幅。"注云:"大古冠布衣布,先知爲上,外殺其幅,以便體也。後知爲下,内殺其幅,稍有飾也。後世聖人易之,以此爲喪服。"據此《喪服》記與《郊特牲》兩注而言,則鄭云後世聖人,夏、禹也。是三王用唐虞白布冠、白布衣爲喪服矣。②

由上,唐虞之前的"大古"之時,吉凶所用服色相同,均爲白布衣、白布冠。白布衣、白布冠成爲專用喪服始自三王以來。③ 這自然是後世儒家對上古生活的空想,但白色作爲喪葬禮儀的象徵色,確實由來已久。在喪葬禮儀中,參與喪事者要穿戴粗疏的麻布喪服,衣服要質樸無華,不能裝飾,④而麻布的自然色澤就是白中泛黄。因此喪葬選用白色的原因,最初可能是取其質樸素潔之意。《禮記·郊特牲》云:"素服,以送終也。"⑤對死者

---

① 先秦喪服也有黑色者。如《左傳·僖公三十三年》載秦晋殽之戰,"子墨衰絰"。杜預注:"晋文公未葬,故襄公稱'子'。以凶服從戎,故墨之。"後晋敗秦師於殽,"遂墨以葬文公。晋於是始墨"。杜預注:"後遂常以爲俗,記禮所由變。"《春秋左傳正義》卷17,阮元校刻《十三經注疏》,中華書局,1980年,第1833頁。對於晋襄公"墨衰絰"一事,《史記·晋世家》裴駰《集解》引賈逵曰:"墨,變凶。"對"墨以葬文公"一事,裴駰《集解》又引服虔曰:"非禮也。"中華書局,1959年,第1670頁。
② 《儀禮注疏》卷28《喪服》,阮元校刻《十三經注疏》,第1096頁。
③ 類似的説法又見《禮記·三年問》孔穎達疏:"其喪服所起,則黄帝堯舜之時,雖有衣裳,仍未有喪服也。但唐虞已前,喪服與吉服同,皆以白布爲之,故《郊特牲》云:'大古冠布,齊則緇之。'若不齊則皆用白布也。鄭注《喪服》,其冠衰之異,從三代以下,由唐虞以上曰大古,吉凶皆用白布,則知三代吉凶異也。"《禮記正義》卷58《三年問》,阮元校刻《十三經注疏》,第1664頁。
④ 若父母健在,則"冠衣不純素"。《禮記·曲禮》鄭注:"爲其有喪象也。"《禮記正義》卷1《曲禮上》,阮元校刻《十三經注疏》,第1234頁。
⑤ 《禮記正義》卷26《郊特牲》,阮元校刻《十三經注疏》,第1454頁。

的祭奠也要"奠以素器,以生者有哀素之心也"。這裏的"素器"是指没有裝飾的器物,①也是取其質樸素潔之意。

喪主身著白色衣物,自不待言。而弔喪及送喪者,也要身著白衣,以示哀悼。《説苑·敬慎》説孫叔敖爲楚令尹,"一國吏民皆來賀。有一老父衣粗衣,冠白冠,後來弔"。② 老父身著白色喪服前往弔喪,以警示孫叔敖。秦軍在殽之戰中敗師而歸,"繆公素服郊迎"。③《史記·刺客列傳》説荆軻刺秦王,"太子及賓客知其事者,皆白衣冠以送之"。所謂"壯士一去兮不復還",刺殺秦王九死一生,易水送行也是生死永訣,因此燕太子丹及賓客提前穿戴素服,爲荆軻、秦舞陽送喪。④

白色喪服又稱"素縞""縞素"。《穀梁傳·成公五年》:"君親素縞,帥群臣而哭之。"范寧注:"素衣縞冠,凶服也。"⑤楚漢相争時,漢王劉邦曾爲義帝發喪,"諸侯皆縞素"。⑥光武愛將來歙遇刺身亡,"乘輿縞素臨弔送葬"。⑦ 漢和帝尊謚梁貴人爲"恭懷皇后,追服喪制,百官縞素"。⑧《搜神記》稱:"昔魏武軍中,無故作白帢,此喪征也。"⑨《焦氏易林·否之旅》也説:"履服白縞,殃咎並到,憂不能笑。"⑩

"素車白馬"也是弔喪者的標志。《後漢書·獨行傳·范式傳》載張劭病逝,范式"素車白馬,號哭而來"。⑪《續漢書·五行志一》:"桓帝之末,京都童謡曰:'白蓋小車何延延。河間來合諧,河間來合諧。'""居無幾何而桓帝崩,使者與解犢侯皆白蓋車從河間來。"⑫解犢侯即後來的漢靈帝劉宏。他從河間去往京都奔喪,所乘亦是白蓋車。據《漢儀注》,漢代"有天地大變,天下大過,皇帝使侍中持節乘四白馬,賜上尊酒十斛,牛一頭,策告殃咎。使者去半道,丞相即上病。使者還,未白事,尚書以丞相不起病

---

① 《禮記正義》卷9《檀弓下》,阮元校刻《十三經注疏》,第1301頁。鄭注:"哀素,言哀痛無飾也。凡物無飾曰素。"
② 劉向撰,向宗魯校證:《説苑校證》卷10《敬慎》,中華書局,1987年,第252頁。
③ 《史記》卷5《秦本紀》,第192頁。
④ 《史記》卷86《刺客列傳》,第2534頁。
⑤ 《春秋穀梁傳注疏》卷13《成公五年》,阮元校刻《十三經注疏》,第2419頁。
⑥ 《史記》卷8《高祖本紀》,第370頁。
⑦ 《後漢書》卷15《來歙傳》,中華書局,1965年,第589頁。又,《後漢書》卷45《張酺傳》:"乘輿縞素臨弔,賜冢塋地,賵贈恩寵異於它相。"第1533頁;卷65《皇甫規傳》:"友人上郡太守王旻喪還,規縞素越界,到下亭迎之。"第2136頁。
⑧ 《後漢書》卷10上《章德竇皇后紀》,第417頁。
⑨ 干寶撰,李劍國輯校:《新輯搜神記》卷14《無顔帢》,中華書局,2007年,第235頁。事又見《宋書》卷30《五行志一》。中華書局,1974年,第886頁。
⑩ 焦延壽著,尚秉和注:《焦氏易林注》卷3《否之旅》,中央編譯出版社,2012年,第141頁。
⑪ 《後漢書》卷81《獨行傳·范式》,第2677頁。
⑫ 《續漢書·五行志一》,第3283頁。

聞"。① 使者所乘"四白馬"的馬車,與"素車白馬"相似,是令丞相自殺的信號。《史記·周本紀》張守節《正義》引《周春秋》説:"宣王殺杜伯而無辜,後三年,宣王會諸侯田于圃,日中,杜伯起于道左,衣朱衣冠,操朱弓矢,射宣王,中心折脊而死。"②《墨子·明鬼下》又載:"日中,杜伯乘白馬素車,朱衣冠,執朱弓,挾朱矢,追周宣王,射之車上,中心折脊,殪車中,伏弢而死。"③相較《周春秋》,《墨子》之文增加了"杜伯乘白馬素車"的情節,更加明確了杜伯作爲復仇者的身份。與此類似的故事,也發生在秦始皇身上。《史記·秦始皇本紀》記載,秦始皇三十六年(前211)秋:

　　使者從關東夜過華陰平舒道,有人持璧遮使者曰:"爲吾遺滈池君。"因言曰:"今年祖龍死。"使者問其故,因忽不見,置其璧去。使者奉璧具以聞。始皇默然良久,曰:"山鬼固不過知一歲事也。"退言曰:"祖龍者,人之先也。"使御府視璧,乃二十八年行渡江所沉璧也。④

《漢書·五行志中之上》的記載發生了變化:

　　史記秦始皇帝三十六年,鄭客從關東來,至華陰,望見素車白馬從華山上下,知其非人,道住止而待之。遂至,持璧與客曰:"爲我遺鎬池君。"因言"今年祖龍死"。忽不見。鄭客奉璧,即始皇二十八年過江所湛璧也。⑤

《漢書》增加了"素車白馬"的情節,更強調故事的神異色彩。"素車白馬"爲喪葬之象,鄭客所遇精怪實是提前爲秦始皇弔喪。《漢書·五行志》將此事與同年"石隕於東郡"的事件並列,以爲"此皆白祥",⑥更是強調了白色的不祥之兆。

漢代文獻中又有"白衣會"的説法。《史記·天官書》:"昴曰旄頭,胡星也,爲白衣會。"⑦又載:"木星與土合,爲内亂。饑,主勿用戰,敗。水則變謀而更事。火爲旱。金

---

① 《漢書》卷84《翟方進傳》顔師古注引如淳曰,第3424頁。
② 《史記》卷4《周本紀》,第145頁。
③ 吴毓江:《墨子校注》卷8《明鬼下》,中華書局,2006年,第331頁。
④ 《史記》卷6《秦始皇本紀》,第259頁。
⑤ 《漢書》卷27中之上《五行志中之上》,第1399—1340頁。事又見《後漢書》卷30下《襄楷傳》李賢注引樂資《春秋後傳》,第1079頁。
⑥ 《漢書》卷27中之上《五行志中之上》,第1400頁。
⑦ 《史記》卷27《天官書》,第1305頁。

爲白衣會若水。"張守節《正義》引《星經》云:"凡五星,木與土合爲內亂、饑。與水合爲變謀,更事。與火合爲旱。與金合爲白衣會也。"①《續漢書·天文志中》:"三星合軫爲白衣之會,金、火俱在參、東井,皆爲外兵,有死將。"②《後漢書·皇后紀》說何皇后被害後,"董卓令帝出奉常亭舉哀,公卿皆白衣會,不成喪也"。李賢注:"有凶事素服而朝,謂之白衣會。"③《續漢書·天文志中》李賢注引《韓揚占》曰:"天下有喪。一曰有白衣之會。"④可見,"白衣會"即爲因有喪事而穿著白服。

白色的雲氣與喪事有關。《周禮·春官·保章氏》:"以五雲之物,辨吉凶、水旱降豐荒之祲象。"鄭玄注引鄭司農云:"以二至二分觀雲色,青爲蟲,白爲喪,赤爲兵荒,黑爲水,黃爲豐。"⑤天上紫微星垣出現"白氣"也是地上"白衣會"的徵兆。《續漢書·天文志上》載:"(建武)三十年閏月甲午,水在東井二十度,生白氣,東南指,炎長五尺,爲彗,東北行,至紫宮西藩止,五月甲子不見,凡見三十一日。"司馬彪解釋說:"白氣爲喪,有炎作彗,彗所以除穢。紫宮,天子之宮,彗加其藩,除宮之象。"果然,"後三年,光武帝崩"。⑥光武帝死後,劉荆致書劉強說:"今年軒轅星有白氣,星家及喜事者,皆云白氣者喪,軒轅女主之位。"⑦又,"(永元)十六年四月丁未,紫宮中生白氣如粉絮。"而"白氣生紫宮中爲喪"。"後一年,元興元年十二月,和帝崩,殤帝即位一年又崩,無嗣,鄧太后遺使者迎清河孝王子即位,是爲孝安皇帝,是其應也。"⑧

與"白衣會"說法類似,出土文獻中又有"白衣之遇""白衣之最"的説法。馬王堆帛書《五星占》:

  凡五星五歲而壹合,三歲而遇。其遇也美,則白衣之遇也。⑨

周家台秦簡《日書》載:

  甲子,其下有白衣之最,黔首疒夜疾。(297叄—298叄)⑩

---

① 《史記》卷27《天官書》,第1320頁。
② 《續漢書·天文志中》,第3235頁。
③ 《後漢書》卷10下《靈思何皇后紀》,第450頁。
④ 《續漢書·天文志中》,第3247頁。
⑤ 《周禮注疏》卷26《春官·保章氏》,阮元校刻《十三經注疏》,第819頁。
⑥ 《續漢書·天文志上》,第3223頁。
⑦ 《後漢書》卷42《廣陵思王荆傳》,第1446—1447頁。
⑧ 《續漢書·天文志中》,第3237頁。
⑨ 劉樂賢:《馬王堆天文書考釋》,中山大學出版社,2004年,第78頁。
⑩ 湖北省荆州市周梁玉橋遺址博物館編:《關沮秦漢墓簡牘》,中華書局,2001年,第125頁,第126頁。

整理者注:"'白衣',指古代給官府當差的人。《漢書·龔勝傳》:'(夏侯常)即應曰:聞之白衣,戒君勿言也,奏事不詳,妄作觸罪。'顏師古注:'白衣,給官府趨走賤人,若今諸司亭長掌固之屬。''冣',《說文》'冣,積也',段玉裁注:'冣與聚音義皆同,與月部之最音義皆別……至乎南北朝,冣、最不分。'"整理者將"冣"解釋爲"聚",可從。但這裏的"白衣"却並非"給官府趨走賤人"。陳偉、劉樂賢認爲,"白衣之冣"也就是"白衣之會"或"白衣之遇"。① 其説甚是。

劉歆之女劉愔"能爲星,語(王)臨宮中且有白衣會",②強調"白衣會"的地點發生在"宮中"。上引李賢注也説"白衣會"是指"有凶事素服而朝"。《漢書·天文志》:"(景帝)中四年四月丙申,金、木合于東井。占曰:'爲白衣之會。井,秦也。'其五年四月乙巳,水、火合於參。占曰:'國不吉。參,梁也。'其六年四月,梁孝王死。五月,城陽王、濟陰王死。六月,成陽公主死。出入三月,天子四衣白,臨邸第。"③三月之間,"天子四衣白",而去世者皆爲諸侯王和公主。可見,"白衣會"更強調是皇室成員的喪禮。

二、白色與投降禮儀

古人在戰爭交往過程中,逐漸形成一套投降禮儀。④ 如《左傳·僖公六年》載許僖公投降楚成王:"面縛,銜璧,大夫衰絰,士輿櫬。"⑤又如《左傳·昭公四年》載賴國國君

---

① 陳偉:《讀沙市周家台秦簡劄記》,楚文化研究會編:《楚文化研究論集》第 5 集,黃山書社,2003 年;劉樂賢:《緯書中的天文資料——以〈河圖帝覽嬉〉爲例》,《中國史研究》2007 年第 2 期,第 71—82 頁。關於"白衣會"的更多研究,參趙貞《漢唐天文志中的"白衣會"小考》,《中國典籍與文化》2011 年第 3 期,第 118—121 頁。
② 《漢書》卷 99 下《王莽傳下》,第 4165 頁。
③ 《漢書》卷 26《天文志》,第 1305 頁。
④ 相關研究參見楊希枚《先秦諸侯受降、獻捷、遣俘制度考》,收入《先秦文化史論集》,中國社會科學出版社,1995 年,第 155—168 頁;黃金貴:《面縛考》,《文史》第 23 輯,第 301—303 頁;李來濤:《"面縛"別解》,《汕頭大學學報》1987 年第 2 期,第 131 頁;胡正武:《"面縛"降禮的起源與發展》,《台州師專學報》1999 年第 4 期,第 30—35 頁;張維慎:《西漢及其以前的"肉袒謝"》,《尋根》1999 年第 2 期,第 22—23 頁;《"面縛":古代投降儀式解讀》,《中州學刊》2000 年第 2 期,第 87—91 頁;祝中熹:《"面縛"辨義》,《蘭州大學學報》1989 年第 2 期,第 128—131 頁;萬天星:《肉袒演變》,《漢語學習》1985 年第 5 期,第 35—36 頁;王進鋒:《面縛新證》,《管子學刊》2008 年第 2 期,第 107—109 頁;《"肉袒"降禮考》,《文博》2008 年第 2 期,第 70—72 頁;《春秋戰國投降禮儀述論》,《五邑大學學報》(社會科學版)2008 年第 4 期,第 71—75 頁;《春秋降禮與喪服起源》,《衡陽師範學院學報》2009 年第 1 期,第 120—123 頁;葉少飛、路偉:《〈史記〉中的投降禮儀》,《長江學術》2009 年第 3 期,第 145—149 頁;《〈左傳〉裏的投降禮儀》,《溫州大學學報》(社會科學版)2009 年第 4 期,第 17—22 頁;《〈三國志〉中的投降禮儀》,《襄樊學院學報》2011 年第 3 期,第 5—9 頁。
⑤ 《春秋左傳正義》卷 13《僖公六年》,阮元校刻《十三經注疏》,第 1798 頁。

投降楚靈王："面縛,銜璧,士袒,輿櫬從之。"①不難看出,投降禮儀借用了許多喪葬禮儀的道具。投降者將自己視作死者,捆綁身體,口銜玉璧,袒裸上身,從者穿著喪服,抬運棺材,表示願以性命奉上請罪。投降者所穿喪服,自然也是白色的。

《史記·秦始皇本紀》說秦子嬰投降,"系頸以組,白馬素車"。裴駰《集解》引應劭曰:"組者,天子黻也。系頸者,言欲自殺。素車白馬,喪人之服也。"②《三國志·魏書·鄧艾傳》載蜀後主劉禪投降時,"率太子諸王及群臣六十餘人面縛輿櫬詣軍門,艾執節解縛焚櫬,受而宥之"。③《晉書·王濬傳》說孫晧投降時,"備亡國之禮,素車白馬,肉袒面縛,銜璧牽羊,大夫衰服,士輿櫬,率其偽太子瑾、瑾弟魯王虔等二十一人,造於壘門。濬躬解其縛,受璧焚櫬,送于京師"。④ 可見先秦時的投降禮儀至漢魏之時仍然沿用。又,李孚率眾詐降曹操,"皆使持白幡,從三門並出降"。⑤ 出降使用"白幡",與後世"白旗"類似。

《漢書·賈誼傳》說上古的大臣,"聞譴何則白冠氂纓,盤水加劍,造請室而請罪耳,上不執縛系引而行也"。顏師古注引鄭氏曰:"以毛作纓。白冠,喪服也。"又引應劭曰:"請室,請罪之室。"如淳曰:"水性平,若已有正罪,君以平法治之也。加劍,當以自刎也。或曰,殺牲者以盤水取頸血,故示若此也。"⑥大臣以"白冠氂纓,盤水加劍"請罪,心態與投降者並無二致,都是表示臣服對方,願以死接受懲罰。

戰爭中的使者出使,也要身穿白色喪服。《說苑·指武》載子貢言說自己的志向:"賜也願齊、楚合戰於莽洋之野,兩壘相當,旌旗相望,塵埃相接,接戰構兵,賜願著縞衣白冠,陳說白刃之間,解兩國之患,獨賜能耳。"⑦《三國志·魏書·王昶傳》裴松之注引《世語》曰:"黃初中,孫權通章表。(曹)偉以白衣登江上,與權交書求賂,欲以交結京師,故誅之。"⑧使者身穿白衣,可能是向敵方表示屈服,以便雙方坦誠交流。

由上可見,白色可以象徵投降請罪,是由投降者穿著白色喪服而來,其源頭則指向喪葬禮俗。

---

① 《春秋左傳正義》卷42《昭公四年》,阮元校刻《十三經注疏》,第2035頁。
② 《史記》卷6《秦始皇本紀》,第275頁。
③ 《三國志》卷28《魏書·鄧艾傳》,中華書局,1959年,第779頁。
④ 《晉書》卷42《王濬傳》,中華書局,1974年,第1210頁。
⑤ 《三國志》卷15《魏書·賈逵傳》裴松之注引《魏略列傳》,第487頁。
⑥ 《漢書》卷48《賈誼傳》,第2257頁。
⑦ 向宗魯校證:"關(嘉)引《家語》王肅注曰:'兵,凶事,故白冠服也。'"(《說苑校證》卷15《指武》,第375頁)《韓詩外傳》作:"得素縞冠,使於兩國之間,不持尺寸之兵,升斗之糧,使兩國相親如兄弟。"韓嬰撰,許維遹校釋:《韓詩外傳集釋》卷9,中華書局,1980年,第320—321頁。
⑧ 《三國志》卷27《魏書·王昶傳》,第746頁。

結　　語

　　秦漢時代白色的象徵意義非常豐富且互相關聯,①我們很難釐清各種象徵意義出現的先後順序。不過,這些象徵意義大體指向三個源頭,即光、純潔、樸素。喪葬選用白色的原因,最初可能是取其質樸素潔之意。白色因與喪葬有關也成爲不祥之兆,以至後來人們視白色爲禁忌,衍生出許多與此相關的民俗。白色作爲喪葬禮儀的主色調延續了幾千年。漢代傳世文獻和出土文獻中出現的"白衣會""白衣之遇""白衣之㝡"的説法,更强調是皇室成員的喪禮。

　　投降禮儀中使用白色當由喪葬禮俗而來。投降禮儀借用了許多喪葬禮儀的道具。投降者將自己視作死者,表示願以性命請罪。從者穿著白色喪服,抬運棺材,表示爲投降者送喪。史籍所見戰争中使者出使,也要身穿白色衣服,這可能是向敵方示弱的一種方式。

　　附記:本文曾得到葉少飛先生的指教,謹此致謝!

---

① 參見曾磊《説"白黑"——秦漢顔色觀念文化分析一例》,《秦漢研究》第 8 輯,陝西人民出版社,2014 年,第 204—213 頁;《秦漢白色神秘象徵意義試析》,《中國古中世史研究》第 43 輯(韓國),2017 年 2 月,第 31—73 頁;《漢晉六朝瑞應圖録中的白色祥瑞》,中國社會科學院歷史研究所文化史研究室主辦,劉中玉主編:《形象史學》(總第十輯),社會科學文獻出版社,2018 年,第 30—62 頁。

論馬王堆漢墓《喪服圖》題記所反映的"本服"觀念

——從"服術"的角度看《喪服圖》的復原方案*

同濟大學中文系 徐 淵

2014年6月,復旦大學出土文獻與古文字研究中心、湖南省博物館聯合編纂完成了《長沙馬王堆漢墓簡帛集成》(以下簡稱《簡帛集成》),並由中華書局正式出版。北京大學董珊是其中《喪服圖》的整理者,[①]他在前人研究的基礎上,採用了胡平生新的斷讀意見,重新復原了《喪服圖》,並對馬王堆《喪服圖》的性質進行了討論。其後,《出土文獻與古文字研究》第六輯發表了程少軒《馬王堆漢墓〈喪服圖〉新探》(以下簡稱《新探》)一文,[②]文章對馬王堆《喪服圖》的研究做了細緻的文獻梳理,並再次進行了復原。程少軒在《新探》一文中,對過往馬王堆《喪服圖》研究中所存在的問題,作了非常好的討論,對《喪服圖》整理中存在的不足,提出了諸多補充意見,推進了學界對《喪服圖》的認識。本文將在此基礎上,對《喪服圖》的復原方案繼續加以討論。

一、《喪服圖》的兩種復原方案

爲了便於討論,先將《喪服圖》題記文字迻錄如下:

三年喪屬服

廿五月而畢

---

* 本文爲教育部人文社會科學青年基金項目"出土商周禮類文獻綜合研究"(項目編號19YJC770056)階段性成果。
[①] 董珊整理:《喪服圖》,《長沙馬王堆漢墓簡帛集成》,中華書局,2014年,第35頁。
[②] 程少軒:《馬王堆漢墓〈喪服圖〉新探》,《出土文獻與古文字研究》第6輯,上海古籍出版社,2015年,第621—632頁。

行其年者父斬衰十三月而畢
祖父╴伯父╴昆═弟═之子═孫
姑╴姊╴妹╴女子═皆盦衰九月而畢
箸大功者皆七月╴小功╴轊皆如箸

以上"廿五月而畢"後的空行表示與後文"行其年者父斬衰十三月而畢"在圖上相隔較遠。曹學群在《馬王堆漢墓喪服圖簡論》(以下簡稱《簡論》)中對《喪服圖》題記文字的點斷如下：

三年喪,屬服廿五月而畢。
行其年者父,斬衰十三月而畢。
祖父、伯父、昆弟、昆弟之子、子、孫,
姑、姊、妹、女子子,皆盦衰九月而畢。
箸大功者皆七月。
小功、轊皆如箸。①

胡平生在《馬王堆帛書〈喪服圖〉所記喪服制度考論》(以下簡稱《考論》)中對曹學群的斷句表示了不同意見,②並加以重新釋讀。胡平生的釋讀如下：

三年喪,屬服廿五月而畢,行其年者父。
斬衰十三月而畢：祖父、伯父、昆弟、昆弟之子、子、孫。
姑、姊、妹、女子子,皆盦衰九月而畢。
箸大功者皆七月。
小功、轊皆如箸。

促使胡平生提出新方案的原因是其認識到"這樣釋讀、理解與傳世文獻顯然有較大的矛盾"。據此,胡平生認爲"由於題記被分割成爲左右兩塊,使釋讀者有一種誤解,似

---

① 曹學群：《馬王堆漢墓喪服圖簡論》,《湖南考古輯刊》第6輯,嶽麓書社,1994年,第226頁。
② 胡平生：《馬王堆帛書喪製圖所記喪服制度考論》,《胡平生簡牘文物論稿》,中西書局,2012年,第287頁。

乎右面兩行應當單獨成句"。① 也就是説,胡平生認識到根據曹學群的點斷方案來理解《喪服圖》,會與傳世禮書的記載産生很大的出入,所以推出了新的方案。然而,新的方案雖説在喪服的服期上能與傳世文獻相合,但在服制上却與喪服文獻大相徑庭,②而胡平生將其歸結爲"漢初喪服制度加重的原因"。

關於《喪服圖》上部題記文字的點斷釋讀,學界信從胡平生意見的還有《簡帛集成》中《喪服圖》的整理者董珊及程少軒二位學者。董珊的復原意見,主要刊於《簡帛集成》中《喪服圖》的部分。除見於《集成》外,又見其未刊稿《喪服圖校注》,③後者有具體的復原方案,程少軒《新探》文末附有該圖。

由於《簡帛集成》使用了胡平生對於題記的新斷讀方案,所以胡平生方案逐步取得了主流地位。在"紀念馬王堆發掘40周年國際學術研討會"上,胡平生對諸家方案做了逐一評述,堅持認爲《考論》的釋讀點斷是正確的,並進一步判斷:"我們懷疑這應該是當時廣泛傳抄的普及喪禮知識、介紹喪服制度的讀品。""這張《喪服圖》可能是《儀禮》《禮記》所載的複雜的喪服制度的一種簡化版,它要以最簡略的形式和文字將原本十分複雜的親屬關係之喪服喪期講明,以最直觀的圖表形式標示,所謂的'喪服加重,喪期相同',大概是將複雜的制度整齊劃一時的調整。由於喪期不變,我們認爲從喪服制度的角度來説,並無實質性的差異。"④

由於胡平生斷讀方案不但沒能夠彌合曹學群斷讀與傳統禮書所載的罅隙,反而使得《喪服圖》題記文字不但要隔開空白斷句,而且左右兩邊字體大小明顯不同的部分要連爲一句,這明顯違背了一般人的書寫和閱讀習慣。不僅如此,胡平生方案從禮學史和禮制史的角度來看,將己爲"祖父、伯父、昆弟、昆弟之子、子、孫"所服的"齊衰"整齊爲"斬衰",對於先秦乃至後世的五服制度來説都是很大的顛覆。即使《喪服圖》所反映的是一種漢初邊緣地區的喪服服制,對經典禮制做如此劇烈的調整恐怕也是不太可能的。因此,學者中相信曹學群點斷方案的仍不在少數,如來國龍就依據曹學群點斷方案在《馬王堆〈喪服圖〉考》(*The Diagram of the Mourning System from Mawangdui*,以下簡稱

---

① 胡平生:《馬王堆帛書喪製圖所記喪服制度考論》,第287頁。
② 後面的討論中我們會嚴格區分喪服的"服制"與"服期",我們稱"喪服"時是合"服制"與"服期"爲説的,我們稱"服制"時,僅指"斬衰、齊衰、大功、小功、緦"等喪服形制,而"服期"指"二十五月(三年)、十三月(期年)、九月、七月、五月、三月"等服喪時長。
③ 董珊整理:《喪服圖校注》,待刊稿。本文作者未見,董珊先生的意見根據胡平生會議PPT與程少軒《新探》轉引。
④ 胡平生:《〈馬王堆帛書喪服圖〉再論》,紀念馬王堆發掘40周年國際學術研討會PPT。

《圖考》)中給出了復原圖。①

　　無論是從信曹學群斷讀,還是胡平生斷讀,諸家復原方案的起點都基於《喪服圖》題記與圖示相一致這一判斷。正是由於這一點,造成了兩種意見不可調和的矛盾,也造成了《喪服圖》題記中部分文字不能落實的困難。本文認爲《喪服圖》的題記與圖中所標識的文字並不相同,而且實際上存在著較大差異。後文將集中論述這一點,説明《喪服圖》題記和圖示的差異正揭示了《儀禮·喪服》傳文部分所試圖説明的"服術"内容。

二、爲父期年與根據服術對"三年喪"的喪期調整

　　程少軒《新探》信從胡平生《考論》的點斷釋讀方案,認同胡文批評曹學群斷讀方案與傳世文獻不合,並給出了反對曹學群斷讀的另一關鍵證據:

　　　　在參與《長沙馬王堆漢墓簡帛集成》帛書整理的過程中,我們在帛書殘片中發現了三塊有墨書痕跡的深黑色碎帛,應該是《喪服圖》的碎片。其中第一片字跡仍較清晰,寫的是"衰　廿五月"。該殘片約有《喪服圖》方格的四分之一大小,應爲"子"之方格殘片。據此可推知,方格内説明文字將子分爲嫡子與庶子,庶子按斬衰十三月服喪,而嫡子則按斬衰廿五月服喪。②

　　應該説,這個證據對於程少軒在《新探》中支持胡平生方案起到了重要的作用,也成爲了目前學者相信胡平生方案的關鍵證據。由於存在已"爲嫡子"服"斬衰二十五月"的殘片,則《喪服圖》中已"爲父服"必然爲斬衰二十五月。

　　假設《喪服圖》題記文字與圖示一致的話,則胡平生《考論》一文"三年喪,屬服廿五月而畢,行其年者父"這種點斷釋讀方案顯然較爲優越,也使得胡文對題記首句之後文字的點斷顯得較爲自然平順,不感突兀。

　　然而,如果《喪服圖》題記文字與圖示並不相同的話,則曹學群《簡論》對題記的釋

---

① 來國龍:《馬王堆〈喪服圖〉考》(*The Diagram of the Mourning System from Mawangdui*),法蘭西學院"從圖像到行爲:中國學術與宗教文化中視覺表現之動態"(From Image to Action: The Dynamics of Visual Representation in Chinese Intellectual and Religious Culture)學術交流會論文,2001年9月3—5日,後刊於《早期中國》(*Early China*)第28期,2003年,43—99頁。
② 程少軒:《馬王堆漢墓〈喪服圖〉新探》,《出土文獻與古文字研究》第6輯,第630頁。

讀方案就仍然可以成立,也更爲平實自然。《喪服圖》左上的"三年喪,屬服廿五月而畢"獨立成句。這十個字比後面的字大,三年喪是先秦喪服制度最爲突出的特徵,在此正説明了整幅圖所述内容的核心。

從傳世禮書文獻中,是否能找到題記與圖示不同的綫索依據?胡平生《考論》引到了《禮記·三年問》,這裏再引一下:

> 三年之喪何也?曰:稱情而立文,因以飾群,别親疏貴踐之節,而不可損益也。故曰:無易之道也。
>
> 三年者,稱情而立文,所以爲至痛極也。斬衰苴杖,居倚廬,食粥,寢苫枕塊,所以爲至痛飾也。三年之喪,二十五月而畢;
>
> ……
>
> 然則何以至期也?曰:至親以期斷。是何也?曰:天地則已易矣,四時則已變矣,其在天地之中者,莫不更始焉,以是象之也。
>
> 然則何以三年也?曰:加隆焉爾也,焉使倍之,故再期也。
>
> 由九月以下何也?曰:焉使弗及也。
>
> 故三年之喪,人道之至文者也,夫是之謂至隆。是百王之所同,古今之所壹也,未有知其所由來者也。孔子曰:"子生三年,然後免于父母之懷;夫三年之喪,天下之達喪也。"①

胡平生《考論》認爲以上引文是爲父服三年喪(即二十五月)的一個證據,然而在這段話中,更值得注意的恰是"然則何以至期也?曰:至親以期斷。"以及"然則何以三年也?曰:加隆焉爾也,焉使倍之,故再期也"。顯然可以通過文本看到,《三年問》的問答者認爲爲至親所服理當爲"期年",並以"天地則已易矣,四時則已變矣,其在天地之中者,莫不更始焉,以是象之也"作爲爲至親服"期年"的合理性解釋。這成爲理解《喪服圖》題記與圖上標識不同的一個突破口。

經典禮書規定的子爲父所服的服制爲斬衰三年(也即二十五個月),問者據此發問"然則何以三年也?曰:加隆焉爾也,焉使倍之,故再期也"。也就是説三年之喪所服的二十五個月是從期年所服的十三個月加倍而來的。由此可以發現一種在禮學家内部對

---

① 孔穎達疏,吕友仁整理:《禮記正義》,上海古籍出版社,2008年,第2188—2189頁。

於喪服制度的思想觀念——即爲某種關係的親屬本應服的喪服服期,和經過服術調整過的喪服服期之間是有差異的。落實到子爲父服,則子應該爲至親的父親服斬衰期年,而經過服術的調整,即"加隆焉爾也,焉使倍之,故再期也",成爲了二十五個月,即三年喪所規定的喪服服期。《禮記正義》"然則何以至期也?曰:至親以期斷。"孔穎達疏曰:"言三年之義如此,則何以有降至於期也?期者,謂爲人後者,父在爲母也。""言服之正,雖至親,皆期而除也。"可以看到,在孔穎達的時代學者對喪服制度存在着"服之正"的觀念,也即前面所述"爲某種關係的親屬本應服的喪服服期和服制",在後面的論述中我們將之稱爲"本服"。

沿著這個思路,繼續尋找傳世禮書中的以服術調整喪服的論述,《禮記·大傳》云:"服術有六:一曰親親,二曰尊尊,三曰名,四曰出入,五曰長幼,六曰從服。"①《禮記·喪服四制》云:"其恩厚者,其服重;故爲父斬衰三年,以恩制者也。"②

可見在《喪服四制》篇的作者看來,爲父服斬衰三年,是經過服術"親親"調整後的服制,由於恩厚,故服制加重。而《大傳》篇的作者認爲,"上治祖禰,尊尊也;下治子孫,親親也;"③爲父喪服加隆,是因爲父親地位的尊貴。無論禮學家在對於先秦服制變化的解釋上採取怎樣一種闡釋的路徑,對於三年之喪是經過調整後形成的結果,却是沒有分歧的。

三、對《喪服圖》題記與圖示關係的再認識

根據程少軒《新探》知道,復原圖中己爲父、己爲嫡子所服,應該都是斬衰二十五月。根據之前的分析可知,《喪服圖》圖示是經過服術調整後的喪服,即經典禮書所述的喪服制度,與《儀禮·喪服》中規定的喪服制度無異。而題記中所述"行其年者父,斬衰十三月而畢",正是繪製《喪服圖》的禮學家所認爲的沒有經過服術調整之前應該爲至親所服的本來面貌,即"然則何以至期也?曰:至親以期斷"所反映的觀念。

循着這個思路,再來看各方案中分歧最大的題記中間部分:

祖父、伯父、昆弟、昆弟之子、子、孫,

---

① 《禮記正義》,第1360頁。
② 《禮記正義》,第2351頁。
③ 《禮記正義》,第1352頁。

姑、姊、妹、女子子,皆齊衰九月而畢。

我們首先羅列《儀禮·喪服》對這些親屬關係服制的規定:

疏衰裳……期者:
祖父母。《傳》曰:何以期也? 至尊也。
世父母,叔父母。《傳》曰:世父、叔父何以期也? 與尊者一體也。
昆弟。爲衆子。昆弟之子。《傳》曰:何以期也? 報之也。
適孫。《傳》曰:何以期也? 不敢降其適也。①
姑、姊、妹、女子子適人無主者。姑、姊妹報。《傳》曰:無主者,謂其無祭主者也。何以期也? 爲其無祭主故也。②
大功布衰裳……九月者:
姑、姊妹、女子子適人者。《傳》曰:何以大功也? 出也。③

從對於爲父服"斬衰三年"的討論中看到,在《儀禮·喪服》所記的《傳》裏面,爲每一類以上親屬所服的服制都是經過服術調整的。祖父母由於"至尊"而加隆(尊尊);世父、叔父由於與父一體而加隆(尊尊);昆弟與己一體而加隆(親親);子(衆子)由於"下治子孫,親親也"而加隆(親親);昆弟之子以相報而加隆(相報);孫(嫡孫)以承重不降其嫡而加隆。由此可見己爲"祖父、伯父、昆弟、昆弟之子、子、孫"所服"期年"都是加隆過的,本不應與己爲父所服的"本服""期年"相同,而應該如題記所述均爲九月。

胡平生《考論》說"文獻記載,爲'姑、姊、妹、女子子'喪服爲大功"(九月),"適用于'姑、姊、妹、女子子'適人者"。此處的討論還不夠充分,《儀禮·喪服》還記載己對於"姑、姊、妹、女子子適人無主者"爲之服"齊衰期年",《服傳》曰:"無主者,謂其無祭主者也。何以期也? 爲其無祭主故也。"④這在服術中屬於"出入"的範疇。如果題記所記己爲"姑、姊、妹、女子子"的本服爲齊衰九月,我們就能發現,己對於"姑、姊、妹、女子子適

---

① 孔穎達疏,王輝整理:《儀禮注疏》,上海古籍出版社,2008年,第910—916頁。
② 《儀禮注疏》,第933頁。
③ 《儀禮注疏》,第954頁。
④ 《服傳》是《儀禮·喪服》的傳文,今本未見單傳的《服傳》本子,武威漢簡中有單傳的《服傳》本,以下涉及《儀禮·喪服》傳文的內容簡稱《服傳》或《傳》文。

人者"所服是根據服術"出入"減殺而成爲"大功九月"的,所減的是服制,而對於"姑、姊、妹、女子子適人無主者"所服是根據服術"出入"加隆而成爲"齊衰期年"的,所加的是服期。這與《服傳》對己爲"姑、姊、妹、女子子適人者"問服制(何以"大功"),而對己爲"姑、姊、妹、女子子適人者"問服期(何以"期年"),構成了一個有趣的對比,這正説明己爲"姑、姊、妹、女子子"的"本服"是"齊衰九月"。"大功九月"所變化的是服制(齊衰降爲大功),而"齊衰期年"變化的是服期(九月加爲期年)。"姑、姊、妹、女子子"還未嫁人者,己爲之"本服"爲"齊衰九月"可能是因爲"姑、姊、妹、女子子"在禮制中不存在與男性家族成員一體的觀念(要出嫁),女性成員也沒有加尊的可能(這與伯母、叔母由於伯叔配偶的關係而加尊不同)。

己爲"祖父、伯父、昆弟、昆弟之子、孫"所服《服傳》有説(這裏的子指"衆子",《服傳》無説,而《禮記·大傳》有説可補),而且《服傳》問的都是服期而不是服制,根據己爲"姑、姊、妹、女子子"《服傳》所問的分析,在對這些親屬的喪服制度上,所加隆的一定是服期(故問何以"期年"),而不是服制,這驗證了《喪服圖》題記所記己爲"祖父、伯父、昆弟、昆弟之子、子、孫"的"本服"爲"齊衰九月"這樣一個假設,《喪服》"齊衰期年"較之"齊衰九月"正是加隆了服期,而沒有加隆服制,《服傳》所問當然祇能是服期上的變化。

由上舉所知,己爲"祖父、伯父、昆弟、昆弟之子、子、孫"以及未出嫁的"姑、姊、妹、女子子"所服之"本服"都是"齊衰九月",這是將這些親屬歸於同一長句中點斷的根本依據。《喪服圖》題記中,己爲這些親屬所服均爲"齊衰九月",而不是按經典文獻《喪服》所記是"齊衰期年"。這些親屬在禮學家的觀念裏,己爲他們本來所應該服的喪服與《喪服》所記是不同的。爲父親服期年十三月而加隆至二十五月(三年),爲這些親屬所服也較《喪服》所記的服制要輕或重。由此理解《喪服圖》題記"祖父、伯父、昆弟、昆弟之子、子、孫;姑、姊、妹、女子子皆齊衰九月而畢"就非常合理了。

據此,可以説"齊衰九月"才是齊衰服期沒有經過服術調整原來所應該服的喪期。題記載"箸大功皆爲七月"("箸"讀爲"書",據董珊所釋①),就是大功服期沒有經過服術調整原來所應該服的服期,所有《喪服圖》中寫有大功的方格,親屬的"本服"應該都是七個月。這裏的"箸"是作爲動詞"書"用的,由於斬衰、齊衰和大功的喪期與《喪服》的記載不同,所以都特別加以説明。"小功、緦皆如書",即意爲如《喪服》所述,喪

---

① 董珊整理:《喪服圖》注 17,《長沙馬王堆漢墓簡帛集成》第 2 册,中華書局,第 165 頁。

服服期爲五月和三月。"小功、緦皆如箸"之"箸"明顯是用作名詞的"書",這裏的"書"指的是《喪服》本身,也就是"小功"和"緦"與《喪服》記載的"五月"、"三月"是完全一致的。

根據胡平生在"紀念馬王堆漢墓發掘四十周年國際學術研討會"上的演講知道:"2003年會後曹學群帶著我和來國龍先生于觀察帛畫原物時,'看到墨色方塊裏有'大功X月'、'小功X月'字樣'。"如果現實情況真如胡平生所説,那題記"書大功皆爲七月"豈不是與圖示中"大功X月"相重複了嗎,這也從一個側面説明,題記並不是對圖上文字的説明。如果題記是説明,則《喪服圖》中所有標爲"大功"的方格都不用書"X月"了。

經過如上梳理,斬衰期年,齊衰九月,大功七月、小功五月、緦三月顯然是一個相對整齊化了的服制服期的排列,這相較於《喪服》所記"斬衰二十五月,齊衰期年,大功九月、小功五月、緦三月",顯然在形式上更趨整齊。一般禮儀的實際習俗與其文化解釋系統,往往是習俗在先,而解釋系統在後。先秦是不是確實存在一個整齊化了的喪服喪期排列,並不能就此斷定。理論有整齊化的趨勢和内在要求,先秦至漢代治喪服的禮學家,在喪服制度上用一套合理的解釋體系來解釋和規範現實的禮俗,是很容易被理解的。

四、重新復原《喪服圖》圖示

在這一新的認識下,對《喪服圖》的復原方案就非常明確了。由於題記與《喪服圖》圖示所繪製的内容並不具有文字和圖示一一對應的關係,題記僅僅用作對讀圖者的提示,而圖示所標注的喪服服制和服期是從題記所記的"本服"通過服術調整而來的結果,從而與經典文獻《喪服》所記一致,此前諸家的復原方案都是在題記與圖示一致的思路下復原的,因而皆不可從。本文的復原方案如下(圖中底色,按照程少軒《新探》的結論標注):

由於本文的復原方案所復原的《喪服圖》圖示方格中的内容與《儀禮・喪服》的記述一致,所以有必要比較一下本圖與《喪服》記述的異同。爲了方便論述,我們可以對照錢玄《三禮通論》中總結的《喪服圖表》[①]:

---

① 錢玄:《三禮通論》,南京師範大學出版社,1996年,第453頁。

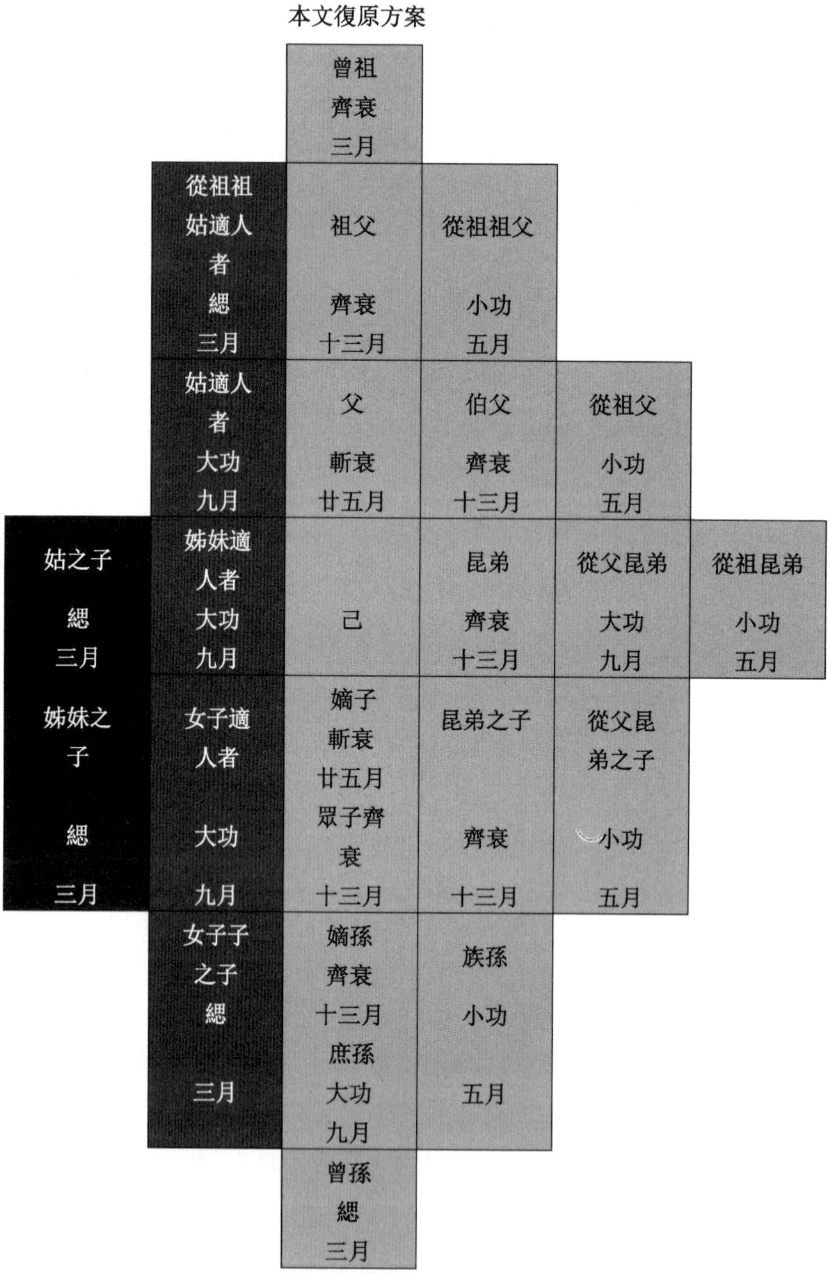

本文復原方案

		曾祖 齊衰 三月			
	從祖祖姑適人者 緦 三月	祖父 齊衰 十三月	從祖祖父 小功 五月		
	姑適人者 大功 九月	父 斬衰 廿五月	伯父 齊衰 十三月	從祖父 小功 五月	
姑之子 緦 三月	姊妹適人者 大功 九月	己	昆弟 齊衰 十三月	從父昆弟 大功 九月	從祖昆弟 小功 五月
姊妹之子 緦 三月	女子適人者 大功 九月	嫡子 斬衰 廿五月 眾子齊衰 十三月	昆弟之子 齊衰 十三月	從父昆弟之子 小功 五月	
	女子子之子 緦 三月	嫡孫 齊衰 十三月 庶孫 大功 九月	族孫 小功 五月		
		曾孫 緦 三月			

圖 1　本文馬王堆《喪服圖》復原方案①

---

① 圖示中"姑、姊、妹、女子子"所記也完全可能是"適人而無主者"的情況，由於"適人而無主者"可以看成"適人者"的一個更複雜的情況，根據圖示從簡的原則，我們在圖上使用了"姑、姊、妹、女子子適人者"的喪服情況。

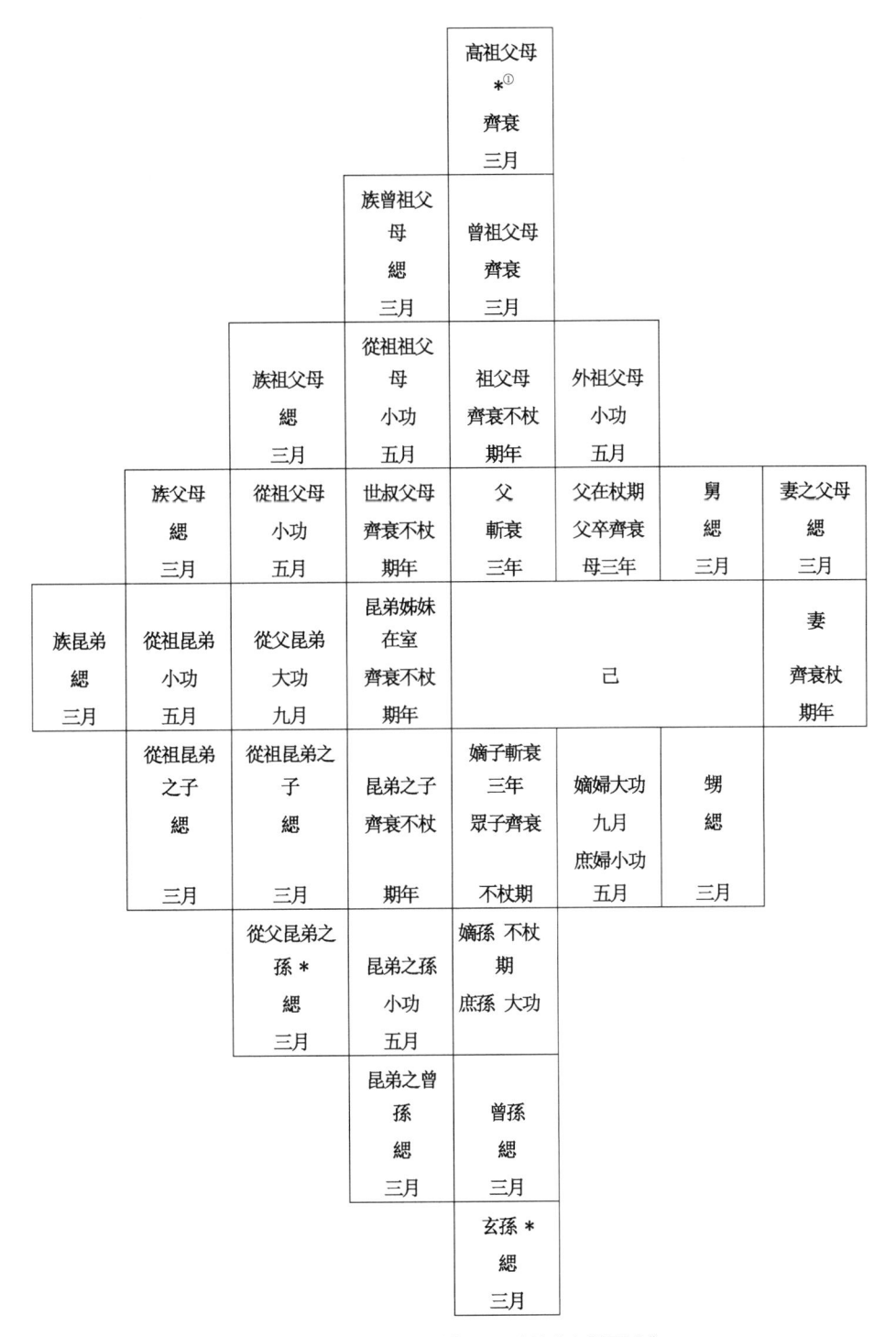

論馬王堆漢墓《喪服圖》題記所反映的"本服"觀念　149

				高祖父母 *① 齊衰 三月		
			族曾祖父母 緦 三月	曾祖父母 齊衰 三月		
		族祖父母 緦 三月	從祖祖父母 小功 五月	祖父母 齊衰不杖 期年	外祖父母 小功 五月	
	族父母 緦 三月	從祖父母 小功 五月	世叔父母 齊衰不杖 期年	父 斬衰 三年	父在杖期 父卒齊衰 母三年	舅 緦 三月	妻之父母 緦 三月
族昆弟 緦 三月	從祖昆弟 小功 五月	從父昆弟 大功 九月	昆弟姊妹 在室 齊衰不杖 期年	己			妻 齊衰杖 期年
	從祖昆弟 之子 緦 三月	從祖昆弟之 子 緦 三月	昆弟之子 齊衰不杖 期年	嫡子斬衰 三年 眾子齊衰 不杖期	嫡婦大功 九月 庶婦小功 五月	甥 緦 三月	
		從父昆弟之 孫 * 緦 三月	昆弟之孫 小功 五月	嫡孫 不杖 期 庶孫 大功			
			昆弟之曾 孫 緦 三月	曾孫 緦 三月			
				玄孫 * 緦 三月			

圖 2　錢玄《三禮通論》中總結的《喪服圖表》

---

① 有 * 者,《儀禮·喪服》未載,錢玄推知而補。

錢玄《喪服圖》是根據《儀禮·喪服》文本繪製的,並不是漢代《喪服圖》的本來面貌。有理由相信馬王堆《喪服圖》可能更接近漢代喪服圖主流形式。可以將錢玄《喪服圖表》看成《儀禮·喪服》的全圖,而馬王堆《喪服圖》是其中的一個局部。其差異是《儀禮·喪服》所載的外姻親屬《喪服圖》是不載的,由於《喪服圖》沒有提到爲母爲妻所服,所以爲母家外祖父母、舅及妻之父母等喪服一概闕如。根據這個原則,父輩及子輩的妻子也不在此圖述論範圍之内,因此無論題記與圖示都沒有這方面的内容。可以説馬王堆《喪服圖》是一個記述本族喪服的文獻。而爲本族所服,又恰是《儀禮·喪服》所記的核心内容。

　　《儀禮·喪服》未記爲高祖,《喪服圖》亦無。《喪服》記爲族曾祖父母、族父母、族昆弟、從祖昆弟之子緦,《喪服圖》付之闕如。《喪服》未記從父昆弟之孫、昆弟之曾孫、玄孫,《喪服圖》亦未記。通過比較,所省略者皆爲喪服服緦者,聯繫"小功、緦皆如書",《喪服》未記者,固然爲《喪服圖》所省略,《喪服》記録"小功與緦"者,也可能因爲"如書"且服制並没有經過服術的調整,《喪服圖》就不再加以圖示説明了。《喪服圖》右半的部分,比《喪服》所載的關係範圍略小一點,省略了爲之服緦的"族曾祖父、族父、族昆弟、從祖昆弟之子"。

　　《喪服圖》中程少軒按親屬所出聯綫補出的從祖祖姑、姑、姊、妹、女子子、外孫、姑之子、姊妹之子(甥)。在《喪服》中全部都有明文記載,這些親屬關係載于《喪服圖》並不是偶然的,而是《喪服圖》作者根據前述"不敘述外姻而僅敘述本族親屬"的繪圖原則篩選而定的。《喪服圖》分爲本族男性、女性親屬左右兩個部分,這是根據《喪服》所能繪出的最大跨度的本族親屬喪服圖了。通過細加比較,可以説大功以上(含大功)的本族親屬《喪服圖》與《儀禮·喪服》是一一對應的。由此可知,《喪服圖》是嚴格按照《儀禮·喪服》所述繪製的,且僅僅選取了最核心的本族部分,①圖上所繪内容全部都是《喪服》所載,這是《喪服圖》依據《儀禮·喪服》而作的又一重要證據,關於這一點以前復原諸家都未予以揭示。

　　下面,用表格的形式表明《喪服圖》題記與圖示之間的敘述差距,即是《喪服》傳文所要説明的服術調整内容:

馬王堆《喪服圖》服術調整的説明表

與己之親屬關係	題記記載(本服)	圖示(復原)	《喪服》傳文、《禮記大傳》所述之服術調整
父	斬衰期年	齊衰二十五月(三年)	爲父何以斬衰也?父至尊也(以尊尊加隆)
祖父	齊衰九月	齊衰十三月(期年)	至尊也(以尊尊加隆)

---

①　程少軒《新探》復原圖注＊＊所謂擬補的説明有誤,爲曾祖、從祖祖姑所服,《喪服》皆有明文。

續 表

與己之親屬關係	題記記載(本服)	圖示(復原)	《喪服》傳文、《禮記大傳》所述之服術調整
伯父	齊衰九月	齊衰十三月(期年)	《傳》曰：世父、叔父何以期也？與尊者一體也(以尊尊加隆)
昆弟	齊衰九月	齊衰十三月(期年)	《傳》曰：昆弟一體也。……昆弟四體也，故昆弟之義無分(以親親加隆)
昆弟之子	齊衰九月	齊衰十三月(期年)	《傳》曰：然則昆弟之子何以亦期也？旁尊也，不足以加尊也，故報之也(報服)
嫡子	斬衰十三月	斬衰二十五月(三年)	《傳》曰：何以三年也？正體於上，又乃將所傳重也(以親親加隆之后，再以尊尊加隆)
衆子	齊衰九月	齊衰十三月(期年)	《大傳》：下治子孫，親親也(以親親加隆)
嫡孫	齊衰九月	齊衰十三月(期年)	《傳》曰：何以期也？不敢降其適也(以尊尊加隆)
姑(適人者)	齊衰九月	大功九月	《傳》曰：何以大功也？出也
姑(適人無主者)			《傳》曰：無主者，謂其無祭主者也。何以期也？爲其無祭主故也
姊妹(適人者)	齊衰九月	大功九月	《傳》曰：何以大功也？出也
姊妹(適人無主者)		齊衰期	《傳》曰：無主者，謂其無祭主者也。何以期也？爲其無祭主故也
女子子(適人者)	齊衰九月	大功九月	《傳》曰：何以大功？出也
女子子(適人無主者)		齊衰期	《傳》曰：無主者，謂其無祭主者也。何以期也？爲其無祭主故也
從父昆弟	大功七月	大功九月	《服傳》無説，疑以親親加隆。
庶孫	大功七月	大功九月	《大傳》：下治子孫，親親也(以親親加隆)
曾祖	緦三月	齊衰三月	《傳》曰：何以齊衰三月也？小功者，兄弟之服也，不敢以兄弟之服服至尊也(以尊尊加隆)
小功諸親	小功五月	小功五月	無調整
緦諸親	緦三月	緦三月	無調整

　　以上喪服經過服術調整的内容(第四列)，絶大多數在《儀禮·喪服》傳文中都有明文，而且與《喪服》禮文緊密貼合，一一對應，這就明確説明了《喪服》傳文所問的内容，

就是《喪服圖》題記與圖示的差異所要揭示的關係。

　　需要補充說明幾點,一是嫡子在《喪服圖》題記部分未提及,由於程少軒《新探》所舉的殘片即是父爲嫡子所服,所以在復原圖中將其補入。其二,題記中所述之"子"當爲《喪服》中之衆子,按鄭玄注即當是士之庶子,如果爲衆子所服之本服爲"齊衰九月",那麼與《喪服》爲衆子服"齊衰十三月"有所差異,而《喪服》傳文未予以解釋。《禮記·大傳》有"上治祖禰,尊尊也;下治子孫,親親也;旁治昆弟……"作爲喪服服術的原則,傳文以"尊尊"調整喪服皆有明文,而以"親親"調整喪服却多語焉不詳。作爲一種合理的解釋,爲"衆子""庶孫"的喪服調整,應該都是根據"親親"原則加隆的。爲庶子根據"親親"原則從"齊衰九月"加隆至"齊衰十三月",爲嫡子則再根據"報"的原則從"斬衰十三月"加隆至"斬衰二十五月"。可以平行對觀的是爲庶孫根據"親親"原則從"大功七月"加隆至"大功九月",爲嫡孫則再根據"報"的原則從"齊衰九月"加隆至"齊衰十三月"。其三,依據同樣的理由可以得出,爲從父昆弟所服從"大功七月"加隆至"大功九月",是與爲昆弟所服從"齊衰九月"加隆至"齊衰十三月"相平行的。另外,《喪服圖》題記部分所述之"孫",是指嫡孫,其位置在《儀禮·喪服》中正處於"伯父、昆弟、昆弟之子、庶子"與"姑、姊妹、女子子"之間,關於這點,之前的諸家復原方案都没有說明,而默認此處的"孫"爲嫡孫,這與題記中"孫"之前的"子"指衆子其實是有矛盾的,目前這個矛盾祇能認爲是《喪服圖》作者故意爲之,默認讀圖者明白其中之差異。

小　　結

　　根據上述分析,本文所述的馬王堆《喪服圖》復原方案是迄今爲止最爲合理的復原方案,它對《喪服圖》所載的內容給出了恰切的文本和禮學解釋。首先,本文支持曹學群在《簡論》中的斷句方案,這個方案從《喪服圖》上的文句分佈看最爲合理,不用隔空點斷句子,這符合人的一般書寫和閱讀習慣。其次,對於"書大功者皆七月"與"小功、總皆如書"在理解上有了更明確的認識,即前者說明的是大功的"本服"當爲七月,後者說明"小功和總的喪期與《喪服》所載一致"。第三,這個方案說明了題記與圖示的內容並不是一致的,而是對比參照的關係,也就能進一步解釋殘片中所識讀出內容與題記不合的原因。第四,對《喪服圖》圖示的重新復原與《儀禮·喪服》所記己爲本族所服的喪服密合。

　　如果本文的復原方案符合馬王堆《喪服圖》繪製的實際的話,就能解釋《喪服圖》與馬王堆諸多儒家、道家經典同出的原因,西漢研究喪服制度的禮學家自成系統,他們的學說在西漢的文化背景下不會徹底突破經典的框架。胡平生《考論》一文認爲的"祖父、伯父、昆弟、昆弟之子、子、孫"皆斬衰期年,在禮學史、禮制史上下均未見可接續的理論和實踐傳統,顯得非常突兀。馬王堆《喪服圖》很可能是一派專傳《喪服》的禮學家傳習所用文獻,將《儀禮・喪服》的部分内容按教學要求繪製成圖,並且通過題記説明他們認爲没有調整過的"本服"服制如何。讀《喪服圖》的讀者發現題記所記"本服"與圖示所記的實際喪服有别,從而爲説明調整喪服服制的服術提供提示,這樣的《喪服圖》正可以作爲《喪服》的配套教材使用。

由於此圖説明的是己爲本族所服的核心内容,則己爲妻族、母族,以及己身爲大夫之後爲本族服喪的情況,可能用其他專圖説明。通過馬王堆《喪服圖》可以推想漢代經典《喪服圖》的形制,並不像現代通過《儀禮・喪服》所復原的圖樣,將本族、母族、妻族混於一圖,而是分圖加以説明的。驗諸元代傳漢王章九族《雞籠圖》,以及《明會典》之《本宗九族五服圖》《外親服圖》《妻親服圖》,這種分圖的《喪服圖》模式應該有很古的來源,馬王堆《喪服圖》就是一個很好的例證。

有意思的是,《儀禮・喪服》禮文後的《記》和《傳》兩種文體,正好對應了《禮記・喪服小記》和《禮記・大傳》,① 《大傳》比較集中地記載了服術的主要原則,這正是《儀禮・喪服》傳文的核心内容;《喪服小記》則與《儀禮・喪服》記文的形式類似。從《喪服圖》的題記來看,"如書"指的應該是《喪服》禮文所指的内容,而《儀禮》傳文所載恐怕恰恰是習《喪服》者讀《喪服圖》後要問于老師的内容了。

沈文倬通過《漢簡〈服傳〉考》一文,② 詳細論證了武威漢墓所出木竹簡《儀禮》九卷中木簡《服傳》兩篇——甲、乙本《服傳》是兩漢時代與《禮經》全經别行、又與《喪服》單經並行的《喪服》單傳。《服傳》甲、乙本與今本傳文除若干處小異外,全文相同。反駁了陳夢家以爲漢簡《服傳》是撰傳者有意删削,"經記俱大有删節",並推斷出土木簡本《服傳》"可能是屬於慶氏之學"的臆測。如果說遠在西北邊陲的武威漢簡《服傳》與今本《儀禮・喪服》所載傳文基本一致,反映的是同一來源的禮學文獻的話,在漢代西南邊陲所發掘出的馬王堆《喪服圖》一樣很可能是《儀禮・喪服》系統的經典文獻,漢代喪服學術傳承的面貌可以從兩個邊地所出的不同文獻中窺其一斑。

通過對《喪服圖》的重新復原與解釋,可知在先秦至西漢的禮學觀念中,喪服應該有

---

① 根據《傳》亦解《記》的格局,一般認爲《傳》要晚於《記》。
② 沈文倬:《漢簡〈服傳〉考》,載《文史》第 24、25 輯,中華書局,1985 年。

未經服術調整的"本服"與通過服術調整後"所服"的差別。這或許是傳習《喪服》禮學家的一種共識,這種共識或明或暗地存在於各種存世的記錄喪服制度的文獻之中,馬王堆《喪服圖》的意義在於,讓我們首次認識到記述這種禮學觀念的漢代文本其實是存在的。

　　［追記］　將題記"祖父˰伯父˰昆˰弟˰之子˰孫"句按重文符號復原後,"子"與"孫"並列。按本文釋讀方案,祇能把"子"理解爲庶子,把孫理解爲嫡孫。雖然這樣能將二者説通,但從文意看並不完善。考慮到馬王堆帛書抄本不但存在着脱字與誤字情況,還有不少誤抄或漏抄重文號的現象。因此,考慮"子"字後的重文號"˰",實是斷句符號"▂"之誤。若然,則該句題記當改釋爲"祖父、伯父、昆弟、昆弟之子、孫",爲之"本服"齊衰九月的親屬不包括"子",這樣"孫"不再需要區分嫡庶,文意上就相當完滿了。

西晉時期《喪服》詮釋略論

井岡山大學人文學院　鄧聲國

三國兩晉時期是我國歷史上由東漢時期的統一、和平穩定走向三國分裂、戰亂，經由西晉短暫統一，重新陷入長期分裂、戰亂的歷史時期。263 年，司馬昭發動魏滅蜀之戰，蜀漢滅亡。兩年後，司馬昭病死，其子司馬炎廢魏元帝自立，建國號爲"晉"，史稱"西晉"。280 年，西晉滅東吳，統一中國，至此三國時期結束，進入晉朝時期。太康之治時期，"天下書同文，車同軌，牛馬被野，餘糧棲畝，行旅草舍，外閭不閉"，"故于時有天下無窮人之諺"。①誠如當代學者所言，"如果説三國是漢代以後經學發展的崛起——新變期，那麽西晉則是經學發展的深化——拓展期"。特別是由於晉武帝實行"崇儒尊經"的復古主義文化政策，一方面形成了專制集權的政治向心力，但同時也在客觀上導致了"敦崇儒學，博通經術"的社會現象，並且成爲西晉士人們治學上的重要價值取向，當時學者們"或致力於意識形態領域的儒學思想重構，或致力於純學術領域的經學思想探討"，②結果直接或間接地促進了西晉《喪服》學的發展，催生了一批喪服學詮釋著作。

根據《隋書·經籍志》和王鍔《三禮研究論著提要》等目録著作的著録，目前已知的西晉時期禮經學研究的論著主要有：衛瑾《喪服儀》1 卷；杜預《喪服要集》2 卷；劉兆《儀禮注》；劉智《喪服釋疑》20 卷；崔遊《喪服圖》1 卷；伊説《喪服雜記》20 卷；袁准《喪服經傳注》1 卷；賀循《喪服要記》6 卷，《喪服譜》1 卷，《葬禮》1 卷；孔衍《凶禮》1 卷；陳銓《喪服經傳注》1 卷；王堪《冠禮儀》1 卷；環濟《喪服要略》1 卷；何禎《冠儀約制》；劉德明《喪服要問》6 卷。上述這些禮經詮釋著作，除開王堪的《冠禮儀》、何禎的《冠儀約制》等少數幾種以外，大多數學者的研究都涉及到對《儀禮·喪服》篇的詮釋與發微。爲顯明這一時期《喪服》詮釋特點，下面我們將擷取杜預、劉智、賀循、袁准、陳銓諸家的詮釋之作

---

* 國家社科基金"歷代《喪服》詮釋研究"（18XZX011）階段性成果。
① 干寶：《晉紀總論》，轉引自（梁）蕭統《昭明文選》（第 5 册）卷 49，上海古籍出版社，1986 年，第 2178—2179 頁。
② 劉運好：《深化·拓展：西晉經學發展再考論》，《中原文化研究》2016 年第 6 期。

略加剖析,並在此基礎上對這一時期的《喪服》詮釋共性特徵進行總結性説明。

一、杜預與《喪服要集》

杜預(222—285),字元凱,京兆杜陵(今陝西西安東南)人,西晉時期著名的政治家、軍事家和學者,滅吳統一戰争的統帥之一。歷任曹魏尚書郎、西晉河南尹、安西軍司、秦州刺史、度支尚書、鎮南大將軍、司隸校尉。

杜預出身曹魏政府的高級官僚家庭,祖父杜畿是曹魏名臣,任河東太守十六年,曹丕即位時爲關内侯;父親杜恕,曹睿即位後擔任散騎常侍等職務。杜預從小便博覽群書,舉凡經濟、政治、曆法、法律、數學、史學和工程等學科皆有研習,因而被時人譽爲"武庫",稱讚他博學多通。功成之後,耽思經籍,博學多通,勤於著述。杜預特别愛讀《左傳》,自稱有《左傳》癖,所撰寫的《春秋左氏經傳集解》三十卷,是《左傳》注解流傳至今最早的一種,至今仍有重要的學術價值。據《隋書·經籍志》,杜預的書保留到唐世,還有《春秋左氏傳音》三卷,《春秋左氏傳評》二卷,《春秋釋例》十五卷,《律本》二十卷,《雜律》七卷,《喪服要集》二卷,《女記》十卷及文集十八卷,另有《春秋長曆》《善文》五十卷等。

在杜預著述當中,與禮學相關的主要有《喪服要集》二卷。此書《隋書·經籍志》有記載,朱彝尊《經義考》云佚,馬國翰從《北堂書鈔》《初學記》《通典》等著作當中輯佚出了一部分,收入《玉函山房輯佚書》中。關於《喪服要集》一書的撰者問題,有學者提出疑議,謂"疑《喪服要集》即是杜預命博士段暢所撰集者"。① 依據是《晉書·禮志》記載:"時預亦不自解説,退使博士段暢博采典籍,爲之證據,令大義著明,足以垂示將來。暢承預旨,遂撰集書傳舊文,條諸實事成言,以爲定證,以弘指趣。其傳記有與今議同者,亦具列之,博舉二隅,明其會歸,以證斯事。文多不載。"②似乎理據尚欠充分,此從主杜預著述舊説。

由於《喪服要集》一書現已亡佚不存,今人僅能從其佚文考見杜預研究喪服制度的粗略概況。例如,《通典》有如是佚文:"父在爲母,冠縓裳絰帶皆疏縷。三年者始死之制,如不杖周。"③又云:"若父母同日卒,其葬,先母後父,皆服斬縗。其虞祔,先父後母,

---

① 方韜:《杜預著述考》,《圖書館理論與實踐》2010年第1期。
② 《晉書》卷20《禮志中》,中華書局,1974年,第623頁。
③ 《通典》卷84《禮典》,中華書局,1988年,第2280頁。

各服其服,卒事,反服父服。若父已葬而母卒,則服母之服;至虞訖,反服父之服;既練,則服母之服;喪可除則服父之服以除之,訖而服母之服。"①由此類佚文情況來看,該書不以《儀禮·喪服》篇經傳的詮釋爲要務,更多屬於探討著者所處當下社會的服制文化情況,與喪服"變除"之類内容相類,强調儒家倫理在現實社會中的重要性,藉以規範世道人心,重構和充實現時代的喪服禮制文化。

尤其值得注意的是,泰始四年(268),皇太后崩,按舊制規定,"前代故事,倚廬中施白縑帳、蓐、素床,以布巾裹塊草,輀輦、版舆、細犢車皆施縑裹",然而晉武帝從以孝爲本的角度考慮,試圖適度反抗漢魏舊制,"詔不聽,但令以布衣車而已,其餘居喪之制,不改禮文",謂"夫三年之喪,天下之達禮也。受終身之愛,而無數年之報,奈何葬而便即吉,情所不忍也","夫三年之喪,所以盡情致禮,葬已便除,所不堪也。當敍吾哀懷,言用斷絶,奈何!奈何!""不能篤孝,勿以毀傷爲憂也。誠知衣服末事耳,然今思存草土,率當以吉物奪之,乃所以重傷至心,非見念也。每代禮典質文皆不同耳,何爲限以近制,使達喪闕然乎!"②晉武帝這一舉措,實際上提出了《喪服》學史上的一個新問題,也就是如何使世代沿襲的漢文舊制與《喪服》經典禮文相互達成統一的問題。面對這一議題,當時晉朝朝廷上的許多大臣議論紛紛,各執一端,遂而成爲當時政治上的一件大事。

杜預適逢其會,作爲一名對喪服制度素有研究的學者和官員,參與並發表了自己的獨特見解。他説:"古者天子諸侯三年之喪,始同齊斬,既葬除服,諒闇以居,心喪終制,不與士庶同禮。漢氏承秦,率天下爲天子終服三年。文帝見其不可久行,而不知古典,更以意制祥禫,除喪即吉。魏氏直以訖葬爲節,嗣君皆不復諒闇終制。學者非之久矣,然竟不推究經傳,考其行事,專謂王者三年之喪,當以縓麻終二十五月。嗣君苟若此,則天下群臣皆不得除。雖志在居篤,更逼而不行。至今嗣主皆從漢文輕典,由處制者非制也。"③這番話語中,杜氏不僅指出了造成今日這般困境的因由以及現實中的諸多不便之處,並提出了解決問題的根本辦法,即"既葬除服,諒闇以居,心喪終制"。這樣做的好處是,一方面擺脱了拘泥經典不合世情的困惑,同時又糾正了漢魏以來傳習舊制失之于簡的弊端。總之,通過參與這場討論,杜預展現出一名喪服學家"議禮"的風采和應有的經學素養。

---

① 《通典》卷97《禮典》,第2598頁。
② 《晉書》卷20《禮志中》,第616頁。
③ 《通典》卷80《禮典》,第2160—2161頁。

二、劉智與《喪服釋疑》

劉智,字子房,生卒年不詳,西晉平原高唐(今屬山東聊城)人。劉寔(220—310)之弟,歷中書黄門吏部郎,出爲潁川太守,入爲秘書監,領南陽王師,加散騎常侍,遷侍中、尚書、太常。"少貧寠,每負薪自給,讀誦不輟,竟以儒行稱。"①性喜讀書,素有儒行,因此爲鄉里敬重。太康末卒,諡號曰"成"。

劉智深明經學,在喪服禮學方面,著有《喪服釋疑》20卷。該書《隋書·經籍志》中著録,丁國鈞的《補晉書藝文志》有記載,朱彝尊《經義考》云佚。清代王謨、馬國翰等學者有此書輯佚本,分别收録在《漢魏遺書鈔》《玉函山房輯佚書》中。考馬國翰輯佚之文,劉智著述《喪服釋疑》主要涉及兩方面的詮釋内容:

一是强調對於《喪服》經傳及《禮記》服制條文禮意的深入發覆。例如,劉氏說:"《喪服傳》與《小記》皆云:'庶子不爲長子三年,不繼祖與禰也。'兩舉之者,明父之重長子,以其當爲禰後也。其所繼者,于父則禰,于子則祖也。"②劉氏根據《禮記》中《喪服傳》與《小記》二文的記載,深入發覆《喪服》禮文的禮意。

二是强調從《喪服》經傳記文出發,進一步衍生發覆現實社會服制文化的禮制規定及其所由情況。例如,劉氏在《喪服釋疑》中問答云:"問云:按《喪服小記》'慈母之父母無服',孫宜無服慈祖母矣。又曰'慈母與妾母不代祭',孫不祭慈祖母,何服之有?智曰:'禮,爲親母黨服,爲繼母之黨不服。不妨孫服繼祖母也。禮,孫爲祖後如子。所言妾母不代祭者,據奉之者身終則止耳,豈有妾子先亡孫持喪事而終喪便不祭也。'"③又如,"遇亂離析,計父母之年,已過百年,可終卒矣,而不得音問,計同邑里同年者,於其死日,便制喪服。或以爲終身,或不許者,如何?智答曰:父母死生未定,則凶服不宜在身,繼祀爲重。然則言不宜制服必繼代祀者,吾以爲得之矣。凡服喪而無哀容,得以不孝議之。處厭降不得服其親,而哀情至者,吾得以孝篤稱之。"④上述二例,劉氏或稱"所言妾母不代祭者,據奉之者身終則止耳,豈有妾子先亡孫持喪事而終喪便不祭也",或稱"凡服喪而無哀容,得以不孝議之。處厭降不得服其親,而哀情至者,吾得以孝篤稱之",

---

① 《晉書》卷41《劉寔傳》,第1198頁。
② 劉智:《喪服釋疑》,見《玉函山房輯佚書》(二),廣陵書社,2004年,第862頁。
③ 同上,第864頁。
④ 同上,第864頁。

皆是對現實社會具體喪服規制的積極回應。

總言之，無論是何種情況的詮釋，劉智大都注意結合《喪服》篇經傳及其《禮記》中的相關服制篇目行文，進行推衍和詮釋發微。或者可以這樣認爲，劉智的服制詮釋禮學，一方面固守經典，較之其他學者的詮釋，更加彰顯出先秦服制對後世服制的影響和指導價值；與此同時，又強調要遵循"尊尊""親親"的服制原則，因時因情而制禮，體現出鮮明的時代氣息。

有時候劉氏甚至於不惜校改經記之文字以從己説，如《通典》卷九十八就保存了劉智如是一則服制詮釋之例："《禮·小記》云：'生不及祖父母、諸父、昆弟，而父税喪，子則否。'智以爲生不相及，二文相害，必有誤字。'昆弟'，相連之語，易用爲衍。衍，剩也。至親並代，不得以不相見而無相服之恩也。若令生不相及者税服，則父雖已除，後生者不得追服也。凡不服者不服，則父雖税，其子孫無緣服也。以此推之，'弟'衍字可知也。"①事實上，劉智的這一校釋未免有武斷之嫌，誠如東晉學者虞喜所質疑："據文云父税子不，當其時則服之可知也。當時雖服，猶生不相見，則恩義疏，不責非時之恩於人，以情恕之也。若父以他故居異邦生己，復更居一邦生弟，然則例不税服，以生不相見故也。文上言不及而下有弟字者，明生不及相見，理中可有弟矣。已死而兄亦不税，此義兩施，非衍也。"②可謂直接指向了他的詮釋不足。

三、賀循與《喪服要記》等

賀循（260—319），字彦先。會稽山陰（今浙江紹興）人。東吴中書令賀邵之子。"其先慶普，漢世傳禮，世所謂慶氏學。高祖純，博學有重名，漢安帝時爲侍中，避安帝諱，改爲賀氏。循以陸機疏薦官至左光禄大夫、開府儀同三司，謚曰穆。"③善屬文，博覽群籍。與紀瞻、閔鴻、顧榮、薛兼等齊名，號爲"五俊"。建武初，拜太常。朝廷疑滯皆詢之，循輒依經禮而對。

賀循的禮學著作主要有《喪服要記》6卷、《喪服譜》1卷、《葬禮》1卷，今皆亡佚不存。馬國翰等有輯本傳世。考察賀氏的喪服學研究，主要有以下幾個特點：

一是善於擇取衆家之長，從前賢往哲和同時代學者的著述當中汲取營養。據典籍

---

① 劉智：《喪服釋疑》，見《玉函山房輯佚書》（二），第864頁。
② 《通典》卷98《禮典》，第2621頁。
③ 馬國翰：《賀氏喪服譜序》，見《玉函山房輯佚書》（二），第870頁。

記載，會稽賀氏源出慶氏，爲慶普之後代。慶普是漢代著作禮學大師，創立慶氏禮學。東漢賀純以及賀循之父賀邵皆以儒學聞名，賀循自幼當多受傳統家學——慶氏禮學影響。不僅如此，賀循還廣泛地向前賢學習，兼采衆家之長。從今存佚文來看，賀循禮學亦受鄭玄和王肅二人禮經學説的影響，誠如馬國翰《賀氏喪服要記序》所云："鄭康成作《喪服譜》，循亦作《譜》；王肅作《喪服要記》，循亦作《要記》，其書似参用鄭、王而酌其中。"①自漢末以來，鄭學與王學盛行，學者多宗之，賀循受二者的影響勢所必然。

此外，從賀循著作中遺留下來的隻言片語當中可以考見，賀循同樣也受到了馬融、射慈等人禮經研究成説的影響。例如，關於庶母之服，賀循依從的便是馬融觀點："庶母，士父之妾也，服緦麻。大夫以上無服。按：馬融引《喪服》云：大夫以上庶母無服。"②正是建立在這種創造性地借鑒往哲時賢衆多研究成説的融通視野基礎上，賀循的喪服制度研究得以超越前人，自成一家之言。

二是在具體的喪服規制詮釋中，賀循沿襲了前賢"以情解禮"的詮釋方法，從而使得枯燥的喪服條文變得有情有義，更易讓人接受。劉宋時庾蔚之曾爲賀循《喪服要記》作注，評點賀氏之詮釋特點説："昔賀循以爲，夫服緣情而制，故情降而服輕。既虞，哀心有殺，是故以細代粗，以齊代斬耳。"③此雖言的是五服變除，但可以代表賀循"以情解禮"的禮學特點。例如，賀氏論及"爲後服"的議題時説："禮有節權，恩義相顧，爲所生無絶道，其餘皆宜權制也""初出情親，故不奪其親而與其降；承出之後，義漸輕疏而絶其恩。絶其恩者以一其心，其心一則所後親，所後親則祭祀敬，祭祀敬則宗廟嚴，宗廟嚴則社稷重，重社稷以尊百姓，齊一身以肅家道：此殆聖人之意也"，④等等。諸如此類完全從人情的角度解釋出後子爲本親服喪問題的情況，《通典》中援引賀循情禮並重的例子頗爲普遍，體現出鮮明的時代特徵和人性化色彩。

三是重視"五服"規制的開放性與發展權變特徵，既強調嚴守古禮的經典性，使之有理有據，同時又主張要結合現實時代因素，講究權變，因時制禮。例如，古有諸侯爲君、臣爲君服斬衰三年之制，而在賀循之際，群臣喪禮日漸寬鬆，東晉時甚至規定臣爲君服斬衰，既葬而除。當時有人想要恢復舊制，賀循力加反對，聲稱"若當遠跡三代，令復舊典，不依法令者，則侯之服貴賤一例，亦不得唯一人論"。⑤ 例如："禮，天子諸侯俱以至

---

① 馬國翰：《賀氏喪服譜序》，見《玉函山房輯佚書》（二），第 874 頁。
② 《通典》卷 92《禮典》，第 2510 頁。
③ 《通典》卷 87《禮典》，第 2397 頁。
④ 《通典》卷 96《禮典》，第 2589 頁。
⑤ 《晉書》卷 78《丁潭傳》，第 2064 頁。

尊臨人,上下之義,群臣之禮,自古以來,其例一也。故禮盛則並全其重,禮殺則從其降。春秋之事,天子諸侯不行三年。至於臣爲君服,亦宜以君爲節,未有君除而臣服,君服而臣除者。今法令,諸侯卿相官屬爲君斬衰,既葬而除。以令文言之,明諸侯不以三年之喪與天子同可知也。君若遂服,則臣子輕重無應除者也。若當皆除,無一人獨重之文。禮有攝主而無攝重,故大功之親主人喪者,必爲之再祭練祥,以大功之服,主人三年喪者也。苟謂諸侯與天子同制,國有嗣王,自不全服,而人主居喪,素服主祭,三年不攝吉事,以尊令制。若當遠跡三代,令復舊典,不依法令者,則侯之服貴賤一例,亦不得唯一人論。"①東晉時期,律法規定臣爲君服斬衰,既葬而除。這與古禮的諸侯爲君、臣爲君服斬衰三年之制不相吻合,當時有學者丁潭欲圖恢復先秦舊制,而賀循則極力加以反對,主張要講究權變,不能一味遵從舊制。賀循的這種具有發展性眼光的禮制嬗變觀,彰顯了服制文化的開放性,得到了後來許多禮經學家的廣泛認可。

四、袁准與《喪服經傳注》

袁准,字孝尼,陳郡扶樂(今河南扶溝縣東南)人。魏國郎中令袁渙第四子。生卒年不詳,據當代學者考證,當生於建安二十五年(220)之前,卒于太康元年之後(280)。②有雋才,爲人正直,甘於淡泊,以儒學知名。仕魏情況未詳,晉武帝泰始(265—274)中,官至給事中。著書十余萬言,有《易傳》《詩傳》《周官傳》《喪服經傳注》等經學著作,"並論經書滯義,聖人微言,以傳於世"。③ 此外,還著有子學著作《袁子正論》十九卷、《正書》二十五卷,《袁准集》二卷等,其中《正論》絕大部分篇幅論及"禮"的相關內容,足見其對禮文化的重視。

在《喪服》學的研究上,袁准亦多有傾力。據《隋書·經籍志》記載,著述有《喪服經傳注》1卷。清人朱彝尊《經義考》云已佚,幸賴杜佑《通典》和陸德明《經典釋文》、孔穎達《禮記正義》等有少數條文的引錄,方可見之其書概貌。馬國翰《玉函山房輯佚書》輯佚其文,凡10條,大都出自杜佑《通典》一書,基本上屬於詮釋《儀禮·喪服》經傳之文的一己之見。

關於袁准此書的詮釋風格,馬國翰曾有如是一番言辭:"其説殤義,據《孔子家語》

---

① 《晉書》卷78《丁潭傳》,第2063—2064頁。
② 袁敏:《西晉政治家袁準及其子書〈正論〉、〈正書〉》,《許昌學院學報》2011年第1期。
③ 《三國志·魏書》卷11《袁渙傳》裴松之注引《袁氏世紀》文,中華書局,1999年,第253頁。

及《左傳》，改易《傳》之歲數。說嫂宜有服，據或人說，即蔣濟《萬機論》，以娣姒婦報爲嫂叔服證之緒言。至以繼父爲亂名之大，以乳母有服爲非聖人之制，以從母小功五月、舅緦麻三月爲禮非，皆不免勇於臆斷，開後人改經之漸。所謂'賢知之過'，非耶？"①驗之馬氏所輯佚文，所論大致符合事實。

五、陳銓與《喪服經傳注》

陳銓，正史並無其本傳記載。考清末學者丁國鈞《補晉書藝文志》云："考《通典·禮一》引晉明禮諸人，次詮于賀循、任愷下，孔倫、劉逵、摯虞上，則詮當爲西晉人。"②據此，陳銓當是西晉時期學者，然其生卒年及仕履情況均未詳載。在《喪服》研究方面，陳銓頗有獨到見解，著有《喪服經傳注》1卷。然而此書亡佚已久，考《隋書·經籍志》，其中有著錄，故朱彝尊《經義考》云佚。後來清代學者馬國翰據《通典》中引用的條目，輯佚爲《喪服經傳陳氏注》1卷，收入《玉函山房輯佚書》，這是今人瞭解其詮釋情況的重要依據。

與袁准《喪服經傳注》一樣，陳詮此書亦屬於詮釋《儀禮·喪服》篇經傳之作，其中一些詮釋語頗有可取之處。例如，《喪服》"齊衰三年"章《傳》文："疏屨者，藨蒯之菲也。"鄭注沒有解釋"疏屨""藨蒯"之義，故陳氏出注云："藨蒯，草名也。"③再如，《喪服》"齊衰三月"章："爲舊君、君之母、妻。《傳》曰：爲舊君者，孰謂也？仕焉而已者也。"鄭注："仕焉而已者，謂老若有廢疾而致仕者也。"陳氏注："仕焉者，凡仕者。而已者，致仕者。"④兩相比對，較之鄭玄的解釋，陳詮的詞句解釋更爲直觀。凡此之類，均有助於《喪服》經傳的理解。

就馬氏所輯佚文來看，陳詮的解釋大多有別於此前學者馬融、鄭玄等人的詮釋，可謂獨樹一幟。馬國翰在爲此書所題《序》文中指出，觀其所輯注文，似"喜攻康成，其人大抵爲王學之徒，然立論亦有理據"。⑤例如：

（1）《喪服》"期"章："女子子爲祖父母。《傳》曰：'何以期也？不敢降其祖也。'"鄭玄注："經似在室，《傳》似已嫁。明雖有出道，猶不降。"賈公彥疏申解經文說："章首

---

① 馬國翰：《喪服經傳袁氏注序》，見《玉函山房輯佚書》（二），第854頁。
② 丁國鈞：《補晉書藝文志》卷1，《叢書集成初編》本，商務印書館，1939年。
③ 陳詮：《喪服經傳注》，見《玉函山房輯佚書》（二），第859頁。
④ 同上，第860頁。
⑤ 馬國翰：《喪服經傳陳氏注序》，見《玉函山房輯佚書》（二），第858頁。

已言'爲祖父母',兼男女,彼女據成人之女,此言'女子子',謂十五許嫁者,亦以重出其文,故次在此也。"繼之又申解鄭注説:"知經似在室者,以其直云'女子子',無嫁文,故云'似在室'。云'《傳》似已嫁'者,以其言'不敢',則有敢者,敢謂出嫁,降旁親,是已嫁之文。此言不敢,是雖嫁而不敢降祖,故云'傳似已嫁'也。經《傳》互言之,欲見在室、出嫁同不降,故鄭云'明雖有出道猶不降'也。"[1]而陳詮則詮釋説:"言雖已嫁,猶不敢降也。"並且駁斥鄭氏解釋説:"'經似在室',失其旨也。在室之女,則與男同,已見章首,何爲重出?言'不敢降'者,明其已嫁。《傳》議詳之。"[2]

（2）《喪服》"大功"章:"爲夫之昆弟之婦人子適人者。"鄭玄注:"婦人子者,女子子也。不言女子子者,因出,見恩疏。"賈公彦疏申解説:"此亦重出,故次從父昆弟下。此謂世叔母爲之服,在家期,出嫁大功。云'不言女子子者,因出,見恩疏'者,女在家室之名,是親也,婦者事人之稱,是見疏也。今不言女與母,而言夫之昆弟與婦人子者,是因出,見恩疏故也。"[3]而陳詮則詮釋説:"婦人者,夫之昆弟之子婦也。子者,夫之昆弟之女子子適人者也。此是二人,皆服大功。先儒皆以'婦人子'爲一人,此既不辭,且夫昆弟之子婦,複見何許耶?"[4]

以上二例,就前一例而言,從賈公彦疏對《喪服》篇經文和鄭注的解釋來看,顯然鄭氏的解釋更趨合理,陳詮的詮釋看似聯繫了上下文進行疏解,但却考慮有欠周密之處。至於後一例,陳氏的解釋雖然新穎獨到,但却缺乏證據支撐,難以成立。總之,他的治學頗有無法擺脱王肅之徒"喜攻康成"的嫌疑。

六、西晉時期《喪服》詮釋特色概説

從上述諸家禮學著述的發覆情況可見,較之東漢時期和三國時期,西晉時期學者對《喪服》的詮釋研究,表現出"同異紛呈"的治學狀況,主要表現在如下幾方面:

其一,學者們對禮經學的詮釋研究,關注的焦點更加集中在《喪服》經傳及其喪服制度的解讀上。上述 16 種禮學文獻中,僅僅祇有賀循的《葬禮》、孔衍的《凶禮》,以及王堪的《冠禮儀》、何禎的《冠儀約制》,與喪服制度的詮釋無關,其他各種文獻都對喪服制

---

[1] 《儀禮注疏》卷 31,阮刻《十三經注疏》,中華書局,1980 年,第 2400—2401 頁。
[2] 陳詮:《喪服經傳注》,見《玉函山房輯佚書》（二）,第 860 頁。
[3] 《儀禮注疏》卷 32,阮元刻《十三經注疏》,第 2413 頁。
[4] 陳詮:《喪服經傳注》,見《玉函山房輯佚書》（二）,第 860—861 頁。

度獨有情鐘,除開劉兆《儀禮注》以外,其他著述都以"喪服"二字稱名,表現出對於"喪服"學濃厚的學術興趣。可以説,這一禮經學治學取向,基本上是延續了漢代以來禮學家的治學傳統,如三國魏王肅著述有《喪服經傳注》《喪服要記》《喪父變除》三種;蜀蔣琬著述有《喪服要記》1卷,譙周著述有《喪服圖》《祭志》二書;吴射慈著述有《喪服變除圖》5卷,《喪服天子諸侯圖》1卷等。這種治學取向,充分彰顯出這一時期禮學家對於喪服文化的人文關懷。

其二,從學術派系之争的角度來看,今古文經學之争似乎已經退出了"喪服"學的詮釋舞臺,更多爲"鄭學"與"王學"之争所取代。衆所周知,三國魏王肅治學"不好鄭氏",鄭玄與王肅二人詮釋《喪服》制度所依據的儒家典籍文獻差異,往往導致二人對於禮經文本的解讀出現很大的歧見。例如,對《士虞禮》"中月而禫"一句,二人就出現了不同的理解。鄭玄注:"中,猶間也;禫,祭名也。與大祥間一月。自喪至此,凡二十七月。"鄭玄以二十七月爲禫,其依據是《禮記·雜記》"父在,爲母爲妻十三月大祥,十五月禫",因爲既然爲母爲妻祥、禫尚且異月,三年之喪的祥、禫也應當中間間隔一月。而王肅則根據《禮記·三年問》"三年之喪,二十五月而畢",認爲《士虞禮》"中月而禫"之"中"即中間的意思,而不是鄭玄理解的間隔之意;王肅還考察《春秋》文公二年冬"公子遂如齊納幣",僖公之喪,至此二十六月,《左傳》稱"納幣,禮也"。喪期結束後"納幣",《左傳》認爲合禮,故以爲二十五月禫除喪畢才是確詁,由此而引發了後世禮學家的争議。對於鄭玄與王肅二人之間的詮釋分歧,西晉時期不同學者往往從自身立場出發,做出不同的取捨評判。就上述所及諸家而言,如果說賀循治喪服《參用》鄭玄、王肅説而斟酌其中的話,那麽袁准、陳銓的喪服學研究更多是站在王肅學的立場上反對"鄭學",强調要推陳出新。

其三,這一時期十餘種《喪服》詮釋文獻當中,對於喪服規制的詮釋,仍然延繼三國時期的兩條詮釋理路,除劉兆、袁准、陳銓三家關注於《喪服》經傳條文的詮釋外,更多學者如衛瓘、杜預、賀循、環濟等人,他們往往兼采衆家所長,借鑒同時代禮學研究成果,並注重從情與理的角度,考察民間喪服規制的適用性,因時制禮,努力將儒家的禮制教化融於重構各種民間的禮儀制度之中。特別是賀循的"以情解禮"之法,使得傳統禮制的詮釋更加充滿了生命力。關於這一方面情況,上述諸家個案分析當中已有詳述,此不重複展開説明。

其四,從詮釋體式角度來看,相較於三國時期的同類著作,這一階段的《喪服》詮釋文獻所取詮釋體式更趨單一。詳審各家著述,在對《儀禮·喪服》篇經傳條文的詮釋上,基本上局限於"注體"這一詮釋體式,例如,劉兆的《儀禮注》,劉智的《喪服釋疑》,袁准的《喪服經傳注》,都是此類著作。至於三國時期普遍喜好的圖解體著作,例如,三國吳射慈所著《喪服變除圖》《喪服天子諸侯圖》,以及譙周所著《喪服圖》,就特別強調圖與文兩種詮釋方式的巧妙結合,以便於作者著述時直觀反映經義內容爲切入點,而到了西晉這一時期,却較少出現。目前已知的禮經學著作,僅有崔遊的《喪服圖》一書,由於是書散佚不存於世,難以考見其著作與《喪服》經傳的關係,但是選擇圖解體的著述方式,同樣是對於此前同類著作的承繼。

綜上所述,西晉時期的《喪服》制度及其《喪服》文本詮釋,從杜預、劉智、賀循、袁准、陳銓等人的詮釋著述釋讀情況來看,在《喪服》詮釋涉略面、詮釋理路、詮釋體式及其王鄭學術的紛爭等方面,呈現出"同異紛呈"的治學狀況,大體是建立在兩漢三國經學學術發展的基礎上,進一步深化和拓展的結果。

《通典》凶禮議初探

日本東北學院大學　下倉涉

一

本文準備對《通典》中關於凶禮的討論,進行初步考察。首先説明一下對其考察的緣由。

筆者曾以秦漢時期爲中心,對中國的家庭史、家族史展開了研究、分析。衆所周知,目前秦漢時期的考古學資料日趨增多,這些文字資料中有一些被認爲是當時的律。筆者根據這些新出土的材料,對傳統的文獻史料再次進行分析,發現了很多應該看作秦漢時期的非"父系"家庭關係、家族關係的案例。這種秦漢時期的非"父系"現象,到了六朝隋唐時期,應該消失或者減少,因此必須要探索其變化發生的具體過程。

爲了解決此課題,我們應該關注什麼樣的史料更爲有效呢?近年石刻史料日益豐富,利用這些新材料分析、探討該時期的家庭、家族,當然是一種有效的方法。但筆者認爲僅僅利用這種方式還稍顯不足。毫無疑問,目前秦漢時期的家庭史、家族史的研究有了飛躍發展,其重要原因就是發現了當時的律。把秦漢時期的律與其之後的唐律進行比較,可以明確很多秦漢時期的特點,而這些特點也成爲一種新的比較標準,大大提高了目前的研究水準。但考察六朝隋唐時,僅依靠分析石刻史料無法得到這樣高水準的研究成果,因爲這種分析能夠闡明的僅僅是個別家庭、家族的狀態,就算把這些個例都統合起來分析,也未必可以當做能夠體現出那個時期性格的比較標準。

但就算我們想利用六朝時期的律,所能夠利用的也極少。因此,必須要尋找可以代之的材料,而筆者首先想到的是"禮"(尤其是"凶禮")。六朝時期最早編纂的律爲西晉的泰始律,這是以"准五服以制罪"爲原則的中國最早的律。後世中律和"禮"(喪服)的關聯性逐漸加強,而且由於魏晉南北朝爲禮學盛行的時代,因此在《通典》中收錄了很多關於禮學的討論,而筆者採用《通典》的理由正基於此。

二

首先看《通典》的構成。《通典》共 200 卷,其中 100 卷是關於禮典的記載。這些禮典又分成 65 卷《歷代沿革禮》及 35 卷《開元禮》。前者又分成《吉禮》14 卷、《嘉禮》18 卷、《賓禮》2 卷、《軍禮》3 卷、《凶禮》27 卷五部分。在記載到迄至編纂時期禮制歷史的《歷代沿革禮》中,《凶禮》的卷數最多。從記載內容的量來看,如把《凶禮》作爲研究考察物件,一定會大有作爲的。

《歷代沿革禮》每一卷中都設立了一個或數個細目,介紹了歷代的制度、討論。《凶禮》的各個條目,如表 1(附文末,省略了卷 104、105)所示。下面是各卷的主要內容:

卷 79—81:關於皇帝、皇后喪服的討論

卷 82:關於皇子喪服的討論

卷 83—87:歷代喪葬制度

卷 88—92:五服制度。五卷中引用了《儀禮》喪服篇的記載及歷代討論

卷 94—96:關於家族間喪服的討論

卷 97:父母相繼而亡等非常規的喪服的討論

卷 98:對生離的祖父母、父母的喪服等非常規喪服的討論

卷 99:關於出嫁女性喪服的討論,以及關於屬吏、被選擇者的喪服的討論

卷 100—101、103:統稱爲"雜議"的討論

卷 102:涉及"改葬"的各種喪服討論

卷 104:有關謚號的討論

卷 105:由"喪禮雜制""禮廢"兩個條目構成,幾乎都是引用書經的內容

表 1(《凶禮》表,附文末)是把每個細目的制度所涉時代及相關討論整理而成的一覽表。首先值得注意的是卷 83—87,這些都是關於歷代喪葬制度的記載。雖説是歷代王朝,但主要記載的是周代和唐代的內容,前者的記載是從書經引用的,後者是爲《元陵儀注》的轉抄,或"如開元禮"這樣的形式表現。或許杜佑認爲,以開元禮爲代表的唐代禮制,其淵源爲周代禮制,並爲周代禮制發展的最終形態。筆者認爲,卷 83—87 的構成非常明顯地反映出杜佑的歷史觀。

但這祇是從結構上的特徵分析卷83—87,檢閱其他諸卷,會發現一些不同的"偏差"。根據統計結果,魏晉時期與劉宋時期的記事非常多,其中又以東晉時期最多。具體的統計,如下所示:①

三國68(曹魏35、吳17、蜀16)
晉175(西晉66、東晉109)
劉宋86

三

　　除以上"偏差"外,在其前後時期的記事上,也會發現别的"偏差"。表2(附文末)是把兩漢記事整理製成的表。有些記事在開頭寫著人名或書名,這裏用雙引號將其標出。另外,筆者確認爲從正史中引用的部分,在表中填寫正史的書名。後面的表3、表4的做成原則與表2相同。

　　西漢時期的記事總數爲25例(實際爲29例)。其中,在(8)(9)(10)(11)(13)(14)(19)(22)(36)(37)共10例中,可以確認"戴德"的姓名。此外(8)(9)(11)(14)4例中,也出現了《喪服變除》這一書名。戴德《喪服變除》著録于《舊唐書·經籍志》,雖在《隋書·經籍志》中没有提到,但在《魏書·禮志》《禮記正義》等書中能看到從此書所引的内容。以"戴德云"開頭的記事或許全都是引用於《喪服變除》。

　　此外,在西漢時期的記事中,有很多是以"石渠禮儀""石渠議""石渠禮"開頭的,這些記事爲(10)(12)(20)(21)(23)(24)(32)(34)(38)共9例(實際爲10例)。此書爲西漢宣帝甘露三年(前51)舉辦的石渠閣會議的會議記録,《隋書·經籍志》記有"《石渠禮論》四卷,戴聖撰"一書,應即爲此書。並且在《玉函山房輯佚書》中,也把《通典》此處内容解釋爲《石渠禮論》的佚文部分。此輯本把(18)中的"戴聖、聞人通漢皆以爲"之後的内容認定爲該書的佚文而摘取出來,所以如把這部分内容也加進來,除了以上10例,《通典》從《石渠禮論》中所引用的共計有11個記事。

　　東漢時期的記事有27例(實際爲39例),其中一半與鄭玄有關。(2)(14)(17)3例

---

① 這裏的資料表示的是各個時期的出現頻度,後面表中之資料也一樣。有些一個細目中收録了同一時期的多個記事,所以比每個細目所採用的記事實際數量更多。

以"鄭玄云"開頭,在(18)中記作"鄭玄注"。(3)(25)(26)(28)中,許慎《五經異義》之後,有"鄭玄駁云"這樣的記載。另外在(3)中,還有"眭生説""許氏又按""鄭玄按"這樣一連串的記載。筆者認爲,鄭玄把批評許慎的觀點寫成了《駁五經異義》,(3)(25)(26)(28)4例中出現的"許慎《五經異義》""鄭玄駁云"的内容都是從《駁五經議義》轉載的。

(28)(30)(31)(38)中看到的《鄭志》,在《隋書·經籍志》中著録爲"《鄭志》十一卷,魏侍中鄭小同撰",爲鄭玄與其弟子互相問答的記録集。(29)中雖没寫書名,但此記事也應該是引用了《鄭志》。並且(2)(9)(13)(23)(37)(39)的記事也是轉載于《鄭記》。《隋書·經籍志》中緊接著《鄭志》之後,著有"《鄭記》六卷,鄭玄弟子撰",此書爲鄭玄弟子們(同時也包含徒孫)之間舉行的問答集。也就是説,共計有11個記事引自《鄭志》、《鄭記》兩書。

東漢記事中,除了鄭玄評論,也出現了(4)的何休、(18)的馬融、(25)的蔡邕等人,這些人都是當時的大儒。關於(13)(14)(19)(33)中劉表的議論,根據《隋書·經籍志》的記載,存在《漢荆州刺史劉表定禮》一卷,《通典》中的記事或許就是引用此書。因此(13)的開頭中看到的"劉表後定喪服云"應該把"後定"改成"新定",解釋爲"劉表著書《新定喪服》云"才爲正確。①

除以上事例外,有一些事例在正史中也有所記載。從正史中能夠確鑿判斷的記事有(1)(2)(7)(40)4例,可能性比較大的有(4)(15)2例。但是即使增添了這兩例,引用正史内容的記事,總數也不過6例而已。而且在西漢的記事上,同樣的記事也只爲(1)(2)(35)3例。總而言之,從兩漢時期整體的事例數量來説,從正史中所引的事例是非常少的。

我們看一下表3(南北朝記事表,附文末),就會發現南北朝(除劉宋)時期的記事有著與兩漢時期完全相反的記録傾向。除了北齊(10)、梁(14)、南齊(15)3例外,其他事例都可以在正史中找到。南北朝時期毫無疑問也有從事禮學的專業人士,《隋書·經籍志》中著録了他們的著作。杜佑也一定知道這些書籍的存在,當然也看過這些書。儘管如此,這個時期的記事幾乎都是引用了正史,並且比較其總數,其事例的數量要少於兩漢。

---

① 關於《漢荆州刺史劉表新定禮》,《隋書·經籍志》以此書分爲《儀禮》之喪服類。雖然書名爲《新定禮》,但其内容主要關於喪服的。

四

南北朝時期的記事中,劉宋時期的屬於例外,就表4(劉宋記事表,附文末)來說,在《通典》中86個細目裏看到該時期的記事,而且發現這些記事有非常明顯的"偏差"。

首先是,考察卷83—87(討論歷代喪葬制度的部分),我們會發現這裏面有很多以"崔凱云"爲開頭的記事。"崔凱"是與(1)中的"崔元凱"爲同一人物,[①]而(1)中的《喪議》、(22)的《服節》、(56)的《喪服駁》皆爲此人的著書,此外《隋書·經籍志》中有《喪服難問》六卷,標明"崔凱撰"。

通讀卷83—87晉代的記事,可以多次看到賀循的名字,而劉宋時期則頻繁看到崔凱的名字。這應該是杜佑把二人都看作爲喪葬制度的專家。

接下來要注意的是,以"庾蔚之謂""庾蔚之云""庾蔚之曰"開頭的記事非常多。劉宋時期的記事,實際數量爲95,其中有65例就以這種形式出現,引用數量特別的多,而且引用方式上也非常具有特點。如,《通典》卷88《嫡孫持重在喪而亡次孫代之議》記載:

> 晉或人問徐邈:"嫡孫承重,在喪中亡,其從弟已孤,又未有子侄相繼,疑於祭事。"邈答:"今見有諸孫,而事無後,甚非禮意。禮'宗子在外,則庶子攝祭',可依此使一孫攝主,攝主則本服如故。禮,大功者主人之喪,猶爲之練祥再祭,況諸孫耶?若周既除,當以素服臨祭,依心喪以終三年。"
>
> 宋江氏問:"甲兒先亡,甲後亡,甲嫡孫傳重,未及中祥,嫡孫又亡,有次孫,今當應服三年不?"何承天答曰:"甲既有孫,不得無服三年者,謂次孫宜持重也。但次孫先以制齊縗,今得便易服,當須中祥乃服練居堊室耳。昔有問范宣云:'人有二兒,大兒無子,小兒有子,疑於傳重。'宣答'小兒之子應服三年。'亦粗可依。"
>
> 裴松之答何承天書云:"禮,嫡不傳重,傳重非嫡,皆不加服,明嫡不可二也。范宣所云次孫,本無三年之道。若應爲服後,次孫宜爲喪主,終竟三年,而不得服三年之服也。"
>
> 何承天與司馬操書論其事,操云:"有孫見存,而以疏親爲後,則不通。既不得立疏,豈可遂無持重者,此孫豈不得服三年邪?嫡不傳重,傳重非嫡,自施於親服卑,無關孫爲祖也。"

[①] 在《全宋文》卷56中,嚴可均關於崔凱解釋爲"凱,一作元凱"。

按庾蔚之謂:"嫡孫亡,無爲後者,今祖有衆孫,不可傳重無主,次子之子居然爲祖持重,范宣議是也。嫡孫已服祖,三年未竟而亡,此重議已立,正是不得卒其服耳。猶父爲嫡居喪而亡,孫不傳重也,次孫攝祭如徐邈所答。何承天、司馬操並云接服三年,未見其據。"

在分別列舉了徐邈、何承天、裴松之、司馬操(間接引用范宣)的議論之後,杜佑以按語形式引用了庾蔚之的議論。庾蔚之的觀點正好可以看做爲這一細目的結論。另外,《通典》卷95《母出有繼母非一當服次其母者議》中有如下記載:

晉劉智《釋疑》曰:"親母出則服繼母之黨。繼母既卒,則不服也。"虞喜《通疑》曰:"縱有十繼母,則當服次其母者之黨也。"蜀譙周云:"其母没,自服其母之黨,則繼母之黨無服。出母之子爲繼母之黨服,則爲其母之黨無服也。"

宋庾蔚之曰:"禮,己母被出,則服繼母之黨。繼母雖亡,己猶自服,不得舍前以服後也,當如喜議,服次其母者之黨也。"

這裏也把"庾蔚之曰"作爲總結本項的意見。此細目中的議論原本是庾蔚之著作中的一部分,被杜佑原封不動地轉載。

在某些專案中,有時也單獨引用庾蔚之的議論,但這種情況非常少。一般都是與上述兩例一樣,首先列舉劉宋以前禮學者的觀點,然後附上庾蔚之的議論。在《通典》有的項目中,也有先引用魏晉的議論,然後杜佑再追加自己的評論。如在下面提到的《通典》卷88《孫爲祖持重議》中,杜佑先就是先引用了晉代的庾純、劉智、劉寶、王敞、吳商、成洽的論點,然後以"試評曰"的方式,發表自己的觀點:

試評曰:庾純云:"古者重宗,防其爭競,今無所施矣。"又云:"律無嫡孫先諸父承財之文,宜無承重之制也。"劉寶亦云:"經無爲祖三年之文。"王敞難曰:"《小記》云'祖父卒,而爲祖母後者三年',則爲祖父三年可知也。"博士吳商云:"禮貴嫡重正,其爲後者皆服三年。"夫人倫之道有本焉,重本所以重正也,重正所以明尊祖也,尊祖所以統宗廟也,豈獨爭競之防乎?是以宗絶而繼之,使其正宗百代不失也。其繼宗者,是曰受重,受重者必以尊服服之,若不三年,豈爲尊重正祖者耶?……。成洽云"若嫡孫爲祖如父三年,則祖亦爲孫如長子三年也"者,且祖重嫡孫,服加一等,孫承重而服祖不加,是爲報服,何乃孫卑反厭祖尊?非禮意也。以情求理,博士吳商議之當矣。

但這是一個極爲特殊的例子,因爲在《凶禮》中僅此處有杜佑的評論。一般而言,在總結迄至魏晉時期議論的情況下,杜佑不會寫出自己的評論,而是代以庾蔚之的觀點。

關于庾蔚之,《宋書》卷55《使臣曰》中記爲"蔚之略解禮記,并注賀循喪服行于世",又看了《隋書·經籍志》,其中著録了以下7本書籍:

《喪服》三十一卷,宋員外郎散騎庾蔚之撰
《喪服要記》[賀循撰],宋員外常侍庾蔚之注
《喪服世要》一卷,庾蔚之撰
《禮記略解》十卷,庾氏撰①
《禮論鈔》二十卷,庾蔚之撰
《禮答問》六卷,庾蔚之撰
《宋庾蔚之集》十六卷

可以説庾蔚之是禮學、尤其是喪服禮方面的行家。與上述的崔凱一樣,《凶禮》中能夠見到的人物都是那個時期的禮學家,但無論是庾蔚之,還是崔凱,在正史中都没有此二人的傳記,前面引用史料中出現的人物中,司馬操、庾純、劉智、劉寶、王敝、吳商、成洽也没有傳記。因此我們就當爲補充正史的不足,也需要更加有效的利用《通典》。

五

最後説到一下魏晉時期的記事。

魏晉時期的記事數量不僅非常多,體裁也豐富多彩。其中比較有意思的是問答形式的記事。比如《通典》卷101《爲廢疾子服議》中有如下記載:

(a) 晉劉智《釋疑》:"問曰:'今有狂癡之子,不識菽麥,又能行步,起止了無人道,年過二十而死者。或以爲禮無廢疾之降殺,父當正服服之邪?以爲殤之不服,

---

① 《旧唐書·經籍志》、《新唐書·藝文志》中都把"《禮記略解》十卷"的撰者記作"庾蔚之"。

爲無所知邪？此疾甚於殤，非禮服所加也。禮之所不及，以其從例所知故也，不宜服矣。此二者將焉從？'智答曰：'無服之殤，至愛過於成人，以其於生性自然未成，因斯而不服，以漸至於成人，順乎其理者也。至於廢疾，多感外物而得之，父母養之，或不盡理而使之然，仁人痛深，不忍不服。故禮不爲作降殺，不得同殤例也。'"

（b）王徽之問劉玢廢疾兄女服："記云'其夫有廢疾又無子傳重者，舅爲之服小功'。又云'長子有廢疾，降傳重也'。此二條皆以其廢疾降嫡從庶。謂如此雖非嫡長而有廢疾，既無求婚許嫁理，且慶弔烝嘗皆不得同之於人，不知當制服不？"劉玢答："若嫡子有廢疾，不得受祖之重，則服與衆子同在齊縗，蓋以不堪傳重，故不加服，非以廢疾而降也。子婦之服，例皆小功，以夫當受重，則加大功。若夫有廢疾，則居然小功，亦非降也。喪服經齊縗章，爲君之祖父。傳曰'從服也'。鄭注曰：'爲君有祖之喪者，祖有廢疾不立也。'從服例降本親一等，君服斬，故從服周。唯孫不敢降祖，此亦是廢疾不降之一隅也。"

上面的史料可以分成（a）（b）兩部分，其中（a）爲西晉劉智所著的《喪服釋疑》中的部分內容，而（b）的出處則不明。作爲採用問答形式的著作，第三節中提到的《鄭志》《禮記》都是比較典型的。而且在《石渠禮論》中，也能夠找到以問答方式展開討論的事例。《通典》卷83《初喪》中有以下記載：

漢《石渠議》："聞人通漢問云：《記》曰：'君赴於他國之君曰不祿，夫人曰寡小君不祿，大夫士或言卒死。'皆不能明。戴聖對曰：'君死未葬曰不祿，既葬曰薨。'又問：'尸服卒者之上服。士曰不祿，言卒何也？'聖又曰：'夫尸者，所以象神也。其言卒而不言不祿者，通貴賤尸之義也。'通漢對曰：'尸，象神也，故服其服。士曰不祿者，諱辭也。孝子諱死曰卒。'"

如果向前追溯，《論語》《孟子》的基本編寫體裁也是採用了問答的形式，這在中國學術史上，是一種非常傳統、經典的論述方式。但我們翻閱《隋書·經籍志》，會發現這些以問答爲體裁的書籍也發生了一些歷史性的變化。我們僅以禮學範疇爲限，《經籍志》著錄了很多含有"問""答"方式的書籍。根據撰者所處時代，可以看出這些書籍創作於東晉到梁代：

《禮論答問》八卷，宋中散大夫徐廣撰

《禮論答問》十三卷,徐廣撰。
《禮答問》二卷,徐廣撰,殘缺
《禮答問》六卷,庾蔚之撰
《禮答問》三卷,王儉撰
《禮答問》十二卷
《禮雜問》十卷,范寧撰
《禮答問》十卷,何佟之撰
《禮雜答問》八卷
《禮雜答問》六卷
《禮雜問答鈔》一卷,何佟之撰
《問禮俗》十卷,董勳撰
《答問雜議》二卷,任預撰
《禮儀答問》八卷,王儉撰

可以看出,這裏面有些書是同一書名或相似書名,而撰者徐廣、王儉、何佟之三人的名字也有重複。

翻閱《舊唐書·經籍志》《新唐書·藝文志》,雖然不存在像《隋書》那樣"不可解"的問題,但所著錄的書籍數量減少了一半。以下內容來自《新唐書》:

徐廣《禮論問答》九卷
范寧《禮問》九卷
范寧《禮論答問》九卷
董勳《問禮俗》十卷
王儉《禮儀答問》十卷
王儉《禮答問》十卷
何佟之《禮答問》十卷
戚壽《雜禮義問答》四卷
《禮雜問答》十卷

按照著錄順序,書名、卷數有所不同,無法將全部的書籍進行比對,但可以明確知道的是最後的兩本書並沒有出現在《隋書》中。關於"戚壽"的情況,目前完全沒有綫索。但是觀察一下這個著録順序,此人應爲南北朝時期的人物。另外,最後的《禮雜問答》,也可從著録順序推測,因爲此書前後都是唐人的著作,所以應該也是在唐代創作的書籍。①

綜上所述,從《新唐書·藝文志》中可以看出以下兩點。第一,與編修《隋書》時相比,此部分在《新唐書》的著録數已大幅減少。第二,此分野的書目中,于唐代新創作的書僅有一種。在東晉南朝時期,人們對問答形式的禮學書持有很大興趣,有很多與禮學有關的問答集在這個時期問世,也就是説,東晉南朝時是爲創作禮學問答集的全時期。這裏再補充一點,在《隋書·經籍志》中也著録了很多關於喪服的問答集。有以下四書:

《喪服答要難》一卷,袁祈撰
《喪服疑問》一卷,樊氏撰
《喪服要問》一卷
《喪服問答目》十三卷,皇侃撰

這些書籍在《舊唐書·經籍志》《新唐書·經籍志》中都没有提到。或許在唐代,大家對此種類型的問答集已經不再關心。②

我們再談《通典》中魏晉時代的記事。《凶禮》收録的以魏晉時期爲物件的記事中,以問答形式的内容多出現在卷94以後諸卷的議論部分。此部分的内容在喪服事項中看來,也都是一些極爲具體的事例,即家族間等發生的個别、非常規的案例。以問答形式討論現實中發生的各種問題,這樣的解説方式非常直截了當、通俗易懂。經書中的規定過於簡略,僅靠經書的内容無法有效地處理層出不窮的每個問題。因此,這些問答作爲一本對經書的内容進行補充的説明書,被以記録、搜集。在這個時期盛行編撰的問答集正是具有這樣的成果。

筆者認爲,在整個六朝時期,這種記録、搜集的工作都在一直進行。那麽爲什麽《通典》只集中採録了魏晉時期的問答記事呢?原本《凶禮》中的記事全部都具有這樣的編纂傾向,我們是否可以認爲,這個時期的"偏差"忠實地反映了當時歷史的實際風潮?還是把其看作爲杜佑有意識地選擇呢?假設答案是後者的話,那麽這是其個人的想法,還是當時學術界的一般看法呢?各種疑問層出不窮。

---

① 《舊唐書·經籍志》中未見《禮雜問答》。
② 筆者認爲,上述的西晉劉智《喪服釋疑》也應是關於喪服的問答集。此書在《隋書·經籍志》中歸爲佚亡書。而在《舊唐書·經籍志》中有所著録,在唐代應該還存在,也有可能在唐代爲輯本。但是把此書的存在作爲討論當時人們對喪服問答集的程度來討論,還是爲時過早。

表 1 《凶禮》表

	五帝	夏	殷	周	西漢	東漢	曹魏	西晉	東晉	劉宋	南齊	梁	陳	北魏	北齊	北周	隋	唐
卷79	大喪初崩及山陵制				◎	◎	◎	◎	◎	◎	◎			◎					◎
	總論喪期	◎		◎		◎		◎	◎	◎					◎		◎	◎	◎
	奔大喪				◎	◎	◎	◎	◎	◎									◎
卷80	未踰年天子崩諸侯薨議						◎			◎									
	天子繼年兄弟統制服議							◎		◎									
	天子不降服及降服議																		
	天子爲皇后父母服議																		
	天子爲庶祖母持重服議					◎				◎	◎			◎					
	天子立庶年爲太子薨服議							蜀	◎	◎	◎			◎					◎
	天子爲母黨服議						◎	吳	◎										
	天子弔大臣服議				◎		◎	吳	◎	◎				◎					◎
	天子弔大臣及諸親舉哀議								◎	◎									
	國有大喪使者章服及不爵命議																		
	天子諸侯之庶昆弟及妾子爲母服議					◎					◎								
卷81	公主服所生議									◎	◎								
	諸王子所生母嫁爲慈母服議									◎	◎								
	諸侯及公卿大夫爲天子服議				◎	◎				◎	◎								◎
	諸侯之大夫爲天子服議				◎	◎		吳		◎									
	皇太后公主及三夫人以下爲天子服杖議								◎	◎	◎								◎
	諸王女孫女爲天子服議								◎										

續表

	五帝	夏	殷	周	西漢	東漢	曹魏	西晉	東晉	劉宋	南齊	梁	陳	北魏	北齊	北周	隋	唐
卷81 宗室童子爲天子服制議								◎										
童子喪服議				◎	◎		蜀吳	◎		◎								
皇后降服及不降服議							◎吳	◎										
皇后爲親屬舉哀議							吳		◎								◎	◎
爲皇后大祥忌日臨哭議									◎									
皇后親爲皇后服議									◎	◎								
諸侯及公卿妻爲皇后服議							吳		◎	◎								
蕃國臣爲皇后服議									◎	◎								
卷82 皇太子降服議								◎	◎	◎								
皇太子爲皇太后不終三年服議									◎	◎								
皇太子爲所生母服議								◎	◎	◎								
諸王傳重爲所生母服議								◎	◎	◎								
諸王出後爲本父母及所生母服議									◎	◎								
爲皇太子服議										◎	◎							
爲皇太子妃服議											◎							
爲皇太子太孫殤服議										◎		◎		◎				
爲諸王殤服議										◎								
王侯世子殤服議									◎									
繼殤後服議																		
卷83 初喪				◎	◎	◎	◎											
復				◎														◎

續表

		五帝	夏	殷	周	西漢	東漢	曹魏	西晉	東晉	劉宋	南齊	梁	陳	北魏	北齊	北周	隋	唐
卷83	天子諸侯大夫士弔哭議				◎	◎	◎	蜀	◎	◎	◎								◎
	三不弔議				◎						◎								
	沐浴				◎			◎											◎
	含				◎														◎
	襲				◎			◎											◎
	設冰				◎														◎
卷84	設銘			◎	◎					◎	◎	◎				◎			◎
	懸重				◎	◎		◎	◎		◎								◎
	始死服變				◎			吳											◎
	始死譔				◎														◎
	小斂				◎														◎
	既小斂斂发服變				◎														◎
	小斂奠			◎	◎														◎
	棺椁制	◎	◎	◎	◎														◎
	大斂				◎														◎
卷85	國君視大夫士喪之大斂			◎	◎														
	大斂奠			◎	◎														◎
	殯			◎	◎														◎
	將葬筮宅			◎	◎														◎
	啓殯朝廟				◎														◎

《通典》凶禮議初探　179

續　表

	五帝	夏	殷	周	西漢	東漢	曹魏	西晉	東晉	劉宋	南齊	梁	陳	北魏	北齊	北周	隋	唐
卷86	鸞車馬明器及飾棺			◎														◎
	祖奠			◎		◎			◎									◎
	賵賻			◎														◎
	遣奠			◎					◎									◎
	器行序			◎	◎				◎	◎								◎
	挽歌			◎					◎									◎
	葬儀			◎		◎			◎	◎								◎
	虞祭			◎														
	既虞餞尸及卒哭祭			◎					◎									◎
卷87	袝祭		◎															◎
	小祥變			◎														◎
	大祥變			◎														◎
	禫變			◎														
	五服成服及變除																	◎
	五服袒免制度			◎														
	斬縗喪既葬緝縗議							蜀◎	◎	◎								
卷88	斬縗三年			◎	◎	◎		◎		◎								
	孫爲祖持重議							◎		◎								
	孫爲庶祖持重議							◎										
	嫡孫亡無後次孫爲祖持重議									◎								
	嫡孫持重在喪而亡次孫代之議								◎									

續表

	五帝	夏	殷	周	西漢	東漢	曹魏	西晉	東晉	劉宋	南齊	梁	陳	北魏	北齊	北周	隋	唐
卷89	齊縗三年				◎	◎		◎	◎									
	後妻子為前母服議							◎										
	前妻被掠沒賊後得還後妻之子為服議							◎	◎									
	為高高祖母及祖母持重服議				◎		◎	◎		◎				◎				◎
	齊縗杖周							◎		◎								◎
	父卒母嫁復還及庶子為嫡母繼母改嫁服議								◎									
卷90	父在為母出母嫁服議				◎	◎		◎	◎									
	父卒為嫁母服				◎	◎												◎
	齊縗不杖周				◎													
	齊縗三月				◎			◎	◎	◎								
卷91	大功殤服九月七月				◎		吳	◎	◎	◎								◎
	大功成人九月				◎		◎吳蜀	◎	◎	◎								◎
	為衆子婦				◎		蜀	◎	◎									
	小功殤服五月				◎													
	小功成人服五月				◎	◎	蜀	◎	◎	◎								◎
	嫂叔服				◎		◎	◎	◎									◎
卷92	緦麻殤服三月				◎			◎	◎									
	緦麻成人服三月				◎		吳	◎	◎	◎								◎
	舅之妻及堂姨舅																	◎
	兩妾相為服								◎									

續表

		五帝	夏	殷	周	西漢	東漢	曹魏	西晉	東晉	劉宋	南齊	梁	陳	北魏	北齊	北周	隋	唐
卷93	王侯兄弟繼統服議								◎	◎	◎								
	未諭年大喪不立廟議						◎												
	未諭年君稱議						◎												
	三公諸侯大夫降服議				◎	◎	◎		◎										
	諸侯大夫子降服議							◎蜀吳											
	諸侯夫人及大夫妻降服議							◎蜀吳											
	貴不降服議							◎蜀吳											
	諸侯爲所生母服議				◎		◎												
	公子爲其母服議				◎					◎									
	奔喪及除喪而後歸制				◎				◎?	◎									
	士爲所生母服議				◎				◎	◎									
卷94	庶子父在爲嫡母服議																		
	爲父後出母更還依己服議							◎			◎								
	爲人後爲出母及出祖母服議								◎										
	爲父後爲嫁母及繼母嫁服議								◎		◎								
	爲出繼母不服議						◎	◎											
	繼母亡前家子取喪柩去服議								◎		◎								
	出母父遺命令繼母子服議								◎		◎								
	父卒繼母還親前親子家繼子爲服議								◎		◎								

續表

		五帝	夏	殷	周	西漢	東漢	曹魏	西晉	東晉	劉宋	南齊	梁	陳	北魏	北齊	北周	隋	唐
卷94	父卒繼母還前繼子家後繼子爲服議									◎									
	大夫士爲慈母服議						◎	蜀	◎	◎									
	前母黨爲親及服議									◎									
	親母无黨繼母黨議						◎												
	母出有繼母非一當服次其母議							蜀		◎	◎								
	從母被出母從兄弟服議									◎	◎								
	繼君母黨服議									◎	◎								
	娶同堂姊之女爲妻姊亡服議									◎					◎				
卷95	妻已亡族之女爲妻父母服議									◎									
	從母適族父服議									◎									
	爲同族兄弟妻服議									◎									
	族父是女君黨先女君爲服議									◎					◎				
	妾爲先女君黨服議									◎									
	庶子爲後妻爲其妻爲本舅姑服議									◎									
	總論爲人後議				◎	◎		◎		◎									
	夫爲祖曾祖高祖父母持重妻從服議									◎	◎								
卷96	出後者卻還爲本父服及追服所後父議								◎	◎	◎								
	出後者爲本父母服議									◎	◎								
	出後子爲本親服議								◎	◎	◎								
	出後子爲本庶祖母服議									◎	◎								

续表

		五帝	夏	殷	周	西漢	東漢	曹魏	西晉	東晉	劉宋	南齊	梁	陳	北魏	北齊	北周	隋	唐
卷96	父爲高祖持重子當何服議									◎									
	爲庶子後爲庶祖母服議									◎	◎								
	所後之母見出服議								◎										
	爲族曾祖後服議																		
	並有父母之喪及練日居廬堊室議				◎					◎	◎								
	父未殯而祖亡服議									◎	◎								
	父喪內祖亡作二主立二廬議				◎					◎	◎								
	居重喪遭輕喪易服議				◎					◎	◎								
	長殤中殤變三年之葛議									◎	◎								
卷97	居親喪既殯遭兄弟喪及聞外喪議				◎				◎吳蜀	◎									
	居親喪除旁親服議				◎					◎									
	婦人有夫喪而母亡服議						◎			◎									
	居所後父喪有本親喪服議									◎	◎								
	有祖喪而父亡服議									◎	◎								
	祖先亡父後卒而祖母亡服議				◎						◎								
	爲祖母持重既練而母亡服議									◎	◎								
	既練爲人後服所後父議									◎	◎								
	兼親服議										◎								
卷98	生不及祖父母不稅服議				◎				◎	◎						◎			
	小功不稅服議										◎								

續 表

		五帝	夏	殷	周	西漢	東漢	曹魏	西晉	東晉	劉宋	南齊	梁	陳	北魏	北齊	北周	隋	唐
卷 98	庶祖母慈祖母服議								◎	◎	◎								
	君父乖離不知死亡服議							◎		◎?									
	父母乖離不知死亡及不知死亡服議								◎	◎									
	爲姑姊妹女子子無主後者服議				◎	◎		吳		◎	◎								
	叔母舅姑遣還未嫁而亡爲服議								◎?										
	寡叔母志兄迎還密聘受聘未知而亡服議								◎?										
	已拜時而夫死服議							◎		◎	◎								
卷 99	郡縣守令遷臨未至而亡新舊吏爲服議									◎	◎								
	吏受令君使聞舊君薨服議				◎					◎									
	與舊君不通服議									◎									
	秀孝爲舉將服議							◎											
	郡縣吏爲守令服議							◎蜀	◎	◎	◎								
卷 100	喪遇閏月議				◎						◎	◎	◎		◎				
	忌日議					◎													
	納后值忌月議																		◎
	爲嫉疾子服議				◎				◎	◎	◎								
卷 101	罪惡絕服議				◎			蜀	◎	◎	◎								
	師弟子相爲服議				◎					◎	◎								

续表

		五帝	夏	殷	周	西漢	東漢	曹魏	西晉	東晉	劉宋	南齊	梁	陳	北魏	北齊	北周	隋	唐
卷101	朋友相爲服議				◎	◎		◎		◎									
	除心喪議									◎									
	周喪察舉議								◎										
	改葬服議				◎	◎	◎	◎吳		◎	◎				◎				
	嫡孫有父喪未练改葬祖服議								◎	◎									
	有小功喪及兄喪在殯改葬父母服議							◎		◎									
卷102	改葬父母出適女服議								◎	◎									
	改葬前母及出母服議								◎	◎									
	母非罪被出父亡後改葬議									◎									
	改葬反虞議							吳		◎	◎								
	父母墓毁服議									◎	◎								
	假葬墙壁閒三年除服議				◎				◎	◎	◎		◎						
	三年而後葬變除議				◎	◎			◎	◎									
	久喪不葬服議						◎	吳		◎	◎		◎						
	父母死亡失尸柩服議						◎		◎	◎	◎								
卷103	婦喪久不葬服議				◎		◎			◎	◎								
	祭遷葬議							蜀		◎	◎								
	招魂葬議				◎			◎		◎		◎							
	疑墓議																		

《通典》凶禮議初探　185

表 2　兩漢記事表

		西　漢	東　漢	
(1)	大喪初崩及山陵制	"《漢舊儀》曰" "《風俗通》云" 《漢書・文帝紀》	《續漢書》禮儀志下	卷 79
(2)	總論喪期	《宋書・禮志二》	"鄭玄云" "陳鑠問/泛閣答" 《宋書》禮志二	卷 80
(3)	奔大		"許慎《異義》云/鄭玄駁云" "睢生説/許氏又按/鄭玄按"	卷 80
(4)	未踰年天子崩諸侯薨議		"何休答曰" 《後漢書・周舉傳》？	卷 80
(5)	天子爲庶祖母持重服議	不明		卷 81
(6)	天子爲母黨服議		不明	卷 81
(7)	天子爲大臣及諸親舉哀議		《宋書・禮志四》	卷 81
(8)	天子諸侯之庶昆弟及妾子爲母服議	"戴德《喪服變除》曰"		卷 81
(9)	諸侯及公卿大夫爲天子服議	"戴德《喪服變除》云"	"張祖高問/謝沈答"	卷 81
(10)	諸侯之大夫爲天子服議	"戴德云" "《石渠禮》曰"		卷 81
(11)	童子喪服議	"戴德《變除》曰"		卷 81
(12)	初喪	"石渠議"	"《五經通義》云" "《白虎通》曰"	卷 83
(13)	天子諸侯大夫士弔哭議	"戴德曰"	"劉德問/田瓊答" "劉表後定喪服云"	卷 83
(14)	始死服變	"戴德《喪服變除》云"	"鄭玄云" "劉表云"	卷 84
(15)	薦車馬明器及飾棺		《續漢書・禮儀志下》？	卷 86
(16)	挽歌	不明		卷 86
(17)	虞祭		"鄭玄云"	卷 87
(18)	斬縗三年	"戴聖・聞人通漢皆以爲"	"馬融注《喪服經》" "鄭玄注《小記》"	卷 88

續表

		西　漢	東　漢	
（19）	齊縗三年	"戴德云"	"劉表云"	卷89
（20）	父卒爲嫁母服	"《石渠議》"		卷89
		"《石渠禮議》"		
（21）	齊縗三月	"《石渠禮議》"		卷90
（22）	大功殤服九月七月	"戴德云"		卷91
（23）	小功成人服五月	"《石渠禮議》"	"陳鑠問/泛閣答"	卷92
（24）	緦麻成人服三月	"《石渠禮議》"		卷92
（25）	未踰年大喪不立廟議		"許慎《五經異議》曰/鄭玄駁云"	卷93
			"蔡邕云"	
（26）	未踰年君稱議		"《白虎通》云"	卷93
			"許慎《五經異議》曰/鄭玄駁云"	
（27）	三公諸侯大夫降服議	"漢魏故事"		卷93
（28）	諸侯爲所生母服議		"許慎《五經異議》曰/鄭玄駁云"	卷93
			"《鄭志》趙商問/鄭玄答"	
			"薛公謀議曰"	
（29）	爲出繼母不服議		"鄭玄答/趙商問"	卷94
（30）	大夫士爲慈母服議		"《鄭志》趙商問/鄭玄答"	卷94
（31）	親母無黨服繼母黨議		"《鄭志》趙商問/鄭玄答"	卷95
（32）	總論爲人後議	"《石渠議》"		卷96
（33）	祖先亡父後卒而祖母亡服議		"劉表"	卷97
（34）	爲姑姊妹女子子無主後者服議	"《石渠禮議》曰"		卷99
（35）	忌日議	《漢書·翼奉傳》		卷100
（36）	朋友相爲服議	"戴德云"		卷101
（37）	改葬服議	"戴德云"	"陳鑠問/趙商答"	卷102
（38）	久喪不葬服議	"《石渠禮議》"	"《鄭志》趙商問/或答"	卷103
（39）	父母死亡失屍柩服議		"桓翱問/泛閣答"	卷103
（40）	禁遷葬議		《魏志·邴原傳》	卷103

表 3　南北朝記事表

		南 齊	梁	陳	北 魏	北 齊	北 周	
(1)	大喪初崩及山陵制			《隋書・禮志三》				卷 79
(2)	總論喪期				《魏書・禮志三、四》		《周書・武帝紀》?	卷 80
(3)	天子爲皇后父母服議			《隋書・禮志三》	《魏書・禮志四》			卷 80
(4)	爲皇太子服議	《南齊書・禮志下》						卷 82
(5)	爲太子妃服議				《魏書・禮志四》			卷 82
(6)	爲諸王殤服議		《隋書・禮志三》					卷 82
(7)	設銘	《南齊書・禮志下》				《隋書・禮志三》		卷 84
(8)	薦車馬明器及飾棺					《隋書・禮志三》		卷 86
(9)	爲高曾祖母及祖母持重服議				《魏書・禮志四》			卷 89
(10)	生不及祖父母不稅服議					"張亮云"		卷 98
(11)	喪遇閏月議	《南齊書・禮志下》	《隋書・禮志三》		《魏書・禮志四》			卷 100
(12)	改葬服議				《魏書・禮志四》			卷 102
(13)	父母墓毀服議		《隋書・禮志三》					卷 102
(14)	久喪不葬服議		"劉昭難劉世明云"					卷 103
(15)	疑墓議	"張融評"						卷 103

表 4　劉宋記事表

(1)	大喪初崩及山陵制	"崔元凱《喪儀》云"	卷 79
(2)	總論喪期	《宋書・禮志二》	卷 80
(3)	天子爲皇后父母服議	《宋書・禮志二》	

續　表

(4)	天子爲庶祖母持重服議	"庾蔚之謂"	卷81
(5)	天子立庶子爲太子薨服議	"庾蔚之謂"	
(6)	天子爲母黨服議	"庾蔚之謂"	
(7)	公主服所生議	"庾蔚之云"	
(8)	諸王子所生母嫁爲慈母服議	"庾蔚之云"	
(9)	皇太后長公主及三夫人以下爲天子服杖議	《宋書・禮志二》	
(10)	童子喪服議	"庾蔚之謂"	
(11)	皇后親爲皇后服議	"庾蔚之謂"	
(12)	諸侯及公卿妻爲皇后服議	"庾蔚之謂"	
(13)	蕃國臣爲皇后服議	"庾蔚之謂"	
(14)	皇太子降服議	"庾蔚之謂"	卷82
(15)	皇太子爲太后不終三年服議	《宋書・禮志二》	
(16)	諸王傳重爲所生母服議	"庾蔚之謂"	
(17)	諸王出後降本父母及所生母服議	"庾蔚之謂"	
(18)	爲太子妃服議	《宋書・禮志二》	
(19)	爲諸王殤服議	"庾蔚之謂"	
		《宋書・禮志二》	
(20)	王侯世子殤服議	"庾蔚之謂"	
(21)	天子諸侯大夫士弔哭議	"崔凱云"	卷83
		"樂亮問/徐廣答"	
(22)	三不弔議	"崔凱《服節》云"	
(23)	設銘	《南齊書・禮志下》	卷84
(24)	懸重	"崔凱云"	
(25)	始死服變	"崔凱云"	
(26)	遣奠	"崔凱云"	卷86
(27)	挽歌	《宋書・禮志二》	
(28)	虞祭	"崔凱云"	卷87
(29)	祔祭	"崔凱云"	
(30)	斬縗喪既葬緝縗議	"庾蔚之謂"	
(31)	斬縗三年	"庾蔚之云"	卷88
(32)	孫爲庶祖持重議	"庾蔚之謂"	

續　表

(33)	嫡孫持重在喪而亡次孫代之議	"江氏問/何承天答"	卷88
		"裴松之答何承天書云"	
		"何承天與司馬操書/司馬操云"	
		"庾蔚之謂"	
(34)	齊縗三年	"崔凱云"	卷89
		"庾蔚之謂"	
(35)	爲高曾祖母及祖母持重服議	"庾蔚之謂"	
(36)	父卒母嫁復還及庶子爲嫡母繼母改嫁服議	"庾蔚之云"	
(37)	大功殤服九月七月	"庾蔚之謂"	卷91
(38)	大功成人九月	"庾蔚之謂"	
(39)	小功成人服五月	"庾蔚之謂"	卷92
(40)	嫂叔服	"庾蔚之云"	
(41)	緦麻成人服三月	"袁悠問/雷次宗答"	
		"庾蔚之謂"	
(42)	王侯兄弟繼統服議	《宋書·禮志二》	卷93
(43)	爲父後出母更還依己爲服議	"庾蔚之謂"	卷94
(44)	爲父後爲嫁母及繼母嫁服議	"崔凱云"	
		"庾蔚之謂"	
(45)	繼母亡前家子取喪柩去服議	"庾蔚之謂"	
(46)	出母父遺命令還繼母子服議	"庾蔚之謂"	
(47)	父卒繼母還前親子家繼子爲服議	"庾蔚之謂"	
(48)	父卒繼母還前繼子家後繼子爲服議	"庾蔚之謂"	
(49)	親母无黨服繼母黨議	"庾蔚之謂"	卷95
(50)	母出有繼母非一當服次其母者議	"庾蔚之曰"	
(51)	從母被出爲從母兄弟服議	"庾蔚之曰"	
(52)	繼君母黨服議	"庾蔚之按"	
(53)	妻已亡爲妻父母服議	"庾蔚之謂"	
(54)	夫爲祖曾祖高祖父母持重妻從服議	"庾蔚之謂"	卷96
(55)	出後者却還爲本父服及追服所後父議	"庾蔚之云"	
(56)	出後子爲本親服議	"崔凱《喪服駁》云"	
(57)	出後子爲本庶祖母服議	"庾蔚之謂"	

續表

(58)	爲庶子後爲庶祖母服議	"庾蔚之謂"	卷96
(59)	爲族曾祖後服議	"庾蔚之謂"	
(60)	並有父母之喪及練日居廬堊室議	"庾蔚之謂"	卷97
(61)	父未殯而祖亡服議	"庾蔚之謂"	
(62)	父喪内祖亡作二主立二廬議	"庾蔚之謂"	
(63)	居重喪遭輕喪易服議	"崔凱云"	
(64)	長殤中殤變三年之葛議	"庾蔚之謂"	
(65)	居所後父喪有本親喪服議	"庾蔚之謂"	
(66)	有祖喪而父亡服議	"孟氏問/周续之答"	
(67)	爲祖母持重既葬而母亡服議	"庾蔚之謂"	
(68)	既練爲人後服所後父服議	"何承天問/荀伯之答/司馬操難"	
(69)	兼親服議	"庾蔚之謂"	
(70)	小功不稅服議	"庾蔚之謂"	卷98
(71)	庶祖母慈祖母議	"庾蔚之云"	
(72)	爲姑姊妹女子子无主後者服議	"庾蔚之謂"	卷99
(73)	寡叔母守志兄迎還密受聘未知而亡服議	"庾蔚之云"	
(74)	郡縣守令遷臨未至而亡新舊吏爲服議	"庾蔚之謂"	
(75)	秀孝爲舉將服議	"庾蔚之謂"	
(76)	郡縣吏爲守令服議	"庾蔚之謂"	
(77)	喪遇閏月議	《宋書·禮志二》	卷100
(78)	爲廢疾子服議	"庾蔚之以爲"	卷101
(79)	罪惡絶服議	"庾蔚之謂"	
(80)	師弟子相爲服議	"庾蔚之謂"	
(81)	改葬服議	"庾蔚之謂"	卷102
(82)	改葬反虞議	"庾蔚之謂"	
(83)	父母墓毀服議	"庾蔚之謂"	
(84)	三年而後葬變除議	"庾蔚之問答曰"	卷103
(85)	婦喪久不葬服議	"蔡廓問/雷次宗答"	
		"庾蔚之曰"	
(86)	招魂葬議	"庾蔚之論"	

也談唐代郊廟祭祀中的"始祖"問題

首都師範大學歷史學院　吴麗娛

"始祖"與"太祖"是中古郊廟祭祀爭議中經常見到的兩個詞彙,以往的研究關於太祖的討論較多,[①]對於始祖問題却關注不多且概念含混不清。近見華喆《中古廟制"始祖"問題再探》一文,[②]對鄭玄學説中的"太祖"與"始祖"含義加以辨析,不僅解讀了鄭玄和王肅經學概念上關於始祖的分歧,糾正了前人認識上的錯誤,還對唐趙匡新《春秋》學下的始祖新義及其對宋代的影響予以討論。在他之後,陳赟又有《鄭玄"六天"説與禘禮的類型及其天道論依據》和《"以祖配天"與鄭玄禘論的機理》二文,[③]深入論證了鄭玄理論的來源、依據、内涵以及禘禮的類型機制,其中也涉及對趙匡始祖廟理論的深刻分析,讀之深受啓發。衹是中古的始祖問題在唐代實關係重大,二文雖都涉及唐朝特别是新《春秋》學派的創獲,但由於具體結合唐朝現實問題的討論較少,故感對唐朝始祖廟來源及意義的分析仍有所不足。本文衹是在其文啓發之下,對唐朝的始祖廟問題略作補充和回應,以便從郊廟祭祀的改革出發,完善和深化這一問題的討論,進一步提供對於唐朝郊廟祭祀中家國關係的理解。

一、太祖、始祖問題的争議及國家宗廟制度的確立

宗廟的始祖和太祖問題伴隨經學的發展而産生。誠如華喆文中已指出,始祖一詞雖然早見經典,但真正引入這一概念的,還是鄭玄的學説。如《儀禮·喪服傳》鄭注對"諸侯及其大祖,天子及其始祖之所自出"的解釋是:"大祖,始封之君。始祖者,感神靈

[①] 户崎哲彦:《唐代における禘祫論争とその意義》,《東方學》第80輯,1990年,第82—96頁。朱溢:《唐至北宋時期的太廟禘祫禮儀》,《復旦學報》(社會科學版)2012年第1期,第75—84頁。馮茜:《中晚唐郊廟禮制新變中的儒學色彩——禮制意義上的"太祖"在中晚唐郊廟中的出現及其地位的凸顯》,《文史》2014年第3輯,第241—254頁。
[②] 華喆:《中古廟制中的"始祖"問題再探》,《文史》2015年第3輯,第117—134頁。
[③] 陳赟:《鄭玄"六天"説與禘禮的類型及其天道論依據》,《陝西師範大學學報》2016年第2期,第86—111頁;《"以祖配天"與鄭玄禘論的機理》,《學術月刊》2016年第6期,第24—36頁。

而生,若稷、契也。自,由也,及始祖之所由出,謂祭天也。"①這裏將太祖釋爲始封之君,也就是本姓族内錫土封侯(國)的第一人,始祖却是感神靈而生的"後世姓族之始"。而《禮記·大傳》所言"禮不王不禘,王者禘其祖之所自出,以其祖配之",也被鄭玄解釋爲:"凡大祭曰禘。自,由也。大祭其先祖所由生,謂郊祀天也。"他進一步說明這個"先祖所由生"就是"王者之先祖皆感大微五帝之精以生"的感生帝,也就是讖緯學中所説的靈威仰、赤熛怒、含樞紐、白招拒和汁光紀等青、赤、黄、白、黑五方帝之一。② 各朝代依五行確定所對應的感生帝,以之爲"郊祀天"的主角,因之而生的先祖或云始祖便成了配帝。於是《禮記·祭法》中"禘、郊、祖、宗"四字之義,按鄭玄的説法便是"謂祭祀以配食也。此禘謂祭昊天於圓丘也,祭上帝於南郊曰郊,祭五帝、五神於明堂曰祖、宗,祖、宗通言爾"。③ 也即郊、丘和明堂的祭祀,其中的禘、郊分爲祭昊天於圓丘和祭感生帝(上帝)於南郊。而在《喪服小記》《大傳》的注文中,他又將《祭法》"不王不禘"之"禘"釋爲祭祀感生帝的"郊"。④

但對鄭玄的看法,歷來存在爭議。特別主張郊丘分祀而用禘禮來解釋郊祀和祭感生帝,以及感生帝作爲始祖所出的問題更是成爲爭議焦點而遭到駁斥。王肅《聖證論》即認爲"禘黄帝,是宗廟五年祭之名",並解釋《禮記·喪服小記》所説"王者禘其祖之所自出,以其祖配之",是"謂虞氏之祖出自黄帝,以祖顓頊配黄帝而祭,故云以其祖配之。依《五帝本紀》,黄帝爲虞氏九世祖,黄帝生昌意,昌意生顓頊,虞氏七世祖;以顓頊配黄帝而祭,是禘其祖之所自出,以其祖配之也"。也就是説,祖之所出是真正的、血緣意義上世系更遠的祖,不是什麽感生帝。而王肅借助《史記·五帝本紀》所列世系,否定了鄭玄的感生之説。在其理論影響之下,兩晉南朝都已取消了南郊的感生帝之祭,並將禘祭作爲與祫祭並列的宗廟大祭,在祭天之典上實行郊丘合一,故而王肅的理論對鄭玄學説始終構成强有力的挑戰,在後世的影響也愈來愈大。

另外,始祖與太祖的概念,雖然在鄭玄是劃分清楚的,而且事實上也形成了一重在於姓氏家族、一重在於王業功封的區别,但取得姓氏之號(或氏族因之興起)的始祖與作爲王業始基之太祖有時候很難區分。特别是周以前的帝王,例如二鄭曾以"始祖廟"來

---

① 《儀禮注疏》卷30,《十三經注疏》,中華書局,1980年,第1106頁。
② 《禮記正義》卷34,《十三經注疏》,第1506頁。
③ 《禮記正義》卷46,第1587頁,下引王肅同。
④ 按:鄭玄隨文釋義,他關於"禘"的解釋共四種,除釋爲圓丘或南郊的郊祀之外,又注《郊特牲》《王制》《祭統》以爲宗廟時祭,注《詩經·雝》釋爲"大於四時而小於祫"的宗廟大祭,即殷祭。此四種説法,已見於唐趙匡所總結,並參見陳贇《"以祖配天"與鄭玄禘禮的機理》,第25—26頁。

解釋太祖,就因爲后稷(棄)既是周之始祖,也是太祖。鄭玄解釋《禮記·王制》"天子七廟,三昭三穆,與太祖之廟而七"之説,便是:"此周制七者,太祖及文王、武王之祧與親廟四。太祖,后稷。"但是他對《喪服小紀》"王者禘其祖之所自出,以其祖配之"下"而立四廟"的解釋却是"高祖以下與始祖而五"。孔穎達進一步發揮,也説是"'而立四廟'者,既有配天始祖之廟,而更立高祖以下四廟,與始祖而五也"。① 這極容易造成後人對二者的混淆。而在王肅的認知體系中,如契、稷等人也不再身兼太祖、始祖雙重角色,他們的身分就是太祖。② 這或者就是後世往往在概念上發生混亂的原因。始祖和太祖的稱呼有些不分,甚至有些始祖的討論,實際上是針對太祖。特別由於太祖相對宗廟意義更爲直接,所以對太祖的關注更多,爭議更爲激烈,而始祖問題也常常附從太祖而產生。

唐朝的情況正是如此,其始祖問題的發生和討論過程已如華喆所述。見於史料最初是在貞觀中,房玄齡建議立涼武昭王李暠爲唐始祖,遭到于志寧的強烈反對而不了了之。但這一問題的產生原因是什麼呢?據《舊唐書·于志寧傳》,房玄齡等議立涼武昭王爲始祖,是由於"時議者欲立七廟,以涼武昭王爲始祖,房玄齡等皆以爲然",但于志寧"獨建議以爲武昭遠祖,非王業所因,不可爲始祖"。③ 由此可見,所説始祖,其實就是《禮記》所言七廟中的太祖,説明他們關注的重心實在於代表國家政權意義上的宗廟。

當然這裏提到的遠祖意義又與始祖有别。杜注《左傳》曾謂"祝融,高辛氏之火正,楚之遠祖也"。又解釋宋祀盤庚説:"盤庚、殷王,宋之遠祖。"孔穎達指出"盤庚,湯之九世孫,殷之第十九王也;自盤庚至紂又十二王而殷滅。……盤庚之爲殷王無大功德,而祀盤庚者,當時之意,不知何故特祀之也"。④ 可見遠祖祇是世系較遠的祖,既非初生意義上的始祖,更與功德無關。《禮記·祭法》言:"周人禘嚳而郊稷。"按鄭玄的解釋即是以禘嚳配圜丘而以后稷配南郊。對此孔穎達認爲:"周若以嚳配圜丘,《詩·頌》不載者,后稷,周之近祖,王業所基,故配感生之帝,有勤功用,故詩人頌之;嚳是周之遠祖,爲周無功,徒以遠祖之尊以配遠尊天地,故《詩》無歌頌。"這裏遠、近二者相對,因爲按鄭玄的理解,后稷是姬姓之始,但周的更早的祖先是帝嚳,故這裏將后稷作爲近祖而嚳爲遠祖。⑤ 這一理念影響後世,如曹魏始將"始祖"帝舜和太祖曹操分配丘、郊;北周亦將"其先炎帝神農氏"和"始祖獻侯莫那"分配郊、丘,以應遠、近之意。

---

① 《禮記正義》卷32《喪服小紀》,第1495頁。
② 《禮記正義》卷12《王制》,第1335頁,並參前揭華喆文。
③ 《舊唐書》卷78《于志寧傳》,中華書局,1975年,第2693—2694頁。
④ 《春秋左傳正義》卷16僖二十六年傳、卷30襄九年傳,《十三經注疏》,第1821、1941頁。
⑤ 《禮記正義》卷25《郊特牲》,《十三經注疏》,第1445頁。按此説據華喆意見。

還有一種理解是因后稷在鄭玄既是始祖,又是太祖;加之傳説有言后稷是嚳子,①所以變爲以太祖父子分配郊、丘,如北魏以太祖道武帝配圜丘,即以其子太宗明元帝配南郊。而唐朝基本沿襲北朝隋制實行郊丘分祭,《武德令》及《貞觀禮》均以太祖配圜丘、其子元帝配南郊,恐怕也是依照北魏的做法。祇是這裏父子地位與經文之意顛倒,倒是應合了太祖宗廟之位的强化。而無論是北齊、隋、唐在郊祀中都是一味强調太祖之位,始祖的作用却被淡化和取消了。

不過誠如學者所論,唐朝經學在長期發展以後,已有將鄭玄理論形骸化的傾向。"唐代雖然繼承了北朝依本鄭玄學説的郊祀禮制,但實際所行却與禮典非常不同,這導致鄭玄學説逐漸淪爲僅存於禮典之中的空殼。"②《貞觀禮》雖然基本依照依照禮典和鄭學,事實上已有變化。而在建國後南學北漸的趨勢和學術統一的要求下,禮制的改革,必將進一步發生。

唐朝祖宗配祀問題是與郊祀的改革一起發生的。高宗初雖然未見始祖問題的争論,但顯慶元年(656)長孫無忌針對貞觀之際"緣情革禮"取代武德之制,以及永徽初雖以太宗同配明堂,却祇能"降配五人帝","不得對越天帝"的做法提出異議。他説:

> 伏惟太祖景皇帝構室有周,建絶代之丕業;啓祚汾、晉,創歷聖之洪基。德邁發生,道符立極。又世祖元皇帝潛鱗韜慶,屈道事周,導浚發之靈源,肇光宅之垂裕。稱祖清廟,萬代不遷,請停配祀,以符古義。伏惟高祖大武皇帝,躬受天命,奄有神州,創制改物,體元居正,爲國始祖,抑有舊章。昔者炎漢高帝,當塗太祖,皆以受命,例並配天。請遵故實,奉祀高祖於圜丘,以配昊天上帝。伏惟太宗文皇帝道格上元,功清下瀆,拯率土之塗炭,協大造於生靈,請准詔書,宗祀於明堂,以配上帝。又請依武德故事,兼配感帝作主。斯乃二祖德隆,永不遷廟;兩聖功大,各得配天。遠協《孝經》,近申詔意。③

顯慶元年,針對《貞觀禮》的改革幾乎剛剛開始,故長孫無忌的建議尚不涉及郊祀對象本身,而僅要求由高祖和太宗取代太祖景皇帝和世祖元皇帝配天。内以高祖配圜丘,而太宗獨配感帝和明堂,對景帝和元帝則是予以"稱祖清廟,萬代不遷"的名義,他的目的祇

---

① 見《毛詩正義》卷17之一,《十三經注疏》,第528頁;《史記》卷4《周本紀》,中華書局,2013年,第145頁。
② 馮茜:《〈開元禮〉與鄭王之争在禮制層面的消亡》,《中國典籍與文化》2011年第4期,第6頁。
③ 《舊唐書》卷21《禮儀志一》,第822—823頁。

是以近祖取代遠祖而強化太宗地位。但至顯慶二年,許敬宗等的奏言便有對《貞觀禮》所用鄭玄郊丘和五帝理論的全面批駁,所以《顯慶禮》最終定郊丘合一,取締南郊感帝和明堂五方帝之祀,郊丘明堂諸祀均獨祭昊天。且除明堂、雩祀使太宗配,①郊丘配祀更向高祖傾斜,所謂"禘、郊同用一祖",而高祖的地位實兼取太祖和元帝。

乾封初(666)高宗封泰山以後,開始了新一輪反復。當時詔令恢復南郊感帝和北郊神州之祀。但司禮少常伯郝處俊上言,以《禮記·祭法》和鄭玄注,以及《三禮義宗》等爲據,提出"禘須遠祖,郊須始祖,今若禘、郊同用一祖,恐於典禮無所據",②也即禘、郊配祀本有遠祖(指帝嚳)、始祖(指后稷)之分,高祖既已配昊天,怎麽能以"始祖"之位再配感帝呢? 當然在祭地的北郊和神州也存在同樣問題。不過高祖已非郝處俊所説遠祖、始祖,可以知道的是雖然後來乾封二年下詔仍令"自今以後,祭圓丘、五方、明堂、感帝、神州等祠,高祖太武皇帝、太宗文皇帝崇配,仍總祭昊天上帝及五帝於明堂",但元帝的配祀却不再有。也就是説,雖然恢復了感帝、神州等祠,對明堂祭祀也採用同祭昊天、五方帝的折衷之法,但高祖與太宗同配郊、丘却不再改變,也可以説國家郊祀中已無原先的始祖和遠祖之位。

武則天以武周代唐,追尊周文王爲始祖文皇帝,后父應國公武士彠爲孝明高皇帝,並於武周政權已穩定的天册萬歲元年(695),又親享南郊,實現始祖周文王與孝明高皇帝的二祖同配,"如乾封之禮"。③ 這裏的孝明高皇帝武士彠在天授元年(690)所定武室七廟中已被明確稱爲太祖,説明武氏七廟雖仍是國廟,却是以始祖、太祖合在一廟,且在郊天時又實現始祖、太祖並祭,這在經學上固然説不通。更兼以周文王爲武氏之祖,其做法祇能證明武則天爲了抬高家族地位,刻意標新立異,且不惜以古帝王爲依託,以伸張其政權存在的正統合法性。

武則天在宗廟中凸顯始祖無疑是一插曲,其公私兼融的做法自然不會被後來的唐政權所接受。相比武則天,李氏政權的合法性毋庸置疑,所以中宗反正後對於唐朝正統的恢復僅須通過重建李氏宗廟來實現。不過,當時因太廟衹有六室而不足七廟,也有朝臣建議仿效武則天所立始祖之廟,立涼武昭王李暠爲唐始祖,詔令遂有"既立七廟,須尊崇始祖,速令詳定"者。但太常博士張齊賢上疏駁斥,提出按《王制》所説天子七廟,歷

---

① 按《舊唐書·禮儀志》載《武德令》雩祀以元帝配祀五方帝,《貞觀禮》未改,長孫無忌亦未具體言。但元帝郊配既被取消,《開元禮》配帝爲太宗,當取自《顯慶禮》。
② 《舊唐書》卷21《禮儀志一》,第825—827頁。
③ 《舊唐書》卷21《禮儀志一》,第830頁。

代"莫不尊始封之祖,謂之太祖,太祖之廟,百代不遷"。又以爲"伏尋禮經,始祖即是太祖,太祖之外,更無始祖",所以"立涼武昭王爲始祖者,殊爲不可"。理由是涼武昭王勳業未廣,不能代替啓唐代基業之景帝,所謂"今乃舍封唐之盛烈,崇西涼之遠搆,考之前古,實乖典禮"。他還以兩漢魏晉至隋,歷代均以太祖爲尊爲例。於是其"始祖即太祖"之説被採納,仍補宣皇帝以湊足七廟之數,而始祖廟的建議則被擱置。① 由此可見在中宗朝,朝廷對於太廟的考慮和界定仍是從其代表唐朝國家,而不是一般意義上的李氏宗廟出發,兩者的意義不容混淆,故注重開創王業功封的太祖,而忽略宗族源出的始祖,這也是爲什麽建廟要以太祖爲中心。

當然從唐初開始,在皇帝和群臣口中提到的始祖,常常是涼武昭王,祇是意義也常與太祖混淆。雖然《晉書·涼武昭王傳》末"史臣曰"有"是以中陽勃興,資豢龍之構趾;景亳垂統,本吞燕之開基"語,②似乎暗喻西涼對唐朝皇業的啓發,但于志寧"非王業所因"的説法和上述張齊賢的解釋其實已將始祖與太祖的概念徹底劃分開來,説明即使名稱有混,但西涼與唐政權的建立畢竟無關,故能夠在性質、作用上予以區别。不過,始祖名稱既存,説明它作爲宗族開創者的概念在唐士人心目中還是存在的,祇是始祖問題與作爲國家宗廟的太廟建設完全不能當作一回事,這也是唐人建宗廟過程中已愈來愈明確的。

玄宗開元十年(722),下制擴大宗廟建制,將中宗時的七廟改爲九廟。原來已被遷出的宣皇帝和光皇帝分别被尊爲獻祖和懿祖,復列於正室;並將中宗神主也重祔太廟。按照以往論者的考證,這個九廟制度按廟數是從王肅之説,③但也是"折衷"鄭、王的結果。這一舉動,將原來唐朝曾經列入昭穆的祖先都恢復宗廟地位,很大程度上解決了武則天時代唐室子孫凋零,而宗族離心的矛盾。於是開元二十年修成的《大唐開元禮》完全襲用了所建格局,九廟之室遂成定制。且雖然尚没有建立以太祖爲尊的禘祫序列,但在郊天已統一爲昊天一帝的基礎上,郊、丘配帝也統一爲高祖。而高祖所以成爲郊祀之主,顯然完全是出自對唐政權開國功業之貢獻,其地位完全相當於儒學理論定位的太祖。而如果以《開元禮》的修訂完成時代作準,那麽我們可以認爲是在此之前的唐朝廷,其郊天祭祖基本遵從經學和儒禮的規定,所有的建置總體上也不超過國家禮制的範疇,可以説無論是郊天還是宗廟,其著眼點應當是公共的方面和國體的需要,這應當是唐前

---

① 《舊唐書》卷 25《禮儀志五》,第 945—946 頁。
② 《晉書》卷 87《涼武昭王傳》,中華書局,1974 年,第 2271 頁。
③ 楊華:《論〈開元禮〉對鄭玄和王肅禮學的擇從》,《中國史研究》2003 年第 1 期,第 53—67 頁。

期已經確立的禮制運行的一個方向和特色。

二、感生帝祭祀的破除與雙重始祖廟的建立

在討論了太祖和始祖的概念基礎上，我們或者應當進一步理解唐朝郊祀的理念。眾所周知，中古的郊天和祭祖秉承上古，兩者其實是不可分的。《禮記·郊特牲》説："萬物本乎天，人本乎祖，此所以配上帝也。郊之祭也，大報本反始也。"①天帝是創造世間萬物、主宰一切的造世主，而祖宗則是王者個人和家族的起源，故孔穎達疏解釋郊祭天之義是"天爲物本，祖爲王本，祭天以祖配，所以報謝其本"。郊祭不僅是謝天，也是敬祖。由於天是世間萬物的創造者，而人也在其内，且衹有獲受天命、取得統治權的王者才有祭祀的資格，所謂"嚴父莫大于配天"者也。如陳贇所言，"以祖配天的機制中天爲主而祖爲賓"，這樣的一種思想中包含著對天人之際的深刻理解。因爲人道雖可以獨立自成一體，"但總體上看，人道又賓于天道，可以視爲廣義天道的一部分"。所以他認爲禘禮的真正基礎不是天也不是人，而是天人之際。②

在這一郊祀所建立的關係之下，昊天和感生帝雖然都被稱之爲天，但兩者的意義各有不同。與此有關，前賢早已指出《周禮》的昊天上帝原本是鄭玄所指天皇大帝與上帝的合稱，兩者是有分別的。清人金榜《禮箋》舉《周禮·大宗伯》《司服》《典瑞》《掌次》等文"明昊天與上帝殊"。而孫詒讓也認爲金説爲是，"昊天爲圜丘所祭之天，天之總神也。上帝爲南郊所祭受命帝，五帝之蒼帝也"，並稱"凡此經及《禮記》單云'上帝'者，並爲受命帝"。③ 其上帝即受命帝之説法，其實也是來自鄭玄。顧頡剛和楊向奎先生也因此將鄭玄的天人系統劃分爲不同的層次。④ 而昊天或稱天皇大帝就是這個系統的第一層次，太微五精之帝或稱上帝、五帝就是第二層次，以下還有五人帝、五官等第三、第四層次。

在這個系統中，昊天無疑是最高的，《詩經·毛傳》有"元氣廣大，則稱昊天"之説，是昊天則意味浩渺無垠、元氣氤氲之蒼穹，理應無所不包，但五方帝僅是代表一方區域的天，層次在昊天之下，祭祀的意義和配祀之帝也不同。論者總結《祭法》所言圜丘之

---

① 《禮記正義》卷26，《十三經注疏》，第1453頁。
② 陳贇：《"以祖配天"與鄭玄禘禮的機理》，第30頁。
③ 孫詒讓：《周禮正義》卷33，許嘉璐主編：《孫詒讓全集》，中華書局，2009年，第1573頁。
④ 顧頡剛、楊向奎：《三皇考》，《顧頡剛全集·顧頡剛古史論文集》卷2，中華書局，2011年，第66頁。

禘,有虞氏和夏都是配以五人帝之一的黄帝,而殷與周禘天則配以帝嚳。黄帝和帝嚳都不是血緣意義上的祖先,這説明在上古三代禪讓制影響下,配祀是超出家族成員之外的有德者。所以在冬至圜丘的祭祀彰顯的是"公天下"脈絡中的"德",而不是與親親相關的姓氏。

然而在南郊舉行的感生帝祭祀却恰恰是與一家一姓的王者家族相對應的。感生帝是在受命帝的基礎上成立的,因爲"衹有受命有天下的家族才有神聖始祖感生的事實"。由感生開始至於受命,體現了王者家族世代生成的過程。所以郊祀感生帝是通過"始祖所生"與受命的王者神聖家族聯繫起來,這個感生帝就是上所云青帝靈威仰等,合稱五精帝,帝王必感其一而生,"蓋圜丘昊天,爲天之全體,百王同尊,南郊上帝,則於五天帝之中,獨尊其德運之帝,以示受命之所出"。① 説明南郊的祭祀更有"家天下"的内涵。

感生説和受命説起源很早。在古史傳説中,古史早期的帝王傳説中無不帶有神仙感應或特殊的出生來歷。例如簡狄吞鳥卵而生商契,姜嫄履大人足跡而生后稷(棄)一類神話。《毛詩·商頌·玄鳥》"天命玄鳥,降而生商"一句,《傳》解曰:"玄鳥,鳦也。春分玄鳥降。湯之先祖有娀氏女簡狄配高辛氏帝,帝率與之祈於郊禖而生契,故本其爲天所命,以玄鳥至而生焉。"②而《大雅·生民之什·生民》篇序也謂"生民,尊祖也。后稷生於姜嫄,文武之功起於后稷,故推以配天焉"。其詩言"厥初生民,時維姜嫄","履帝武敏歆"(忽感異跡)遂生后稷。③ 此兩説也見於《史記》。④ 孔穎達引王肅、孔晁云:"虞夏出黄帝,殷周出帝嚳,《祭法》四代禘此二帝,上下相證之明文也。《詩》云:'天命玄鳥,履帝武敏歆。'自是正義,非讖緯之妖説。"⑤ 可見王肅雖然認爲感帝説妖妄,却也認爲傳説中的神仙"感生"合理。

但鄭玄的感生帝説是結合緯書。與此有關五帝的來源也很早,甚至在緯書出現之前,《周禮》的上帝、五帝之説,已證明了五帝和"六天"説的存在。鄭玄認爲靈威仰等五天帝就是太微宫之五帝,並將此五天帝結合《月令》的五人帝,使五人帝成爲五天帝的配食者。而由五方五色構成的五天帝便是按照金木水火土五德相生和運轉的天帝了。王肅雖然承認五帝的五行色彩,但認爲五帝衹是五行人帝,否認其作爲天帝感生的神學作

---

① 以上並參見陳贇《鄭玄"六天"説與禘禮的類型及其天道論依據》,第88、98—99、101頁及注文,下論感生帝來源同見此文。
② 《毛詩正義》卷20之三,《十三經注疏》,第622頁。
③ 《毛詩正義》卷17之一,第528頁。
④ 《史記》卷3《殷本紀第三》,卷4《周本紀第四》;第119、145頁。
⑤ 《禮記正義》卷12《王制》,《十三經注疏》,第1587頁。

用。這也從而導致經學上"六天"説和"一天"説的長期爭論。

不過,對於鄭玄的理論産生原因,也有學者從政治的方面加以分析和理解。有的學者從王者要取得政權合法性的角度認識感生帝,認爲證實政權合法性的需要,也就是中國所以會産生"天命終始説"等相關理論根據的原因。這種理論的來源一則是天命和"王權神授"説,另一則是與五天帝相關、源自鄒衍的"五德終始"説,後者在戰國時期群雄争霸和求取統一的形勢下生成,而鄭玄則是通過"感生帝"結合兩者,他認爲人間的帝王應和天上的上帝一樣,輪流爲主,主張帝位非一般人所能染指而必須有神的系統,是天神後代而必然獲得天命,所以"就政權取得的'合法性'根據方面來説,鄭玄的説法確實是在維護著某個特定的任務的利益,爲一家一姓長久的統治尋找理論的依據"。①

綜合前人所論,則感生帝的祭祀是鄭玄理論的核心。感生帝既爲"王者禘其祖之所自出",是所謂王者"其先祖所由生",那麽它與皇帝自身家族誕生、傳延的關係便是肯定的。如果説漢代以降爲昊天上帝配祀的多數情況下已是爲王朝創業建功的太祖或高祖(如漢高祖劉邦),那麽依鄭學爲感生帝(五方帝之一)配祀的就應當是象徵皇帝家族起源的始祖。儘管歷朝在郊天配祀的實際執行中因不同的理解而不乏顛倒錯亂,或與始祖這一特定的概念無法一致,但是王者始祖因感帝而生的概念是存在的。② 陳贇指出,對於帝王的神聖家族而言"從始祖的受命而使得家族成爲神聖家族,到作爲家族成員的王者之受命而有天下,這是一個受命的過程。正是這樣一個過程,彰顯了受命的主體並不是始祖個人或創始之王的個人,而是整個家族"。始祖和王者作爲個體僅僅是代表整個家族的,"這一點在三代'家天下'政治脉絡中如此重要,而始祖的感生與王者的有天下,在這個脉絡中可以視爲這一家族的受命過程的兩個環節,祇有它們結合在一起,一個神聖家族的受命才是完整的,在這個意義上,感生本身就是一種受命"。

但是我們知道,關於"感生説"與"六天""一天"在經學的争論歷久不衰,且一直影

---

① 楊晉龍:《神統與聖統——鄭玄王肅"感生説"異解探義》,臺北《中國文哲研究集刊》第 3 期,1993 年,第 494—497、501、512—518 頁。
② 但是這在後世配祀問題上也引起了諸多混亂和歧異。如魏明帝時已有了圜丘、方丘、天郊、地郊的分設,圜丘所祭爲等同昊天的皇帝天,但配帝是帝舜,意義是始祖;天郊所祭皇天之神,所配却是太祖武皇帝曹操(《宋書》卷 16《禮志二》,中華書局,1974 年,第 423 頁)。這種顛倒和混淆的情況後來也不乏出現。不過東晉南朝由於僅有南北郊之分,無郊丘分立之別,加之皇帝的家族歷史短暫,故郊丘配帝可選擇的範圍不大,一般多是將建朝最有功的先祖或當朝皇帝之父冠以太祖之名。不過也有分別,比如梁武帝南郊祀天皇上帝是皇考太祖文帝配,但五郊迎氣迎五精帝,就是以始祖配,説明已將配帝按祭祀的功能分別清楚。

響魏晉南北朝的郊祀，直至隋及唐前期，於此前人已有諸多論述。① 其實早在《隋書·禮儀志》就明確指出"祭天之數，終歲有九，祭地之數，一歲有二"和"唯有昊天，無五精之帝。而一天歲二祭，壇位唯一"的鄭王之分，②而孔穎達《禮記正義》也原原本本引用了王肅《聖證論》等揭示二者矛盾，可見這是隋唐統一之際的最大爭議。但是在《貞觀禮》制定的前後，唐朝廷仍堅持一貫的北學立場而實行郊丘分祭。直到《顯慶禮》制定，才有許敬宗等提出："今請憲章姬、孔，考取王、鄭，四郊迎氣，存太微五帝之祀；南郊明堂，廢緯書六天之義。"③

按照許敬宗的説法，是除迎氣之儀還保持了"太微五帝"也即五方帝的祭祀，其餘場合的五方帝祭祀（圜丘配祀不算）已經全部取消。這一做法基本改變了唐初以來依從北禮的郊丘分祀之法，而完全依照南朝實行郊丘合一。這一改變不僅因許敬宗個人家族的南朝背景，更借助國家統一、南學北漸的大趨勢，以及武則天立後改弦更張的需要。但《顯慶禮》的方向究竟與唐朝一貫按北禮和鄭玄的精神背道而馳，故在此後的許多年，不斷反復，這是《開元禮》改行"折衷"的基礎。

但《開元禮》雖將五方帝作爲諸郊禮的陪祀，却並沒有因此改變郊天禮制變革的大方向，反而強化了這一結果。《開元禮·序例》完全重複許敬宗説，否定鄭玄關於昊天上帝即天皇大帝亦名曜魄寶，自是星中之尊者，及"五帝即太微五帝，又以爲上帝"等論，明確突出昊天作爲獨一無二、至高無上的天之意義。因此以"一天"取代"六天"成爲定論。其中有一點可以肯定，即雖然五方帝在郊祀中仍被一定程度的保留，但作爲"六天"説基礎的感生帝理論却不存在了。我想唐廷之所以這樣做，除了對經學加以統一之外，自然也是爲了否定和消除五行德運説關於皇朝受天命左右（或曰僅受一方天帝支持），轉換交替、輪流作主的理論影響，惟強調大唐政權受天帝護佑的唯一性。而天的唯一性既對應政權的唯一性，則象徵了大唐統治的永久綿長。

---

① 參看金子修一《關於魏晉到隋唐的郊祀、宗廟制度》，原載《史學雜志》88 編 10 號，1979 年；譯文見《日本中青年學者論唐代史·六朝隋唐卷》，上海古籍出版社，1995 年，第 337—370 頁。並見氏著《中國古代皇帝祭祀の研究》第二章，岩波書店，2006 年，第 70—91 頁。高明士：《論武德到貞觀禮的成立——唐朝立國政策的研究之一》，《第二屆國際唐代學術會議論文集》，文津出版社，1993 年，第 1159—1214 頁。梁滿倉：《魏晉南北朝五禮制度考論》第四章《魏晉南北朝的吉禮》，社會科學文獻出版社，2009 年，第 178—278 頁；古橋紀宏：《魏晉禮制與經學》，收入《儒家典籍與思想研究》第 2 輯，北京大學出版社，2010 年，第 254—295 頁；喬秀岩：《論鄭王禮説異同》，《北大史學》第 13 輯，北京大學出版社，2008 年，第 1—17 頁；牛敬飛：《經學與禮制的互動：論五經帝在魏晉南朝郊祀、明堂之發展》，《文史》2017 年第 4 輯，第 123—138 頁。華喆：《禮是鄭學——漢唐間經典詮釋變遷史論稿》第三章《魏晉學者中的反鄭玄傾向》，生活、讀書、新知三聯書店，2018 年，第 175—273 頁。
② 《隋書》卷 6《禮儀志一》，中華書局，1973 年，第 107 頁。
③ 《舊唐書》卷 21《禮儀志一》，第 824 頁。

衹是這樣做也不無消極後果,即"始祖所出"的感生帝既被取消,連帶著始祖的説法也被淡化。且正因爲祭感帝的所在是郊而不是廟——須知道唐初至開元形成的宗廟建置中是以太祖或打江山的高祖爲首,而並無代表家族始生的始祖之位,所以感生帝名義雖是郊天,但一旦取消,王朝的始祖也就同時失去了祭祀的場合與依據。

上面已經引述過學者關於受命帝——感生帝之説在上古三代萌芽的家族内涵,然而感生説對於王者的意義又何止三代?上文已論感生是帝王受命的先決條件,"感生"證明了帝王家族源出的神聖和不凡,是帝王所以能受命和統治天下的來源和主要因素之一。帝王不是代表個人而是代表其家族郊祀感生帝。中古皇帝時代並沒有改變一家一姓爲中心而建立"家天下"的王(皇)朝特質,所以對這樣的皇朝而言,感生帝祭祀與帝王個人和家族的關係是無法忽視的。

此外,還有一點也是不言而喻的:古代的禮制和經學思想的形成雖然有著許多特定的時代内涵,但一旦形成,則作爲一種根本的原則與綱常不會輕易改變,歷朝禮法的制定都要參照古制,甚至某些時候還要回歸原典。鄭玄的《三禮注》之所以能夠在中古時代傳延,正是由於他對於原典的理解有不少合理之處,也有比較客觀的解決統治者現實難題的方式。而感生帝祭祀便是有這樣的特質。因爲它雖被王肅説成"妖怪妄言",却適應了統治者神化自身家族及固化統治權的需要。所以鄭玄的經學理論事實上是能使上古與中古思想銜接的媒介。就感生帝而言,若不建立它與帝王——皇帝家族"始祖"這一超乎常情之上的天人關係,則這一神聖家族的生成及其政權的合法性便無法彰顯,而感帝若不祭,所代表的象徵皇帝家族因神靈啓護而升騰降世的意義便也不存在。所知道的是,唐朝在《顯慶禮》取締"六天"説以後,雖然有不少對《顯慶禮》的批評,也有關於祈穀郊天的反復,但很少見到直接針對鄭王是非的評議,説明經學的發展已經適應現實而走上統一的新階段。當然《開元禮》之後,這種復舊的企圖就更不存在了。雖然宋代以後感生帝又被恢復,但是在唐代開、天以降的大部分時間和五代,感生帝祭祀是被完全取消了。

那麼這一代表王者家族發祥和來源的方面從何而補償,又憑誰來證明呢?且與此相關的是,如果説與五行、讖緯結合的感生帝是由於其虛妄的説法而被剝奪了作爲祭祀信仰的存在,那麼相應的神仙觀念與感生之説是否也隨著它的消失而滅亡了呢?開元末、天寶初突然勃興的老子祭祀以及天寶二年(743)新建的兩個始祖廟或許對此作了回答。

根據《舊唐書·玄宗紀》,開元二十九年(741)春正月丁丑,"制兩京、諸州各置玄元皇帝廟並崇玄學,置生徒,令習《老子》《莊子》《列子》《文子》,每年准明經例考試",始普建玄元皇帝廟與推廣道學,納入科舉與儒學並行。天寶元年(742)正月改元,繼而因陳王府參軍田同秀上言,於函谷故關發得神符寶物。同年二月丁亥,玄宗不僅加尊號爲"開元天寶聖文神武皇帝",且首次親祠玄元廟。天寶二年春正月丙辰,追尊玄元皇帝爲大聖祖玄元皇帝。三月壬子,"親祀玄元廟以册尊號"。天寶二年三月丙子條制有追尊聖祖玄元皇帝父周和母益壽氏爲先天太皇、太后,並爲置廟,及追尊咎繇(皋陶)爲德明皇帝事。與此同時,"改西京玄元廟爲太清宮,東京爲太微宮"。① 其年九月,復詔令"譙郡紫極宮宜准西京爲太清宮,先天太皇及太后廟亦並改爲宮"。②《唐大詔令集·追尊先天太皇德明興聖皇帝等制》也載:

> 門下:庇人生者,必崇於大道;受成命者,實賴於前烈。恭惟大聖祖玄元皇帝,云云。(下略)宜因展事,更廣揚名。夫聖人之生,乃先天地,應變無體,其德猶龍。雖窅冥之物,不知誰子;而誕靈之後,示必有先。聖祖父母,著在圖牒。母益壽氏,已崇徽號,曰先天太后;父周,上御史大夫,敬追尊爲先天太皇,仍於譙郡置廟,自餘一事以上,准先天太后例。昔契敷五教,殷以爲祖;稷播百穀,周以配天。況咎繇邁種,黎人懷德,我之本系,千載彌光,敬追尊爲德明皇帝。涼武昭王,朕十一代祖也,積德右地,炳靈中葉,奄有萬國,兆先帝功,敬追尊爲興聖皇帝。③

制書言明追尊的目的是尊先,但其中的被追尊者分爲兩部分,即一是老子的父母,稱爲先天太皇、先天太后。唐朝皇帝歷來將老子作爲開闢李氏的始祖,所以高宗追尊他爲"太上玄元皇帝"。④ 而制書言其父母乃"誕靈"之先,且"著在圖牒",所以自然是將之作爲祖之所出。另一則是皋陶和涼武昭王,稱爲德明、興聖皇帝。從文中提到殷、周的始祖契和稷來看,其追尊也是奔著始祖去的。這兩組人物一爲道,一爲儒,性質不同,身份却有相似之處。

首先,爲什麼要追封皋陶和涼武昭王呢?這是因爲涼武昭王雖然被詔書説成第十一代祖,但一直以來,也是唐人口中之"始祖"。制書不僅肯定其"兆先帝功"的地位,更

---

① 《舊唐書》卷9《玄宗紀下》,第213—217頁。
② 《舊唐書》卷24《禮儀志四》,第926頁。
③ 《唐大詔令集》卷78《追尊先天太皇德明興聖皇帝等制》,商務印書館,1959年,第442—443頁。
④ 《唐會要》卷50《尊崇道教》,上海古籍出版社,1991年,第1013頁。

在於按照儒學經典，明確祖之所出。皋陶相傳自堯時即被舉用，歷堯舜禹三朝。所謂"咎繇(陶)邁種，黎人懷德"，源於《尚書·大禹謨》禹言"皋陶邁種德，德乃降，黎民懷之"。《傳》釋此語爲"皋陶布行其德，下洽於民，民歸服之"。① 可見皋陶是與契和稷德行相當的人物，而他和涼武昭王也是王肅所認爲的祖與世系更遠之祖的關係。晚唐皮日休作《咎繇碑》，説他"德齊於舜、禹，道超乎稷、啓"，② 大約也是深諳此中之義。所以相對於涼武昭王爲"始祖"，皋陶便是祖之所出。而按照王肅對《禮記》"王者禘其祖之所自出，以其祖配之"的理解和"禘黄帝是宗廟五年祭之名"的解釋，便須將二者置於一廟共同享祀，且"禘"也應當是宗廟大祭而不是郊祭。德明興聖廟顯然就有這樣的特質。

其次則是先天太皇和先天太后廟。先天太皇和太后是擬設的老子的父母。對於老子的官方祭祀，可説唐初已有之，據説高祖已認老子爲祖，高宗封禪以來則"追尊老君爲太上玄元皇帝"，③ 玄宗尤擴大了道教的祭祀。有一點是不可否認的，即《開元禮》雖然通過對《貞觀》《顯慶》二禮的"折衷"和"改撰"統一了天地郊丘，對於一直以來的經學爭議盡力加以彌縫，但在變革的同時，也開始吸收儒學之外的因素。例如玄宗不但別建道教的五嶽真君祠，④ 在《開元禮》中也增設了諸如興慶宮五龍壇、姜太公祭祀、皇帝千秋節等非傳統而有著濃厚道教色彩的儀目。在一些皇帝親祠或者遣人祭祀的場合，甚至不乏有道教儀軌的進行。

而天寶建立始祖廟，則無疑是對道教和老子祭祀的大事更張，在此之前對玄元皇帝所加"大聖祖"的稱號，也顯然是對老子作爲道教聖賢和唐朝始祖身份的再認定。在前揭《追尊先天太皇德明興聖皇帝等制》中關於老子如是説：

> 恭惟大聖祖玄元皇帝，道光太極，首出渾元，弘敷妙門，廣運真化。雖乘時御氣，已昭升於上清；而儲神發祥，每敷佑於來裔。祚我寶運，格於皇天。⑤

直至太和七年(833)文宗《修亳州太清宮詔》仍可見到類似的頌揚：

---

① 《尚書正義》卷4，《十三經注疏》，第135頁。
② 《全唐文》卷799，中華書局，1983年，第8388—8389頁。
③ 《唐會要》卷50《尊崇道教》，第1013頁。
④ 參見《舊唐書》卷192《隱逸·劉道合、司馬承禎傳》，第5127—5128頁。並參雷聞《郊廟之外——隋唐國家祭祀與宗教》第二章，生活·讀書·新知三聯書店，2009年，第141—146、166—167頁。
⑤ 《唐大詔令集》，第442頁。

> 聖人立極,教本奉先,王者配天,義惟尊祖。我大聖祖玄元皇帝,肇開寶運,垂祚有唐,致六合於大同,躋群生於壽域。保茲鴻業,實賴貽謀。①

所謂"太極""混元",以及"儲神發祥""肇開寶運"的説法,顯然都是强調老子的始祖地位,由此可見道教的祖之所出也是配合始祖老子登場的,這一點儒、道二家建始祖廟的意義並無不同——都是突出皇帝家族的來源,祇是由於道教的始祖老子已另立廟,所以先天太皇和太后廟便祇祭祖之所出了。

但兩家始祖廟相比較,後者却比前者更受重視。因爲德明興聖廟雖然建立,但時間却比先天太皇廟要晚許多。上述制書是將先天太皇的追尊放在德明、興聖之前,且已下令將先天太皇廟建於譙郡。從制書來看,先天太后廟此前就有,且不久即與新建先天太皇廟一起改爲宫了,兩者似乎是分立的,而且很可能已歸於地方和民間祭祀的範疇。但制書並没有提到爲皋陶和涼武昭王建廟。據王涇《大唐郊祀録》將後者追尊事置於天寶三年,且言直至天寶十一年,方令有司爲此二帝"修廟宇於京城西南隅安化門内道西"。據其廟格局是"二帝神主同殿異室,殿屋七間四柱,前面階二,東西各側階一,高四尺,周以垣宫。南門一屋三門,西面一屋一門,初令有司每歲四孟月享祭"。② 可知是將二祖置於一廟之内。據同卷玄元皇帝加號大聖祖是在天寶二年正月,③兩事既見於同制,則三年當依《舊唐書》記爲二年。此外,武宗時太常博士任疇上言德明興聖廟昭穆錯位之事,武宗敕令"修撰朱傳、檢討王皥,研精詳覆",得報稱天寶二年制追尊二祖,天寶十載始立廟,④恐怕更加準確。

以往關於兩重始祖廟的建立很少爲人所注意,特别由於它們的建立是與諸多道教祭祀的擴展混雜在一起,所以大都祇將先天太皇廟作爲玄宗時期的道教發展問題看待,而對德明興聖廟予以忽略,很少考慮它們的共同出現與經學和儒禮的變化有何關聯,當然也更不會意識到與此相關的諸多變化究竟對中古郊天祭祖的格局有何影響——儒是儒,道是道,二者似乎完全是風馬牛不相及的事。

但是先天太皇、太后廟與德明興聖廟實際上被作爲始祖廟的内涵,以及特别是在祭

---

① 參見《唐大詔令集》卷113,第590—591頁;《册府元龜》卷54《帝王部·尚黄老二》,中華書局,1960年,第607頁。
② 《大唐郊祀録》(《大唐開元禮》附)卷9《德明皇帝興聖皇帝讓皇帝等廟》,影印《適園叢書》本,民族出版社,2000年,第796頁。
③ 《大唐郊祀録》卷9《薦獻太清宫》,第788頁。
④ 《舊唐書》卷26《禮儀志六》,第1010頁。

祀對象突出"祖之所出"的意義提示我們,它們的產生與《開元禮》感生帝祭祀的破除不是没有關係。因爲始祖與始祖所出相關的概念恰恰不是來自道教而是來自儒禮。依照前述學者的考論,鄭玄關於禘郊的理論是郊祀祖之所出感生帝,以始祖配祀;雖然如果從《開元禮》算起,郊祀禮去除感生帝已有十年,始祖的空白却一直没有填補。不過既無郊祀,那麼就祇能依照王肅改行廟祭,所以建立始祖廟,應該説與王肅理論更爲接近。

然而問題在於,始祖廟的建置爲何會突然被提出呢？我想這一點,也許應當追究一下皇帝本人的意願和思想。筆者在以往的文章中曾談到貞觀、開元中"改撰"經典的出現,而以唐玄宗名義撰作的《孝經注》,正是其中之一。《孝經注》代表玄宗本人對《孝經》的推崇,而相關始祖的祭祀之説亦來自《孝經》。其《聖治章》有云:"昔者周公郊祀后稷以配天,宗祀文王於明堂以配上帝。"此兩句歷來被作爲郊祀和明堂配帝的依據。對於第一句,玄宗注:"后稷,周之始祖也。郊,謂圜丘祀天也。周公攝政,因行郊天之祭,乃尊始祖以配之也。"第二句注:"明堂,天子布政之宮也。周公因祀五方上帝於明堂,乃尊文王以配之也。"① 按照所釋來看,這裏"郊"已不是鄭玄所説南郊祭感生帝,而是已按《開元禮》的圜丘祭昊天上帝,但始祖配郊和明堂五方帝之説,玄宗却没有變化且特予説明,看來顯然影響深刻。

而《孝經》又是以孝道爲基的,孝的基礎是父母、親族,也即必須將家族内部執行孝道放在人生第一位。唐玄宗注"人之行莫大於孝"句謂"孝者,德之本也",證明他是極力推崇這一原則的。已有論者指出,玄宗注《孝經》,不同於前人將《孝經》作爲一部政教大典,而是將它作爲勸人行孝的倫理書。其中更將"孝"與"忠"相連,而將君臣之義建立在孝道基礎上,提倡忠孝合一。② 因此綜合來看,玄宗是將孝道作爲治國之本,其中對於君王的孝道,則直接落實於郊廟祭祀。如説:"王者父事天,母事地,言能致事宗廟,則事天地能明察也。"又針對經言"宗廟致敬,不忘親也",注曰:"言能敬事宗廟,則不敢忘其親也。""宗廟致敬,鬼神著矣",注曰:"事宗廟能盡敬,則祖考來格,享於克誠,故曰著也。""孝悌之至,通於神明,光於四海,故曰無所不通",注曰:"能敬宗廟,順長幼,以極孝悌之心,則至性通於神明,光於四海,故曰無所不通。"③ 可見宗廟祭祀亦被作爲王者孝道的體現。而按照這一邏輯,恢復始祖的祭祀,不但合乎經典,且爲其中不可或缺

---

① 《孝經注疏》卷5《聖治章第九》,第2553頁,下引文同。
② 並參陳壁生《孝經學史》第5章《唐明皇御注與〈孝經〉學的轉折》,第219—225頁,按關於玄宗《孝經》注有經學意義與尊封始祖之關係,蒙作者提示,特此説明並致謝。
③ 《孝經注疏》卷8《感應章第十六》,第2559頁。

的一環。更何況對始祖崇敬,也代表皇帝神聖家族的尊崇與認可,這樣來理解,始祖廟自然也就不是無源之水、無本之木了。《唐會要》載玄宗"(開元)十年(722)六月二日,上注《孝經》,頒於天下及國子學。至天寶二年五月二十二日,上重注,亦頒於天下"。①上文言其尊封始祖和建先天太皇廟的時間恰與第二次重頒《孝經》時間相差不遠,很難説兩者没有關係。

那麽,被選擇來作爲祭祀對象的始祖和祖之所出,其依據是什麽呢?上文已説明,皋陶和涼武昭王作爲祖之淵源和始祖,與地域有關。皋陶事蹟在河東,與唐政權發祥地一致,隋祀先代帝王即以帝舜祀河東而以皋陶配,《開元禮》不改,所以對皋陶的祭祀是有傳統和依據的。德明興聖廟以德明在前,詔書也是先説皋陶,再説涼武昭王,説明正是以祖之所出爲主祭,始祖爲配祭。而且作爲承接關係的始祖是人帝,所以玄宗天寶新定的儒家始祖廟,大略是採用王肅理論,不但是祭祖之所出和始祖,而且是從唐初的郊祭轉爲廟祭,這應當説是感生帝取消後玄宗時代的一個始創,也是推翻舊經學理論的實踐和改造。

但這裏有仍有疑問,既然已有皋陶、涼武昭王作爲唐朝的祖之所出和始祖,那麽爲什麽還要祭老子的父母,且老子父母的建廟會在二者之前,重視程度更超過前二者呢?筆者以爲,這一點還要結合傳統與人們的習慣思維。在這方面,老子與皋陶不乏共同的基礎,竊以爲有以下兩點深值得注意:

第一,皋陶和老子作爲李氏始祖的傳説深入人心。

雖然皋陶和老子作爲李氏家族始祖的説法,因唐朝統治者而光大,但其説法却並非由唐皇室始創。且不僅李唐,即一直以來一般官員百姓的觀念也是如此,這在南北朝以降的墓誌中已表達得很清楚。如北齊《李祖牧墓誌》:"昔庭堅邁種,梗概著于虞謨;伯陽執玄,糟粕存乎關尹。"隋《李椿墓誌》:"昔刑書始創,皋陶做大理之官;道教初開,伯陽居柱下之職。"②隋《李裕墓誌》:"若夫宣尼應運,柱史啓將聖之源;光武握符,司馬佐興王之業。"③"虞謨"即指《尚書·虞書》的《大禹謨》和《皋陶謨》,皋陶事蹟皆在其中。伯陽是老子的字,"柱下""柱史"者乃相傳其在周所任職。三墓誌誌主,前者爲趙郡李氏,後二者爲隴西李氏,兩李氏在宗族來源的説法上一致。而皋陶、老子並提,足見二人

---

① 《唐會要》卷36《修撰》,第767頁。
② 《李祖牧墓誌》《李椿墓誌》,見《新出魏晉南北朝墓誌疏證》(修訂本),中華書局,2016年,第211、403頁。按墓誌中有對李唐祖先的描述是吴羽先生的提示,特此説明並致謝。
③ 《隋李裕墓誌》,陝西省考古研究院編:《長安高陽原新出土隋唐墓誌》,文物出版社、平凡社株氏會社,2016年,第38—39頁。

的登場是有家族和民間基礎的。李裕墓誌還應用了孔子見老子的典故,以顯示儒家與道教之祖的關係。

這種起源的說法,當然也被唐朝的墓誌所繼承。如貞觀中《李桀墓誌》就説墓主"趙郡人也,蓋周柱下吏(史?)聃之後焉"。① 而無論隴西李氏,或者趙郡李氏,更不乏有"述夫上德不德,咎繇爲踵德之師;玄之又玄,老子釋重玄之妙",②"自咎繇種德,開洪緒於理官;伯陽可名,派□□于柱史",③或者"昔咎繇在位,不仁自遠;伯陽去職,大道□□"之類的對舉,④以諭示其家族儒道兩方的淵源,而老子對李氏宗族的孕育開啓作用尤不可少。

近者讀到吳羽文章,旨在尋找西涼李暠家族尊老子爲始祖的來源。文章注意到東晉十六國時期,涼州已流行著老子的神話傳説。從《晉書·涼武昭王傳》和《北史·序傳》等史料可見由李暠至李廣、老子氏族譜系的構建,而通過諸多北朝墓誌也可得到對這一綫索的證明。並發現北魏、東西魏時期,不僅西涼李氏,很多地方包括如頓丘李氏、渤海李氏、拓跋部的原州李賢家族、南陽李氏、趙郡李氏,都以李氏爲先祖,而北齊和隋隴西李氏、趙郡李氏等均繼承之。這一説法,不僅爲唐墓誌,至少也從一個方面爲唐統治者將老子作爲李氏始祖的説法找到了淵源。誠如作者所説,由於老子在當時已是被神化了的老子,所以雖然北朝在北魏太武帝以降道教似乎影響甚微,"但是作爲著名大族的隴西李氏與趙郡李氏均以神話的老子爲自己的先祖,無形中爲老子神性在北方的延續和深入人心起到了不可替代的作用。南方道經在北朝末在北方極爲流行,在李唐時期更是成爲道教經典中的主流,應該與老子在北方的重大影響分不開,也與著名世家大族對老子早有親近感分不開"。⑤ 當然通過吳羽的發掘我們還可以明確一點,就是唐朝所認定的兩個始祖之間並非毫無聯繫,其間的媒介就是涼武昭王。經涼武昭王既可以上溯至皋陶,又可以溝通老子,使兩條綫索發生交叉,也進一步證明家族來源的合理有據,不能不説其始祖廟的設計是富有巧思和深意的。

第二,對感生説的繼承和皇帝神聖來源的填補。

由皋陶和老子以神仙和傳説人物作爲家族始祖,進一步想到它們與感生説的關係。

---

① 《故大唐睦州桐廬縣主簿李君墓誌之銘》,《唐代墓誌彙編》貞觀133,上海古籍出版社,1992年,第93頁。
② 《大唐故銀青光禄大夫尚書左丞盧君夫人李氏墓誌銘並序》,《唐代墓誌彙編》光宅006,第725頁。
③ 《□□□朝議郎行並州大都督府太原縣令李君(沖)墓誌銘並序》,《唐代墓誌彙編》永昌005,第783頁。
④ 《唐故朝散大夫行宋州虞城縣令上柱國李府君墓誌並序》,《唐代墓誌彙編》開元234,第1317頁。
⑤ 吳羽:《西涼李暠家族尊老子爲先祖探原》(待刊),"絲綢之路肅州文化遺産保護與文化旅遊産業發展學術研討會",甘肅酒泉,2016年8月。

有一個現象也許引人深思,即將老子這樣的教主或者神仙人物當作祖先在中古並非祇有李氏一姓。日學者小南一郎在研究唐代傳奇小説時發現,在《列仙傳》一類的作品中記述了周靈王之子——仙人王子喬的事蹟,諸如好吹笙做鳳凰鳴,游伊洛之間,以及七月七日,駕鶴立於緱氏山頭,因爲之立廟等典故。而正是從南北朝始,周靈王、王子喬被奉爲太原王氏的始祖。唐王顏《晉司空太原王公神道碑銘》中記述的王氏子孫正月七日對祖先的祭祀,就與之不無關係。① 而太原王氏或者琅琊王氏墓志同樣極爲多見。如梁《永陽敬太妃墓誌銘》就説"其先周靈王之後",② 東魏《王忻墓誌》也道"其先周王子晉之苗胄"。③ 而隋《王德墓誌》更道"其先並州太原人也。周王至德,設明堂以配天;副主登仙,乘白鶴而輕舉。珪璋世載,冠冕相承"。④ 小南一郎文中也提到唐《王娉墓誌》。其中無論身分高低,率皆如此,可見用托體神仙來神話祖先,提高個人聲望和家族地位已是墓誌所常見。

對於這類將家族起源與神仙睿哲人物聯繫起來的做法,小南一郎認爲並非是單純地借用著名人物爲始祖來增添本族門第的光輝,而是出自兩者共同的地緣關係和祖先祭祀的方式。這種做法,被作爲"門閥貴族一族的內部傳承向外部顯示的另一種場合,是關於家族勢力大大拓伸期的祖先的敘述"。⑤

這樣的推斷無疑也適合李氏。隴西李氏和趙郡李氏與太原王氏、琅琊王氏一樣,都是東晉十六國和南北朝著名的大世族,且當時處於家族的拓展期、上升期,出現了許多傑出人物。用這樣的辦法美化、神話其家族,從而加強其宗族凝聚力無疑是有意義的。而皋陶和老子既有這樣的傳説作基礎,則定爲始祖或祖之所出,都可以認爲是順理成章。

不過從以上的做法看來,唐朝對始祖的認定其實也在借助南北朝以來已相沿形成的意念和傳統,即對遠古人類因神仙力量感生説法的認同。前面已經説明,像神鳥螣蛇之類本就存在于人類起源的過程中,它們是感生説成就的基礎。而神仙人物的源起也有相類的意義。從墓志所見對於祖先來源的敘述大致也不外乎兩途,其一就是與歷代王朝和建功立德著名人物的關係,比如李廣,這在後來又表現爲官職的授受與沿襲;另

---

① 小南一郎著、童嶺譯、伊藤令子校:《唐代傳奇小説論》第一章第四節《太原王氏的傳承》,北京大學出版社,2015年,第56—61頁。
② 梁《永陽敬太妃墓誌銘》,趙超:《漢魏南北朝墓誌彙編》,天津古籍出版社,2008年,第29頁。
③ 東魏《王忻墓誌》,趙君平、趙文成:《秦晉豫新出墓誌搜佚續編》第1册,2015年,第110頁。
④ 隋《王德墓誌》,羅新、葉煒:《新出魏晉南北朝墓誌疏證》,中華書局,2005年,第585頁。
⑤ 説見《唐代傳奇小説論》第一章第四節,第59頁。

一就是諸如此類神仙感應與托籍。兩者説法可以單行,也可以並用,類似的理念恐還不止於李、王兩氏。如北齊《裴遺業墓志》就提到:"君諱遺業字遺業,河東聞喜人也。玄鳥降瑞,黃蛇分祖,清風邁于八王,藻績志於三國,冠冕海內,可得略言。"①即認爲裴氏的興起和宗族分蘖也是神仙感應所致。

由此可知,所謂神仙感生之説不僅影響經學,在民間也有著深厚基礎。祖先出自上聖睿哲或神仙啓生的思想始終深入人心。唐代李、王二氏的家族墓志中這些宗族來源的説法大量存在,就是一個證明。

而由於感生帝和感生説直接聯繫著家族的起源問題,這對以皇帝爲中心的"家天下"的意義不能抹煞。雖然《顯慶禮》《開元禮》取消所謂"六天"和感生帝而專祭昊天,適應國家統一的需要,也可以認爲是確認皇權和皇帝獨尊的一種思維和象徵,但是感生帝和始祖的消失,客觀上造成理論的闕環,使得皇帝的家族方面在國家祭祀中無所代表,既無法突出皇帝家族源出的神聖和不凡,也無從顯示政權來源的合法性,從而與皇權日益凌駕於國家權力至上的形勢完全不相匹配。而新的始祖廟和家族起源説在距《開元禮》不過十年的天寶初隆重祭出,從時間和內容上都不能不説與原來的感生帝和始祖理論有關,所以不妨説感生帝的破除是始祖廟登場的契機和因緣。

事實上皋陶和老子也的確可以填補這方面的空白,因爲他們都是傳説中半人半神的人物,可以代表皇帝家族起源的獨特和不凡。尤其是老子,畢竟衹有李氏一家才攀援得上,更兼老莊思想中關於老子是天和天帝在下界代表的説法與感生説有一致性。其實福永光司在研究"儒教的最高神和道教的最高神"時已指出昊天上帝與道教的玉皇大帝、元始天尊具有同一背景和關係。他指出老子作爲道教最高神靈即建立在元始天尊、太上道君、太上老君(現在、過去、未來三世)的三清説基礎上。三者一體化及作爲唐王朝遠祖存在,意味著對唐國家和帝王命運的加護。② 戶崎哲彥也發揮他的看法,指出老子作爲李唐祖先涉及保障君主權的重大問題。中國傳統思想的儒教對君主權的保證是將君主作爲受天命而統治天下的天子,而老莊思想是將老子——李耳作爲天和天帝在下界的肉身存在,其後裔即李唐天子。高宗《追尊玄元皇帝制》從道教有老子"感星經而下降"之説。"星精"即鄭玄所謂居於紫微宮的北辰曜魄寶,而感生帝説中源自北辰

---

① 《北齊裴遺業墓誌並蓋》,趙君平、趙文成:《秦晉豫新出墓誌搜佚續編》第1冊,第171頁。
② 福永光司:《昊天上帝と天皇大帝と元始天尊——儒教の最高神と道教の最高神》,收入氏著《道教思想史研究》,岩波書店,1987年,123—155頁。

曜魄寶的天皇大帝是與昊天上帝等位同觀,說明靈體化的老子與儒家的天和上帝根源一體。① 所以兩者有共同的思想基礎,感生帝的祭祀與其説是取消,不如説是從儒禮轉移到了道教。

但説天寶始祖廟的興起與《開元禮》取消感生帝有關,也並不是要將始祖廟的問題單一化或者簡單化,恰恰相反,因爲從《舊唐書·玄宗紀》及《禮儀志》的記述,可以明確開元末天寶初,伴隨著道教的推廣和經典化,唐朝的郊廟祭祀名目不是僅有始祖一項,而是增加了一批。按照次序,首先即是在開元二十九年在兩京和諸州建立玄元皇帝廟(後被改稱爲太清宫、紫微宫和紫極宫),和天寶元年對玄元皇帝廟、太廟和南郊的皇帝親祀;其次,便是天寶二年所追尊的先天太上皇和先天太上皇后,以及德明興聖皇帝與其廟宇;第三,則是天寶三載(744)興建的九宫貴神壇和玄宗于同年十二月所行親祭。②

以上三者,前二者都是廟祭,而九宫貴神則是郊祀。由於《舊唐書·禮儀志》記述術士蘇嘉慶上言有"四孟月祭,尊爲九宫貴神,禮次昊天上帝,而在太清宫太廟上。用牲牢、璧幣,類於天帝神祇"的奏請,九宫位置在郊廟之間,所以我判斷九宫貴神的定位是天帝。且與昊天和太廟郊、廟相對一樣,九宫貴神作爲天帝也與太清宫相對,根據來源可以區分爲郊廟祭祀中的兩對天和祖。再加上德明興聖皇帝和先天太皇(太后)廟,分别作爲太廟和太清宫二者的補充,就成爲二天二祖二始祖廟的格局,兩兩對應,環環相扣,滿足郊天祭祖的全部條件,組建爲以下兩組新的郊廟結構和系統:

昊天上帝——太廟(太祖或高祖)——德明興聖廟(皋陶和涼武昭王)
九宫貴神——太清宫(始祖老子)——先天太皇、太后廟(老子父、母)

可以看出,前一組完全是儒學意義上的郊廟組合,昊天、太廟從來是儒禮郊廟的主要對象,儘管德明興聖廟不在傳統的建置内,但仍可認爲是儒禮範疇和概念之下的補充和改良。

但第二組就完全不同了,因爲它們從來不曾出現在國家郊廟祭祀的體制之中,也非屬傳統的儒家祭祀,可謂經典不載,史無前例者也。太清宫、先天太皇和太后固然是圍繞老子的道教祭祀,九宫貴神却是一個非常複雜和奇怪的產物。根據筆者過去的討論,

---

① 户崎哲彦:《古代中國の君主號と「尊號」——「尊號」の起源と尊號制度の成立を中心に——》,《彦根論叢》269,1991年,第80—81頁。
② 《舊唐書》卷24《禮儀志四》,第929頁。

這個九宮貴神來自陰陽數術家的五行學説,即《易圖明辨》卷二所説:"術家取九室之數,配以八卦五行,名之曰九宫。"①其名多見於五行、占卜類書籍。從《舊唐書·禮儀志》的規定可知,天寶新定禮制對九宫貴神是按照與天帝同等規格的儒禮,但是筆者發現其祭祀實際與九神之一的太一關係更密切。太一在古史是被看作與天帝等同的存在。如鄭玄就有"昊天上帝,又名大一常居,以其尊大,故有數名也"的解説;②至於神仙家和道教更有"天神貴者太一,太一佐曰五帝"和"第一太清者,太一爲宗"之類的説法,③使太一和太清成爲不可分離的整體。因此筆者認爲,九宫貴神的祭祀實有道教的内涵,而且根據其以太一爲主的祭祀方法,以及後來肅宗朝對太一的獨祀,則太一在很大程度上已經是依從道教。④

另外如果從儒禮和彌補感生帝闕環的角度來認識,恐怕還要有一點補充。前文已經介紹過學者對昊天和五帝的討論,即認爲前者是最高的天帝,而後者則是在昊天之下,帶有區域性的二級天帝。單就這一點來看,九宫貴神與五方帝顯然不無共性,因爲九宫也是按照東西南北的方位安排的,在某些特點上也可與五方帝契合。所以九宫同時具有儒禮和道教兩方面意義,而且如拙文所討論過的,它在無論司水旱和驅敵戰勝等方面都無所不能,纔是被選擇作爲天帝的原因。但這個九宫已不具備五帝之一的感生帝按方色啓迪、支配國運的意義,所以僅是對始祖加以配合,並没有感生帝那樣的功力。

由此可見,天寶初的這次改革並不是就事論事,也不是一時興起偶然爲之,僅以增設兩始祖廟爲鵠的,而是有著相當深刻縝密的思考和安排。先是大聖祖,繼而是儒、道的始祖所出,最後才是郊祀的天帝,一步步完善形成爲系統、規模化的設計。其中天、祖並重,儒、道俱全,而兩個始祖所出廟,不過是這個雙重郊廟系統的一環而已。並且這個改革也不是僅僅針對始祖,而是借助始祖,將道教祭祀永久性地納入體制之中。這不僅僅是將國家祭祀與皇帝的私家信仰合一,也是爲樹立與落實一種家國並重和李氏永遠爲天下之主的觀念。

如此,我們對唐王朝新的整體設計理念或許可以有更深入、清晰的認識,理解天寶中道教天帝祖宗的登場是從皇帝突出個人家族的立場出發的,它們從根本上是對感生帝祭祀的一種取代。由於無論從來源還是自身的性質,它們都更有代表皇帝及其家族

---

① 《易圖明辨》卷2,《景印文淵閣四庫全書》第44册,上海古籍出版社,1987年,第674頁。
② 孫詒讓:《周禮正義》卷33,第1572頁。
③ 參見《史記》卷28《封禪書》,中華書局修訂本,2013年,第1658頁;《雲笈七籤》卷6《三洞經教部·四輔》,中華書局,2003年,第99頁。
④ 吴麗娱:《論九宫貴神與道教崇拜》,《唐研究》第9卷,北京大學出版社,2003年,第283—314頁。

的資格,所以不妨説,"家天下"王朝天帝祖宗的祭祀,不但是通過儒家始祖廟,更是通過道教和老子來擴充了。内中代表皇帝及其家族姓氏的成分從而更爲明確和强化,皇權因此被突出和神化,而後者則是天寶改革最主要的目的之一。

以上天帝祖宗格局的重建涉及郊廟祭祀的最高神靈,同時道教始祖的地位也與新的天帝聯繫在一起,可以認爲是《開元禮》制定後的最大變化,也是唐朝後半期禮儀建置的最大特色。問題在於,這樣的禮儀設計完全打破了《開元禮》的儒禮格局。在儒禮規劃爲統一的"一天"和太廟外,從道教的意義上又增加了一重天和祖。其所建立的儒、道兩者,從天和祖的意義上都是相對完整的。因此以天寶改革郊廟爲標誌,可以作爲中古後期禮相對於上古和中古前期變化的分水嶺。

總之,儒道兩者的祭祀各自有代表國家和皇帝個人家族的不同内涵,所以乃是中古家國思想的再升級,而始祖廟也都是皇帝自身家族尊先意義上的一種標榜。但道教始祖廟作爲家族起源象徵顯然更爲突出,始祖的系出也更爲完整。正因爲如此,所以唐統治者建廟時,對老子和先天太皇廟的祭祀更加重視。祇不過這樣一來,涼武昭王和皋陶便不能再明稱始祖和祖之所出,否則到底是以誰爲始呢? 畢竟始祖祇能有一,放在一起便是自相矛盾、邏輯不通的,這自然就是涼武昭王在詔書中被稱爲十一代祖的原因。而如果僅是十一代遠祖,老子和老子父、皋陶和涼武昭王兩對聖人之間也就都没什麽矛盾了。並且德明興聖廟畢竟祇是儒家宗廟的延伸,就信仰的層面而言,也不如道教推崇下的老子和老子父母廟更有民間基礎,李氏墓誌中提到老子或者李耳的要比提到皋陶的更多,就是一個充分的證明。

至於德明興聖廟爲什麽在天寶十年始建,筆者認爲也是有原因的。天寶十年正月,玄宗再次實行了太清宫——太廟——南郊的親祭,成爲唐後期皇帝親祭的樣板,儒道一體也成爲定規。而這或啓發了德明興聖廟的建立,從而不但進一步彌合儒學理論,也使家國的雙重祭祀更加完整。實現這一點,當然也是玄宗作爲"盛世"之君的一種追求。這無疑奠定了唐後期郊廟制度的基礎。不過正像開元中所興建、已入《開元禮》的興慶宫祀五龍壇和皇帝千秋節壽誕一樣,包括始祖廟、太清宫、九宫貴神等都是體現皇帝自身與家族"私禮"的方面,也都是屬於皇帝家族祭祀的範疇。我們固然不能説始祖廟的建立没有比照經典而試圖解決理論矛盾的成分,但將這些内容强自加入國禮,當作國家郊廟來崇祀却並非出自朝議,無疑説明皇帝意志駕馭、支配國家典禮的趨向更加突出。

或許有人會提出,就始祖廟而言,無論是先天太皇太后廟還是德明興聖廟都没有顯示出特别的重要性,先天太皇、太后廟可能主要還是被併入地方民間祭祀,而德明興聖廟在天寶以後的一段時間中也完全湮沒無聞,大概最多也祇是維持常規。事實上若不是因禘祫合祭與宗廟理念發生關係,德明興聖廟的存在也不會再進入我們的視野。但這是爲什麼呢?筆者認爲,三代以後逐漸形成的儒家體制,從來重視概念與邏輯的合理性。所以始祖廟的建立不是從是否實用,而是完全從概念和邏輯的整體性出發。天寶改革的核心價值在於創新理念,儘管這個新建系統並不完善。不完善的一個表現就是祭祀對象和祭祀方式仍有混淆不清,特別如九宮貴神因有著儒、道的雙重背景性質並不純粹,再加上原來感生帝的功能主要通過老子承接,所以包括九宮貴神和始祖廟在內,更多地是對新體制起修飾補充作用,其實用處不大。九宮貴神在玄、肅二朝之後,雖然在祭祀上蕭規曹隨,但除了獲得個別癡迷道教的皇帝(如武宗)的重視,始終沒有進入皇帝親祭的系列,所以在重要性上,確實無法與昊天或者感生帝相比。

但儒道相混的問題宋朝已有所解決。如在九宮貴神之外,另建十神太一祭祀,實行道、儒分離。不僅如此,宋代還一方面另建其"大聖祖"和道教的宮觀祭祀,一方面恢復儒禮的感生帝,使兩種祭祀在宋朝都能全面利用而各行其道。從這一點理解,我們知道宋代即使恢復感生帝,主旨也不是爲鄭玄唱讚歌、重回糾纏鄭王是非的老路,而是意在追求儒、道郊廟體系的完整性。在這種努力之下,可以看到儒、道(也包括佛)兩種祭祀不但更完備,也逐漸深入到皇帝和朝廷內外、公私生活的各個方面,包括太廟與景靈宮作爲國祭、家祭的分離,以及皇家喪禮中三年和二十七日的內外兩種喪制等,使公、私意味更加分明。當然這些並不是本文所要深入探討的內容,但是須知道它們的生成正是以天寶的郊廟制度作爲起點和標志的,離開天寶改革,所謂"唐宋變革"乃至中古禮制的獨特性將無從談起。當然就本文所言始祖廟的作用問題,還需要結合唐後期的郊廟變革和禘祫論爭做一番充分的研究。

三、新《春秋》學的始祖新義與太祖東向、獻懿別享的統一

始祖問題針對郊廟制度,也涉及國家統治的根本理念。誠如以往學者所論,唐朝對於經學理論的批判及整合是逐步的。魏晉南朝因王肅的影響對鄭玄禘郊理論的否定,唐朝已然繼承。《開元禮》立意協調和抹殺鄭、王兩家在經學上的矛盾,實現了郊丘合一與天地合祭。天寶則以太清宮和老子祭祀彌補始祖之闕,重建郊祀的另重天地,並通過二重始祖廟的建置對感生帝祭祀予以取代。這些改革使得唐朝已經在背離鄭學甚至經

典原義的路上越走越遠。但一直以來,很少有人對此提出質疑。而由於始祖的確立,與常言宗廟之主的太祖無關,兩者的問題也重未發生過交集。

唐朝前期,《顯慶禮》和《開元禮》定高祖作爲"受命之君"配天,與經學理論中啓土分封的"始封之君"太祖意義並不完全一樣,但其戡定群雄,創建大唐基業的歷史作用畢竟深入人心。更兼唐朝前期,無論是禮制規定還是實際的宗廟祭典,在禘、祫合祭時都是按昭穆遠近即長少先後的順序自西向東排列,玄宗九廟的建制尤使獻祖、懿祖以下都未遷徙,高祖並沒有越次升任主位,所以不曾出現矛盾。

但是安史之亂的爆發,却引起了朝廷人士對於國家大政方針乃至某些制度、政策的反思。人們在對叛亂原因進行總結的同時,也對古禮及經典的原則如何與當代新政的結合有了更多的實踐。而在面對重建朝廷秩序這個問題時,一方面是思想上仍企圖恢復舊制和《開元禮》,一方面則是適應現實而更客觀地對待開、天以來的改革。前者主要是發生於肅、代和德宗之初,但恢復的同時也兼有對郊廟制度的完善,其中很重要的一點就是明確太祖地位。《舊唐書·禮儀志》所載"寶應元年(761),杜鴻漸爲太常卿禮儀使,員外郎薛頎、歸崇敬等議:以神堯爲受命之主,非始封之君,不得爲太祖以配天地。太祖景皇帝始受封于唐,即殷之契,周之后稷也。請以太祖景皇帝郊祀配天地,告請宗廟,亦太祖景皇帝酌獻。"[1]據《資治通鑒》依《實錄》言,其年建子月(十一月)"己酉,上朝獻太清宫;庚戌,享太廟、元獻廟。建丑月(十二月),辛亥朔,祀圓丘、太一壇"。[2] 由於杜鴻漸等提出的太祖問題都是從郊祀配帝和告請宗廟出發,可以推知是配合肅宗這次親祭的。他們的提議是以太祖取代高祖配天,從而使配天之祖與宗廟之主同爲"始封之君"而一致化,這實際上是對經學傳統的一種回歸。

但上述提議却遭到御史大夫黎幹"十詰十難"的批駁。觀其所言,中心即是申述經典中的禘義不是郊祀而與祭昊天於圓丘無關,應按王肅解釋是五年宗廟大祭,故以太祖配天不合理。而他的十難,除了反復駁斥鄭玄郊天理論,指責其"顛倒錯亂"外,又提出上述建議雖用鄭玄之學,却與鄭義相乖。内中很重要的一點就是始祖理論。認爲"今欲以景皇帝爲始祖之廟以配天",與鄭玄所説稷、契等爲始祖的特例不同,景皇帝"既非造我區宇,經綸草昧之主,故非夏始祖禹、殷始祖契、周始祖稷、漢始祖高帝、魏始祖武皇帝、晉始祖宣帝、國家始祖神堯皇帝同功比德",並謂"夏以大禹爲始祖,漢以高祖爲始

---

[1] 《舊唐書》卷21《禮儀志一》,第836頁。
[2] 《資治通鑒》卷222,中華書局,1956年,第7118頁。

祖,則我唐以神堯爲始祖,法夏則漢,于義何嫌"。① 可見他不但對始祖、太祖未加區分,而且將經學上的"始封之君"與歷史上建國打江山的"受業之君"混爲一談。雖然他的立場其實是贊成漢以後多以創業君主配天的做法,但從本文前面關於遠祖、近祖的討論來看,顯然以景帝配天,更接近經學原理。

據《禮儀志》所言皇帝對黎幹意見的處理是"書奏,不報",得知朝廷最後還是按照杜鴻漸等的建議來辦的,這樣以太祖景皇帝代高祖在肅宗寶應元年已經實現了。不過到了永泰二年(766)因春夏炎旱,仍有人借此提出高祖實受命之祖,今却不得配享天地,所以神不降福,以致災害的觀點。代宗疑之,詔百僚會議。太常博士獨孤及獻議,提出"凡受命始封之君皆爲太祖……而太祖之廟雖百代不遷","郊祀太祖,宗祀高祖,猶周之祖文王而宗武王也。今若以高祖創業,當躋其祀,是棄三代之令典,尊漢氏之末制。……夫追尊景皇,廟號太祖,高祖、太宗,所以崇尊之禮也。"②他的理論雖然看似依從鄭學,但解釋太祖更與"天子七廟"理論相合,於是"竟依歸崇敬等議,以太祖配享天地"。

那麼黎幹的批駁爲何無效呢? 筆者認爲,這不僅是因爲他本人就没弄清楚始祖和太祖、受命與始封等概念,奏章本身是一片混亂;還在於他一味糾纏學術是非的老生常談不合時宜,過分迂腐。其實唐初以來郊廟制度屢經變化,早就非驢非馬,而不是某種單純學術理念可以解讀,也不存在再爲鄭學正誤的問題。杜鴻漸等定義太祖配祀和酌獻,既是對經學傳統概念的重新審視,也是對唐禮制的進一步理順和爲我所用,這是戰亂後的調整,其實無關鄭學。易言之,以"始封于唐"的太祖代高祖,在理論上更合乎《禮記》的廟制原典,更適應亂後復古的潮流,是對傳統的服膺和回歸;從現實而言,也證明唐朝的根基更久遠,更深厚,而不僅僅是朝代建立的一時之機,如此更能應和對顛覆唐朝的安史之亂的批判,及對唐政權正統性、合法性的宣揚。黎幹完全不能審時度勢,宜其大而無當、毫無新意的奏章完全被無視。

不過,這裏還有一問題值得注意,即郊和廟位次的統一。太祖既已全面取代高祖配郊,那麼他在宗廟的地位也應當有所突顯。特別是自肅、代以降,宗廟要面臨遷祔問題,所以獨孤及談及此事,已提出"禘郊祖宗之位,宜在百代不遷之典"的問題。他認爲郊廟必須統一,提出:"若配天之位既異,則太祖之號宜廢,祀之不修,廟亦當毀。尊祖報本之

---

① 黎幹奏疏及觀點見《舊唐書》卷 21《禮儀志一》,第 836—842 頁。
② 《舊唐書》卷 21《禮儀志一》,第 842—843 頁。

道,其墮於地乎!"可見當時太祖的宗廟主位仍有所疑。而太祖、高祖、太宗三祖永世不遷還是在德宗建中之初才最終確立,這就是大曆十四年(779)十月,顏真卿因代宗神主祔廟,代祖元皇帝"准禮合祧"的奏議。在此之前,因玄、肅二帝相繼祔廟,獻、懿二祖"已從迭毀",將及太祖。所以顏真卿根據"天子七廟,三昭三穆,與太祖之廟而七"的原則,定"太宗文皇帝,七代之祖;高祖神堯皇帝,國朝首祚,萬葉承宗;太祖景皇帝,受命於天,始封於唐,元本皆在不毀之典",①成爲唐後期的原則,以後又在永貞、元和中不斷強調,使宗廟遷祔本此執行。

　　以上解決的不過是誰爲實際上的太祖,隨之便是禘祫合祭中"太祖正東向之位"的問題。唐前期這一問題幾不存在,是因爲太祖之名和位既不統一,原來宗廟也不設主尊,如貞元中工部侍郎張薦等所說:"又詳魏、晉、宋、齊、梁、北齊、周、隋故事,及《貞觀》《顯慶》《開元禮》所述,禘祫並虛東向之位。"②虛東向之位即不設尊位,合祭時所有祖宗都是依昭、穆先後排次,這一點從《開元禮》看得最清楚。但在太祖名位既定,且郊祀配祭已全改太祖的前提下,宗廟主尊之位也必須解決。先是隨著宗廟遞遷,太祖爲主之勢已逐漸形成。《舊唐書・禮儀志》載"寶應二年(763)祔玄宗、肅宗於廟,遷獻、懿二祖於西夾室,始以太祖當東向位,以獻、懿二祖爲是太祖以前親盡神主,准禮禘祫不及,凡十八年("八"當依《册府元龜》卷五九一作"九")"。③也就是說,彼時太祖已自然居宗廟之首,到禘祫合祭時,輩份居於太祖之上的獻、懿二祖也不再參加,這樣相安無事有十九年,已部分地改變了《開元禮》傳統。而所說十八或十九年應是從天寶四載(745)前後即開始,也就是天寶以後制度已經悄然變化了。

　　但禮儀制度上的矛盾此時並未解決。至代宗去世後三年的建中二年(781)九月,將要依禮舉行祫祭。太常博士陳京首次提出據《春秋》之義祫祭"毀廟之主,陳於太祖,未毀廟之主,皆升合食于太祖",應當"正太祖東向之位,全其尊而不疑"。爲此須爲位次在太祖之上的獻祖、懿祖立別廟另祭,但是因爲原有德明、興聖二帝之廟,至禘祫之時,常用饗禮,所以別廟之制可以改爲就興聖廟藏祔。但是禮儀使、太子少師顏真卿卻認爲應依晉蔡謨之議,至禘祫之時,仍以二祖同參,奉獻祖神主東向,使太祖"暫居昭穆之位,屈己申孝,敬奉祖宗,緣齒族之禮,廣尊先之道"。④所主張仍基本遵照《開元禮》精神,

---

① 《舊唐書》卷25《禮儀志五》,第954頁。
② 《舊唐書》卷26《禮儀志六》,第1006頁。
③ 《舊唐書》卷26《禮儀志六》,第1004頁;並參《册府元龜》卷590《掌禮部・奏議一九》,中華書局,1960年,第7063頁。
④ 《舊唐書》卷26《禮儀志六》,第1000—1001頁。

祇是不再"虛位"而更明確獻祖居東向之尊。從記載來看,當時應是按顏真卿的主張,也就是孝道尊先的"親親"而非"尊尊"原則舉行禘祫合祭的。

德宗貞元以後,對於禮的改革進一步興起。貞元七年(791),因太常卿裴郁所奏,關於禘祫爭議再度展開。此次爭議並無結果,事實上一直延續到貞元之末才落下帷幕,參加者衆多,意見紛紜,影響整個朝廷。根據左司郎中陸淳所奏七年百僚之議,"雖有一十六狀,總其歸趣,三端而已"。其中"于頔等一十四狀,並云復太祖之位。張薦狀則云並列昭穆,而虛東向之位。韋武狀則云當祫之歲,獻祖居於東向,行禘之禮,太祖復筵于西。"①可見當時建議雖有三種,但主張"復太祖之位"的占多數,其他則意見不同的祇有兩狀。韓愈貞元十九年上奏議,也細分"衆議之非"即主張太祖復位、處理獻、懿方式有五種,依次是"宜永藏之夾室""宜毀瘞之""宜各遷於其陵所""宜附於興聖廟而不禘祫""宜別立廟於京師"。韓愈認爲"此五説者皆所不可",他提出的第六種"獻祖宜居東向之位,景皇帝宜從昭穆之列",②實際上仍是重複顏真卿的主張,顯然也是以少對多。

因此總的來看,全部爭議可分作贊成和反對復太祖之位的兩派,前者乃爲多數,内又以將獻、懿二祖置於德明興聖廟的占主流。矛盾焦點在於只要確定太祖東向之尊,就不能回避獻、懿二祖的安置問題,這裏牽涉作爲國家公制的太廟祭祀究竟是依照尊尊還是親親原則行事,内裏實暗含尊權與孝道、國祭與家祭如何區别的問題。户崎哲彦曾提出,禘祫之祭本就存在兩面性,一面是作爲一家先祖之祭爲基點的私行爲,一面是作爲一國先祖之祭的以國家事業爲基點的公行爲。公祭以先祖的功績爲評價標準,而私祭則以血緣關係爲取得祭祀的資格。以贊成太祖復位的"太祖派"主張的是公私分離的國家論,而相對的獻祖派主張的却是"家父長制的家族主義"的以血統爲基的國家論,新舊兩種國家觀是對立的。③朱溢也指出太廟祭祀中象徵地位傳承合法性與皇帝和宗室進行祖先崇拜的公私兩種含義,並討論了唐至北宋期間太廟祭祀中私家因素的成長。④ 其實户崎哲彦公祭以功績爲評價標準還是有偏頗,後來論者多以爲求之過深,不過禘祫有兩面性這一點竊以爲是没有問題的。朱溢說法更客觀一些,對此還可見下文的討論。

所以關於禘祫之爭實涉及中古中國宗廟祭祀的根本理念。唐宋之際,國家宗廟所

---

① 《舊唐書》卷26《禮儀志六》,第1009頁。
② 見《禘祫議》,韓愈著,劉真倫、岳珍校注:《韓愈文集匯校箋注》卷4,中華書局,2010年,第504—507頁。按其議在貞元十九年,據《箋注》(第516頁)從洪慶善《韓子年譜》判定。
③ 户崎哲彦:《唐代における禘祫論爭とその意義》,第91頁。
④ 朱溢:《唐至北宋時期太廟祭祀中私家因素的成長》,《台大歷史學報》,第46期,2010年12月,第35—83頁。

代表的國家與皇帝公私兩重性問題其實是一個難解的矛盾。在這裏需要關注的是新《春秋》學派的陸淳(質)對此事的參與。《册府元龜·掌禮部》記載了陸淳於貞元十一年七月二十六日的奏議。在這次奏議中,他除了總結前述16狀的取向之外,還明確表達了贊成"復太祖之位"的14狀中不同安置意見的態度:

> 詳考十四狀,其意有四:一曰藏諸夾室,二曰置之別廟,三曰遷於園寢,四曰祔于龍聖。藏諸夾室,是無享獻之期,異乎周人藏於二祧之義,禮不可行也。置之別廟,始于魏明之説,禮經實無文。晉義熙九年雖立此義,已後亦無行者。遷於園寢,是亂宗廟之儀,既無所憑,殊乖禮義,不足征也。唯有祔於典(興)聖之廟,禘袷之歲,乃一祭之,庶乎亡於禮者之禮,而得變之正也。①

由此可見,陸淳是完全支持陳京將獻、懿神主安於德明興聖廟的做法,而反對其他意見。但陸淳爲何有如此表態? 應當與新《春秋》學派自身創建的理論分不開。其觀點已見於華喆所論趙匡的《辨禘義》一文,此文被收在陸淳(質)所編《春秋集傳纂例》中。趙匡、陸淳均是啖助的學生,陸淳稱啖助爲嚴師,趙匡爲益友,關係極爲密切。② 啖助死於大曆五年,趙匡則興元初尚在淮南節度使陳少游幕中。《纂例》成於大曆十年,修書期間趙匡曾有損益。③ 這説明新《春秋》學派討論禘袷甚早,不知是不是受寶應中正太祖郊廟之位的啓發而有感,但產生於廟制論爭的初始年代是毋庸置疑的。

趙匡之論誠如華喆所説,④首先是對禘義重做解釋。他批駁鄭玄的禘郊理論,解釋《祭法》禘、郊、祖、宗之義同于王肅,認爲"禘、郊、祖、宗,並敘永世追祀而不廢絶者也。禘者,帝王立始祖之廟,猶謂未盡其追遠尊先之義,故又推尊始祖所出之帝而追祀之。以其祖配之者,謂于始祖廟祭之,而便以始祖配祭也"。他認爲禘是祇有帝王才能行的大祭,並且祇能在始祖廟進行,主祭祖所出之帝,以始祖配祭,其義乃是追遠尊先。這樣就將"禘"從郊祀轉爲廟祭,並由此提出始祖廟概念。另外陳贇在討論鄭、王關於禘禮是郊天抑或宗廟的對立時,也指出趙匡其實是繼承了王肅之説,即第一,"禘其祖之所自出"在性質上爲宗廟之祭,而非配天之祭,不是天帝而是始祖才是受祭的真正主體;第

---

① 《册府元龜》卷590《掌禮部·奏議一八》,第7060頁。
② 吕温:《代國子陸博士進〈集注春秋〉表》,《文苑英華》卷611,中華書局,1966年,第3167—3168頁。
③ 以上並參陸淳《春秋集傳纂例》卷1《修傳終始記第八》,《景印文淵閣四庫全書》第146册,上海古籍出版社,1987年,第389—390頁。
④ 華喆:《中古廟制中的"始祖"問題再探》,第130—133頁。

二,王者始祖之所自出之"帝",即《祭法》所謂的黃帝、帝嚳等歷史上的人帝,在這個意義上,"王"、"帝"就成了"家族論意義上的分支的綿延與繼續"。①

其次,《春秋公羊傳》言毁廟之主、未毁廟之主的合祭均是用來解祫祭,而未言禘祭。② 而鄭、王二者,對禘、祫舉辦形式、規模和性質解釋不同。鄭玄認爲祫大禘小。其《禘祫志》認爲禘禮"太王王季以上遷主,祭於后稷之廟",而文、武以下遷主,分爲穆和昭,分祭于文、武二廟。而王肅答尚書難《曾子問》"唯祫于太祖,群主皆從而不言禘,知禘不合食",則認爲禘大祫小,"禘祫殷祭,群主皆合,舉祫則禘可知也"。後世禘祫多行合祭無分。杜佑議亦贊成禘小於祫,"祫則群廟之主悉升太祖廟,禘者各於其廟而行祭禮,二祭俱及毁主"。③ 趙匡則也以《公羊》爲據,認爲禘非合祭,禘、祫不同,反對禘祭也應當分昭穆各于文、武廟行合祭的做法。提出禘祭"不兼群廟之主,爲其疏遠,不敢褻狎也。其年數,或每年,或數年,未可知也",相對而言"凡太廟之有祫祭,象生有族食之義,列昭穆則齒尊卑之義,今乃分昭穆各於一廟集之,有何理哉"。④ 可見他認爲"祫祭"是"族食",是爲了"齒尊卑",與禘祭祭疏遠之祖含義有別。華喆指出他"在禮儀的含義與形式兩方面將禘、祫這兩套宗廟大祭區別開來",解決了倫理難題。竊以爲如果按他的理論,禘、祫就可以被作爲兩種祭祀而發揮不同的作用,使親親有別於尊尊,如此解決現實中的矛盾未嘗不是一條出路。

不過趙匡論中解釋經學原理並未將始祖與太祖嚴格區分,而"始祖廟"和"太廟"在周禮和《禮記》的意義上也可以重合,則似乎禘、祫都可以在同一宗廟舉行。但是在後代,始祖與太祖兩者愈益不能相混,加之東漢以降祖先分廟祭祀已逐漸變爲同廟異室,所以歷朝都將禘祭等同祫祭而行宗廟合祭。以重解《春秋》古義來區分禘祫,未免有泥古之嫌,而很難令習於成規的人接受。所以前人的看法,都認爲趙匡的理論並沒有獲得實踐的機會。

另外乍看趙匡的禘、祫分義與獻、懿的安置似乎也不是一回事,上述 16 狀中僅韋武一狀認爲禘、祫應當區別對待,但祇是以獻祖、太祖分居東向之位的不同,並不牽涉始祖廟,則趙匡的禘祫論似乎並未施行于唐代。

但這並不能證明趙匡的理論與唐代的宗廟和禘祫爭議無關。相反他所認爲的始祖

---

① 陳贇:《"以祖配天"與鄭玄禘論的機理》,第 27 頁。
② 《春秋公羊傳注疏》卷 13,《十三經注疏》,第 2267 頁。
③ 以上並參《通典》卷 49《祫禘上》,中華書局,1988 年,第 1378—1381 頁。
④ 陸淳:《春秋集傳纂例》卷 2《郊廟雩社例第十二·辨禘義》,第 397—401 頁。

廟唐朝恰好已經存在，這就是天寶中所建德明興聖廟（道教的老子廟及先天太皇廟與儒禮無關）。德明興聖廟由皋陶和涼武昭王組成，與王肅與趙匡所説始祖與祖之所出的概念基本吻合。趙匡的理論，等於爲天寶中建立的德明興聖廟做了進一步解説，使之存在價值被重新彰顯於世人面前。特别是德明興聖廟在禘祭時表達追遠尊先的含義，與太廟齒尊卑的意義不同，更會對糾結於太祖宗廟地位的朝臣們有所啓發。我們雖然尚不能證明陳京最初的提議就一定是因此而生，但至少陸淳對他的支援可以證明《春秋》學派百分百是與之站在同一立場上的。

那麽爲什麽同是《春秋》學派，也可以說是《春秋》學派在朝中代表的陸淳會全力贊成、支持這一立場呢？首先，這是因爲由趙匡所提出的、始祖廟作爲禘祭場所，祭始祖和祖之所出的理論可以實現。其次，是始祖廟既是體現孝道，也就是體現宗族之廟或家廟精神。德明興聖廟符合王肅理念的始祖和祖之所出，獻、懿二祖都是太祖之上的遠祖，是唐家族系列中最高者，如將獻、懿二祖祔入此廟，纔最切合單純家族祭祀的含義。

總之敘親親體現孝道，敘尊尊體現權威，前者意在皇家宗族，後者突出國家朝廷。始祖是作爲宗族之先，太祖却是作爲國家、政權的代表，既然禘祭已等同祫祭，要在太廟行以太祖東向的宗廟合祀，那麽就不妨將這個始祖廟視作太廟之外的另一場所，使之在行大祭時，各自發揮追遠尊先（家紀）和辨明尊卑（國體）的不同作用。這樣便可以同時表達忠與孝的兩大主題，最大限度地解決唐代郊廟制度在倫理上的矛盾。當然其中的尊尊在國家祭祀中，是取代親親原則佔據主導地位的，亂後的朝廷需要強調權威，這是時代的要求。以往研究者曾指出《春秋》學派認爲君王擁有至高無上地位，和堅持名分禮法、強調'王命'權威性的主張。[1]《春秋》學派在禘祫問題上的表現，與之相合，代表了新《春秋》學派一貫維護帝王和國家集權的立場。所以最後結果雖與趙匡說的禘祫祭祀不完全相同（禘祭也要同時在太廟行太祖以下的合祭，祫祭也要在始祖廟别行祭祀），却是其理論的擴大和現實應用。

這裏有一點容易被忽略，即雖然德明興聖廟一直以來習慣被稱作"别廟"，但在唐人眼中，顯然没有將它視爲一般意義上的别廟。上引韓愈文就將"附於興聖廟而不禘祫"區分於"宜别立廟于京師"，新《春秋》學派更是在性質上加以分别。陸淳奏議中反對别廟安置，理由是"置之别廟，始于魏明之説，禮經實無文"，但却贊同祔入德明興聖廟。可見在其心目中，德明興聖廟與單立别廟是兩個概念。而另立别廟，則禘祫與始祖廟的關

---

[1] 張穩蘋：《啖、趙、陸〈春秋〉學中的"制經論世"觀研究》，林慶彰、蔣秋華主編：《啖助新春秋學派研究論集》，中研院中國文哲研究所，2002年，第229—238頁。

係即無法體現。

還必須提到的是陳京主張的最後實現正是在禘祭將要舉行的貞元十九年。禘禮要突出的正是始祖之祭，但《舊唐書·禮儀志》載其年三月給事中陳京奏："禘是大合祖宗之祭，必尊太祖之位，以正昭穆。今年遇禘，伏恐須定向來所議之禮。"敕令百僚會議以聞。則是更強調尊尊之義。之後有左僕射姚南仲等獻議狀五十七封，詔付都省再集百僚議定奏聞。最終由户部尚書王紹等五十五人奏議："請奉遷獻祖、懿祖神主祔德明興聖廟，請别增兩室奉安神主。緣二十四日禘祭修廟未成，請於德明興聖廟垣內權設幕屋爲二室暫安神主，候增修廟室成，准禮遷祔神主入新廟。每至禘祫年，各於本室行饗禮。"得敕令"從之"。於是"是月十五日遷獻祖、懿祖神主權祔德明興聖廟之幕殿，二十四日饗太廟。自此景皇帝始居東向之尊，元皇帝已下依左昭右穆之列矣。"①獻祖、懿祖的"權祔"在禘祭以前進行，保證了太祖於太廟的尊位和禘祭的順利進行。而當二祖新廟屋落成後，則二祖遂被永久遷入。如此既兼顧二祖禘祫問題，又兼顧了公、私的分别，可以認爲是最爲合適的解决方式。

由此可見，雖然關於禘祫太祖正位的爭論歷經波折，但最後將獻、懿祔廟别享還是借助禘禮，禘禮在經學上與始祖廟的聯繫恐怕還是考慮的最重要因素。當然禘祫其實無分，這樣便形成兩個中心：即一是以太祖居首的太廟，當舉行時享便是在廟諸祖按室分祀，而禘祫合祭時則太祖以下已遷未遷諸祖均按昭穆列位同祭，彼時它的意義和作用便等同太祖廟，它在宗廟祭祀的意義是完全的國家公祭。

另一則是德明興聖廟，也即儒禮的始祖廟。上文已説明天寶修廟時"初令有司每歲四孟月享祭"，但《唐會要》又言"至寶應時，禮儀使杜鴻漸請停四時享獻"。② 上述獻、懿二祖祔入後，作爲已祧遷之主僅是"每至禘祫年，各於本室行饗禮"，雖然是尊先，却仍保留了趙匡所説始祖廟"不兼羣廟之主"也即不行合祭的特色。它在性質上是完全體現家族來源和血緣關係上的另一種宗廟祭祀。太廟和始祖廟禘祫的祭祀場合、對象既不同，則各自代表國家和李唐宗族的立場也由此得以明確表達。换言之，兩種宗廟的出現及在禘祫禮中的應用，是對國家政權和李唐統治的雙重認定。可以認爲，天寶乃至唐後期，隨着國家禮制中皇帝私禮的融入和並軌，皇帝家族的概念是被充分考慮和體現的，因而儒道並行，家國分制，圍繞皇帝個人和家族的内容獲得尊崇並有了專門的處理——

---

① 《舊唐書》卷26《禮儀志六》，第1009—1010頁；並參《册府元龜》卷592《掌禮部·奏議一九》，第7062—7063頁。
② 《唐會要》卷22《前代帝王》。按據同書卷23《緣祀裁制》，亦不載有德明興聖廟祭祀。

我想這是中古後期國家禮制的方向性變化,也是天寶郊廟改革以來所明確追求的目標。貞元禘祫的最終解決,可以說爲唐朝的始祖廟問題畫上了圓滿的句號。

　　以上討論了唐朝的始祖和始祖廟問題。可以看出,唐朝從取消感生帝,實行郊丘合一,到《開元禮》並"六天"於"一天"的折衷;從高祖作爲配帝到以太祖取而代之,從建立九廟到太祖宗廟地位的確立,經歷了長期的過程。雖然始祖問題的提出較晚,但在此之前,早因對鄭玄郊禮學説的批判,而有郊廟制度的改革。始祖廟的建立在取消感生帝的祭祀之後,顯然是對始祖祭祀的一種彌補和變革,因此始祖廟的建成是唐初以來郊廟體制不斷創新的後續成果。

　　始祖和始祖廟的建立證明其產生並非單純,而是牽涉唐朝郊廟制度建設的系統工程。天寶始祖(始祖所出)廟的建設本身就是組成唐朝新郊廟體制的一部分。昊天——太廟——德明興聖廟與九宮貴神——太清宫——先天太皇(太后)廟兩兩相對,是天寶中刻意建立和完善的兩大系統、兩種祭祀。兩種始祖廟的建置與太廟、太清宫的建置先後完成,它們一爲儒,一爲道,體現了國家和皇帝家族祭祀兩大方面的祖系來源。而後者的始祖廟,則在代表李氏宗族源出的意義上更爲鮮明。這不僅由於皇帝意欲在國家祭祀中滲透宗教意識和信仰,更是爲了強調皇家政權的淵源久遠和道教神靈支持下的神聖性與權威性。

　　從太清宫、九宫貴神祭祀和二重始祖廟的建成,也可以體會儒、道兩種祭祀爲政權服務的共通性,理解道教祭祀與儒禮改革的關係。兩種祭祀同時並行,互相彌補,甚至可以認爲是服膺於共同的理論。而由於有了上述新的建置,國家祭祀中突出李唐帝王家族的成分不但沒有消失,而且更爲強大。而以道教作爲中心的祭祀名正言順、堂而皇之地進入國家最高領域,既是對儒學體制下家國理念的協調和補充,但也打破了先秦與中古前期禮制的閫域舊規,開闢了中古後期思想的新格局、新路徑。而這樣做的結果也使國家祭祀的純粹性被破壞,道教借機登場而與儒禮的天帝祖宗平分天下,意味著原來代表皇帝私家信仰和家族祭祀的隱蔽内涵更爲公開化。同時道教與主流意識融合,已經改變了國家郊祀的單純儒禮格局。這是中古後期郊祀在上古和中古前期理念之上建立的新二元篇章,也是皇帝的專權和獨尊意識在禮制層面得到確認。在這方面,新的祭祀無疑解決了禮制上的難題,突破了中古郊祀理論的瓶頸,從而適應了時代變革的需要。

　　至於唐後期德明興聖廟作爲始祖廟的應用,更有著經學和禮制的雙重背景,貞元中因了太祖"東向"的落實,導致獻祖、懿祖神主難於安置的矛盾,反映出宗廟崇尚孝道與尊尊原則的背後衝突。經過反覆的禘祫論爭,最終確定了獻、懿二祖神位向始祖廟的遷祔,從而使太廟以太祖爲尊的意義得以凸顯,始祖廟尊先的作用也纔被充分發揮。總之兩種祖廟最終性質的劃分意味著國家與帝王概念的分別,是公與私、國家權威與帝王權力從衝突走向平衡的集中表現。而始祖廟及與太祖廟在禘祫時的功能分配和協調,既是亂後對經學的一種回歸,亦不乏因應時代新問題的變通,代表了國家郊廟體系的進一步整合。爲此祇有將始祖廟問題置於唐代郊廟發展的整體框架中,才可能理解它在這一禮制鏈條中的深刻含義。

唐代的始祖和始祖廟的建立和利用在經學理論的突破。也使我們注意到新《春秋》學派在參與朝廷郊廟爭議時的立場。唐後期新《春秋》學派關於始祖和始祖廟的解說和發明,使之與禘禮的關係被進一步明確,趙匡的始祖廟和禘祫之論就是這一理論的先導。之後朝廷關於獻祖、懿祖祔廟的辯論則有對其理論的吸收和實踐。陸淳、陳京等的積極參與,使禘禮尊先意義被突出,始祖廟的作用被落實,由於兼顧到國家權威象徵和皇室家族崇祀的雙重需要,故爲朝廷輿論所接受。可以説它的落實是新《春秋》學派的勝利,也是唐朝前期經學批判的繼續和進步,是經學理論的時代創新,與道教祭祀的興起和擴大應該説是代表了變革的兩大方面。因此新《春秋》學派在國家郊廟禮制的變革中的貢獻和影響值得重視,他們的國家觀與對皇權的維護立場,及其對中古後期的國家制度和社會思想的啓迪,涉及新《春秋》學派存在的歷史意義,也許還值得做更深入的發掘。

唐初明堂設計理念的變化*

武漢大學歷史學院　吕　博

一、明堂研究小識

有關儒家禮制的"明堂"設想,由古至今,向來是聚訟紛紜的話題。黄帝合宫、唐虞五府、夏后世室、殷重屋、周明堂成爲了一種玄遠飄渺的歷史記憶。明堂形制、功能是一個複雜的經學問題,明堂是宗廟之所,還是祭天之所?是布政之宫,還是太學辟雍?是九室還是五室?漢唐間的禮學名家都試圖廓清這一問題。

清代以來,考據學興起,惠棟、俞樾、秦蕙田、黄以周等禮學名家也曾試圖解決此問題。王國維、顧頡剛等歷史學家也曾就此問題有過深入探討。① 最近,薛夢瀟利用了考古材料,就此問題做了進一步的梳理。② 不過,要準確回答明堂究竟是什麽?或者是原始明堂究竟是什麽?似乎還是一個晦澀難明的問題。王國維曾説:"古制中之聚訟不決者,未有如明堂之甚也。"③這種局面的造成源於漢儒的闡説,明堂在儒生們的闡釋過程裏被"疊加"了衆多的象徵意義。如何去除裝飾,還原明堂本質,似乎也是一個難度頗大的問題。比如,像《考工記》這樣的文獻,究竟是漢儒對於周制的想像,還是確屬周代制

---

* 本文受到 2017 年國家社科基金青年項目"出土文獻與唐代禮制問題研究"資助,項目批准號:17CZS010。
① 戴震:《戴震文集》卷 2《明堂考》,中華書局,1980 年,第 24—25 頁;《戴震全書》第 5 册,黄山書社,1995 年,第 438 頁。阮元:《揅經室續集》卷 1《明堂圖説》,中華書局,1985 年,第 8—9、15 頁。孫詒讓:《周禮正義》卷 84,中華書局,第 3452—3454 頁。汪中:《述學·明堂通釋》,世界書局,1972 年。阮元:《揅經室集》卷 3《明堂論》,中華書局,1993 年。秦蕙田:《五禮通考》卷 24《吉禮二十四·明堂》,光緒本。黄以周:《禮書通故》卷 15《明堂禮通故》,中華書局,2007 年。王國維:《明堂廟寢通考》,見《觀堂集林》,中華書局,1959 年。劉師培:《周明堂考》,見《劉申叔先生遺集》,江蘇古籍出版社,1997 年。顧頡剛:《明堂》,見《史林雜識初編》,中華書局,1963 年,第 146—149 頁。吕思勉:《先秦史》第 13 章第 3 節,上海古籍出版社,2003 年。張一兵:《明堂制度研究》,中華書局,2005 年;《明堂制度源流考》,人民出版社,2007 年。詹石窗:《明堂思想考論》,《中國哲學史》2000 年第 4 期。葛志毅:《明堂月令考論》,《求是學刊》2002 年第 5 期。邱靜綺:《明堂制度研究》,臺灣"中央"大學碩士學位論文,2005 年。薛茜:《漢代的明堂制度——兼明堂制度源流概述》,蘭州大學碩士學位論文,2011 年。秦娟:《〈禮記·明堂位〉研究》,曲阜師範大學碩士學位論文,2012 年,等等。
② 薛夢瀟:《"周人明堂"的本義、重建與經學想象》,《歷史研究》2015 年第 6 期,第 22—42 頁。
③ 王國維:《明堂廟寢通考》,《觀堂集林》,中華書局,1959 年,第 125 頁。

度？就現在發掘的周代建築而言,也沒有完整的一座能和文獻完全對應。要想進一步研究這個問題,恐怕有待經過艱苦的探索。明堂呈現的問題似乎從來都不是一種建築實體,而是一種學術闡説。

從周到漢,迄至隋唐,儘管明堂屢次建成,但從來都没有遵循同一形制。① 明堂一直存在于禮學名家的"復古"詮釋裏,"古"究竟是什麽？言人人殊。儒生們借助"古",給一座想像中的禮制建築增飾了衆多象徵意義。

不過,就明堂的設計理念而言,儒生們也逐漸進行了一些調和,達成一些共識。這點在隋唐明堂的建設當中,就開始凸顯出來。明堂作爲儒家理念的最高實踐儀制之一,是統治者踐行奉天承運、調理四時、布恩施政的神聖空間。因是,即便明堂大禮號稱難治,但由漢到唐的統治者們,對明堂的興趣却未曾稍衰。歸根結底,是因爲明堂的建設,象徵著儒家"聖王"理念,一旦明堂建設成功,皇帝作爲聖王的形象便會深入人心。

二、自我作古：唐太宗貞觀年間關於明堂形制的爭論

唐初政治議題,集中在總結隋亡教訓上。如何超越隋代是當時政治話語當中常見的内容。當然這種超越不只停留在人口、經濟等方面,禮制建設也是其中的主題。因此,如何建成隋代未竟的明堂,成了唐初禮學家們重點關注的禮儀難題。

貞觀五年(631),太宗將造明堂。但從此時起,有關明堂建設的爭論,就呈現出各持己見的局面。衆多禮學名家都參與到有關明堂形制的討論中來。此時,集中的議題是對歷代明堂設計理念的取捨。②

從孔穎達的上表來看,禮部尚書盧寬、國子助教劉伯莊等人,主張復原黄帝明堂。③但事實上,所謂黄帝明堂無可究跡,祇不過是漢武帝時公玉帶上黄帝明堂圖紙,由漢武帝最先在汶水上建成。明堂建設與封禪一樣,本是武帝欲尊儒術的重要禮制實踐。不過,在武帝即位之初,因竇太后崇尚黄老之術,反對儒家學説,所以明堂未動工。直至竇太后死,明堂建設才正式提上日程。濟南公玉帶所上黄帝明堂圖,後世已亡。有賴於

---

① 有關魏文帝的明堂,可參《晉書》卷19《禮志上》,中華書局,1974年,第586—587頁。平城北魏明堂的研究,可參王銀田、曹臣明、韓生存:《山西大同市北魏平城明堂遺址1995年的發掘》,《考古》2001年第3期;王銀田:《北魏平城明堂遺址研究》,《中國史研究》2000年第1期。
② 王溥:《唐會要》卷11《明堂制度》,上海古籍出版社,2006年,第312頁。
③ 《唐會要》卷11《明堂制度》,第312頁。

《漢書·郊祀志》的保存,漢武帝汶上明堂的形制,現在才得以瞭解大貌。①

孔穎達在反對盧寬等人主張的同時,提出了自己的觀點。其一,明堂應當是基上堂、樓上觀,不得堂樓觀三者錯置;其二,他認爲儉樸尚質是聖王的品質,"飛樓駕迫,綺閣凌云"的奢靡之制,不是古代聖王的作爲;第三,漢武帝所建明堂源于方士之説,不可祖法,更何況盧寬等對汶上明堂的理解有誤。盧寬等主張明堂"上層祭天,下堂布政",但孔穎達認爲應該合二爲一,所謂"是以朝覲祭祀,皆在廟堂",豈有"樓上祭祖,樓下視朝"?他認爲明堂建設,屬於國之大典,不可不慎。②

可能由於魏徵參與過《隋書》編纂,所以他有關明堂的看法,明顯借鑒隋代禮學家牛弘的主張。③ 魏徵認爲明堂的基本形制可以把握,無非是"上圓下方,複廟重屋",儒生們雖持異見,不過是殊途同歸而已。"孝因心生,禮緣情立",而建築是表達情感、展示孝敬的重要方式。緣情制禮,因時而作即可,没必要糾纏繁文縟節。

與孔穎達不同,魏徵回憶了魏晉南朝以來的明堂建設,就明堂質與文的理念提出了自己的看法。④ 他認爲以往的明堂建設、祭祀、設計理念或多或少地存在缺陷,或有如蔡邕則"至理失于文繁",或有如裴頠則"大體傷於質略"。⑤ 因此,他提倡聖人如要制禮作樂,應當"隨時通變"。至於明堂建設的具體形制,如"高下廣袤之規,几筵尺丈之度"則"因事制宜,自我而作"即可,没必要拘泥于古。牛弘曾指出明堂若能建成,就能"弘風布教,作范於後矣"。魏徵同樣也有類似的看法,認爲如果唐太宗能廓清歷經千載的疑慮,建成明堂,就可以"爲百王之懿範",就能"不使泰山之下,惟聞黄帝之法;汶水之上,獨稱漢武之圖",在帝王的功業塑造上可與漢武帝比肩齊觀。明堂的設計、建設,意在凸顯一種當今皇帝邁越漢武,比擬於古代"聖王"的新相。

即便明堂的建設,具備塑造皇帝形象的重要意義,但在此次討論之後,明堂的建設依然擱置。直至貞觀十七年(643),顔師古又重新提出了有關明堂的建設意見。他的主張亦別具特色。

---

① 《漢書》卷25《郊祀志第五下》,第1243頁。關於漢代明堂研究,參藤川正數:《明堂制について》,《漢代における礼学の研究》,東京:風間書房,1985年;徐復觀:《〈吕氏春秋〉及其對漢代學術與政治的影響》,《兩漢思想史》第2卷,華東師範大學出版社,2001年;黄金山:《漢代"明堂"考析》,《中國史研究》1991年第1期;張鶴泉:《東漢明堂祭祀考略》,《咸陽師範學院學報》2011年第1期;張一兵:《明堂制度研究》,中華書局,2005年;《明堂制度源流考》,人民出版社,2007年。
② 以上引文皆出自王溥:《唐會要》卷11《明堂制度》,第312頁。
③ 牛弘有關明堂的主張,可參見《隋書》卷49《牛弘傳》,第1300—1305頁。
④ 《唐會要》卷11,第312頁。
⑤ 因牛弘曾援引論證,蔡邕、裴頠關於明堂形制的主張,可參《隋書》卷49《牛弘傳》,第1300—1305頁。

如所周知,顏師古在經學問題上向來是不"空守章句,但誦師言"。① 他主張拋開舊儒注解,回歸古典舊本。貞觀十七年,顏師古考察了古代諸家議論,旗幟鮮明地主張明堂實爲路寢,是布政之宫殿,而非祭祀之宗廟。之所以後世對明堂的功能產生爭論,實由嬴秦焚書坑儒,禮經淹没之故。② 顏師古的這種經學傾向,似乎帶有古文經的色彩。所以顏師古的基本做法是否定漢晉舊儒傳注,直承先秦禮儀經典,闡述他的理解與主張。在立論完成之後,他又反駁了舊儒幾種有關明堂是宗廟的看法。他認爲舊儒們的主張自相矛盾,尤其是關於明堂究竟建於都城的何處,史無依憑。顏師古既然認定明堂是路寢、宫殿,所以他主張明堂不應建設在"三里之外,七里之内,丙巳之地",而應當靠近宫殿。而他的這種看法,有可能正是後來武則天在洛陽爲明堂選址的依據。顏師古同樣回顧了自古以來的明堂製作,他比魏徵更近一步,認爲:"兩漢以前,高下方圓,皆不相襲。惟在陛下,聖情創造……"③魏徵與顏師古的主張,似表明唐代有關禮制建設的一種歷史傾向,即皇帝的"自爲節文"與"自我作古"的制禮舉動。看似在討論禮制建設,實則也表達了他們相近的君主觀。

從貞觀六年到十七年,有關明堂建設的討論長達十二年,儘管禮學名家紛紛參與,但明堂並未從紙面規劃變爲工程實踐。

三、五室與九室: 唐高宗在位期間的明堂設計

唐高宗永徽二年(651),以國家政令的形式頒佈了明堂建設詔書:

> 永徽二年七月二日詔:"朕聞上玄幽贊,處崇高而不言;皇王提象,代神工而理物。是知五精降德,爰應帝者之尊;九室垂文,用紀配天之業。合宫、靈符,創洪規於上代;太室、總章,標茂範於中葉。雖質文殊制,奢儉異時,然其立天中,作人極,布政施教,歸之一揆……今國家四表無虞,人和歲稔,作範垂訓,今也其時。……"④

詔書在設計理念層面闡述了明堂質與文、奢與儉、布政與施教功能是否合一的若干

---

① 《唐會要》卷11,第313頁。
② 《唐會要》卷11,第313頁。
③ 《唐會要》卷11,第314頁。
④ 同上,第314—315頁。

意見。高宗不泥于古、禮緣情立、因時而作、自爲節文、垂範後世的主張,集中踐履了魏徵、顔師古的理念,總結了貞觀六年以來的討論。但高宗有關明堂的設計理念,在具體操作時,還是難以擺脱徵詢儒生的窠臼。詔書又云:

> 宜令所司,與禮官學士等,考覈故事,詳議得失,務依典禮,造立明堂。庶曠代闕文,獲申於兹日;因心展敬,永垂於後昆。其明堂制度,宜令諸曹尚書,及左右丞,侍郎、太常、國子監、秘書官、弘文館學士,同共詳議。①

與貞觀年間的明堂設計相比,高宗時期皇帝親自參與到明堂設計理念的決斷中去,是這一時期禮制建設的顯著特點。

不過,即使親自參與,但有關明堂形制的爭論仍然是一波未平一波又起。高宗時,又遇到了貞觀年間尚且没有處理的問題。首先面臨的問題是,明堂是建九室還是五室? 禮學專家各執主張:

> 太常博士柳宣依鄭玄議,以明堂之制,當爲五室。前内直丞孔志約獻狀,據《大戴禮》及盧植、蔡邕等議,以爲九室。曹王友趙慈皓、秘書丞薛文思等各進明堂圖樣。②

九室、五室之争,還是東漢禮學名家争論的舊問題。柳宣、孔志約的争論,來自鄭玄、蔡邕的不同主張。鄭蔡二人有關明堂的分歧,在對《明堂月令》篇目的討論中就呈現了出來:

> 今《明堂月令》者,鄭玄云:"是吕不韋著,《春秋十二紀》之首章,禮家鈔合爲記。"蔡邕、王肅云:"周公所作。"③

起初,有關明堂的争論應當是源自今古文的争論。今古文争論實質原因是焚書坑

---

① 《唐會要》卷 11,第 315 頁。
② 《唐會要》卷 11,第 315 頁。
③ 《隋書》卷 49《牛弘傳》,第 1302 頁。鄭玄《三禮目録·月令》稱"後人因題之名曰《禮記》,言周公所作",《禮記正義》卷 14,阮元校刻:《十三經注疏》,第 1352 頁;陸德明:《經典釋文》卷 11《禮記音義》亦曰:"(《月令》)蔡伯喈、王肅云周公所作",上海古籍出版社,2013 年,第 687 頁。

儒導致先秦經典不存。許慎羅列了《大戴禮》《明堂月令書》《周禮》和講學大夫淳于登之説,認爲明堂"今《禮》、古《禮》各以其義説,無明文以知之"。① 不過,按照《通典》的記載,鄭玄的學説來自馬融,而馬融的學説則源自《小戴禮記》:

> 而戴聖又删大戴之書,爲四十七篇,謂之《小戴記》。馬融亦傳小戴之學,又定《月令》《明堂位》,合四十九篇。鄭玄受業於融,復爲之注。②

鄭玄有關明堂五室主張的原始依據,部分還保存在《五經異義》等文獻當中,帶有濃厚五行、緯學色彩: ③

1. 水木用事,交於東北;木火用事,交于東南;火土用事,交於中央;金土用事,交於西南;金水用事,交於西北。周人明堂五室,帝一室,合於數。
2. 《尚書帝命驗》曰:"帝者承天立五府,赤曰文祖,黄曰神升,白曰顯紀,黑曰玄矩,蒼曰靈府。"鄭玄注曰:"五府與周之明堂同矣。"
3. 《孝經援神契》曰:"明堂者,上圓下方,八窗四達,布政之宫。"《禮記盛德篇》曰:"明堂四户八牖,上圓下方。"《五經異義》稱講學大夫淳于登亦云:"上圓下方。"鄭玄同之。是以須爲圓方。
4. 唯祭法云:"周人禘嚳而郊稷,祖文王而宗武王。"鄭玄注曰:"禘郊祖宗,謂祭祀以配食也。禘謂祭昊天於圜丘,郊謂祭上帝於南郊,祖、宗謂祭五帝五神於明堂也。"
5. 鄭玄以爲明堂在國之陽,與祖廟別處。

從以上文獻記載,可以明晰鄭玄有關明堂的一些基本主張,鄭玄主張明堂五室,以此爲周制。而九室是吕不韋作《春秋》時所作。④ 同時,鄭玄認爲明堂的形制應當是上圓下方。不過,五室的形制究竟如何,依然存在争論。戴震、阮元和孫詒讓從鄭説,主張

---

① 陳壽祺:《五經異義疏證》卷中《明堂制》,上海古籍出版社,2012年,第84—85頁。
② 《通典》卷41《禮序》,第1120頁。
③ 鄭玄的祭祀學説帶有緯學色彩,前人已有研究,參見間嶋潤一《鄭玄的祀地思想和大九州説》,中村璋八編:《緯學研究論叢——悼安居香山博士》,平河出版社,1993年。
④ 鄭玄《駁五經異義》云:"九室三十六户七十二牖,似秦相吕不韋作《春秋》時説者所益,非古制也。"《五經異義疏證》,第104頁。

五室四隅説。① 清代學者俞樾、金鶚和王國維，雖主"五室"，但佈局則呈兩兩相背的"四正"模式。這裏姑且不討論五室的形制究竟如何，我們認爲鄭玄關於明堂五室的主張是爲了配合他的六天學説。②

鄭玄有關六天與明堂的學説集中見於《禮記注疏》卷三十四《大傳》：

> 凡大祭曰禘，自由也。大祭，其先祖所由生，謂郊祀天也。王者之先祖，皆感大微五帝之精以生，蒼則靈威仰，赤則赤熛怒，黄則含樞紐，白則白招拒，黑則汁光紀。皆用正歲之正月郊祭之，蓋特尊焉。《孝經》曰：郊祀后稷以配天，配靈威仰也。宗祀文王於明堂以配上帝，汎配五帝也。

卷四十六《祭法》：

> 禘郊祖宗，謂祭祀以配食也。此禘，謂祭昊天於圜丘也。祭上帝於南郊曰郊，祭五帝五神於明堂曰祖宗。祖宗，通言爾。下有禘郊祖宗。《孝經》曰：宗祀文王於明堂，以配上帝。明堂，《月令》春曰：其帝大昊，其神句芒；夏曰：其帝炎帝，其神祝融；中央曰：其帝黄帝，其神后土；秋曰：其帝少昊，其神蓐收；冬曰：其帝顓頊，其神玄冥。③

從上可以看出，鄭玄所主張的五室與五天帝是互爲證明的學説，五帝各爲一室。

蔡邕《明堂月令論》曰："九室以象九州。"④後世經學家認爲九室的佈局是在鄭玄"五室"的基礎上，四角再接四室。

蔡邕認爲"明堂者，所以宗祀其祖以配上帝也。……故雖有五名，而主以明堂也"，王肅繼承了這種學説，大致是與他關於"一天"説的主張是相配合的。我認爲建五室還是建九室祇是表像，其核心問題還是在於國家祭祀是採用六天説或一天説。在唐代武

---

① 戴震：《戴震文集》卷2《明堂考》，第24—25頁；阮元：《揅經室續集》卷1《明堂圖説》，第8—9、15頁；孫詒讓：《周禮正義》卷84，第3452—3454頁。
② 小島毅：《郊祀制度の變遷》，《東洋文化研究所紀要》108，東京，1989年，第123—219頁；金子修一：《中國古代皇帝祭祀の研究》，東京：岩波書店，2006年；渡邉義浩：《後漢における「儒教國家」の成立》，第143—187頁。較新的研究成果參朱溢：《事邦國之神祇：唐至北宋吉禮變遷研究》，上海古籍出版社，2014年；趙永磊：《北朝至隋唐國家祭祀形成研究》，北京大學博士學位論文，2017年。
③ 分見鄭玄注，孔穎達疏：《重刊宋本十三經注疏附校勘記·禮記注疏》卷34《大傳》、卷46《祭法》。
④ 《全後漢文》卷80，第903頁。

德年間有關明堂祭祀的祠令中,採取的是鄭玄的六天説,明堂祭祀的是五方上帝:

> (大唐)武德初,定令:每歲季秋祀五方上帝於明堂,以元帝配,五人帝、五官並從祀。①

其實這種祭祀令文沿襲了隋代規定,六天説的色彩濃厚,如果要按令文執行的話,明堂需建成五室,五方上帝各處一室。即東方青帝太昊,南方炎帝,中央黃帝,西方白帝,北方黑帝,各自依照方位處於明堂一室。

貞觀年間,有關明堂祭祀的内容屢次討論,但明堂還是没有建成。武德令的規定也就延續了下來,貞觀禮也保留著六天學説:

> 迄於貞觀之末,竟未議立明堂,季秋大享則於圜丘行事。(高祖配圜丘及明堂北郊之祀,元帝專配感帝。自餘悉依武德令。)②

唐高宗於649年六月即位,改元永徽。永徽二年(651)七月高宗再次下詔建設明堂。需要注意的是,九室五室之争,其實還是基於對於六天説還是一天説的抉擇。就在唐高宗下達建設明堂詔書的同月,長孫無忌等人的奏議開始對"六天説"的祭祀方式提出質疑:

> 永徽二年七月,太尉長孫無忌等奏議曰:"據《祠令》及《新禮》,並用鄭玄六天之義,圜丘祀昊天上帝,南郊祀太微感帝,明堂祭太微五天帝。臣等謹按鄭玄此義,唯據緯書,所説六天皆爲星象,而昊天上帝不屬穹蒼。故注《月令》及《周官》,皆謂圜丘所祭昊天上帝爲北辰星曜魄寶。又説《孝經》'郊祀后稷以配天',明堂嚴父配天,皆爲太微五帝。考其所説,舛謬特深。按《易》云:'日月麗乎天,百穀草木麗乎土。'又云:'在天成象,在地成形。'足以明辰象非天,草木非地。《毛詩傳》云:'元氣昊大,則稱昊天。遠視蒼蒼,則稱昊天。'此則天以蒼昊爲體,不入星辰之例。且天地各一,是曰兩儀。天尚無二,焉得有六?是以王肅群儒,咸駁此義。又檢太史《圜丘圖》,昊天上帝座外,别有北辰座,與鄭義不同。得太史令李淳風等狀,稱昊天上帝圖位自在壇上,北辰自在第二等,與北斗並列,爲星官內座之首,不同鄭玄據緯

---

① 《通典》卷43《大享明堂》,第1221頁。
② 《通典》卷44《大享明堂》,第1221頁。

之説。此乃羲和所掌,觀象制圖,推步有恒,相緣不謬。又按《史記·天官書》等,太微宮有五帝者,自是五精之神,五星所奉。以其是人主之象,故況之曰帝,亦如房心爲天王之象,豈是天乎!《周禮》云'兆五帝於四郊',又云'祀五帝則掌百官之誓戒'。唯稱五帝,皆不言天。此自太微之神,本非穹昊之祭。又《孝經》唯云'郊祀后稷',别無圜丘之文。王肅等以爲郊即圜丘,圜丘即郊,猶王城、京師,異名同實。符合經典,其義甚明。而今從鄭之説,分爲兩祭,圜丘之外,别有南郊,違棄正經,理深未允。且檢吏(疑爲"禮")部式,唯有南郊陪位,更不别載圜丘。式文既遵王肅,祀令仍行鄭義,令式相乖,理宜改革。又《孝經》云'嚴父莫大於配天',下文即云'周公宗祀文王於明堂,以配上帝',則是明堂所祀,正在配天,而以爲但祭星官,反違明義。"詔從無忌等議,存祀太微五帝,於南郊,廢鄭玄六天之義。①

《通典》開列的人物爲長孫無忌等,但如果將祭天的内容還原到唐高宗時代制禮作樂的大背景,就可以發現真正主導《顯慶禮》的製作者,是擁立武則天爲后的許敬宗、李義府二人。② 所謂據"祠令及新禮",即是據"武德令"與《貞觀禮》。在《貞觀禮》中還延續著舊武德令的"鄭玄六天説"的規定。以上所引"奏議"旨在否定鄭玄的學説,認爲昊天乃是蒼天,獨一無二,非星辰之象。鄭玄所謂的昊天上帝是北辰曜魄寶,是無稽之談,舛謬特深。儒生解經,必引經典。"奏議"引用《周易》《毛詩傳》力證"天以蒼昊爲爲體,不入星辰之例";"天上無二,焉得有六"。"奏議"進一步依據唐代天文學家李淳風的看法,力證北辰(北極星)位屬圜丘上的第二等祭祀内容,根本無法與昊天上帝祭祀並列。奏議還進一步判定了鄭玄王肅的"郊丘之爭",肯定了王肅郊即圜丘的看法。

討論的最終結果是廢除六天學説,採取王肅的一天學説。廢除五方上帝,祇是在祭祀的時候還保留著太微五帝的祭祀,但是名稱由五天帝改作五帝。這點爲後來的《顯慶禮》所繼承。③

---

① 按此議《通典》卷43《郊天下》作永徽二年七月太尉長孫無忌等奏議(第1193頁),《册府元龜》卷585《掌禮部·奏議一三》(中華書局,1960年,7003頁)謂是龍朔二年修禮官許敬宗所奏。按將"一天説"取代"六天説"是《顯慶禮》的重要内容,故不會遲至龍朔,龍朔此乃顯慶之誤。但亦不會早至長孫無忌論明堂配祀之前,二者實有關聯,故不取。此處僅據《舊唐書·禮儀志》。
② 《通典》卷41《禮序》:"高宗初,以貞觀禮節文未盡,重加修撰,勒合成百三十卷,至顯慶三年奏上,高宗自爲之序。時許敬宗、李義府用事,其所捨取,多依違希旨,學者不便,異議紛然。"(第1121頁)
③ 金子修一:《關於魏晉到隋唐的郊祀、宗廟制度》,《日本中青年學者論中國史·六朝隋唐卷》,上海古籍出版社,1995年,第360—366頁。高明士:《論武德到貞觀禮的成立——唐朝立國政策的研究之一》,臺清唐代學會:《第二屆國際唐代學術會議論文集》,文津出版社,1993年,第1180頁。楊華:《論〈開元禮〉對鄭玄和王肅禮學的擇從》,《中國史研究》2003年第1期,第53—67頁。

爲配合祠令規定的一天説，明堂理所應當採取王肅的九室之説。所以，儘管太常博士柳宣、前内直丞孔志約所持意見不同，但唐高宗還是出面解決了五室、九室的争論。他認爲："九室之議，理有可依，乃令所司詳定明堂形制大小，階基高下，及辟雍門闕等制度，務從典故也。"①唐高宗最終遵循的是柳宣的九室學説。所謂"理有可依"，恐怕即是"九室"符合一天説的祭祀理念。

從後來唐高宗所出示的九室模型的形制來看，高宗關於明堂建設的主張，主要是採取了蔡邕《明堂月令》九室十二堂的學説。具體如下所記：

> 有司奏言："内樣：堂基三重，每基階各十二。上基方九雉，八角，高一尺。中基方三百尺，高一筵。下基方三百六十尺，高一丈二尺。上基象黄琮，爲八角，四面安十二階。請從内樣爲定。基高下，仍請准周制高九尺，其方共作司約准二百四十八尺。中基下基，望並不用。又内室，各方三筵，開四闈、八窗，室圓楣徑二百九十一尺。按季秋大饗五帝，各在一室，商量不便，請依兩漢，季秋合饗，總於太室。若四時迎氣之祀，則各於其方之室。其安置九室之制，增損明堂故事，三三相重。太室在中央，方六丈。其四隅之室，謂之左右房，各方二丈四尺。當太室四面，青陽、明堂、總章、玄堂等室，各長六丈，以應太室；闊二丈四尺，以應左右房。室間並通巷，各廣一丈八尺。其九室並巷在堂上，總方一百四十四尺，法坤之策。"②

次年（652）六月二十八日，有關明堂設計理念的討論依舊未定。即便高宗拿出建設模型，對明堂的每一個部件，都儘量尋求依據。但明堂的設計規劃，依舊是群儒紛競，各執異議，甚至連稍前高宗所定的九室之制，亦未成定論。

四、總章定制：總章二年有關明堂設計理念的形成

麟德三年（666）正月，高宗封禪，完成了父親李世民的未竟之業。至此，塑造君主形象的禮制項目，尚有明堂一項還需完成。封禪完成之後，改元乾封，以示紀念。不知何故，唐高宗下詔主張在祭天、配享層面，又恢復鄭玄學説：

---

① 《唐會要》卷 11，第 315 頁。
② 《唐會要》卷 11，第 315—316 頁。

乾封初,帝已封禪,復詔祀感帝、神州,以正月祭北郊。司禮少常伯郝處俊等奏言:"顯慶定禮,廢感帝祀而祈穀昊天,以高祖配。舊祀感帝、神州,以元皇帝配。今改祈穀爲祀感帝,又祀神州,還以高祖配,何升降紛紛焉?虞氏禘黃帝,郊嚳;夏禘黃帝,郊鯀;殷禘嚳,郊冥;周禘嚳,郊稷。玄謂禘者,祭天圓丘;郊者,祭上帝南郊。崔靈恩説夏正郊天,王者各祭所出帝,所謂'王者禘祖之所自出,以其祖配之'。則禘遠祖,郊始祖也。今禘、郊同祖,禮無所歸。神州本祭十月,以方陰用事也。玄説三王之郊,一用夏正。靈恩謂祭神州北郊,以正月。諸儒所言,猥互不明。臣願會奉常、司成、博士普議。"於是,子儒與博士陸遵楷、張統師、權無二等共白:"北郊月不經見。"①

《通典》卷44《大享明堂》,將上述討論化簡爲繁,總結爲:"乾封初,仍祭五方上帝,依鄭玄義。(司禮少常伯郝處俊議明堂,檢舊禮用鄭玄義,新禮用王肅義。詔依舊用鄭玄義。)"②

上述兩處引文中的乾封初,應指"乾封元年"。按照杜佑注文來看,即便是《顯慶禮》頒佈,但是《貞觀禮》依然存用。高宗頒佈的詔書,依然按照舊《貞觀禮》的規定,採取六天説,所以明堂依然祭祀五方上帝,用鄭玄義。這樣的祭祀理念也直接會影響到明堂形制的抉擇,所以在覆議立明堂的時候,"左僕射于志寧等請爲九室,太常博士唐昕等請爲五室"。③

雖然于志寧、唐昕關於九室還是五室的主張不同,但唐高宗爲了配合六天説,還是傾向於選擇五室。此時唐王朝有關明堂形制的主張,又從九室變爲五室。即便讓皇帝親自來進行所謂的聖意裁斷,明堂的建設仍然是制度未定而止。④

儘管永徽二年七月曾經企圖在國家祭祀系統中廢過鄭玄的六天説,但到了乾封二年(667)十二月,詔祀明堂感帝,又云:"高祖、太宗崇配,仍總祭昊天上帝及五天帝。"⑤昊天上帝、五天帝於此並列讓人難以理解。按照《舊唐書·禮儀志》的記載,乾封二年十二月準確的配享、祭天方式應當是:

---

① 《通典》卷43《郊天下》,第1195頁。
② 《通典》卷44《大享明堂》,第1223頁。
③ 《通典》卷44《大享明堂》,第1223頁。
④ 《通典》卷44《大享明堂》,第1223頁。
⑤ 《通典》卷44《大享明堂》,第1224頁。

> 乾封二年十二月,詔曰:"……自今以後,祭圜丘及五方明堂感帝神州等祠。高祖大武皇帝、太宗文皇帝崇配。仍總祭昊天上帝及五帝於明堂。"①

《通典》中"總祭昊天上帝及五天帝"的"天"字恐衍。在此後儀鳳二年太常少卿韋萬石的奏文中,也表明乾封年間相對獨特明堂的祭祀方式:

> 儀鳳二年七月,太常少卿韋萬石奏曰:"明堂大享,准古禮鄭玄義祀五天帝,王肅義祀五行帝。《貞觀禮》依鄭玄義祀五天帝,顯慶已來新修禮祀昊天上帝。奉乾封二年敕祀五帝,又奏制兼祀昊天上帝。伏奉上元三年三月敕,五禮行用已久,並依貞觀年禮爲定。"②

韋萬石的上奏清晰地表明唐代前期明堂祭天理念的變化,貞觀禮祭祀五天帝,顯慶禮祭祀昊天上帝。乾封二年(667)在祀五感生帝的同時,還要一併祭祀昊天上帝,祇不過五帝不稱天,實際上是調和了鄭玄、王肅的不同看法。

從此時的封禪、圜丘祭祀理念來看,應當是在明堂祭祀昊天上帝的同時,配享五方上帝,而帝不稱天。這種理念曾在永昌元年九月的敕文中得到進一步的強調。敕云:"天無二稱,帝是通名。承前諸儒,互生同異,乃以五方之帝,亦謂爲天。假有經傳互文,終是名實未當。稱號不别,尊卑相渾。自今郊祀之禮,惟昊天上帝稱天,自餘五帝皆稱帝。"③

乾封三年(668)三月有關明堂的形制、祭祀理念議定。同時,高宗改元總章,意採所謂"黄帝合宫,有虞總章"。總章年號似乎表明,明堂的建設當是高宗迫不及待的事情。④ 十一月二十二日,分萬年縣置乾封、明堂縣。⑤ 一來爲紀念乾封元年的封禪大典,二來表明了他必建明堂的決心。總章二年(669)三月九日詔高宗二次下詔,重申了建設

---

① 《舊唐書》卷21《禮儀志》,第827頁。
② 《唐會要》卷12,第327頁。
③ 《通典》卷43《郊天下》,第1197頁。
④ 《通典》卷44《大享明堂》,第1223頁。
⑤ 關於唐代明堂縣的設置年代,諸種文獻記載不一。《舊唐書》卷38《地理志》云:"乾封元年,分置明堂縣,治永樂坊。"《新唐書》卷37《地理志》云:"總章元年析置明堂縣,長安二年省。"王昶在《金石萃編》卷63《于大猷碑》考証如下:"《元和郡縣志》《舊唐書·地理志》皆云萬年縣,乾封元年分置明堂,理永樂坊,長安三年廢,復併萬年。《新唐書·地理志》:總章元年析置明堂縣,長安二年省(《太平寰宇記》云二年六月)。《舊唐書·高宗紀》:總章元年二月己卯,分長安、萬年置乾封、明堂二縣,分理於京城之中,則明堂縣之置於總章元年爲有據也。"

明堂的計畫：

總章二年三月九日詔："上考經籍,制爲明堂,處二儀之中,定三才之本,構茲一宇,臨此萬方。"①

《通典》保留了總章二年的明堂設計全部理念,今人看來實在紛繁複雜。明堂的每一個部件都充滿了象徵意義,估計都曾是此前諸儒紛議的内容。②

表 1　總章二年明堂構造表

構 造 部 件	象 徵 意 義
其明堂院,每面三百六十步,當中置堂。	乾之策二百一十有六,坤之策百四十四,總成三百六十步。當中置堂,處二儀中,定三才之本。
自降院每面三門,同爲一宇,俳佪五間。	一周有四時,故四面各開門。時有三月,故每一所開三門。一年有十二月,故周回十二門。又《易》三爲陽數,二爲陰數,合而爲五,所以每門舍五間。
院四隅各置重樓,其四墉各依方色。	按《淮南子》地有四維,故四角四樓。又有五方水火金木土,五方各異色,其牆各依本方之色。
基八面。	象八方。按《周禮》黄琮禮地。鄭玄注："琮者,八方之玉,以象地形",故知地形八方。漢武帝立八觚壇以祀地,故今爲八方之基以象之。
高丈二尺,徑二百八十尺。	陽律六,陰吕六,陰陽合,故今高丈二尺。易三爲陽數,八爲陰數,三八相乘,得二百四十。又《漢書》九會之數有四十,合爲二百八十,所以階徑二百八十尺,通天地綜陰陽也。
每面三階,周回十二階。	《漢書》天有三階,故每面三階;地有十二辰,故周回十二階。
每階二十五級。	按《文子》,從凡至聖,有二十五等。
基上一堂,其宇上圓。	按《道德經》："天得一以清,地得一以寧,王得一以爲天下貞。"又曰："道生一,一生二,二生三,三生萬物。"又《漢書》："太極元氣,含三爲一。"又曰："天子以四海爲家。"故置一堂以象元氣,並取四海爲家之義。又《周禮》蒼璧禮天。鄭注"璧圓象天",故宇上圓。
堂每面九間,各廣丈九尺。	《尚書》地有九州,又易陰數十,故間別丈九尺。
堂周回十二門。	一歲十二月也。
每門高丈七尺,闊丈三尺。	《周易》陰數十,陽數七,合爲其高。又陽數五,陰數八,合爲其闊。
堂周回二十四窗。	天有二十四氣。
窗高丈三尺。	一年十二月並閏。

---

① 《唐會要》卷 11,第 317 頁。
② 《通典》卷 44《大享明堂》,第 1224—1226 頁。

續　表

構造部件	象徵意義
闊丈一尺。	天數一，地數十。
櫺二十三。	天數九，地數十，並四時。
二十四明。	八卦共二十四爻。
堂心八柱，長五十五尺。	按《河圖》八柱承天也。大衍之數五十有五，以爲柱之長也。
堂心之外，置四輔。	天有四輔星。
八柱四輔之外，第一重二十柱。	天數五，地數十，並五行之數，合二十。
第二重二十八柱。	天有二十八宿。
第三重三十二柱。	《漢書》有八節、八政、八風、八音，四八三十二。
外面周回三十六柱。	按《漢書》一期三十六旬。
都合百二十柱。	按《禮記》天子三公、九卿、二十七大夫、八十一元士，合爲百二十。
其上櫺周回二百四柱。	《易》坤之策百四十有四，《漢書》九會之數有六十。
重楣，二百一十六條。	乾之策二百一十有六。
大小節級栱，總六千三百四十五。	按《漢書》會月之數六千三百四十五。
重幹，四百八十九枚。	《漢書》章月二百三十五，月閏二百五十四，總成四百八十九。
下柳，七十二枚。	象七十二候。
上柳，八十四枚。	《漢書》推九會之數有七十八。司馬彪注莊子云："天地四方爲六合。"總成八十四。
枅，六十枚。	按《漢書》推太歲之法有六十。
連栱，三百六十枚。	《易》一期之日，三百有六十。
小梁，六十枚。	象六十甲子。
〈木牽〉，二百二十八枚。	《漢書》章中二百二十八。
方衡，一十五重。	五行生數一十有五。
南北大樑，二根。	太極生二儀。
陽馬，三十六道。	《易緯》有三十六節。
椽，二千九百九十根。	按《漢書》，月法二千三百九十二，通法五百九十八，共成二千九百九十。
大栢，兩重，重別三十六條，總七十二。	按《淮南子》，太平之時，五日一風，一年七十二風。
飛簷椽，七百二十九枚。	《漢書》從子至午，其數七百二十九。
堂簷，徑二百八十八尺。	乾之策二百一十六，並七十二候之數。

續 表

構造部件	象徵意義
堂上棟,去階上面九十尺。	天數九,地數十,以九乘十,當九十。
四簷,去地五十五尺。	大衍之數五十五。
上以清陽玉葉覆之。	《淮南子》曰"清陽爲天",今以清陽之色。

上述看似繁複不堪的建設理念,確已是經過種種折衷、皇帝自爲節文之後的構想。至高宗總章(668)三年,有明堂構造的諸種形制終於有了設計圖稿。

不過,就是在藍圖已定、高宗决心屢下的情況下,明堂建設依然停滯。《唐會要》云:"屬歲饑而止。"①但《通典》給出的理由則是儒生們各執一詞,"詔下之後,猶詳議未决,後竟不立"。② 我想《通典》給出的理由更爲可信一些,直至儀鳳二年(677)七月前夕有關明堂的祭天方式還未確立,最終調和使用貞觀禮和顯慶禮,執掌禮儀的部門竟然無所憑准。所謂:"自此明堂大饗,兼用貞觀、顯慶二禮,禮司益無憑准。"③

五、結語:明堂大禮與《顯慶禮》的編纂

明堂祭祀理念六天與一天的反復,恰好對應的是貞觀時期的舊理念與永徽年間的新理念。九室與五室的討論,看似是關乎學術的討論,其實背後的政治派別也若隱若現。祭祀理念一天、六天若無準繩,則明堂形制亦難確定。根據上述韋萬石的議論可以看出,唐高宗時期有關明堂建設的方案,恰好是《顯慶禮》討論製作的時候。顯慶禮雖名年號"顯慶"(656—661),上奏于顯慶三年,但相關禮制內容的制定,在唐高宗即位伊始的永徽年間就開始了。因而,明堂建設祇是關涉到《顯慶禮》"吉禮"篇章的重要內容。儘管長孫無忌是編纂《顯慶禮》的首席成員,但支配《顯慶禮》最終成立的是許敬宗、李義府。這點在《通典》中有明確記載:"(顯慶禮)至顯慶三年奏上。高宗自爲之序。時許敬宗、李義府用事,其所取捨,多依違希旨,學者不便,異議紛然。"④許、李二人在貞觀時期原本處在政治核心圈之外。二人推動武則天成爲皇后,迎來了政治上的轉捩點。此時許敬宗、李義府、武則天、唐高宗在政治傾向上是一致的,即擺脱以長孫無忌爲首的

---

① 《唐會要》卷 11,第 317 頁。
② 《通典》卷 44《大享明堂》,第 1226 頁。
③ 《唐會要》卷 12,第 327 頁。
④ 《通典》卷 41《禮序》,第 1121 頁。

關隴舊貴族的束縛。禮成於顯慶三年,長孫無忌卒於顯慶四年。

儘管我們無從判斷《顯慶禮》的全貌和意圖,但是想來《顯慶禮》和此時編纂的《姓氏録》一樣,會或多或少地滲透着此時期新生官僚的權益和想法。吴麗娱先生指出《顯慶禮》體現的諸多禮儀理念都被武則天踐行。① 不過,在唐高宗時期《顯慶禮》從來没有達到統領所有禮制觀念的功能,代表舊有勢力舊理念的《貞觀禮》絶不會迅速地退出歷史舞臺。松甫千春即認爲批判顯慶禮是保守官僚階層抗拒武后政治抬頭而進行的政治性批判。儘管没有非常明顯的證據證明此點,但其説恐怕尚是合乎情理的推論。② 有關明堂的討論,恐怕就是《顯慶禮》難以徹底實施的一個縮影,背後隱藏的是新舊官僚和新舊觀念的博弈。不過,《顯慶禮》似乎不能只看成武則天在背後隱約影響的禮制文本。至少在永徽年間,似乎也不應忽視唐高宗意圖的滲透。我想就有關皇帝禮儀的吉禮而言,"一天説"郊祀理念恐怕體現了唐高宗想要皇權獨大的想法。祇不過,在"一天説"上,武則天的態度與高宗一致。但先蠶、册后、封禪、拜陵可能多少也滲透着武則天的意圖。③ 隨着武則天的大權獨掌,新官僚群體——北門學士主導了禮制建設的話語權。

從貞觀六年(632)至儀鳳二年(677),有關明堂建設的討論已長達四十五年。如果從開皇十三年(593)算起,已達八十五年。即便皇帝親自參與決斷,明堂仍然難以建立,依然是停留在儒生們設想裏的祭祀、布政景觀。明堂真正開始建設,還有待於垂拱四年(688)武則天的實際行動。④

---

① 《〈顯慶禮〉與武則天》,《唐史論叢》第 10 輯,三秦出版社,2008 年,第 1—16 頁。
② 松甫千春:《唐高宗朝における郊祀制度改革をめぐる議論について》,《關於中國歷史認識和歷史意識展開的綜合性研究》,平成 4·5 年度科學研究費補助金綜合研究(A)研究成果報輪書,1994 年。
③ 吴麗娱:《〈顯慶禮〉與武則天》,第 1—16 頁。
④ 參見拙文:《明堂建設與武周的皇帝像——從聖母神皇到轉輪王》,《世界宗教研究》2015 年第 1 期,第 42—58 頁。

五代時期都城開封的
崛起與國家儀禮

韓國外國語大學　金相範

一、前　　言

　　本文旨在考察都城開封在被譽爲經濟首都和近世首都的過程中,其傳統的都城儀禮職能是如何得以繼承和變化,並由此分析五代時期城市史的變化。

　　不少學者指出,唐宋變革期的重要特徵之一是"商業革命"和"城市革命",而位於變化中心的城市便是開封。伴隨長安時代的結束,都城開封迅速崛起,這本身蘊含著重要的城市史變化,很早便受到了學者關注。就總體研究方向而言,學者基本著眼於該時期城市政治象徵性的減少和經濟職能的強化這一點,集中在開封的經濟繁榮所帶來的城市空間結構的變化和城市制度史上,且在時期上偏重於北宋。關於五代時期的開封城市史,久保田和男的研究十分矚目,他對"五代時期禁軍增加與都城的關係""運河與穀物運輸問題""洛陽遷都計畫"等核心主題都作過全面考察。

　　特別值得一提的是,久保田和男還批判了該領域的先驅宮崎市定的研究。如宮崎市定把朱全忠定都的背景歸結於"大運河與流通"這一商業性問題,以及忽視了後梁建國一年之後才有洛陽遷都等,並從禁軍強化的角度出發對開封遷都進行了分析。[①]當時爲了強化中央政府的力量,壯大壓制藩鎮勢力的皇帝親衛軍勢在必行,而爲了維持日益龐大的禁軍,漕運路綫密集的開封作爲都城的選址則相當有利。同時,五代時期中央政府出於政治和軍事方面的優先考慮,把禁軍、政府官署等世俗性的空間遷到了開封,但與國家儀禮相關的神聖空間依然留在了舊都洛陽。因此,當時推行的可謂是複都制這

---

① 久保田和男表示,宮崎市定在《讀史劄記——五代的國都》(《史林》21:1,1936)一文中沒有提及周世宗以前的漕運情況,他引用《資治通鑒》卷292後周世宗顯德二年(995)11月乙未條"汴水自唐末潰決,自埇橋東南悉爲汙澤",指出當時埇橋——宿州以南的區間被堵尚未疏通,並結合南唐勢力已經掌握了該地區的這一點,提出要重新探索開封定都的原因。

一分離型首都體制。對此,久保田和男還表示,其影響延續到了北宋時期。①傳統時代的都城作爲國家儀禮的主要舞臺,掌權者可以通過儀禮彰顯天命之所在及其統治的正當性。②在城市史中,郊祀和太廟等在國家儀禮中具有重要的象徵意義,從這一點來看,關注西都洛陽的職能的確是非常有意義的見解。③雖說複都制在從邏輯上說明五代城市史的過渡性特徵時具有說服力,但在地方勢力相互角逐的五代十國時期,其究竟能否全面囊括都城與儀禮的歷史關係及傳統中國都城的城市史變化,則存有商榷餘地。

　　本文從以下三個方面闡述:首先,依照時間順序,詳細梳理、分析該時期提及洛陽和開封建都或遷都的多種議論,並考察時人所理解的定都開封的實際背景及意義;其次,分析與建國、定都、即位等都城內儀禮設施的設立和儀禮舉行情況,從而對這一時期國家儀禮的作用和特徵予以把握;最後,圍繞後周太祖和世宗時期爲中心,集中探討開封的都城建設和儀禮空間的設立過程,進而考察傳統的儀禮職能在這一時期的城市史變化中如何得到反映。

二、洛陽和開封:定都的背景以及相關議論的展開

(一)洛陽遷都論

　　一般而言,後梁朱全忠在確定開封爲首都之後,除後唐遷都洛陽的 13 年(923—936)外,開封一直是五代王朝的都城,且延續到北宋。不過,後梁也存在洛陽遷都時期,後唐先把首都定在了東京興唐府(魏州),第二年便遷都洛陽。不僅如此,後晉起初也把首都定在洛陽,後來遷都開封,接著又試圖把首都遷到鄴都,④最後又回到了開封。在城市史中,"開封時代"意味著歷經五代"過渡期"而逐步轉型。可見,在諸多軍閥勢力競相角逐的戰亂時期,都城能在與敵對勢力的競爭中獲取優勢的戰略性價值、經濟上的支

---

① 久保田和男:《五代北宋における複都制の研究—文化都市洛陽の形成の背景》,上海師範大學歷史系:《中古社會文明論集》,天津古籍出版社,2010 年。久保田和男:《宋代開封の研究》,汲古書院,2007 年。久保田和男:《五代宋初の洛阳及國都問題》,《東方學》96,1998 年,第 75—87 頁。久保田和男的著作後來翻譯成《宋代開封研究》(上海古籍出版社,2010 年)。
② 妹尾達彥著、崔宰榮譯:《長安是如何成爲世界之都的》,黃金茄子出版社,2006 年,第 170—183 頁。
③ 開平元年(907)四月,通過禪讓登上皇帝寶座的朱全忠改國號爲大梁,更名汴州爲開封府,定爲東都。原東都洛陽改名爲西都,廢除西京(長安)之後,京兆府也改成了大安府。《資治通鑒·後梁紀一》太祖開平元年(907)戊辰日條。相關研究參看金宗燮:《唐人的首都——京師》,《中國古中世史研究》第 34 輯,2014 年。
④ 當時選擇遷都鄴都是出於幾點考慮,一是鄴都與石敬瑭本人的軍事根基密切相關,其次是與契丹之間的戰略關係,還有就是經濟上的支持。當時鄴都是華北地區最爲繁華的城市之一,"時鄴都繁富爲天下之冠,而土俗獷悍……"《舊五代史》卷 75《晉高祖紀》,第 981 頁。

持、歷史權威等衆多因素,在定都和遷都的背景中都發揮了複雜的作用。從五代時期的整體趨勢來看,儘管有過定都或遷都東京興唐府和鄴城的短暫局面,但都城主要還是洛陽和開封。從長遠來看,隨著開封相對於洛陽的優勢日益顯現,基本上都把都城遷到了開封。既然如此,五代初期洛陽被選爲首都的理由是什麽? 又是什麽地理條件讓開封超越古都洛陽成爲新都城的?

首先要考察的是,時人圍繞定都和遷都洛陽的背景和經過所發表的看法和議論。洛陽之所以成爲都城,每個朝代都有各種各樣的現實原因。其中,洛陽是位於"天下之中"的"帝都"這一傳統觀點發揮了不小的影響。此觀點出現較早,周公曾稱讚洛陽位於天下的中心,四方來朝貢的距離均等,這不僅强調了朝貢的便利,還表明了洛陽是統御諸侯的佳地。[1]司馬遷也指出,隨著三代君主定都河洛,嵩山成了中嶽,以之爲中心又命名了四嶽和四瀆。由此,以洛陽爲基準的五嶽、四瀆等中國各地域的地標得以設定。[2]建國時選擇疆土的中心爲都城成了約定俗成的觀念,[3]此後"天下之中"的概念不僅限於地理上的含義,還擴張成一個文化概念,即"文明的中心和標準"。北魏孝文帝遷都也是相同的思路,他把洛陽比作位於天下中心的"帝宅"和"王里",並表示祇有把都城從"用武之地"遷到文明中心,即從平城到洛陽,才能靠移風易俗謀求新變化。[4]

值得一提的是,隨著"天下之中"從地理概念擴張到文化概念,再加上天人感應的宇宙論,洛陽被美化成一座調和天地陰陽的理想都城。隋煬帝説古都洛邑是"天地之所合,陰陽之所合"的地方,還推進過建設東都。[5]作爲彙聚宇宙氣運和疏通陰陽的理想場地,洛陽也被視爲祭祀天地神靈的最佳場所。唐初,顔師古引用《周禮・地官・司徒》,[6]在隋煬帝提及的"天地""陰陽"的基礎上,增加了"四時"和"風雨"交會,再次强

---

[1]《史記》卷4《周本紀》:"成王在豐,使召公復營洛邑,如武王意。周公復卜申視,卒營築,居九鼎焉。曰:此天下之中,四方入貢道里均。"
[2]《史記・封禪書》:"昔三代之(君),皆在河洛之間,故嵩高爲中嶽,而四岳各如其方,四瀆咸在山東。至秦稱帝,都咸陽,則五嶽、四瀆皆並在東方。"
[3]《吕氏春秋・慎勢》:"古之王者,擇天下之中而立國,擇國之中而立宮,擇宮之中而立廟。"陳奇猷校釋:《吕氏春秋校釋》卷17,學林出版社,1995年,第1108頁。
[4]《魏書》卷19《景穆十二王・任城王》:"今日之行,誠知不易。但國家興自北土,徙居平城,雖富有四海,文軌未一,此間用武之地,非可文治,移風易俗,信爲甚難。崤函帝宅,河洛王里,因兹大舉,光宅中原,任城意以爲何如?"
[5]《太平寰宇記》卷3《河南道三・河南府一》:"洛邑自古之都,王畿之内,天地之所合,陰陽之所合。控以三河,固以四塞,水陸通,貢賦等。"有關隋煬帝對洛陽的稱讚,在隋煬帝頒佈的洛陽建設詔書中得到了詳細的反映,可參考《隨書》卷3《煬帝紀上》。
[6]《周禮・地官司徒》:"日至之景,尺有五寸,謂之地中。天地之所合也,四時之所交也,風雨之所會也,陰陽之所和也。然則百物阜安,乃建王國焉。"

調洛陽是天人疏通的神聖場所,倘若在洛陽舉行祭祀,天神便會隨即歆饗。①天上的天帝和地上的天子可以直接溝通的場所,很顯然應該是專屬於皇帝的城市。這也表明,在唐代統治者和知識份子心目中,洛陽是通過國家祭祀來維持與天神之間的緊密聯繫及定期檢驗皇權正當性的理想場地。

當然,理想也會根據現實條件而變化。洛陽作爲隋朝的東都建於605年,之後成爲唐朝的陪都,到武則天時期繁華至極,且維持到了中宗和玄宗時期。但安史之亂以後,洛陽的地位開始下滑。唐朝後期,洛陽雖仍是全國商業中心城市之一,但隨著連接長安和江南的運輸體系的形成及科舉考試的普及,國都長安成了尋求出世的所有知識份子心中的夢想之都,地位得到了鞏固,②而洛陽的地位則日漸衰落。僥倖的是,進入9世紀以後,中央高官和退隱官吏認爲洛陽是一個躲避逐漸白熱化的政治鬥爭和度過餘生的好地方,這與洛陽本身的地理優勢和戰略優勢一起延續了它的命脉,即便到了北宋,洛陽依然是士人所嚮往的城市。③

從9世紀後期開始,左右中國政治的長安和洛陽都呈現出没落徵兆。長期以來,城市人口過於密集,森林資源遭到破壞,河川流量也日漸減少,致使關中平原的生產力降低,自然災害也頻繁發生。④更嚴重的是,中央與藩鎮勢力間的矛盾激化,叛亂的衝擊使得城市的根基土崩瓦解。僖宗在位時,皇帝離開長安避難的事件就發生過兩次(中和元年和光啟二年),在叛軍的燒殺掠奪之下,長安全然喪失了都城的面貌。洛陽的情形也差不多,經過黃巢、秦宗權及孫儒叛軍的連番掃蕩之後,多數建築遭到毀壞,城牆也只剩殘骸。887年到達洛陽的張全義提到:"白骨敝地,荆棘彌望,居民不滿百戶。"⑤這種情況下,朱全忠在長安和洛陽兩座古都中最終選擇了東都洛陽。乾寧三年(896),朱全忠下令讓張全義修復洛陽,任命張廷范爲御營使。先把長安的士民遷居到洛陽,接著拆掉了宫殿、官署以及官吏和百姓的住宅,隨後把木材扔進渭水使其流向洛陽,以此用作都

---

① 林之奇:《尚書全解》卷30:"夫天下之中,天地之所合也,四時之所交也,風雨之所會者,陰陽之所和也。故宅中土,即可以祀天地,以神歆之矣。……"
② 妹尾达彦:《唐代后半期の長安と傳奇小説——以〈李娃傳〉の分析を中心として》,《日野開三郎博士頌壽紀念論集:中國社會、制度、文化史の諸問題》,中國書店,1987年,第476—505頁。
③ 妹尾達彥著,崔宰榮譯:《唐代洛陽——新的研究動向》,《中國歷代都市構造與社會變化》,首爾大學出版部,2003年,第98—102頁。
④ 張小明、樊志民:《生態視野下長安都城地位的喪失》,《中國農史》2007年第3期。
⑤ 《資治通鑒》卷257光啟三年六月壬戌條:"初,東都經黃巢之亂,遺民聚爲三城以相保,繼以秦宗權、孫儒殘暴,僅存壞垣而已。全義初至,白骨蔽地,荆棘彌望,居民不滿百戶,全義麾下才百餘人,相與保中州城,四野俱無耕者。"

城重建。①天復四年(904),朱全忠逼迫昭宗推行了唐朝的最後一次遷都。世人口中的天下中心及帝都——洛陽,再一次一舉成爲政治中心。

僅過了三年,開平元年(907)昭宣帝發佈《遜位詔》,宣佈禪讓帝位于朱全忠,但朱全忠却把後梁的首座都城設在了開封,把汴州提升爲開封府,指定其爲東都,並把之前的東都洛陽變更爲西都,還廢除了長安京兆府。② 隨後,又把開封府內殿按自己的德運——金德改成了金祥殿,接受文武百官的朝拜。③一直苦心經營洛陽的朱全忠選擇開封作爲都城,有學者認爲,是因爲江淮地區的經濟日益重要,發展成了彙聚天下財富的要地,④但這究竟是不是直接原因,從史料記載來看也難以確定。僖宗中和三年(883),唐朝給前來歸順的朱全忠授予的第一個官職是宣武軍節度使;遷都之後,朱全忠以洛陽爲據點加強了對河北藩鎮勢力的進攻。特別是從天祐三年(906)攻打滄州開始,爲了爭奪潞州等地,朱全忠與李克用、李存勖父子之間發生了激烈的戰爭,相關內容占了太祖本紀開篇的大部分篇幅。這表明,遷都開封有可能是出於軍事和戰略目的。

這使得以下前提成爲可能,即一旦戰略目標達成,便可以重新回到從唐末開始盡心打造的帝都洛陽。史料中記載的一系列舉措也表明,可能從定都開封之時起,遷都洛陽便已經提上了日程。首先,朱全忠於開平元年(907)四月接受禪讓,隨即追尊四代祖的廟號,⑤接著在西都洛陽建立了太廟。⑥五月,廢除唐代入編大祀的長安太清宮道教祭祀,以洛陽太微宮爲中心重新整頓了老君廟。⑦在歸順的魏博、鎮州、定州等河北藩鎮的協助之下,洛陽都城的修整工作如火如荼。但因爲儀禮設施的不全,郊祀和太廟儀禮被宣佈延期舉行。⑧在遷都前的一個月,還封北周、隋、唐的後代爲二王三恪,讓他們在祭祀

---

① 《資治通鑒》卷 264 天復四年正月丁巳條:"丁巳,上御延喜樓,朱全忠遣牙將寇彥卿奉表,稱邠、岐兵逼畿甸,請上遷都洛陽。及下樓,裴樞已得全忠移書,促百官東行。戊午,驅徙士民,號哭滿路,罵曰:'賊臣崔胤召朱溫來傾覆社稷,使我曹流離至此!'老幼繦屬,月餘不絕。壬戌,車駕發長安,全忠以其將張廷范爲御營使,毀長安宮室百司及民間廬舍,取其材,浮渭河而下,長安自此遂丘墟矣。全忠發河南、北諸鎮丁匠數萬,令張全義治東都公室,江、浙、湖、嶺諸鎮附全忠者,皆輸貨財以助之。"
② 《舊五代史》卷 3《梁書三·太祖紀》。
③ 《資治通鑒》卷 266《後梁紀一》梁太祖開平元年。朱全忠把當時的正亞殿、東殿、內殿和萬歲堂分別更名爲崇元殿、玄德殿、金祥殿和萬歲殿。
④ 李路珂編著:《古都開封與杭州》,清華大學出版社,2012 年,第 27 頁。
⑤ 《舊五代史》卷 3《梁書三·太祖紀》,第 49 頁。
⑥ 《五代會要》卷 2《廟儀》:"梁開平元年夏四月,太祖初受禪,乃立四廟於西京,從近古之制也。"中華書局,1998 年,第 20 頁。
⑦ 《舊五代史》卷 3《梁書三·太祖紀》:"廢雍州太清宮,改西都太微宮、亳州太清宮皆爲觀,諸州紫極宮皆爲老君廟。"(第 51 頁)
⑧ 《册府元龜》卷 193《閏位部·崇祀》:"帝以魏博、鎮定助修西都,宮內工役方興,禮容未備,其郊天謁廟宜于秋冬別選良日。"

儀禮中擔任助祭者的角色,這可謂是一種試圖把通過禪讓稱帝的歷史繼承合法化的措施。①由於皇帝連番出征,西幸延遲,東京滯留延期,文武百官對此十分驚訝和不解。爲此,開平元年十月採取了相關舉措,把核心官吏之外的所有人送到西京。② 這一舉措表明,定都東京是戰略上的一時之計,官僚知識份子分明也等待著遷都洛陽。

開平二年(908)二月,朱全忠頒發了去西都舉行郊祀和太廟儀禮的詔書。③安史之亂以後,每逢提起東都太廟的修繕,禮官們都將之與遷都問題聯繫在一起討論。會昌六年(846)太常博士顧德章公開表明,另建太廟爲的是遷都,行幸之時應載神主供奉才對。④這種見解已是不少禮官強調過的內容,⑤反映出在時人的都城觀念中以太廟爲首的國家儀禮所佔據的比重。

朱全忠遷都洛陽與都城的儀禮職能有緊密聯繫,不僅反映在有關遷都的議論中,也在遷都步驟和過程中得到了體現。開平三年(908)正月,朱全忠按照搬遷太廟四室神主的儀禮步驟入主西都。若依照古禮,天子巡狩時應在齋車上載著廟主上路,這一規定一直承襲到了唐末。⑥朱全忠一行由太常儀仗隊敲鑼打鼓引領載有太廟四室神主的齋車,文武百官緊隨其後,經過諸多州縣,以法駕六軍儀仗的莊嚴風貌到了洛陽。⑦遷都是依據古禮巡狩的規定,以齋車上供奉神主歸安西都太廟的形式進行的。

朱全忠在文明殿接受朝賀,爲了紀念開創鴻業和建都洛陽,特下詔書,連續三天開放坊市門和燃放蓮燈。在接下來的兩天,朱全忠親自主持了太廟和郊祀儀禮,還大赦天

---

① 封北周宇文氏的後代爲介國公,封隋朝楊氏的後代爲鄘國公,封唐朝的後代李嵸爲萊國公,建立了二王三恪。相關內容參考《舊五代史》卷4《梁書四·太祖紀》,第66頁。
② 《舊五代史》卷3《梁書三·太祖紀》:"十月,帝以用軍,未暇西幸,文武百官等久居東京,漸及疑訝,令就便各許歸安,只留韓建、薛貽矩、翰林學士張策、韋郊、杜曉、中書舍人封舜聊、張衮並左右御史、司天監、宗正寺,兼要當諸司節級外,其宰臣張文蔚已下文武百官,並先向西京祗候。"(第54頁)
③ 《舊五代史》卷3《梁書三·太祖紀》:"帝以上黨未收,因議撫巡,便往西都赴郊禋之禮。"(第59頁)雖說詔書中提到的是"郊禋之禮",但從前後情形可判斷出,應該指的是郊祀和太廟儀禮。
④ 《舊唐書》卷26《禮儀上》,第988—995頁。
⑤ 若依照這種見解,朱全忠的開封也可視爲行幸。有關唐朝後半期太廟與都城的關係,可以參照前面金宗燮的文章(第156—163頁)。
⑥ 《唐會要》卷15《廟議上》:"建中元年三月,禮儀使上言,東都太廟闕木主,請造以祔。初武后於東都立高祖、太宗、高宗三廟。至中宗已後,兩京太廟四時並享。至德亂後木主多亡缺未祔……或東幸則飾齋車,奉京師群廟之主以往。議皆不決而罷。"《廟議下》:"東都太廟合務修崇……皇帝有事于洛,則奉齋車載主以行。"
⑦ 《舊五代史》卷3《梁書三·太祖紀》:"開平三年正月戊辰朔,帝御金祥殿,受宰臣翰林學士稱賀,文武百官拜表於東上閤門。己巳,奉遷太廟四室神主赴西京,太常儀仗鼓吹導引齋車,文武百官奉辭於開明門外。甲戌,發東都,百官扈從,次中牟縣。乙亥,次鄭州。丙子,次泗水縣,河南尹張宗奭、河陽節度使張歸霸並來朝。戊寅,次偃師縣。己卯,備法駕六軍儀仗入西都。是日,御文明殿受朝賀。"(第66—67頁)

下,由此正式宣告榮登寶座。①與勁敵對峙的朱全忠在遷都洛陽之後也反復巡幸和征戰,即便如此,他還是不辭勞苦地主持了南郊、太廟、社稷等國家儀禮,還把官僚俸禄募集起來修復都城的文宣王廟,②並設立尚缺的儀禮設施,致力於還原都城作爲儀禮都市的面貌。912年,病中的朱全忠被朱友珪刺殺,隨著均王朱友貞——末帝即位,首都便遷到了開封。

洛陽再次成爲都城是在後唐時期。同光元年(923)四月,後唐晉王李存勖在自己的根據地魏博節度使治所所在的魏州牙城南郊,築造了即位壇,在祭祀昊天上帝之後登上皇位,③定國號爲大唐,提升魏州爲"東京興唐府",且設爲首都,把太原定作西京,把鎮州作爲北都。國號和首都的名稱明顯透露出對唐朝的繼承意識。同時,魏州的原城和貴鄉分别更名爲興唐縣和廣晉縣,歸到東京興唐府的管轄下。宗廟設在西京晉陽,李存勖追封曾祖父朱邪執宜爲懿祖,追封祖父李國昌爲獻祖,追封父親李克用爲太祖,爲了將其與唐朝的高祖、太宗、懿宗、昭宗一起供奉,還在宗廟建造了七室。④魏州圜丘壇和太原宗廟的設立,使兩大國家祭祀的郊祀和宗廟,分别被設在了東京和西京。

然而,同光元年(923)十一月,張全義再三向莊宗提議遷都洛陽。他奏請遷都是出於郊祀問題。後梁均王曾打算在洛陽舉行郊祀,但楊劉的陷落致使郊祀突然中斷,而當時用於祭祀的儀仗和器物全都留在了洛陽。⑤從場地到祭祀用品一應俱全,這對於詰難後梁篡位、宣佈大唐帝國復興的李存勖而言,唐朝最後的首都洛陽,是通過儀禮彰顯承襲唐朝及權力正當性的最佳場所。李存勖最終決定遷都,于同年十二月一日入主洛陽,還發表昭敕把魏州改爲東京,把太原作爲北都,還把唐朝的舊都長安作爲西京京兆府。⑥同光二年(924)正月,李存勖在明堂殿接受百官的朝賀,並開始準備郊祀。從正月二十八到二月初一,莊宗先是在太微宫朝饗,隨後接連舉行太廟祭祀和郊祀,固守唐末的儀

---

① 《舊五代史》卷3《梁書三·太祖紀》:"詔曰:'近年以來,風俗未泰,兵革且繁,正月燃燈,廢停已久。今屬創開鴻業,初建洛陽,方在上春,務達陽氣,宜以正月十四、十五、十六日夜,開坊市門,一任公私燃燈祈福。'庚寅,親享太廟。辛卯,祀昊天上帝於圜丘。是日,降雪盈尺,帝升壇而雪霽。禮畢,御五鳳樓,宣制大赦天下。"(第66頁)
② 《舊五代史》卷3《梁書三·太祖紀》:"國子監奏:'創造文宣王廟,仍請率在朝及天下現任官僚俸錢,每貫每月劾一十五文,充土木之植。'允之。是歲,以所率官僚俸錢修文宣王廟。"(第81頁)
③ 《舊五代史》卷29《唐書五·莊宗紀》,第403頁。
④ 《資治通鑒》卷272《後唐紀一》莊宗同光元年閏月,第8884頁。
⑤ 《資治通鑒》卷272《後唐紀一》莊宗同光元年11月,第8905頁。
⑥ 莊宗於同光三年(925)又頒佈詔書把洛京(洛陽)改名爲東都,把雍州改爲西京,把并州改爲北都,把魏州改爲鄴都,鄴都和北都同爲次府,《舊五代史》卷32《唐書八·莊宗紀》,第447頁;《資治通鑒》卷272《後唐紀一》莊宗同光元年。

禮形式,在古都洛陽舉辦了一系列祭祀活動。①

同光二年六月,太常禮院奏請廢除北都宗廟,理由是都邑制度中最重要的是宗廟,而禮制上不能同時存在兩個宗廟。禮官們表示,國家正值興起之時才在北都開設了宗廟,但現已收復天下且遷都洛陽,理所應當恢復唐朝的宗廟。②由此可見,"天下之中"和"帝都"的都城形象依然是後唐遷都洛陽所援用的依據。在後唐明宗頒佈的詔敕中,記載了左諫議大夫崔惠擔心洛陽的無秩序膨脹,奏請通過區劃整頓都城景觀的内容,他用"皇上所宅"和"夷夏歸心之地"的字眼對洛陽作了描述。③很明顯,把洛陽看成皇帝的都城和天下中心的觀念照樣沿襲到了知識份子的認知當中。到了宋代,洛陽遷都論還是不斷被提起。宋太祖趙匡胤提出過短期遷都洛陽長期遷都長安的建議。范仲淹、富弼、秦觀等也以"天險"和"天下之勢"爲由主張遷都洛陽,南宋鄭樵還指出衆臣阻礙遷都是北宋滅亡的原因。④

(二) 開封定都論

如上所述,洛陽有著悠久的傳統和權威,那麽,開封超越洛陽崛起爲都城的背景是什麽? 在當時的統治者和知識份子中間,主張遷都開封的依據是什麽? 這種認識的變化具有何種城市史意義?

爲了考察開封崛起的背景,有必要對開封的城市史進行簡要概括。從開封的城市史來看,爲其發展提供轉機的是隋朝,文帝把汴州視爲從華北進入江南的要道,在對陳發起總攻之前,曾在汴水一帶演練水戰。⑤煬帝以汴州爲起點,開鑿了連接黃河和淮河的通濟渠。由此一來,在全國物資運往長安和洛陽之時,汴州成了北通南運所必經的交通要地。⑥自中唐以來,汴州變得日益重要。隨著華北的農業中心——河北和山東被藩鎮勢力佔領,關中地區對江淮的依賴程度逐漸增加,因此,連接這兩個地區的汴州,人口和

---

① 《舊五代史》卷31《唐書七·莊宗紀第五》,第427—428頁。
② 《舊五代史》卷142《禮志上》:"唐同光二年六月,太常禮院奏:'國家興建之初,已於北都置廟,今克復天下,遷都洛陽,却復本朝宗廟。按禮無二廟之文,其北都宗廟請廢。'乃下尚書省集議。禮部尚書王正言等奏議曰:'伏以都邑之制,宗廟爲先。今卜洛居尊,開基御宇,事當師古,神必依人。北都先置宗廟,不宜並設。……"(第1893—1894頁)
③ 《册府元龜》卷14《帝王部·都邑二》長興二年六月戊辰條:"勅旨伊雒之都,皇王所宅,乃夷夏歸心之地,非агрі桑取利之田。"中華書局,1994年,第164頁。
④ 關於宋代洛陽遷都論和長安遷都論,可參考李合群《再論北宋定都開封——兼與宋長安和洛陽之比較》,《河南大學學報》2010年第3期,第125—126頁。
⑤ 《元和郡縣志》卷8《河南道·汴州》:"習舟師以伐陳。"
⑥ 皮日休:《汴河銘》:"北通涿郡之漁商,南運江都之轉輸。"

物流也大幅度增多。爲了抵禦强勁的藩鎮勢力和容納增長的人口,需要擴建和修繕城市設施。德宗建中二年(781),汴州刺史李勉築造了周長達20里、155步的羅城,引汴河爲內河,從城內來的貨物由此上船轉運到黃河。汴州城設有七個前往各地的城門,貞元十四年(798),東西兩邊的水門得以修繕,至此,汴州具備了交通要道必備的設備。李勉造完羅城後的第三年,宣武軍節度使的治所也從宋州遷到了汴州,節度使的衙署設在城郭西北,周長4里,被稱之爲"牙城"。① 到了唐末,在長安和洛陽衰落之時,汴州作爲水陸交叉的交通要地,駐紮有防禦河朔軍的重兵,還逐漸發展成轉運淮湖漕運的城市。② 在開封、長安和洛陽跌宕起伏的時代環境下,僖宗中和三年(883),歸順唐朝的朱全忠被授予的第一個官職便是宣武軍節度使。朱全忠積極利用開封的地理條件,依次征服了周邊的藩鎮,最終於唐天祐四年(907)建立後梁,選擇開封作爲首個都城。五代時期第一次定都開封,相對於險地的防禦型地形,主要是出於對積極主動的治藩戰略的採納及運輸要地的現實考慮。

乾化三年(913),朱全忠被朱友珪刺殺。在朱友貞派兵剷除朱友珪及其執政期間,第二次遷都開封。當時,袁向先等人帶領千名禁軍潛入洛陽宮殿殺了朱友珪,把傳國寶交給了東京的均王朱友貞。百官懇請均王在洛陽即位,均王却表示定都洛陽並非良策,拒絕了他們的請求。均王否定洛陽的理由是,開封才是太祖打天下的地方,又位於"天下之衝",且大部分藩鎮在開封東北,便於出兵。從前後脉絡推斷,官員們可能是論及都城的儀禮問題才要求定都洛陽的。均王提議,先在東京舉行册禮,待叛軍平定之時,再到洛陽謁見陵廟。③ 後梁末帝朱友貞之所以再次主張遷都開封——太祖創業的祖宗之都,既是出於攻略東北藩鎮的戰略性選擇,也是看中了其聚集天下物資的"天下之衝"的地理優勢。④ 可見,相較於"天下之中"的儀禮職能,"天下之衝"這一都城的現實性職能開始被優先得到考慮。

後晉最後一次遷都之後,開封的地位變得更加牢固。這也是對開封作爲都城在經濟和戰略上的優勢予以明確認同的結果。後晉石敬瑭於天福元年(936)十一月在柳林即位之後,先是決定定都洛陽,至天福二年(937)三月,又和大臣們商議遷都開封的問

---

① 該內容參考李路珂《古都開封與杭州》,清華大學出版社,2012年,第24—25頁。
② 劉寬夫:《汴州糾曹廳壁記》,《文苑英華》卷803。
③ 《舊五代史》卷8《梁書八·末帝紀上》,第115頁。
④ 《舊五代史》卷8《梁書八·末帝紀上》:"帝乃遣人告趙巖、袁象先、傅暉、朱珪等。十七日,象先引禁軍千人突入宮城,遂誅友珪。事定,象先遣趙巖齎傳國寶至東京,請帝即位於洛陽。帝報之曰:'夷門,太祖創業之地,居天下之沖,北拒并、汾,東至淮海,國家藩鎮,多在厥東,命將出師,利於便近,若都洛下,非良圖也。公等如堅推戴,册禮宜在東京,賊平之日,即謁洛陽陵廟。"(第115頁)

題。當時,桑維翰指出了開封的優勢,"大梁北控燕、趙,南通江、淮,水陸都會,資用當饒"。① 開封雖不是具備天然屏障的傳統要塞型都城,但若充分利用地理位置和軍力,既易於攻略東北藩鎮,又可從水陸兩路通往四面八方,聚集以江淮爲首的全國財富。討論遷都的同時,還強調了戰略上的問題,以及交通、物流、財富等現實性問題。值得注意的是,幾天後石敬瑭頒發詔書指出洛陽漕運的弊端,還親自出發去汴州東巡。石敬瑭把漕運問題視爲都城運營的必要條件,爲了解決該問題,才認爲有必要親自去開封視察。天福三年(938)十月,石敬瑭頒發詔文正式宣佈遷都開封,文中提到"大梁舟車所會,便以漕運",再次強調了漕運問題。這表明,像漕運這樣的現實性問題已成爲選定都城最重要的衡量標準。②

　　事實上,石敬瑭如此重視漕運問題也是歷史經驗和時代變化的反映。唐代後半期以來,漕運一旦發生問題,往往會出現威脅都城安全的情況。貞元二年(786),因關中大旱,糧食供給出了狀況,禁軍發生動亂。③就在不久前的後唐時期,還發生過更加嚴重的事件。對不具備獨立經濟基礎的洛陽而言,要維持其都城的地位,漕運問題則成了關鍵。尤其是五代以後,中央政府爲了壓制藩鎮勢力的軍事力量,以禁軍爲中心重編了兵力,這使得戰鬥力集中到了首都。將士及其家人集結于首都,伴隨軍營的建設,順利供給糧食的問題變得更加重要。後唐莊宗在與後梁的戰爭中,把河北各藩鎮的將士編入牙軍,禁軍的增加最終招致糧食危機。爲解決該問題,莊宗考慮過前往開封行幸,④却因禁軍叛亂而駕鶴西去。明宗即位後,改革禁軍,爲強化禁軍,他把各軍的精英將士編入捧聖和嚴衛兩軍,強化了指揮權。⑤都城禁軍的持續膨脹也給明宗帶來了危機,天成二年(927)緊急從開封調來100萬石穀糧發放給禁軍及其家人。⑥石敬瑭提到洛陽漕運的弊

---

① 《資治通鑑》卷281《後晉紀二》高祖天福二年:"范延光聚卒繕兵,悉召巡内刺史集魏州,將作亂。會帝謀徙都大梁,桑維翰曰:'大梁北控燕、趙,南通江、淮,水陸都會,資用富饒。今延光反形已露,大梁距魏不過十驛,彼若有變,大軍尋至,所謂疾雷不及掩耳也。'丙寅,下詔,托以洛陽漕運有闕,東巡汴州。"(第9172頁)
② 《資治通鑑》卷281《後晉紀二》高祖天福三年:"帝以大梁舟車所會,便以漕運,丙辰,建東京於汴州,復以汴州爲開封府,以東都爲西京,以西都爲晉昌軍節度。"(第9191頁)
③ 《資治通鑑》卷231《唐紀四八》:"夏,四月……關中倉廩竭,禁軍或自脱巾呼於道曰:'拘吾於軍而不給糧,吾罪人也!'上憂之甚,會韓滉運米三萬斛至陝,李泌即奏之,上喜,遽至東宫,謂太子曰:'米已至陝,吾父子得生矣!'時禁中不釀,命於坊市取酒爲樂。又遣中使諭神策六軍,軍士皆呼萬歲。"
④ 《舊五代史》卷33《唐書九·莊宗紀》:"……中官李紹宏奏曰:'俟魏王旋之後,若兵額漸多,饋饟難給,請且幸汴州,以便漕輓。'時群臣獻議者亦多,大較合理迂闊,不中時病。"(第463頁)
⑤ 關於五代時期禁軍增加以及漕運問題,參考久保田和男《五代宋初的洛陽與國都問題》,《東方學》96,1988年,第75—87頁。
⑥ 《册府元龜》卷498《邦計部·漕運》:"(明宗天成二年)十二月,車駕在汴,時論以運糧百萬,勞民稍甚,近臣奏之。帝只命東地數州,搬十萬石至汴州,仍促諸軍搬取家口。"

端,以及前往開封視察,正是緣於前人的歷史教訓。五代時期,禁軍增加使都城選定與漕運問題之間的關係變得緊密,也提升了位於"天下之衝"的開封的價值。在都城選定上,比起儀禮和象徵職能,制度和社會經濟的變化更爲關注"漕運"這一現實性職能。

後周世宗於顯德二年(955)宣佈進行大規模的城市整改,詔書指出東京是華夷物資和人力集結且水陸相通之地,隨著時間的推移,會日益繁榮起來,故而把都城定在了東京。雖説五代是戰亂時期,但伴隨人和物資通過陸路和水路迅速移動,也出現了新的經濟變化,而位於變化中心的城市便是開封。都城從洛陽遷到開封不僅是現實性的選擇,也是時代變化的産物。

即便如此,都城的傳統儀禮職能也並未弱化。隨著開封的優勢日益明顯,直接設立儀禮設施,使之成爲名副其實的天人交流的帝都的訴求也應運而生。後晉天福三年(938),太常便已提議把洛陽的儀禮設施遷到開封;① 後周太祖時期,官員提出天子都邑之處便是祭祀百神之所,没必要顧及洛陽,這一建議得到採納;② 在開封設立了宗廟、社稷、郊壇等儀禮設施。至於開封擴建儀禮空間的過程,下一章將進行詳細的闡述,但有趣的是,視洛陽爲"天下之中"的傳統觀念也在這一時期發生了變化。事實上,"天下之中"這一地理意義上的概念隨著版圖的變化隨時能發生改變。但是,把洛陽作爲地中的認知却成爲固定觀念世代承襲了下來。從《新五代史·司天考》的記載中發現了一個新的事實,即開元十二年(724),以領土擴張後的南北境界爲基準測定的結果是,開封浚儀的嶽台被判作了地中。值得注意的是,後周定都開封後,在嶽台設置了圭和箭,並正式宣佈該處爲"天下之中"。③ 後周通過象徵性的物件把視開封爲"天下之中"的觀念形象化了,這意味著開封的地位變得穩固,也暗示了城市史中開封時代的到來。

三、後周世宗的都城建設與儀禮空間

後晉天福二年(937)三月,高祖石敬瑭十分頭疼漕運問題,最後決定把都城遷到"水陸交通、舟車必集"的開封,這也是五代時期最後一次遷都。高祖把汴州行闕更名爲

---

① 《資治通鑒》卷281《後晉紀二》高祖天福三年:"今建東京,而宗廟、社稷皆在西京,請迁置大梁。"(第9193頁)
② 《資治通鑒》卷281《後晉紀二》太祖廣順三年,第9496—9497頁。
③ 《新五代史》卷58《司天考第一》:"古者,植圭于陽城,以其近洛也。蓋尚慊其中,乃在洛之東偏。開元十二年,遣使天下候影,南距林邑,北距橫野,中得浚儀之岳臺,爲南北弦,居地之中。大周建國,定都於汴。樹圭置箭,測岳臺晷漏,以爲中數。晷漏正,則日之所至,氣之所應,得之矣。"(第672頁)

大寧宮,①把汴州提升成東京,並設置了開封府。開運二年(945),出帝石重貴修繕了開封城,擴建了宮殿,還設置了景色宜人的後宮庭院。

五代時期,東京開封府的都城建設在後周才得以正式實現,在太祖和世宗的推動下,歷經多次的擴建和整頓才完成。首先對羅城進行全面的修補,太祖廣順二年(952)正月,徵用畿內丁夫五萬五千名,歷時十天開展了版築工作。②自唐末五代以來,開封發展成全國的物流中心,伴隨其都城地位的鞏固,禁軍、官員及其家屬也聚集到了開封這一新的政治中心。人口和物流量過多,城市出現了諸多問題。同時推行政治變革和對外征戰的世宗,也提及東京的城市問題,拿出了一套從根本上解決問題的都城建設方案。世宗在顯德二年(955)四月發佈的詔書中,明確揭示了開封所面臨的問題:第一,軍營和官署的用地不足;第二,邸店用地不足及由此所造成的租費上漲;第三,民宅密集和街道狹窄;第四,夏季高溫多濕及火災頻繁發生。③

爲解決上述問題,首先進行的是大規模的外城擴建。工程始於顯德三年(956),把外城的周長擴大到48里、233步。施工是按原則在冬季農閒期間進行的,到了農忙時節,即便沒有完工也推遲到了下一年。需要大規模人力的時候,還動員了畿內及其周邊的百姓,大梁城的外城築造工程動用了曹州、滑州和鄭州的十萬余百姓。④外城竣工後,城內用地擴大了四倍,除了當初流經城內的汴河外,蔡河(惠民河)、金水河和五丈河(廣濟河)也得以貫通城內。北宋都城的原型便是這個時候完成的。

接下來整頓街道。當時開封的街巷狹窄,下雨和下雪的時候,街道不多久就泥濘不堪;乾燥的時候,又有颮風起火的隱患。高溫濕熱,流行病還很猖獗。⑤人口膨脹和商業發展致使住宅和邸店侵佔街道的行爲盛行,街道變得更加狹窄,以至於能過大車的道路屈指可數。先在準備擴建的地方的外廓做標識,把墳墓、窯灶、草市等搬到了距標識七

---

① 《資治通鑒》卷275《後唐紀六·齊王下》開運二年,第9295頁。
② 《五代會要》卷26《城郭》,第319頁;《資治通鑒》卷290《後周紀一》,第9472頁。
③ 《五代會要》卷26《城郭》;"惟王建國,實曰京師。度地居民,固有前則,東京華夷臻湊,水陸會通,時向隆平,日增繁盛,而都城因舊,制度未恢。諸衛軍營,或多窄狹;百司公署,無處興修。加以坊市之中,邸店有限,工商外至,絡繹無窮,儈賃之資,增添不定。貧乏之户,供辦實多,而又屋宇交連,街衢湫隘,入夏有暑濕之苦,居常多煙火之憂,將便公私,須廣都邑,宜令所司於京城四面,別築羅城,先立標識,候將來冬末春初,農務閒時,即量差近甸人夫,漸次修築,春作纔動,便令放散,或土功未畢,即次年修築。今後凡有營葬,及興窯灶并草市,並須去標識七里外。其標識內,候官中劈畫,定營街巷倉場諸司公廨院務了。即任百姓營造。"(第320頁)
④ 《五代會要》卷26《城郭》:"至三年正月,發畿內及滑、曹、鄭之丁夫十餘萬,築新羅城。仍使曹州節度使韓通都部署夫役。"(第320頁)相關內容亦見《資治通鑒》卷290《後周紀三》世宗顯德三年戊戌條。
⑤ 《五代會要》卷26《街巷》:"周顯德三年六月詔:'……人物喧闐,閭巷隘陋,雨雪則有泥濘之患,風旱則多火燭之憂,每遇炎熱相蒸易生疾疹。"(第317頁)

里以外的地方。制定了關於幹道和坊巷的具體寬窄的規定,拆掉了侵佔街道的建築,確保了直綫道路。在寬50步的街道兩邊,每隔5步種樹和打井。①

街道區劃之後,按照政府的計畫,先安置了軍營、倉場、官署等,剩下的用地可讓百姓任意搭建邸店和住宅。世宗還對在城内汴河沿岸的新建邸店進行了獎勵,像周景威的十三間樓這樣的建築造成之後,與客商交易的巨禮的邸店也接連落成。唐代是按照事前的規劃對城郭内部進行區劃後才圍造坊牆和安置坊市,但後周却考慮到城市的膨脹和需求,以一種完全不同於唐代的方式完成了都城擴建。②

此外,還結合開封的地理特徵對漕運路綫進行了整頓。太祖顯德元年(954),對從黄河楊劉到博州這一區間進行了修整,動員了六萬名役工歷經三十天才完工。③ 顯德二年(955)十一月,下令讓武寧節度使把汴水和泗水連接起來,重新開通了唐末以來被堵塞的大運河區間,這也是爲進攻南唐而做的提前部署。④ 顯德四年(957),疏導汴水,修理五丈河,讓齊魯的漕運船舶進入了開封。⑤如前所述,禁軍的重兵化和軍糧的供給已成爲都城亟待解決的重症難題。大運河路綫上的宿州一帶早已堵塞多時,加上南唐對南方物資流通的嚴格管制,就當時中原國家的處境而言,疏通山東方向的運輸路綫十分重要。輸送禁軍軍糧入城的最重要的漕運路綫是黄河和五丈河。京東路方面的穀物以及吴越、閩等地的朝貢物資都經由五丈河,作爲水道具有相當高的價值,因此,修整五丈河對都城開封而言可謂是極爲重要的工程。⑥在世宗的主導下,都城的擴建和整頓工作從多個方面得以展開,正如世宗所言,這"弄得死人和活人的靈魂都不得安寧",可見是翻天覆地的大規模工程,但就開封從此具備了比肩長安和洛陽的都城威儀這一點來說,在開封城市史的展開中有著重要意義。

接下來對開封的都城修整和儀禮空間的設立進行考察,進而對開封儀禮空間的特徵加以把握。五代時期,即便是遷都開封以後,太廟和南郊有很長一段時間被留在洛陽。除去像即位、遷都這樣的重大事件,大部分儀禮以有司攝事的形式交由了宰相主持。傳統時代的都城參照《周禮·考工記》"左祖右社,面朝後市"的内容,把以中軸綫

---

① 《册府元龜》卷14《帝王都·都邑第二》;《五代會要》卷26《街巷》:"……近者開廣都邑,展引街坊。雖然暫勞,終成大利。朕自淮上回及京師,周覽康衢,更思通濟,千門萬户,得遂安逸之心;盛暑隆冬,倍減寒燠之苦。其京城内街道,闊五十步者,許兩邊人户,各於五步内,取便種樹掘井,修蓋涼棚。其三十步已下至二十五步者,各與三步,其次有差。"(第317頁)
② 楊寬:《中國古代都城制度史研究》,上海古籍出版社,1993年,第254—255頁。
③ 《資治通鑒》卷292《後周紀三》太祖顯德元年十月,第9519頁。
④ 《資治通鑒》卷292《後周紀三》太祖顯德二年十一月,第9532頁。
⑤ 《資治通鑒》卷292《後周紀四》太祖顯德四年四月乙酉條,第9569頁。
⑥ 久保田和男:《宋代開封研究》,上海古籍出版社,2010年,第34—41頁。

爲中心設置的南郊圜丘壇、太廟、社稷等設計成了根基,都城居民的生活也在很大程度上受到了國家儀禮的影響。從這一點來看,都城和儀禮設施在一段時間的分離,可以說是對五代時期特殊性的反映。針對這種情形,久保田和男用"聖俗分離""都城職能分離"作了把握,指出這是歪曲理想都城形態的特別現象。①但是,如果對五代時期舉行的儀禮進行更加全面的考察,則不難發現,這種現象並不僅是限於洛陽和開封的問題。部分割據勢力在自身的根據地或是起兵地的南邊設立圜丘壇舉行了即位儀式。十國的君主們也在都城裏建設儀禮設施,在南郊圜丘壇舉行郊祀。同光元年(923),李存勖在位於魏博節度使治所的牙城南邊築造圜丘壇並告祭上帝,隨即登上了帝王寶座。有趣的是,莊宗在譴責後梁纂位的同時,把建國目標設爲了"恢復大唐帝國",還在唐朝的政治發源地太原建立了宗廟。②從再三强調繼承唐朝的意識這點來看,立廟的理由十分充分,但在一定時期内,南郊和宗廟祭祀分别在東京洛陽和西京太原舉行,這與傳統的城市結構相比可謂破格之舉。當然,此種破格從根本上緣於五代特殊的時代性,即王朝交替頻繁發生,地方政權一下子躋身爲中原王朝。遷都開封之後,南郊和太廟的儀禮空間依舊留在了洛陽,這基本上也與這種時代特性有關。在用儀禮尋求權力正當性的軍閥割據時代,對天下君臣和百姓而言,古都洛陽依然被視爲是宣揚政權的建立及皇權的權威的最佳儀禮城市。此外,頻繁的戰爭使得在都城設置儀禮空間的物質條件和時機也不充分,這也是導致都城的政治空間和儀禮空間被分離的直接原因。

值得注意的是,隨著開封都城地位的鞏固,主張遷移儀禮空間的討論也正式進行。後晉石敬瑭經歷遷都柳林(太原)和洛陽之後,於天福三年遷都到了開封。太常上奏表示,第一次在大梁建設了東京,應該把宗廟社稷也移置過來。③對此,石敬瑭下令照樣維持在洛陽。斷行遷都開封時所强調的漕運問題,契丹方面的歲幣負擔,④若考慮到這些,移置儀禮設施明顯會給經濟造成很大的壓力。要求把儀禮空間移置到開封的主張日漸分明。廣順三年(953)後周太祖舉行南郊祭祀的時候,負責的禮官就公開表示,天子所在的都城即可祭祀百神,不是洛陽也無妨。⑤結果,經濟形勢的好轉及對都城認識的變

---

① 久保田和男:《宋代開封研究》,上海古籍出版社,2010年,第25—26頁。
② 《資治通鑒》卷272《後唐紀一》莊宗同光元年,第8881—8884頁。
③ 《資治通鑒》卷281《後晉紀二》高祖天福三年:"今建東京,而宗廟、社稷皆在西京,請遷置大梁。"(第9193頁)
④ 有關歲幣、慶弔等來自契丹方面的負擔,參《資治通鑒》卷281《後晉紀二》高祖天福三年,第9188頁。
⑤ 《資治通鑒》卷291後周太祖聖神恭肅文武皇帝廣順三年九月癸亥:"帝自入秋得風痹疾,害於食飲及步趨,術者言宜散財以禳之。帝欲祀南郊,又以自梁以來,郊祀常在洛陽,疑之。執政曰:'天子所都,則可以祀百神,何必洛陽?'於是,始築圜丘、社稷壇,作太廟於大梁。癸亥,遣馮道迎太廟、社稷神主於洛陽。"(第9496—9497頁)

化,爲開封設立儀禮空間提供了契機。當時太祖郭威年事已高,不便遠駕主持南郊禮,在都城開封設立儀禮空間雖説也考慮到了這一點,但根本上還是基於都城認識的變化。

爲了分析五代時期開封儀禮空間的特徵,首先需要注意的點是,儀禮空間的設立先于世宗顯德年間的都城修整工程。廣順二年(952)正月初五,太祖發動五萬民工對大梁城進行了第一輪修補,第二年(933)九月準備南郊祭祀的同時,著手推進以郊廟設施爲首的儀禮空間的設立。設置儀禮設施在前,修整都城在後,這一事實包含了兩種含義:一是開封與按照城市規劃、以皇宫和儀禮設施爲中心配置各種設施的長安和洛陽不同,是在已有城市設施的基礎上移植的儀禮設施;一是就都城而言,考慮到儀禮空間作爲地標的重要性,世宗顯德年間推行的大規模都城整改很有可能是以廣順三年設立的"儀禮空間"爲基準進行的。

儀禮設施的設立工程始於廣順三年九月,主要目的是舉行南郊祭祀。然而,除南郊圜丘壇之外,都城最重要的儀禮空間——"左朝右社",即太廟和社稷壇也同時在建。太常禮院基本上遵照洛陽的儀禮設施指督導了儀禮空間的建設。圜丘壇建在了距離城南七里的"丙巳之地",一共四層,一層到四層的周長分别是 20 丈、15 丈、10 丈和 5 丈,依照由下至上依次縮小的形態建造而成。① 社壇和稷壇這兩個方形祭壇寬五丈、高五尺,使用五色土築造而成。② 皇宫左邊設立了宗廟,仿照洛陽廟室建成了 15 間、4 室,兩側還築造了夾室、四神門、齋宫、神廚、屋宇等附屬建築。③ 關於太廟,廣順元年(951)正月起圍繞七廟制或是四廟制的室數選擇展開了討論,最終採用了隋唐創業時所選擇的四廟制。④ 南郊和社稷的儀禮設施採用的是祭壇形式,相比之下,太廟是由主殿和附屬建築組成,因此,直到開工五年後,即顯德五年(958)才竣工。⑤

廣順三年十一月,都城四郊也分别設立了祭壇。在位於三重城中央的皇城裏,以連接南郊圜丘壇的中軸綫爲中心,左右兩邊建立了太廟和社稷,外城東南西北中門外的四

---

① 《五代會要》卷 2《杂录》:"周廣順三年九月,太常禮院奏,准勅定郊廟制度。洛陽郊壇在城南七里丙巳之地。圜丘四成,各高八尺一寸,下廣二十丈,再成廣十五丈,三成廣十丈,四成廣五丈。十有二陛,每節十二等。燎壇在泰壇之丙地,方一丈,高一丈二尺。闊上南出户,方六尺。請下所司修奉,從之。時太祖將拜南郊,故修奉之。"(第 35 頁)
② 《五代會要》卷 3《社稷》:"周廣順三年九月,太常禮院奏社稷制度,社壇廣五丈,高五尺,五色土築之。稷壇制度如社壇之制度。社壇石主,長五尺,方二尺。剡其上,方其下,半根在土中。四垣華飾,每神門屋三間一門。門二十四戟,四隅連飾罘罳,如太廟之制。中可樹槐,準隋,左宗廟,右社稷。在國城内,請下所司修奉,從之。時太祖將行郊禮,故遷社稷于東京,修之。"
③ 《五代會要》卷 3《廟制度》,第 30—31 頁。
④ 《五代會要》卷 2《廟儀》,第 28 頁。
⑤ 《資治通鑒》卷 294《後周紀五》顯德五年四月條,第 9582 頁。

郊設置了郊壇,形成了儀禮設施包圍都城的格局。皇帝派遣馮道去洛陽恭請太廟和社稷的神主,在從洛陽進入開封的西郊,還親自前來迎接神主,將其供奉到各自的神殿。①

除大祀以外,中祀以下的儀禮空間也逐漸完善。後梁朱全忠已在洛陽設立過文廟——中祀裏重要的廟宇形態的祭祀。後唐長興三年(932),因國子博士蔡同文的上奏而在洛陽建立了文廟和武廟。② 廣順二年(952)六月太祖拜訪曲阜孔子祠,大臣們表示天子行拜禮實屬不妥,太祖却不顧他們的反對,指出孔子是百世帝王的老師,甚至對其行了拜禮,③但是,史料中却沒有關於五代時期在都城開封建立可供定期舉行儀禮的文廟的記録。武廟和文廟同屬於中祀,平時武廟的規格比文廟低,相反史料中却發現了有關於武廟的記載,後周顯德五年(958)閏七月,世宗採納兵部意見,決定每年春秋上戊日在武成王廟舉行釋奠禮。由此推斷,在武將掌權時,武廟的地位超過了文廟。戰争不斷的時代狀況也在儀禮空間的設置中得到了反映。都城内依次設立儀禮空間的同時,禮典和樂典也得以完備。世宗顯德四年(957),《大周通禮》和《大周正樂》完成。第二年十一月,還委任竇儼負責編輯《大周通禮》和《大周正樂》。受五代時期時代特性的影響,長久以來,國家儀禮空間要麽空缺,要麽分離,但隨著都城儀禮職能的恢復,開封也具備了國家運營的實質性職能和儀禮職能,成爲名副其實的都城。

四、結　語

五代時期雖曾考慮過暫時定都或遷都魏州和鄴城,但主要還是選擇洛陽和開封作都城,並呈現出從洛陽遷都開封的趨勢。自唐末到五代初期,洛陽是中國的政治中心。洛陽之所以成爲都城,緣於兩個要素的作用:一是把洛陽看作位於"天下之中"的"帝都"或是"皇都"的傳統觀念;一是洛陽保存了郊祀和宗廟等重要的儀禮設施。"天下之中"的地理特徵發展成文化概念,並與天人感應的宇宙觀相結合,使得知識份子腦中形成了一個固定觀念,即都城洛陽是最適合舉行國家儀禮的"儀禮之都"。與之相比,開封崛起爲新都城則與戰略、經濟層面以及現實背景有著緊密的關聯。儘管開封不是要塞型都城,但若是好好利用地政學上的位置和軍力,便易於控制東北的藩鎮勢力,加上開

---

① 《資治通鑒》卷294《後周紀二》廣順三年九月癸亥條,第9496—9497頁。
② 文廟相關的内容參考《五代會要》卷8《釋奠》,第95—96頁。武廟相關的内容參考《五代會要》卷3《武成王廟》,第37頁。
③ 《資治通鑒》卷20《後周紀一》廣順二年六月乙酉條,第9478—9479頁。

封還是水陸兩路四通八達的"天下之衝",集中了以華北平原和江淮爲首的全國經濟中心的財富。這些事實如實反映在了官僚和知識份子圍繞洛陽和開封的定都及遷都問題所展開的討論之中,並呈現出以下的趨勢,即重視"天下之衝"這一現實性的都城職能的主張逐漸壓倒重視"天下之中"這一觀念。

　　五代時期國家儀禮的舉行反映出戰亂和競爭的時代面貌。屬於大祀的郊祀和太廟儀禮,可借助天神和祖上神的權威在最大程度上彰顯權力的正當性,故而深受統治者們的歡迎。像皇帝即位禮這樣重要的儀禮,還與郊祀和太廟儀禮同時舉行。尤其是後唐王朝在舉行郊祀的時候,把唐高祖和太宗奉爲昊天上帝的陪祀,還把玄元皇帝廟的祥瑞用作王朝中興的徵兆,並以大唐帝國的嫡系自居。甚至連唐代後半期依照老子廟(太微宮)、太廟、南郊順序進行的一系列祭祀方式,後唐王朝也照樣繼承了下來。這種傳統持續到了宋代,這表明,儘管五代處於戰亂時期,但在禮制傳統的傳承上也做出了一定貢獻。郊祀時發放勞軍錢,被用作給軍人恩賞和安慰的機會,這也可謂五代的時代特徵。值得注意的是,五代出身軍閥的君主們還突出太廟的政治寓意,把直系祖先與同姓的前代皇帝聯繫在一起,由此強調其掌權的正當性。後唐莊宗李存勖把直系祖先的牌位與唐王室的先祖安放在一起,後漢的劉知遠也把祖先的牌位與西漢劉邦和東漢劉秀的牌位一起供奉於宗廟。相互角逐的時代,不僅是中原王朝,就連十國的君主也在都城設置了儀禮空間,積極行用國家儀禮。像前後蜀、南唐、南漢等與中原王朝形成敵對或平等關係的強國,還自稱皇帝舉行了天子儀禮。成都、揚州、金陵、番禺等各國的都城中,還以連接宮城和南郊的軸綫爲中心設立了左廟右社、郊祀壇等儀禮設施。伴隨開封的崛起,數個以儀禮空間爲中心的標準化的都城同時並存,這表明長期固守的長安洛陽一邊倒的都城觀遭到了瓦解,也在某種程度上爲取代長安和洛陽的新城市的崛起創造了條件。

　　隨著時代的變化,都城的現實性職能受到重視,開封作爲符合時代需求的新都城,其地位也大爲提升,自後晉以來就有人主張開封也要完備儀禮設施。到了後周,對日益膨脹的開封進行了大規模的修整,國家禮典也編纂而成,最終還以連接宮城和南郊的中軸綫爲中心建設了太廟和社稷,都城四郊也成爲儀禮空間。如同洛陽以長安爲典據一般,開封也以洛陽爲模本佈置了城市空間。儘管如此,開封與根據城市規劃決定城市結構的長安時代的都城有著明顯的差異。開封是在自然發展而來的現實空間基礎上,通過儀禮空間的移植,把象徵性職能附加在都城的現實性職能之上的新形態都城。

宋真宗"封禪滌恥"説質疑
——試論真宗朝統治危機與天書降臨、東封西祀之關係*

湖南大學 湯勤福

大中祥符元年正月，天降黄帛于皇宫左承天門南鴟尾上，於是，一場天書降臨、東封西祀的鬧劇拉開了帷幕。宋人對真宗這一大崇道教、勞民傷財的做法大加批評，即把這場鬧劇認作是真宗崇道的結果。現代學者在承認這一觀點的基礎上，力圖尋找更爲具體的動因，即探索此事件背後的真宗的目的。有學者認爲是真宗在澶淵之盟後，需要滌恥而虚構的事件；[1] 有人反對滌恥説，認爲是真宗"以盛大規模的封祀禮儀來證明趙宋皇權合法性、合理性和權威性，而且也是禮治社會整合和調適統治階級政治秩序、强化意識形態和構建精神信仰的一場思想運動"，[2] 還有人認爲真宗"用'東封西祀'的'神道設教'方式來重塑政權和君王權威，鞏固統治和統一思想，實現'兩個凸顯'的政治目的"，即"凸顯趙氏王朝'正統'地位和華夏文明中心地位的顯著用意"。[3] 這些觀點自然都找到了某些史料來作證，也説出一定道理。但在我們看來，此事尚需再加深入研討。

一、諸説質疑

冷静思考一下：如果真是真宗欲大崇道教，爲何他繼位後不馬上開始崇興道教？[4] 爲何在其繼位十年後才突然有"天書降臨"，於是乎東封西祀、大修宫觀，祥瑞連連？顯然，説真宗是由於崇道教而蓄意製造天書降臨、大修宫觀、東封西祀顯得比較勉强。那麽是不是出於真宗爲了滌恥、或者説是爲了證明趙宋皇權合法性、合理性和權威性，乃

---

* 本文是2012年度國家社科基金重大招標項目"中國禮制變遷及其現代價值研究"（編號：12&ZD134）、2020年度國家社科重大招標項目"中國禮教思想史"（編號20&ZD030）階段性成果。
[1] 湯其領：《滌恥封禪與北宋道教的興盛》，《河南大學學報》1995年第3期。王德忠：《王旦與天書封禪及其時代特徵》一文有類似觀點，《東北師大學報》2008年第4期。
[2] 何立平：《宋真宗"東封西祀"略論》，《學術月刊》2005年第2期。
[3] 閆化川：《論宋真宗時期的"東封西祀"》"提要"，山東大學2008年碩士論文。
[4] 真宗繼位時已經年近30歲。

或是神道設教之類的目的？筆者認爲還需要細加研究。

衆所周知，有宋立國，太祖、太宗兄弟對道教有一定的信仰，①採用較爲和善的政策，保護或建造過道教宫觀，但大多祇是局限在"宗教"信仰層面進行祈禳求福這一範疇，②並没有上升到國家制度的政治層面上。真宗當皇帝十年後突然對道教大感"興趣"，與王欽若等人一唱一和，於是天書降臨、建造玉清昭應宫、東封泰山、西祀汾陰，乃至修訂國家禮典，包容道教科儀某些因素，拉開了宋政府與道教蜜月的序幕。

這當然與澶淵之盟後真宗心理變化有極大關係，但筆者並不太贊同滌恥説。如果真是出於滌恥目的，那麽爲何景德四年王欽若"度上厭兵"，試探地提出"以兵取幽薊，乃可刷此恥"時，真宗却推託"河朔生靈，始得休息，吾不忍復驅之死地"，③爲何没有任何直接與遼決戰的勇氣？如果能夠舉全國之力與遼決一死戰，即使不能挣回臉面，至少也顯得真宗有點"雪恥"的骨氣。因而可以判斷出真宗心理並不在於滌恥，也不是真正在乎簽訂澶淵之盟後給了多少"歲幣"。至於説要"證明趙宋皇權合法性、合理性和權威性"和"强化意識形態和構建精神信仰的一場思想運動"，這種觀點也難以服人。因爲趙宋王朝已經經過太祖太宗兩代，不再需要證明其趙宋皇權"合法性、合理性和權威性"，而把天書降臨及建宫觀乃至封祀之舉説成是真宗"强化意識形態和構建精神信仰的一場思想運動"，確實把真宗的"思想境界"説得太高了些。至於認爲真宗此舉是"凸顯趙氏王朝'正統'地位和華夏文明中心地位的顯著用意"的觀點，我們認爲更難以成立。因爲北宋繼後周而來，佔據中原地區及全國絶大部分地區，且建都於當時中華傳統文化的核心區域，趙氏王朝"正統"地位已無必要去争，更無需"凸顯"其華夏文明中心。其實，契丹族建立的遼國一直盡力維護著本民族的文化，④從來没有打算與趙宋王朝争奪華夏文明中心地位，當時也不存在與宋朝争正統地位問題，⑤因而這種似是而非的觀點難以成立。倒是作者提到的"用'東封西祀'的'神道設教'方式來重塑政權和君王權

---

① 李攸：《宋朝事實》卷7《道釋》："建隆初，太祖遣使詣真源祠老子，於京城修建隆觀。""叢書集成新編"本，第656頁。太宗時也建過太一宫、靈仙觀、上清太平宫，參見王應麟《玉海》卷100《郊祀》，第1821頁。
② 馬端臨：《文獻通考》卷77《郊社考十》稱："太祖、太宗時，凡京師水旱稍久，上親禱者，則有建隆觀、大相國太平興國寺、上清太一宫；甚，則再幸。或撤樂減膳，進蔬饌。"（第2392頁）李燾：《續資治通鑑長編》卷26太宗雍熙二年"六月己卯，詔兩街供奉僧於内殿建道場。上謂宰相曰：'今兹夏麥豐稔。比聞歲熟則民多疾疫，朕恐百姓或有災患，故令設此，未必便能獲佑，且表朕勤禱之意云。'"中華書局，1995年，第596頁。
③ 李燾：《續資治通鑑長編》卷67真宗景德四年十一月庚辰，第1506頁。
④ 遼朝維護本民族文化，在禮制方面，很少採納中原的五禮制度，而是維護本民族的禮儀，從來没有與宋朝争什麽正統地位或華夏傳統。
⑤ 劉浦江認爲遼朝的中國觀（正統論）始於興宗重熙十一年（1052）與宋交往中對稱南北朝。即使如此，也不表示已與宋王朝争正統。《德運之争與遼金王朝的正統性問題》，《中國社會科學》2004年第2期。

威,鞏固統治"一語確實令人深省,啓發了我們去進一步思考。在我們看來,這應該是指重塑真宗政權和真宗個人的權威而言,以實現鞏固真宗統治的目的,而非泛指重塑整個"趙宋王朝"的權威。筆者認爲,真宗採用天書降臨、興修宮觀、東封西祀的連續劇式鬧劇,實際是其擺脱自身統治危機的手段。下試爲述之。

二、廷美之廢與元佐發狂

從太宗即位後到真宗當皇帝之前,趙宋政權就存在著統治危機。

先説太宗長子。太宗長子元佐是元德皇后所生的,"太平興國中,出居内東門別第,拜檢校太傅、同中書門下平章事,封衛王,赴上於中書。後徙居東宫,改賜今名,加檢校太尉,進封楚王"。① 元佐封楚王在太平興國八年十月,但入居東宫時間史書未能詳載。按照史書記載順序,應該理解爲元佐先封衛王、入居東宫、再改名封楚王。

入居東宫,自然可以視爲太宗有將元佐作爲繼承人培養的目的。不過需要強調的是,元佐入居東宫時並没有册爲皇太子,即並非是法定儲君。這樣就存在一個問題,不是太子,自然不能入居東宫;而元佐以王的身份入居東宫,實在不合禮法。筆者以爲:其中史家"曲筆"之餘義確需發掘。

那麽爲何太宗會做出這種不符禮法的事? 説白了,就是元佐被動地捲入了太宗與其四弟廷美的儲位之爭的矛盾旋渦之中。《宋史》有一段極爲重要的記載:

初,昭憲太后不豫,命太祖傳位太宗,因顧謂趙普曰:"爾同記吾言,不可違也。"命普於榻前爲約誓書,普於紙尾書云"臣普書",藏之金匱,命謹密宫人掌之。或謂昭憲及太祖本意,蓋欲太宗傳之廷美,而廷美複傳之德昭。故太宗既立,即令廷美尹開封,德昭實稱皇子。德昭不得其死,德芳相繼夭絶,廷美始不自安。已而柴禹錫等告廷美陰謀,上召問普,普對曰:"臣願備樞軸以察奸變。"退複密奏:"臣忝舊臣,爲權幸所沮。"因言昭憲太后顧命及先朝自愬之事。上于宫中訪得普前所上章,併發金匱得誓書,遂大感悟。召普謂曰:"人誰無過,朕不待五十,已盡知四十九年非矣。"辛亥,以普爲司徒兼侍中。他日,太宗嘗以傳國之意訪之趙普,普曰:"太祖

---

① 脱脱:《宋史》卷245《楚王元佐傳》,中華書局,1985年,第8694頁。

已誤,陛下豈容再誤邪?"於是廷美遂得罪。凡廷美所以遂得罪,普之爲也。①

治宋史者對此段記載當極爲稔熟。如果這一記載確是信史,②那麼廷美之所以獲罪,當與皇位繼承有關,因爲按昭憲太后排定的傳位元順序是:太祖傳太宗,太宗傳廷美,廷美傳德昭。③

然而這一切都隨著太宗權力的鞏固而發生了變化。先是德昭被斥自殺,太平興國"七年三月,或告秦王廷美驕恣,將有陰謀竊發。上不忍暴其事,遂罷廷美開封尹,授西京留守。賜襲衣、通犀帶,錢千萬緡,絹、彩各萬匹,銀萬兩,西京甲第一區"。④爲何廷美因驕恣罷開封尹,太宗却賜以錢財甲第?真是太宗"不忍暴其事"嗎?顯然還存有疑問。廷美驕恣當會有之,"將有陰謀竊發"或爲莫須有之罪名。廷美受貶,實際已經暗示太宗要排斥廷美的繼承權。

但此事仍未結束,趙普再告廷美與盧多遜"交通",⑤盧多遜下御史獄,廷美親屬被剝奪公主、駙馬號,其他有關的官吏相繼受到嚴厲懲處,而廷美則被監視居住。趙普再次落井下石,教唆知開封府李符上奏,以廷美謫居西洛非便爲由要求驅逐他,最終太宗"順應"輿論,詔降廷美爲涪陵縣公,房州安置,廷美之妻也被剝奪楚國夫人號。⑥其實,只要看一下太宗對德昭的態度,那麼就可以清楚地瞭解太宗對廷美處置的必然性:德昭于太平興國"四年,從征幽州。軍中嘗夜驚,不知上所在,有謀立德昭者,上聞不悦。及歸,以北征不利,久不行太原之賞。德昭以爲言,上大怒曰:'待汝自爲之,賞未晚也!'德昭退而自刎"。⑦顯然,太宗對"有謀立德昭"極爲憤慨,也曲折地反映出太宗的傳位心結。而"德昭不得其死,德芳相繼夭絶,廷美始不自安",⑧這說明了廷美已經深深感覺到自己所處的危險境地。

不過,上面敘述在時間上還很模糊不清,因此還需要梳理一下時間。

---

① 脱脱:《宋史》卷244《魏王廷美傳》,第8669頁。應該理解爲昭憲太后、太祖曾與太宗口頭說過傳位之順序事,否則太平興國四年,太宗不會對德昭說"待汝自爲之,賞未晚也"的話。不過可以肯定的是,太宗不知道有誓書藏于金匱之中。
② 有學者認爲此史料不可信,不存在金匱之事。然從廷美、德昭屢受太宗打擊之事來看,此事當有。否則太宗不會因軍中欲立德昭而對他說"待汝自爲之,賞未晚也",也不會有人告廷美欲行取代之"陰謀",置其死地而後快了。故筆者認爲此事當有。
③ 太祖四子:長子滕王德秀,次子燕懿王德昭,三子舒王德林,四子秦康惠王德芳。德秀、德林皆早亡。
④ 脱脱:《宋史》卷244《魏王廷美傳》,第8666頁。李燾《續資治通鑑長編》卷23三記載略同。
⑤ 趙普與盧多遜不和,盧氏却與廷美關係極佳,又身居高位,排斥趙普。
⑥ 參見脱脱《宋史》卷244《魏王廷美傳》,第8668頁。
⑦ 據《宋史》卷244《燕懿王德昭傳》,第8676頁。
⑧ 脱脱:《宋史》卷244《魏王廷美傳》,第8669頁。

按照史書記載,太宗瞭解昭憲顧命之事是太平興國六年九月丙午,五天后,"以普爲司徒、兼侍中",①即趙普恢復了宰相之職。② 趙普在與盧多遜的權力鬥爭中不利,於是借柴禹錫告發廷美之機,主動表示"臣願備樞軸以察奸變",向太宗表忠心,並密告昭憲顧命,太宗才獲得金匱,得知太后與太祖曾背著他寫下傳位約誓書。③ 而柴禹錫告發當在六年九月丙午之前,④但據柴禹錫本傳則載:"告秦王廷美陰謀,擢樞密副使",⑤柴氏任樞密副使却在太平興國七年四月甲子,⑥兩者似有矛盾。但根據史料大致可還原事件程序:柴禹錫告發在六年九月,太宗"隱忍不發",也未賞賜禹錫;九月丙午太宗獲知金匱之事,六天后即"壬子,秦王廷美乞班趙普下,從之"。⑦ 當然,廷美想以此舉來自保。七年三月,罷廷美開封尹。四月甲子,柴禹錫授樞密副使,賞其告密之功。而"趙普既複相,盧多遜益不自安。普屢諷多遜令引退,多遜貪權固位,不能自決。會普廉得多遜與秦王廷美交通事,遂以聞。上怒,戊辰,責授多遜兵部尚書,下御史獄"。⑧ 下盧多遜御史獄在太平興國七年四月戊辰,即賞柴禹錫的四天之後。太宗詔文武常參官集議朝堂,議後"詔削奪多遜官爵,並家屬流崖州;廷美勒歸私第;趙白、閻密、王繼勳、樊德明、趙懷禄、閻懷忠皆斬於都門外,籍其家財",⑨不久又驅逐廷美至房陵。

　　回過頭來要講元佐。蘇轍曾記載道:"楚王元佐,太宗之長子,將立爲嗣,堅辭不肯,欲立太祖之子,由此遂廢,故當時以爲狂,而實非狂也。"⑩這段話被楊仲良否定,楊氏稱:"《龍川別志》言:太宗將立元佐爲嗣,元佐辭,欲立太祖之子,由此遂廢。按:太祖二子,德昭卒于太平興國四年八月,德芳卒於六年三月。而元佐以七年七月出閣,時太祖之子無存者矣。元佐雖封衛王,蓋未嘗有建儲之議也。九年正月,廷美死,元佐乃發狂,其發狂固不緣辭位。《別志》誤矣。司馬光《日記》載宋敏求云:'廷美之貶,元佐請

---

① 李燾:《續資治通鑑長編》卷22太宗太平興國六年九月丙午,第500頁。
② 李燾明確稱趙普"復入相,乃六年九月辛亥",《續資治通鑑長編》卷22太宗太平興國七年四月辛亥,第495頁。
③ 口頭之語或可置之不理,然白紙黑字則難以抵賴。
④ 李燾:《續資治通鑑長編》卷22太宗太平興國六年九月丙午,第500頁。
⑤ 脱脱:《宋史》卷268《柴禹錫傳》,第9221頁。
⑥ 脱脱:《宋史》卷4《太宗紀一》載:太平興國七年四月甲子,"如京使柴禹錫爲宣徽北院使兼樞密副使",第68頁。《續資治通鑑長編》卷23太宗太平興國七年四月甲子載有"翰林副使楊守一爲東上閤門使,充樞密都承旨。守一即守素也,與禹錫同告秦王廷美陰謀,故賞之"(第515頁)。另一可能是柴禹錫又與楊守一告發廷美勾結盧多遜。從柴氏人品來看,他是個熱衷於密告的小人,最終連太宗也不相信他了。
⑦ 李燾:《續資治通鑑長編》卷22太宗太平興國六年九月壬子,第502頁。即趙普複相次日,廷美要求居趙普之下。或許廷美或已瞭解太宗與趙普相談之語,否則不會馬上自動"乞班"于趙普之下。
⑧ 李燾:《續資治通鑑長編》卷22太宗太平興國七年四月丙寅,第516頁。
⑨ 脱脱:《宋史》卷244《魏王廷美傳》,第8668頁。
⑩ 蘇轍:《龍川別志》卷上,中華書局,1982年,第71頁。

其罪,由是失愛。'《日記》蓋得其實矣。"①宋敏求與司馬光同年生(真宗天禧三年),蘇轍則小他們20歲,大致是同一時代之人。那麽如何理解這兩段記載? 其實,蘇轍記載稱元佐堅辭不肯當太子,"欲立太祖之子"確實是錯誤,因爲德昭、德芳先後去世,太祖已無子存世。然蘇轍當是"筆誤",因爲其父在仁宗時任著作佐郎,協修《太常因革禮》,時蘇轍隨父居京;蘇轍本人在仁宗末年參加殿試,受到司馬光、范鎮、蔡襄等大臣賞識,雖因言論政事過於激切而未入高第,但仍被委以試秘書省校書郎。況且蘇轍與朝廷大臣交往頗多,所撰《龍川略志》《龍川別志》兩書,撰寫了不少親身經歷及聞見前朝事蹟,根據蘇轍的這種經歷,不可能不知道太宗欲立元佐時德昭、德芳已經去世之事實,同時也應當知道廢黜在外的廷美,按昭憲太后嗣位順序是有資格當皇帝的。故筆者以爲此是筆誤,若寫"昭憲之子"則完全没有問題了。"由此遂廢"是指元佐與太宗在立儲問題上產生了激烈的衝突,"失愛"於太宗。故蘇轍稱"當時以爲狂,而實非狂也"。筆者猜測蘇氏之意:太宗擬立元佐,而元佐則堅持讓位於其叔廷美,這一舉動被時人認作是"發狂"之舉,其實元佐並不是"狂",也可以理解爲:太宗逼死德昭、廢黜廷美,正是要讓自己兒子繼位,而元佐却不領情! 這種舉動類似於發"狂"。史書明確記載:"廷美死,元佐遂發狂。"②蘇轍應當瞭解元佐真正發狂時間的。值得回味的是,蘇轍這段話講到此便結束了,而其言外之意倒是值得好好領會的。故蘇氏與宋氏兩者記載都没有錯,祇不過各持一端罷了。至於楊氏所説"九年正月,廷美死,元佐乃發狂,其發狂固不緣辭位"也没錯,指出了元佐寧願冒著失愛于其父的危險,而堅持要讓廷美繼位,當廷美去世,元佐"夢想"破滅,受到這一極大刺激而發狂。不過,楊氏似乎誤解了蘇轍之語。③

倒是李心傳所記一段話存在問題:"楚王元佐,太宗之長子,將立爲嗣,堅辭不肯,欲立太祖之子,由此遂廢。故當時以爲狂,而實非狂也。按《國史》,太平興國四年,太祖長子武功郡王德昭暴薨。六年,其弟滎陽公德芳繼卒。明年,宰相趙普如京使柴禹錫告秦王廷美與盧多遜交通,言涉不順,坐是廢死房陵,於是太祖子弟盡矣。其年,太宗乃封長子元佐爲衛王。明年,進封楚王。又三年,元佐以病狂縱火廢。此時太祖諸子之卒久矣。(原注:或曰元佐請秦王之罪,忤上旨,因得心疾也。)"④李氏前面一段是抄蘇轍之語,中間是查《國史》德昭、德芳卒年,但稱廷美"坐是廢死房陵,於是太祖子弟盡矣。其

---

① 楊仲良:《皇宋通鑒長編紀事本末》卷9《諸王事蹟》,黑龍江人民出版社,2006年,第94頁。
② 脱脱:《宋史》卷245《楚王元佐傳》,第8694頁。
③ 楊氏這段話被胡三省抄入《通鑒注》中。
④ 李心傳:《舊聞證誤》補遺,中華書局,1981年,第65—66頁。

年,太宗乃封長子元佐爲衛王"出現了問題。因爲李燾記廷美死於雍熙元年正月乙丑,①《宋史》也稱"雍熙元年,廷美至房州,因憂悸成疾而卒,年三十八"。② 而四個月前的太平興國八年十月戊戌,"衛王德崇改名元佐",同月"己酉,元佐進封楚王"。③ 正與上舉《宋史》"封衛王,赴上於中書。後徙居東宮,改賜今名,加檢校太尉,進封楚王"一段相合。如果《長編》與《宋史》記載無誤的話,封衛王、居東宮、改今名、封楚王是同一年,那麼我們可以判定李心傳稱廷美去世之年元佐封衛王,明年進封楚王實是大誤;按照此推算,"又三年"即雍熙四年元佐焚宮也被推遲了兩年,亦誤。

按照李燾的記載,可以斷定元佐入居東宮在太平興國八年十月戊戌(十六日)到己酉(二十七日)之間的十天之中。太宗如此快讓元佐入居東宮,雖未宣佈其爲太子,然明確表示出要堵塞廷美繼位之路,讓自己兒子繼位的決心。也正由於太宗讓元佐入居東宮,廷美深感危機來臨,才會"憂悸成疾",並于雍熙元年正月去世。這短短的三個月的變化,確實讓元佐如坐火山之上,其實,當初廷美謫遷涪陵居住,"元佐獨申救之",④這段史料當是元佐入居東宮之後事。元佐之所以能"獨申救之",這與其堅持讓廷美繼位的思想完全一致。遺憾的是,廷美卻在三個月之後便去世了,極其嚴酷的事實沉重地打擊了元佐,這是壓垮他、促使他發狂的最後一根稻草! 這也反證元佐入東宮在雍熙元年廷美死之前,因爲元佐發狂,太宗自然不可能讓他再入居東宮的。元佐發狂,史稱"至以小過操挺刃傷侍人",到"雍熙二年,疾少間,帝喜,爲赦天下"。⑤ 儘管元佐"疾少間",然太宗仍視其爲病人,故這年九月重陽日內宴,太宗以元佐之疾新愈而未叫其赴宴,元佐忿恨殿堂,醉酒縱火燒楚王宮而被廢爲庶人、均州安置。⑥ 在太宗眼裏,元佐繼位之路已經斷絕。

三、真宗繼位與元佐養晦

元佐被廢,太宗又垂意次子元僖,"以元僖爲開封尹兼侍中,改今名,進封許王,加中

---

① 李燾:《續資治通鑒長編》卷25太宗雍熙元年正月乙丑,第572頁。
② 脫脫:《宋史》卷244《魏王廷美傳》,第8668頁。
③ 李燾:《續資治通鑒長編》卷24太宗太平興國八年十月戊戌,第555頁。
④ 脫脫:《宋史》卷245《楚王元佐傳》,第8694頁。
⑤ 脫脫:《宋史》卷245《楚王元佐傳》,第8694頁。
⑥ 據本傳,元佐"行至黃山,召還,廢居南宮,使者守護",實際上在太宗眼中已不再對元佐抱有什麼希望了。

書令"，①遺憾的是，元僖於淳化三年十一月暴斃，太宗贈其皇太子。按理説，德昭、廷美先後去世，太宗完全掃清了障礙，可以不必考慮廷美和德昭因素，完全具備預立太子的可能與條件，但他既没有立已入居東宫之元佐爲皇太子，元僖也未立爲太子，直到元僖去世後才贈皇太子。不立元佐自然還能解釋，因爲他曾堅持讓位廷美，且不久又患病發狂了；但不立元僖似可説明太宗對金匱約誓書仍所有忌諱之心——因爲至少大臣中有瞭解昭憲太后及太祖對傳位的安排！

這裏再分析一下元僖死後，太宗數子立儲的可能性。太宗共九子：元佐被廢，元僖、元億先後去世，但太宗仍還有元侃（即趙恒）、元份、元傑、元偓、元偁、元儼六子可供選擇，其選擇餘地甚大。按照順序，當是元休繼位。太平興國八年十月封王時，德昌改名元休（即真宗），"端拱元年，封襄王，改元侃。淳化五年九月，進封壽王，加檢校太傅、開封尹"，一年後，即"至道元年八月，立爲皇太子，改今諱，仍判府事"，②趙恒立爲太子的一年半後，太宗薨，趙恒繼位。

太宗雖解決了傳位己子，但他没有解決傳位留下的矛盾，史書記載非常清楚：

> 初，太宗不豫，宣政使王繼恩忌上英明，與參知政事李昌齡、知制誥胡旦謀立楚王元佐，頗間上。宰相吕端問疾禁中，見上不在旁，疑有變，乃以笏書"大漸"字，令親密吏趣上入侍。及太宗崩，繼恩自后至中書召端議所立。端前知其謀，即紿繼恩，使入書閤檢太宗先賜墨詔，遂鎖之，亟入宫。后謂曰："宫車晏駕，立嗣以長，順也，今將奈何？"端曰："先帝立太子政爲今日，豈容更有異議！"后默然。上既即位，端平立殿下不拜，請捲簾，升殿審視，然後降階，率群臣拜呼萬歲。（原注：王繼恩等謀廢立，《實録》《國史》絶不見其事蹟，蓋若有所隱諱。今據《吕誨集·正惠公補傳》及司馬光《記聞》增修，補傳所載，比之《記聞》尤詳也。）③

此事司馬光亦有記載：

> 太宗疾大漸，李太后與宣政使王繼恩忌太子英明，陰與參知政事李昌齡、殿前都指揮使李繼勳、知制誥胡旦謀立潞王元佐。太宗崩，太后使繼恩召宰相吕端，端

---

① 脱脱：《宋史》卷245《昭成太子元僖傳》，第8697頁。
② 脱脱：《宋史》卷6《真宗紀一》，第103—104頁。
③ 李燾：《續資治通鑒長編》卷41太宗至道三年三月，第862—863頁。

知有變,鎖繼恩於閤內,使人守之而入。太后謂曰:"宮車已晏駕,立嗣以長,順也,今將何如?"端曰:"先帝立太子,正爲今日。今始棄天下,豈可遽違先帝之命,更有異議?"乃迎太子立之。①

顯然,元佐與真宗之生母李太后當時主張立楚王,且獲得王繼恩、李昌齡、胡旦等大臣的支持,且用"立嫡以長不以賢"的古訓來向呂端發難。不過,呂端早"疑有變",果斷採取措施,才使趙恒當上了皇帝。即使真宗即位時,呂端還不放心,定要升殿審視後才率群臣呼萬歲。這記載雖十分簡單,但如李燾所注:"王繼恩等謀廢立,《實錄》《國史》絕不見其事蹟,蓋若有所隱諱。"顯然這場繼位鬥爭是十分激烈的,國史都已經有所篡改。也正是如此,真宗即位後,王繼恩、李昌齡、胡旦等人都受到貶職或流放的懲處。

這就是説,即使真宗繼位了,其正當性仍存在問題的。實際上,在中國古代,患有嚴重疾病而繼位者比比皆是,況且元佐之"疾"並没有想像的那麼嚴重:

(六月)甲辰,以皇兄元佐爲左金吾衛上將軍,複封楚王,聽養疾不朝。上始欲幸元佐第,元佐固辭以疾,曰:"雖來,不敢見也。"由是終身不復見。②

真宗即位,起爲左金吾衛上將軍,複封楚王,聽養疾不朝,再加檢校太師、右衛上將軍。③

上段史料出於《續資治通鑒長編》,下段出於《宋史·楚王元佐傳》,但《宋史》缺少了關鍵的後面的話。因爲太宗去世在三月,六月真宗就封其兄元佐爲左金吾衛上將軍、複楚王封爵,按道理説,元佐當感激涕零、深謝皇恩浩蕩,爲何固辭以疾不見? 又爲何"由是終身不復見"? 此史家曲筆深意自可想見:元佐當已經知道其母之意,且以其弟繼位爲恨。④ 按元佐還位於廷美之思想的發展脈絡,他認爲真宗當皇帝就是不合法! 因此,我們可以看到,此後真宗不斷給元佐加官晉爵,但元佐深以爲忌,韜光養晦,但他却是一個非常慎重的人:

---

① 司馬光:《涑水記聞》卷6,中華書局,1989年,第121頁。
② 李燾:《續資治通鑒長編》卷41太宗至道三年六月甲辰,第867頁。
③ 脱脱:《宋史》卷245《楚王元佐傳》,第8694頁。
④ 無論元佐是想讓位於廷美或德昭之後,還是自己想當皇帝,都不會對真宗繼位抱有好感,因此他才會終生不見其弟。真宗繼位時,廷美之子德鈞、德欽、德潤、德文、德願、德存均在,德昭子惟正、惟吉、惟忠、惟和也在。

　　　　平居不接人事,而事或預知。帝嘗遣術士管歸真爲醮禳,左右未及白,元佐遽
　　曰:"管歸真至矣。"①

這段史料至少有幾個方面的信息,一是元佐"養疾"在家,被排除在政治圈之外;二是雖"不接人事",但朝廷之事"或預知";三是其疾早已痊癒。② 元佐在恢復王爵之時,思路非常清晰,不願再與自己同胞兄弟見面,以示自己立場,那麽就不存在還患病的問題,而且此後所有記載到元佐的史料,没有提及他心疾復發!那麽,真宗派術士爲他醮禳有什麽必要呢?至於元佐竟然馬上能夠知道是誰來了,一方面説明元佐確實無病,同時可看出真宗派遣術士醮禳的目的無非是爲了監視元佐。事實很清楚:如果元佐病未痊癒,仍需"在家養病",那麽就不可能"預知"朝廷事,如果他馬上辨别出管歸真到來,那麽説明他没有病! 更須注意的是,稱元佐"平居不接人事,而事或預知",即他仍有獲取朝廷政事的管道與瞭解政事的能力,也證明朝廷中確實還有支持元佐的力量存在,③也正由於此,真宗才需要對他處處提防。這不是筆者猜測,這有充分史料可以證明:

　　　　楚王元佐生辰,遣中使賜以寶帶。使還,具言王感恩狀。王平居不接人事,而
　　事或預知。上嘗命道士管歸真爲設醮禳,家人未及白而曰:"管歸真至矣。"上因言:
　　"此非爲邪所惑故耶?"又言:"王平居亦無他,但不束髮,不喜見婦人,間閲書屬文,
　　召其子允升等置酒交談,或心神不寧,則舉措有異,言語無節,蓋本由驚悸所
　　致也。"④

真宗對其兄真是"關心備至",屢加官賜物、派術士上門設醮祈福,但"使還,具言王感恩狀",説明真宗想瞭解元佐的一舉一動,説更清楚一些,就是密察暗防。而"王平居亦無他"一語顯示出真宗確實對元佐實行嚴密監控;而元佐"間閲書屬文,召其子允升等置酒交談",也説明他思維正常;至於"或心神不寧,則舉措有異,言語無節"當是他深深感到

---

① 脱脱:《宋史》卷245《楚王元佐傳》,第8694頁。
② 元佐火燒宮室是對太宗不滿,是酒後所爲,並非是發病後所爲。同時,史書中没有記載此後元佐有發病之事。
③ 實際上,焚宫起因是太宗請諸子赴宴,以元佐有病而没請他,因此元佐在醉酒情况下焚燒自己宫室。史書没有講焚燒導致多大損失,大致可以判斷局限於元佐楚王宫,乃或可以認爲是其中一部分房屋。不管怎麽説,太宗廢元佐的理由不充分,因此太宗病危時,李太后及部分大臣就願意支持元佐稱帝。而恢復元佐之位自然有"立嫡以長不以賢"之古訓,這當然是極爲過硬的理由。
④ 李燾:《續資治通鑒長編》卷68真宗大中祥符元年正月乙亥,第1521—1522頁。

隨時降臨之危機的神態！因此他以"不束髮,不喜見婦人"之怪異之舉,"平居不接人事"來韜光養晦,避免遭受飛來橫禍;又,"禁中火,元佐表停奉稟助完宮闕",①顯然元佐以這些來避災求福。

四、真宗喪子與澶淵之盟

　　從真宗即位來看,他確實面臨著某種"危機":儘管元佐沒有直接與他爭奪皇位,至少元佐的存在對他是個潛在的威脅。②

　　這不是一種猜想,只需要分析一下真宗後嗣及真宗的一些行爲,便可以大致看出問題來:"真宗六子:長溫王禔,次悼獻太子祐,次昌王祗,次信王祉,次欽王祈,次仁宗。禔、祗、祈皆蚤亡"。③ 據《宋會要輯稿》載:"溫王禔,元符三年三月追賜名,贈太師、尚書令,封溫王。昌王祗,元符三年三月追賜名,贈太師、尚書令,封昌王。信王祉,元符三年三月追賜名,贈太師、尚書令,封信王。欽王祈,元符三年三月追賜名,贈太師、尚書令,封欽王。"④這幾位皇子直到哲宗元符三年時才被追封,説明禔、祗、祉、祈都夭折於繈褓之中,若是年齡稍大,那麼他們死後,真宗肯定會贈予封號的。

　　值得注意的是悼獻太子。《宋史》稱:"悼獻太子祐,母曰章穆皇后。咸平初,封信國公。生九年而薨,追封周王,賜諡悼獻。仁宗即位,贈太尉、中書令。明道二年,追册皇太子。"⑤明道是仁宗年號,因此這一賜封本身不在真宗朝。而且《宋史》稱悼獻太子咸平初封信國公的記載當有誤,因爲《續資治通鑒長編》載咸平五年十一月郊祭天地後,"己酉,以皇子元(玄)祐爲左衛上將軍,封信國公"。⑥ 然深受真宗寵愛的玄祐却身體不好,"上憂之,屢設齋醮祈禳",但仍然於咸平六年四月辛巳卒,年僅"九歲,追封周王,諡悼獻",據稱,"後十五日,王子生兩月者亦不育,上乃取宗室子養之宮中"。⑦ 玄祐與其弟在半個月内先後去世,確實給真宗一個沉重打擊,因爲真宗欲想傳位己子的話,此時已經沒有親生兒子了,他祗能將就地取宗室之子養育于宮中。

---

① 脱脱:《宋史》卷245《楚王元佐傳》,第8694頁。
② 按照宋初皇位傳承,可以兄弟相繼,並未規定一定是父子相承。因此理論上説,即使元佐本人不繼位,其後裔仍有繼位權力。
③ 脱脱:《宋史》卷245《悼獻太子祐傳》,第8706頁。
④ 徐松輯:《宋會要輯稿》帝系一,上海古籍出版社,2014第36—37頁。
⑤ 脱脱:《宋史》卷245《悼獻太子祐傳》,第8707頁。
⑥ 李燾:《續資治通鑒長編》卷53真宗咸平五年十一月己酉,第1163頁。
⑦ 李燾:《續資治通鑒長編》卷54真宗咸平六年四月辛巳,第1190頁。李燾此段記載後稱:"周王既薨,真宗取宗室子養之宮中。范鎮云當考。"

仁宗是真宗第六子，"母李宸妃。大中祥符三年四月十四日生。章獻皇后無子，取爲己子養之"。① 換言之，從悼獻太子祐卒到仁宗生，其間長達七年真宗没有親生之子，祇是宫中養宗室之子，儘管史書未説此宗室之子是誰，但至少説明真宗已有傳位的思考。更須值得注意的是，在真宗有親生子嗣之時，並没有大臣提議建儲，這説明當時皇位並没有確定必須由真宗親生之子來繼承。而當真宗親生之子全部亡故之際，元佐却有三子允升、允言、允成，且都已長大成人，這不能説不對真宗的帝位傳承形成一種威脅。這不是臆測，這在大中祥符元年下詔修昭應宫時表現得非常清楚：

  初，議即宫城乾地營玉清昭應宫，左右有諫者。帝召問，謂對曰："陛下有天下之富，建一宫奉上帝，且所以祈皇嗣也。群臣有沮陛下者，願以此諭之。"②

這段史料非常重要，但未見學者引用。衆所周知，玉清昭應宫是天書降臨後，爲存放天書而建的道宫，然深知真宗之心的丁謂却説："建一宫奉上帝，且所以祈皇嗣也。"不是充分證明真宗的無子求嗣心理及感到的威脅嗎？

事實上，咸平六年的喪子之痛，對真宗而言是個重大打擊，但次年他又遇到遼軍南下的麻煩事。

景德元年八月"邊臣言契丹謀入寇"之時，真宗最初也企望對遼戰争中打個大勝仗來確立自己的權威，因此"詔鎮州所屯河東廣鋭兵及近南州軍先分屯兵並赴定州"，九月還信誓旦旦地表示"朕當親征決勝"，③而實際上他並無這一膽量。閏九月，遼國大舉南下進攻，真宗在王欽若等人的勸誘下，北上親征的誓言已變成"南幸""西遷"計畫：

  先是，寇準已決親征之議，參知政事王欽若以寇深入，密言於上，請幸金陵，簽書樞密院事陳堯叟請幸成都。上複以問準，時欽若、堯叟在旁，準心知欽若江南人，故請南幸，堯叟蜀人，故請西幸，乃陽爲不知，曰："誰爲陛下畫此策者？ 罪可斬也。今天子神武，而將帥協和，若車駕親征，彼自當遁去，不然，則出奇以撓其謀，堅守以老其衆。勞逸之勢，我得勝算矣，奈何欲委棄宗社，遠之楚、蜀耶！"上乃止，二人由

---

① 脱脱：《宋史》卷9《仁宗紀一》，第175頁。
② 脱脱：《宋史》卷283《丁謂傳》，第9567頁。
③ 李燾：《續資治通鑒長編》卷57真宗景德元年八月甲戌、九月丁酉，第1253、1256頁。

是寇準。①

在寇準的堅持下,真宗不得不同意親征。儘管宋遼之間戰火越來越旺,但真宗一拖再拖,直到十一月庚午才勉強"親征"。

所幸的是,真宗到澶州後,宋軍擊傷遼軍主帥撻覽而致其死亡,遼軍大爲受挫,宋軍僥倖獲勝,但真宗最終仍以割地賠款的方式議和。顯然,真宗親子在咸平六年全亡,景德元年在與遼戰争中因簽了城下之盟而威信受挫,其統治威望確實受到打擊,真宗需要以一種方式來"擺脱"這種危機。當然,真宗此種危機心理,自然可以用雪景德四年澶州之恥來解釋,因爲這是真宗無法解開的心結——這一"恥辱"已嚴重地損害了自己的統治權威,加之無親生之子,皇位繼承也受到嚴峻的挑戰!王欽若也正是看到這一點,在試探真宗有無決心與遼決戰後,才提出進行封禪來提高真宗威望的建議,王欽若的建議果真被真宗馬上接受了。於是,在真宗與王欽若共同的策劃下,上演了一場"天書"降臨的鬧劇。顯然,真宗並非是"崇道"、雪恥而導演這一場天書降臨和封禪的鬧劇,而是因爲感受到自身的統治危機而利用了道教!

五、東封西祀與危機解决

歷來研究真宗天書降臨事件都把這一事件説成是"突然"產生的孤立事件,最多也稱之是爲雪恥而虛構的事件,實際並非如此。真宗之所以"想到"利用天書降臨的辦法來解决自身的危機,其實在宋朝有"光榮"的傳統,即早在真宗利用天書事件之前,宋朝政府已經有此經驗,利用過所謂"神"的傳語來爲自己政治服務。

真宗大中祥符年間受命將整理好的道藏"就杭州監寫本"的張君房,②是一位對道教頗爲迷戀的官員,③他撰寫過道教著作《雲笈七籤》。在此書中,張君房特意撰寫了《翊聖保德真君傳》,記載了太宗潛邸以及北征太原之時,"真君"多次托道士張守真傳言,並稱極爲靈驗。《宋會要輯稿》也記載"太宗太平興國二年閏七月,詔以帝在晉邸日,嘗有神告之應,特封顯聖王,别建祠宇,春秋奉祀,仍立碑以紀其事",④這個神祠便

---

① 李燾:《續資治通鑒長編》卷 57 真宗景德元年閏九月癸酉,第 1267 頁。
② 李燾:《續資治通鑒長編》卷 86 真宗大中祥符九年三月丙午,第 1976 頁。
③ 王得臣稱:"集賢張君房,字尹方,壯始從學,遊道場屋,甚有時名。登第時年已四十餘,以校道書得館職。"王得臣:《麈史》卷中《學術》,上海古籍出版社,1979 年,第 37 頁。
④ 徐松輯:《宋會要輯稿》,第 1048 頁。

是要湫神祠。張君房的記載被不少比較正統的宋代學者加以轉錄，如李燾、李攸、楊億、邵博等。① 且不說張君房所作的傳是否真實，但至少在宋人記載中，這位元有預知能力的"真君"確實存在，在史書及一些碑志都有記載。如徐鉉《大宋鳳翔府新建上清太平宮碑銘》："粵御曆之元祀，有神降於鳳翔府盩厔縣之望仙鄉。其象不形，其言可紀。蓋玄帝之佐命，禺強之官聯，真位參於紫微，靈職分于井鉞。其稱述則儒玄之奧旨，其敷演則禳禬之嚴科。"②這裏所説的"有神降於鳳翔府盩厔縣之望仙鄉"言之鑿鑿，似乎實有其事。這也是後來張君房記載的根據之一。

或許僅憑這一條資料難以使人信服真宗天書降臨事件與太宗時期這一"神"之間的密切聯繫，那麽李攸提供了更爲明確的材料，在太平興國年間，"凡真君所降語，帝（太宗）命宰相王欽若編次之，爲三卷，藏于秘閣，仍賜本宮"。③ 可見，正是這位與真宗共同策劃天書降臨事件的王欽若，在太平興國年間非常深入地參與到太宗與神接觸的事件之中，這難道不能説明真宗天書下降事件的由來嗎？由此我們也似乎可以瞭解真宗爲何于大中祥符詔命王欽若校編道藏的原因了。

無論是要册湫神還是真君，都是太宗利用來爲自己政治服務的。顯然，這一傳統到真宗這裏發揚光大了。儘管王欽若與真宗策劃了天書降臨及封禪泰山，但宋朝提議封禪並非首是王欽若的。在太平興國八年六月"兗州太山父老及瑕邱等七縣民四千一百九十三人詣闕請封禪"，④被太宗拒絶了。次年"夏四月乙酉，泰山父老千餘人復詣闕請封禪。戊子，群臣上表請封禪"，⑤太宗雖然答應了，但因"乾元、文明二殿災，詔停封禪"。⑥ 真宗景德四年十一月，殿中侍御史鄭湘也請封禪，但在宰相王旦反對下，真宗也祇能悻悻地推辭道："朕之不德，安能輕議。"⑦真宗不是謙虚，他確實當政十年來乏善可陳。同時從王旦反對後真宗所言，可看出真宗統治的權威性並不高。然而在王欽若的

---

① 可參見《續資治通鑒長編》卷17、《宋朝事實》卷7《道釋》《楊公談苑·黑殺將軍》《玉海》等。其中李燾記載後有一段明確的注釋："此據《國史·符瑞志》。"邵博《邵氏聞見後錄》卷1則稱"並出《國史》"，顯然當時已經被載入官方記載（中華書局，1983年，第2頁）。至於《湘山野錄》等書也有記載，不過他們還不屬於正統的嚴肅的史家。
② 徐鉉：《大宋鳳翔府新建上清太平宮碑銘》，《全宋文》卷33，上海辭書出版社、安徽教育出版社，2006年，第335頁。
③ 李攸：《宋朝事實》卷7《道釋》，第659頁。
④ 李燾：《續資治通鑒長編》卷24 太宗太平興國八年六月己酉，第548頁。
⑤ 李燾：《續資治通鑒長編》卷25 太宗太平興國九年四月乙酉，第576頁。
⑥ 脱脱：《宋史》卷104《禮志七》，第2527頁。
⑦ 李燾：《續資治通鑒長編》卷67 真宗景德四年十一月庚辰載王旦反對之語曰："封禪之禮，曠廢已久，若非聖朝承平，豈能振舉？"（第1507頁）此暗示真宗没有具備封禪的功德，實際可視爲大臣對真宗的評價，暗示著真宗統治權威受到懷疑。因爲真宗如有權威，那麽就不需要經過王旦同意，也不需要用美酒、寶珠來收買王旦，此剛好反證真宗統治權威受到挑戰。

勸誘和真宗收買下,①到年底,王旦放棄了原持立場,不再反對。可以説,自景德四年十一月鄭湘建議封禪起,真宗爲擺脱自身統治的危機,想盡一切辦法要以天書降臨來愚弄天下,以進行封禪來擺脱自身危機,到年底收買王旦成功,其政治目的才總算達到了。次年正月,真宗向大臣們講了自己於一個多月前夢見神人稱有天書降臨,並稱神人命令在正殿内進行黄籙道場一個月,用以迎接天書。如此,真宗用天書降臨之手法來宣揚、提高自己統治的"神聖性",因爲神人之所以給真宗授天書,可以"證明"真宗統治是由"神"授予並加以保護的。換句話説,這樣的統治是不容任何人懷疑其合法性、正統性和權威性的。

但是,真宗還要解决這個"神"是誰、與宋王朝有什麽關係的問題,如果解决不好,可能會引起大臣們群起而攻之。而真宗身邊有被大臣們稱之"五鬼"的王欽若、丁謂、林特、陳彭年、劉承珪,爲真宗演戲出謀劃策。劉承珪就這一問題策劃了一場好戲,立有"大功":②

> 先是,有汀州人王捷者,咸平初賈販至南康軍,於逆旅遇道人,自言姓趙氏。是冬再見于茅山,命捷市鉛汞煉之,少頃成金。捷即隨至和州諸山,得其術,又授以小鐶神劍,密緘之,戒曰:"非遇人主,切勿輕言。"捷詣闕求見不得,乃謀以罪名自達。至信州,佯狂大呼,遂坐配隸嶺南。未幾,逃至京師,官司捕繫,閤門祇候謝德權嘗爲嶺南巡檢,知捷有異術,爲奏請得釋,乃解軍籍。劉承珪聞其事,爲改名中正,得對龍圖閣,且陳靈應,特授許州參軍,留止皇城廡舍,時出遊廛市。常有道人偶語云:"即授中正法者,司命真君也。"承珪遂築新堂,乃以景德四年五月十三日降堂之紗幬中,戴冠佩劍,服皆青色,自是屢降。中正常達其言,既得天書,遂東封,加號司命天尊,是爲聖祖。凡瑞異,中正必先以告。辛卯,授中正左武衛將軍致仕,給全俸,賜第通濟坊,恩遇甚厚。③

王捷是否真從趙姓道士那裏學到煉金術並不重要,重要的是劉承珪發現了王捷(改名爲

---

① 《宋史·王旦傳》載真宗召王旦品嘗美酒,然後又賜尊酒,王旦回府後發現裏面是珍珠。
② 劉承珪後改名承規,《宋史》有傳,其死後,真宗賜其忠肅之號,"甚嗟惜之,遣内臣與鴻臚典喪,親爲祭文。玉清昭應宫成,加贈侍中,遣内侍鄧守恩就墓告祭"。宫成後遣官就墓地告祭,充分説明承珪在修宫事上的"功績"。(《宋史》卷466《劉承規傳》,第13610頁)
③ 李燾:《續資治通鑒長編》卷71 真宗大中祥符二年二月庚寅,第1593—1594頁。李攸《宋朝事實》卷7《道釋》亦有相應記載,第657頁。

中正)"具有"與"神"溝通、傳言的法術,從而解決了真宗所要"證實"的"神"身份——司命真君!由司命真君傳達天書,自然可以證明自己的統治正統性、合法性和權威性,因爲司命真君既然只降天書給真宗一人,無疑是趙宋任何子弟所不具備的"絕對正統"的表現。這一記載中的"景德四年五月"甚可關注,因爲這正是真宗苦思冥想要解決自身統治正統性、權威性的關鍵時刻,劉承珪幫助真宗解決了這一難題,於是次年便有天書降臨之事。

但此事還未結束,當大中祥符三年四月皇子(即後來的仁宗)誕生後,真宗於五年十月再次"獲得托夢",明確趙姓聖祖的身份:

> 上夢景德中所睹神人傳玉皇之命云:"先令汝祖趙某授汝天書,將見汝,如唐朝恭奉玄元皇帝。"翌日夜,複夢神人傳天尊言:"吾坐西,當斜設六位。"即於延恩殿設道場。是日,五鼓一籌,先聞異香,少頃,黃光自東南至,掩蔽燈燭。俄見靈仙儀衛,所執器物皆有光明,天尊至,冠服如元始天尊。又六人皆秉圭四人仙衣,二人通天冠、絳紗袍。上再拜於階下。俄有黃霧起,須臾霧散,天尊與六人皆就坐,侍從在東階。上升西階,再拜。又欲拜六人,天尊令揖不拜。命設榻,召上坐,飲碧玉湯,甘白如乳。天尊曰:"吾人皇九人中一人也,是趙之始祖,再降,乃軒轅皇帝,凡世所知少典之子,非也。母感電夢天人,生於壽丘。後唐時,七月一日下降,總治下方,主趙氏之族,今已百年。皇帝善爲撫育蒼生,無怠前志。"即離坐,乘雲而去。及曙,以語輔臣,即召至殿,曆觀臨降之所,又召修玉清昭應宮副使李宗諤、劉承珪,都監藍繼宗同觀。[1]

顯然,真宗把趙姓聖祖稱作"天尊",上升到人皇九人之一、軒轅氏,並稱聖祖囑託他"善爲撫育蒼生,無怠前志",突顯了君權神授的意義,暗示著自己統治是受趙氏祖先之神的授權!而早已被收買的王旦馬上恭賀:"陛下款奉上真,親承寶訓,兹□殊異,簡册所無。"[2]儘管王旦所說"簡册所無"似乎含有没有根據之意,但話中又說真宗"款奉上真,親承寶訓",無疑是迎合了真宗所說的話,至此,真宗與王旦思想上完全達到了一致,也徹底解決了太宗傳位給真宗的合法性問題,堵塞了元佐乃至其子通向帝位之路。

誠然在大中祥符三年李宸妃生子之後,真宗已經稍舒一口氣,但他畢竟不敢冒然立

---

[1] 李燾:《續資治通鑒長編》卷79 真宗大中祥符五年十月戊午,第1797—1798頁。
[2] 徐松輯:《宋會要輯稿》,第1885頁。

太子,而現在再次夢見聖祖傳言"撫育蒼生,無怠前志",確認了真宗傳位統緒的合法性,順理成章,天禧二年九月他理直氣壯地立趙禎爲皇太子:"壬申,皇太子謁玉清昭應宮、景靈宫",①以此向祖宗宣告已立皇太子,真正解決了帝位傳承統緒、解除了真宗心頭之患。② 值得補充的是,天禧三年十一月"甲戌,皇太子言,於玉清昭應宮建殿置經藏,以資聖筭。功畢,有詔褒答,賜殿名曰長生崇壽"。③ 趙禎時年9歲,恐怕還不足以提出如此"重大"的建議,此當是真宗一夥幕後操刀,欲提升皇太子的光輝形象的一次拙劣表演。

可見,透過真宗"崇道"假像,可以看出這一連串"崇道"之舉都是真宗爲了擺脱自身權威受到損害、統治的合法性受到挑戰的危機,他爲了傳承帝位的合法性而導演了天書下降,道教則是被真宗利用來宣示自己正統性、合法性、權威性的工具,並非道教"主動"滲透到國家禮儀大典之中去的。

當然,在澶淵之盟後,雖然宋遼之間不復有大戰,此後真宗的東封西祀,解決了自身的統治危機,局勢稍有安定的趨勢,然有識之士對真宗東封西祀之批判卻存諸史册。司馬光記載"家居不仕"的邢惇,真宗召對治道而不答,問其原因,邢惇稱:"陛下東封西祀,皆已畢矣,臣復何言?"真宗除其官,然當他死後,竟然發現真宗之敕"與廢紙同束置屋樑間"。④ 顯然這是最強烈的無聲抗議! 王栐記載國初"金銀之價甚賤。至東封西祀,天書降,天神現,而侈費寖廣,公卿士大夫是則是效,而金銀之價亦從而增"。⑤ 洪邁也批評真宗時東封西祀、胡作非爲,"一時邪諛之臣,唱爲瑞應祺祥",表彰"孫宣公奭獨上疏争救"之壯舉。⑥ 馬端臨撰《文獻通考》引《三朝符瑞志》,稱:"天禧以前草木之瑞,史不絕書,而芝草尤多,然多出於大中祥符以後。東封西祀之時,王欽若、丁謂之徒,以此導諛,且動以萬本計,則何足瑞哉。"⑦朱熹一針見血地指出:"真宗東封西祀,糜費巨萬計,不曾做得一事。"⑧顯然,太宗、真宗與神對話、交接,開啓了宋代帝王裝神弄鬼一途,以僞造天書、東封西祀、與神對話等手法,以證明自己"代天行道",來解決統治合法性或政治危機等問題,明顯地偏離了正確的應有的施政軌道。儘管隨著大中祥符三年

---

① 李燾:《續資治通鑒長編》卷92真宗天禧二年九月壬申,第2125頁。
② 兩年後,乾興元年正月戊午,真宗去世,享年55歲。
③ 李燾:《續資治通鑒長編》卷94真宗天禧三年十一月甲戌,第2172頁。
④ 司馬光:《涑水記聞》卷5,第103頁。
⑤ 王栐:《燕翼詒謀錄》卷2,中華書局,1981年,第14頁。
⑥ 洪邁:《容齋三筆》卷7《孫宣公諫封襌等》,上海古籍出版社,1978年,第493頁。司馬光《涑水記聞》卷6亦載相似内容(第113頁)。
⑦ 馬端臨:《文獻通考》卷299《物異考五》,中華書局,2011年,第8163頁。
⑧ 黎靖德:《朱子語類》卷127《本朝一》,中華書局,1986年,第3044頁。

真宗後宫再次産子，這場統治危機終於獲得解決，但給宋政府帶來政治上的惡劣影響和經濟上的沉重負擔，導致財政失衡、天怒人怨、民心盡失，最終促成了北宋走向積貧積弱的局面。歷史已經把真宗釘在了恥辱柱上，成爲警醒人們的反面教員。當然，真宗東封西祀還涉及建造京師道教兩宫問題，才能更加深入探討宋政府是如何揮霍民財，使國家深陷於政治、經濟危機之中的。不過，這個問題自當另加研討了。

南宋大禮鹵簿制度及其實踐

復旦大學文史研究院　朱　溢

在中國古代，車輿並不衹是作爲交通工具而存在，裝飾精美的車具、爲數衆多的扈從是統治者向外界宣示權威的重要工具。到了帝制時代，"車駕"一詞更是成爲皇帝的代稱。劉增貴明確指出："自封建制度崩潰以後，象徵身份地位的器物如鼎彝等逐漸退出歷史舞臺，而車服、宫室、印綬等取得了新的地位，尤其車服最爲重要，後漢以下史書中《輿服志》的出現説明了這點。"① 在皇帝車駕制度演變過程中，最具意義的便是鹵簿的形成。

所謂"鹵簿"，"按字書，鹵，大楯也，字亦作樐，又作櫓，音義皆同。鹵以甲爲之，所以扞敵。……甲楯有先後，部伍之次，皆著之簿籍。天子出入則案次導從，故謂之鹵簿耳"。② 從現存史料看，"鹵簿"一詞最早見於東漢，在蔡邕的《獨斷》和應劭的《漢官儀》中都有"天子出，車駕次第，謂之鹵簿，有大駕，有小駕，有法駕"的表述。③ 從蔡邕在介紹大駕時所説的"在長安時出祠天於甘泉備之，百官有其儀注，名曰甘泉鹵簿"不難推測，"鹵簿"一詞至少在西漢就已經出現。④ 雖然日後鹵簿並非僅在天子出行時使用，⑤ 但是天子鹵簿在整個鹵簿制度中無疑佔據了核心位置。

在天子鹵簿的研究中，田丸祥干用力較勤，對東漢魏晉南北朝的三駕鹵簿有系統探

---

① 劉增貴：《漢隋之間的車駕制度》，《中研院史語所集刊》第63本第2分，1993年，第372頁。
② 封演撰，趙貞信校注：《封氏聞見記校注》卷5，中華書局，2005年，第38頁。
③ 蔡邕：《獨斷》卷下，《景印文淵閣四庫全書》第850册，臺灣商務印書館，1983年，第91頁；應劭：《漢官儀》卷下，收入孫星衍輯：《漢官六種》，中華書局，1990年，第184頁。
④ 《獨斷》卷下，第91頁。
⑤ 東漢有鹵簿在天子、皇太后喪葬禮儀中護送靈柩去陵墓安葬的制度和事例，見《後漢書》卷10下《匽皇后紀》，中華書局，1965年，第442頁；《續漢書·禮儀志下》，收入《後漢書》，第3145頁。魏晉以降，臣下也逐漸獲得了使用鹵簿的資格。到了唐代，更是有《鹵簿令》對臣下在婚喪禮儀中的鹵簿規格作了規定："應給鹵簿者，職事四品以上、散官二品以上、爵郡王以上及二王后，依品給。國公准三品給。官、爵兩應給者，從高給。若京官職事五品，身婚葬，並尚公主、娶縣主，及職事官三品以上，有公爵者嫡子婚，並准四品給。"見仁井田陞：《唐令拾遺》，東方文化學院東京研究所，1933年，第520頁。

討。① 黄楨著重考察了中古時代天子鹵簿中的五輅，其研究表明，天子五輅從經典進入現實的時間是在劉宋而非西晉，《晉書·輿服志》對此的記載並不可靠，帶有唐人對西晉車制的想像。② 宋代天子鹵簿的研究主要圍繞中國國家博物館所藏的《大駕鹵簿圖書》而展開：陳鵬程對這幅過去被認爲是元代延祐所繪的鹵簿圖作了考辨，其結論是此圖爲北宋皇祐五年（1053）鹵簿圖，延祐年間曾巽申對此進行處理後進獻給元廷；③ 伊佩霞（Patricia B. Ebrey）以《大駕鹵簿圖書》爲主，結合《東京夢華録》等文獻記載對天子鹵簿的描述，探討了開封的視覺文化。④ 上述論文對中國古代鹵簿制度的研究推動甚多，不過考慮到這些成果多是專注於制度層面的分析、鹵簿行列的排比，較少涉及實際使用中的問題，而宋代史料較多，正好可以對此進行探討，同時也可對過去在宋代鹵簿的研究中未曾論述的一些問題有所考察。

一、大禮與鹵簿

在帝制時代，鹵簿雖非祭祀禮儀的内在組成部分，却與其有密切關係。對於活動空間主要限於宫城之内的皇帝來説，主持那些重要的祭祀禮儀，是其爲數不多的外出機會，在宫城和祭祀地點往返時，鹵簿不但提供必要的護衛力量，而且具有向民衆展示皇權的功用。在蔡邕的《獨斷》中，就提到了西漢武帝在甘泉祀天所用的大駕"公卿奉引，大將軍參乘，太僕御屬車八十一乘，備千乘萬騎"，東漢南郊祀天所用的法駕"公卿不在鹵簿中，唯河南尹、執金吾、洛陽令奉引，侍中參乘，奉車郎御屬車三十六乘，北郊、明堂則省諸副車"，祭祀宗廟所用的小駕"太僕奉駕，上鹵簿于尚書中，中常侍、侍御史、主者郎、令吏皆執注，以督整諸軍車騎"。⑤ 魏晉以降，鹵簿的規模不斷擴充。在唐代，皇帝南郊親祭的大駕鹵簿已經有大約 15 000 人的規模。⑥ 到了宋仁宗統治時期，大駕鹵簿

---

① 田丸祥干：《漢代における三駕鹵簿の形成》，《國學院大學大學院紀要·文學研究科》第 43 号，2011 年，第 171—198 頁；《魏晉南朝の禮制と三駕鹵簿》，《古代文化》第 64 卷第 3 期，2012 年，第 418—435 頁；《北朝の禮制と三駕鹵簿》，《國史學》第 216 号，2015 年，第 59—78 頁。
② 黄楨：《中古天子五輅的想像與真實——兼論〈晉書·輿服志〉車制部分的史料構成》，《文史》2014 年第 4 期，第 55—73 頁。
③ 陳鵬程：《舊題〈大駕鹵簿圖書·中道〉研究——"延祐鹵簿"年代考》，《故宫博物院院刊》1996 年第 2 期，第 76—85 頁。
④ Patricia B. Ebrey, "Taking Out the Grand Carriage: Imperial Spectacle and the Visual Culture of Northern Song Kaifeng," *Asia Major*, 12.1 (1999), pp. 33–65.
⑤ 《獨斷》卷下，第 91 頁。
⑥ 馬冬：《唐代大駕鹵簿服飾研究》，《文史》2009 年第 2 期，第 111 頁。

更是達到了 20 061 人。① 皇祐二年(1050)以後,用於明堂親享的法駕鹵簿人數爲 11 088。②

唐宋時期鹵簿制度的進展,不僅表現爲規模的增長,在皇帝親祭中的地位也愈發凸顯。我們先來看皇帝祭祀的變化。南郊親祭在唐朝完全成爲整個國家祭祀禮儀的中心,最具標志意義的事件便是天寶年間"三大禮"的形成。所謂"三大禮",是指皇帝連續三天分别前往太清宫、太廟和南郊,祭祀李唐皇室追認的遠祖老子、李唐皇帝的真實祖先和昊天上帝。隨著大中祥符九年(1016)供奉趙宋皇室追認的遠祖黄帝的景靈宫的落成,從天禧三年(1019)開始,北宋也有了景靈宫、太廟和南郊"三大禮"。《宋史·禮志》:"故事,三歲一親郊,不郊輒代以他禮。"③"他禮"包括泰山封禪、汾陰祀後土、亳州太清宫祭祀、明堂親享、宗廟大祫等形式,皇祐二年(1050)以後在不舉行南郊親祭的時候主要是用明堂親享代替,在明堂親享的前兩天仍然有景靈宫、太廟的親祭。

"三大禮"的形成極大地增强了皇帝祭祀的表現力度,鹵簿在其中發揮的作用也很關鍵。對於生活在京城内的普通民衆而言,在無法親眼目睹祭祀過程的情況下,鹵簿成爲他們感受大禮氣氛最直接的方式。根據《東京夢華録》的記載,在大禮儀式的兩個月前,官府就要在開封的主幹道舉行鹵簿的排練,"諸戚里宗室貴族之家,勾呼就私第觀看,贈之銀彩無虚日。御街遊人嬉集,觀者如織,賣撲土木粉捏小象兒並紙畫,看人攜歸,以爲獻遺"。④ 皇帝完成南郊親祭後,"入南薰門,御路數十里之間,起居幕次,貴家看棚,華彩鱗砌,略無空閒去處"。⑤ 北宋皇帝在非郊廟大禮的場合外出時,就有"士庶觀者率隨員從之人夾道馳走,喧呼不禁。所過有旗亭市樓,垂簾外蔽,士民憑高下瞰,了無忌憚,邏司街使,恬不呵止。威令弛闕,玩習以爲常"的現象,⑥ 在大禮前後,氣氛變得更爲熱烈。宋英宗與龍圖閣直學士吕公著有過一番意味深長的對話。宋英宗問:"今之郊何如?"吕公著回答:"古之郊也貴誠而尚質,今之郊也盛儀衛而已。"⑦這一看法或許略顯極端,却也稱得上犀利。

在宋代,與鹵簿圖繪有關的記載不少,這反映了鹵簿制度受重視的程度。鹵簿圖在

---

① 《宋史》卷 145《儀衛志三》,中華書局,1977 年,第 3401 頁。
② 《宋史》卷 145《儀衛志三》,第 3404 頁。
③ 《宋史》卷 98《禮志一》,第 2423 頁。
④ 孟元老撰,鄧之誠注:《東京夢華録注》卷 10《大禮預教車象》,中華書局,1982 年,第 235 頁。
⑤ 《東京夢華録注》卷 10《郊畢駕回》,第 246 頁。
⑥ 徐松輯:《宋會要輯稿》輿服 1 之 14 至 15,上海古籍出版社,2014 年,第 2175 頁。
⑦ 李燾:《續資治通鑑長編》卷 206 治平二年十一月壬申條,中華書局,1979 年,第 5007 頁。

漢、晉、齊、陳、唐幾朝都有繪製，①但是在修撰頻度上均不及宋代。在至道二年（996）的南郊親祭前，宋太宗"顧左右，瞻具車駕，自廟出郊，仗衛周列，千官奉引，旌旗車輅，相望無際，郊祀之盛儀，京邑之壯觀，因詔有司畫圖以獻。凡爲三幅，外幅列儀衛，中幅車輅及導駕官人物，皆長寸餘，又圖畫圜壇、祭器、樂架、警場。青城別爲圖，以紀一時之盛"。② 天聖六年（1028），翰林學士宋綬奏上《天聖鹵簿記》十卷，③寶元元年（1038），宋綬在對前者進行增飾的基礎上，又奏上《景祐南郊鹵簿圖記》十卷。④ 根據記載，宋仁宗統治時期的《鹵簿圖記》，"凡儀衛之物，既圖繪其形，又稽其製作之所自而敘於後，一代之威容文物，備載於此矣"。⑤ 宋綬的兩種《鹵簿圖記》均已佚失，但其內容在中國國家博物館所藏的《大駕鹵簿圖書》中多有引用。北宋末年對鹵簿制度又有不少調整，於是兵部尚書蔣猷以"陛下頃以治定制禮，如鹵簿儀制，革而新之者多矣"爲由，"乞命有司取舊《圖記》，考今之所革者，依仿舊體，別爲一書"，⑥其成果便是宣和元年（1119）完成的《宣和重修鹵簿圖記》："凡人物器服，盡從古制，飾以丹采，三十有三卷，目錄二卷。"⑦中國國家博物館所藏的《大駕鹵簿圖書》是目前唯一能看到的宋代鹵簿圖，雖然在史書中沒有對應的記載，但是研究者根據車制的變化認定此圖反映的是皇祐五年（1053）的鹵簿制度。

除了上述圖記外，在北宋還有鹵簿字圖。字圖起源於何時，已經無法確知，但是至少在五代就已經出現，北宋初年的《南郊行禮圖》就參考了後唐天成年間所修的《南郊鹵簿字圖》。⑧ 對於鹵簿字圖的樣態，梅原郁和伊佩霞都有討論：前者在分析宋代的鹵簿時，認爲明代《三才圖繪》所收的《國朝鹵簿圖》就是鹵簿字圖。⑨ 後者猜測，鹵簿字圖當與《武經總要》中的圖示相似。⑩ 兩相比較，梅原鬱的看法比較站得住腳。在北宋，除了南郊鹵簿字圖，還有明堂鹵簿字圖。皇祐二年（1050），宋仁宗舉行北宋歷史上第一次明堂親享，因爲此前沒有法駕鹵簿字圖，所以由兵部和禮官共同詳定法駕鹵簿，並且奏

---

① 高似孫：《緯略》卷2《鹵簿》，《全宋筆記》第6編第5册，大象出版社，2013年，第166頁。
② 王應麟：《玉海》卷93《至道南郊圖》，江蘇古籍出版社、上海書店，1987年，第1773頁。
③ 《續資治通鑒長編》卷106天聖六年十一月癸卯條，第2484頁。
④ 《續資治通鑒長編》卷122寶元元年十一月乙巳條，第2885頁。
⑤ 楊仲良：《續資治通鑒長編紀事本末》卷134《禮制局》，北京圖書館出版社，2003年，第4213—4214頁。
⑥ 《宋會要輯稿》興服2之1，第2193頁。
⑦ 《玉海》卷80《宣和重修鹵簿圖記》，第1482頁。
⑧ 《續資治通鑒長編》卷4乾德元年十一月甲子條，第108頁。
⑨ 梅原郁：《皇帝・祭祀・國都》，收入中村賢二郎編：《歷史のなかの都市：続都市の社會史》，ミネルヴァ書房，1986年，第299—300頁。
⑩ Patricia B. Ebrey, "Taking Out the Grand Carriage: Imperial Spectacle and the Visual Culture of Northern Song Kaifeng," p. 59.

上所定的字圖。① 字圖平時由兵部保管,②等到舉行大禮時,通常由兵部主管出任的鹵簿使"掌定字圖排列"。③

二、南宋大禮鹵簿的重建

　　南宋政權建立後,著力恢復各項禮儀活動,如建炎二年(1128)冬至宋高宗在揚州駐蹕時就舉行了南郊祭天禮儀,但也面臨很多困難,其中一項便是汴梁淪陷及其後一系列軍事失利造成的禮器損失。根據《宣和録》的記載,金軍攻破汴梁後,"節次取皇帝南郊法駕之屬",還脅迫宋帝下旨交出衆多器物書籍,包括五輅副輅鹵簿儀仗、皇后以下車輅鹵簿儀仗、皇太后諸王以下車輅鹵簿儀仗、百官車輅儀仗,還有不少禮器、禮圖。④《建炎以來系年要録》的注文説:"國家靖康之禍,乃二晉之所未有。中國衣冠禮樂之地,宗廟、陵寢、郊社之所,盡棄之敵,禮器樂器、犧尊彝鼎、馬輅册冕、鹵簿儀仗之物,盡入於敵。"⑤金軍南下後,一些新造的禮器也損失殆盡,"昨建炎二年郊祀大禮,其所用祭器,並系于東京般取到新成禮器。紹興元年明堂大禮所用祭器,爲新成禮器。渡江盡皆散失"。⑥ 紹興元年(1131),禮部尚書秦檜認爲郊祀親祭不具備可操作性,祇能改行明堂親享,理由便是"今鹵簿、儀仗、祭器、法物散失殆盡,不可悉行"。⑦

　　南宋的大駕鹵簿建立於紹興十三年(1143)。從紹興元年至紹興十年,雖然宋高宗多次改換駐蹕之地,但都没有舉行南郊親祭,而是用明堂親享來代替,從而實踐"三年一大禮"的制度。紹興十二年宋金和議達成之後,南宋迎來了相對和平的外部環境,開始從戰時體制轉軌至正常體制,在禮制上的表現便是該年年底宋高宗預定在次年冬至舉行南郊親祭。⑧ 作爲恢復南郊親祭的必要舉措,鹵簿制度因此得以重建。次年二月,朝廷内經過多次商議,特别是考慮到南郊青城規模有限、大量車服尚未製造,最終確定大駕鹵簿"依國初鹵簿人數",即11 222人。⑨ 11 222人是建隆四年(963)宋太祖南郊親祭

---

① 《續資治通鑒長編》卷169皇祐二年八月己巳條,第4058頁。
② 《宋會要輯稿》職官14之1,第3395頁。
③ 歐陽修等:《太常因革禮》卷27《鹵簿上》,《續修四庫全書》第821册,上海古籍出版社,1997年,第452頁。
④ 徐夢莘:《三朝北盟會編》卷77,上海古籍出版社,1987年,第584頁。
⑤ 李心傳:《建炎以來系年要録》卷148紹興十三年二月乙酉條,中華書局,1956年,第2383頁。
⑥ 徐松輯:《中興禮書》卷59《明堂祭器》,《續修四庫全書》第822册,上海古籍出版社,2002年,第243頁。
⑦ 《建炎以來系年要録》卷42紹興元年二月戊寅條,第755頁。
⑧ 《中興禮書》卷2《郊祀議禮》,第19頁。
⑨ 《中興禮書》卷18《郊祀大駕鹵簿一》,第79頁。

所用的鹵簿人數。① 紹興十六年,隨著捧日、奉宸隊的加入,大駕鹵簿擴大爲 15 050 人,②達到了南宋大駕鹵簿規模的頂峰。與北宋大部分時間內大駕鹵簿動輒超過兩萬人相比,南宋鹵簿的規模偏小,這裏既有鹵簿之中若干模組的棄用,也有獲得保留的模組中人員、器物數量的壓縮。北宋大駕鹵簿必備的前部黄麾仗没有出現在紹興大駕鹵簿中,缺席的還有指南車、記里鼓車、白鷺車、鸞旗車、崇德車、皮軒車、相風烏輿、行漏輿。③在保留下來的模組中減少人員、器物數量的現象,這裏只舉一例:北宋初年的朱雀旗隊中有引旗者2人、執旗者1人、夾旗者2人、執弩者4人、執弓箭者16人,④政和大駕鹵簿的朱雀旗隊中有引隊金吾折衝都尉1人、執𦥑稍者2人、執朱雀旗者1人、引旗者2人、夾旗者2人、執弩者4人、執弓矢者16人、執稍者20人、押隊左右金吾果毅都尉2人,⑤而紹興大駕鹵簿的朱雀旗隊中衹有引隊1人、執朱雀旗者1人、執𦥑稍者2人、押隊1人。⑥

在紹興十三年(1143)鹵簿制度的重建過程中,除了縮小其規模外,還對材質進行了改動。《建炎以來繫年要録》對此有簡略的記載:"鹵簿應有用文繡者,皆以纈代之。"⑦《宋會要輯稿》則爲我們提供了極其豐富的細節:"內舊用錦襖子者以纈繒代,用銅革帶者以勒帛代。而指揮使、都頭仍舊用錦帽子、錦臂袖者,以方勝練鵲羅代;用綎者以紬代。禁衛班直服色,用錦繡、金銀、真珠、北珠者七百八十人,以頭帽、銀帶、纈羅衫代。旗物用繡者,以錯采代;車路院香鐙案、衣褥、睥睨、御輦院華蓋、曲蓋及仗內幢角等袋用繡者,以生色代。殿前司仗內金槍、銀槍、旗幹,易以添飾;而拂扇、坐褥以珠飾者去之。"⑧

在宋孝宗統治時期,鹵簿制度又有調整。宋孝宗於隆興二年(1164)正月一日宣佈,將在該年冬至舉行其即位後的第一次南郊親祭,並且聲稱:"除事神儀物、諸軍賞給依舊制外,其乘輿服御及中外支費並從省約。"次月,禮部侍郎兼權兵部侍郎黄中提出,在五輅之中,除了玉輅的確是用來讓皇帝乘坐外,"金、象、革、木四輅,不過爲一時觀美,非其

---

① 《宋史》卷145《儀衛志三》,第3400頁。
② 《宋會要輯稿》興服1之23,第2182頁。
③ 指南車、記里鼓車、白鷺車、鸞旗車、崇德車、皮軒車、相風烏輿、行漏輿的形制,在《大駕鹵簿圖書》均有呈現。
④ 《宋史》卷145《儀衛志三》,第3409頁。
⑤ 《宋會要輯稿》興服2之6,第2196頁。
⑥ 《宋會要輯稿》興服1之24,第2182頁。
⑦ 《建炎以來繫年要録》卷150紹興十三年十一月戊午條,第2415頁。
⑧ 《宋會要輯稿》興服1之23,第2181頁。

所乘",因而主張"止用玉輅,其餘四輅權不以從",宋孝宗對此表示支持。同月,兵部在此基礎上建議,除了玉輅、平輦、逍遙輦的儀衛人數仍然如舊外,其餘儀衛人數均作大幅度裁減,這一方案得到了宋孝宗的認可。① 於是,南郊大駕鹵簿的規模縮減至 6 889 人。乾道六年(1170),臣僚出於"唯務減省,使禮文斯缺,則非所以重陟配而全事體"的考慮,奏請重新使用四輅、大安輦,並且得到了孝宗的認可。② 雖有乾道六年的微調,此後的鹵簿人數與隆興二年相比並未發生變化:"乾道六年之郊,雖仍備五輅、大安輦、六象,而人數則如舊焉。自後,終宋之世,雖微有因革,大抵皆如乾道六年之制"。③

在南宋,用於皇帝明堂親享的法駕鹵簿規模是大駕鹵簿的三分之二。在北宋的《禮令》中,就有"法駕之數減大駕三分之一"的規定,④皇祐二年(1050)以後的明堂親享均遵守了這一準則。到了南宋,除了建國初期因爲政局不穩,明堂親享採用祇有 1 200 餘人的"常日儀衛"外,其他時候法駕鹵簿人數都是大駕鹵簿的三分之二。紹興三十一年(1161)的法駕鹵簿,就是在紹興二十八年大駕鹵簿的基礎上減去三分之一,爲 10 140 人。隆興二年(1164)大駕鹵簿減半後,法駕鹵簿也作了相應的調整。

三、南宋大禮鹵簿的實踐

南宋鹵簿的人員規模、器物材質之所以不如北宋,主要原因是持續受到金軍軍事壓力的南宋朝廷對此採取謹慎、節儉的態度,不過我們也能看到臨安的城市空間對鹵簿實踐的限制。臨安御街的某些地段已經進行了考古發掘,考古工作者推測,和寧門至朝天門段、朝天門至觀橋段的寬度在十米開外,觀橋至景靈宮段更窄。⑤ 這與唐朝、北宋的情況有很大不同。根據考古實測的結果,長安的主幹道承天門街的寬度在 150 至 155 米之間。⑥ 東京御街沿途已有不少遺址得到了勘探,⑦但是御街的寬度由於現今開封中山路兩側建築所壓而未能明。⑧ 在文獻記載中,東京的御街寬約二百步。⑨

在南宋臨安,御街的規模對車輅、鹵簿的使用造成了很大影響。《建炎以來系年要

---

① 《中興禮書》卷20《郊祀大駕鹵簿三》,第92—93頁。
② 《中興禮書》卷20《郊祀大駕鹵簿三》,第99頁。
③ 《宋史》卷145《儀衛志三》,第3408頁。
④ 《宋會要輯稿》禮24之16,第1147頁。
⑤ 杭州市文物考古所:《南宋御街遺址》,科學出版社,2013年,上册,第254—256頁。
⑥ 中國科學院考古研究所西安唐城發掘隊:《唐代長安城考古紀略》,《考古》1963年第11期,第600頁。
⑦ 丘剛:《北宋東京城御街遺址探析》,《中州學刊》1999年第6期,第155—157頁。
⑧ 劉春迎:《北宋東京城研究》,科學出版社,2004年,第284頁。
⑨ 《東京夢華錄注》卷2《御街》,第51頁。

錄》對此有所記載:"禮官以行在御街狹,故自宮徂廟不乘輅,權以輦代之。"①《中興禮書》對此事有更加詳實的記錄,紹興十三年三月,禮部侍郎王賞上奏:

> 將來郊祀大禮,前二日朝獻景靈宮,前一日朝饗太廟,依禮例,合排設鹵簿、儀仗、車輅。緣今來行在街道與在京事體不同,所有將來車駕詣景靈宮、太廟,欲乞權依在京四孟朝獻禮例,服履袍,乘輦赴逐處。行事日,服袞冕行禮,俟太廟行禮畢,依自來大禮例,排設鹵簿、儀仗,皇帝服通天冠、絳紗袍,乘玉輅詣青城齋宮。②

高宗對這一方案予以認可。同年閏四月,禮部、太常寺又對玉輅的經行路綫進行了規劃:"將來車駕詣太廟行禮畢,依儀,皇帝自太廟欞星門外乘玉輅,入行宮北門,由大内出行宮南門,依先降指揮,經由利涉門至青城齋殿門外降輅。"③紹興十三年製造的玉輅軸長爲十五尺三寸,④也就是接近五米的樣子。因爲御街狹窄,皇帝乘坐玉輅的路段僅限於太廟至南郊間,從宮城赴景靈宮行朝獻之禮,從景靈宮到太廟行朝享之禮,都是乘輦前往。這一做法後來一直延續:"故事,祀前二日詣景靈宮,皆備大駕儀仗、乘輅。中興後,以行都與東都不同,前二日止乘輦,次日自太廟詣青城,始登輅,設鹵簿。自紹興十三年始也。"⑤

即便使用玉輅、鹵簿的地段僅限於太廟至南郊,爲了確保玉輅、鹵簿能夠順利通過經行路綫,還是需要拆除沿途兩邊的建築以拓寬路面。兵部爲此於紹興十三年(1143)閏四月上奏:"將來郊祀,皇城南門外至利涉門經由道路,欲依太廟已拆街道丈尺,曉示官私去拆,送部同殿前司、禁衛所、臨安府相度,申尚書省。"⑥從兵部的奏請可知,太廟附近的御道兩旁此前已經進行了拆除工作。宮城南門後來稱爲麗正門,利涉門更名爲嘉會門,其間的路段不算御街的一部分,但是因爲皇帝南郊親祭時經行此地,所以仍然面臨拓寬的問題。在這種情況下,兵部要求相關部門商討此事。經過高宗批准,此事"下兵部、殿前司、主管禁衛所、車輅院,看詳有無妨礙去處"。⑦

---

① 《建炎以來系年要録》卷150紹興十三年十一月庚申條,第2415頁。
② 《中興禮書》卷19《郊祀大駕鹵簿二》,第87頁。
③ 《中興禮書》卷19《郊祀大駕鹵簿二》,第89頁。
④ 《宋史》卷149《輿服志一》,第3484頁。
⑤ 《宋史》卷145《儀衛志三》,第3408頁。
⑥ 《中興禮書》卷19《郊祀大駕鹵簿二》,第89頁。
⑦ 《中興禮書》卷19《郊祀大駕鹵簿二》,第89頁。

在紹興十三年(1143)的南郊親祭中,鼓吹的引導形式也受到了御街規模的制約。該年八月,禮部、太常寺上奏:"將來郊祀大禮,車駕前後部並六引,合用鼓吹。令、丞已下至執色人,共八百八十四人,並指教使人一名,前後擺拽導引,作樂應奉。依在京例,併合騎導。竊恐今來經由道路窄狹,擺拽擁遏,難以騎導。今相度,欲乞止令步導。"高宗對此表示同意,鼓吹由騎導改爲步導。①

紹興十三年(1143)以後,我們依然可以通過臣僚的奏請,看到禮儀隊伍所經道路的狹窄對車輅、鹵簿使用的影響。紹興二十二年十月,幹辦車輅院張公立向朝廷反映,車輅院曾經設在太廟以北,高宗南郊親祭前兩天去景靈宮朝獻時,車輅院將五輅排設於太廟幕屋,待高宗完成太廟朝享後,即可坐上玉輅奔赴圜丘。後來,車輅院遷移至利涉門外的冷水塢口,"若依例,前二日駕馭五輅,守利涉門,入麗正門,經由大内,於幕屋排設。竊緣街道窄隘,轉彎掉圓,遲慢緩急,有礙駕路",因此建議在南郊親祭前三天將五輅排設在太廟幕屋,最終得到了朝廷的認可。②紹興二十八年八月,臨安府在申奏時提到:"排辦郊祀大禮五輅、大象,舊例經由内中往詣青城,所有和寧門裏至麗正門内一帶妨礙屋宇,合權去拆,及填迭渠海,鋪築道路。"③由此可見,在此之前,爲了使車輅、鹵簿順利通過,宫城内的屋宇若有妨礙,也不得不進行拆除。

即便是在鹵簿的使用上作了如此改動,當皇帝爲大禮而外出時,臨安的街道仍然十分擁擠。跟隨使節出訪金朝的周煇,如此比較汴梁與臨安的街道寬窄及其帶來的鹵簿與民衆距離的差異:"煇幼見故老言,京師街衢闊辟,東西人家有至老不相往來者。迨煇出疆,目睹爲信。且言每值駕出,甲馬擁塞馳道,都人僅能于御蓋下望一點赭袍。在紹聖間,約攔尤更嚴肅,幾不容士庶觀覘。第歲暮春上池親御鞍馬,則禁衛稍寬繁密,不若今日近瞻法駕不違於咫尺也。"④

在南宋,我們不但可以看到玉輅的使用多受街道條件的限制,而且它的性能也有問題。我們來看洪适在其自傳中講述的一則故事:

> 既尋盟,首爲賀生辰使,上謂副介龍大淵曰:"前日洪某侍玉輅上,見其容貌甚悴,豈有聲色之奉邪?方欲大用之,可往諭朕意,令其自愛。"某答之曰:"家素無侍

---

① 《中興禮書》卷19《郊祀大駕鹵簿二》,第90頁。
② 同上,第91—92頁。
③ 《中興禮書》卷19《郊祀大駕鹵簿二》,第92頁。
④ 周煇:《清波别志》卷下,《全宋筆記》第5編第9册,大象出版社,2012年,第173頁。

妾,近以法服執綏車輅,撼頓失其常度。只尺天威,有戰慄之色,所以顏狀如是。"①

根據史料記載,洪适、龍大淵是在隆興二年(1164)十二月被任命爲賀生辰使、副。② 正如前文所說,宋孝宗在隆興二年冬至舉行過南郊親祭。因此,雖然引文沒有提供這則故事的具體時間,不難確認發生的時間是隆興二年的年末。洪适所說的"執綏車輅",是指陪同皇帝乘坐玉輅。《夢粱錄》對玉輅上的人員配置狀況有詳實記載:"正座在玉輅上,左右各一內侍,名'御藥',冠服執笏侍立。左首欄檻邊,一從侍中書宦者,曲身冠服,旁立於欄,以紅絲絛系定,免致疎失,名爲'執綏官',以備玉音顧問。"③"執綏官"又被稱爲"備顧問官",朱熹認爲其實質是"太僕卿執御之職",祇是宋人將其"訛曰'執綏官'、'備顧問官'。然又不執綏,却立於輅側,恐其傾跌,以物維之"。④ 根據洪适的自述,宋孝宗在玉輅上看到他面容憔悴,誤以爲他是縱情聲色,其實祇是洪适因爲玉輅的晃動而感到不適。

玉輅不穩的問題並非僅在洪适筆下有反映,周必大的《玉堂雜記》提供了更多的資訊:

> 大禮,上乘玉輅,率命翰林學士執綏備顧問。近歲多闕正員,臨時選差他官,與五使同降旨。淳熙丙申南郊、己亥明堂,必大再爲之。按京師用唐顯慶輅,嘗以登封,其安固可知。元豐改造,已不能及。今乃紹興癸亥歲所制,上自太廟,服通天冠、絳紗袍,乘輦至輅,後由木陛以登,惟留御藥二宫者侍立,執綏官先從旁用小梯攀緣而上,衛士以彩繩圍腰,系以箱柱,輅行頗搖兀,宸躬亦覺危坐云。⑤

"紹興癸亥"即紹興十三年(1143),"淳熙丙申"、"淳熙己亥"分別是淳熙三年(1176)、淳熙六年。南宋的玉輅製成於紹興十二年,⑥周必大雖然兩次充任執綏官,他對玉輅歷

---

① 洪适:《盤洲集》卷33《盤洲老人小傳》,《景印文淵閣四庫全書》第1158册,臺灣商務印書館,1983年,第471頁。
② 劉時舉撰,王瑞來校注:《續宋中興編年資治通鑒》卷8隆興二年十二月條,中華書局,2014年,第184頁。
③ 吴自牧:《夢粱錄》卷5《駕回太廟宿奉神主出室》,收入《東京夢華録・外四種》,古典文學出版社,1956年,第171頁。
④ 《朱子語類》卷128《法制》,中華書局,1986年,第3067頁。
⑤ 周必大:《文忠集》卷174《玉堂雜記上》,《景印文淵閣四庫全書》第1149册,臺灣商務印書館,1983年,第6頁。
⑥ 《建炎以來系年要錄》卷146紹興十二年九月戊申條,第2356頁。

史的掌握也不是完全準確。不過,在其他方面,他的記載尚屬可靠。正如周必大所説,北宋長期以"顯慶輅"爲玉輅。宋仁宗、宋神宗統治時期朝有過自製玉輅的舉措,①最後都未能取代顯慶輅。孫機認爲,原因在於統治者看重玉輅的排場和裝飾,導致車體愈發笨重,結構均衡性被破壞。在談到南宋的玉輅時,他用《宋史·輿服志》《西湖老人繁勝録》的記載指出其需用人力推、壓,還要用鐵壓、用人牽挽。② 南宋玉輅需要用人牽挽的特點事實上也見於上文《玉堂雜記》,遼寧博物館所藏的《鹵簿玉輅圖》更是爲細緻觀察南宋玉輅提供了可能,從中亦可看到人力推動、牽拉玉輅的細節。雖然不像北宋玉輅那樣用馬拉動,但是笨重程度絲毫不輸。在這種情況,玉輅很不安穩,連坐在上面的皇帝都感覺危險,也就不難理解了。

四、結　語

鹵簿在宋代皇帝的"三年一大禮"中扮演著極其重要的角色。與北宋一樣,在南宋,統治者對鹵簿也是頗爲看重,在紹興十二年(1142)與金朝達成和議後不久,就開始重建鹵簿制度。不過,我們也看到了在鹵簿制度的制定和執行過程中遇到的種種制約因素。首先,南宋始終面臨來自金朝的軍事壓力,即便在紹興十二年後,這種壓力也從未消失,在這種情況下,統治者在宫室、輿服的花費上都比較節制,宋高宗是這樣,宋孝宗更是如此。正是因爲這樣,南宋大禮鹵簿的規模遠不及北宋。其次,南宋大禮鹵簿的使用時常受到臨安空間狀況的束縛。最突出的表現,便是臨安街道的狹窄造成玉輅無法在皇帝舉行三大禮期間全程使用,祇能在皇帝從太廟前往南郊或返回宫城親享明堂時啓用。再次,由於原有的車輅儀仗散失殆盡,南宋朝廷不得不重新製造,新造器物的品質有不足之處,特别是玉輅行進起來很不安穩。以上這些建立在對文獻記載、圖像資料基礎上的論點,爲過去研究所無,或許具有一定的價值,謬誤之處,尚祈方家指正。

---

① 《續資治通鑑長編》卷 160 慶曆七年正月辛卯條,第 3861 頁;卷 283 熙寧十年七月癸酉條,第 6939 頁;卷 319 元豐四年十一月己丑條,第 7707 頁。
② 孫機:《中國古輿服論叢》,上海古籍出版社,2013 年,第 83—84 頁。

祈福銘文中的方音字*

浙江大學古籍研究所　賈海生

先秦時代,地有九州之别,人有夷夏之分,地域、種族、文化、習俗的不同孕育了各種不同的方言,而各種方言並存的同時還有圍繞政治、經濟、文化、宗教中心自然形成的通語。一方之言皆有其不同於其他方言或通語的詞匯、詞義、語法、方音等語言現象,雖然隨著不同方言區域的交流日益頻繁或統一的政權有意識的推行通語,不同的方言時有同化、異化的現象,但根植於口耳相傳的各種方言始終都保持着各自固有的特點,展示了頑强的生命力,一直存在於日常的社會生活中。《禮記·曲禮下》云:"五方之民,言語異聲。"僅僅是對當時實際存在的方言區域作出的概括性説明,其他文獻則有略微具體的記載。《左傳·莊公二十八年》云:"子元以車六百乘伐鄭,入于桔柣之門。……衆車入自純門,及逵市。縣門不發,楚言而出。子元曰:'鄭有人焉。'"楊伯峻認爲"鄭有人焉"即"楚言而出"時用楚言所説的話,[1]聯想到隋代釋道騫還能以楚音讀《楚辭》,可知楚言不同於其他方言的特點主要在於有其獨特的方音。《文公十三年》云:"晉人患秦之用士會也……乃使魏壽餘僞以魏叛者,以誘士會。……秦伯師于河西,魏人在東。壽餘曰:'請東人之能與夫二三有司言者,吾與之先。'"根據杜注、孔疏的解釋,東人指晉人之在秦者而二三有司則指魏邑有司,可據以推知秦國與晉國之語不同。《襄公十四年》記戎子駒支之語云:"我諸戎飲食衣服不與華同,贄幣不通,言語不達,何惡之能爲?不與於會,亦無瞢焉。"此言戎、夏之語不同,顧頡剛認爲戎子駒支所言諸戎指居於秦嶺一帶的姜姓之戎。[2]《哀公十二年》云:"衛侯歸,郊夷言。子之尚幼,曰:'君必不免,其死於夷乎!執焉而又説其言,從之固矣。'"此言夷言與衛人所操之語不同,楊伯峻斷夷言即吳語。[3]《孟子·滕文公上》載孟子斥責許行是"南蠻鴃舌之人",則南蠻之語與孟

---

* 本文爲國家社科基金重點項目"中國傳統禮學文獻專題研究"(13AZD023)階段性成果。
[1] 楊伯峻:《春秋左傳注》(修訂本),中華書局,1990年,第242頁。
[2] 顧頡剛:《史林雜識》,中華書局,1963年,第46—53頁。
[3] 楊伯峻:《春秋左傳注》(修訂本),第1672頁。

子所操魯語迥然不同。《滕文公下》云:"有楚大夫於此,欲其子之齊語也,則使齊人傅諸?使楚人傅諸?"據此可知,楚語與齊語不同。《吕氏春秋·知化》云:"夫齊之與吴也,習俗不同,言語不通,我得其地不能處,得其民不能使。夫吴之與越也,接土鄰境,壤交通屬,習俗同,言語通,我得其地能處之,得其民能使之,越於我亦然。"據此又知,齊語與吴語不同而吴語與越語則有相似之處。《戰國策·秦策》云:"鄭人謂玉未理者璞,周人謂鼠未腊者朴。周人懷朴過鄭賈曰:欲買朴乎?鄭賈曰:欲之。出其朴,視之,乃鼠也,因謝不取。"據此又知,鄭語與周語有相混不别之處。《爾雅》是歷史上第一部按詞義系統分門别類編纂的訓詁詞典,大都認爲成書於戰國時代,共收 2 219 個詞條,涉及 5 239 個詞語,其中方言詞語有 211 個,遍佈七個方言區域,即秦晉方言區、周韓鄭方言區、衛宋方言區、齊魯方言區、燕朝方言區、荆楚方言區、吴越方言區;至於漢代,揚雄纂輯先代絶言、異國殊語,别創通古今雅俗的體例,撰作《方言》一書,共列 675 個條目,收録 11 900 多個古今雅俗詞語,涉及的方言區域,或以爲 14 個,或以爲 7 個,或以爲 6 個,或以爲 8 個,或以爲 12 個,與《爾雅》所示方言區域有同有異。① 正因爲自古以來就有方音的存在,限制了相互交流,須有翻譯居中以通達雙方之意,《周禮》所謂"象胥"、《國語》所謂"舌人",皆謂溝通不同方音的翻譯,可見方音的存在是不容置疑的事實。

儘管先秦至於漢代的許多文獻都或詳或略地記載了不同的方言,同時也呈現了各種方言的大致區域,但大多都是方言詞語的輯録與訓釋,至於方音的差異則少有精細的説明,原因就在於古時缺乏記録語音的工具,各種方言在語音方面的細微差别絶大多數早已消失在歷史的長河之中了。然而銅器銘文中表達同一意義而所從之聲不同的形聲字,許多都不見於後世的字書,其中有些就是依方音所造之字,明確反映了方音的特點。因此,若從方音造字的角度考察古文字,或許可以獲得更加符合歷史真相的認知,避免以古音學的某些似是而非的理論爲利器任意解釋字形字義。關於方音造字,許多學者都有過精辟的論述。許慎在《説文解字後敘》中説:"言語異聲,文字異形。"此雖是描述春秋戰國時代的語言現象,却也透露了二者有内在的邏輯關係,因爲"言語異聲",方有"文字異形"的結果,可見方音造字是歷史上不可否認的客觀事實。劉師培云:"竊疑草昧初闢,文字未繁,一字僅標以一義,一物僅表以一名。然方言既雜,殊語日滋,或義同而言異,或言一而音殊,乃各本方言,增益新名。"② 所謂"各本方言,增益新名",又表明方音造字並不限於一時而是一個不斷創造新字的歷史過程。陸志韋曾明確指出:"形聲

---

① 華學誠:《周秦漢晉方言研究史》,上海人民出版社,2014 年,第 35—104 頁。
② 劉師培:《新方言序》,《劉申叔遺書》下册,江蘇古籍出版社,1997 年,第 1241 頁。

字也是各種方言的集合成績，不單是時代的改變而已。"①虞萬里爲探究古音學中合韻的真相，以古今音爲經、古方音爲緯，以韻文爲主，以文字爲輔，將古音中的歌、支二部作爲實例，進行了一次共時與歷時、韻文與文字的綜合研究，不僅揭示了合韻的真正原因，而且展現了漢語語音的演變軌跡，同時還以《説文》爲據總結出了判斷方音造字的條例：一、有兩個或兩個以上的形聲字，它們是同一個義符，二、它們的聲符都有對轉或旁轉關係，三、它們的釋義互爲訓釋，凡俱備上述三個特徵的形聲字，大都可以斷定是依方音所造之字。② 其説始終貫穿古音中混雜方音的觀念，對研究古音及相關問題頗有啓發意義。下面就順其所示理念與方法，試以銘文中表示祈求之義的字爲例作一論述。

西周時代的許多銅器銘文，無論其内容是祭祀父祖、銘功紀賞、祈介祝嘏，還是要盟約劑、物勒工名、媵女陪嫁，在記述了主要内容之後，往往在末尾處或詳或略地明言作器的目的與功用，如：

用旂（祈）眉壽、黄耇、吉康。（師器父鼎/西周中期）

用𤕫（祈）眉壽、魯休。（畢鮮簋/西周中期）

用𤕫（祈）匄眉壽、永命。（追簋/西周中期）

用𤕫（祈）䵼眉壽。（戎生編鐘/西周晚期）

用𤕫（祈）萬壽。（虢季編鐘/西周晚期）

用𤕫（祈）匄眉壽、綽綰、永命、靈終。（善夫山鼎/西周晚期）

用𤕫（祈）純禄、永命。（乖伯歸夆簋/西周晚期）

用𤕫（祈）眉壽、綽綰、永命。（蔡姞簋/西周晚期）

用𤕫（祈）眉壽，萬年無疆，多福。（𪏻兑簋/西周晚期）

用𤕫（祈）眉壽。（伯侯父盤/西周晚期）

用旂（祈）眉壽。（伯公父簠/西周晚期）

用旃（祈）多福。（大師虘豆/西周晚期）

相互參校，上引銘文中的旂、𤕫、旃三字，意義相同，不言自明，但皆非本字，或是通假字，或是方音字。《説文》云："祈，求福也。从示斤聲。"《爾雅·釋言》云："祈，叫也。"郭注

---

① 陸志韋：《古音説略》，《陸志韋語言學著作》（一），中華書局，1985年，第185頁。
② 虞萬里：《榆枋齋學術論集》，江蘇古籍出版社，2001年，第1—47頁。

云:"祈,祭者叫呼而請事。"《説文》與《爾雅》對祈字字義的説明不同,乃是因爲各有旨趣。王筠根據蔡邕《月令問荅》《周禮·大祝》鄭注,認爲祈是祭名,本義是求福之祭,引申爲祈請之詞。① 在銅器銘文中,旂、旘、𣄴三字僅與祈字求福之祭的本義相同而非用其無所限定的祈請之義,因爲鑄刻上述銘文的銅器皆是用於祭祀典禮的禮器。祈字屢見於《周禮》而《周禮》成書於先秦時代已無疑議,《説文·示部》亦收祈字,可證祈本是先秦時代早就通行的字,然而却不見於西周時代的銅器銘文。

師器父鼎銘文中的旂字見於《説文》,本義是"旗有衆鈴以令衆也",字形結構是"从㫃斤聲"。旂字用在"用旂眉壽"之類的套語中,決非取其本義。旂與祈同从斤聲,旂字固可讀爲祈。傳世文獻雖然不見旂通祈的例證,劉心源認爲叔弓鎛、齊侯敦、齊侯壺銘文中的旂字皆通祈。② 因此,凡銘文中的"用旂眉壽"皆是"用祈眉壽"之義。

𣄴字屢見於銘文,却不見於《説文》。因此,關於其形音義,自來就有不同的説法。王筠疑《説文》中明言从艸䉱聲的蘄字本不从艸,所从之䉱亦非字,據《博古圖》《考古圖》所載銘文,斷其字當是从單从旂旂亦聲的𣄴字,所从之艸係由㫃字譌變而來,旂建於車,故其字从車,實即旂之古文,銘中借聲爲祈字。③ 羅振玉認爲,古時祈禱之事,殆起於戰争之際,故𣄴字从旂从單(戰字之省),蓋戰時祈禱於軍旅之下,會意字也。此字不但可補正許書,且可見古代祈禱之原始。④ 楊樹達釋𣄴字云:"此字乃形聲字,从㫃䉱聲,蓋旂之或體也。《説文》無䉱字,然一篇上《艸部》云:'蘄,艸也,从艸䉱聲。江夏有蘄春縣。'據此知《説文》本當有䉱,而今本無之者,或許君偶失之,或傳寫奪去也。《説文·㫃部》有旂字,从斤聲,復有此从䉱聲之字者,此猶《言部》謂或作詯,《禾部》秆或作䕸之比,形聲字或體之聲類有繁簡之殊,不足異也。頌鼎、王孫鐘之用𣄴爲祈者,以聲類相同之故,假𣄴爲祈,猶師㝬父鼎之'用旂眉壽黄耇吉康',郘公鈃鐘之'旂年眉壽',假旂爲祈也。"⑤雖然諸家對𣄴字字形的分析各不相同,但一致認爲在銘文中𣄴字通祈,則𣄴字猶如祈字本也是从斤得聲的字。

旂或𣄴字既皆从斤聲,本都是收-n 的陽聲字。《詩經·庭燎》云"夜如何其,夜鄉晨,庭燎有輝。君子至止,言觀其旂",晨、輝、旂爲韻,《采菽》云"觱沸檻泉,言采其芹。君子來朝,言觀其旂",芹、旂爲韻,《泮水》云"思樂泮水,薄采其芹。魯侯戾止,言觀其

---

① 王筠:《説文解字句讀》,中華書局,2016 年,第 4 頁。
② 劉心源:《奇觚室吉金文述》卷 3,光緒二十八年自寫刻本,第 29 葉。
③ 王筠:《説文釋例》,中華書局,1987 年,第 358—359 頁。
④ 羅振玉:《頌鼎跋》,《羅雪堂先生全集》初編(二),台灣大通書局再版,1986 年,第 426—427 頁。
⑤ 楊樹達:《積微居小學述林全編》上册,上海古籍出版社,2007 年,第 150—151 頁。

斻",芹、斻爲韻,《左傳·僖公五年》云"丙之晨,龍尾伏辰,均服振振,取虢之斻。鶉之賁賁,天策焞焞,火中成軍,虢公其奔",晨、辰、振、斻、賁、焞、軍、奔爲韻,凡此皆是不容置疑的明證,可知斻字古音收聲於-n。斻字《廣韻》渠希切讀爲陰聲,則非其本音。顧炎武云:"《説文》斻从放斤聲,徐鍇《繫傳》曰:'斤、斻近似,聲韻家所以言傍紐也。'今按斻音芹,乃正諧,非傍紐也。"① 䢋字既從斤聲而斤屬陽聲字,在銘文中又與斻字用法相同,可據以推斷䢋字本也是收-n的陽聲字。斻、䢋二字在銘文中皆通祈,祈字《廣韻》渠希切讀爲陰聲。《禮記·祭法》云:"相近於坎壇,祭寒暑也。"鄭注云:"相近當爲禳祈,聲之誤也。"所謂"聲之誤",或是以今律古之論,正反映了祈字古音讀如近。段玉裁於《説文》祈字下注云:"古音在十三部,音芹,此如斻字,古今音異。"近字《廣韻》巨靳切,芹字《廣韻》巨斤切,二字同爲一音而僅有平去之分。因顧炎武、段玉裁主張古無去聲,故言斻、祈皆讀如芹。實際上,在漢語語音的演變中,收-n的字轉爲陰聲字,本是十分普遍的現象。陸志韋在列舉了大量諧聲、韻文的例證後指出,收-n的字生陰聲的次數遠多於陰聲生收-n的字,大約是三與一之比,之所以如此,就在於失去鼻息比加上鼻息更加容易。② 因此,从斤得聲的斻、䢋、祈等字因某種原因很早就失去了收聲-n,正反映了語音演變的大勢而非偶然的現象。

 至於伯公父簠、大師虘豆銘文中的𧩜字,亦不見於《説文》,就上引銘文的文例來看,與斻、䢋二字的用法相同,可以推定在銘中當亦是表示祈求之義,至於其字形,諸家亦有不同的説法。孫詒讓釋大師虘豆銘文云:"金文多云'用祈多福'而其祈字多糟蘄爲之,又或糟斻爲之,如齊侯鎛鐘、齊侯罍、師器父鼎並云'用斻眉壽'是也。此𧩜亦即祈字,斻从放斤聲,斤、言聲近,故古从斤之字或變而從言。《説文·犬部》:'狺,犬吠聲,从犬斤聲。'《玉篇·犬部》狺與猌同,《楚辭·九辯》'猛犬猌猌而迎吠',猌即狺字也。此𧩜亦變斤爲言。"③ 郭沫若釋舀鼎銘云:"𧩜是祈字,大師虘豆'用𧩜多福'同此,乃从言斻省聲。"④ 黃德寬等分析𧩜字的字形是从言放聲,謂在金文中讀爲祈。⑤

 就《説文》而言,以放爲聲的字僅有一扩字。《説文》云:"扩,旌旗杠皃,从丨从放,放亦聲。"扩从放聲,放字徐鉉《廣韻》皆於憬切,古音屬元部影紐,放與祈在古音中聲韻遠隔,若視𧩜是从言放聲,則無緣讀爲祈字而𧩜字在銘文中又明明表示祈求之義。

---

① 顧炎武:《音學五書》,中華書局,1982年,第253頁。
② 陸志韋:《古音説略》,第210—214頁。
③ 孫詒讓:《古籀拾遺·古籀餘論》,中華書局,1989年,第34頁。
④ 郭沫若:《兩周金文辭大系圖録考釋》,《郭沫若全集》考古編第8卷,科學出版社,2002年,第213頁。
⑤ 黃德寬主編:《古文字譜系疏證》,商務印書館,2007年,第2542頁。

《説文》中的旍、旗、斾、旌、旟、斿、旞、旜、斿、斾、㫍、施、旖、旟、旓、游、旇、旄、旛皆是以㫃爲形符且無一字屬省聲的形聲字，以諸字字形觀之，銘文中的旜字當也是从㫃言聲而非旂省聲。孫詒讓對字形的分析最符合造字原則，又言旜即旂字，斤、言聲近，故可變而從言。實際上，斤、言聲韻遠隔，並不相近。

　　先論斤與言的聲紐。斤字《廣韻》舉欣切，古音屬文部見紐。言字《廣韻》語軒切，古音屬元部疑紐。《説文》分析言字的字形是"从口辛聲"，若就言字得聲的辛字而論，言字古音恐非疑紐。《説文》云："辛，辠也。从干、二。二，古文上字。凡辛之屬皆从辛。讀若愆。張林説。"辛之讀音，許慎已不能明之，采通人張林之説，謂辛讀若愆，徐鉉於是就據讀若之音施以去虔切。若辛字古讀溪紐，言从辛聲，則本亦讀溪紐而非疑紐。關於張林，《後漢書》無傳，其事迹散見於《鄭弘傳》《朱暉傳》《陳寵傳》，皆不載其籍貫，凌迪知《萬姓統譜》卷三十七張姓下雖録張林，僅敘其曾上書言縣官經用不足一事，亦不載其籍貫。梅鼎祚《西晉文紀》卷十九云："張林，常山真定人，飛燕曾孫，仕尚書令，封郡公。"漢代的真定，屬揚雄《方言》所示河間方言區。張林讀辛若愆，或是據河間方言音字，未必是通語中的讀音。因此，無論言字讀疑紐還是溪紐，都與斤字讀爲見紐不同。雖然見、溪、疑都屬牙音，依章太炎的古雙聲説，[①]視斤與言爲旁紐雙聲，畢竟還有不可忽視的差別。

　　再從古音韻部來看，斤字及從斤得聲的字古音皆在文部，辛及從辛得聲的字古音皆在元部，自江永分古韻爲十三部以來絶無疑議。若誤以爲《詩經》中有文部與元部合韻的現象，從而以爲文部之斤與元部之言音近，又進而斷旂與旜音近可通，則是亂古音分部的判斷。《詩經》中有兩首詩曾被認爲存在文部與元部合韻的現象，《秦風·小戎》云：

　　　　俴駟孔群，厹矛鋈錞。蒙伐有苑，虎韔鏤膺。交韔二弓，竹閉緄縢。

《小雅·楚茨》云：

　　　　我孔熯矣，式禮莫愆。工祝致告，徂賚孝孫。

段玉裁、江有誥認爲《小戎》的苑字、《楚茨》的孫字皆是入韻字，群、錞與苑是文部與元

---

① 龐俊、郭誠永：《國故論衡疏證》，中華書局，2008年，第146—164頁。

部合韻,燆、愻與孫是元部與文部合韻。① 然而陸志韋認爲《小戎》的苑字不入韻,《楚茨》的燆字或是古蕫字,下叶孫字,引于省吾《詩經新證》讀作"我孔謹矣"爲證。② 依陸志韋的韻讀,《詩經》中並無文部與元部合韻的現象。

再從古今音的演變來看,文部與元部從古音演變爲今音始終都有明確的界限而不相混雜。《說文》中從辛得聲的字共有三個,從古音元部演變爲今音,分佈在元韻、綫韻中,從斤得聲字共有二十二個,從古音文部演變爲今音,分佈在微韻、隊韻、之韻、欣韻、隱韻、焮韻、真韻、軫韻、震韻、元韻中。爲便於省覽與討論,列表如下:

古音	聲首	諧聲字	《廣韻》反切	《廣韻》韻部	依陸志韋音理所擬古今音
文部	斤	釿	舉欣、宜引	欣、軫	kɪən>kɪen、ŋʷɪĕn
		茞	居隱	隱	kɪən>kɪən
		靳	居焮	焮	kɪən>kɪən
		赾	丘謹	隱	k'ɪən>k'ɪən
		芹	巨斤	欣	gɪən>gɪən
		蘄	巨斤、居依、渠之	欣、微、之	gɪən>gɪən、kɪəi、gɪ(ĕ)i
		近	其謹、巨靳	隱、焮	gɪən>gɪən、gɪən
		狺	語巾	真	ŋɪĕn>ŋʷɪĕn
		䖐	語斤	欣	ŋɪən>ŋɪən
		㦤	語斤、宜引	欣、軫	ŋɪən>ŋɪən、ŋʷɪĕn
		訢	語斤、語巾	欣、真	ŋɪən>ŋɪən、ŋʷɪĕn
		听	牛謹、宜引	隱、軫	ŋɪən>ŋɪən、ŋʷɪĕn
		垠	吾靳、魚覲	焮、震	ŋɪən>ŋɪən、ŋʷɪĕn
		欣、訢、昕、忻	許斤	欣	xɪən>xɪən
		祈、旂	渠希	微	gɪən>gɪəi
		蚚	渠希、胡輩	微、隊	gɪən>gɪəi、ɣwəi
		沂	魚衣	微	ŋɪən>ŋɪəi
		掀	虛言	元	ʋɪən>ʋɪɑn

---

① 段玉裁:《說文解字注》附《六書音均表》,上海古籍出版社,1981 年,第 852、853 頁;江有誥:《音學十書》,中華書局,1993 年,第 46、66 頁。
② 陸志韋:《詩韻譜》,《陸志韋語言學著作集》(二),中華書局,1999 年,第 65、118 頁。

續 表

古音	聲首	諧聲字	《廣韻》反切	《廣韻》韻部	依陸志韋音理所擬古今音
元部	辛	言、琂	語軒	元	ŋɪɐn>ŋɪɐn
		喑	魚變	綫	ŋɪan>ŋʷɪɐn

　　釿字大徐本《説文》作"从斤、金",段玉裁訂作"从金,斤聲",此從段注本。陸志韋曾經指出:"據現代方言,《切韻》收-n 的韻系可以很粗淺的分爲兩部。真(諄)臻痕魂殷文屬於細窄元音之部,寒(桓)删山仙先元大致屬於寬弘元音之部。"①从斤得聲的字,今音讀入微韻、之韻、隊韻而變爲陰聲,皆是失去收聲-n 的結果,符合漢語的發展規律,並非例外演變。即使失去了收聲-n,主要元音並未變爲寬弘元音。掀字从斤得聲而闌入今音元韻讀虚言切,則是違背漢語演變規律的現象,不能不令人提出質疑。《説文》云:"掀,舉出也。从手欣聲。《春秋傳》曰:掀公出於淖。虚言切。"許慎引"掀公出於淖"證掀有來歷,其文見於《左傳·成公十六年》,《釋文》云:"徐許言反,云捧轂舉之則公軒起也。一曰:掀,引也,胡根反,一音虚斤反。《字林》云:舉出也,火氣也,又丘近反。"許言反與虚言切音同,可知徐鉉音掀虚言切來自《釋文》,其音出自徐邈而非訓詁音,未必不是沾溉方言的讀音,因爲掀从欣聲而欣从斤聲,虚言切與斤聲不諧,反倒是胡根反、虚斤反、丘近反皆與斤聲相諧。段注改掀字虚言切爲虚斤切,就意在表明虚言切非其本音。因此,《説文》中从斤得聲的字與从辛得聲的字,即使從古音演變爲今音,也仍有明確的界限,與現代方言呈現的情形完全相同。

　　根據上文的論述,無論是聲紐、韻部,還是古音演變爲今音的結果,斤聲與言聲都不相近,从斤得聲的祈與从言得聲的牆沒有通假的條件。因此,祇能視牆字爲據方音所造形聲字。既斷牆字是據方音所造形聲字,繼而當進一步追尋創造此字的方言區域。實際上,文獻中本有可以追蹤其方言區域的記載。《周禮·醢人》云:"豚拍。"鄭注云:"或曰豚拍,拍,肩也,今河間名豚脅,聲如鍛鎛。"漢代的河間在冀州刺史部之最東邊。豚字《廣韻》徒渾切,在古音中屬定紐文部,鍛字《廣韻》丁貫切,在古音中屬端紐元部。根據鄭玄的説明,在河間人的方音中,文部中的-wən 聲如元部中的-wɑn,可據以推知通語中文部的細窄元音,無論是合口呼還是開口呼,在河間的方音中都讀爲寬弘元音而與元部相混。言在通語中讀疑紐,在河間方音中讀溪紐,前文已有説明。文部的斤在通語中讀 kɪən,在河間方音中却讀 kɪɑn;元部中的言在通語中讀 ŋɪɑŋ,在河間方音中却讀 k'ɪɐn。

---

① 陸志韋:《古音説略》,第 150 頁。

至此可以得到一個明確的認識：在河間方音中，斤與言音值相同，僅有聲紐的送氣與不送氣之別。在當時實際的社會生活中，或許連送氣與不送氣的差別都不存在。於是操河間方音的人就據其方音造了一個從訁言聲的䪻字，專司通語中從示斤聲的祈字之音而用其求福之祭的本之義。

大師虘豆的出土地不詳，大師虘所作有銘銅器尚有一簋，相傳 1941 年出土於西安，①則大師虘豆或亦出土於陝西境内，而伯公父簠則是 1977 年出土於陝西扶風的有銘銅器。② 假如二器不是造於河間地區被攜至今陝西境内，當是居於今陝西境内操河間方音的人所造有銘銅器。西周初期，就有大量屬漢代河間區域的人被迫或主動遷至今陝西境内，他們操持河間方音，集中居於特定的區域，甚至還可以仕於周王朝。銅器銘文、傳世文獻都有或明確或隱晦的記載而學者們的研究又表明是不可否認的歷史事實。

商代晚期，方國林立，居於殷都以北屬於漢代河間區域的方國有下危、土方、召方、北方、𢍰侯等。③ 武王克商後，爲鞏固對殷商舊地的有效統治，防止類似於三監叛亂的事件再次發生，周公實行了大規模遷徙殷商遺民的措施。根據劉起釪對《尚書》等傳世文獻的研究，周公至少將殷商遺民分爲八支分別遷往魯國、晉國、宋國、雒邑及今陝西寶雞一帶、渭水流域、淮水流域、丹水流域等地。④ 除被迫遷往今陝西境内的殷商遺民外，也有部分殷商遺民主動來到宗周仕於周王朝。根據陝西扶風莊白一號青銅器窖藏所出銅器銘文的記載和研金諸家的研究結果，西周時代的微氏家族本是殷人微子啓的後裔，其高祖原居微國，其烈祖原是微國史官，周武王克商後，入周見武王，武王命周公爲其安排居所，因而仕於周王朝，擔任王朝的史官，至到西周晚期的史牆仍世襲史官之職。⑤ 被迫或主動遷往今陝西境内的殷商遺民，當也包括原居於下危、土方、召方、北方、𢍰侯國的殷民，而西周晚期仕於王朝的大師虘、伯公父正是他們的後裔。居於今陝西境内的殷商遺民，雖流落異地而鄉音不改。其中來自屬漢代河間區域的殷商遺民所操方音與通語相較，文部與元部混而不別，口耳相傳，歷年不變，以至於其後裔爲祭祀父祖作器鐫銘時，還據其方音別造了一個䪻字，明其族屬以示孝敬，其義同於祈字而其音與言字相同。

就歷代各類文獻著録的銅器銘文來看，自商代晚期以來，王朝至於邊裔，同字異形的現象十分普遍，據《漢書·藝文志》的記載，到了西周晚期的宣王時，太史籀撰作了

---

① 陳夢家：《西周銅器斷代》上册，中華書局，2004 年，第 190 頁。
② 周原考古隊：《周原出土伯公父簠》，《文物》1982 年第 6 期。
③ 李雪山：《商代分封制度研究》，中國社會科學出版社，2004 年，第 188—194 頁。
④ 劉起釪：《古史續辨》，中國社會科學出版社，1991 年，第 358—369 頁。
⑤ 尹盛平主編：《西周微氏家族青銅器群研究》，文物出版社，1992 年，第 58—62 頁。

《大篆》十五篇用於教授學童,其後秦丞相李斯作《蒼頡》七章、車府令趙高作《爰歷》六章、太史令胡母敬作《博學》七章,文字大多取自《大篆》而篆體則頗有差異。《大篆》既用於教學,又爲後世所遵循,可見《大篆》之作實際是西周晚期一次書同文、一言語的重大事件。王國維因籀、讀二字音近義同,又據漢簡中有"蒼頡作書"一語,推測《大篆》的首句是"史籀讀書",遂斷史籀是戰國時人。① 然而趞鼎銘文云:"王在周康昭室,各于大室,即位。宰訊右趞,入門立中廷,北向,史留受王命書,王呼内史留册賜趞玄衣靠屯……"唐蘭曾指出,銘中的史留即周宣王太史籀。② 周法高、劉啓益皆斷趞鼎爲宣王十九年時器。③ 因此,根據銘文的記載與學者們的研究,斷太史籀爲宣王時人當無疑問,曾作《大篆》十五篇當也是歷史事實。史籀所作《大篆》十五篇中祈、旂、䎽、旃等字是否皆被收録不得而知,然而通祈字之義的旂、䎽二字仍屢見於春秋時代的銅器銘文:

　　　　用旂(祈)眉壽無疆。(黿叔之伯鐘/春秋)
　　　　用敬恤盟祀,旂(祈)年眉壽。(邾公釛鐘/春秋)
　　　　用旂(祈)眉壽、靈命、難老。(叔尸鐘/春秋晚期)
　　　　吾以旂(祈)眉壽。(欒書缶/春秋)
　　　　用旂(祈)眉壽。(喬君鉦鍼/春秋晚期)
　　　　用旂(祈)眉壽。(齊侯作孟姜敦/春秋晚期)
　　　　用旂(祈)眉壽、萬年。(公子土折壺/春秋晚期)
　　　　用旂(祈)眉壽。(洹子孟姜壺/春秋)
　　　　用䎽(祈)眉壽。(喪史耴簋/春秋早期)
　　　　䎽(祈)眉壽。(卓林父簋蓋/春秋早期)
　　　　用䎽(祈)眉壽老無疆。(叔家父簠/春秋早期)
　　　　用䎽(祈)眉壽。(陳公子叔遷父甗/春秋早期)
　　　　以䎽(祈)眉壽。(邴縿鐘/春秋晚期)
　　　　用䎽(祈)眉壽。(蔡大師鼎/春秋晚期)
　　　　用䎽(祈)眉壽。(齊侯盤/春秋晚期)

---

① 王國維:《史籀篇敍録》,《王國維遺書》第四册,上海書店出版社,1983年,第167—179頁。
② 劉啓益:《伯寬父盨銘與厲王在位年數》,《文物》1979年第11期。
③ 周法高:《論金文月相與西周王年》,香港中文大學國際中國古文字學研討會編:《古文字學論集》,1983年,第344頁;劉啓益:《西周紀年》,廣東教育出版社,2002年,第391—392頁。

用旛(祈)眉壽。(陳侯盤/春秋)

史籀所作《大篆》既是字書之祖,也是識字蒙書,在統一文字、推行通語等方面必然發揮過重要的作用。旂、旛二字既仍見於春秋時代的銘文,似可推測《大篆》十五篇有旂、旛二字。實際情況可能是旂、旛二字因著録於《大篆》,才得以流傳下來。至於與祈字義同的旜字,不見於春秋時代的器銘,或許正是因爲旜字是據方音所造之字,帶有明顯的方音特點,不是通語中使用的字而未著録於《大篆》,於是很快就被廢棄不用了。

前引西周至於春秋時代祈求福禄眉壽的銘文,在徐中舒看來,性質、作用與祭祀典禮上執禮的祝官與鬼神交接時上傳下達的祝嘏之辭相同,可視爲金文載録的祝嘏之辭。[①] 所謂祝嘏之辭,就是祭祀典禮上祝官既以祝辭歆饗鬼神亦以嘏辭致福主人的飾禮之辭,略見於傳世禮書的記載。如《儀禮・少牢饋食禮》是諸侯之卿大夫祭祀祖禰之禮,記載了禮典的總體進程和主要儀節,行禮至於陰厭時,執禮的祝官述主人之命歆饗鬼神曰:

孝孫某,敢用柔毛、剛鬣、嘉薦、普淖,用薦歲事于皇祖伯某,以某妃配某氏,尚饗。

至於主人酌酒酳尸後,尸酢主人,命執禮的祝官致福主人曰:

皇尸命工祝,承致多福無疆于女孝孫,來女孝孫,使女受禄于天,宜稼于田,眉壽萬年,勿替引之。

在古人的觀念中,交接鬼神的媒介不僅僅是執禮的祝官,祭祀典禮上使用的鼎、簋、鐘、簠等禮器亦皆是用於交接鬼神的媒介。《禮記・郊特牲》云:"宗廟之器可用也,而不可便其利也。所以交於神明者,不可以同於所安樂之義也。"禮器既用於交接神明,則鐫刻於禮器之上的銘文就猶如執禮的祝官饗神致福時的祝嘏之辭。見於《少牢饋食禮》的祝嘏之辭,是行文至於陰厭、酳尸時,爲了不空其文而載録的祝嘏之辭。在當時實際踐行的禮典上,祝嘏之辭未必如此千篇一律而無祈求福禄眉壽之意,銘文屢言"用祈眉壽"之

① 徐中舒:《金文嘏辭釋例》,《徐中舒歷史論文選輯》,中華書局,1998 年,第 502—564 頁。

類的話即是有力的旁證。

　　禮器所載具有祝嘏性質的銘文,既有依方音所造牆字,可據以推知在當時實際踐行的祭祀典禮上執禮的祝官往往各操方音饗神致福。然而在孔子看來,凡執禮事,若用方音而不用雅言,皆屬不合禮制的行爲,故其身體力行,執禮必用雅言以垂範天下。《論語·述而》云:"子所雅言:《詩》《書》、執禮,皆雅言也。"關於執禮與雅言,自漢代孔安國以來,有各種不同的説法,① 而以俞樾的解釋最爲平實可信。其文云:"執禮,謂執禮事也。《周禮·大史》曰'凡射事,執其禮事',《禮記·襍記》曰'女雖未許嫁,年二十而笄,禮之,婦人執其禮',皆執禮之證也。孔子執禮之時,苟有所言,如《鄉黨》所記'賓不顧矣'之類,皆正言其音,不襍以方言俗語。"② 孔子生長於魯國,日常不能不魯語,讀書、誦詩、執禮皆用雅言而不雜魯國方音,則雅言必是通行的共同語,漢代揚雄的《方言》就稱之爲"通語",周德清《中原音韻》稱之爲"天下通語",至明代張位的《問奇集》則又稱之爲"官話"。孔子操雅言讀書、誦詩、執禮,弟子親聆,爭相效仿,口耳相傳,影響漸廣。因此,銘文中曾經出現的牆字,即使保留在史籀所作《大篆》等字書中,因其是依方音所造之字,與雅言中的祈字義同,也會隨着雅言的不斷通行而被祈字所替代。

---

① 程樹德:《論語集釋》,中華書局,1990年,第475—478頁。
② 俞樾:《群經平議》,《春在堂全書》第一册,鳳凰出版社,2010年,第495頁。

説　衽

南京師範大學文學院　王　鍔

先秦兩漢文獻多言"衽",然對於"衽"字之解釋,自漢代鄭玄以來,唐孔穎達、賈公彦、宋朱熹、清江永、段玉裁、孫希旦等人之解説不一。今就《儀禮》《禮記》《周禮》等文獻之記載,在前賢研究基礎上,略加梳理,以就教於方家。

一

衽即衣襟,本作"袊",借作"襟",又作"衿",指上衣胸前之左右兩幅,今曰前襟,分左襟、右襟。上衣有交領、直領之别,直領者曰對襟,交領者曰旁襟。旁襟則左襟兩幅,右襟一幅,左襟之半掩蓋於右襟之上,故右襟亦名"裏襟",襟上繫帶結於右腋之下,謂之右衽,常服均右衽,死者服左衽,先秦時期,夷狄之服多左衽。

《説文》:"衽,衣袊也。""袊,交衽也。"段玉裁注曰:"袊之字,一變爲衿,再變爲襟,字一耳。此則謂掩裳際之衽,當前幅後幅相交之處,故曰交衽。袊本衽之偁,此其推移之漸,許必原其本義爲言。"《爾雅》《毛詩傳》《方言》皆以"領"釋"襟""衿",段玉裁曰:"袊者,交領之正字,其字从合,《左傳》作'襘',从會,與从合一也。交領宜作袊,而《毛詩》《爾雅》《方言》作衿,殆以衿、袊爲古今字與。"①《方言》曰:"樓謂之衽。"郭璞注曰:"衣襟也,或曰裳際也。"段玉裁曰:"衣襟者,謂正幅也。云裳際者,謂旁幅也。謂衽爲正幅者,今義非古義也。"②

《禮記·喪大記》曰:"小斂大斂,祭服不倒。皆左衽,結絞不紐。"鄭玄注曰:"左衽,衽鄉左,反生時也。"孔穎達《正義》曰:"衽,衣襟也。生鄉右,左手解,抽帶便也。死則襟鄉左,示不復解也。'結絞不紐'者,生時帶並爲曲紐,使易抽解,若死則無復解義,故

---

① 許慎撰、段玉裁注、許惟賢整理:《説文解字注》,鳳凰出版社,2007年,第683頁。
② 錢繹撰集、李發舜、黃建中點校:《方言箋疏》,中華書局,1991年,第150—151頁。

絞束畢結之,不爲紐也。"①絞者,繩相交也。紐者,結而可解。《論語·憲問》子曰:"微管仲,吾其被髮左衽矣。"邢昺疏曰:"微,無也。衽謂衣衿,衣衿向左謂之左衽,夷狄之人被髮左衽。"②

《禮記·曲禮下》曰:"苞屨、扱衽、厭冠,不入公門。"鄭玄注曰:"此皆凶服也。"孔穎達《正義》曰:"'扱衽'者,親始死,孝子徒跣,扱上衽也。"③苞屨是蘸蒯草所做喪鞋。扱衽即扱上衽,是把喪服前襟插入腰帶。厭冠是喪冠。孫希旦曰:"厭,伏也。喪冠謂之厭冠者,以其無武而其狀卑伏也。"④

《禮記·問喪》曰:"親始死,雞斯徒跣,扱上衽,交手哭。"鄭玄注曰:"親,父母也。雞斯,當爲'笄纚',聲之誤也。徒,猶空也。上衽,深衣之裳前。"孔穎達《正義》曰:"笄,謂骨笄。纚,謂縚髮之繒。言親始死,孝子先去冠,唯留笄纚也。'徒跣'者,徒,空也。無屨而空跣也。'扱上衽'者,上衽,謂深衣前衽,扱之於帶。以號踊履踐爲妨,故扱之。"⑤父母親剛去世時,孝子扱衽。《禮記·喪大記》曰:"凡主人之出也,徒跣,扱衽,拊心,降自西階。"⑥此謂孝子在出迎弔唁賓客時,當扱衽。

《禮記·玉藻》曰:"深衣三袪,縫齊倍要,衽當旁,袂可以回肘。"鄭玄注曰:"衽,謂裳幅所交裂也。凡衽者,或殺而下,或殺而上,是以小要取名焉。衽屬衣,則垂而放之;屬裳,則縫之以合前後。上下相變。"⑦袪是袖口,縫通豐,齊通齋,此謂深衣腰圍尺寸是袖口之三倍,即七尺二寸,下擺周長是腰之一倍,即一丈四尺四寸,衣襟開在旁邊,左襟掩蓋右襟。《禮記·深衣》曰:"古者深衣,蓋有制度,以應規、矩、繩、權、衡。短毋見膚,長毋被土。續衽,鉤邊。"鄭注:"深衣,連衣裳而純之以采者。素純曰長衣,有表則謂之中衣。""續,猶屬也。衽,在裳旁者也。屬連之,不殊裳前後也。鉤,讀如'鳥喙必鉤'之鉤。鉤邊,若今曲裾也。續,或爲'裕'。"孔穎達《正義》曰:"衽,謂深衣之裳,以下闊上狹,謂之爲衽。接續此衽而鉤其旁邊,即今之朝服有曲裾而在旁者是也。""衽當旁者,凡深衣之裳十二幅,皆寬頭在下,狹頭在上,皆似小要之衽,是前後左右皆有衽也。今云衽當旁者,謂所續之衽當身之一旁,非爲餘衽悉當旁也。云'屬連之,不殊裳前後也',若其

---

① 鄭玄注、孔穎達正義、呂友仁整理:《禮記正義》,上海古籍出版社,2008 年,第 1742 頁。
② 阮元校刻:《十三經注疏》,中華書局,1980 年,第 2512 頁。
③ 鄭玄注、孔穎達正義、呂友仁整理:《禮記正義》,第 150、152 頁。
④ 孫希旦撰、沈嘯寰、王星賢點校:《禮記集解》,中華書局,1989 年,第 115 頁。
⑤ 《禮記正義》,第 2153、2156—2157 頁。
⑥ 《禮記正義》,第 1706 頁。
⑦ 《禮記正義》,第 1201—1202 頁。

喪服,其裳前三幅,後四幅,各自爲之,不相連也。今深衣,裳一旁則連之相著,一旁則有曲裾掩之,與相連無異,故云'屬連之,不殊裳前後也'。云'鉤讀如"鳥喙必鉤"'之者,案《援神契》云:'象鼻必卷長,鳥喙必鉤。'鄭據此讀之也。云'若今曲裾也',鄭以後漢之時裳有曲裾,故以續衽鉤邊似漢時曲裾。今時朱衣朝服,從後漢明帝所爲,則鄭云'今曲裾'者,是今朝服之曲裾也。其深衣之衽,已於《玉藻》釋之,故今不復言也。"①

深衣之制,有一定的樣式,以便合乎規、矩、繩、權、衡之要求,深衣再短不可露出脚背,再長不能拖在地上。深衣自腰以下部分曰裳,據鄭注,衽是裳旁邊之斜裁部分,裳右邊的前後衽是分開的,左邊前後衽是縫合在一起的,即鄭玄所謂"屬連之,不殊裳前後也"。賈疏謂衽就是深衣之裳,"以下闊上狹,謂之爲衽"。"續衽,鉤邊"者,"接續此衽而鉤其旁邊,即今之朝服有曲裾而在旁者是也"。意謂深衣左襟所續之衽,向右掩蓋,如"曲裾掩之,與相連無異"。即將衣襟延長,延長部分亦曰衽。衣襟延長,由左向右纏繞至身後斜裹,即"曲裾"。②

深衣衣裳相連,故裳亦曰衽。《周禮·考工記·輈人》曰:"終歲御,衣衽不敝。"鄭玄注曰:"衽,謂裳也。"③

孫希旦《禮記集解》總結曰:

> 凡衽者,皆所以掩衣裳之交際者也。然有禮衣之衽,有深衣之衽,有在衣之衽,有在裳之衽。鄭氏之注既未晰,而後之説者或混衣之衽於裳,或混禮衣之衽於深衣,或又即指深衣之裳幅爲衽,是以其説愈繁而愈亂也。古之禮衣,皆直領而對襟,其衽在左襟之上。若舒其衽以掩於右襟之内,謂之襲;摺其衽於左襟之内,謂之裼。此禮衣在衣之衽也。禮衣之裳,前三幅,後四幅,前後不屬。而其衽二尺有五寸,屬於衣而垂於裳之兩旁,以掩其前後際,此禮衣在裳之衽也。深衣之衣,爲曲領相交,其衽亦在左襟之上,而恒以掩於右襟之外,此深衣在衣之衽也。其裳則前六幅,後六幅,皆交裂之,寬頭在下,狹頭在上,於前裳之左爲衽而縫合於後裳,於前裳之右爲衽而不縫合,至衣時則交於後裳,此深衣在裳之衽也。在裳之衽,禮衣與深衣皆在兩旁,唯在衣之衽,則禮衣之衽狹而又掩於襟内,其襲而見於外,則當心而直下;深衣之衽稍濶,又緣其旁而掩於襟外,以交於右腋之側。此言"衽當旁",以見其異

---

① 《禮記正義》,第2191—2195頁。江永:《深衣考誤》對"衽"有解讀,另文討論,此不贅述。
② 孫机:《中國古代物質文化》,中華書局,2014年,第97頁。
③ 阮元校刻:《十三經注疏》,第914頁。

於禮衣,乃指在衣之衽,而非指在裳之衽也。至小要之取名於衽,則當獨指深衣在裳之衽,而其在衣之衽與禮服之衽皆無與焉。《喪服·記》云"衽二尺有五寸",鄭注云:"上正一尺,燕尾二尺有五寸,凡用布三尺五寸。"賈疏云:"取布三尺五寸,廣一幅,留上一尺爲正。一尺之下,旁入六寸,乃邪向下一畔一尺五寸,去下畔亦六寸,横斷之,留下一尺爲正,則用布三尺五寸,得兩衽,衽各二尺五寸。"蓋禮衣在裳之衽,其制若此。深衣之衽,在裳之左右者亦然。濶頭在上,狹頭在下,其所交後裳之幅,則濶頭在下,狹頭在上。如此則上下相交,正如小要之形,故《深衣》記謂之"鈎邊",而鄭氏喻之以"曲裾"也。①

孫氏將衽分爲禮衣之衽、深衣之衽、在衣之衽、在裳之衽,較諸他説,比較明晰。

衽爲衣襟,先秦其他文獻常用。《左傳·成公十七年》"抽戈結衽",②《襄公三十一年》"衰衽如故衰",③《戰國策》"連衽成帷",④皆其證。

《離騷》:"跪敷衽以陳辭兮。"王逸注曰:"衽,衣前也。"⑤《悲回風》:"撫珮衽以案志兮。"洪興祖《補注》曰:"衽,衣裣也。"⑥《招魂》:"衽若交竿,撫案下些。"王逸注曰:"言舞者迴旋,衣衽掉摇,回轉相鉤,狀若交竹竿,以手抑案而徐來下也。"又徵引五臣注云:"衽,衣襟也。言舞人回轉,衣襟相交如竿也。"⑦

二

衽又指衣下兩旁掩裳之部分,形如燕尾。《儀禮·喪服·記》曰:"衽二尺有五寸。"鄭玄注曰:"衽,所以掩裳際也。二尺五寸,與有司紳齊也。上正一尺,燕尾一尺五寸,凡用布三尺五寸。"賈公彥疏曰:"用布三尺五寸,得兩條衽,衽各二尺五寸,兩條共用布三尺五寸也,然後兩旁皆綴於衣,垂之向下掩裳際,此謂男子之服。婦人則無,以其婦人之服連衣裳。"⑧段玉裁《説文解字注》曰:"凡言衽者,皆謂裳之兩旁。"⑨三尺五寸布裁剪

---

① 孫希旦撰、沈嘯寰、王星賢點校:《禮記集解》,第799—800頁。
② 阮元校刻:《十三經注疏》,第1922頁。
③ 阮元校刻:《十三經注疏》,第2014頁。
④ 諸祖耿編撰:《戰國策集注匯考》(增補本),鳳凰出版社,2008年,第520頁。
⑤ 洪興祖撰、白化文等點校:《楚辭補注》,中華書局,2000年,第25頁。
⑥ 洪興祖撰、白化文等點校:《楚辭補注》,第158頁。
⑦ 洪興祖撰、白化文等點校:《楚辭補注》,第210頁。
⑧ 阮元校刻:《十三經注疏》,第1125頁。
⑨ 許慎撰、段玉裁注、許惟賢整理:《説文解字注》,第683頁。

成左右二衽,衽上爲矩形綴於衣,下端斜裁成燕尾形掩裳,長二尺五寸,與紳帶齊,在衣裳之兩旁,爲掩裳而設,是男子之服,後代衣服無此衽。

士喪禮中覆蓋重和鬲之葦席亦曰衽。《儀禮·士喪禮》曰:"冪用葦席,北面,左衽。"鄭玄注曰:"左衽,西端在上。"賈公彥疏曰:"據人北面,以席先於重北面南掩之,然後以東端爲下向西,西端爲上向東,是爲辟屈而反,兩端交於後,爲左衽、右衽,然後以篾加束之,結於後也。"①此謂用葦席將重和鬲圈蓋,葦席由北向南,席東端在下向西繞至北,席西端在上向東繞至北,就像衣襟向左一樣,故曰左衽。此蓋衽之引申義。

沈從文先生根據戰國中晚期江陵馬山一號楚墓發掘報告以及出土的錦、綉衣服實物認爲,"衽"是漢代人所言"小要"。他説:

> 當"上衣""下裳"、領、緣各衣片剪裁完畢之後,還須另外正裁兩塊相同大小的矩形衣料作"嵌片"(長三七,寬二四厘米左右)。然後,將其分別嵌縫在兩腋窩處:即"上衣""下裳"、袖腋三交界的縫際間。這一實例和文獻相印證,就可以斷定,它(嵌片)便是古深衣制度中百注難得其解的"衽"。衽,通常所指爲交領下方的衣襟,如左襟叫左衽,右襟爲右衽。這裏要討論的則是作爲狹義詞的"衽",亦即漢代人所謂的"小要(腰)"。如《禮記·玉藻》:"深衣三袪……衽當旁。"鄭注:"凡衽者,或殺而下,或殺而上,是以小要取名焉。"同書《檀弓上》:"棺束,縮二衡三,衽每束一。"這裏,稱束合棺縫的木榫也叫作衽。鄭注:"衽,今小要也。"孔穎達作疏謂"其形兩頭廣中央小也,既不用釘棺,但先鑿棺邊及兩頭合際處作坎形,則以小要連之,令固棺。"據文獻所載和考古發現的實物,都表明合棺縫的木榫——"衽"或"小要"其形象均爲此 ▶◀ 式(後世多稱之爲細腰,也叫燕尾榫、魚尾榫或大頭榫,銀匠錠。在木石金屬等材料的結合方面應用較廣)。若把它和 N-15 綿袍上所設的"衽"(小要)相對照,原來衣服上這種矩形"嵌片"當被插縫於袖腋處時,兩短邊相對扭轉約 90—180°,變成如此 ▷◁ 樣子。即是把衣服攤平放置,"嵌片"中部也必蹙縐而成束腰狀。故無論正面還是側面看去,衣"衽"的輪廓恰和木榫"小要"相互類似(它們的功用也相一致)。所以說:"衽,今小要也。""小要,又謂之衽"(見《釋名·釋喪制》)。異物而同名。從衣"衽"的位置和結構關係方面考察,也和《禮記》中有關深衣形制"續衽鉤邊","衽當旁"等記述相合。……東漢經學家鄭玄爲《深

---

① 阮元校刻:《十三經注疏》,第 1135 頁。

衣》篇作注時已難得具體準確。此後,特別是清代學者、現代國內外專家,都曾對深衣形制作過廣泛考證,但在釋"衽"問題上,却始終未能有所突破;或隱約近其仿佛而止;或刻意泥古反背道相遠。所幸近年馬山楚墓成系統的袍服實物出土,才打破了兩千年來深衣釋"衽"以書證書字面猜索局面。使我們對深衣制度的總體情況也有了一些生動的了解。①

沈從文先生認為,衽,通常指交領下方的衣襟,然漢代人所講"小要"之"衽"和《深衣》"續衽鈎邊""衽當旁"之"衽",應該是指深衣之衣、裳、腋三交界處的連接物,即矩形嵌片,嵌片的插入,使衣服立體化,既可體現人身的形體美,還能夠使兩臂舉伸自如,此為新見,可備一說。

三

固定棺材的木榫曰衽。《禮記·檀弓上》曰:"棺束縮二衡三,衽每束一。"鄭玄注曰:"衽,今小要。衽,或作'漆',或作'髹'。"孔穎達《正義》曰:"'衽每束一'者,衽,小要也,其形兩頭廣,中央小也。既不用釘棺,但先鑿棺邊及兩頭合際處作坎形,則以小要連之令固,棺並相對。每束之處,以一行之衽連之。若豎束之處,則豎著其衽,以連棺蓋及底之木,使與棺頭尾之材相固。漢時呼衽為小要也。"②用皮帶束緊棺蓋和棺身,縱向兩道,橫向三道,每一道下有一小腰衽。此衽是指連接棺蓋和棺身的木榫,兩頭寬,中間窄,漢人謂之小腰。

《禮記·喪大記》曰:"君蓋用漆,三衽三束。大夫蓋用漆,二衽二束。士蓋不用漆,二衽二束。士殯見衽,涂上。帷之。"鄭玄注曰:"衽,小要也。"孔穎達《正義》曰:"士掘肂見衽,其衽之上所出之處。"③《儀禮·士喪禮》曰:"掘肂見衽。"鄭玄注曰:"肂,埋棺之坎者也,掘之於西階上。衽,小要也。"④此謂在大殮之時,在西階上掘坑,坑的深度必須使棺放下去後可以露出固定棺蓋的木榫,即衽。

這種固棺的小要形之衽,至今在甘肅天水一帶製作的棺木中仍然使用。製作棺材,

---

① 沈從文:《中國古代服飾研究》(增訂本),上海書店出版社,1997年,第89頁。
② 《禮記正義》,第335—336頁。
③ 《禮記正義》,第1766、1768頁。
④ 阮元校刻:《十三經注疏》,第1139頁。

不用鐵釘，棺身木板用膠水粘結，外側兩塊木板合際處作坎形，單另製作一小要形狀如 ▶◀ 之衽，嵌入坎形，固定兩塊棺板，用衽數量不等，少則四個，多則八個，蓋古禮之遺存。但棺蓋和棺身是榫卯結合，嚴絲合縫。

四

卧席曰衽。《周禮·太宰·玉府》曰："掌王之燕衣服、衽席、牀笫，凡褻器。"鄭玄注曰："燕衣服者，巾絮、寢衣、袍襗之屬，皆良貨賄所成。笫，簀也。鄭司農云：'衽席，單席也。褻器，清器，虎子之屬。'"賈公彥疏曰："衽席者，亦燕寢中卧席。"①《禮記·曲禮上》曰："奉席如橋衡，請席何鄉？請衽何趾？"鄭玄注曰："衽，卧席也。坐問鄉，卧問趾。"②此謂爲尊者鋪設坐席，要問面向何方；爲尊者鋪設卧席，要問脚朝何方。

《禮記·坊記》："子云：'觴酒、豆肉，讓而受惡，民猶犯齒。衽席之上，讓而坐下，民猶犯貴。朝廷之位，讓而就賤，民猶犯君。'"③《禮記·中庸》："衽金革，死而不厭，北方之强也，而强者居之。"鄭玄注曰："衽，猶席也。"孔穎達《正義》曰："衽，卧席也。金革，謂軍戎器械也。"④

鋪設卧席亦曰衽。《儀禮·士昏禮》曰："婦説服于室，御受。姆授巾。御衽于奥，媵衽良席在東，皆有枕，北止。"鄭玄注曰："衽，卧席也。婦人稱夫曰良。"⑤御是新郎之隨從，媵是新娘之隨從。此謂御在室之西南隅爲新娘鋪設卧席，媵把新郎的卧席鋪設在新娘卧席東邊。

《士喪禮》曰："設床笫于兩楹之間，衽如初。"鄭玄注曰："衽，寢卧之席也，亦下莞上簟。"⑥《既夕禮》曰："設床笫當牖，衽下莞上簟。"鄭玄注曰："衽，卧席。"⑦《禮記·內則》："父母舅姑將坐，奉席請何鄉；將衽，長者奉席請何趾。"鄭玄注曰："將衽，謂更卧處。"⑧錢玄先生説："席，古有二用，或卧或坐，皆下莞上簟。莞，以蒲草編製。簟，以竹篾爲之。莞粗簟細，此衽席爲牀上所鋪設之竹席，故鄭司農釋爲單席。"⑨

---

① 阮元校刻：《十三經注疏》，第678頁。
② 《禮記正義》，第54頁。
③ 《禮記正義》，第1959頁。
④ 《禮記正義》，第1994—1995頁。
⑤ 阮元校刻：《十三經注疏》，第967頁。
⑥ 阮元校刻：《十三經注疏》，第1136頁。
⑦ 阮元校刻：《十三經注疏》，第1158頁。
⑧ 《禮記正義》，第1120頁。
⑨ 錢玄、錢興奇：《三禮辭典》，江蘇古籍出版社，1998年，第588頁。

從先秦兩漢文獻記載看,衽有三義:一指衣襟,本字作"裣",借作"襟""衿",是上衣胸前之左右兩幅,即左襟、右襟,又名左衽、右衽。深衣衣裳相連,故裳亦曰衽。喪服兩旁掩裳之部分,形如燕尾亦曰衽,引申之,士喪禮中覆蓋重和鬲之葦席亦曰衽。二指固定棺材的木楔,又曰木楔子、小要。三指臥席,鋪設席亦曰衽。沈從文先生結合考古實物,認爲漢代人所講"小要"之"衽"和《深衣》"續衽鉤邊""衽當旁"之"衽",應該是指深衣之衣、裳、腋三交界處的連接物,即矩形嵌片,聊備一説。

上博楚簡《民之父母》的儒道融合

山東大學儒學高等研究院　西山尚志

前　言

本文主要探討上博楚簡《民之父母》的思想結構。筆者認爲該文獻成書於《孟子》之後，是儒家吸收道家思想而成的。

《民之父母》是上海博物館於 1994 年春在香港古董市場發現楚簡之後，購買的所謂"上博楚簡"中的一篇戰國出土文獻。① 上博楚簡《民之父母》可以與《禮記·孔子閒居》《孔子家語·論禮》中的部分內容進行比較。

《民之父母》從子夏對孔子的提問開始（第 1 簡）：②

〔子〕昏（夏）䛒（問）於孔子："《詩（詩）》曰：'愷（凱）俤（弟）君子，民之父母。'敢䛒（問），可（何）女（如）而可胃（謂）民之父母？"

孔子對此回答説（第 1—2 簡）：

孔₌（孔子）會（答）曰："民〔之〕父母虎（乎）。必達於豐（禮）鏐（樂）之簾（原），吕（以）至（致）五至，吕（以）行三亡（無），吕（以）皇（橫）于天下。四方又（有）敗（敗），必先暂（知）。元〈此〉〔之〕胃（謂）民之父母矣。"

此後孔子説明"五至""三無""五起"等具體內容。由此可知，孔子認爲作爲"民之父母"需要如下程序："必達於禮樂之原"→"致五至"→"行三無"→"橫于天下"。下文將按照《民

---

① 馬承源主編：《上海博物館藏戰國楚竹書》（二），上海古籍出版社，2002 年。
② 《民之父母》的隸定與釋文根據拙文《上博楚簡〈民之父母〉譯註》，西山尚志：《古書新辨》第 4 編第 2 章，上海古籍出版社，2015 年。

之父母》《禮記·孔子閒居》的順序分別探討"禮樂之原"→"五至"→"三無"的内容。

一、"禮樂之源"

如上文所述,《民之父母》提出,爲了成爲"民之父母",在"五至"之前"必達於豐(禮)繏(樂)之簹(源)"(《禮記·孔子閒居》亦與此相同)。

將《民之父母》進行思想史定位時所依據的就是這一標志。如李承律所指出,討論禮樂的起源、源泉初見於《荀子》以後,未見於《論語》《孟子》等文獻。① 對儒家來説,禮樂是使社會正常化的最重要的概念之一,但儒家在《論語》《孟子》的階段時没有明確提到保證禮樂是"正確""好"的根據。這表示在《論語》《孟子》的時代儒家祇是强調禮樂的重要性、效用,没有進入思考其源泉、來源、根源的階段。

但是《荀子》各篇中多次表明"聖人(先王)製作禮樂"。比如,《荀子·禮論》:

> 禮起於何也? 曰:人生而有欲,欲而不得,則不能無求;求而無度量分界,則不能不爭;爭則亂,亂則窮。先王惡其亂也,故制禮義以分之,以養人之欲,給人之求,使欲必不窮乎物,物必不屈於欲,兩者相持而長,是禮之所起也。

《荀子·樂論》:

> 夫樂者,樂也,人情之所必不免也,故人不能無樂。樂則必發於聲音,形於動静,而人之道,聲音、動静、性術之變盡是矣。故人不能不樂,樂則不能無形,形而不爲道,則不能無亂。先王惡其亂也,故制雅、頌之聲以道之,使其聲足以樂而不流,使其文足以辨而不諰,使其曲直、繁省、廉肉、節奏足以感動人之善心,使夫邪汙之氣無由得接焉。是先王立樂之方也,而墨子非之,奈何! ……
> ……故樂者,天下之大齊也,中和之紀也,人情之所必不免也。是先王立樂之術也,而墨子非之,奈何!

《荀子·性惡》中也提到:

---

① 李承律:《郭店楚簡〈性自命出〉の性情説と"禮樂"》,渡邊義浩編:《兩漢の儒教と政治權力》,汲古書院,2005年。

> 古者聖王以人之性惡,以爲偏險而不正,悖亂而不治,是以爲之起禮義,制法度……
>
> ……凡性者,天之就也,不可學,不可事;禮義者,聖人之所生也,人之所學而能,所事而成者也。……
>
> 問者曰:"人之性惡,則禮義惡生?"應之曰:凡禮義者,是生於聖人之僞,非故生於人之性也。故陶人埏埴而爲器,然則器生於陶人之僞,非故生於人之性也。故工人斲木而成器,然則器生於工人之僞,非故生於人之性也。聖人積思慮,習僞故,以生禮義而起法度,然則禮義法度者,是生於聖人之僞,非故生於人之性也。

另外,郭店楚簡《性自命出》第15—18簡認爲詩書禮樂生於人、聖人:

> 詩書禮樂,其始出皆生於人。詩,有爲爲之也。書,有爲言之也。禮樂,有爲舉之也。聖人比其類而論會之……

從如上文所舉的《論禮》《論樂》《性惡》三篇中明顯可以看出,《荀子》認爲人性惡,如果放縱人性,社會就會混亂,因此聖人(先王)"製作(作爲)禮樂",教化、教導人民。《民之父母》表明,成爲"民之父母"的先決條件是"必達於禮樂之原",這一内容應當反映了《孟子》以後、《荀子》前後儒家思想的情況。

另外,如李承律所說,除了在《論語》《孟子》之後出現"禮的聖人製作說"以外,還出現了"禮生於情"的說法。比如,郭店楚簡《性自命出》第18—20簡:"禮作於情,或興之也。"郭店楚簡《語叢一》第31、97簡:"禮因人之情而爲之節文者也。"《語叢二》第1簡:"情生於性,禮生於情。"

李承律指出,之所以《孟子》以後才提出禮樂起源的問題,是因爲儒家受到了墨家、道家對禮樂的批判,迫於說明禮樂效用的源泉。而《民之父母》中却提到了在《論語》《孟子》階段時未出現的"禮樂之源"的問題,因此可以推測其撰成於《孟子》以後。

二、"五 至"

關於"五至",《民之父母》第3—5簡說:

子㙑(夏)曰:"敢𦀚(問),可(何)胃(謂)五至。"孔=(孔子)曰:"五至虖(乎)。勿(物)之所至者,㞢(志)亦至安(焉);㞢(志)之〔所〕至者,豊(禮)亦至安(焉);豊(禮)之所至者,繷(樂)亦至安(焉),繷(樂)之所至者,㦲(哀)亦至安(焉)。㦲(哀)繷(樂)相生,君子㠯(以)正。此之胃(謂)五至。"

《禮記·孔子閒居》作:

子夏曰:民之父母、既得而聞之。敢問何謂五至。孔子曰:志之所至,詩亦至焉。詩之所至,禮亦至焉。禮之所至,樂亦至焉。樂之所至,哀亦至焉。哀樂相生。是故正明目而視之,不可得而見也。傾耳而聽之,不可得而聞也。志氣塞乎天地。此之謂五至。

《民之父母》第3簡—5簡説明了"五至"的展開過程:在"物"的極地(所至),"志"也達到極地;在"志"的極地,"禮"也達到極地;在"禮"的極地,"樂"也達到極地;在"樂"的極地,"哀"也達到極地。也就是説,"五至"重視的是在禮樂之前被"物"發動的"志"。順便指出,《禮記·孔子閒居》的"五至"按照"志→詩→禮→樂→哀"的順序發生,《民之父母》却按照"物→志→禮→樂→哀"的順序,與《禮記·孔子閒居》不同。《民之父母》的"志"並不是自發的,而是由"物"才發動。

西信康對《民之父母》中"五至"的"至""所至"進行解釋時,引用《莊子·庚桑楚》"蹍市人之足,則辭以放驁,兄則以嫗,大親則已矣。故曰:至禮有不人,至義不物,至知不謀,至仁無親,至信辟金"等內容,指出此段提出道家思想的同時否定儒家的"禮""義""知""仁""信",並提出"至禮""至義""至知""至仁""至信",用"至"來表現終極的理想狀態。然後西信康提出,關於《民之父母》的"物之所至,志亦至焉",已經有不少研究者指出,其內容與《禮記·樂記》中的"凡音之起,由人心生也。人心之動,物使之然也。感於物而動,故形於聲""人生而静,天之性也;感於物而動,性之欲也。物至知知,然後好惡形焉"等記載有密切的關係。實際上《禮記》的這一內容表明,人類對外在事物的認知作用起於外物的刺激。但是,《民之父母》的內容並非如此。在我看來,認爲《民之父母》的思想同於《禮記》的看法,都忽略了"物之所至者,志亦至焉"的"所"字。"物之所至者,志亦至焉"的意思應該是:"物"至某所,"志"也可至某所。而《禮記·樂記》講的是"物"直接對"志"的作用。這兩者的意義是不同的。因此我認爲,要理解《民之父母》的"所至"一句,參之《禮記》似不妥當,應參如下《淮南子·繆稱》的一節:

說之所不至者，容貌至焉；容貌之所不至者，感忽至焉。感乎心，明乎智，發而成形，精之至也。可以形勢接，而不可以照（志）〔諰〕。①

西信康認為《民之父母》的"物之所至"指的是道家思想的"道"，指出這是"事物所表現的終極存在形態"，"因此'物之所至，志亦至焉'可以理解為，人類認知能力的'志'，不僅可以把握'有聲''有形'的事物，也可以把握'物之所至'即'無聲''無形'等的事物"，筆者認為此說可從。《莊子·齊物論》中提到：

古之人，其知有所至矣。惡乎至？有以為未始有物者，至矣盡矣，不可以加矣。其次以為有物矣，而未始有封也。其次以為有封焉，而未始有是非也。

此文認為"知"的"所至"（終極的境地）是"有以為未始有物者"（認為在根源中不存在"物"這一境地），"知"的終極境地是否定、撥無萬物的"道＝無"。因此西信康認為"五至"的"禮之所至，樂亦至焉"可以直接與"三無"（無聲之樂，無體之禮，無服之喪）對接。

需要注意的是，《民之父母》的"志"並不是不穩定、可變的東西。"志"（或"心"）反應"物"之例，可見於郭店楚簡《性自命出》、上博楚簡《性情論》等。如郭店楚簡《性自命出》第1—2簡：

眚（性）自凡人售（雖）又（有）眚（性），心亡奠志，峃（待）勿（物）而句（後）复（作），峃（待）兌（悅）而句（後）行，峃（待）習而句（後）眚（性）自奠。

此文認為"心亡奠志"（心沒有確定的志），但用"習"教化之。不過《民之父母》的"志"與此文不同，並不是不穩定的東西。因為"達禮樂之源"的人（即民之父母）擁有正確的、穩定的"志"，所以產生"君子㠯（以）正"的結果。② 由此可知，《民之父母》"五至"的

---

① 另外，西信康還列舉《淮南子·說林》"至言不文，至樂不笑，至音不叫"的例子。西信康：《試論上海簡〈民之父母〉中的"物之所至者，志亦至焉"》，《2011年國際修辭傳播學前沿論壇——語言文化教育與跨文化交流》，全球修辭學會，2011年10月。

② 《民之父母》的"君子㠯（以）正"四字，不見於《禮記·孔子閒居》，故《禮記·孔子閒居》的文義不通。《禮記·孔子閒居》："是故正明目而視之，不可得而見也。傾耳而聽之，不可得而聞也。志氣塞乎天地。"但是"明目而視之……志氣塞乎天地"可見於《民之父母》的"三無"。《禮記·孔子閒居》的"是故正"三字，應該有錯簡等原因，還保留《民之父母》"君子㠯（以）正"的形跡。陳劍：《上博簡〈民之父母〉"而得既塞於四海矣"句解釋》，《簡帛研究網》，2003年1月18日。

關鍵在於,反應禮、樂、哀的根源的"物之所至",並帶來"君子吕(以)正"這一結果的"志"。

三、"三 無"

"三無"指的是"無聲之樂,無體之禮,無服之喪"。《民之父母》第5—7簡:

> 子舅(夏)曰:"五至既齎(聞)之矣。敢齎(問),可(何)胃(謂)三亡(無)。"孔=(孔子)曰:"三亡(無)虎(乎)。亡(無)聖(聲)之繅(樂),亡(無)腥(體)〔之〕豊(禮),亡(無)備(服)之翠(喪),君子吕(以)此皇(橫)于天下。"奚(傾)耳而聖(聽)之,不可戛(得)而齎(聞)也。明目而視之,不可戛(得)而視(見)也。而戛(得)既(氣)窒(塞)於四洖(海)矣。此之胃(謂)三亡(無)。

《禮記・孔子閒居》作:"子夏曰:'五至既得而聞之矣。敢問何謂三無。'孔子曰:'無聲之樂,無體之禮,無服之喪。此之謂三無。'"

(1)"傾耳而聽之,不可得而聞也。明目而視之,不可得而見也。而得氣塞於四海矣"

顯然,此文是道家的思想表達。在《禮記・孔子閒居》中此文不見於"三無",而見於"五至"。但此文明顯是形容"三無"(無聲之樂,無體之禮,無服之喪)的内容,如此看來《民之父母》的表述更爲恰當。

衆所周知,道家思想主張人不能用知覺、感覺能力把握"道"(即"無")。如西信康所列舉,最典型的例子是《老子》第14章形容"道":"視之不見,名曰夷;聽之不聞,名曰希;搏之不得,名曰微。"《老子》第35章:"道之出口,淡乎其無味,視之不足見,聽之不足聞,用之不足既。"《莊子・天地》:"夫王德之人……視乎冥冥,聽乎无聲。冥冥之中,獨見曉焉;无聲之中,獨聞和焉。故深之又深而能物焉,神之又神而能精焉。"《莊子・知北遊》説"道":"視之无形,聽之无聲,於人之論者,謂之冥冥,所以論道,而非道也。"《莊子・知北遊》形容"無":"道不可聞,聞而非也;道不可見,見而非也;道不可言,言而非也。知形形之不形乎。道不當名。"《莊子・知北遊》形容"無":

> 光曜問乎无有曰："夫子有乎？其无有乎？"光曜不得問，而孰視其狀貌，窅然空然，終日視之而不見，聽之而不聞，搏之而不得也。光曜曰："至矣！其孰能至此乎！予能有无矣，而未能无无也；及爲无有矣，何從至此哉！"

道家思想認爲，祇有徹底否定、排除人能知覺、感覺到的表面的"形"才能把握"道"（即"無"）。也就是説，"無聲之樂，無體之禮，無服之喪"指的是，徹底否定、排除一般人能知覺、感覺到的表面上的"聲""體""服"，即終極性、絶對性的樂、禮、喪。所以"三無"是"明目而視之，不可得而見也。傾耳而聽之，不可得而聞也"。這樣的悖論（paradox）是道家特有的表達。

另外，道家思想不見於《尚書》《詩經》《論語》《墨子》《孟子》等文獻，《荀子》以後才能看見儒家接受道家思想的例子（典型的例子是《荀子·解蔽》）。這表示道家思想在《孟子》以後的戰國中期才有影響力。

（2）從"三無"得到的"氣"

《民之父母》的"而旻（得）既（氣）室（塞）於四洅（海）矣"，《禮記·孔子閒居》作"志氣塞乎天地"，而且見於"五至"，文義不通。但《民之父母》記述從"三無"得到"氣"。如張豐乾所指出，《民之父母》説明雖然"三無"不能看、不能聽，但是從"三無"得到的"氣"能擴充到四海。① 西信康指出，不能看、不能聽的東西充滿四海這一表達可見於《莊子·天運》："故有焱氏爲之頌曰：'聽之不聞其聲，視之不見其形，充滿天地，苞裹六極。'"《中庸》曰："子曰：'聲色之於以化民，末也。'《詩》曰：'德輶如毛'，毛猶有倫；'上天之載，無聲無臭'，至矣！"《淮南子·繆稱》（《説苑·政理》《韓詩外傳·卷一》）也

---

① "旻既"，"旻"字可以讀爲"得"或"德"；"既"可以讀爲如字或"氣"，共有四種讀法。"旻既"，濮茅左原釋文讀爲"得氣"，没有説明。張豐乾亦效之。劉信芳讀爲"德氣"，《禮記·孔子閒居》"志氣"的鄭玄注有"志謂恩意"，提出"恩意"相當於"德"。何琳儀讀爲"志氣"，提出"得"與"志"可通。陳劍讀爲"德既"，指出"既"字形不同於"䊠"，不能釋爲"氣"。季旭昇批判他們，讀爲"得既"，釋爲"能夠已經"之意。筆者認爲，張豐乾最有説服力，他指出：君子"橫于天下"，却是竪起了耳朵也聽不見，擦亮了眼睛也看不到，認真地看和努力地聽都"不可得"。然而，君子"得"了什麽呢？這應該是下文順理成章要回答的問題。由此可見，"而"字在文中是一個表示轉折的連詞，"得"字無論是在字形上還是在字義上，都和上文的兩個"得"是一樣的，不必釋爲"德"。而下文的"既"就成了"得"的物件，不能再釋爲"已"，而有理由被看作是省去了底下的"火"，可以釋爲"氣"。也就是説，《民之父母》第7簡該句可以被釋爲"而得氣塞于四海矣"。參見劉信芳：《上博藏竹書試讀》，簡帛研究網2003年1月9日；何琳儀：《滬簡二册選釋》，《學術界》2003年第1期；張豐乾：《〈民之父母〉"得氣"説》，簡帛研究網2003年2月25日；陳劍：《上博簡〈民之父母〉"而得既塞於四海矣"句解釋》，簡帛研究網2003年1月18日；季旭昇：《民之父母譯釋》，季旭昇主編：《〈上海博物館戰國楚竹書（二）〉讀本》，萬卷樓圖書股份有限公司，2003年。

有類似表達):"有聲之聲,不過百里,無聲之聲,拖於四海。"《孫子·虛實》曰:"微乎微乎,至於無形;神乎神乎,至於無聲,故能爲敵之司命。"由此可以看出,這些文獻不少都受到了道家思想的影響。

(3)"志"的"五至"與"氣"的"三無"的對比

《民之父母》的"君子㠯(以)此皇(橫)于天下"是"三無"的作用,但此文不見於《禮記·孔子閒居》。《民之父母》的"五至"有"君子㠯(以)正"四字,此文與"三無"的作用"君子㠯(以)此皇(橫)于天下"構成對比。與《民之父母》比起來,《禮記·孔子閒居》缺失"君子㠯(以)正"、"君子㠯(以)此皇(橫)于天下",顯得文義不通。

因此從《民之父母》才能看出:"五至"的本質是"志"的問題,其作用是"君子㠯(以)正";"三無"的本質是"氣"的問題,其作用是"君子㠯(以)此皇(橫)于天下",可以圖示如下:

	作　　用	主要題目
五至	内部的問題(君子以正)	志
三無	擴充外界的問題(君子以此橫于天下)	氣

由此可知,《民之父母》表明"民之父母"的君子從内部的"志"達到"正",最後通過"三無"的"氣"擴充到外界的天下這一過程。

結　語

如本文所探討,《民之父母》雖然吸收了道家思想,但基本上是以儒家思想爲基礎而撰成的文獻。《民之父母》用《詩》解釋"三無"("無聲之樂""無體之禮""無服之喪"),《民之父母》第7—9簡:

子㠯(夏)曰:"亡(無)聖(聲)之䋯(樂),亡(無)朡(體)之豊(禮),亡(無)備(服)之䘳(喪),可(何)志(詩)是䢋(昵)。"孔=(孔子)曰:"善已,商也。㰱(將)可孝(教)訧(詩)矣。'㙣(成)王不敢康,迺(夙)夜基(基)令(命)又(宥)窨(密)。'亡(無)聖(聲)之䋯(樂)。'㒤(威)我儀尸=(逮逮),〔不可選也。'無體之禮。凡民有喪,匍匐救之。無服〕之䘳(喪)也。"

"成王不敢康,夙夜基命宥密"可見於《毛詩·周頌·昊天有成命》,"威儀棣棣,不可選也"可見於《毛詩·邶風·柏舟》,"凡民有喪,匍匐救之"可見於《毛詩·邶風·谷風》。

如本文指出,《民之父母》把由道家思想構成的"五至"與"三無"收在"志氣論"的結構裏(這點在《禮記·孔子閒居》中並不明確)。"五至"以"民之父母"內部的"志"的問題爲主題,"三無"以把內部問題擴充到四海的"氣"爲主題。《民之父母》解釋"五至""三無"之後,説明"五起"並再三提到"氣志不違""氣志既得""氣志既從"等"氣志"的問題(《禮記·孔子閒居》亦有"氣志既起",《民之父母》却無此文)。《孟子·公孫丑》:

"夫志,氣之帥也;氣,體之充也。夫志至焉,氣次焉。故曰:'持其志,無暴其氣。'既曰'志至焉,氣次焉',又曰'持其志無暴其氣'者,何也?"曰:"志壹則動氣,氣壹則動志也。今夫蹶者趨者,是氣也,而反動其心。""敢問夫子惡乎長?"曰:"我知言,我善養吾浩然之氣。""敢問何謂浩然之氣?"曰:"難言也。其爲氣也,至大至剛,以直養而無害,則塞于天地之閒。其爲氣也,配義與道;無是,餒也。是集義所生者,非義襲而取之也。行有不慊於心,則餒矣。我故曰,告子未嘗知義,以其外之也。必有事焉而勿正,心勿忘,勿助長也。無若宋人然:宋人有閔其苗之不長而揠之者,芒芒然歸。謂其人曰:'今日病矣,予助苗長矣。'其子趨而往視之,苗則槁矣。天下之不助苗長者寡矣。以爲無益而舍之者,不耘苗者也;助之長者,揠苗者也。非徒無益,而又害之。"

此文説明"志"率領"氣","氣"既然"以直養而無害",也可以擴充天地。《民之父母》無疑運用了《孟子》"志氣論"的框架。①

如上所述,道家思想在《孟子》以後才流行。《論語》《孟子》雖然强調禮樂的重要性、効用,但還没有進入思考其源泉、根源問題的階段。徹底顛覆禮樂權威的是墨家、道家,二者迫使儒家解釋禮樂的源泉所在。在此背景下,《荀子》以後出現了"禮樂的聖人作爲説"。

《民之父母》可視爲儒家吸收了道家否定禮樂的邏輯、並嘗試再構建的文獻。道家認爲"道=無"是使一切"物"存在、變化、運動的唯一的最終性根源、本體、主宰。換言

---

① 龐樸:《再説"五至三無"》,簡帛研究網 2003 年 3 月 12 日。

之,道家認爲,衹不過是萬物之一的人類否定、排除一切的價值、存在,進而獲得、把握終極性的根源、本體——"道"(即"無"),便會成爲主宰者(或王者)。譬如《老子》第32章:"道常無名,樸雖小,天下莫能臣也。侯王若能守之,萬物將自賓。"《老子》第37章:"道常無爲而無不爲。侯王若能守之,萬物將自化。化而欲作,吾將鎮之以無名之樸。無名之樸,夫亦將無欲。不欲以静,天下將自定。"這樣"道—萬物"關係的道家思想不見於《孟子》以前,但在《孟子》以後的郭店楚簡、上博楚簡等文獻中才出現,也見於《荀子》等儒家文獻。

總之,《民之父母》是在道家思想流行的《孟子》以後的時代,運用"道＝無"的本體論、否定禮樂等的道家思想並將其囊括在《詩》、"志氣論"等儒家思想結構裏的政治思想文獻。

孔子道德理想與禮樂文化傳播

湖南大學嶽麓書院　蘭甲雲、艾冬麗

一、孔子道德理想是什麼？

　　孔子的道德理想分爲道德理想社會與道德理想個體兩個方面。道德理想社會構成的基礎與根基是道德理想個體，没有道德理想個體的實踐，就不可能實現道德理想社會的目標，尤其是居於統治地位的道德理想個體實踐，在整個社會中居於主導地位。在孔子看來，上古的黄帝堯舜時代是道德理想社會，上古的黄帝堯舜是道德理想個體。聖人與太平盛世緊密相連。孔子十分嚮往聖賢與太平盛世。《禮運》提到，孔子作爲蜡賓祭祀完畢後，大爲感歎，言偃問君子何歎，孔子答曰："大道之行也，與三代之英，丘未之逮也，而有志焉。"孔子十分嚮往的上古大道之行的時代，是黄金時代，孔子没有趕上，感慨萬分。

　　提到孔子的道德理想社會與道德理想人物，我們不能不提到孔子道德理想的反面，即非道德理想社會、非道德理想個體。"一陰一陽之謂道"，没有正面也就没有反面，正反相輔相成。我們研究孔子的道德理想社會與道德理想個體，當然也就很有必要關注非道德理想社會、非道德理想個體。

　　大道之行的時代是太平盛世，與太平盛世的理想社會相反的亂世社會。與太平盛世相比較次之一點的社會是治世社會，與治世相反的是衰世社會。聖人與太平盛世相稱，賢人與治世相稱，昏君與衰世相稱，暴君與亂世相稱，當然這是就一般情況而言，也會有例外。聖人、賢人、君子爲一類，屬於正面榜樣人物；昏君、暴君、小人爲一類，屬於反面唾棄人物。

　　本文著重探討孔子的道德理想，因此與道德理想相反的一面，僅在此提及。

　　孔子的道德理想社會是什麼？道德理想社會有什麼標準呢？道德理想社會有什麼

特徵呢？孔子的心目的道德理想社會有兩個：一個是最高道德理想社會，一個是一般道德理想社會。最高理想社會是大同社會，這是孔子心目中的太平盛世，聖賢湧現，社會高度自治。一般理想是小康社會理想，小康社會是治世。

大同社會的標準與特徵都符合道德規範治理的要求。大同社會的治理以道德治理爲主。大同社會的標準有三個：天下爲公，選賢與能，講信修睦。特徵有七個：第一是具備仁愛的道德情感與道德心理，"故人不獨親其親，不獨子其子"。第二是老壯幼三種不同年齡階段的人們都能盡其本分，"使老有所終，壯有所用，幼有所長"。第三是弱勢群體得到社會的良好照顧。第四是"男有分，女有歸"。第五是具有奉獻精神，不自私自利。"貨，惡其棄於地也，不必藏於己。力，惡其不出於身也，不必爲己。"第六是社會治安良好，社會風尚淳樸，"是故謀閉而不興，盜竊亂賊而不作"。第七是生活安全，夜不閉戶。

小康社會的標準與主要特徵是什麼呢？在孔子看來，道德理想社會很難實現，退而求其次，追求小康社會，這是家天下的私有制世襲社會，即禮治社會。《禮記·禮運》提到，小康社會以禮治爲主，禮樂以仁愛爲主。小康社會的標準有兩個，即"大道既隱，天下爲家"。家天下是其根本組織形式。特徵有五：第一是仁愛的道德情感心理局限于親人親屬，"各親其親，各子其子"。第二是追求自我利益且局限於自我，"貨、力爲己"。第三是各級公權力不用選舉制度，而實行世襲制度，即"大人世及以爲禮"。第四是以禮治國，各種政治關係、人事關係與利益關係由禮典制度來約束、控制、調節、分配，"禮義以爲紀，以正君臣，以篤父子，以睦兄弟，以和夫婦，以設制度，以立田里，以賢勇知，以功爲己"。第五是不實行禮治，則會家破國亡，"如有不由此者，在勢者去，衆以爲殃"。

孔子在《論語》中討論得最多的是仁與禮，這是基於私有制的現實社會而言。因此孔子寄希望於首先重點實現禮治，從而可能達到實現德治的目標。"道之以德，齊之以禮，有恥且格""道之以政，齊之以刑，民免而無恥"。孔子主張以禮通向道德之治，而認爲以刑導向政治的目標格局太小。

孔子的道德理想個體是什麼樣的人？道德理想個體有什麼標準？道德理想個體有什麼基本特徵呢？

孔子的道德理想個體是先王等聖賢君子。《周易》《文言傳》裏面提到君子聖人、賢人等道德理想個體。《周易》乾卦九五爻，爲天子聖人之爻，《文言》提到聖人時說："九五曰飛龍在天，利見大人，何謂也？子曰'同聲相應，同氣相求。水流濕，火就燥。雲從龍，風從虎，聖人作而萬物睹。本乎天者親上，本乎地者親下，則各從其類也。'"《文言》

提到賢人時說:"上九曰亢龍有悔,何謂也? 子曰:'貴而無位,高而無民,賢人在下位而無輔,是以動而有悔也。'"

"君子"則在每個卦的象辭中都會提到。可見,《周易》作爲群經之首,總的宗旨無非是成就聖賢君子,化小人爲君子。君子是通稱,賢人是君子之中的傑出人物,聖人則是君子中的領袖人物。其實,《論語》裏面也提到聖人、賢人、君子等道德理想個體。聖人的代表人物則是黃帝與堯、舜,根據《繫辭傳》的敘述,黃帝之前是炎帝,炎帝之前是伏羲。伏羲仰觀俯察,發明了八卦,並受到《離》卦啓示,發明了捕魚的漁網和田獵的羅網。炎帝則受到《益》的啓示,發明耒耜等農業工具。炎帝還受到《噬嗑》卦的啓示,創造了市場交易制度。黃帝與堯、舜時代,是上古的黃金時代,《繫辭傳》說:"黃帝堯舜垂衣裳而天下治。"行禮得中德,堯、舜都是執中的聖人,相傳堯帝傳給舜帝執中之道,《論語·堯曰》篇說:"'咨! 爾舜! 天之歷數在爾躬,允執其中,四海困窮,天禄永終。'舜亦以命禹。"舜帝也將"允執其中"的秘訣傳授給大禹。《禮記·中庸》裏面孔子讚美舜帝說:"子曰:舜其大知也與! 舜好問而好察邇言,隱惡而揚善。執其兩端,用其中於民,其斯以爲舜乎。"中與和,在《中庸》裏面,被提到很高地位。"喜怒哀樂之未發,謂之中。發而皆中節,謂之和。中也者,天下之大本也。和也者,天下之大道也。致中和,天地位焉,萬物育焉。"

孔子的道德理想個體的標準是什麼? 傳說孔子作十翼,從《周易》的傳文來看,君子的標準是通天地人之道,即第一是通天道陰陽,第二是通地道柔剛,第三是通人道仁義。三者正是三才之道、三極之道。基本通達三才之道的爲君子,通達得比較好的爲賢人,完全通達的爲聖人。

從《周易》乾卦《文言》來看,君子有四德: 元亨利貞,即"體仁足以長人,嘉會足以合禮,利物足以和義,貞固足以幹事",也就是説君子踐履仁義禮知四德,可以獲得信德,實際上,君子具有仁義禮智信五德,即儒家講的五常德。因此,孔子道德理想個體的特徵是具備仁義禮智信五常之德。五常之德仁義禮智信,在五倫中體現出來,即父子有親、君臣有義、夫婦有別、兄弟有序、朋友有信。

二、禮樂文化何以能傳播中和之德?

《左傳·成公十三年》說:"民受天地之中以生,所謂命也。是以有動作禮義威儀之則,以定命也。"春秋時代有人認爲"中"就是天地之命,而禮是安身定命的。禮樂是實現中和之道的最佳路徑、最優方法。所以孔子最提倡仁和禮,認爲"克己復禮爲仁"。在群經之首《周易》裏面,《繫辭傳》說:"聖人有以見天下之動,而觀其會通,以行其典禮,繫辭焉以斷其吉凶,是故謂之爻。"可見,爻與典禮密切相關。其中二爻居於下卦之中,得地道之正位,五爻居於上卦之中,得天道之正位,因此二五爻得中的緣故,在《周易》爻辭中,最爲吉利。禮之中,分爲剛中與柔中。剛中就是陽爻居於五位,柔中就是陰爻居於二位。樂分爲陽樂與陰樂,樂之和分爲陰陽之和與純陽太和。樂也分陰陽,鼓舞人心的樂曲爲陽樂,如黃鐘之音。撫慰人心的樂曲爲陰樂,如大呂之音。陽音爲律,陰音爲呂。古禮主要是對貴族的規範與約束,貴族君子與民衆相對應而言,貴族屬於陽,民衆屬於陰。禮是對於陽對於貴族的規範與約束。樂屬於陽,民衆屬於陰,對於民衆則需要樂的引導與鼓舞。禮約束貴族,樂鼓舞民心。孟子深得禮樂精髓,強調與民同樂,並且認爲:"敬人者,人必敬之。愛人者,人必愛之。"孟子強調敬人與愛人,就是強調禮與仁。

禮樂之道以仁爲核心,仁通過行禮可以致中德,仁通過行樂可以致和德。行禮樂之道是統治階級貴族子弟進行統治教育的一種主要教育方式。《文王世子第八》說:"凡三王教世子,必以禮樂。樂,所以修內也。禮,所以修外也。"據記載,貴族子弟春夏學詩和樂,秋冬學禮和書。"凡學,世子及學士必時""春夏學干戈""春誦夏弦""瞽宗秋學禮""冬讀書"。

爲什麼說行禮樂之道可以致中和之德呢?

仁是溝通天道與人道的道德情感與心理的核心。孔子在《論語》裏面總是將仁與禮聯繫在一起,《論語》裏面說得最多的就是仁與禮。孔子說:"人而不仁如禮何?人而不仁如樂何?""禮云禮云,玉帛云乎哉!樂云樂云,鐘鼓云乎哉!"祇有仁心,通過禮,才能成就中德。祇有仁心,通過樂,才能成就和德。

在《周易》乾卦卦辭裏面,元是四德之首,元爲仁。亨第二,亨爲禮。這與孔子《論語》裏面仁與禮的關係完全一致。元爲天道,元變成仁,仁也就承載著天道的內容。我們說禮樂承載天道,是因爲禮樂包含著仁道。禮利用天道即仁道可以治理人情。

基於仁愛的禮樂是用吉凶賓軍嘉五禮三十六目來承載天地之道治理人情的。利用禮樂溝通天神地祇人鬼的禮典是吉禮,利用禮典處理喪事的是凶禮,禮樂禮典禮儀舉行冠婚儀式的是嘉禮。

行禮典之前,必須齋戒,齋戒能夠身心清净,培養中和之德,可以事神致福,禮樂治人的目標通過系列禮儀禮節程式的進行培育五常之德,達到中和境界從而得以實現。《禮記》說,祭祀之前,要散齋七日,致齋三日。齋戒的目的是誠心誠意、專心致志地從事禮典禮樂活動。通過長達十天的時間,禁止平常的一切外事活動,禁欲禁色,做到身心清净,爲祭祀活動做好思想上、心理上、情感上的準備。這種齋戒方法在做到身心清净的同時,使人的心理活動進入中和境界,可以培養人的莊嚴神聖的道德心理與道德情感。

孔子説:"祭則受福""戰則必克"。禮樂治人的目標是使人通過禮樂熏陶,具備五常五倫等德育素養,達到中和的精神境界。中和精神境界的前提是致禮以治其躬、致樂以治其心。中和境界可以保證禮樂不偏離正道。如果禮樂無節,偏離正道,走向極端,則有可能演變成大亂之道。因此禮樂之節是實行王道的主要政治方法和措施,"先王之制禮樂也,人爲之節"。"禮節民心,樂和其聲,政以行之,刑以防止。禮樂刑政,四達而不悖,則王道備矣。"

哪些禮典哪些人在行禮樂的過程中可以致中和之德? 一般來説,某個禮典的舉行,參與人數是有規定的,譬如祭天之禮,君王主祭,卿大夫助祭,執事之士參與。主祭者是整個禮典的核心,主祭者所祭祀的昊天上帝則是禮敬的對象,禮典中的所有禮樂活動則是溝通主祭者所領導的祭祀一方與被祭祀對象另一方的關係而發生的,即祭祀一方通過禮典的一系列禮樂活動,向另一方被祭祀對象行禮。在行禮前,通過十天時間左右踐行齋戒,清净身心,在禮典進行時,通過系列禮樂活動,和神靈溝通,得到神的賜福,達到事神致福的目的。

吉禮的祭祀天神地祇和祖先神靈的活動,是通過溝通神靈的準備過程、禮典的踐履過程與事神的目的來實現中和之德。凶禮主要是通過喪事的處理來體現中德,古代喪事不用樂。諸侯之間的賓禮可以使參與禮典的雙方致中和之德。嘉禮主要通過賓主雙方的系列禮儀活動表達賓主雙方的情感與禮義,通過系列禮樂活動致中和之德。古代嘉禮中的婚禮不用樂,因此,婚禮没有通過樂舞以致和德的程式。軍士通過軍禮可以致中和之德。學生主要通過學禮致中和之德。

三、爲什麽説禮樂文化傳播中和之德是實現孔子道德理想的必由路徑?

(一) 中和之德,可以正性命正性情

禮可以養陰,補陰,强陰。樂可以養陽、助陽、壯陽。禮過分,則陰盛陽衰。樂過分,則陽亢陰弱。禮樂適中適宜,人體才能夠陰陽平衡、血脉暢通、血氣平和。對於樂來説,

合禮的樂,譬如《韶樂》,《詩經》中的禮樂,是治世之音,如德音、雅樂(風樂、雅樂、頌樂)等,有利於社會風化,有利於國家政治,所謂"禮以導其志,樂以和其聲,政以一其行,刑以防其奸。禮樂刑政,其極一也,所以同民心而出治道也"。不合禮的樂則是淫聲,如鄭衛之音,是亂世之音、亡國之音。行禮樂之道致中和之德,可以培養君子。君子修養的法門與要術就是踐行禮樂之道。《文王世子》說:"凡三王教世子,必以禮樂。樂所以修內也,禮所以修外也。禮樂交錯於中,是故其成也懌,恭敬而溫文。"

(二) 中德與和德是君子自治與治人的必由路徑

禮是陰陽交接會通、趨吉避凶之道。禮是人們面對陰陽變化的現象與規律而採取的應對之道。禮分吉凶賓軍嘉五禮,一個完整的禮典,包括行禮者、禮敬者、禮物、禮器、程式、儀式,其中包括溝通人神的辭令如詩歌語言,娛樂天神地祇的歌舞樂曲。無論貴族與民衆,都需要禮樂修養。

禮樂治國的精髓在於官員根據典章公示後的制度進行制度化管理、執行、監控、評價、獎懲。《易》與禮互相含攝、互相貫通。《易》講陰陽變化,禮講陰陽往來交通,《易》與禮,在陰陽相互之間的網路溝通方面,具有高度一致性。

古代祇有王者功成治定,才能制禮作樂。非天子,不制度,不議禮。禮樂天然帶著某個王朝的強烈的政治傾向、文化傾向、價值傾向、社會傾向。一代有一代的禮樂,上古三代時期,禮樂皆有損益,我們研究中國的禮樂文化,就是既要看到禮樂在所有朝代的普遍性、繼承性,也要看到不同朝代的禮樂文化的革命性、時代性、特殊性。即使同一個朝代,興盛時代禮樂興盛,政治清明,社會穩定,衰落時代禮崩樂壞、政治腐敗、社會瓦解。

禮樂傳播是在禮樂制度的規定範圍內定向傳播,禮樂傳播以禮典禮儀爲核心平臺傳播,受到一定時間、空間與參與人員的限制。每一個朝代有一個朝代的禮典禮儀,朝代興盛時期,禮樂傳播比較正常;朝代衰落時,一般禮崩樂壞,禮樂傳播處於非常態的混亂或者崩潰狀態。

(三) 聖賢君子是實現孔子道德理想的必由路徑

禮樂之治,道德之治,重在培養謙謙君子。在孔子時代君子一般指統治階級貴族,指有德有才有位之人。在《周易》裏面,一般而言,陽爲君子,陰爲小人。六十四卦,每個卦有象辭,每個卦其中一條大象辭,都會提到君子。如《乾》卦大象辭:"天行健,君子以自强不息。"《坤》卦大象辭:"地勢坤,君子以厚德載物。"根據《說卦辭》與《繫辭傳》等來看,陽爲天,爲君,爲父,爲夫,爲首。因此,君子之道即陽道,陽道通天道、夫道、父道。

行禮樂之道致中和之德,可以培養君子。君子修養的法門與要術就是踐行禮樂之道。《文王世子》說:"凡三王教世子,必以禮樂。樂所以修內也,禮所以修外也。禮樂交錯於中,是故其成也懌,恭敬而溫文。"《樂記》說:"故禮以道其志,樂以和其聲。"

實際上,禮樂是用文化統一天下,征伐是用武力統一天下。

儒家講聖賢君子,講德治禮治法治,中心與重心是禮治,因爲儒家判斷時代是小康社會時代,是家天下時代,因此,需要禮治。禮治需要德治與法治互相配合。

吉凶軍賓嘉五禮,其中軍禮涉及軍事制度與武力使用等一系列問題。周代是中國歷史上時間最長的朝代,總共近800年歷史。周代禮樂文化制度奠定了中國文化的根基與底色。從伏羲到炎帝、黃帝,是傳說時代歷史、口述時代歷史,是部落制度與國家制度草創混合的時代。從堯帝、舜帝到夏、商、周,是諸侯封建與天子共治時代,是國家制度與諸侯制度比較完善的時代,帶有濃厚的部落民主氣息,政治的自治性質很強。秦代到清代,是中央集權等皇權專制的歷史時代,政治體制沒有發生根本性變化。其中漢代與唐代,是中央集權時代的輝煌時代,有文景之治、貞觀之治等美譽。

聖賢君子利用儒家禮樂經典治理天下。天官所掌六典裏面有禮典,春官宗伯是專掌邦禮的六卿之一。"乃立春官宗伯,使帥其屬而掌邦禮,以佐王和邦國"。大宗伯的具體之職就是"掌建邦之天神、人鬼、地祇之禮,以佐王建保邦國"。

樂教在《周禮》裏面居於重要地位,教育國子即貴族子弟,音樂十分重要。春官宗伯屬於禮官,禮官裏面有大司樂,掌成均之法,掌管學政學校,掌管音樂機構,用音樂來教育貴族子弟。以樂德、樂語、樂舞教國子。樂德有六,即中、和、祇、庸、孝、友。樂語有六,即興、道、諷、誦、言、語。樂舞內容主要是七個舞蹈,即《雲門》《大卷》《大咸》《大磬》《大夏》《大濩》《大武》。

同時,音樂也是祭祀天地人鬼時候的重要程式與主要內容。"乃奏黃鐘,歌大呂,舞《雲門》,以祀天神。乃奏大族,歌應鐘,舞《咸池》。以祭地祇。乃奏姑洗,歌南呂,舞《大磬》,以祀四望。乃奏蕤賓,歌函鐘,舞《大夏》,以祭山川。乃奏夷則,歌小呂,舞《大濩》,以享先妣。乃奏無射,歌夾鐘,舞《大武》,以享先祖。"

柳貽徵先生說:"蓋樂之爲用,全在聲容兼備。有聲而無容,不得謂之樂。周之樂舞,上備先代,旁及夷野,于歷史相傳之功德,各地人民之習俗,罔不修舉,此其樂之所以盛也。"

《論語》裏面，孔子多次提到禮與樂，孔子說："興於詩，立於禮，成於樂。"詩通了，人就會情感興發合符中正之道，孔子說的"詩三百，一言以蔽之，思無邪"。禮通了能夠踐履好，人才能夠很好地立足於社會。樂通了，能夠時時事事處處快樂，人才能夠算成功。當然，孔子說的"成於樂"主要是指祭祀要奏相應的音樂和舞蹈，祭祀才算成功完美。

樂德以雅樂為正，雅樂稱為德音。從《詩經》來看，孔子整理後說："雅頌各得其所。"應該說雅詩得到整理，雅音雅樂得到校正，頌詩得到整理，頌樂頌音得到校正。當然，風詩也會得到整理，風樂風音，也會得到校正。頌詩與頌樂屬於宗廟祭祀之歌，帶有史詩性質。雅詩雅樂屬於貴族宮廷音樂，帶有國家政府官方性質。風詩與風樂屬於民間音樂，屬於民樂，帶有地方特色，具有風俗風情風味。

道統建立核心價值觀，祭天與天道相溝通，祭地與地道相聯繫，祭祀祖先與人道相聯繫，君道與君臣之道就是通過祭祀天地祖先之道建立起來的，是通過一系列典禮建立起立國治國的核心價值觀的。禮樂之道將天道地道人道聯繫起來、溝通起來。禮從敬愛謙讓等差異方面進行有效的溝通聯繫，樂從共用和樂方面加強群體的團結力凝聚力向心力。

（四）德治何以導致大同社會？禮治何以導致小康社會？

治理分自治和他治。就他治來說，不管是德治還是禮治，治理的一方是君子，被治理的一方是小人。就自治來說，是自己主動將小人的一部分的性情品德按照君子的要求修養成為君子的性情與品行品德。

德治是君子都能夠將小人轉化成君子，或者說小人都能夠自覺接受君子的教育，主動將自己修養成為君子，全社會都變成了君子，這個社會就變成道德自覺的社會，變成了大同社會。小康社會是君子居於統治地位，小人居於被統治地位。君子與小人各安其位元，這個社會的特徵是總有君子與小人的區分，在家天下私有制社會裏面，小人很難轉化成為君子，家天下的君子也很難對小人有說服力和感染力，因此需要禮治來保證各項制度的穩定與實行。

四、禮樂文化致中和之德的現代意義

現代社會忽視禮樂文化與中和之德，導致道德情感心理畸形發展，嚴重危害身心健康與安全。《樂記》認為"知聲而不知音者，禽獸是也。知音而不知樂者，眾庶是也。唯君子爲能知樂""不知音者,不可以言樂。知樂則幾於禮矣。禮樂皆得,謂之有德。德者得也"。音樂教育並不必然導向道德教育。因此,雅樂十分重要。並且,禮制的教育更顯重要,樂教也是爲了完成禮教。"興于詩,立于禮,成于樂",因爲詩歌重視藝術形象藝術情感,詩歌使得日常生活具有藝術情趣。人們因爲守禮得中道之德,更會處理人際關係。因爲愛好雅樂雅音等音樂而得和合之德,於是産生親愛仁愛之情感心理,仁者愛人,産生慈悲之心,於是熱愛祖國與人民,並且願意奉獻自己的青春。

行禮作樂的過程中,如果忽視德育,沒有反人道之正,就會産生兩方面的主要問題,一個是陽亢,患上癲狂症、狂傲症,目中無人,老子天下第一,殺人放火,爲所欲爲。第二個是陰氣過盛,陽氣受到嚴重壓抑,即患上憂鬱症,出現自殘自殺行爲。禮樂文化導致中和之德就是爲了防止過激偏激甚至極端的情緒、心理與行爲。這種文化在現代化的今天,仍然具有十分重要的意義。

中和之德,反人道之正,就是《周易》所講的陰陽和合、中醫講的陰陽協同與平衡,所謂中德和德,就是《乾》卦《彖》辭講的"各正性命",就是《文言》講的"利貞者,性情也"。由此可見,中和之德就是正性命正性情,也就是爲了反人道之正。反人道之正,就是兩個問題,第一個是正性命的問題,第二個是正性情的問題。

正自己的性命與性情,正他人的性命與性情,正群體的性命與性情,反人道之正,返回到人道的正路上來,這就是禮樂文化的使命。

春秋時代的"樂"
——從音樂與國家統治的關係出發

愛媛大學法文學部　水野卓

引　言

考察春秋時代的歷史之際，《左傳》與《國語》這些史料不可或缺。其中常能見到"禮樂"一詞，但筆者在此關注的是《左傳》與《國語》中所見的"樂"字。"樂"有時意味著"樂趣"，而有時指的是"音樂"。關於中國古代音樂有許多研究，[1]特別是關於春秋時代的音樂，在中國，李軍對"瞽樂人"進行了研究，段士朴論述了晉國的樂師師曠；[2]在日本，高木智見探討過"盲人樂師"，齋藤道子談論過"郘公鐘儀"。[3] 如上，在春秋時代的音樂方面，關注"樂人"，談論其社會立場等的研究不斷深化，而關於其與國家統治的關聯，僅有高木智見對其今後的發展做了展望，他說："在古代中國，音樂是進行統治的手段之一，運用這一手段的是盲人樂師們。"[4]因此本文試圖探討在春秋時代音樂是如何與國家統治相關的。

---

[1] 有關中國古代音樂的研究爲數衆多，例如，專著方面，廖輔叔：《中國古代音樂簡史》，人民音樂出版社，1964年；楊蔭瀏：《中國古代音樂史稿》，人民音樂出版社，1981年；李純一：《中國古代音樂史稿》第1分冊，音樂出版社，1984年；蔣孔陽：《先秦音樂美學思想論稿》，人民文學出版社，1986年；夏野：《中國古代音樂史簡編》，上海音樂出版社，1989年；金文達：《中國古代音樂史》，人民音樂出版社，1994年；李純一：《先秦音樂史》，人民音樂出版社，1994年；修海林：《中國古代音樂教育》上海教育出版社，1997年；鄭祖襄：《中國古代音樂史學概論》，人民音樂出版社，1998年；陳萬鼐：《中國古代音樂研究》，文史哲出版社，2000年；藍玉崧著、吳大明整理：《中國古代音樂史》，中央音樂學院出版社，2006年。

[2] 李軍：《論瞽樂人及其詩歌》，《吉林大學社會科學學報》1988年第6期；段士樸：《淺談晉國的大音樂家師曠》，《山西師大學報》1988年第4期。

[3] 高木智見：《瞽矇の力——春秋時代の盲人樂師について》，《山口大學文學會志》第41卷，1990年。齋藤道子：《郘公鐘儀考——古代中國における政治權力と音樂をめぐる一風景》，《史學》第64卷第3・4號，1995年。

[4] 高木智見：《瞽矇の力》，第36頁。

一、《左傳》《國語》中的"樂"

《左傳》《國語》中與音樂相關的"樂",大致可分爲"音樂整體""樂器""樂人"三種含義。首先從其與國家統治的關聯出發,看一下意味著"音樂整體"的"樂"。《國語·周語下》寫道:

> 律呂不易,無奸物也。細鈞有鍾無鎛,昭其大也。大鈞有鎛無鍾,甚大無鎛,鳴其細也。大昭小鳴,和之道也。和平則久,久固則純,純明則終,終複則樂,所以成政也,故先王貴之。

此即認爲通過"樂"的和諧可以實現政治。另外《左傳》莊公二十七年寫道:

> 晉侯將伐虢,士蔿曰:"不可。虢公驕,若驟得勝於我,必棄其民。無衆而後伐之,欲禦我誰與。夫禮樂慈愛,戰所畜也。夫民,讓事,樂和,愛親,哀喪,而後可用也。虢弗畜也,亟戰將饑。"

這就將"樂"與"禮"一起視爲治民的手段。那麼,爲何"樂"與政治之實現相關,能夠用來統治"民"呢? 看《左傳》僖公二十七年如下記述:

> 冬,楚子及諸侯圍宋,宋公孫固如晉告急。先軫曰:"報施救患,取威定霸,於是乎在矣。"狐偃曰:"楚始得曹,而新昏于衛,若伐曹衛,楚必救之,則齊宋免矣。"於是乎蒐於被廬,作三軍,謀元帥。趙衰曰:"郤縠可,臣亟聞其言矣,説禮樂而敦詩書。詩書,義之府也。禮樂,德之則也。德義,利之本也。"

值得注意的是,"禮樂"被視爲德之法則、國家的利之本這一點。關於"樂"與"德"的關係,《左傳》襄公十一年稱:"夫樂以安德,義以處之,禮以行之,信以守之,仁以厲之,而後可以殿邦國,同福祿,來遠人,所謂樂也。"其中提到,通過"樂"可以安德。此外,《國語·晉語》還有這樣的記述:

平公説新聲,師曠曰:"公室其將卑乎,君之明兆於衰矣。夫樂以開山川之風也,以耀德於廣遠也。風德以廣之,風山川以遠之,風物以聽之,修詩以詠之,修禮以節之。夫德廣遠而有時節,是以遠服而邇不遷。"

根據這一段記載,便能從樂與君主的關聯來思考。已有學者指出,在春秋時代,統治國家的權力集中于君主,而且筆者探討君位繼承之際,發現對於新君而言,繼承前君之德是一項重要條件。① 由此可見,對於春秋時代的"樂(音樂)"與國家統治之關係,是可以通過其與君主的關聯來探討的。

二、君主與"樂"

通過前一節的探討,弄清了與春秋時代的國家統治相關的"樂"是與君主密切相關的。接下來,在《左傳》與《國語》有關"樂"的記載中,試舉出特別與君主相關者。《國語·周語下》曰:"上作器,民備樂之,則爲和。今財亡民罷,莫不怨恨,臣不知其和也。"如依照韋昭注"言聲音之道與政通也",這一條便可解釋爲君主若製作樂器,而"民"能夠以此爲樂,便可達到和諧。關於"樂"字所具有的第二個含義"樂器",《左傳》襄公二十五年文曰:"晉侯濟自泮,會於夷儀,伐齊以報朝歌之役,齊人以莊公説,使隰鉏請成,慶封如師,男女以班,賂晉侯以宗器、樂器。"這一條記載説的是樂器作爲"賂",被贈送給晉侯。② 爲何在此"宗器"也被一同作爲"賂"了呢? 齋藤道子指出:"向威逼本國的國家贈送作爲祖先靈魂之依託或象徵的宗廟祭器,相當於降伏,這可視爲將本國置於他國之下的象徵。"③從這一點來看,很有可能在被作爲"賂"贈送的"樂器"中,也有祖先神靈存在的意味。高木智見曾通過探討樂人指出,春秋時代的音樂"是敦促祖先降臨人世的重要手段"。④《國語·周語下》的記載可以印證高木的觀點,其文曰:

---

① 齋藤道子:《春秋時代の統治權と宗廟》,伊藤清司先生退官紀念論文集編集委員會編:《中國の歷史と民俗》,第一書房,1991年。水野卓《春秋時代の諸侯即位——"立""即位""葬"と新君誕生の認識との關係から》,《史學》第78卷第1·2號,2009年。
② 在清華簡《繫年》中可見"齊人爲成,以(甗)駱玉(爵)與(淳)于之田"(第14章)這一記載。儘管存在語句顛倒等問題,但關於爲了"成"而贈送樂器這一點學者看法是一致的。關於這裏所見的樂器,參見飛虎(周波):《釋〈繫年〉的樂器"玉磬"》,復旦大學出土文獻與古文字研究中心論壇討論區,2011年12月27日。
③ 齋藤道子:《春秋時代の統治權と宗廟》,第249頁。
④ 高木智見:《瞽矇の力》,第33頁。

> 夫有和平之聲,則有蕃殖之財。於是乎道之以中德,詠之以中音,德音不愆,以合神人,神是以寧,民是以聽。

正是由于"樂"與"神"能夠達成和諧,因此音樂與祖先具有密切的關係。① 然則,蘊含著祖先靈性的音樂,與上文提到的作爲統治權之主體的君主之間,具有怎樣的關聯?《左傳》襄公九年之文稱:

> 武子對曰:"君冠,必以祼享之禮行之,以金石之樂節之,以先君之祧處之。今寡君在行,未可具也,請及兄弟之國,而假備焉。"晉侯曰:"諾。"公還及衛,冠於成公之廟,假鐘磬焉,禮也。

魯襄公行元服儀時,因爲人在旅途,便在同姓諸侯衛成公的廟裏,借樂器行了冠禮。這一記載令人非常感興趣。齋藤道子指出,與魯襄公同在的魯國始祖,以"主(木主)"的形式,"在從衛借來的姬姓固有的金石之樂的引導下,讓臨席之人都能切身感受到他們真的在場,這一點可認爲是冠禮儀式中不可或缺的要素"。② 特別是在具有君主即位之始意義的冠禮上,"樂"與此相關,正說明對於集統治權於一身的君主而言,帶有祖先意識的音樂,在統治中可能是不可或缺的要素。《國語·楚語下》"教之樂,以疏其穢而鎮其浮"一語,似也可以證明這一點,因爲這里的樂,是楚太子的必修課程。筆者曾指出,太子與君主具有互爲一體的關係,前者擔負有祭祀祖先的重任。③ 因此,當太子成爲君主統治國家之際,帶有祖先意識的音樂是不可或缺的,所以從太子時期起,就應接受"樂"的教育。總之,在君主統治國家這一點上,音樂是重要的要素。

三、"樂(樂人)"與時代變遷

如前述,春秋時代的"樂"中有祖先意識。它與君主相關,從而發揮出作爲國家統治

---

① 樂與祖先的關聯十分緊密。如《左傳》成公十二年記載:"晉郤至如楚聘,且涖盟,楚子享之,子反相,爲地室而縣焉,郤至將登,金奏作於下,驚而走出。賓曰:'君不忘先君之好,施及下臣,貺之以大禮,重之以備樂,如天之福,兩君相見,何以代此,下臣不敢。'子反曰:'如天之福,兩君相見,無亦唯是一矢以相加遺,焉用樂,寡君須矣。'"由此,可以認爲正是出於列祖列宗的友情,才用音樂來待客。
② 齋藤道子:《祖先と時間——宗廟、祭器に込められた春秋時代の時間觀念》,《東海大學紀要文學部》第77輯,2002年。
③ 水野卓:《春秋時代の太子——晉の太子申生の事例を中心として》,《古代文化》第65卷第3號,2013年。

之要素的功能。關於《左傳》與《國語》中的"樂"所示的第三個含義,即"樂人",也有記載。《左傳》昭公二十八年文曰:"昔有仍氏生女,鬒黑,而甚美,光可以鑒,名曰玄妻,樂正后夔取之,生伯封。"這裏説的是春秋以前"樂正"娶王之近親的事。又,《左傳》定公五年載稱:"王將嫁季芊,季芊辭曰:'所以爲女子,遠丈夫也。鐘建負我矣。'以妻鐘建,以爲樂尹。"至春秋時代,仍有娶王之姊妹當上樂官之事,可知君主與樂人的關係非常密切。

此外,正如"引言"中也已提及的高木智見的看法,即音樂"是祖先祭祀集團共有、確認其作爲集團的一體感,並居於當時可謂神人共同體的社會之核心,從感性方面促使這樣的社會'實體化'之手段,並且這一手段被盲人壟斷性地掌握"。① 另外,關注春秋時代的楚國樂人鄖公鐘儀的齋藤道子,對樂人有一個整體認識,她指出:"在古代中國的祭祖活動中,爲招回該族祖先的靈魂而演奏特定的聲響,負責演奏的正是樂人。"②如其所述,正因爲樂人與祖先密切相關,於是構成了國家統治所必不可缺的要素,樂人的身份才會這麽高。

由此可知,春秋時代的國家統治與音樂密切相關,時人意識到音樂中有祖先的存在。這一現象印證了高木智見的觀點,他正是將春秋時代視作一個祖先意識强烈的時代,并提出"神·人共同體"這一概念。③ 不過,地位高到與國家統治相關的樂人,似乎也隨著時代流轉而變化。《左傳》襄公十一年曰:

> 鄭人賂晉侯以師悝、師觸、師蠲、廣車、軘車、淳十五乘,甲兵備。凡兵車百乘,歌鐘二肆,及其鎛磬,女樂二八,晉侯以樂之半賜魏絳。

此事《國語·晉語》亦載:"十二年,公伐鄭,軍于蕭魚。鄭伯嘉來納女、工、妾三十人,女樂二八,歌鐘二肆,及寶鎛,輅車十五乘。公錫魏絳女樂一八、歌鐘一肆。"又《國語·越語》載:"卑辭尊禮,望好女樂,尊之以名。如此不已,又身與之市。"

值得注意的是,這些是關於"女樂"的記述都來自春秋後半期。④ 又,《韓非子·十

---

① 高木智見:《瞽蒙の力》,第35頁。
② 齋藤道子:《鄖公鐘儀考》,第39頁。
③ 高木智見:《春秋時代の神·人共同體について》,《中國——社會と文化》第5號,1990年。
④ 此外,如《左傳》昭公二十八年文"冬,梗陽人有獄,魏戊不能斷,以獄上其大宗,賂以女樂,魏子將受之"所述,有的記載中提到爲利於審判而贈送"女樂"一事。另外,清華簡《繫年》提到"宋人爲爲成,以女子與兵車百乘,以芊華孫兀元爲質"(第11章)。關於這裏的"女子",子居《清華簡〈繫年〉第8~11章解析》(Confucius2000,2012年6月27日)中引用了本文所舉出的《左傳》襄公十一年記事,認爲指的是"女樂"。

過》有云:"耽于女樂,不顧國政,則亡國之禍也。"《内儲説下》云:"乃令梨且以女樂二八遺哀公,哀公樂之,果怠于政,仲尼諫,不聽,去而之楚。"在《韓非子》中常可見到一些對"女樂"的貶意評價。如果假設《韓非子》反映了戰國時代的觀念,便可推測,原本在國家統治中舉足輕重的樂人,似乎逐漸被"女樂"這一女性樂人所取代,音樂也逐步從與祖先相關,變爲包含快樂意義的詞彙。①

結　語

本文探討了《左傳》《國語》中所見與音樂相關的"樂",分析了"音樂""樂器""樂人"三層含義。關於"音樂",本文指出它與國家統治相關,特別是與君主相關。然後,本文注意到與君主相關的"樂"的記載,發現有事例説明"賂"與舉行冠禮時曾使用"樂器"。已有研究曾指出,在這些樂器中能感受到祖先的存在。本文在此基礎上揭示出帶有祖先意識的音樂,在春秋國家統治中的重要性。這一點也適用於有關"樂人"的記載。但到了春秋後期,可見到"女樂"的存在,由此推斷在春秋時代,樂人的地位逐步下降,國家統治中音樂與祖先的重要性也逐步降低。關於這一時代性變化,如果不探討戰國時期的"樂"就無法斷言,但可認爲,有祖先參與的"樂"構成了統治國家的要素這一結論,是與具有強烈祖先意識的春秋時代背景相符的。

---

① 伊藤道治:《中國古代國家の支配構造》,中央公論社,1987年。文中指出,西周時代後期已"顯示出音樂在用於祭祀之同時,也構成了生活中的一項樂趣"(第438頁)。

《賈誼新書》的禮學來源
——《容經·容》與先秦禮說之比較

致理科技大學應用日語系　工藤卓司

一、前　言

賈誼（前200—前168）是活躍于西漢文帝時期的知識份子之一，其《過秦》《弔屈原》與《鵩鳥賦》等作品收載於司馬遷《史記》、班固《漢書》與蕭統《文選》中。然而，賈誼本人更是一位政論家，他反對漢文帝"好道家之學"的傾向，①反對漢朝當時重黄老思想的風潮，曰："今或言禮誼之不如法令，教化之不如刑罰，人主胡不引殷、周、秦事以觀之也？"②他提倡以"禮"爲核心的政治，如《賈誼新書·禮》曰："禮者，所以固國家，定社稷，使君無失其民者也。"③

賈誼如此重禮，以往學者往往推論其思想源自荀子。如因史書記載賈誼年十八時爲"故與李斯同邑而常學事焉"的吳公所"召置門下，甚幸愛"，④王更生、王興國等學者皆認爲賈誼是荀子的四傳、三傳弟子。⑤汪中曾依《經典釋文序録·左氏傳》"荀卿授陽武張蒼，蒼授洛陽賈誼"之言，⑥而曰："（賈）生固荀氏再傳弟子也，故其學長於禮。"⑦唐雄山由此説道："歷史證明，賈誼與荀子有師承關係。這種關係有兩條綫：一條綫是荀

---

① 《史記》卷23《禮書》，中華書局，2013年，第1368頁。
② 《漢書》卷48《賈誼傳》，中華書局，1962年，第2253頁。
③ 賈誼：《新書》卷6，臺灣中華書局，1983年，第1葉b。
④ 《史記》卷84《屈原賈生列傳》，第3004頁；《漢書》卷48《賈誼傳》，第2221頁。
⑤ 王更生：《救世愛國的少年賈誼》，《中華文化復興月刊》第13卷第8期，1980年，第66頁；王興國：《賈誼評傳》，南京大學出版社，1992年，第2頁。
⑥ 陸德明撰、吳承仕疏證：《經典釋文序録疏證（附經籍舊音二種）》，中華書局，2008年，第108頁。關於此點，《漢書·儒林傳》僅曰："漢興，北平侯張倉及梁太傅賈誼、京兆尹張敞、太中大夫劉公子皆修《春秋左氏傳》。誼爲《左氏傳訓故》，授趙人貫公，爲河間獻王博士。"未言張蒼與賈誼之間有師承關係，值得注意。《漢書》卷88，第3620頁。
⑦ 汪中：《賈誼新書序》，《新編汪中集》，廣陵書社，2005年，第423頁。但是，徐復觀對此指出："研究漢代經學史，應首先打破五經博士出現以後所僞造的傳承歷史。……尤以先秦時代之直綫單傳系統，十九出於附會、僞造。"《兩漢思想史》卷2，臺灣學生書局，1976年，第122頁。

子—李斯—吴公—賈誼。（中略）另一條綫是荀子—張蒼—賈誼。"①

除了從系譜上檢討之外，不少學者另從思想内容來探討荀子與賈誼在學術上的師承關係。如侯外廬《中國思想通史》在賈誼《治安策》中發現荀子"性善者，僞也"的理論和"謹注錯，慎習俗"的複述，而説："賈誼思想中的荀學餘緒實在是有價值的諸子遺産。"②金谷治《秦漢思想史研究》與徐復觀《兩漢思想史》亦認爲，賈誼的主張是受到荀子禮思想的影響。③金春峰《漢代思想史》甚至説："荀子的'禮論'思想成爲賈誼建設社會秩序的基本指導思想。"④近年，潘銘基則針對《荀子》與《新書》文本進行比較，詳論荀子與賈誼在學説、思想上的傳承關係，指出"賈生之教育思想、禮遇大臣、階級觀念、民本思想等，皆于荀卿之基礎上有所承傳及發揮"。⑤如此，我們不得不肯定荀子禮論對賈誼禮思想有其一定的影響。

然而，筆者曾分析《賈誼新書·容經·經》中有關"容"的記載，得到以下結論：其一，《容經·經》在形式上一方面針對"容"的基礎進行系統化，將其安置於四種場合、四種面向的結構中，與《禮記·玉藻》《大戴禮記·曾子立言》相近。其二，《容經》多以"○然"或"○○然"等説法表現容貌，與《論語》《荀子·非十二子》有共同之處。其三，《容經》雖在形式、表現上與《玉藻》《荀子》相近，但是，對於"容"相關的論述内容，《容經》與《曲禮》《祭義》等相近，反而與《少儀》《玉藻》《管子》《荀子》及《周禮》無甚關係。至於荀子與賈誼之間的關係，《荀子》影響的痕跡竟不見於《賈誼新書·容經·經》的禮説中。⑥

本文繼前文所論，首先探討《賈誼新書·容經·容》與其他先秦兩漢典籍中有關"容"的記載，進而嘗試釐清《賈誼新書》的禮學來源與思想系譜之一端。

二、《賈誼新書·容經·容》與先秦禮説

《賈誼新書·容經》可分爲三個部分：經、容、總論。⑦首先是《經》的部分，包括"志

---

① 唐雄山：《賈誼禮治思想研究》，中山大學出版社，2005年，第42頁。
② 侯外廬、趙紀彬、杜國庠、邱漢生：《中國思想通史》卷2，人民出版社，1957年，第66—67頁。
③ 金谷治：《秦漢思想史研究》，日本學術振興會，1960年；平樂寺書店，1992年，第312—314頁；徐復觀：《兩漢思想史》卷2，第139—140頁。
④ 金春峰：《漢代思想史》，中國社會科學出版社，1987年，第95頁。
⑤ 潘銘基：《賈誼與荀子學術淵源考證》，氏著：《賈誼〈新書〉論稿》，香港中文大學，2010年，第55—109頁；亦收入《賈誼及其〈新書〉研究》，上海古籍出版社，2017年，第34—80頁。今引自後者，第78頁。
⑥ 拙文：《〈賈誼新書〉中的儀禮——〈容經·經〉與先秦禮説之比較》，香港中文大學中國語言及文學系編輯委員會編：《古籍新詮》，香港中文大學出版社，年月未詳，頁碼未詳（審查通過）。
⑦ 《賈誼新書》潭本在《容經》"兵車之容"字後有"總論"二字，盧文弨爲非，刪除。

色之經""容經""視經"與"言經"。此部分分別闡明人在各種場面下最適當的心情(四興)、容態(四起)、視綫(四則)、語言(四術)。其次,《容經》設有各式樣的《容》,即"立容""坐容""行容""趨容""跘旋之容""跪容""拜容""伏容""坐車之容""立車之容"及"兵車之容",皆一一加以説明其容貌、姿態如何。於是,本節將對《容經·容》與其他先秦典籍中有關"容"的記載進行討論。

(一) 立容·坐容

《容經》曰:

> 固頤正視,平肩正背,臂如抱鼓,足閑二寸,端面攝纓,端股整足,體不摇肘,曰"經立";因以微磬,曰"共立";因以磬折,曰"肅立";因以垂佩,曰"卑立"。立容。
>
> 坐以經立之容,胅不差而足不跌,視平衡,曰"經坐";微俯視尊者之膝,曰"共坐";俯首視不出尋常之内,曰"肅坐";廢首低肘,曰"卑坐"。坐容。①

由此可見,"立容"與"坐容"的共同之處,是將容貌分成"經""共""肅""卑"四種情形。"經立"相當於《論語·鄉黨》"升車,必正立執綏"之"正立",但劉寶楠僅云:"正立者,正身而立,不必皆四正也"而已。②《禮記·曲禮上》論幼童容儀,則曰"立必正方,不傾聽"。孔疏:"立宜正向一方,不得傾頭屬聽左右也。"③《玉藻》另云:"頭容直。"鄭注:"不傾顧也。"④此與《容經》"固頤正視"之意相同。而《韓詩外傳》與《春秋繁露·五行相生》都有"拱則抱鼓"句,⑤故《説苑·脩文》曰:"貌者,男子之所以恭敬,婦人之所以姣好也……立則磬折,拱則抱鼓。"⑥可見《容經》所謂的"臂如抱鼓"相當於"正立拱手"(《曲禮上》)之貌。另外,《曲禮上》曰:"立毋跛。"鄭注:"跛,偏任也。"孔疏:"跛,偏也,謂挈舉一足,一足躡地。立宜如齊,雙足並立,不得偏也。"⑦《賈誼新書·胎教》亦曰:

---

① 《新書》卷6,第4葉b。"俯首"原作"仰首"。今從陶鴻慶説改之。陶鴻慶云:"'仰'當爲'俯'。惟俯首,故視不出尋常之内。……今本誤作'仰首',則與上下文不類。"《讀諸子劄記》,世界書局,1975年,第310頁。
② 劉寶楠:《論語正義》,中華書局,1990年,第432頁。
③ 《禮記正義》卷1,阮元校刻《十三經注疏》,藝文印書館,1955年,第21—22頁。
④ 《禮記正義》卷30,第569頁。《玉藻》另曰:"頭頸必中"意同。
⑤ 韓嬰撰、許維遹校釋:《韓詩外傳集釋》,中華書局,1980年,第16頁;蘇輿:《春秋繁露義證》,中華書局,1992年,第365頁。
⑥ 劉向撰、向宗魯校證:《説苑校證》,中華書局,1987年,第480—481頁。
⑦ 《禮記正義》卷2,第36頁。

"立而不跛。"①此與《容經》"足閒二寸""端股整足"相合。《玉藻》另論"立容"爲"山立",鄭注:"不摇動也。"②亦合于《容經》"體不摇肘"之説。就《容經》而言,"經立"即是最基本的立姿,再加上由身體屈折的程度,分别出微磬的"共立"、磬折的"肅立"與垂佩的"卑立"等共四種狀態的立姿。《曲禮上》曰:"若夫……立如齊。"鄭注:"磬且聽也。齊,謂祭祀時。"孔疏亦曰:"人之倚立,多慢不恭,故戒之云:倚立之時,雖不齊,亦當如祭前之齊,必須磬折屈身。"③《玉藻》則有"立容德",鄭注:"如有予也。"孔疏:"德,得也。立則磬折,如人授物與己,己受得之形也。"④並引梁賀云:"立時身形小俯向前,如授物與人時也。"⑤以上諸説,均相當於《容經》所謂的"肅立"或"共立"。

然而,孫希旦針對《玉藻》"立容辨"加注,認爲"立容有佩倚、佩垂、佩委之不同,宜辨别其宜也"。⑥此源自《曲禮下》:"立則磬折垂佩。主佩倚,則臣佩垂。主佩垂,則臣佩委。"鄭注:"倚,謂附於身。小俛則垂,大俛則委於地。"孔疏:"君宜直立,則佩直附倚身,而縣垂不出前也。""君若直立,佩倚於身,則臣宜曲折,曲折則佩不得倚身,故縣垂於前也。""君若重慎,折身而佩垂,則臣彌曲,故佩歷於地。"⑦由此可見,《禮記》"立容"僅有三種:即直立的"佩倚"、曲折的"佩垂"及彌曲的"佩委"而已,此點與《容經》的四種分類不一致。

關於"坐容",《容經》也有"經坐""共坐""肅坐"及"卑坐"四種情形。"經坐"之時,上身同於"經立"之時,仍是保持"平肩正背,臂如抱鼓""體不摇肘"的狀態,另外要使"視平衡"。如上所述,"拱則抱鼓"見於《韓詩外傳》卷一、《春秋繁露・五行相生》和《説苑・修文》等文獻中。而東漢徐幹《中論・法象》則曰:"坐必抱鼓",⑧與《容經》相同。又《禮記・玉藻》曰"坐如尸",鄭注:"視貌正。"⑨此即"視平衡"也。至於下身,則要"胻不差而足不跌"。《説文解字・肉部》曰:"胻,脛耑也。"⑩即小腿上部。"胻不差"意謂小腿不相交叉,其旨在不可盤腿而坐,否則會露出下身,極不禮貌。《曲禮上》有

---

① 《新書》卷10,第5葉a。
② 《禮記正義》卷30,第569頁。
③ 《禮記正義》卷1,第13頁。
④ 《禮記正義》卷30,第569頁。同卷亦有"立容辨卑毋諂"。(頁同)
⑤ 《禮記正義》卷30,第569頁。此言亦載於賀瑒《禮記新義疏》,馬國翰輯:《玉函山房輯佚書》,廣陵書社,2005年,第996頁。
⑥ 孫希旦:《禮記集解》,中華書局,1989年,第836頁。
⑦ 《禮記正義》卷4,第70頁。
⑧ 徐幹撰、孫啓治解詁:《中論解詁》,中華書局,2014年,第36頁。
⑨ 《禮記正義》卷1,第13頁。
⑩ 許慎撰、徐鉉校定:《説文解字》,中華書局,1963年,第88頁。

"坐毋箕",孔疏曰:"箕,謂舒展兩足,狀如箕舌也。"①此説雖與《容經》不同,但可參考。揚雄《方言》曰:"跌,蹠也。"②故"足不跌"即指《禮記·曲禮上》"足毋蹶"。鄭注:"蹶,行遽貌。"孔疏:"客初至之時,勿得以爲行遽,恐有蹶躓之貌也。"③《賈誼新書·胎教》曰"坐而不差",卢文弨注:"差與蹉同。"④亦可參考。

　　此處"坐容"與"立容"相同,亦以"經坐"爲基礎,由上身不同狀態的角度分辨四種坐姿。《荀子·大略》曰"坐視膝",⑤《儀禮·士相見禮》談與大人、父親言語時的容貌:"若不言,立則視足,坐則視膝。"⑥以上與《容經》"共坐"的"微俯視尊者之膝"一致。《淮南子·説林訓》有"甚霧之朝,可以細書,而不可以遠望尋常之外"之文。⑦與《容經》所言"俯首視不出尋常之内"亦具有同樣含意,因爲俯首,視野僅容觀看近處。"廢首",謂頓首低於肘。

(二) 行容·趨容·蹕旋之容

此處擬探討"行容""趨容""蹕旋之容"三種情形。原文如下:

> 行以微磬之容,臂不摇掉,肩不下上,身似不則,從容而任。行容
> 趨以微磬之容,飄然翼然,肩狀若沜,足如射箭。趨容
> 旋以微磬之容,其始動也,穆如驚倏;其固複也,旎如濯絲。蹕旋之容⑧

三者皆屬於行走動作的容貌,並且都以"微磬之容"爲基本姿態。

　　關於"行容",《禮記·玉藻》多有相關記載,如:"君與尸行接武,大夫繼武,士中武。徐趨皆用是。"又如:"圈豚行不舉足,齊如流。席上亦然。"鄭注:"(接武)尊者尚徐,蹈半跡。(繼武)跡相及也。(中武)跡間容跡。"⑨《玉藻》將"行"分成"徐趨"與"疾趨"兩種情形,"徐趨"乃指"徐行"。君、大夫、士與尸徐行時,分別應遵守"接武""繼武"及

---

① 《禮記正義》卷2,第36頁。
② 錢繹撰集:《方言箋疏》,中華書局,2013年,第446頁。
③ 《禮記正義》卷2,第34—35頁。
④ 《新書》卷10,第5葉a。
⑤ 王先謙:《荀子集解》,中華書局,1988年,第497頁。
⑥ 《儀禮注疏》卷7,阮元校刻:《十三經注疏》,第74頁。
⑦ 劉文典:《淮南鴻烈集解》,中華書局,1989年,第565頁。
⑧ 《新書》卷6,第5葉a。
⑨ 《禮記正義》卷30,第568頁。

"中武"的規矩。至於"圈豚",亦是徐趨之法。鄭注:"圈,轉也。豚之言,若有所循。不舉足,曳踵則反之,齊如水之流矣。"①《玉藻》另曰"足容重",②亦指"徐趨"而言,此相當於《容經》中所謂的"行"。故《容經》另謂"從容而任"。但是,兩相比較之下,《玉藻》的描述較注重足的動作,而《容經》則主要描述"臂不搖掉,肩不下上,身似不則"等上身姿態,關於此點,兩者不盡相同。

其次,相關"趨容"的記載,亦見於《禮記·玉藻》,如:"疾趨,則欲发而手足毋移""端行,頤溜如矢"③及"凡行,容愓愓"等。④ 鄭注:"疾趨,謂直行也。"⑤又曰:"愓愓,直疾貌也。"孔疏:"道路雖速疾,又不忘於直,故其容直而疾也。"⑥當直身速行之時,雖屨頭恒起,復無"接""繼""中之異,但手足不得搖動"。孔疏亦曰:"行既疾,身乃小折,而頭直俯臨前,頤如屋溜之垂也……身趨前進,不邪如箭也。"⑦綜上,將《玉藻》與《容經》互相對比,就容易發現兩者不同,如:《玉藻》所言的"手足毋移"用以説明"趨容",而在《容經》則屬於"行容"。又,《玉藻》與《容經》説明"趨容"時,雖皆使用"如矢"的象徵,但其形容的物件不同:《玉藻》以"如矢"表現"直行不邪"的樣子,而《容經》則以"如矢"描述"足"快速的動作。此外,兩者用詞亦完全不同,《容經》"飄然、翼然"實少見於先秦兩漢文獻中,唯《論語·鄉黨》兩處使用"翼如",孔安國注:"言端正也。"故皇侃曰:"翼如,謂端正也。徐趨,衣裳端正,如鳥欲翔舒翼時也。"⑧朱熹亦云:"疾趨而進,張拱端好,如鳥舒翼。"⑨劉寶楠則引《爾雅》"翼,敬也"和"翼翼,恭也"而曰:"恭敬則端正可知。"⑩另外,《禮記·孔子閒居》亦曰:"威儀翼翼。"⑪以上皆解爲恭敬之貌。而"飄然"則指迅速之貌。《容經》以此表現"趨容",未言"愓愓",此處《容經》用詞與《玉藻》不同,反而較接近《論語》。

最後,論"跘旋之容"。盧文弨云:"跘與盤同。"⑫《淮南子·氾論訓》:"夫弦歌鼓舞

---

① 《禮記正義》卷30,第568頁。《玉藻》另曰"執龜、玉,舉前曳踵,蹜蹜如也。"《曲禮下》亦有:"執主器,操幣圭璧,則尚左手,行不舉足,車輪曳踵。"(第70頁)此相應於《儀禮·士相見禮》"凡執幣者,不趨,容彌蹙以爲儀。執玉者,則唯舒武,舉前曳踵。"《儀禮注疏》卷7,第76頁。
② 《禮記正義》卷30,第569頁。
③ 以上皆引自《禮記正義》卷30,第568頁。另曰:"弁行,剡剡起屨。"
④ 《禮記正義》卷30,第569頁。
⑤ 以上皆引自《禮記正義》卷30,第568頁。
⑥ 《禮記正義》卷30,第569頁。
⑦ 以上皆引自《禮記正義》卷30,第568頁。
⑧ 皇侃:《論語義疏》,中華書局,2013年,第236頁。
⑨ 朱熹:《論語集注》,《四書章句集注》,中華書局,1983年,第117頁。
⑩ 《論語正義》,第372頁。
⑪ 《禮記正義》卷51,第861頁。
⑫ 《新書》卷6,第5葉a。

以爲樂,盤旋揖讓以修禮,厚葬久喪以送死,孔子之所立也,而墨子非之。"①而《孟子·盡心下》:"動容周旋中禮者,盛德之至也。"②《荀子·樂論》則曰:"其俯仰周旋有似於四時。"③《禮記·内則》亦有"進退周旋慎齊"。④以上"周旋"亦是"盤旋"之意。不過,管見所知,古代文獻中實際描述"盤旋"情形者,僅有:"行步中規,折旋中矩"(《韓詩外傳》卷一·第十六章)、"折旋中矩"(《春秋繁露·五行相生》)、"行中規,旋中矩"(《孔子家語·論禮》)以及"步環中規,折還中矩"(《大戴禮記·保傅》)等例,⑤皆未論"旋"之完整容貌究竟如何。《容經》則與此不同,分别論述踤旋"始動"時與"固復"時的"踤旋之容"。

《容經》謂其始動時,必須"穆如驚倐"。穆,如上所述,是恭敬之貌,或是解讀爲"穆如清风"(《詩·大雅·蕩之什·烝民》)之"穆",鄭箋:"穆,和也。……其調和人之性如清风之養万物然。"⑥《説文解字·犬部》曰:"倐,走也。"⑦《廣雅·釋詁》曰:"儵,疾也。"⑧返回原位時,則務必"旄如濯絲"。關於"旄",俞樾引《淮南子·墬形訓》高誘注"旄,讀近綢繆之繆",解爲纏綿不解,故曰"如濯絲"。⑨據上,推敲《容經》文意,似可理解爲:開始轉身時,保持恭敬、和諧,動作却要迅速;返還原位時,如同洗濯的絲纏綿不解地立刻回位。

除上述之外,關於行、趨,《容經》另有以下説法:

> 古者聖王,居有法則,動有文章,位執戒輔,鳴玉以行。鳴玉者,佩玉也,上有雙珩,下有雙璜,沖牙蠙珠,以納其閑,琚瑀以雜之。行以《采薺》,趨以《肆夏》,步中規,折中矩。登車則馬行而鸞鳴,鸞鳴而和應,聲曰和,和則敬。⑩

---

① 《淮南鴻烈集解》,第 436 頁。
② 焦循:《孟子正義》,中華書局,1987 年,第 1012 頁。
③ 《荀子集解》,第 381—382 頁。
④ 《禮記正義》卷 27,第 520 頁。
⑤ 《韓詩外傳集釋》,第 16 頁;《春秋繁露義證》,第 365 頁;王德明主編:《孔子家語譯注》,廣西師範大學出版社,1998 年,第 306 頁;孔廣森:《大戴禮記補注》,中華書局,2013 年,第 76 頁。孔廣森曰:"步環尚圓,若般避時也。折還尚方,若揖曲時也。"《容經》後文亦云:"步中規,折中矩。"
⑥ 《毛詩正義》卷 18,阮元校刻《十三經注疏》,第 677 頁。
⑦ 《説文解字》,第 205 頁。
⑧ 張揖撰、王念孫疏證:《廣雅疏證》,廣文書局,1971 年,第 21—22 頁。王念孫曰:"'儵'與下'倐''悠'二字同,《説文》:'倐,疾也。''倐,犬走疾也。'《玉篇》:'悠,疾也。'"
⑨ 俞樾:《諸子平議》,世界書局,1991 年,第 329 頁。
⑩ 《新書》卷 6,第 6 葉 a—b。

《漢書·禮樂志》曰:"高祖時,叔孫通因秦樂人制宗廟樂。……皇帝入廟門,奏《永至》,以爲行步之節,猶古《采薺》《肆夏》也。"①可見《采薺》與《肆夏》皆是先秦時期的歌樂,並用以爲行步之節,《容經》之記載與其相同。同樣的説法,也見於《賈誼新書·保傅》:"行以鸞和,步中《采薺》,趨中《肆夏》,所以明有度也。"②《大戴禮記·保傅》亦曰:"行以《采茨》,趨以《肆夏》""行中鸞和,步中《采茨》,趨中《肆夏》,所以明有度也"等。③由此可見,《賈誼新書》與《大戴禮記》皆認爲,步行要中《采薺(茨)》,趨行要中《肆夏》。

然而,《周禮·春官宗伯·樂師》曰:"教樂儀,行以《肆夏》,趨以《采薺》,車亦如之。"④《夏官司馬·大馭》也曰:"凡馭路,行以《肆夏》,趨於《采薺》。"⑤此説實與《禮記·玉藻》相同,《玉藻》曰:

> 趨以《采齊》,行以《肆夏》,周還中規,折還中矩,進則揖之,退則揚之,然後玉鏘鳴也。故君子在車,則聞鸞和之聲,行則鳴佩玉,是以非辟之心,無自入也。⑥

《禮記·玉藻》和《周禮》皆以《采薺(齊)》當趨行之節,以《肆夏》爲步行之節,而《賈誼新書》《大戴禮記》則與其相反。⑦《玉藻》鄭注曰:《采齊》,"路門外之樂節也";《肆夏》,"登堂之樂節",孔疏亦曰:"路寢門外至應門,謂之趨。于此趨時,歌《采齊》爲節。……路寢門內至堂,謂之行。於行之時,則歌《肆夏》之樂。"⑧又,鄭注之説的空間分佈,主要是依據《爾雅·釋宮》:"室中,謂之時;堂上,謂之行;堂下,謂之步;門外,謂之趨;中庭,謂之走;大路,謂之奔"而來。⑨

如此,關於"行步之節",《賈誼新書》《大戴禮記》既與《禮記·玉藻》《周禮》不一,

---

① 《漢書》卷,第1043頁。
② 《新書》卷5,第4葉b。
③ 《大戴禮記補注》,第76頁及第66頁。
④ 《周禮注疏》卷23,阮元校刻《十三經注疏》,第350頁。
⑤ 《周禮注疏》卷32,第489頁。
⑥ 《禮記正義》卷30,第564頁。
⑦ 關於此點,熊朋來《采齊肆夏趨行文誤》曰:"《大戴禮》:'行以《采茨》,趨以《肆夏》。'又云'行中《采茨》,趨中《肆夏》。'惟《玉藻》及《周禮》皆誤作'趨以《采齊》,行以《肆夏》',誤者三,而不誤者二。孔疏不能引《大戴》改正,後儒未嘗讀《大戴禮》及《儀禮經傳通解》者,以《周禮》及《玉藻》爲據不知其文誤,當改也。……鄭康成雖改正,於《大戴》之注,明言《玉藻》《周禮》文誤,而《玉藻》《周禮》之文,鄭氏未及改正其誤處也。《采茨》,乃堂上之歌詩,宜接武而行;《肆夏》,乃堂下之金奏,宜布武而趨。……學者當依《大戴注》改正'趨''行'二字。"《經説》卷6,《景印文淵閣四庫全書》第184册,臺灣灣商務印書館,1986年,第324—325頁。如此,熊氏認爲《玉藻》與《周禮》之文誤,筆者不以爲然。
⑧ 《禮記正義》卷30,第564頁。
⑨ 《爾雅注疏》卷5,阮元校刻:《十三經注疏》,第75頁。

又與《荀子》大不同。《荀子·正論》曰:"(天子)和鸞之聲,步中《武》《象》,騶中《韶》《護》,以養耳。"①此言車緩行、速行時的樂節,與前述《周禮·夏官司馬》"馭路"的使用場合相同,但樂節則完全不同。關於這四種樂節,《荀子·儒效》曰:"(周)反而定三革,偃五兵,合天下,立聲樂,於是《武》《象》起而《韶》《護》廢矣。"楊注:"《武》《象》,周武王克殷之後樂名。《武》亦《周頌》篇名。……《韶》《護》,殷樂名。……蓋殷時兼用舜樂,武王廢之。"②《淮南子·氾論訓》另有:"堯《大章》,舜《九韶》,禹《大夏》,湯《大濩》,周《武》《象》,此樂之不同者也。"③由此可知,《韶》是舜樂,《護》爲湯樂,《武》《象》則是武王樂。依《荀子》,天子緩行時以《武》《象》爲節,疾行時則以《韶》《護》爲節。此不僅與《賈誼新書》《大戴禮記》相異,亦不同於《禮記》和《周禮》的説法,值得留意。

	步、行	趨
《荀子》	《武》《象》	《韶》《護》
《周禮》《禮記》	《肆夏》	《采薺(齊)》
《賈誼新書》《大戴禮記》	《采薺(茨)》	《肆夏》

(三) 跪容·拜容·伏容

《容經》曰:

> 跪以微磬之容,揄右而下,進左而起,手有抑揚,各尊其紀。跪容
> 拜以磬折之容,吉事上左,凶事上右,隨前以舉,項衡以下,寧速無遲,背項之狀,如屋之氐。拜容
> 拜而未起。伏容④

關於"跪",《釋名·釋容姿》曰:"跪,危也,兩膝隱地,體危阢也。"⑤此是《史記·刺客列

---

① 《荀子集解》,第335頁。《禮論》則曰:"和鸞之聲,步中《武》《象》,趨中《韶》《護》,所以養耳也。"(第347頁);《大略》亦有"和樂之聲,步中《武》《象》,趨中《韶》《護》。"(第495頁)
② 《荀子集解》,第136頁。
③ 《淮南鴻烈集解》,第425頁。
④ 《新書》卷6,第5葉a—b。
⑤ 劉熙撰、畢沅疏證、王先謙補:《釋名疏證補》,中華書局,2008年,第83頁。

傳》之所以言:"(燕)太子再拜而跪,膝行流涕。"①《容經》所謂的"跪容",與上述"行容""趨容""踥旋之容"同樣始於"微磬之容",而手的高下,要按照各種紀度;至於腳步動作,引右腳而下跪,進左腳而立脛,似是半跪,與其他文獻所言之"跪"不同。

《容經》"拜容"則始於"磬折之容",而拱手"吉事上左,凶事上右"。其中"左右之辨"在中國古代禮俗中的儀節與涵義錯綜複雜,但"吉事上左,凶事上右"這種概念則常見於古籍中。②而《容經》此處所要表示的動作是,"拱手的內外",即吉事時右手在內、左手在外,凶事時反是,如《禮記・檀弓上》曰:"孔子與門人立,拱而尚右,二三子亦皆尚右。孔子曰:'二三子之嗜學也,我則有姊之喪故也。'二三子皆尚左。"③隨,俞樾曰:"乃骸之假字……此云'隨前以舉',與下句'項衡以下'相對爲文,言拜之時,其骸必前以舉,其項必衡以下也。"④而其速度寧速無遲。此説即近於《荀子・大略》"平衡曰拜",楊注:"平衡,謂磬折,頭與腰如衡之平。"⑤《周禮・春官宗伯・大祝》另有"空首",鄭注曰:"空首,拜頭至手,所謂拜手也",⑥此説亦可謂同於《容經》所言之"拜容"。如此,此時背項之形狀,正如"覆夏屋"⑦之低。

關於"伏容",盧文弨指出,"此條有脱文",⑧今不得考。

(四) 坐車之容・立車之容・兵車之容

最後,本處討論"坐車之容""立車之容"及"兵車之容"等義,即是《賈誼新書・輔佐》所謂的"居車之容"。《容經》曰:

> 坐乘以經坐之容,手撫式,視五旅,欲無顧,顧不過轂。小禮動,中禮式,大禮

---

① 《史記》卷86,第3054頁。《戰國策・燕策三・燕太子丹質於秦》則曰:"太子再拜而跪,膝下行,流涕。"王念孫云:"膝行二字之間,不當有'下'字。"劉向集録、範祥雍箋證、範邦瑾協校:《戰國策箋證》,上海古籍出版社,2006年,第1788、1795頁。
② 參彭美玲:《古代禮俗左右之辨研究——以三禮爲中心》,臺灣大學文學院,1997年。
③ 《禮記正義》卷7,第130頁。另外,《內則》曰:"凡男拜,尚左手。……凡女拜,尚右手。"(第539頁)故段玉裁曰:"凡逻手,右手在內,左手在外,是謂尚左手,男拜如是,男之吉拜如是,喪拜反是。左手在內,右手在外,是謂尚右手,女拜如是,女之吉拜如是,喪拜反是。"許慎撰、段玉裁注:《説文解字注》,第1033頁。
④ 《諸子平議》,第329頁。
⑤ 《荀子集解》,第493頁。
⑥ 以上引自《周禮注疏》卷25,第386—387頁。"拜",《周禮》原文皆作"撑"。
⑦ "如屋之氐",盧文弨:"所謂覆夏屋是也。"賈誼:《新書》卷6,第5葉a。"覆夏屋"之語出於《禮記・檀弓上》,鄭注曰:"覆,謂茨瓦也。夏屋,今之門廡也。其形旁,廣而卑。"《禮記正義》卷8,第149頁。
⑧ 《新書》卷6,第5葉b。

下。坐車之容

　　立乘以經立之容,右持綏,而左臂詘存劍之緯,欲無顧,顧不過轂。小禮據,中禮式,大禮下。立車之容①

可見"坐車之容"與"立車之容"皆各以"經坐"與"經立"爲基本姿態。關於"坐車之容"中的"撫式",見於《禮記·曲禮上》,鄭注:"撫,據也。據式小俛,崇敬也。"②"式"通"軾",即車輿前的横木。又,在《論語·鄉黨》曰"車中不内顧",由鄭注《魯》讀'車中内顧',今從《古》可知《容經》不採《魯論》説,而採《古論》説。③皇疏云:"内猶後也。顧,回頭也。升在車上,不回頭後顧也。"④皇侃之説,即是依據《禮記·曲禮上》:"國君……立視五巂,式視馬尾,顧不過轂"⑤而來。至於"五旅",盧文弨認爲其所指爲"五巂",孔疏曰:"車上依禮舊規也。車輪一周爲一規。乘車之輪,高六尺六寸,徑一圍三,三六十八,得一丈八尺,又六寸,爲一尺八寸,摠一規爲一丈九尺八寸,五規爲九十九尺。六尺爲步,摠爲十六步半。在車上所視,則前十六步半地。"⑥五巂,即公制22.869公尺。

至於"立車之容"中的"綏",《説文解字·糸部》云"車中把也。"徐鍇注:"禮,升車,必正立執綏,所以安也。"⑦此説明顯引自《論語·鄉黨》"升車,必正立執綏"。⑧上車授綏的習慣,不僅見於《儀禮》《禮記》《韓詩外傳》等儒家文獻,亦遍見於諸子著作如《莊子》《吕氏春秋》《淮南子》等典籍,可知其已爲先秦一般禮俗。然而比較《容經》之説與古代典籍記録,兩者雖大同但有小異:其他文獻所言的"授綏",皆發生在上下車之際;但《容經》所言的"持綏",則是已在車上,而正立之時,即正立于車上時,右手必持把。關於"劍之緯",祁玉章曰:"緯疑韡之訛。……劍之韡,即劍鞘。"⑨左手彎曲,置於劍鞘上。視瞻則與坐車時相同,"欲無顧,顧不過轂"。此是"立車之容"。

"坐車之容"與"立車之容"均有"小禮""中禮"及"大禮"之别。《賈誼新書·傅職》曰:

---

① 《新書》卷6,第5葉b。
② 《禮記正義》卷3,第55頁。
③ 《論語正義》,第432—433頁。
④ 《論語義疏》,第260頁。
⑤ 《禮記正義》卷3,第63頁。
⑥ 《禮記正義》卷3,第64頁。五規,原作"三規"。
⑦ 《説文解字》,第277頁。
⑧ 《論語正義》,第432頁。
⑨ 祁玉章:《賈子新書校釋》,自印本,1974年,第736頁。

《賈誼新書》的禮學來源　　343

　　　　天子不姻於親戚,不惠於庶民;無禮於大臣,不忠於刑獄;無經於百官,不哀於喪,不敬於祭,不誠於戎事,不信于諸侯,不誠於賞罰,不厚於德,不強於行,賜予侈於左右近臣,丟授於疏遠卑賤,不能懲忿忘欲,大行、大禮、大義、大道,不從太師之教,凡此其屬太傅之任也,古者魯周公職之。①

　　　　天子居處出入不以禮,衣服冠帶不以制,御器在側不以度,雜彩從美不以章,忿怒説喜不以義,賦與嗟讓不以節,小行、小禮、小義、小道,不從少師之教,凡此其屬少傅之任也。②

顯見"大行、大禮、大義、大道"與"小行、小禮、小義、小道"的涵義不同,"大禮"大概屬於國家儀禮;"小禮"則可能指個人禮節。《容經》"大禮""小禮"之區別,或許同于《傅職》。但是,《傅職》雖言"大禮"與"小禮",却未提"中禮"。關於"大禮"和"小禮"之詞,亦見於《周禮·春官宗伯·小宗伯》與《管子·權修》等。如《周禮》曰:"凡國之大禮,佐大宗伯。凡小禮,掌事,如大宗伯之儀。"但是,賈疏曰:"凡言大禮者,王親爲之者;小禮者,羣臣攝而爲之者。"③《管子》則在並列"禮、義、廉、恥"中提及"小禮"與"大禮"而已,此皆不合於《賈誼新書》之意。相對而言,《容經》則由小、中、大的三禮而論"居車之容",在兩漢文獻中亦頗具特色。

《容經》最後提到"兵車之容"曰:

　　　　《禮》:介者不拜,兵車不式。不顧,不言,反抑式以應,武容也。兵車之容④

言"禮",明示其説有所根據。"介者不拜,兵車不式",應是引自《禮記·曲禮上》"介者不拜""兵車不式"。⑤關於前者,孔疏曰:"介,甲鎧也。著鎧者不爲式敬,故宜無所拜之也。……戎容暨暨,著甲而屈拜,則坐損其戎威之容也。"⑥至於後者,鄭注:"尚威武,不崇敬。"孔疏:"兵車,革路也。兵車尚武猛宜無推讓,故不爲式敬也。"⑦其實,《禮記·少

---

①　《新書》卷5,第1葉b—第2葉a。
②　《新書》卷5,第2葉b。
③　《周禮注疏》卷19,第295頁。
④　《新書》卷6,第5葉b。
⑤　《禮記正義》卷3,第63、56頁。此外,《司馬法·天子之義》也曰:"介者不拜,兵車不式。"司馬穰苴:《司馬法》,上海古籍出版社,1990年,第2頁。
⑥　《禮記正義》卷3,第64頁。
⑦　《禮記正義》卷3,第56頁。

儀》也曰"武車不式,介者不拜"。①然而,《容經》不言"武車",而言"兵車",如此用詞則合於《曲禮》,而與《少儀》相異。

以上探討了《容經》有關"居車之容"的内涵。筆者認爲,此處與《禮記·曲禮》頗有關連,甚至多有保留或直接參考《曲禮》的痕跡。相對而言,此處與《少儀》在表現上雖有相似之處,但是,就内容而言,可以看出《容經》參照《少儀》的可能性並不大。

結　　論

本文讨論《賈誼新書·容經·容》所記述的禮説特色,可归納爲以下兩點:一、《容經·容》論"立容"與"坐容",各有"經""共""肅"及"卑"四種容貌。二、"坐車之容"與"立車之容"則各有"小禮""中禮"及"大禮"之分。那麽,《容經》這種特色系《容經》作者所自創,還是屬於先秦禮説之遺留? 此已無從考證。然而,我們却能從此處看到作者的一種態度,即他面臨儀禮錯綜複雜的狀態時,試圖化繁爲簡,雖然邏輯上極爲簡單,却可見其對儀禮有加以整理、系統化之用心。

而關於《容經·容》與先秦禮説的關係,由本節的分析,可以指出以下三點:一、《容經》與先秦禮説在内容上固然多有相同之處,尤其在《曲禮》之間可以發現不少共同點。二、《容經》雖與先秦儒家禮説的關係不淺,但是,就内容而言,似乎未采《少儀》《玉藻》《荀子》與《周禮》之説。三、《賈誼新書》中某些思想確實深受《管子》的影響,②然而,《容經》中的禮説却與《管子》無關。此實與分析《賈誼新書·容經·經》的結果完全一致。

總而言之,《賈誼新書·容經》整篇與"容"相關的記載,確實與《曲禮》《祭義》有相同之處,却不盡同於《少儀》《玉藻》《荀子》《周禮》《管子》等的禮説。先進多主張《賈誼新書》的禮思想受荀子的影響而成,但是正如本文所示,《荀子》並非《賈誼新書》禮説的唯一來源,此點實爲研究漢代禮學史時不可忽略之處。西漢初期雖因秦朝所實施的"挾書律"而使不少先秦典籍歸乎灰燼,然而從《賈誼新書》的文本來看,作者可目睹之禮學相關資料,可能比我們現代人所想像的更爲豐富,故《四庫全書總目》以"敷陳古典,具

---

① 《禮記正義》卷35,第631頁。
② 例如《賈誼新書》有《俗激》與《無蓄》,各以《管子·牧民》的"四維"和"倉廩實,知禮節"爲核心,《制不定》則引《管子·制分》"屠牛坦解牛"故事等。

有源本"稱美《保傅》和《容經》兩篇,①實來有自。如此,我們得以明白《賈誼新書》爲了對應現實政治、社會情形之需求,廣泛閱讀先秦古籍,並針對從先秦流傳來的禮學資源加以取捨,而試圖構築其獨特的政治思想系統,在當時實具有深刻且重要的洞見,值得我們深入分析、探究。

① 紀昀等:《欽定四庫全書總目》卷91,藝文印書館,2004年,第1808頁。

鄭玄的"古今"之辨

清華大學　陳壁生

兩漢今文經學法度定於五經，經義一尊孔子，使經成爲"常道"，如《白虎通》所云："經者，常也。"[①]以經爲常道，其意義之一，在於克服經的"時間性"與"歷史性"，五經之文，在材料的意義上，是先王之遺，而先王之法，"五帝殊時，不相沿樂；三王異世，不相襲禮"，正是孔子的删削述作，把殊時、異世，各不相沿襲的先王之法，結合成爲統一的孔子一王之法。

自《周官》《左傳》出於山崖屋壁，躋于經傳之列，其制度、禮義，與兩漢今文經學所載，不免諸多差異，故有許慎《五經異義》之作，專述今古文經説異義。鄭玄要統合新的經典體系，所用的方法，是再一次讓五經之文各歸時世。也就是説，鄭玄用時間性來解決今古文經書的差異性問題，從而塑造出一套以時間性爲主軸的經學體系。而其典型例子，便是鄭玄對經典中的"古今"問題新辨。

一、"古"：時間與價值

在晚清經學中，無論是廖平《知聖篇》還是康有爲《孔子改制考》，所要解決的核心問題，都是孔子與堯、舜、禹、湯、周公的關係，而其背後的問題，則是中國文明的立法者到底是孔子，還是孔子之前的歷代聖王。主前者，則經書之言歷代聖王，皆虚其人，皆是孔子托古改制，故孔子爲作《春秋》之素王，經學是一套未曾實行的理論；主後者，則經書所述歷代聖王，皆爲實事，而孔子祇是述而不作之老儒，故經學可以成爲孔子之前的歷史。因此，對孔子所言的"古代"的認識，直接關係著對經學性質的理解。也就是説，如果五帝、三王之法各不相同，那麼，經書中所包含的，到底是一套法，還是多套法？如果是多套法，便意味著價值的多元化，這種價值的多元化在何種意義上可以成爲"經學"？

[①] 班固撰、陳立注：《白虎通疏證》，中華書局，1997年，第447頁。

在兩漢今文家説與兩漢政教中,都極力強調,經書中有一套共同的法,即便經書的材料有時代的差別,例如《尚書·堯典》述堯舜,《詩經·商頌》述殷商,《周頌》言周事,但是這些經典都經過孔子的删削述作,不同時代的制度、義理,都歸結到孔子一人之手,因此這些制度、義理並没有根本性的矛盾,是同一套"法"。换言之,《堯典》《商頌》《春秋》諸經文,或許有時代的不同,或許有作者的差異,但經過孔子删削,已經成爲一套共同的法度,可以以之面向現實政治。

因此,兩漢今文經説對經書中"古代"的理解,總體上是把古代理解爲價值,而不是歷史。其具體内容,包括兩種對古代的描述,一是對"古"的理解,一是對堯舜三代的認識。兩漢今文經説的理解方式,都是消除經學内部的"時間性",而將經學理論化。

經書之言"古"大多數情況下是作爲一種價值進行強調,而不是視爲歷史進行敘述。《論語》《孟子》之言"古今"者,基本上都是把"古"理解爲"價值"。

《論語·八佾》:子曰:"射不主皮,爲力不同科,古之道也。"
《論語·里仁》:子曰:"古者言之不出,恥躬之不逮也。"
《孟子·梁惠王》:古之人與民偕樂,故能樂也。

此三語強調"古之道""古者""古之人",都不是指今與古有制度或道理的差别,而是通過是古來非今。《論語》中有古今對照者,更爲明顯。

子曰:"古之學者爲己,今之學者爲人。"
子曰:"古者民有三疾,今也或是之亡也。古之狂也肆,今之狂也蕩。古之矜也廉,今之矜也忿戾。古之愚也直,今之愚也詐而已矣。"

在古今對照中,"古"即是價值。而經典、經説中祇有一小部分對古聖王的描述,而言"古"者,例如:

《周易·繫辭》:古者包犧氏之王天下也,仰則觀象於天,俯則觀法於地,觀鳥獸之文,與地之宜,近取諸身,遠取諸物,於是始作八卦,以通神明之德,以類萬物之情。

《白虎通》:謂之伏羲者何?古之時,未有三綱六紀,民人但知其母,不知其父。……謂之神農何？古之人民皆食禽獸肉，至於神農，人民衆多，禽獸不足。於是神農因天之時，分地之利，制耒耜，教民農作。神而化之，使民宜之，故謂之神農也。①

此之謂"古"，略同於"古代"。但所言内容，並没有異世異制的問題。事實上，經傳諸書，言"古"者極多，但多不以爲歷史，而以爲價值。《公羊傳》之言古，幾乎全部都是價值而非歷史，如桓三年傳云："古者不盟，結言而退。"是言諸侯不盟，以章有信也，没有人會讀出古者不盟，今必須盟。莊四年傳云："古者諸侯必有會聚之事、相朝聘之道，號辭必稱先君以相接。"是言諸侯相會聚、朝聘之禮，並非言今人可以不必會聚、朝聘也。宣元年傳云："古者大夫已去，三年待放。君放之，非也；大夫待放，正也。古者臣有大喪，則君三年不呼其門。"是言大夫去國，三年待放之道，非言古大夫三年待放，今不必待放也。宣十五年傳云："古者什一而藉。"是言什一之法爲天下之正法，非言今可以不必什一也。

《白虎通》統一經義，其述古也是彰顯價值。《白虎通》有據古制而推導出基本原則者，《謚》篇云："《禮郊特牲》曰：'古者生無爵，死無謚。'此言生有爵，死當有謚也。"②《郊特牲》之言，也可以推出今生無爵，死可以有謚，但之所以不能如此推斷者，以經傳之言，本有確定的標準，言"古"是言禮義之正，非言今可不必如此。有據經記而推導出禮制者，《白虎通》云："爵人於朝者，示不私人以官，與衆共之義也。封諸侯于廟者，示不自專也。明法度皆祖之制也，舉事必告焉。《王制》曰：'爵人於朝，與衆共之也。'《詩》云：'王命卿士，南仲太祖。'《禮·祭統》曰：古者明君爵有德，必于太祖。君降立於阼階南面向，所命北向，史由君右執策命之。"③所引《禮記·祭統》文云："古者明君爵有德而禄有功，必賜爵禄於大廟，示不敢專也。"《祭統》言"古者"，而白虎觀諸儒則直接以之爲禮制之正也。且大臣上疏，也引其文，如《後漢書·楊震傳》云："臣聞天子專封封有功，諸侯專爵爵有德。今瓌無佗功行，但以配阿母女，一時之間，既位侍中，又至封侯，不稽舊制，不合經義，行人喧嘩，百姓不安。陛下宜覽鏡既往，順帝之則。"④"臣聞"以下，即引《祭統》，而《祭統》所言是"古者"，此"古者"即禮義之正也。

---

① 班固撰、陳立注：《白虎通疏證》，第 50 頁。
② 班固撰、陳立注：《白虎通疏證》，第 68 頁。
③ 班固撰、陳立注：《白虎通疏證》，第 23 頁。
④ 范曄：《後漢書》，中華書局，1973 年，第 1757 頁。

因此，自經傳之文至於兩漢今文經學解釋，經書所載雖然有"先王之法"，而且不同的先王之間，五帝三王，禮樂不同，但是經書經過孔子删削述作，便成爲孔子之法，不管是堯舜，還是殷商，還是文武，都被組合到一套共同的法度之中。所以，經書中對"古"的理解，是價值而不是時間意義上的"古代"，對孔子之前的堯舜、三代的理解，是理論而不是時間意義上的"歷史"。在今文經學思想中，經書内部並没有"時間意識"，因此，經書中的"法"，就是孔子"一王大法""爲漢制法"意義上的孔子法，而不是歷代聖王之法的集合。

這一切，自鄭玄之後，發生了根本性的改變。

二、"古者，據時而道前代之言"

鄭玄注經，在形式上純據經文，彌合異義，調和矛盾，折衷經義。而在折衷彌合、調和、折衷中，他經常把經書的差異、矛盾理解爲時代的差别，從而把經書變成不同時代不同聖王的法度。其中，對經文所説的"古"的解釋，極爲典型。

《左傳》文十五年云："夏，曹伯來朝，禮也。諸侯五年再相朝，以修王命，古之制也。"孫皓執此以詰問鄭玄，對答存于《鄭志》。

> 孫皓問云："諸侯五年再相朝，不知所合典禮。"鄭答云："古者，據時而道前代之言。唐、虞之禮，五載一巡守。夏、殷之時，天子蓋六年一巡守，諸侯間而朝天子。其不朝者朝罷朝，五年再朝，似如此制，禮典不可得而詳。"[1]

《左傳》之文涉及的是諸侯之間相朝之制，文云"夏，曹伯來朝，禮也"，曹伯來朝魯，合於禮。又云"諸侯五年再相朝，以修王命，古之制也"，杜注云："十一年'曹伯來朝'。雖至此乃來，亦五年。"[2]杜預注意到文十一年曹伯來朝，此十五年又來，五年之間，兩次來朝，故以爲合於"五年再相朝"的"古之制"。但是，對這一"古之制"，杜預的理解是把"古"視爲一種價值，因此，曹伯五年再相朝，合於禮。並且，杜預以此制爲標準，注解其他經文。僖十五年經云："十有五年，春，王正月，公如齊。"杜注："諸侯五年再相朝，禮

---

[1] 皮錫瑞：《鄭志疏證》，吳仰湘編：《皮錫瑞全集》(3)，中華書局，2015 年，第 394 頁。
[2] 《春秋左氏傳正義》，《十三經注疏》，藝文印書館，2007 年，第 377 頁。

也。例在文十五年。"劉炫疏:"杜云禮者,謂文十五年傳爲禮,此仍非禮也。"①就此可見,在讀經方法上,杜預對"古之制"的理解,仍堅持漢代傳統的方法,把"諸侯五年再相朝"理解爲一種通行的制度。

杜預尊重《左傳》作爲一個獨立的文本的完整性,而鄭玄則把《左傳》中這句話的解釋放到以《周禮》爲本的整個經學系統之中。鄭玄對"諸侯五年再相朝,以修王命,古之制也"的理解,首先是"五年再相朝"到底是什麽樣的制度。鄭君解經,凡涉及《周禮》制度者,皆先以《周禮》爲本,判斷其與《周禮》的同異、分合,進行解釋。諸侯相朝之制,《周禮·大行人》有明文可據:

《周禮·大行人》:凡諸侯之邦交,歲相問也,殷相聘也,世相朝也。

鄭注:小聘曰問。殷,中也。久無事,又于殷朝者及而相聘也。父死子立曰世,凡君即位,大國朝焉,小國聘焉。②

根據《周禮》,諸侯之邦交,相問、相聘比較頻繁,而"相朝"則衹有一次。如果根據《春秋》的例子,是大國國君新即位,小國國君往大國朝之,或者小國國君新即位,親自往大國朝之。對鄭玄而言,《周禮》此諸侯邦交"世相朝",與《左傳》的"諸侯五年再相朝",二者在文字、制度上,都相互矛盾。如何處理這一矛盾,依靠解經家的解經方法與智慧。杜預更傾向于在《左傳》内部,按照一般讀書原則,認爲曹伯來朝即是符合"諸侯五年再相朝"的古制,也是正禮。至於這種制度與其他經典是否矛盾,並不是杜預主要考慮的問題,針對《周禮》"世相朝"與此不同,《左傳》孔疏爲杜注彌縫云:"然則諸侯之邦交者,將以協近鄰,結恩好,安社稷,息民人。土宇相望,竟界連接,一世一朝,疏闊大甚,其與間暇之年,必有相朝之法。《周禮》言'世相朝'者,以其一舊一新,彼此未狎,與此之際,必須往朝,舉其禮之大者,不言唯有此事。五年再相朝,正是周禮之制,《周禮》文不具耳。"③按照孔疏的理解,《周禮》"世相朝"表示有新君即位,小國必然要往朝之,但這並不排除諸侯國平時有相朝的常規制度。按照這種邏輯,《左傳》的這句"諸侯五年再相朝",竟然可以成爲《周禮》制度的補充。如果進一步推論,則《周禮》可以是一本不完整的書。

---

① 《春秋左氏傳正義》,第229頁。
② 鄭玄注、賈公彥疏:《周禮注疏》,第566頁。
③ 《春秋左氏傳正義》,第338頁。

而對鄭玄而言,《周禮》經文本身的完整性不容置疑,"世相朝"與《左傳》"五年再相朝"的矛盾,本身完全不可調和,《左傳》所云"古之制",既不能說《左傳》之言違經不正,便必須做出相應的解釋。鄭玄把解決問題的樞紐,放在"古"字上。所以他從古制中尋找可能五年再相朝的制度。經典所載,最早爲《堯典》唐虞之禮,"五載一巡守,群后四朝",指的是天子五年一巡守,其間四年,四方諸侯分别來朝見天子。但此制中,不能容下諸侯之間五年兩次相朝。而周代之禮,已備于《周禮》,也與"五年再相朝"不同。排除了堯、舜、周,就剩下夏、殷了。而夏、殷巡守朝覲之禮,恰恰文獻不足。鄭玄説:"夏、殷之時,天子蓋六年一巡守,諸侯間而朝天子。其不朝者朝罷朝,五年再朝,似如此制,禮典不可得而詳。"《王制》孔疏解釋道:"如《鄭志》之言,則夏、殷天子六年一巡守,其間諸侯分爲五部,每年一部來朝天子,朝罷還國,其不朝者朝罷朝諸侯,至後年不朝者,往朝天子而還,前年朝者,今既不朝,又朝罷朝諸侯,是再相朝也,故鄭云'朝罷朝'也。如鄭之意,此爲夏、殷之禮。"[1]鄭玄也祇能説"似如此制,禮典不可得而詳",因爲經典中根本没有對這一禮制的詳細記載。但是,鄭玄要解決的問題,不是曹伯合的是哪代之禮,而是如果説古之制有諸侯五年再相朝,到底是哪個"古"。對鄭玄來説,古代文獻散失極多,典禮不詳,本屬正常。因此,把古定在"夏殷之時",祇是在資料不足的情況下的推斷之言,但通過這樣的推斷,《左傳》與《周禮》之間的制度矛盾消失了,轉而變成夏殷與周兩種制度的差異。鄭君注經,善於隨文求義,緣隙奮筆,"古"字經常就是鄭君的"隙"。

鄭君定義"古"字,以爲:"古者,據時而道前代之言。"其實,經傳之言古,絶大多數情況下跟哪一朝代没有關係,有的甚至對所在朝代也言"古",例如《禮記·燕義》云:"古者周天子之官有庶子官。"[2]《公羊傳》僖四年傳云:"古者周公東征則西國怨,西征則東國怨。"[3]二書皆出孔門後學,時在東周,而稱周爲"古"。鄭玄特別强調"前代",主要原因在於,鄭玄對經傳的"古之制"的理解,完全以《周禮》爲本。因此,對經傳言"古"者,與《周禮》没有矛盾,鄭玄一般不出注,而只要與《周禮》制度不同,鄭玄的注經策略,是在堯舜夏殷制中尋找可能吻合的制度,將之歸於前代之制,從而把經傳中的制度矛盾問題,轉化爲不同時代的制度差異問題。

---

[1] 鄭玄注、孔穎達疏:《禮記正義》,第225頁。
[2] 《禮記正義》,第1021頁。
[3] 《春秋公羊傳注疏》,第127頁。

三、古禮與夏殷禮

經傳中多處言"古者",鄭玄注經,對合于《周禮》的"古者"往往不加特別説明,而對違背《周禮》的制度,則以"古者"爲據,尋求到底是哪一代的"古",而往往將之歸爲夏殷之制。蓋以"古"爲價值,則經傳所言"古者"皆是價值。而以"古"爲歷史,則導致經書所述具有時間性,也就是經書不再是一套超越時間的價值,而是落在時間之中的法度。以鄭玄注"古"爲例,恰可説明這一問題。

1."古者生無爵,死無謚"

《儀禮·士冠禮》《禮記·郊特牲》皆云:"死而謚,今也。古者生無爵,死無謚。"《儀禮》定於孔子,《禮記》出自孔門後學,故其言古今,從字面來看,有兩種可能的理解方式,一是時間上的古今,客觀表達古代生無爵者死無謚,現在即便生無爵者死也有謚。一種是價值上的古今,表達生無爵死無謚才是正禮,現在即便生無爵死也有謚,違反正道。但是,按照經傳的表達習慣,祇能以第二種爲正,因爲如果不是對"死而謚"的批評,不必抬出"古者生無爵,死無謚",正如"古之學者爲己,今之學者爲人",是用"古"來批評"今"一樣。

因此,白虎觀會議上,群儒確定經義,對這一道理有明確的定讞:

> 謚者,何謂也?謚之爲言引也,引烈行之跡也,所以進勸成德,使上務節也。故《禮·郊特牲》曰:"古者生無爵,死無謚。"此言生有爵,死當有謚也。①

《白虎通》這種直接推論,爲漢人解經之精義,蓋以經文精簡,而解經之要,乃在精簡之文中,推出無數原則以爲經義。由《郊特牲》而推出"生有爵,死當有謚",可以成爲一種基本的政治原則。《白虎通》以此推斷其他情況:

> 夫人無謚者何?無爵,故無謚。……八妾所以無謚何?卑賤,無所能豫,猶士卑小,不得有謚也。太子夫人無謚何?本婦人隨夫,太子無謚,其夫人不得有謚也。

---

① 《白虎通疏證》,第67、68頁。

《士冠經》曰:"天子之元子猶士也。"士無諡,知太子亦無諡也。附庸所以無諡何?卑小無爵也。《王制》曰:"王者之制爵禄,凡五等。"附庸不在其中,明附庸本非爵也。①

以"生有爵,死當有諡",可以推出夫人、八妾、太子、太子夫人、士、附庸皆無爵無諡。其中,推天子之元子,即太子無諡的理由,是據兩處經義,一是上述生有爵死有諡,二是太子生無爵,此據《儀禮·士冠禮》,其文云:"天子之元子猶士也,天下無生而貴者也。"鄭注云:"元子,世子也。無生而貴,皆由下升。"②太子猶士,而士無爵無諡,故太子也無諡。而且,這一原則還成爲漢晉的基本政治標準。東晉琅琊世子未周而卒,大司農表宜諡琅琊世子"哀潛"。當世大儒、太常賀循云:"諡者,所以表功行之目也。故古者未居成人之年及名位未備者,皆不作諡也。是以周靈王太子聰哲明智,年過成童,亡猶無諡。春秋,諸侯即位之年稱子,踰年稱君。稱子而卒,皆無諡,名未成也。未成爲君,既無君諡,時見稱子,複無子諡,明俱未得也。唯晉之申生以仁孝遭命,年過成人,晉人悼之,故特爲諡,諸國無例也。及至漢代,雖遵之義,過於古禮,然亦未有未踰年之君而立諡也。殤沖二帝,皆已踰年方立諡。按哀沖太孫,各以幼齡立諡,不必依古,然皆即位臨官,正名承重,與諸下定君臣之義,尊成體具,事無所屈。且天下之名至重,體其尊者亦宜殊禮,故隨時定制,有立諡之事也。琅琊世子雖正體乎上,生而全貴,適可明嫡統之義,未足定爲諡之證也。"③在賀循看來,諡號是"所以表功行之目",太子名位未備,自然不能有諡號。且自周至漢,幾乎都認同太子不可加諡之義。《晉書·王導傳》概括"生有爵,死當有諡"這一政治原則在漢晉之間的情況,有云:"自漢魏已來,賜諡多由封爵,雖位通德重,先無爵者,例不加諡。"④

然《士冠禮》《郊特牲》所言以及漢人解經,自《周官》出現,遭遇到根本性的挑戰。《周官》之文,士必有爵。《周禮·大行人》:"以九儀辨諸侯之命,等諸臣之爵,以同邦國之禮,而待其賓客。"鄭注云:"九儀,謂命者五,公、侯、伯、子、男也。爵者四,孤、卿、大夫、士也。"⑤士之有爵,經文可證者甚多,如《周禮·掌客》云:"群介、行人、宰史,以其爵

---

① 《白虎通疏證》,第74—76頁。
② 《儀禮注疏》,第34頁。
③ 《通典》卷104《禮六十四·凶二十六》,中華書局,2017年,第2707、2708頁。
④ 《晉書》,中華書局,1974年,第1745頁。
⑤ 《周禮注疏》,第562頁。

等爲之牢禮之陳數。"鄭注云:"以命數則參差難等,略於臣,用爵而已。"①其中如群介、行人都是士這一階層,可知《周禮》之士必有爵。又,《周禮·典命》云:"公之孤四命,以皮帛視小國之君,其卿三命,其大夫再命,其士一命。"②既言"其士一命",則是士有爵也。

如果按照《士冠禮》《郊特牲》的邏輯,是有爵,應該有謚。但是問題在於,周之士無謚,其證在《檀弓》,經文並鄭注云:

《檀弓》:魯莊公及宋人戰於乘丘。縣賁父御,卜國爲右。馬驚,敗績,公隊。佐車授綏。公曰:"末之卜也。"縣賁父曰:"他日不敗績,而今敗績,是無勇也。"遂死之。圉人浴馬,有流矢在白肉。公曰:"非其罪也。"遂誄之。士之有誄,自此始也。

鄭注:記禮失所由來也。周雖以士爲爵,猶無謚也。殷大夫以上爲爵。③

鄭君據《檀弓》之文,而知周之士爲爵,而無謚,要到魯莊公之後,士才有謚。那麽,《儀禮·士冠禮》《禮記·郊特牲》所説的"死而謚,今也,古者生無爵,死無謚",其言"今"者,同于春秋時期魯莊公之後,因爲祇有士也有謚,才能説"死而謚,今也"。其言"古"者,既不同於魯莊公"禮失"之後之法,也不同於周制士可以有爵而無謚之法。因此,鄭玄對《士冠禮》《郊特牲》之文,做出完全不同于《白虎通》的解釋。

《士冠禮》:死而謚,今也。古者生無爵,死無謚。
鄭注:今,謂周衰,記之時也。古,謂殷。殷士生不爲爵,死不爲謚。周制以士爲爵,死猶不爲謚耳,下大夫也。今記之時,士死則謚之,非也。謚之,由魯莊公始也。④

《郊特牲》:死而謚,今也。古者生無爵,死無謚。
鄭注:古,謂殷以前也。大夫以上乃謂之爵,死有謚也。周制,爵及命士,雖及

---

① 《周禮注疏》,第583頁。
② 《周禮注疏》,第322頁。
③ 《禮記正義》,第117頁。
④ 《儀禮注疏》,第34、35頁。

之,猶不謚耳。今記時,死則謚之,非禮也。①

鄭玄的這一注解完全顛覆了《白虎通》的邏輯。其主要原因就在於,"古者生無爵,死無謚",與《周禮》士爲爵,死不謚互相矛盾。鄭玄注經,以《周禮》爲本,要解決這一矛盾,就必須從"古""今"著手,以古今的時間維度,來平衡經文的制度異義。"死而謚,今也。"此文在《士冠禮》之篇,則是言士之事。而"今"一般應該是周代,但據《檀弓》,魯莊公之後士死才有謚,因此,鄭玄以爲:"今,謂周衰,記之時也。"而爲什麼把"古"確定爲殷呢? 並非殷制有明文可據。"今"既然是周衰之世,相對應的時間上的"古",就是周或者周以前,但根據《周禮》,周士有爵,所以,"古"祇能是周之前。鄭注分别説:"古,謂殷。""古,謂殷以前也。"鄭注的特徵,是以最爲簡樸的方式,把經文之義解釋明白,因此,鄭玄對"古"的這兩種解釋,皆是隨意所云,殷也好,殷以前也好,都是爲了説明與周制不同,而非詳考殷制或夏制如何。這是一種純粹的注經方式,而非歷史考證或制度考證。

鄭玄注經,以《周禮》爲本,不合《周禮》的制度,則詳考文意,參照他説,以爲夏殷之禮。而《士冠禮》《郊特牲》"古者生無爵,死無謚",恰好有一"古"字,可以作爲解決經文矛盾的最佳工具。鄭玄將"古"從價值解釋成歷史,使《士冠禮》《郊特牲》與《周禮》的制度矛盾,變成兩個不同時代的制度差別。在這一意義上,經文變成描述一個歷史過程,即殷之前,即"古"之士生無爵,死無謚,周之士生有爵,死無謚,魯莊公之後,即"今"之士生有爵,死有謚。這對鄭玄,固然祇是純粹的注解經文,彌合異義,而對經學本身,則是經書内部出現了"古今"制度的差别。而且,在歷史上,既然"古者生無爵,死無謚"祇是殷制,其價值便大打折扣。如晉代王導對無爵無謚提出異議,《晉書·王導傳》云:"自漢魏已來,賜謚多由封爵,雖位通德重,先無爵者,例不加謚。導乃上疏,稱'武官有爵必謚,卿校常伯無爵不謚,甚失制度之本意也'。從之。自後公卿無爵而謚,導所議也。"②生無爵死無謚也無法作爲一種政治原則維持下去。

2. "古者不使刑人守門"

《祭統》云:"古者不使刑人守門。"放在整個經學體系中,對刑人的處置,有明確的方式。如果説諸種道德都是爲了塑造文明,塑造政治共同體,那麽,對那些破壞這種道德,破

---

① 《禮記正義》,第 504 頁。
② 《晉書》,第 1745 頁。

壞共同生活者,則必然採取刑罰,以保護共同生活。因此,如非孝、非聖人之言,皆在大刑之列。而刑餘之人,則排除出共同生活之外。因此,經傳記説,皆有刑人的處置之道:

《公羊》襄二十九年傳:君子不近刑人,近刑人,則輕死之道也。

何休注:刑人不自賴,而用作閽,由之出入,卒爲所殺,故以爲戒。不言其君者,公家不畜,士庶不友,放之遠地,欲去聽所之,故不系國,不系國,故不言其君。①

《禮記·曲禮》:刑人不在君側。

鄭注:爲怨恨爲害也。《春秋傳》曰:"近刑人,則輕死之道。"②

《白虎通·五刑》:古者刑殘之人,公家不畜,大夫不養,士遇之路不與語,放諸磽埆不毛之地,與禽獸爲伍。③

因此,《祭統》的"古者不使刑人守門",因爲君子不近刑人,刑人必須放之遠地,故不使刑人守門。但是,如果把《周官》與《左傳》納入經學範圍,則出現了另一種制度。《周禮·掌戮》經注云:

墨者使守門,〔注〕黥者無妨於禁御。劓者使守關,〔注〕截鼻亦無妨,以貌醜遠之。宮者使守內,〔注〕以其人道絕也,今世或然。刖者使守囿,〔注〕斷足驅衛禽獸,無急行。髡者使守積。〔注〕玄謂此出五刑之中而髡者,必王之同族不宮者。宮之爲翦其類,髡頭而已。守積,積在隱者宜也。④

鄭注從肉刑無妨于關、門之守的角度,爲刑人有關、門之守做辯護。而且,《左傳》所述史事,也有刑人守門者。《左傳》莊十九年傳云:"初,鬻拳強諫楚子,楚子弗從,臨之以兵,懼而從之。鬻拳曰:'吾懼君以兵,罪莫大焉。'遂自刖也。楚人以爲大閽,謂之大伯。"杜注云:"若今城門校尉官。"⑤

---

① 《春秋公羊傳注疏》,第 266 頁。
② 《禮記正義》,第 55 頁。
③ 《白虎通疏證》,第 444 頁。
④ 《周禮注疏》,第 545 頁。
⑤ 《春秋左傳正義》,第 160 頁。

這樣一來，就出現了兩種完全相反的制度，彼此之間絕不可能融合。而鄭玄注經，擅長於在字裏行間尋找平衡、彌合經義的解釋，《祭統》之文，恰有"古"字，因此，鄭玄專門解釋此"古"字：

《祭統》：古者不使刑人守門。
鄭注：古者不使刑人守門，謂夏、殷時。①

鄭注云"謂夏、殷時"，並非因爲夏殷留下的文獻，有可以證明其制度者，而是因爲《祭統》是孔門弟子所作，春秋時期的"古"，既然與《周禮》不同，那麼就是周之前的夏、殷。正如孔疏所云："以《周禮》墨者使守門，故知不使刑人守門，謂夏、殷時也。"②鄭君之所以必須判定《祭統》爲夏、殷之制，非周制，主要原因是《祭統》明確説到"守門"，《周禮・掌戮》亦云"墨者使守門"，皆爲守門，無可調和。與此相似者有《王制》，其文並鄭注云：

《王制》：是故公家不畜刑人，大夫弗養，士遇之塗，弗與言也。屏之四方，唯其所之，不及以政，亦弗故生也。
鄭注：屏，猶放去也。已施刑則放之棄之，役賦不與，亦不授之以田，困乏又無周餼也。《虞書》曰"五流有宅，五宅三居"是也。周則墨者使守門，劓者使守關，宮者使守内，刖者使守囿，髡者使守積。③

《王制》雖不言"古"，但"不畜刑人"，與《周官》所載刑人守門、關、内、囿、積完全不同。故鄭此注引《虞書》並云"周則"如何，則是以爲《王制》此經所云，與《祭統》一樣，非周制也。

3. "古者公田藉而不税"

田税之法，論説紛紛，而鄭玄同樣據《周禮》，把不同《周禮》之"古"制，變成夏殷制。《王制》並鄭注云：

---

① 《禮記正義》，第837頁。
② 《禮記正義》，第837頁。
③ 《禮記正義》，第224頁。

古者公田藉而不税,〔注〕藉之言借也。借民力治公田,美惡取於此,不税民之所自治也。《孟子》曰:"夏后氏五十而貢,殷人七十而助,周人百畝而徹。"則所云古者,謂殷時。市廛而不税,〔注〕廛,市物邸舍,税其舍,不税其物。關譏而不征,〔注〕譏,譏異服,識異言。征亦税也。《周禮》:"國凶劄,則無門關之征,猶譏也。"林麓川澤,以時入而不禁。〔注〕麓,山足也。夫圭田無征。〔注〕夫猶治也。征,税也。《孟子》曰:"卿以下必有圭田。"治圭田者不税,所以厚賢也。此則《周禮》之士田,以任近郊之地,税什一。①

鄭注引孟子所云三代税制,夏代一家耕作五十畝而貢五畝,殷代一家得七十畝而助七畝,周代一家得百畝而徹十畝,其實都是什一而税。但是,借民之力的方式不同,孔疏引鄭注《匠人》云:"貢者,自治其所受田,貢其税穀。助者,借民之力以治公田,又使收斂焉。夏則有貢無助,殷則有助無貢。"鄭注《匠人》又云:"以《載師職》及《司馬法》論之,周制畿内,用夏之貢法,税夫無公田;以《詩》《春秋》《論語》《孟子》論之,周制邦國用殷之助法,制公田不税夫,此三代所以别也。"②而《王制》此文説"藉而不税",與《周禮》周公之制不同,而與殷代之法相同,孔疏云:"云'古者謂殷時'者,以《春秋》宣十五年云'穀出不過藉',藉謂借民力也。此經亦云藉,皆謂借民力也。助官治田,與殷七十而助相當,故云古謂殷時。"③

《王制》之税,關、市不税不征,林麓川澤以時入而不禁。而《周禮》太宰之職,"以九賦斂財賄:一曰邦中之賦,二曰四郊之賦,三曰邦甸之賦,四曰家削之賦,五曰邦縣之賦,六曰邦都之賦,七曰關市之賦,八曰山澤之賦,九曰弊餘之賦"。此九賦之中,有關市之賦,賈疏云:"'七曰關市之賦'者,王畿四面,皆有關門,及王之市廛二處,其民之賦口税,所得之泉也。"④是與《王制》"市廛而不税,關譏而不征"之法相反也。《周禮》又有"山澤之賦",賈疏云:"'八曰山澤之賦'者,謂山澤之中財物,山澤之民以時入而取之,出税以當邦賦,所税得之物,貯之而官未用,有人占會取之,爲官出息。此人口税出泉,謂之山澤之賦也。"⑤是與《王制》"林麓川澤,以時入而不禁"之法相反也。

鄭玄注經,先確定《周禮》爲周公致太平之法,而《王制》所述,與《周禮》不同,《孟

---

① 《禮記正義》,第246頁。
② 《禮記正義》,第246頁。
③ 《禮記正義》,第246頁。
④ 《周禮注疏》,第30、31頁。
⑤ 鄭玄注,賈公彦疏:《周禮注疏》,第31頁。

子》所言"殷人七十而助",此"助"之法與《王制》所云"藉"之法相同,且《王制》有"古者"之言,鄭君緣隙奮筆,定《王制》税法爲殷制。

四、鄭玄的"古今"

鄭玄注經的目的,是爲經文之間的關係提供一種融貫性,使經文之間的差異與矛盾得到合理的解釋。例如鄭玄認爲《周禮》是周制,《王制》的許多制度是"虞夏""夏殷"之制,這種"虞夏""夏殷"之說,經常没有明確的制度依據,而是推論所得。如果把經文理解爲制度的表達,那麽這種推論經常顯得非常隨意,如果把經文理解爲歷史的記載,這種推論也顯得極不嚴格。但是,如果把經文理解爲經文本身,這種推論往往能夠有效地解決了經文自身的矛盾問題。例如鄭注《祭統》"古者不使刑人守門",云:"謂夏、殷時。"這種注解,在鄭玄這裏,並不是要證明"不使刑人守門"是夏制或者殷制,事實上也没有任何證據可以這樣證明。鄭玄說"謂夏殷時",惟一的理由是《周禮》如果是周公致太平之書,又使墨者守門,那麽,《祭統》中"古者不使刑人守門"這句經文,就肯定不是周公之制。鄭玄是一個注經者,必須對這句話作出解釋,既然它不合于周公之制,那麽,只可能是堯舜夏殷之制,但堯舜夏殷遺留文獻,没有任何一句經文可以與這一經文相對照,以觀這一經文所屬的制度,而這一經文的上下文所述,又似乎距離《周禮》不遠,且"古者不使刑人守門",也可以作爲《周禮》的一個對照,因此,鄭注云"謂夏殷時",這一注解不是說夏殷的制度必然如此,也不是說夏殷的歷史必然如此,而祇是說《祭統》這句經文既然不是周制,那麽可能是周以前的夏殷制。

但是,當面臨跟《周禮》相同的"古"的時候,鄭玄的注解又不一樣。《禮記·昏義》並鄭注云:

《昏義》:古者天子后立六宫,三夫人、九嬪、二十七世婦、八十一御妻,以聽天下之内治,以明章婦順,故天下内和而家理。天子立六官,三公、九卿、二十七大夫、八十一元士,以聽天下之外治,以明章天下之男教,故外和而國治。故曰:"天子聽男教,后聽女順,天子理陽道,后治陰德;天子聽外治,后聽内職。教順成俗,外内和順,國家理治,此之謂盛德。"

鄭注:天子六寢,而六官在後,六官在前,所以承副,施外内之政也。三夫人以下百二十人,周制也。三公以下百二十人,似夏時也。合而言之,取其相應,有象大數也。①

以后立六宫,天子立六官,皆以三、九、二十七、八十一之制度嚴整,天子聽男教、后聽女順之禮義相合,鄭玄竟分爲二代之制。而且,經文明言"古者天子后立六宫",鄭注仍然以爲"周制也"。其原因在於,鄭玄據《周禮》《禮記》、緯書諸説,建立了一個天子妃嬪的演變過程,而《昏義》言后立六宫之數,恰好合于周制。《檀弓》"舜葬於蒼梧之野,蓋三妃未之從也",鄭注云:

> 古者不合葬。帝嚳而立四妃矣,象后妃四星,其一明者爲正妃,餘三小者爲次妃。帝堯因焉。至舜不告而取,不立正妃,但三而已,謂之三夫人。《離騷》所歌湘夫人,舜妃也。夏后氏增以三三而九,合十二人。《春秋説》云天子取十二,即夏制也。以虞、夏及周制差之,則殷人又增以三九二十七,合三十九人。周人上法帝嚳,立正妃,又三二十七爲八十一人,以增之合百二十一人。其位后也、夫人也、嬪也、世婦也、女御也。五者相參以定尊卑。②

鄭玄以爲周人后妃,一后、三夫人、九嬪、二十七世婦、八十一女御,成百二十之數。《周禮·九嬪》:"九嬪掌婦學之法,以教九御,婦德、婦言、婦容、婦功,各帥其屬而以時御叙于王所。"鄭注有云:"女御八十一人當九夕,世婦二十七人當三夕,九嬪九人當一夕,三夫人當一夕,后當一夕,亦十五日而遍。"③而此數,與《昏義》所述正合,因此鄭玄以《昏義》"古者天子后立六宫"爲周制,而不考慮此處是"古者"。若以此"古者"詰問鄭君,鄭君也會認爲,《昏義》七十子後學所記,在衰周之時,故于周公制作禮樂之時,也可稱古。因此,就算《鄭志》答孫皓之言:"古者,據時而道前代之言。"也不是一個普遍原則,而僅針對孫皓所問的問題,即"諸侯五年再相朝"這一"古之制"中"古"字之意。④

---

① 《禮記正義》,第1002頁。
② 《禮記正義》,第125頁。
③ 《周禮注疏》,第116頁。
④ 《左傳》孔疏駁鄭君云:"此云'古之制也',必是古有此法,但禮文殘缺,未知古是何時。鄭玄云:'古者,據今而述前代之言。夏殷之時,天子蓋六年一巡狩,諸侯間而朝天子。其不朝者,朝罷朝。五年再相朝者,似如此。'然則古者,據今時而道前世,自不必皆道前代。傳稱'古者越國而謀',非謂前代之人有此謀也。'古人有言',非謂前代之人有此言也。《詩》云:'我思古人',非思夏殷之人也。此云'古'者,亦非必夏殷。鄭言夏殷禮,非也。"

鄭玄對經傳中"古"的理解,凡與《周禮》無矛盾者,則無特別解釋,與《周禮》有矛盾者,則據《周禮》而推爲唐虞夏殷之制。這一特點,就是鄭君注經"以《周禮》爲本"的明確體現。

但是,鄭玄在推唐虞夏殷禮之時,讀者必須非常清晰地認識到,鄭玄是在注解經文,而不是在依靠經文構建制度或者構建歷史,[1]也就是説,鄭玄用唐虞夏殷禮來注解某一經文的時候,是爲了説明這一經文可以放在全部經文中而不違和,不矛盾,而不是論證唐虞夏殷禮即是如此。倘若有人願意更進一步去論證唐虞夏殷禮即是如此,那是鄭玄所理解的經文之外的事情,而且,鄭玄確實也做過這樣的事情,祇不過是不在他的經注之中,而在《鄭志》《駁五經異義》等説經之書之中。注經與説經的不同,是鄭玄經學的一大特色,不知此不足以語鄭學。例如,《士冠禮》《郊特牲》云:"古者生無爵,死無謚。"鄭玄注經,以爲殷制。這是在《周禮》的背景中,解釋此制與《周禮》不同,而可以同爲經學,不相矛盾。而在《駁五經異義》中,鄭君有完全不同的運用:

《異義》:天子有爵不?《易》孟、京説,《易》有周人五號:帝,天稱,一也;王,美稱,二也;天子,爵號,三也;大君者,興盛行異,四也;大人者,聖人德備,五也。是天子有爵。古《周禮》説,天子無爵,同號于天,何爵之有。許慎謹案:"《春秋左氏》云施于夷狄稱天子,施于諸夏稱天王,施于京師稱王。知天子非爵稱,同古《周禮》義。"鄭駁云:"案《士冠禮》云:'古者生無爵,死無謚。'自周及漢,天子有謚。此有爵甚明,云無爵,失之矣。"[2]

鄭君援引《士冠禮》"古者生無爵,死無謚"爲原則,又以"自周及漢,天子有謚",證明天子爲爵稱,這裏引文的意義,更像《白虎通》所説的:"此言生有爵,死當有謚也。"但是,這與鄭君注《士冠禮》《郊特牲》並無矛盾。經文的意義,有經文本身,也有經文之外,鄭注《士冠禮》《郊特牲》所表現出來的,是經文本身的意義。而《駁五經異義》所表現出來的,是經文之外的意義。

但單就注經本身而言,鄭玄以《周禮》爲本的注經方式,把經傳中大量與《周禮》不同的内容理解爲唐虞夏殷之法,在客觀上使經學内部出現了一種時間意識,這種時間意識帶來的結果,就是在經學内部構建起時間上具有連續性,制度上具有繼承性的不同的

---

[1] 對這一問題,橋本秀美先生有過極爲細緻深入的研究,參見《北京讀經説記》。
[2] 鄭玄著、皮錫瑞注:《駁五經異義疏證》,中華書局,2014年,第352頁。

聖人之法。也就是説，當把《堯典》從普遍性的聖人之法，還歸於堯之法，把《禹貢》從普遍性的天下地理，還歸於禹之法，把大小《雅》《周頌》從普遍性的詩歌，還歸於周之法，即便僅僅將經文視爲文本，整個經學體系所呈現出來的，主要便是從堯舜到孔子的多種聖人之法。如果這些聖人之世是連續的，那麽這一多元化的聖人之法便是一個在時間上具有延續性的歷史過程。鄭玄並非有意識地要把整個經學從以《春秋》爲綱的孔子法，變成以《周禮》爲本的"多元化的聖人之法"，也非有意識地要把這一"多元化的聖人之法"變成一個歷史過程，但是當鄭玄把《周禮》《左傳》納入整個經學體系之後，由於這些古文經典的制度、義理與兩漢今文十四博士之學存在巨大的差異、矛盾，①導致鄭玄祇能把這些矛盾理解爲不同時代的聖人之法，由此而使經學的性質發生了根本性的變化。

　　鄭玄注解經傳之"今古"問題，正是據《周禮》定經義，而更明顯的表現，是鄭玄在注經中，對那些決定聖人之法性質的各種重大問題，例如天下大小、諸侯國大小、諸侯多少、朝聘巡守之制、刑罰制度、衣服制度等等，都把經文異義轉變爲聖人異制，這使鄭玄的經學建構對兩漢十四博士之學産生了革命性的後果。

---

① 兩漢今文十四博士内部也有許多差異，才會有石渠閣、白虎觀兩次會議的整合。簡言之，在義理與制度上，兩漢並没有統一的今文經學，也没有統一的古文經學，但是今文經書與經説、古文經書與經説各有一些底綫共識，而兩派之底綫共識則完全不同。

唐成伯璵《禮記外傳》體例略說*
——兼評其書之馬國翰輯本

清華大學中國經學研究院　張　濤

成伯璵爲唐代後期經師，有《禮記外傳》之作，爲禮學秘笈，其書久佚。清代全祖望表彰成伯璵之學術，以爲在有唐一代屈指可數，主張其人應從祀文廟；[1]李紱與杭世駿論《永樂大典》所載經籍佚文，必以《禮記外傳》冠首，[2]其重視程度可見一斑。今就該書流傳、名義、體式、篇目略加論列，並簡評其書現存之唯一輯本——清代馬國翰《玉函山房輯佚書》所載輯本，以爲新輯《禮記外傳》之嚆矢。

一、流　傳

此書《舊唐書·經籍志》不載，《新唐書·藝文志》著録爲四卷，[3]《崇文》《中興》諸目同，《宋史·藝文志》則以爲十卷。[4] 陳樂素云："《玉海》卷三九引《國史志》作四卷；又引《中興目》云《禮記外傳》四卷……《唐志》《崇文目》《讀書志》亦均作四卷。此作十卷，誤。"[5]案《玉海》所引《中興書目》言《禮記外傳》一書體式云：

> 凡一百一十條，分"義例""名數"二體，又各分上下卷。雖舉"禮記"爲目，實兼三禮言之。(《義例》二卷，五十篇；《名數》二卷，六十九篇。)[6]

---

* 本文寫作受到國家社科基金項目"元明清通禮著述源流與詮釋研究"(19BZX048)經費資助。
[1] 全祖望：《唐經師從祀議》，《鮚埼亭集外編》卷39，見全祖望撰、朱鑄禹匯校集注：《全祖望集匯校集注》，上海古籍出版社，2000年，第1549—1550頁。
[2] 李紱：《答方閣學論三禮書目》，《穆堂初稿》卷43，《續修四庫全書》，上海古籍出版社，2002年影印本，第1422册，第87頁；杭世駿：《續禮記集説序》，《續禮記集説》卷端，《續修四庫全書》，上海古籍出版社，2002年影印本，第101册，第1頁。
[3] 《新唐書》卷57《藝文一》，中華書局，1975年，第1431頁。
[4] 《宋史》卷202《藝文一》，中華書局，1985年，第5048頁。
[5] 陳樂素：《宋史藝文志考證》，廣東人民出版社，2002年，第21頁。
[6] 王應麟：《玉海》卷39，江蘇古籍出版社、上海書店出版社，1987年影印本，第737頁。

正文云《禮記外傳》"凡一百一十條",分爲二體,然據小注,"義例""名數"二體,前者50條,後者69條,前後相加得119條,與正文抵牾。《郡齋讀書志》所言卷數與《玉海》内小注同。① 疑《玉海》所引《中興書目》正文脱一"九"字。

此書王應麟雖不之見,然南宋公私録簿皆有之,則當時似尚存。由上所考,此書蓋分"義例""名數"二體,共119條,二體各分上下卷,故當時應釐析爲四卷。《通志·藝文略》除《禮記外傳》四卷外,尚載有"《禮記外傳名數》二卷"之目,② 則宋時或有別本單行於世。明代文淵閣中,本有《禮記外傳》一册,惜乎已殘,正統六年(1441)尚置於地字型大小第四櫥,③ 而萬曆重編《内閣書目》已無其名,可知編修《永樂大典》之際仍可得殘本撮録,其後便湮没無聞。至清初,朱彝尊《經義考》明言此書已佚。④

今日一般所見,此書僅有馬國翰輯本一卷,在《玉函山房輯佚書》經編《禮記》類中。⑤ 與原書相比,馬輯本條目仍缺漏四分之三左右。不過,筆者從乾隆初年的三禮館《永樂大典》輯録稿中,發現《禮記外傳》佚文共23條,除去内中一條與馬氏輯本采自《太平御覽》者重複外,計得22條,數量幾乎與馬氏輯本相當。兩者相加得50條,復從今《永樂大典》殘卷中輯得數條,並在《太平御覽》等書中録其遺漏,則所知條數已超過該書原本119條的40%。⑥ 據目前所見佚文,可對《禮記外傳》一書之體例進行初步檢討。

二、名　　義

經籍體式,有"傳"一途,乃"以闡發經義、揭櫫旨意爲目的一種注釋體"。⑦ 先秦兩漢經書注解體式繁多,而吕思勉略分爲三,傳、説、記是也:著於竹帛謂之傳,口耳相傳謂之説,二者本爲一物,需附麗於經而行;至於記,則以爲是記經所不備,兼記經外遠古之言。⑧ 就此而言,可知"傳"爲大宗。《論衡·書解》云:"聖人作其經,賢者造其傳。述

---

① 晁公武撰、孫猛校正:《郡齋讀書志校正》卷2,上海古籍出版社,1990年,第77頁。
② 鄭樵:《通志》卷64《藝文二》,中華書局,1987年影印本,第764頁。
③ 楊士奇等:《文淵閣書目》卷2,載馮惠民、李萬健等選編:《明代書目題跋叢刊》,第30頁,書目文獻出版社,1994年影印本。
④ 朱彝尊:《經義考》卷140,中華書局,1998年,第741—742頁。
⑤ 馬國翰:《玉函山房輯佚書》,廣陵書社,2005年影印本,第1078—1082頁。
⑥ 張濤:《三禮館輯録〈永樂大典〉經説考》,《故宫博物院院刊》2011年第6期。
⑦ 參見虞萬里:《〈孔子詩論〉應定名爲"孔門詩傳"論》,《中國經學》第5輯,廣西師範大學出版社,2009年,第119—138頁。
⑧ 吕思勉:《傳説記》,《吕思勉讀史劄記》,上海古籍出版社,2005年,第748—754頁。

作者之意,采聖人之志,故經須傳也。"①唐孔穎達云:"'傳'謂傳述爲義,或親承聖旨,或師儒相傳,故云'傳'。"②賈公彥謂:"孔子之徒言'傳'者,取傳述之意。"③是"傳"者本爲孔門弟子所述,與後儒注解不同。至漢,而經師有内外傳之作,如韓嬰作《内外傳》數萬言,載之《儒林傳》與《藝文志》中。其後,"内傳"往往附麗於經,如《易》有《易傳》,《春秋》有《左傳》等是;"外傳"則別行,如《尚書大傳》《韓詩外傳》及《國語》(《春秋外傳》)之類是。故四庫館臣以爲"雜引古事古語,證以詩詞,與經義不相比附,故曰'外傳'。所采多與周秦諸子相出入"。④然其體式,則皆可歸入傳述經義一類,楊樹達甚至有"内外傳本同體也"之説。⑤成伯璵此書以"外傳"爲名,似有不附於經之意,然其設爲專題,綜論禮制,又與上述"外傳"迥異。

成伯璵此書顏曰"禮記",似意指"禮"之"記",非必局限於今所傳《禮記》一書。既題《禮記》,或與唐代《禮記》地位提升有關,用《禮記》來代指三禮。《禮記外傳》現存佚文,囊括三禮在内,而以關涉《周禮》者多,實因《周禮》一經,廣大精微,包羅大部分三禮議題。然《禮記外傳》中頗有佚文溢出《周禮》之外者,如:

> 人之精氣曰魂,形體謂之魄,合陰陽二氣而生也。形勞則神逝,死則難復生也。孝子之心不能忍也,故升屋而招其魂神也。神智無涯也,鬼者復於土也。氣絶而收其魂,使反復於體也。

此則解釋《儀禮》與《禮記》之相關内容。可見,成伯璵此書"雖以'禮記'爲目,通以三禮言之"。⑥

三、體　式

《禮記外傳》每條皆應有題目,概括内容主旨,其後隨以正文。如三禮館《永樂大典》輯録稿有一條名爲"六彝",其文爲:

---

① 王充撰,黄暉校釋:《論衡校釋(附劉盼遂集解)》,中華書局,1990年,第1158頁。
② 孔穎達:《禮記正義》卷1"曲禮上第一"小題下疏,《十三經注疏》,中華書局,1980年影,第1229頁。
③ 賈公彥:《儀禮注疏》卷1"鄭氏注"下疏,《十三經注疏》,第945頁。
④ 《四庫全書總目》卷16《韓詩外傳》"提要",中華書局,1965年影印本,第136頁。
⑤ 楊樹達:《韓詩内傳未亡説》,《積微居小學金石論叢》卷5,上海古籍出版社,2007年,第318—320頁。
⑥ 晁公武撰、孫猛校正:《郡齋讀書志校正》卷2,上海古籍出版社,1990年,第77頁。

成伯璵《外傳》:"六彝",傳曰:變尊言彝者,有法則也。彝,常也。此六彝盛鬱鬯、秬鬯之香酒,然尊之與彝亦依其時,兩兩而用香酒,所以降神也,象先君及今之人君有芬芳之德也。一曰雞彝,畫爲雞。二曰鳥彝,畫爲鳳羽,春夏祭所用也。三曰斝彝,畫禾稼也。四曰黃彝。五曰虎彝,畫爲虎形。六曰蜼彝。

案"成伯璵《外傳》"五字,當爲三禮館抄録《永樂大典》之文,成伯璵原書必無此等文字。"六彝"則爲《禮記外傳》之小題。"傳曰"二字爲區隔題目與正文之用,似爲《禮記外傳》原書所有,第不易肯定。

此種著述體式,求之傳世載籍,則有東漢《白虎通義》一書。《白虎通義》今本四十四篇,皆有篇題,總括每篇主旨,惟其内容繁重,篇幅較巨。今節取其短篇,以爲比照。《宗族》篇論"宗"曰:

宗者,何謂也?宗者,尊也,爲先祖主也,宗人之所尊也。《禮》曰:"宗人將有事,族人皆侍。"①

正文内容乃對篇題所涉及之禮學概念加以詮釋,《禮記外傳》恰與之相仿。《白虎通義》多引經,而《禮記外傳》少引經,此爲小異,無害於二者體式相近。案《白虎通義》一書,"'通'以通經爲旨,'義'取釋義爲名","今所傳《通義》四十餘篇……所宗均僅一說……以禮名爲綱,不以經義爲區"。② 後世以其不純爲禮說,故置於五經總義之中,而禮說實居其書泰半。馬國翰謂《禮記外傳》"書仿《白虎通義》,雖不及其奧衍,而義類融貫。注亦明簡有法"。③ 胡玉縉亦以爲其書"仿《白虎通》體例,就古禮制發摅意藴,各有根據"。④ 就著作體式言,《禮記外傳》亦"以禮名爲綱",可謂是《白虎通》在唐代之流裔。

《禮記外傳》全書分"義例""名數"二類,其下再列篇目。"義例""名數"似對具體篇目内容性質之分類,而非内文體式有所差別。味其意,"義例"蓋就禮之大義宏旨發凡起例,而"名數"則關乎具體名物度數之微。目前所見佚文,頗有近於上述兩端者,然欲

---

① 見陳立:《白虎通疏證》卷8,中華書局,1994年,第393頁。
② 劉師培:《白虎通義源流考》,陳立《白虎通疏證》附錄,第784頁。
③ 馬國翰:《玉函山房輯佚書》,第1078頁。
④ 胡玉縉:《禮記外傳提要》,氏著、吳格整理:《續四庫提要三種》,上海書店出版社,2002年,第820頁。

一一確指,辨章分類,亦難矣哉。馬濤推測云:"從'義例''名數'的名義分析,大抵'義例'者,類似於條例,以禮義編次諸經散章,主於儀節的類編,若其'郊祀'一節集中圜丘、方丘、北郊天地之祭義於一例,或即是'義例';'名數'者,當釋禮儀、禮器名義名位,主於名物的類編,若其言喪服制,列斬衰、齊衰、緦、錫依次釋之,蓋即'名數'。"①論"郊祀"者是否果屬"義例",尚無法確認,而指出"義例""名數"有別,則大意近是。

《禮記外傳》非注疏體,案成伯璵生平著述,似皆非注疏體。成伯璵於《詩》,有《毛詩指說》今尚存,據通志堂本,知"興述""解說""傳受""文體"四篇,②然《宋史·藝文志》載其書,則名爲《毛詩指說統論》,《新唐志》《崇文總目》並無"統論"二字,但《玉海》卷三八引《國史志》列《毛詩指說》一卷,復注云:"《書目》有《指說統論》一卷,凡四篇,略序作詩大旨。""四篇略序作詩大旨"正與"興述""解說""傳受""文體"之義相合,則《指說》實即《指說統論》,"統論"云云,言其序大旨也。陳樂素疑"《指說》之外別有《指說統論》",③殆未是。侯美珍謂《毛詩指說》"一書約六千餘字,與兩漢以來的章句、注疏之體不同的是此書並不作詩篇個別的訓詁,而是綜論《詩經》學的各種問題。是一種論文式的體裁,而非注釋體"。④"統論"二字可概括成伯璵治學之總體風格,《毛詩指說》如此,《禮記外傳》亦如此。後世三禮總義、乃至五經總義諸書之精神,實亦不外乎"統論"二字。

四、篇　　目

《禮記外傳》原書119條,目前輯得佚文50條。就中所見,該書原文每條應標有題目,如:

> 六谷、五齊三酒、設菹醢、王后六服、六尊、六彝、天子六冕之服、王者法服九章、朝祭冠弁之服、樂懸、十二律、九夏樂章、蒩筵、六號名物、九拜、朝正告朔、天之十二次及分野、二十八宿、王后五等車、九旗物服、明水明火玄酒、公副九乘、車輿。

上述23條見於三禮館《永樂大典》輯錄稿,皆存有標題,殆爲成伯璵原書所有。《玉函山

---

① 馬濤:《唯物史觀視域下的中古禮學重構:以唐石經〈禮記〉爲中心》,上海交通大學博士論文,虞萬里教授指導,2018年6月。
② 成伯璵:《毛詩指說》,《通志堂經解》第7册,廣陵古籍刻印社,1996年影印本,第201頁。
③ 陳樂素:《宋史藝文志考證》,第19—20頁。
④ 侯美珍:《成伯璵〈毛詩指說〉之研究》,《河北學刊》1997年第2期,第62頁。

房輯佚書》與胡玉縉等人自他書輯出者,往往刊落標題,僅存正文,然此在《太平御覽》等佚文源頭即已如此處理,恐難以恢復。不過,《太平御覽》《永樂大典》等書自有分類題目,《禮記外傳》條文隸于《太平御覽》《永樂大典》相應題目之下,應當名實相符,儘管其題目不可能與《禮記外傳》原書篇目完全一致,但透過佚文所屬源文獻之分類題目,仍可瞭解《禮記外傳》相應内容。如此,則可將源文獻之分類題目視爲《禮記外傳》之"准篇目":

敘禮、周禮、郊丘、禘祫、齋戒、儺、神主、社稷、明堂、辟雍、巡守、籍田、贄、袞冠、絰帶、幗髽、復魂、絞紟衾冒、棺、周辟廱、謚法、祖臘。

以上"准篇目"21 條,合原有篇目,共得 44 條。尚餘 6 條,或與上述諸條同在一目,或衹能通過其内容概括其大致標題,從衛湜《續禮記集説》中輯録之佚文,並無"准篇目"可據,即屬此類。如若佚文爲散句零詞,未必能反映《禮記外傳》該條全部内容,則由此而概括出之標題,恐未必與原篇目合轍。如現存佚文有一條曰:"壽者百二十,過此不死爲失期,爲祅怪。"此題馬國翰據羅泌《路史後紀》卷七羅蘋注輯録,不知其原篇題如何,其主題爲"壽"、爲"死"、爲"妖怪",似均不無可能,幸現存《永樂大典》殘卷尚有其文,宋人羅璧《識遺》卷四"自古有死"條亦引此句,似其篇目當與"死"有關,然亦不能完全確定。此則不得不加以注意者也。

杭世駿曾經提及《禮記外傳》"止於標列名目,如郊社、封禪之類"云云,其中"郊社"似與上揭《太平御覽》標目"郊丘"近似,然而"封禪"一目,則今日未見相關佚文,此因杭世駿在三禮館,當時館臣"從《永樂大典》中,有關於三禮者,悉皆録出",但杭世駿於二禮"不得寓目,《禮記》則肄業及之",①而今存三禮館《永樂大典》輯録稿轉失《禮記》部分,故有此參差。

五、馬輯本評價

長期以來,馬國翰《玉函山房輯佚書》中所載《禮記外傳》一卷,爲此書唯一可用之本,于成伯璵誠可謂有功,但馬國翰輯本未爲盡善,編排、校正均不無可議之處。就上文所考該書流傳、名義、體式、篇目各項,可就馬輯本之疏失略加評價,以便今後就成伯璵

---

① 杭世駿:《續禮記集説序》,載《續禮記集説》卷端,《續修四庫全書》第 101 册,第 1 頁。

《禮記外傳》一書作出更爲精善之輯本。

一、歸類不當。《禮記外傳》其書統論三禮,不專主《禮記》一經,故當歸入三禮總義。馬輯本小序引及《中興書目》"雖舉'禮記'爲目,實兼三禮言之"之的評,①但仍置於"經編禮記類",蓋據其名而未察其實。胡玉縉云:"其書泛及三禮,當爲'三禮總義'之屬,而既以《禮記》爲目,今姑仍馬本隸於此焉。"②是亦姑且如此而已。實則馬輯本既不設"三禮總義"及"雜禮書"之目,則成伯璵此書固當與《石渠禮論》、鄭玄《魯禮禘祫志》、《三禮圖》、董勳《問禮俗》、范寧《禮雜問》、何承天《禮論》、崔靈恩《三禮義宗》等爲伍,歸入"經編通禮類"中。

二、篇目缺漏。馬輯本自言"從《太平御覽》、羅蘋《路史注》、衛湜《集説》、黄朝英《緗素雜記》輯得二十六節,以類排次爲卷",③實則該輯本共有28條,去成伯璵原書,尚不足四分之一,缺漏仍多。馬國翰無由得見《永樂大典》,固不足怪。而《太平御覽》輯之未盡,則爲缺失。胡玉縉據《太平御覽》卷五百六十二補入"古者生無爵,死無諡。諡法,周公所爲也。堯舜禹湯,皆後追議其功耳。諡者,行之跡也。累積平生所行事善惡,而定其名也。有大行受大名,謂之景行。小善受小名。文經天地,其德博也,武定禍亂,其功大也"一條,可從。另,王仁俊《玉函山房輯佚書續編》亦從《太平御覽》卷五百二十八輯録一條。④ 但其實此條已在馬本之内,即"禘祫謂之殷祭"條,王仁俊殆未核實。《玉函山房輯佚書續編》爲未刊稿本,其中未經寫定者尚多,殊難盡據。

三、體式不明。馬輯本所據各書,均不載《禮記外傳》標題,故僅能輯佚各條正文。此亦屬於先天不足,非輯佚者之病。

四、文字異同。馬輯本倚重《太平御覽》頗多,然而《太平御覽》善本不易得,故不免文字異同。以宋本《太平御覽》與馬輯本相核,有馬輯本文字優勝處,亦有可據宋本加以訂正處。如馬輯本"命國儺者,但于國城中之行耳",⑤據宋本《太平御覽》,⑥當作"但于國城中行之耳",馬輯本"行之"二字誤倒。馬輯本"凡言斬衰者,以六寸之布、廣四寸,爲衰,帖於心前",⑦據宋本,則當作"帖於心前"。⑧ 凡此,皆可訂正馬輯本誤字。

---

① 馬國翰:《玉函山房輯佚書》,第1078頁。
② 參見胡玉縉:《禮記外傳提要》,見氏著、吴格整理:《續四庫提要三種》,第822頁。
③ 馬國翰:《玉函山房輯佚書》,第1078頁。
④ 王仁俊:《玉函山房輯佚書續編三種》,上海古籍出版社,1989年影印本,第36頁。
⑤ 馬國翰:《玉函山房輯佚書》,第1079頁。
⑥ 李昉等:《太平御覽》卷530《禮儀部九·儺》,中華書局,2000年影印本,第2405頁。
⑦ 馬國翰:《玉函山房輯佚書》,第1081頁。
⑧ 李昉等:《太平御覽》卷547《禮儀部二十六·衰冠》,第2477頁。

略論魏了翁對古代禮制的考釋及特點、得失

——以魏了翁著《周禮折衷》爲考察中心①

河南大學歷史文化學院　郭善兵

魏了翁(1178年—1237年),字華父,號鶴山,邛州蒲江(今四川省邛崍市蒲江縣)人。其生平事蹟具載《宋史》卷437《儒林列傳七·魏了翁傳》。他能詩詞,善屬文。著有《鶴山集》《九經要義》《周易集義》《易舉隅》《周禮井田圖説》《古今考》《經史雜抄》《師友雅言》等。魏了翁去世十二年後,其子魏近思、魏克愚哀輯其遺稿,于宋理宗淳祐八年(1248年)開始刻梓于姑蘇,淳祐十一年刊成。不久又有温陽本,蓋據姑蘇本翻刻。宋理宗開慶元年(1259年)又于成都開刻,題曰《重校鶴山先生大全文集》,此即宋開慶刻本(民國時,《四部叢刊初編》影印《重校鶴山先生大全文集》,即據此本),另有明代刻本二種,即錫山安氏活字排印本、嘉靖三十年(1551年)邛州吴鳳刊本(清文淵閣《四庫全書》集部收録的《重校鶴山先生大全文集》,即此本)。清代刻本除文淵閣《四庫全書》本外,還有同治十三年(1875年)盱眙吴棠望三益齋刊《鶴山文鈔》三十二卷。其中,上述諸本皆收録之《周禮折衷》,是魏了翁撰寫的一部詮釋《周禮》天官系統諸官的著作。目前學界主要注重對魏了翁生平事蹟、學術思想、文集版本流傳及魏氏其他經學詮釋著作等問題進行研究,②而對其在《周禮折衷》一書中,對《周禮·春官·大宗伯》所載周代

---

① 本文爲國家社科基金重大項目"傳統禮樂文明與當代文化建設研究"(17ZD03)子課題"禮樂與中國傳統制度文明體系"階段性成果。

② 蔡方鹿:《魏了翁評傳》,巴蜀書社,1993年。陳新:《今存魏了翁〈鶴山集〉版本源流及其他》,《文教資料》1995年第Z1期。彭東焕編:《魏了翁年譜》,四川人民出版社,2003年。張荷羣:《魏了翁與〈九經要義〉》,《四川大學學報》(哲學社會科學版)2004年第S1期。張文利:《魏了翁文學研究》,中華書局,2008年。瞿林江:《魏了翁〈禮記要義〉研究》,南京師範大學碩士學位論文,2012年;《魏了翁〈禮記要義〉發覆》,《廣西職業技術學院學報》2013年第1期。王鍔、瞿林江:《魏了翁〈禮記要義〉整理與研究》,高等教育出版社,2016年。郭齊:《魏了翁文集版本優劣考辨》,《四川師範大學學報》(社會科學版)2014年第2期。夏薇:《魏了翁〈周禮折衷〉經學特點探析》,《西華大學學報》(哲學社會科學版)2014年第3期。陳旭輝:《魏了翁〈周易要義〉版刻流傳與節録體例考》,《周易研究》2017年第5期。唐婷:《魏了翁〈毛詩要義〉研究》,《湖北社會科學》2018年第5期。

"五禮"中的吉、凶(喪葬)、賓(朝覲)、嘉(稱號、巡守、飲食、曆法)等禮儀制度的考釋,①及其特點、得失等問題,似尚無專門研究。有鑒於此,筆者擬在鈎稽相關史料的基礎上,對上述諸問題,略作探討。

一、魏了翁對周代吉禮的考釋

祭祀是人們通過一定的儀式,使用犧牲向神靈獻祭,以示對神靈的敬畏和崇敬。神靈馨享祭品後,給世人以福佑的禮儀行為。祭祀禮儀在古代中國禮儀體系中,具有重要的地位和意義。《禮記·祭統》曰:"凡治人之道,莫急於禮。禮有五經,莫重於祭。……夫祭之為物大矣,其興物備矣。順以備者也,其教之本與!……夫祭有十倫焉:見事鬼神之道焉,見君臣之義焉,見父子之倫焉,見貴賤之等焉,見親疏之殺焉,見爵賞之施焉,見夫婦之別焉,見政事之均焉,見長幼之序焉,見上下之際焉。此之謂十倫。"②

魏了翁對周代祭祀禮制的考釋,既有對前儒關於周代祭祀禮制若干詮釋予以批駁之處,如《周禮·天官·甸師》注引鄭興詮釋祭祀禮中"縮酒"儀節為神靈飲酒的象徵曰:"束茅,立之。祭前,沃酒其上,酒滲下去,若神飲之,故謂之縮。"③魏了翁視鄭興之説為臆説,認為"縮酒"不過是將酒中的酒糟過濾掉而已,別無它意:"古無灌茅之義。所謂縮酒,祇是醴有糟,故縮于茅以清之。若曰滲下去如神飲,此是鄭大夫臆説。"④

他又批評賈公彦牽強附會,⑤或援引《公羊傳·僖公八年》"王人者何?微者也。曷為序乎諸侯之上?先王命也",⑥《穀梁傳·僖公八年》"王人之先諸侯,何也?貴王命也:朝服雖敝,必加於上;弁冕雖舊,必加於首;周室雖衰,必先諸侯"等典故,⑦來詮釋《周禮·春官·大宗伯》和《司服》二篇文獻關於社稷、五嶽記載先後順序的歧異,或許

---

① 《周禮注疏》卷18,阮元校刻:《十三經注疏》,中華書局影印本,1980年,第757、759、760頁。
② 《禮記正義》卷49,阮元校刻:《十三經注疏》,第1602、1604—1605頁。
③ 《周禮注疏》卷4,阮元校刻:《十三經注疏》,第663頁。
④ 魏了翁:《鶴山先生大全文集》(以下簡稱《鶴山集》)卷105《周禮折衷·甸師》,《四部叢刊初編》本。
⑤ 魏了翁認為,牽強徵引《公羊傳》《穀梁傳》典故,試圖彌縫《周禮·春官·大宗伯》和《司服》關於社稷、五嶽順序,因而也是二者尊卑體現記載歧異的是鄭玄。鄭玄雖于《周禮·天官·內司服》注曰:"《春秋》之義,王人雖微者,猶序乎諸侯之上,所以尊尊也。"(《周禮注疏》卷8,阮元校刻:《十三經注疏》,第692頁)然並無以此典故詮釋社稷、五嶽地位尊卑之言。據下文所引《周禮·天官·酒正》疏,此釋系賈公彦所為。魏氏謂鄭康成,誤。
⑥ 《春秋公羊傳注疏》卷11,《十三經注疏》,第2252頁。
⑦ 《春秋穀梁傳注疏》卷8,《十三經注疏》,第2395頁。

在賈公彥看來,這一歧異系二者地位尊卑差異所致。《周禮·天官·酒正》疏曰:"案《司服》,山川服毳冕,五獻。社稷服希冕,三獻。社稷在山川下,案《大宗伯》'以血祭祭社稷、五祀、五嶽',而社稷在五嶽上者,五嶽與土地異形,若畿外諸侯,服、獻則尊于王朝之臣。社稷號曰土神,似若王朝之臣,服、獻則卑於五嶽。而在五嶽上者,似若王人雖微,猶敘諸侯之上。"① 魏了翁認爲:"社稷在五嶽之上,自是本等。鄭康成牽合引王人敘諸侯之上爲證,非是。"② 魏了翁還對賈公彥以泛齊、醴齊、盎齊、緹齊、沈齊所謂"五齊"用於祭祀神靈,以事酒、昔酒、清酒所謂"三酒"給人飲用的闡述,予以批駁:"賈謂'三酒味厚,人所飲者也。五齊味薄,所以祭也',此語未瑩。……豈有以人則飲味厚者,以祭祀則共味薄者哉?"③

魏了翁還對時人若干祭祀用詞的使用失範問題進行了揭示和糾正。他指出:"祭"字不可隨意使用。衹有遵循《禮記·祭法》所載"夫聖王之制祭祀也,法施於民則祀之,以死勤事則祀之,以勞定國則祀之,能禦大菑則祀之,能捍大患則祀之",④ 舉行報功類禮儀,即酬報有功績者的禮儀時,方可使用"祭"字。其他祭祀,即便是祭祀孔子的"丁祭",⑤ 也有用字不當之嫌:"且如孔子廟只使得'奠'字,使不得'祭'字。今謂之丁祭,亦非。……非報功,使'祭'字不得。"⑥

二、魏了翁對周代凶禮的考釋

自先秦時起,在經歷了《周易·繫辭下》所載的"古之葬者,厚衣之以薪,葬之中野,不封不樹,喪期無數",簡單、草率地處理親人喪葬後事的階段後,⑦ 或許受萬物有靈觀念的影響,人死後靈魂不滅,能依據世人對死者的態度、作爲而福禍世人的觀念,在世人

---

① 《周禮注疏》卷5,《十三經注疏》,第669頁。
② 《鶴山集》卷106《周禮折衷·酒正》,《四部叢刊初編》本。
③ 《鶴山集》卷106《周禮折衷·酒正》,《四部叢刊初編》本。
④ 《禮記正義》卷46,《十三經注疏》,第1590頁。
⑤ 丁祭:又稱"祭丁",是中國古代祭祀孔子的禮儀。因唐玄宗時起,祭孔禮定於每年春季、秋季的仲月(每季第二個月,即夏曆的二月、八月)的第一個丁日(上丁)舉行,故名。孔子去世後,至唐代以前,祭孔禮雖史不乏載,但其舉行的時間,並不固定。《隋書》卷9《禮儀志四》:"隋制,國子寺,每歲以四仲月上丁,釋奠於先聖先師。……州郡學則以春秋仲月釋奠。"中華書局,1973年,第181—182頁。《舊唐書》卷24《禮儀志四》載,唐太宗貞觀二十一年詔曰:"春秋二仲,行釋奠之禮。"唐玄宗於開元二十七年八月後,始定于"上丁"日行禮:"春秋二仲上丁,令三公攝行事。"中華書局,1975年,第917、921頁。
⑥ 《鶴山集》卷105《周禮折衷·庖人》,《四部叢刊初編》本。
⑦ 《周易正義》卷8,《十三經注疏》,第87頁。

的思想意識中逐漸萌生、確立,《論語·學而》所載"慎終追遠",①日益成爲古代中國人根深蒂固的信仰,由此導致喪葬禮儀逐漸形成、發展和漸趨完備,也是中國古代禮儀的重要組成部分。在《周禮》《儀禮》《小戴禮記》所謂"三禮"文獻,及漢代迄清代歷代儒者詮釋"三禮"的浩若煙海的文獻中,專門或涉及喪葬禮儀的篇章,如《儀禮》之《喪服》《士喪禮》《既夕禮》《士虞禮》,《禮記》之《檀弓》《曾子問》《喪服小記》《喪大記》等,皆佔據相當大的比重。或許受文字歧異、字義多元、社會及思想觀念的變遷的諸多因素的影響,歷代儒者在喪葬禮儀上存在諸多分歧和爭議,可謂聚訟紛紜,歷千年而不決。魏了翁對古代儒者頗多爭議的"三年之喪"禮儀,及若干喪葬禮儀,皆有詮釋和評議。

"三年之喪"是《儀禮》等文獻記載的周代確立的父母去世後子女爲父母穿戴斬衰、齊衰喪服,服喪三年的禮儀。"三年之喪"禮是否是社會各階層成員都必須遵守的禮儀,還是依據身份、等級的差異而有所差異？先秦秦漢唐時期的禮家多認爲應無差異。《禮記·王制》曰:"三年之喪,自天子達。"注曰:"下通庶人,于父母同。"②《禮記·中庸》曰:"三年之喪,達乎天子。父母之喪,無貴賤一也。"疏曰:"唯父母之喪,無問天子及士、庶人,其服並同。"③《禮記·三年問》曰:"夫三年之喪,天下之達喪也。"注曰:"達,謂自天子至於庶人。"④《論語·陽貨》曰:"夫三年之喪,天下之通喪也。"注曰:"自天子達于庶人。"疏曰:"通,達也。謂上自天子,下達庶人,皆爲父母三年,故曰通喪也。"⑤《孟子·滕文公上》曰:"三年之喪,齋疏之服,飦粥之食,自天子達于庶人,三代共之。"⑥

不過,鄭玄注《宮正》時,提出居喪時禮儀隨居喪者身份、等級的差異而有所不同。其後南北朝時儒者庾蔚之、熊安生,唐代孔穎達、賈公彦等並循鄭説:"然《周禮·宫正》注云'親者貴者居廬,疏者賤者居堊室',引此《雜記》云'大夫居廬,士居堊室',則是大夫以上定居廬,士以下定居堊室。此云朝廷之士亦居廬,與彼不同者,尋鄭之文,意若與王親者,雖云士賤,亦居廬……若與王無親,身又是士,則居堊室……若與王親,雖疏但是貴者,則亦居廬也。庾氏、熊氏並爲此説。……孔引庾、熊二家説,即賈氏所本。"⑦

---

① 《論語注疏》卷1,《十三經注疏》,第2458頁。
② 《禮記正義》卷12,《十三經注疏》,第1334頁。
③ 《禮記正義》卷52,《十三經注疏》,第1628頁。
④ 《禮記正義》卷58,《十三經注疏》,第1663頁。
⑤ 《論語注疏》卷17,《十三經注疏》,第2526頁。
⑥ 《孟子注疏》卷5上,《十三經注疏》,第2701頁。
⑦ 孫詒讓:《周禮正義》卷6《宫正》,王文錦、陳玉霞點校,中華書局,1987年,第227—228頁。

魏了翁對鄭、賈諸儒之説提出異議："三年之喪，自天子至於庶人，無貴賤一也，故謂之通喪。豈可謂貴者服輕，賤者服重？鄭、賈說未然。"①儘管如此，魏了翁也承認，在其他喪禮禮儀方面，身份、地位的等級差異，不可避免地會導致相關禮儀的差異："天子'七月而葬'，後必須殺等。"②

魏了翁還對其他若干喪葬禮儀進行了辨析。如喪葬禮儀中的"朝祖"禮，即死者殯期結束後，將葬之前，於葬日之前一日，親友以輁軸運載其棺柩，去朝見祖廟，象其生時外出辭別尊長之意。《儀禮・既夕禮》曰："遷于祖，用軸。"注曰："遷，徙也。徙于祖，朝祖廟也。《檀弓》曰：'殷朝而殯于祖，周朝而遂葬。'蓋象平生，將出，必辭尊者。"疏曰："云'遷于祖用軸'者，謂朝廟之時，從殯宮遷移于祖廟……云'《檀弓》曰殷朝而殯于祖'者，殷人將殯之時，先朝廟。訖，乃殯，至葬時不復朝也。云'周朝而遂葬'者，周人殯于路寢，至葬時乃朝。朝訖，而遂葬。引之者，證經將葬朝祖之事。云'蓋象平生將出必辭尊'者，《曲禮》云'出必告，反必面'是也。"③《禮記・檀弓下》亦曰："喪之朝也，順死者之孝心也。其哀離其室也，故至於祖考之廟而後行。殷朝而殯于祖，周朝而遂葬。"注曰："朝謂遷柩於廟。"疏曰："'喪之朝也'者，謂將葬前，以柩朝廟者，夫爲人子之禮，出必告，反必面，以盡孝子之情。今此所以車載柩而朝，是順死者之孝心也。"④

問題在於，行"朝祖廟"禮時，需要拜辭哪幾所祖廟？經無明文。衆所周知，自先秦起，天子祖先宗廟數量衆多。禮書記載的所謂"天子七廟"禮制，雖與迄今考古發現的商周甲骨文、金文有關記載不符，但其祖先宗廟數量衆多，則毋庸置疑。孔穎達、賈公彥等認爲，每所祖先宗廟，皆需朝拜。《禮記・檀弓下》《正義》曰："然朝廟之禮，每廟皆朝，故《既夕禮》云：'其二廟，則饌於禰廟。'下云：'降柩，如初適祖。'則天子、諸侯以下，每廟皆一日，至遠祖之廟。"⑤《周禮・天官・内豎》疏曰："七月而葬。將葬，而朝七廟。"⑥魏了翁對前儒之説提出異議："又朝祖止朝太祖，而下皆可稱祖，亦無盡朝七廟之禮。"⑦

---

① 《鶴山集》卷105《周禮折衷・宮正》，《四部叢刊初編》本。
② 魏了翁著、吳棠刻：《周禮折衷》卷之4《内豎》，同治十三年刻望三益齋本。
③ 《儀禮注疏》卷38，《十三經注疏》，第1147頁。
④ 《禮記正義》卷9，《十三經注疏》，第1303頁。
⑤ 《禮記正義》卷9，《十三經注疏》，第1303頁。
⑥ 《周禮注疏》卷7，《十三經注疏》，第687頁。
⑦ 魏了翁：《周禮折衷》卷之4《内豎》，同治十三年刻望三益齋本。

三、魏了翁對周代賓禮的考釋

　　朝覲是若干儒家經典記載的三代實行的諸侯朝聘天子、諸侯自相朝聘及天子聘于諸侯之禮。關於朝聘的名義，《周禮·春官·大宗伯》曰："春見曰朝，夏見曰宗，秋見曰覲，冬見曰遇。"注曰："朝猶朝也，欲其來之早。……覲之言勤也，欲其勤王之事。"①《周禮·秋官·大行人》亦曰："春朝諸侯而圖天下之事，秋覲以比邦國之功。"②

　　朝聘禮的舉行時間，則如魏了翁所言，文獻記載存在歧異："朝覲、巡守之禮，《舜典》《王制》《周禮》《周官》皆不合。"③《禮記·王制》："諸侯之于天子也，比年一小聘，三年一大聘，五年一朝。"注曰："比年，每歲也。……然此大聘與朝，晉文霸時所制也。虞、夏之制，諸侯歲朝。周之制，侯、甸、男、采、衛、要服六者，各以其服數來朝。"④鄭玄所謂"各以其服數來朝"，即《周禮·秋官·大行人》所載："其外方五百里，謂之侯服，歲壹見，其貢祀物。又其外方五百里，謂之甸服，二歲壹見，其貢嬪物。又其外方五百里，謂之男服，三歲壹見，其貢器物。又其外方五百里，謂之采服，四歲壹見，其貢服物。又其外方五百里，謂之衛服，五歲壹見，其貢材物。又其外方五百里，謂之要服，六歲壹見，其貢貨物。"⑤鄭玄認爲，虞、夏、周三代，朝聘禮舉行時間不同。周代諸侯朝覲天子之禮，要依其封地所處位置決定。《尚書·周官》又有"六年，五服一朝"⑥的記載。或許比較了上述文獻記載的歧異後，魏了翁認爲，《尚書·周官》所載較爲合理，合乎史實："以事理揆之，六年，五服一朝。"⑦

　　魏了翁還綜合《儀禮·覲禮》《特牲饋食禮》《尚書·泰誓上》《牧誓》等文獻的記載，對朝覲禮儀節進行了概括敘述："賓客之禮，諸侯來朝，朝享既畢，王禮之。王雖不酌，而有受酢之禮，使宰夫爲主人，示公、卿、大夫不敢抗禮於君而受酢，則臣不可以代君飲，故有受酢之事。""古者天子有迎送諸侯之禮。如今之饗，大賓至，則王乘金輅迓之。有大饗於廟之禮，燕於寢之禮，有戒，有宿，有速，謂之'友邦冢君'。"⑧

---

① 《周禮注疏》卷18，《十三經注疏》，第759頁。
② 《周禮注疏》卷37，《十三經注疏》，第890頁。
③ 魏了翁：《鶴山集》卷104《周禮折衷·大宰》，《四部叢刊初編》本。
④ 《禮記正義》卷11，《十三經注疏》，第1327頁。
⑤ 《周禮注疏》卷37，《十三經注疏》，第892頁。
⑥ 《尚書正義》卷18，《十三經注疏》，第235頁。
⑦ 魏了翁：《鶴山集》卷104《周禮折衷·大宰》，《四部叢刊初編》本。
⑧ 魏了翁：《鶴山集》卷106《周禮折衷·酒人》，《四部叢刊初編》本。

魏了翁進而對周代施行朝覲禮的目的、功效及秦漢以後廢行朝覲禮的惡果，予以闡述："天子統天下而君之，諸侯統一國而君之，皆有君道，上下相維，相親，相敬。自秦罷侯置守，尊君卑臣，一人恣睢於上，極情縱欲，而天下瓦解土崩，此焚滅典籍，隳壞先王法制之過也。"①

四、魏了翁對周代嘉禮的考釋

（一）稱號禮制

《周禮折衷》主要記載了魏了翁對若干文獻，尤其是儒家經典文獻對周代"后""主"稱謂禮制所作考釋。

"后"作爲禮儀稱號，《周禮》中多指天子的配偶王后，魏了翁搜集《周易》《詩經》《尚書》等文獻有關記載，認爲"后"並非唯指天子的配偶王后，也有天子、君主之義："《易》《詩》《書》，如'后以財成天地之道''樹后王、君公''作元后''皇后憑玉几'，皆指人君。如'誕后稷之穡''三后成功'，君、臣通謂后，而未嘗以人君之配名后。"②孔穎達等疏《周易·泰卦》曰："后，君也。……此卦言'后'者，……兼通諸侯，故不得直言先王，欲見天子、諸侯俱是南面之君，故特言'后'也。"③孔穎達等又疏解《尚書·説命中》曰："'后王'謂天子也。"④魏了翁認爲，"后"指天子配偶王后，始自孔子："自孔子作《春秋》，始書'逆王后于紀'。"⑤

"主"也是先秦時期人們對公、卿、大夫的稱謂。《周禮·天官·大宰》注引鄭衆語曰："主謂公、卿、大夫。"⑥魏了翁沿循鄭衆之説，且改寫《左傳·昭公元年》所載秦醫和對趙孟之言，"趙孟曰：'誰當良臣？'對曰：'主是謂矣。主相晉國，於今八年，晉國無亂，諸侯無闕，可謂良矣'"⑦爲"趙孟謂'主相晉國，於今八年'"，⑧予以佐證。孫詒讓、俞樾也多方徵引，予以證實："《調人》注云：'主，大夫君也。'《左》昭二十九年傳云：'齊侯使高張來唁公，稱主君。'《史記·魯世家》《集解》引服虔云：'大夫稱主。'先鄭意此主爲三

---

① 魏了翁：《鶴山集》卷106《周禮折衷·酒人》，《四部叢刊初編》本。
② 魏了翁：《周禮折衷》卷之4《内宰》，同治十三年刻望三益齋本。
③ 《周易正義》卷2，《十三經注疏》，第28頁。
④ 《尚書正義》卷10，《十三經注疏》，第175頁。
⑤ 魏了翁：《周禮折衷》卷之4《内宰》，同治十三年刻望三益齋本。
⑥ 《周禮注疏》卷2，《十三經注疏》，第648頁。
⑦ 《春秋左傳正義》卷41，《十三經注疏》，第2025頁。
⑧ 魏了翁：《鶴山集》卷104《周禮折衷·大宰》，《四部叢刊初編》本。

等采邑之民尊其君之稱,後鄭亦從其説。……俞樾云:'有主客因而有臣主。《晉語》載欒氏之臣辛俞曰:"三世仕家,君之;再世以下,主之。"蓋再世以下,恩義尚殺,君臣之分未定,故仍從所止之稱,而曰主也。相沿既久,而大夫稱主,遂成定名。'"①

(二) 巡守禮制

巡守,亦作"巡狩"。中國先秦時期帝王制定實行的巡視諸侯封國,以檢閲當地政令風情的禮儀。《孟子·梁惠王下》:"天子適諸侯曰巡狩。巡狩者,巡所守也。"②秦、漢以後,皇帝巡視全國,亦謂之"巡狩"。

古代帝王行"巡守"禮之目的,恰如孔穎達等《尚書·舜典》疏所説,主要在於防止地方長官擅政:"王者所爲巡守者,以諸侯自專一國,威福在己,恐其擁遏上命,澤不下流,故時自巡行,問民疾苦。"③同時,還可以體察各地民情、政情,强化帝王對各地的控制:"王者所以巡狩者何? 巡者,循也。狩者,牧也。爲天下巡行守牧民也。道德太平,恐遠近不同化,幽隱不得所者,故必親自行之,謹敬重民之至也。"④

與前述朝覲禮相似的是,諸文獻關於"巡守"禮舉行時間的記載,也存在歧異。《尚書·舜典》記載舜一年内巡守四嶽:"歲二月,東巡守,至於岱宗……五月,南巡守,至於南嶽,如岱禮。八月,西巡守,至於西嶽,如初。十有一月朔巡守,至於北嶽,如西禮。"⑤《禮記·王制》《尚書·堯典》等文獻,則記載每五年舉行一次"巡守"禮:"天子五年一巡守。"孔穎達等曰:"按《尚書·堯典》云:'五載一巡守,羣後四朝。'……按《孝經》注'諸侯五年一朝天子,天子亦五年一巡守'。"⑥班固闡釋"五年一巡守"的緣由曰:"所以不歲巡守何? 爲大煩也。過五年,爲太疏也。因天道時有所生,歲有所成。三歲一閏,天道小備,五歲再閏,天道大備。故五年一巡守。"⑦

據鄭玄言,五年一巡守,系虞、夏之制:"天子以海内爲家,時一巡省之。五年者,虞、夏之制也。"⑧然其于《鄭志》中又説,五年一巡守,爲唐、虞時禮;夏朝、商朝時則每六年舉行一次"巡守"禮:"唐、虞之禮,五載一巡守。夏、殷之時,天子蓋六年一巡守。"⑨關於

---

① 孫詒讓:《周禮正義》卷3《大宰》,第113頁。
② 《孟子注疏》卷2上,《十三經注疏》,第2675頁。
③ 《尚書正義》卷3,《十三經注疏》,第127頁。
④ 陳立疏證、吳則虞點校:《白虎通疏證》卷6《巡狩》,中華書局,1994年,第289頁。
⑤ 《尚書正義》卷3,《十三經注疏》,第127頁。
⑥ 《禮記正義》卷11,《十三經注疏》,第1328頁。
⑦ 《白虎通疏證》卷6《巡狩》,第290頁。
⑧ 《禮記正義》卷11,《十三經注疏》,第1327頁。
⑨ 《禮記正義》卷11,《十三經注疏》,第1328頁。

夏朝君主巡守禮制,鄭玄時而言五年一巡守,時而言六年一巡守,可謂自相矛盾。孔穎達等彌縫其歧異曰:"知五年是虞、夏之制者,《堯典》云:'五載一巡守。'此正謂虞也。以虞、夏同科,連言夏耳。若夏與殷,依《鄭志》,當六年一巡守也。"①至於周朝天子巡守禮制,鄭玄曰:"周則十二歲一巡守。"②孔穎達等闡釋曰:"《大行人》云'十有二歲,王巡守殷國',故知周制十二年也。"③

對上述文獻記載及儒者詮釋的歧異,魏了翁一方面否定了《尚書·舜典》記載的舜一年内巡守四嶽,認爲不合情理,一方面則認爲《周禮·秋官·大行人》及鄭玄所謂周天子每十二年舉行一次巡守禮合乎史實:"以事理揆之,六年,五服一朝。又六年,王乃大時巡爲近之。若一年而巡四嶽,則恐無是理。"④

(三) 飲食禮制

飲食禮在先秦禮儀體系中,具有重要的地位,被視爲禮儀的開始。《禮記·禮運》:"夫禮之初,始諸飲食。"疏曰:"禮,謂吉禮,此吉禮元初始諸飲食。諸,於也。始於飲食者,欲行吉禮,先以飲食爲本。"⑤《周禮》《儀禮》《禮記》諸文獻關於飲食禮之内容、儀節、器具等,皆有較爲詳盡的記載。魏了翁對上述禮書記載的飲食前祭祀創造飲食神靈的禮儀,及獲取食材的時間禮儀等禮制規定,進行了考釋。並結合宋代若干禮儀的現實狀態,及佛教、道教相關禮儀,予以闡述。

魏了翁先徵引鄭玄、賈公彦分別爲《周禮·天官·膳夫》"膳夫授祭"所作注疏,並進行了闡述:"禮:飲食必祭,示有所先。(鄭注)凡祭,皆祭先造食者。(賈疏)"所謂"祭先造食者",即如《周禮·春官·大祝》疏所説,在飲食前,先對創造飲食的神祇先賢進行祭祀:"謂生人將食,先以少許祭先造食者。"⑥以示敬畏、感念和尊崇之情。《禮記·曲禮上》:"主人延客祭。"注曰:"祭,祭先也,君子有事,不忘本也。"疏曰:"祭者,君子不忘本,有德必酬之,故得食而種種出少許,置在豆間之地,以報先代造食之人也。"⑦這一禮儀,至少在商代,出於敬畏虔誠心態,時人一般也是先祭後饗。⑧ 魏氏進而指出,

---

① 《禮記正義》卷11,《十三經注疏》,第1328頁。
② 《禮記正義》卷11,《十三經注疏》,第1327頁。
③ 《禮記正義》卷11,《十三經注疏》,第1328頁。
④ 魏了翁《鶴山集》卷104《周禮折衷·大宰》,《四部叢刊初編》本。
⑤ 《禮記正義》卷21,《十三經注疏》,第1415頁。
⑥ 《周禮注疏》卷25,《十三經注疏》,第810頁。
⑦ 《禮記正義》卷2,《十三經注疏》,第1242頁。
⑧ 宋鎮豪:《夏商社會生活史》,中國社會科學出版社,1994年,第314頁。

至宋代時,飲食前祭先之禮已廢而不行,唯有大型宴飲時,人們飲酒前,先灑些許酒水于地,尚有古禮遺意:"今士大夫此禮已廢。惟公燕,開酒先酹於地近之。"①被宋代儒學士大夫們遺棄的飲食前祭先的禮儀,竟然在佛教、道教飲食禮俗中尚有遺存:"釋、老二氏飲食尚先祭。"雖然佛教、道教食前祭祀與儒家食前祭禮内容大相徑庭,②但或許在魏氏看來,這也是所謂"禮失而求諸野"了。③

(四) 曆法制度

曆法是爲滿足人們日常生活,尤其是農事活動的需要,根據天象而制訂的計算時間的方法。作爲農業社會,文獻記載,自三代之前,中國古人就注重觀測天象,作爲制定曆法的依據。《尚書·堯典》:"乃命羲和,欽若昊天,曆象日月星辰,敬授人時。"《傳》曰:"星,四方中星。辰,日月所會。曆象其分節。敬記天時以授人也。"疏曰:"其日之甲乙,月之大小,昏明遞中之星,日月所會之辰,定其所行之數,以爲一歲之曆。乃依此曆,敬授下人以天時之早晚。其總爲一歲之曆。"④

或許自春秋戰國時起,文獻中逐漸有夏、商、周三代曆法歲首不同的記載。《逸周書·周月解》:"夏數得天,百王所同。其在商湯,用師于夏,除民之災,順天革命,改正朔,變服殊號,一文一質,示不相沿,以建丑之月爲正,易民之視。……亦越我周王致伐于商,改正異械,以垂三統。"⑤"三正"之說,逐漸出現。《尚書·甘誓》:"有扈氏威侮五行,怠棄三正。"陸德明《經典釋文》引馬融語曰:"建子、建丑、建寅,三正也。"⑥正,一年的開始,即歲首。

據文獻記載,夏朝曆法以孟春之月爲正,斗柄旋轉指向十二辰中之寅,故稱建寅。商朝曆法以季冬之月爲正,斗柄旋轉指向十二辰中之丑,故稱建丑。周朝曆法以仲冬之

---

① 魏了翁:《鶴山集》卷105《周禮折衷·膳夫》,《四部叢刊初編》本。
② 黎虎等指出:佛寺每天早齋和午齋前,都要按規定念供,以所食供養諸佛菩薩,爲施主回報,爲衆生發願,然後方可進食。唐人顧少連《少林寺廚庫記》生動地記述了唐代少林寺的齋食情形,其中說:每至花鐘大鳴,旭日三舍,緇徒總集,就食於堂。莫不詠歎表誠,肅容膜拜,先推尊像,次及有情。洎蒲牢之吼余,海潮之音畢,五鹽七菜,重秬香秔,來自中廚,列於廣樹。黎虎等主編:《漢唐飲食文化史》,北京師範大學出版社,1997年,第281頁。陳星橋也指出:佛教將進食視爲一種重要的修行方式,各地僧團或佛寺根據有關戒則制定了相應的儀軌,並衍爲每日的一大佛事活動:每日早晨和午前進食時,全體僧衆聞號令穿袍打衣齊集齋堂,諷誦偈咒,先奉請十方諸佛菩薩臨齋,其次取出少許食物,通過念誦食真言等施予"大鵬金翅鳥""羅剎鬼子母"及曠野鬼神衆,若逢佛菩薩聖誕和大的節日,還須到佛祖像前舉行上供儀式。陳星橋:《佛教與中國的飲食文化》,《法音》1997年第1期。
③ 《漢書》卷30《藝文志》,中華書局,1962年,第1746頁。
④ 《尚書正義》卷2,《十三經注疏》,第119、120頁。
⑤ 黃懷信、張懋鎔、田旭東著:《逸周書匯校集注》,上海古籍出版社,1995年,第619—621頁。
⑥ 《尚書正義》卷7,《十三經注疏》,第155頁。

月爲正,夜半爲朔。斗柄旋轉指向十二辰中之子,故稱建子。

　　魏了翁對上述文獻記載所涉及之"三正"之制的考釋,主要集中在兩個方面。一是"三正"觀念的肇始者爲誰?魏了翁認爲,鄭玄是始作俑者:"自鄭康成以'正月之吉'爲周正月,乃有三正之説。"①"三正之説,自鄭康成始。"②然據前述文獻記載,"三正"觀念起源頗早,雖因上述文獻年代難以確定,而暫時難以斷言"三正"觀念確切産生時間,然暫定其爲春秋戰國時期萌生的觀念,或當無大誤。況且,據陸德明《經典釋文》所引,曾授業鄭玄的大儒馬融亦有"三正"之説,則魏氏所謂鄭玄爲"三正"觀念的肇始者,顯與史實不符。

　　二是"三正"之制實行方式如何?孔穎達、賈公彦等前儒多認爲,夏、商、周、秦、漢歷朝理論上雖正朔不同,但實際生活中皆遵用夏曆。《禮記・月令》疏曰:"吕不韋在於秦世,秦以十月爲歲首,不用秦正,而用夏時者,以夏數得天正,故用之也。《周禮》雖以建子爲正,其祭祀、田獵,亦用夏正也。"③《周禮・天官・凌人》疏曰:"周雖以建子爲正,行事皆用夏之正歲。"④魏了翁沿循孔、賈等儒者之説:"前乎爲商,以十二月爲歲首,而夏時不改。後乎秦、漢,以十月爲歲首,夏時亦不改。"⑤"商、周其實止以十一月、十二月爲歲首,而時則行夏時也。"⑥

　　不過,現實生活中,人們在記載時月時,或許未必會如此整齊劃一的明確區分夏曆、周曆,如目前傳世的先秦古籍紀時的曆日制度並不統一。《春秋》《孟子》多用周曆,《楚辭》《吕氏春秋》用夏曆。《詩經》不同詩篇用曆不同,如《小雅・四月》用夏曆,《豳風・七月》則周曆和夏月並用。《春秋・成公元年》記載道:"二月……無冰。"注曰:"周二月,今之十二月。"⑦史官之所以記載此事,顯然是將其視爲罕見、反常的天象物候。此處所言"二月",應如注所言,爲周曆二月,即夏曆十二月。若爲夏曆二月,則已是春季,冰雪融化,草木回綠,史官自然也就無需爲"無冰"而大驚小怪,視爲異常,並載之史册了。魏了翁稽查史籍有關記載,也注意到這一問題。如漢武帝雖于元封七年(前104)改用太初曆,以夏曆正月爲歲首,此後大約二千年間,除王莽和魏明帝一度改用殷正,武則天和唐肅宗一度改用周正外,一般都用夏正。但若干禮儀仍沿用舊曆傳統實行:"武

---

① 魏了翁:《鶴山集》卷104《周禮折衷・大宰》,《四部叢刊初編》本。
② 魏了翁:《鶴山集》卷106《周禮折衷・凌人》,《四部叢刊初編》本。
③ 《禮記正義》卷14,《十三經注疏》,第1352頁。
④ 《周禮注疏》卷5,《十三經注疏》,第671頁。
⑤ 魏了翁:《鶴山集》卷104《周禮折衷・大宰》,《四部叢刊初編》本。
⑥ 魏了翁:《鶴山集》卷106《周禮折衷・凌人》,《四部叢刊初編》本。
⑦ 《春秋左傳正義》卷25,《十三經注疏》,第1892頁。

帝雖建寅,從夏時,然終西漢至東漢,大朝會元以十月爲歲首,嘗于諸《志》檢討,盡然。"①

五、魏了翁《周禮折衷》考釋古代禮制之特點及得失

綜觀前述魏了翁於《周禮折衷》中關於古代稱號、朝覲、巡守(狩)、喪葬、飲食、祭祀、曆法等禮制的有關考釋,不難看出,魏了翁的考釋具有如下特點:

(一) 宏觀問題、微觀問題的考釋並重

魏了翁在《周禮折衷》一書中,既有對周代禮儀體系的時代變遷的整體觀察和論述,如歷來儒者多闡述春秋戰國時期的分裂混亂導致"禮壞樂崩",若干儒者僅注意到,齊桓公、晉文公等"霸主",對周代禮樂制度的崩壞,實難辭其咎。《禮記·曾子問》:"昔者齊桓公亟舉兵,作僞主以行。及反,藏諸祖廟。廟有二主,自桓公始也。"注曰:"僞猶假也。舉兵以遷廟主行,無則主命。爲假主,非也。"②《禮記·郊特牲》:"庭燎之百,由齊桓公始也。"注曰:"僭天子也。庭燎之差,公蓋五十,侯、伯、子、男皆三十。"③《論語·憲問》:"子曰:'晉文公譎而不正。'"④而魏了翁據典籍有關記載,認爲儘管齊、晉君主僭越,違壞周禮,但也在一定程度上保存了些許周禮:"王者典禮,齊威公出來一壞,晉文公出來一壞,道路之政不修,賓客之政不舉,然而子產說晉文之時'車馬有數',以至'客至如歸'一段,猶見晉文之時尚餘些典禮。只如泰山之下明堂之祭,則齊宣時猶在。"⑤也有對諸如朝覲、喪葬、祭祀等國家禮制中若干細節微觀問題的考釋,如前述魏了翁對喪葬禮儀中的"朝祖"禮究竟是遍朝"七廟",還是僅朝高祖廟的考釋,似可謂一典型釋例。

(二) 對有歧異記載的文獻,及有分歧、爭議的前儒學説,擇善而從,基本無門户偏見

魏了翁在《周禮折衷》一書中,在考釋相關禮儀時,既遍查相關文獻的記載,在歧異紛紜的諸文獻記載中,選擇自己認爲合乎史實或情理的記載,如他通盤比較、思考了《尚

---

① 魏了翁:《鶴山集》卷104《周禮折衷·大宰》,《四部叢刊初編》本。
② 《禮記正義》卷18,《十三經注疏》,第1392—1393頁。
③ 《禮記正義》卷25,《十三經注疏》,第1447頁。
④ 《論語注疏》卷14,《十三經注疏》,第2511頁。
⑤ 魏了翁:《鶴山集》卷105《周禮折衷·亨人》,《四部叢刊初編》本。

書》之《堯典》《舜典》《周官》,《禮記·王制》及《周禮·秋官·大行人》等文獻關於朝覲、巡守禮制歧異百出的有關記載,最終認為《尚書·周官》所載之每六年舉行一次朝覲禮,《周禮·秋官·大行人》所載每十二年周天子巡守一次的記載,較之其他文獻記載,更合乎史實和情理。

魏了翁也廣徵博引杜子春、鄭興、鄭衆、鄭玄、王安石、李心傳等前世及當代儒者的有關詮釋,依據自己的理解和思考,或擇善而從,或另創新説。魏了翁對鄭玄、賈公彥、王安石等儒者若干詮釋,多有商榷,甚至不乏批駁、貶斥之處,如他指出:"鄭康成多舉漢法以解經。"①或由此緣故,《周禮》一書中難免屢雜後世不經之亂制。王安石依據《周禮》變法,更是紊亂古禮典制,乃至誤國誤民,最終釀成亡國慘禍:"荆公專以《周禮》為辭,謂:'人主可以兼百姓之奉,備萬物之養,以足其燕私玩好之欲。'此所以誤天下,而開後來豐亨豫大與享上之侈,卒啓裔夷之禍。"②但對上述儒者合理的詮釋,魏了翁也能夠做到讚賞和信從,而不像有的儒者那樣,黨同伐異,乃至因人廢言。

即便對於若干在經學界因聲譽不佳而飽受詬病的前世儒者,如三國曹魏王肅、隋朝劉炫等,魏了翁也認為他們的若干經學詮釋,頗有可采之處:"王子雍排鄭康成,③劉鉉排杜元凱,④其説甚當。"⑤

(三) 善於化繁為簡,注重釋文簡約

中國古禮之繁縟,世所公認。漢唐儒者之注疏,往往長篇累牘,至有皓首不能窮一經之諺。魏晉南北朝時期,雖然南朝經學取向簡約,而北學依然遵奉漢儒窮盡細節之訓詁方式:"大抵南人約簡,得其英華;北學深蕪,窮其枝葉。"⑥唐代《五經正義》及《周禮》《儀禮》等諸經疏,雖曰集漢魏晉南北朝經學訓詁之大成,然瑣碎深蕪,較之漢儒,似有過之而無不及。宋儒雖多有束書不觀之弊,且好疑注疏等前儒詮釋,然對經典之詮釋,逐漸摒棄前儒苛碎之弊,注重釋文的簡約易懂,如漢唐儒者慣用之廣徵博引諸典籍,以考證禮儀名物、制度的釋經方式,在宋儒經注中,並不多見。魏了翁《周禮折衷》亦多採取以寥寥數句,或概括釋經所需徵引的它經繁蕪經文,或詮釋《周禮》經文,或評析前儒成

---

① 魏了翁:《鶴山集》卷106《周禮折衷·酒人》,《四部叢刊初編》本。
② 魏了翁:《鶴山集》卷105《周禮折衷·獸人》,《四部叢刊初編》本。
③ 子雍:三國曹魏時經學家王肅(195—256)字。其生平事蹟詳載《三國志》卷13《王肅傳》,中華書局,1959年,第414—423頁。
④ 鉉:安氏本、益齋本《折衷》同。閣本《折衷》作"炫"。按:當為"炫"。
⑤ 魏了翁:《鶴山集》卷105《周禮折衷·庖人》,《四部叢刊初編》本。
⑥ 《隋書》卷75《儒林列傳》,中華書局,1973年,第1705—1706頁。

説的釋經手法。因而,若就字數而言,魏了翁《周禮折衷》釋經文字,遠遠少於其所徵引鄭衆、鄭玄、賈公彥、王安石諸前儒釋經文字。

(四)考究源流,注重比較古禮與時禮之變遷異同

隨著時代的變遷、人們思想意識觀念的轉變,曾被奉爲神聖的"周禮",即便没有兵火焚燬,恐亦未必能毫無變更的傳承後世,萬世無窮。其中不合時宜的因素和内容,自然難免會被後世主動變革和遺棄。魏了翁考釋周禮時,也注意到此問題,因而有意對若干禮制的變異予以揭示。如前述其考釋的周代飲食禮制中,有食前祭先之禮節,以此作爲後人對前代創造飲食的神靈聖賢的敬畏虔誠心態的體現。不過,隨著時代的變遷,人類智識日益開化,類似的儀節在後世逐漸湮失。不過,魏了翁敏銳地意識到,當世盛行的若干禮節,如宋代大型宴飲時,人們飲酒前,先灑些許酒水於地,這實際上應是古禮的遺存和蜕變。

(五)佛教、道教等所謂"異端"思想學説影響有所體現

佛教是兩漢之際由印度傳入中國的宗教思想和學説。它在傳入中國後,經歷了較爲艱難的"中國化"歷程。道教則是東漢中後期本土形成的宗教。佛教、道教自魏晉時期起,逐漸對社會各個階層,尤其是被視爲社會精英的儒學士大夫階層,施加日漸明顯的影響。如在唐代儒者賈公彥撰作的《周禮疏》中,就徵引過若干《老子》《莊子》的内容。魏了翁《周禮折衷》中雖未直接徵引佛教、道教經典的有關内容,[1]但若干闡述,如前文所述魏了翁引佛教、道教食前祭祀的儀則,來説明先秦飲食禮儀中飲食前祭先禮儀的闕失,似表明佛教、道教的思想、學説,對魏了翁的思想意識,具有一定的影響。不過,無論是魏了翁確實未深入、細緻地瞭解佛教、道教飲食前祭祀神靈及内容,還是他有意或無意地無視二者與先秦飲食古禮中祭先禮的本質差異,似皆可從側面反映出,魏了翁對佛教、道教有關教義和儀則,或許並未嫻熟瞭解和掌握。

(六)有所創新

如前所述,魏了翁除大量徵引前儒有關學説外,對若干儒者,如鄭興、鄭玄、王安石

---

[1] 據筆者粗略考證,魏了翁《周禮折衷》一書中,徵引《周易》《周禮》及杜子春、鄭衆、鄭玄注、疏、《詩經》《左傳》《穀梁傳》《尚書》及《傳》、疏、《孝經》及注疏、《孟子》及注疏、《禮記》及注疏、《儀禮》及注疏、《論語》《公羊傳》《尚書大傳》《周官新義》《周禮詳解》《禮書》等儒家經典及後世儒者的詮釋、研究著作,及《國語》《史記》《漢書》《續漢書》《晉書》《舊唐書》等史部文獻,但未見對《老子》《莊子》等道教經典及佛教經典的直接徵引。

等人的釋文,多有商榷乃至批駁之辭。對某些經書所載禮制,也提出若干自己獨到的見解。如前述其考釋祭祀禮制時,批駁鄭興縮酒爲象徵神靈飲用之説,提出縮酒不過是過濾酒糟的儀節;其考釋喪葬禮制中的"朝祖"禮時,又批駁賈公彦、孔穎達等前儒所謂遍朝七廟之説,認爲祇是朝拜高祖廟即可,等等,皆爲魏氏獨有的創新之見。

魏了翁《周禮折衷》一書,作爲宋儒研習《周禮》著作之一,自有不菲的學術價值與歷史地位。如宋本《周禮折衷》及其所引前世儒者注釋,較多保留著《周禮》經文及注疏等詮釋文獻宋代文本形態,可以作爲校勘《周禮》經文及注疏等詮釋文獻的重要文本。如其徵引王安石《周官新義》,諸多字、詞乃至數句皆爲被視爲目前整理《周官新義》最佳文本的程元敏所著《三經新義輯考匯評(三):周禮》①及近年出版的楊小召校點《周官新義》所皆無者,②如《周禮·天官·典婦功》條下,程、楊二書皆無輯文。③ 魏了翁除將王安石注釋《周禮·天官·典枲》之"齍,故書爲'資',當從故書,以資爲正"十三字誤移置《典婦功》節下外,另徵引有"授事者,授其所爲女功之事。授資者,授事者,授其所爲女功之資。女功無資,則無致功故也。内宰先言小大,主制故也。典婦功先言苦良,主功故也"五十六字。④ 其文獻校勘價值,於此可見一斑。《周禮折衷》既是宋儒《周禮》詮釋史的組成部分之一,其對上述古禮的若干考釋,亦頗值得後世治禮者參考借鑒。

不過,綜觀魏了翁在《周禮折衷》中對古代諸禮制的考釋,或引述前儒成説者,或比較歧異擇善而從者,所占比例較大;魏了翁獨到的創新之處,却可謂寥寥。另外,魏了翁在注釋《周禮》經文,或考釋相關制度時,往往只及皮毛,缺乏深入、細緻的考釋。如其闡釋中國古代地方行政機構中的"府"字緣起時曰:"府若言藏,主收受府主支用也。人,一身之藏,府亦同。後世以府名州、郡,不知起於何時?"⑤此類事例,在《周禮折衷》中,尚有多處。更爲重要的一點是,魏了翁對禮制史上爭訟紛紜的郊祀、宗廟、喪服等禮制的詮釋,幾乎爲無。這一現象,雖與其詮釋的《周禮》天官系統經文與前述禮制相涉不多有關,但也並非絶無關涉。更多時候,系魏氏有意或無意避免相關禮制考釋所致。陳寅恪先生曾曰:"治學之士,得預此潮流者,謂之預流。其未得預者,謂之不入流。"⑥陳先生此處所謂"預流""不入流",系指以新材料解决新問題的治學路徑。然若以之指代學

---

① 程元敏:《三經新義輯考匯評(三):周禮》上編《天官冢宰一·典婦功》,"台北"編譯館,1987年,第169頁。
② 楊小召校點:《周官新義》卷5《典婦功》,四川大學出版社,2016年,第74頁。
③ 程元敏:《三經新義輯考匯評(三):周禮》上編《天官冢宰一·典婦功》,第169頁。
④ 魏了翁:《周禮折衷》卷之4《典婦功》,同治十三年刻望三益齋本。
⑤ 魏了翁:《鶴山集》卷104《周禮折衷·大宰》,《四部叢刊初編》本。
⑥ 陳寅恪:《陳垣〈敦煌劫餘録〉序》,《金明館叢稿二編》,上海古籍出版社,1980年,第236頁。

術研究核心問題、邊緣問題,似亦可通。魏氏多關注較爲次要的禮制問題的考釋,却幾乎未曾置喙核心禮制的考釋,難免爲後世儒者無視;魏了翁若干論斷,如前述喪葬禮考釋中天子去世,行"朝祖"禮時,魏氏持僅朝拜高祖廟,非如孔穎達、賈公彦等儒者所持遍朝"七廟"之説,却無確鑿的文獻記載加以印證,似難免臆説之嫌;加之《周禮折衷》自成書後,在當時及後世傳播不廣。上述不足之處,或許也是導致魏氏《周禮折衷》及其所考釋之經文、古禮,在當時及後世學界影響甚微,後世儒者也少有徵引、評介之根本原因所在。

再論《儀禮集説》

湖南大學嶽麓書院　蔣鵬翔

《四庫全書總目·禮類小序》云："古稱議禮如聚訟,然《儀禮》難讀,儒者罕通,不能聚訟。"①在館臣編修《總目》時,學界大勢固然如此,但其背後却藴藏著兩個有趣的問題:一、"不能聚訟"的潛臺詞即人無異見,普遍遵循主流學説,然而當時代表主流學説的《儀禮》注本並不是完整傳世的漢鄭玄注,而是元敖繼公的《儀禮集説》。元代經學凋敝,乏善可陳,誕生於這個"積衰時代"的注本居然在相當長的時間内壓倒了歷來被視爲正統的漢人名注,②這在中國經學史上是絶無僅有的怪現象,奪朱正色,何以至此？二、這種平淡而單調的局面未能延續下去,幾乎在官方編修《總目》的同時就已出現專門駁斥《集説》的個人撰作。此後尊鄭攘敖蔚爲風氣,一方面學界攻擊敖氏不遺餘力,另一方面後起的大多數禮學著述仍在不同程度上或顯或晦地承襲敖説。直到今天,對《儀禮集説》的評價依然趨於兩極,有贊其"深於禮學,實具根底"者,③也有斥其改經竊注,臆説無稽者,④争議之大,也是在其他經書的研究史中難以見到的。關於《儀禮集説》的得失,前人已多加討論,喬秀岩《左還右還後説圖録》與顧遷《敖繼公〈儀禮集説〉與清代禮學》基本對其持肯定態度,彭林《清人對敖繼公之臧否與鄭玄經師地位之恢復》與郭超穎《論元敖繼公〈儀禮集説〉》則傾向於否定,當然,晚清經學家曹叔彦《禮經校釋》對敖氏學説的批判是最爲系統而激烈的。筆者腹笥簡陋,不敢輕議舊説當否,祇是有感于諸家所論似有未盡,故試陳管見,以就正于方家。

一、《儀禮集説》之特點

《儀禮集説序》云："此書舊有鄭康成注,然其間疵多而醇少,學者不察也。予今輒

---

* 本文是2019年度教育部人文社會科學研究青年基金專案"清代《儀禮》校勘與學術流變研究"的階段性成果,項目批准號:19YJC870010。

① 永瑢等:《四庫全書總目》,中華書局,1965年,第149頁。
② 皮錫瑞:《經學歷史》,中華書局,2008年,第274頁。
③ 顧遷:《敖繼公〈儀禮集説〉與清代禮學》,《史林》2012年第3期。
④ 郭超穎:《論元敖繼公〈儀禮集説〉》,《中國典籍與文化》2018年第1期。

删其不合於經者而存其不謬者,意義有未足,則取疏、記或先儒之説以補之。又未足,則附之以一得之見焉。"可知敖氏是因爲不滿於鄭注而撰《集説》,其旨趣也自然迥異于鄭注。關於敖鄭異同,褒之者稱繼公"實本鄭玄家法""深入鄭學堂奥",① 貶之者稱其"心存敵愾之氣,處處與鄭立異"②"竊注疏而自有",③雖然各有論據,仍不免失於片面。竊以爲《集説》異于鄭注之處,要者有三:

1.《集説》較重禮意之闡發

沈鳳笙先生指出"禮書是記録禮物、禮儀和它所表達的禮意的文字書本"。④ 一切《儀禮》注本皆不能回避禮意之闡發。鄭注亦言禮意,如《士昏禮》"婦餕舅辭易醬",鄭注"辭易醬者,嫌淬汙",⑤《鄉飲酒禮》"受酬者自介右",鄭注"由介東也。尊介,使不失故位",⑥《集説》亦有訓詁,如《士昏禮》"匕者逆退,復位於門東,北面,西上",敖注"匕者,乃右人以匕出鼎實者也。以匕出物而謂之匕,亦因其所用者稱之",⑦"祖廟未毁,教于公宫三月。若祖廟已毁,則教于宗室",敖注"祖,女所自出之君也。毁,壞也。傳曰:壞廟之道,易檐可也,改塗可也",⑧但均非二書的主旨。鄭注的重點在於解釋《儀禮》中的各種概念,禮意祇是偶然言及,至《集説》則全書撰作皆圍繞禮意闡發展開,幾乎每一段作者案語都涉及到禮意的解釋(爲何要如此行禮、記禮),如《士冠禮》"不屨繐屨",敖注"繐乃布之疏者,以之爲屨,則輕涼也。言此者,嫌夏時冠或得用之。繐非吉布而冠,則嘉禮之重者,是以不宜屨此屨,若燕居,則或屨之可",⑨《鄉飲酒禮》"介亦如之",敖注"衆賓亦戒速,而經惟言賓介者,亦以主人親爲之,其禮重,故特著之爾"。⑩ 我們甚至可以認爲《集説》就是爲闡發禮意而作,撰作重心從訓詁向闡發的轉移即鄭注與《集説》最大的不同。顧遷《敖繼公〈儀禮集説〉與清代禮學》已指出"《集説》重視禮意闡釋""敖氏喜言禮意,往往有新見",但祇是將其描述爲《集説》的一般特點,未能凸顯禮意闡發在該書中的核心地位,故仍有必要特別强調之。

---

① 顧遷:《敖繼公〈儀禮集説〉與清代禮學》。
② 彭林:《清人對敖繼公之臧否與鄭玄經師地位之恢復》,《文史》2005 年第 1 期。
③ 郭超穎:《論元敖繼公〈儀禮集説〉》。
④ 沈文倬:《略論禮典的實行和〈儀禮〉書本的撰作》,《菿闇文存》上册,商務印書館,2006 年,第 7 頁。
⑤ 《覆宋嚴州本儀禮鄭注》,浙江古籍出版社,2016 年,第 17 頁。
⑥ 《覆宋嚴州本儀禮鄭注》,第 37 頁。
⑦ 敖繼公:《儀禮集説》,上海古籍出版社,2017 年,第 64 頁。
⑧ 敖繼公:《儀禮集説》,第 85 頁。
⑨ 敖繼公:《儀禮集説》,第 15 頁。
⑩ 敖繼公:《儀禮集説》,第 127 頁。

2.《集説》較重禮儀之推考

《儀禮》鄭注夙稱簡約，一方面是因爲漢人近古，當時有不必注者，另一方面是因爲注者矜慎，不喜繁冗説經之風，故《儀禮》全經五萬六千余字，鄭注不過七萬九千餘字，《少牢饋食禮》《有司》等篇的注文字數甚至少於經文，這無疑對後人理解古禮細節造成了相當的阻礙，故《四庫全書總目·儀禮集説提要》云："鄭注簡約，又多古語，賈公彥疏尚未能一一申明。繼公獨逐字研求，務暢厥旨，實能有所發揮。"① 敖氏所以能"務暢厥旨"，正在於善用推考之法。其所循門徑約有兩端：

（1）據《儀禮》他篇推考

今舉兩例。《士昏禮》："父醴女而俟迎者，母南面于房外。"敖注："《特牲饋食禮》：'主人致爵于主婦，西面，答拜。'此父醴女于房中，位宜如之，其儀則略與贊醴婦之禮同。"②《鄉射禮》："尊于賓席之東，兩壺，斯禁。左玄酒，皆加勺。篚在其南，東肆。"敖注："賓席之東即房户之間也。此亦與前篇互見其文。"③ 按鄭注喜引他經（如《周禮》《詩經》《爾雅》）注《儀禮》，敖注則習慣用《儀禮》他篇互證（此就整體言之，敖注中亦有引《禮記》《毛詩》《尚書》等經之例，但頻次遠不及引《儀禮》他篇之繁）。需要注意的是，敖氏作此類推考時仍存戒懼之心，如其《鄉飲酒禮》"坐卒爵者拜既爵，立卒爵者不拜既爵"注云："此與下條惟以鄉飲、鄉射之禮言之則可，若推於他禮，則有不盡然者矣。"④

（2）據情理推考

禮文簡奧，敘述儀節往往只舉其要旨，不能對各個階段各種變化皆加以周全的説明。如《鄉飲酒禮》"既旅，士不入"，鄭注僅注云："後正禮也。既旅則將燕矣。"賈公彥疏稍繁，也不過圍繞鄭注"正禮"一詞展開，云："旅謂旅酬，所酬皆拜受，故云正禮。既旅之後無筭爵，行燕飲之法，非正禮，故士不入，後正禮故也。"⑤ 敖注云："此士亦主人請之爲衆賓，或有故而不及與賓介同來者也。經不言士入之節而記見此，則是未旅以前皆可以入也。士賤于大夫，可以不獻。然不與旅，則與主人之贊同，故不與旅則不入矣。

---

① 永瑢等：《四庫全書總目》，第161頁。
② 敖繼公：《儀禮集説》，第88頁。
③ 敖繼公：《儀禮集説》，第180頁。
④ 敖繼公：《儀禮集説》，第172頁。
⑤ 賈海生點校：《儀禮注疏》，浙江大學出版社，2016年，第419頁。

云既者,終言之也,士亦謂當在堂下者也。其入則以齒立于西方,主人不迎。"①則將此句儀節的前後因果及可能的意外情況皆推考明白,使人知如何遵循。

《儀禮》在秦火中亡佚了大部分。"高堂生在(漢)惠帝解除挾書律後,爲了講授《禮經》(即《儀禮》),從民間取得七篇士禮、兩篇鄉禮和一篇《喪服》的漢隸書本,又創立了'推士禮以致天子之法',默誦記錄了《燕》《大射》《覲》《聘》《公食》《少牢》《有司》七篇天子諸侯大夫禮,匯輯、寫定《禮經》今文十七篇。"②今本《儀禮》的闕略問題主要表現爲三方面:層級上士禮相對完整而天子諸侯大夫禮多闕;門類上《周禮》總結典禮爲五類三十六目,今存《儀禮》的内容衹能對應七目;儀節上《儀禮》所述多缺失首尾細節,特別是關於境況變化時如何應對行禮的問題往往語焉不詳。文獻既不足徵,《集説》慣用的基於本證、基於情理的推考之法便成爲解決這些問題的首選門徑,其功效則如喬秀岩所言:在没有經文確鑿證據的情況下,樹立了一套全新的解釋體系,既能基本上不違背經文,又能自圓其説,保持邏輯上的完整性。③ 這雖然有悖於漢學家們的口味,却不應斥爲研治古禮的歧途。

需要注意的是,《集説》中的絶大部分推論都是以明確的疑問句的形式記録在敖氏的案語中,如《士昏禮》"若不親迎,則婦入三月,然後塔見,曰:'某以得爲外昏姻,請覿。'"敖注云:"下文云'某之子未得濯摡於祭祀',然則此在廟見之後,祭行之前乎?"④《鄉飲酒禮》"賓若有遵者,諸公、大夫則既一人舉觶,乃入",敖注云:"息司正之禮雲'以告于先生君子',然則主人于遵者,其亦使人告之與?"⑤故其所立新説,一目了然,不致淆亂正經,而案語中多存疑問,也因此成爲敖注的一大特色。《總目》稱"繼公所學,猶有先儒謹嚴之遺",⑥於此可見一斑。

3.《集説》較重禮文之理校

在鄭玄所處的時代,版本概念尚未成形,寫定經文仍是第一要務。至南宋時張淳撰《儀禮識誤》,才開闢匯校《儀禮》衆本的先河。《集説》中商榷經文之處甚多,足見敖氏

---

① 敖繼公:《儀禮集説》,第 175 頁。
② 沈文倬:《從漢初今文經的形成説到兩漢今文〈禮〉的傳授》,《菿闇文存》,第 529 頁。
③ 據喬秀岩《左還右還後説圖録》所言概括。喬秀岩:《義疏學衰亡論》,臺灣萬卷樓圖書股份有限公司,2013 年,第 247—250 頁。
④ 敖繼公:《儀禮集説》,第 100 頁。
⑤ 敖繼公:《儀禮集説》,第 164 頁。
⑥ 永瑢等:《四庫全書總目》,第 161 頁。

亦重視校勘,但與張淳習慣通過對校記錄他本異文不同,敖氏更強調本校、理校之法。

具體而言,《集說》有據情理校勘者,如《士昏禮》"主人請醴,及揖讓入",敖注:"及當作乃,字之誤也。于堵之出,主人送于門外,因請醴之,堵亦禮辭,許,主人乃與之揖而入也。"①又如《士相見禮》"某無以見,辭不得命,將走見,先見之",敖注:"先見之先亦當作走,蓋即傳言即走而見之也。"②有據禮例校勘者,如《鄉飲酒禮》"介揖讓,升,授主人爵于兩楹之間",敖注:"以後篇大夫禮例之,介字宜在授字上。"③有據上下文校勘者,如《士昏禮》"對曰:某得以爲外昏姻之故,不敢固辭,敢不從",敖注:"得以宜從上文作以得。"④《鄉射禮》"賓與大夫之弓倚於西序",敖注:"下文云東序東,則此序下似脫一西字也。"⑤也有據《儀禮》他篇校勘者,如《燕禮》"反升酌膳觶",敖注:"觶字衍文,《大射儀》無之。"⑥當然,他並不是完全拒絕對校、他校之法,如《士相見禮》"與衆言言慈祥",敖注:"今本云言忠信慈祥。《大戴記》注引此無忠信字,今有之者,蓋後人因下文有言忠信三字而誤衍之也。今以彼注爲據刪之。"⑦《鄉飲酒禮》"介俎:脊、脅、胳、肺",敖注:"今印本與石經胳上有肫字。繼公案:疏云介用胳,又云或有肫胳兩言者云云。又《釋文》此處無肫音,至下乃音之。今據《釋文》與疏之前說,則胳上固無肫字。又考疏之後說,則是作疏之時,或本已有兩言肫胳二字者矣。是蓋後人妄增之,而當時無有是正之者,故二本並行。其後石經與印本但以或本爲據,所以皆誤,今從《通解》删之。"⑧便是典型的他校、對校的例子,不過其校勘的重心明顯偏於理校和本校,對校、他校祇是偶爾爲之罷了。

儘管敖氏在校勘上花費了大量的心血,研究者對此却鮮有好評。或曰:"說經有礙,而又不能潛心研索,遂斷言某字爲衍、某字當爲某字、某處有脫文云云。……改字解經,清人視爲學術之大忌。後世學者之研究結果證明,敖氏竄改之處鮮有正確者,此正可見其輕率與無畏。"⑨或曰:"敖繼公所改經文,純屬平地生疑,每每突兀而論,僅就一處來看,頗有似是而非的感覺,實際上是差之毫釐謬以千里。敖氏改經不過欲以經遷就己說,借此顛覆鄭注。由於敖氏篡改經文而帶來的一系列問題,直接導致了後世學者對經

---

① 敖繼公:《儀禮集說》,第 103 頁。
② 敖繼公:《儀禮集說》,第 120 頁。
③ 敖繼公:《儀禮集說》,第 141 頁。
④ 敖繼公:《儀禮集說》,第 102 頁。
⑤ 敖繼公:《儀禮集說》,第 197 頁。
⑥ 敖繼公:《儀禮集說》,第 296 頁。
⑦ 敖繼公:《儀禮集說》,第 123 頁。
⑧ 敖繼公:《儀禮集說》,第 178 頁。
⑨ 彭林:《清人對敖繼公之臧否與鄭玄經師地位之恢復》。

注不必要的理解錯誤。"①那麼《集説》的校勘是否真的一無是處呢？

首先，敖氏生當宋元交際，《自序》云"半生遊學，晚讀此書"，其所見無非宋元舊本。現存《儀禮》經注或單疏本最早不過明刻，近人得一清代輯佚之宋人著述（如張淳《儀禮識誤》、李如圭《儀禮集釋》）已歎爲至寶，則據元本甚至宋本過録《儀禮》經文全文及相當一部分鄭注的《集説》自然在文本上具有同樣重要的校勘價值。今試舉兩例。《大射儀》："大侯之崇，見鵠於參，參見鵠於幹。"《集説》過録之鄭注云："鵠，所射之主，以皮爲之，各如其侯也。《考工記》曰……"②而今本《儀禮鄭注》則無"以皮爲之各如其侯也"九字。③根據《集説》體例，所録鄭注皆獨立成段，不會在其中插入別家或敖氏自己的文字，故可確定敖氏當時所見《儀禮鄭注》有此九字，④異於今本；又如《大射儀》"官饌"，今本《儀禮鄭注》云："百官各饌其所當共之物。"⑤《集説》過録之鄭注云："官各饌其所當共之物。"較今本少"百"字，下加案語云："繼公謂：官各饌之於其所也。"⑥亦無"百"字，可見不是偶然脱漏，而是敖氏所見之鄭注確無此字。這些都不是無意義的虛詞增減，而是牽涉到實際意義的變化，足證敖氏所據舊本之可貴，其所做的精密的理校正是在此可貴之舊本的基礎上展開的。

敖氏校勘經注時，徑下判斷者只占極少數，大多數情況下，其校記或者有明確的禮例、文例作爲證據（分析《儀禮》的行文習慣及表述意圖亦爲《集説》特色之一），或者逐字斟酌，思路極爲邃密。如《鄉射禮》："司射猶挾一個以進，作上射如初。一耦揖升如初。"敖注："進，由司馬之東而進也。此以適南爲進者，凡進退之文無常，大抵以有事於彼爲進，卒事而反爲退也。上字似衍，否則其下當有耦字，今文或言作升射，蓋後人亦疑其誤而易之矣。或曰：進字亦衍。"⑦陳援庵説理校最高妙也最危險，是擔心校勘者據自己的成見率意爲之，妄改舊文，但《集説》之理校俱有根底，其推考之精細大多類此，已達到"不放過經中一字"的境界，即使置於清人著述之林，也允稱上乘，故其所得自然不宜簡單地一筆抹殺。爲了説明《集説》校勘結論的價值，今再舉一例。《燕禮》"升自西階，東楹之東，請徹俎。降。公許"，敖注："此降乃衍文，《大射儀》無之。"沈鳳笙先生《〈禮〉

---

① 郭超穎：《論元敖繼公〈儀禮集説〉》。
② 敖繼公：《儀禮集説》，第335頁。
③ 《覆宋嚴州本儀禮鄭注》，第89頁。
④ 今本《周禮·梓人》鄭注："鵠所射也，以皮爲之，各如其侯也也。"與此《儀禮鄭注》脱文正相吻合。
⑤ 《覆宋嚴州本儀禮鄭注》，第91頁。
⑥ 敖繼公：《儀禮集説》，第340頁。
⑦ 敖繼公：《儀禮集説》，第241頁。

漢簡異文釋》第 383 條云:"今本'俎'下有'降'字。張惠言《儀禮圖》注云:'經云"司正請徹俎,降,公許,告於賓",似降而後公許,告賓於階下。《大射》則云"請徹俎,公許,遂適西階上,北面告於賓"。案司正告賓,無在堂下者,此經誤也。'張氏以《大射》文對勘,知今本有誤。其《讀儀禮記》又易其說云:'則"降"字當在"告於賓"下,賓脱字失處耳。'今得簡本,知今本誤衍降字。無降字則不見司正之降,然《大射》亦無司正降之文,不必嫌其不降,張氏後說正緣此而作調停之詞耳。"①校勘傳世文獻所得之結論能得到出土文獻的印證,一直是校勘者嚮往的理想境界,而像這樣與漢簡文字暗合的校記,在《集說》中尚有多處,其校勘之可信可貴也就不言自明了。

二、《儀禮集説》之革新

上述三條,是《集說》顯然異于鄭注之處,也是其特色所在。明乎此,然後可以重新審視《集説》自身的價值問題。關於《集説》與鄭注的聯繫,過去多強調兩點,一是敖氏故意與鄭玄立異,一是敖氏暗襲鄭注之説。這兩點看似矛盾,但確實都能在《集説》中找到相應的證據。然而無論是駁是抄,對敖氏來説都不重要,因爲其關注點並不在於此。從整體上看,《集説》固然是一部完全不同於鄭注的新著,不過這個"新",未必如前人所云是故意爲之(不管合理與否,只要能異于鄭説即可)。《集説》是因爲不滿於鄭注而作,這在自序中說得很清楚,但鄭注始終是它最重要的材料來源,在絕大多數經文下,《集説》都先摘抄鄭注,然後再引用他家或者加上敖氏自己的案語,甚至還有一些只抄錄經文和鄭注,不附加其他內容的章節(如《大射儀》部分段落)。我們需要認識到:敖氏與鄭玄的分歧,是經學旨趣上的方向分歧,鄭玄擅訓詁,偏文獻,而敖氏重闡發,求禮意。正因爲方向上有這樣巨大的分歧,所以《集説》在細節上才會呈現出處處與鄭注立異的效果,但這種效果並非作者的主觀期望。敖氏的目標是建立一套完整的全新的《儀禮》詮釋體系,在這套新體系中,不管摘錄多少鄭注的文字,提出多少反對鄭注的意見,體現的都仍然是敖氏自己的旨趣,而不是鄭注的陰影,所以他才能冷靜地看待鄭注與己見的異同,客觀地引用或批評鄭玄的觀點(在商榷鄭注時,始終保持異乎尋常的謙遜與平和),相比之下,清代中期以後尊崇鄭玄的學者對《集説》的批判倒是激烈得讓人感到意外。這其中除了爭奪官學正統的考慮,恐怕也是因爲他們察覺到了鄭學面臨的真正危

---

① 沈文倬:《菿闇文存》上册,第 226 頁。

機。具體儀節或字詞的解釋分歧無損于鄭學的基礎，但《集説》建立的體系所代表的新方向却是有可能從整體上動摇甚至取代鄭學地位的。

如何理解所謂《集説》的新體系？《儀禮》分經與記，記雖然附諸各篇末，不能與經文等量齊觀，但一般仍視其爲"記經不備，兼記經外遠古之言"，①在注疏時皆給予相當的重視。而《集説》不僅批評記文的"過失""長語""不備"，對經文也偶有"過於詳耳"的微詞。② 這樣的評價在過往的儒家經典詮釋史中極爲罕見，故後來的批評者常常引此爲證據，斥責敖氏的狂妄與無知。然而事實並非如此，且不説其自序中"每一開卷，則心目之間如親見古人于千載之上，而與之揖讓周旋於其間焉，蓋有手之舞、足之蹈而不自知者"的客套話，但看其辨析經義時字斟句酌、務求其是的謹慎細緻，便足瞭解其對《儀禮》所述内容的喜愛與崇信。敖氏對經文的質疑，不是因爲不尊經，而是因爲太尊經，他堅信經文的每一句話都應該完美地對應合乎規範和情理的現實禮儀，所以當發現文本與禮儀無法契合時，就會直率地提出異議（理校經文的疑誤之處更不在話下）。換言之，敖氏所尊爲經義，非經文。有趣的是，後世經師中能繼承此遺意的恰恰是批判敖氏最力的曹叔彦，其《禮經校釋》也體現出文義分離、區别對待的傾向，詳見拙作《論曹元弼校勘〈儀禮〉的成績及其意義》。③

"禮是鄭學""疏不破注"之類的説法承襲已久，雖然近年來偶見商榷其本義者，但就《儀禮》而言，一般仍公認鄭注爲研究的根本，賈公彦疏則是在鄭注劃定的範圍内更詳細地辨析經義。唐以後新撰的詮釋《儀禮》的著述如宋李如圭《儀禮集釋》、魏了翁《儀禮要義》均堅持以鄭注爲核心的撰作宗旨，直到敖繼公的《儀禮集説》才第一次將鄭注驅離核心位置，採取重視但不受其限制的態度。假如今本《集説》的體例確實是敖氏親手編定的話，則其摘引鄭注，顯然是希望將鄭注訓詁名物儀節的優勢與自己闡發申説禮意的長處結合起來，形成更爲理想的詮釋《儀禮》的體式，在這種體式中，鄭注的優先順序是次於敖説的。《集説》消解了《儀禮》經文的神聖性和鄭注的核心地位，將古禮研究回溯至禮典實行的最初階段，從而建立起了完全不同于傳統模式的全新體系（所謂傳統模式，是指以正經注疏爲代表的以文獻詮釋爲基礎、層層積累的著述形態），其意義不在於與鄭注立異的一字一句之得失，而在於對經典詮釋目的的重新定位。《集説》刊行後，在相當長的時間内取代了鄭注賈疏，成爲事實上的主流注本，僅僅將此歸結於該書的簡

---

① 賈海生點校：《儀禮注疏》，第288頁。
② 敖繼公：《儀禮集説》，第195、224頁。
③ 蔣鵬翔：《論曹元弼校勘〈儀禮〉的成績及其意義》，《經學文獻研究集刊》2016年第2期。

明易懂不免流於表面,相較而言,《集説》新體系帶來的經典詮釋重心的轉移(使人知爲何行禮,如何行禮)恐怕才是讀者樂於接受的關鍵原因。

需附帶解釋的是,之所以要假設今本《集説》體例係敖氏手定,是因爲該書還存在一些令人費解的矛盾之處。《集説》引用鄭注,不像李如圭《儀禮集釋》那樣照錄鄭注全文,而是有選擇地摘抄,從全書體例來看,摘抄目的無非兩點,一是贊成鄭玄的解釋,漢人訓詁既明,就不必再加贅言,一是對鄭注表示質疑或揣摩,但在其後的敖氏案語中均詳細介紹了質疑或揣摩的原因及邏輯。這兩點都很好理解,但還有一些經文中的概念,先抄鄭注之解釋,然後敖氏加案語云"未詳",竟似完全不知鄭玄已注,如《集説·士昏禮》"往迎爾相,承我宗事",下云:"注曰:宗事,宗廟之事。繼公謂:宗事,未詳。"①又如《集説·鄉射禮》"司射適堂西,袒、决、遂",下云:"注曰:遂,射韝也,以朱韋爲之。繼公謂:設遂謂之遂,遂義未詳。"②如果敖氏不認同鄭注的解釋,則或者在案語中加以反駁或推考,或者乾脆删節之,如果敖氏認同鄭注的解釋,則不會在摘引之後又説"未詳"。此類問題出現多次,可見不是偶然之失,從文獻流傳的角度來猜測,應當是《集説》本未摘録鄭注,後人病其參讀不便,故摘引相關鄭注於對應的經文下,與敖説合併刊行,這樣才能解釋爲什麽所引鄭注與敖説之間對不上號的的現象。自知牽强,惜無佐證,聊記文末,以俟再考。

---

① 敖繼公:《儀禮集説》,第 97 頁。
② 敖繼公:《儀禮集説》,第 196 頁。

經義、奏疏與判詞：
清前期關於繼嗣問題的爭論與困境

武漢大學國學院　任慧峰

　　繼嗣問題涉及宗族、財產、政治等多個方面，[①]特别是在皇族中，代表親親的宗祧繼承與代表尊尊的爵位繼承常常糾纏在一起，宋代的濮議、明代的大禮議成爲當時及後世學者不斷爭論的話題。張壽安先生的《"爲人後"：清儒論"君統"之獨立》即是從親尊衝突、繼統與繼嗣的矛盾這一角度來處理清人關於"爲人後"的禮學爭論。[②]此外，由於繼嗣問題牽涉到宗法的瓦解以及財產的分配，並在當時社會中引發了大量的爭鬥、訴訟，這使得學者對該問題的關注不僅限於經學論著，而且也體現在對律法的解釋與判詞讞書的撰寫中。

　　目前學界關於清代立嗣問題的研究存在"夾生"的現象。經學研究者著眼的是清儒經説中關於本生宗之親親與所後宗之尊尊間的張力；而社會史與法制史研究者則將重點放在立嗣問題所涉及的社會、經濟、法律問題，對其背後"極古今不同之殊致"的禮學爭論，[③]及其與律例規範、司法實踐之間所存在的張力關注不夠。[④]這樣的結果，一方面容易將立嗣這樣複雜的問題簡化爲單純的經學論爭，使人遺忘經學曾在當時社會各個

[①] 繼嗣，清人亦常用"立繼""收繼""爲人後"等詞彙，其中有所差別，如毛奇齡就認爲禮經中只有爲人後的規定，並無繼嗣之説，而爲人後只可用於天子、諸侯、大宗，就相當於繼嗣與繼統。見毛奇齡《辨定嘉靖大禮議》，《叢書集成初編》第1041册，據藝海珠塵本排印，商務印書館，第7頁。又如段玉裁認爲"禮經之'爲人後'，言統也"。見段玉裁《經韻樓集》卷10《明世宗非禮論一》，鐘敬華點校，上海古籍出版社，2008年，第246頁。按：毛、段所説爲一家之經説，非當時普遍之觀點，但其説將"爲人後"限定在天子、諸侯、大宗的範圍內，較爲符合西周宗法制下的歷史情境，可以避免與民間的立嗣行爲混爲一談，故本文中除個別地方外，一般隨材料使用繼嗣、立後或立繼，而不用"爲人後"的説法。
[②] 張壽安《"爲人後"：清儒論"君統"之獨立》，《十八世紀禮學考證的思想活力》，北京大學出版社，2005年，第144—226頁。
[③] 此爲清儒秦蕙田語，見其《五禮通考》卷146《嘉禮十九》，《文淵閣四庫全書》本，第138册，臺灣商務印書館影印，1983年，第452頁。
[④] 此類研究甚多，除通論性著作外，管窺所及，較爲重要的有：吕寬慶：《清代立嗣繼承制度研究》，河南人民出版社，2008年；史志強：《伏惟尚饗：清代中期立嗣繼承研究》，《中國社會歷史評論》第12卷，天津古籍出版社，2011年，第383—404頁；王躍生：《清代立嗣過繼制度考察——以法律、宗族規則和慣習爲中心》，《清史研究》2016年第2期，第57—74頁。

層面所發揮的作用,特別是經學透過改變國家律令而對民間生活所產生的影響;另一方面則容易將立嗣僅僅視作社會問題,而忽視其中所蘊含的經學意蘊。

基於此,本文的關注點並不在純經學範圍內對皇室、大宗"爲人後"的爭論與考證,而主要針對立嗣問題在清前期各個士人群體的討論中所呈現的形態,擬在梳理當時學者關於"繼嗣"論爭的基礎上,考察圍繞這一問題而產生的經學解釋、律例變化及在司法判決中律令、禮制與人情之間的張力。

一、清前期關於立嗣問題的經學論争

清人對於大、小宗的分歧,是理解當時爭論立嗣問題的前提。清儒很清楚地認識到,西周時期那種以周天子爲天下大宗,諸侯爲小宗的大宗法制,由於其所賴以依存的封建制已廢,基本不可能再恢復了。① 但宗法本身是必須要有的,因爲"宗法不定,則立祠堂,修宗職,一切事無所統",②所以即使大宗法制不能實行,也有必要建立新的大小宗制。馮爾康先生對此概括説:"清人在講究大小宗法時,與古代天子的大宗法没有聯繫,僅是就小宗法中的大小宗法而言的。"③這一看法是準確的。既然要在新的歷史條件下實行宗法,那麼圍繞大、小宗的相關問題就成爲了爭論的一個焦點。

按傳統的宗法制,大小宗的分别是依血緣的嫡庶區分的,但世變時易,"三代以後,仕者不世禄,大宗不能收族而宗法廢",已成爲時人必須面對的社會現實。因爲無法保證憑血緣繼承的大宗總是能在政治、經濟與社會上爲宗族提供保護,明清時期早有儒者在"禮緣義起,制隨時變"的思想上,提出了建立大宗的新原則。許三禮(1625—1691)就認爲立宗子當以貴貴爲准:

> 今議不若以貴貴爲定,俾代任宗職,不得委卸。張湛虛先生曰:起於是邦而始爵者皆自爲祖,其嫡繼之亦即爲大宗,此大宗之百世不遷者也。觀《孝經》卿大夫之孝曰然後能守其宗廟,士之孝曰然後能保其禄位而守其祭祀,益見宗廟祭祀關乎禄

---

① 如許三禮云:"封建廢,則宗法格而不行。"袁枚(1716—1798)也説:"今無封建,所謂大宗者,皆小宗也。"見許三禮:《補定大宗議》,《清朝經世文編》卷58《禮政五》,賀長齡、盛康編:《清朝經世文正續編》第2册,廣陵書社,2011年,第28頁;袁枚:《小倉山房文集》卷17《與清河宋觀察論繼嗣正名書》,周本淳標校:《小倉山房詩文集》,上海古籍出版社,1988年,第1495頁。
② 許三禮:《補定大宗議》,《清朝經世文編》卷58《禮政五》,賀長齡、盛康編:《清朝經世文正續編》第2册,第28頁。
③ 馮爾康:《18世紀以來中國家族的現代轉向》,上海人民出版社,2005年,第95頁。

位,則宗法斷當以貴貴爲定明矣。蓋祖宗積德百餘年,始發於一二子孫,其一二子孫即是祖宗呵護之爲大宗,自宜身領宗職,上祀祖先,下芘後昆,而非失之僭。至因禄位而方得祭饗歷代先人,更以明國恩而重作忠之感,豈但收合族人,厚風俗已哉?若並貴仍論宗派,或尊尊或長長。如無貴者,照羅説(指羅念庵——引者按),或尊尊或長長或賢賢,隨所遇職領薦事焉可也。①

許氏主張以貴貴爲標準,但也特别找到了歷史上的經説作爲依據。《禮記·大傳》"別子爲祖,繼別爲宗"鄭注云:"别子謂公子若始來在此國者,後世以爲祖也。別子之世適也,族人尊之,謂之大宗,是宗子也。"②東晉賀氏在答庾亮問時,進一步發揮説:"雖非別子,起於是邦而爲大夫者,便爲大宗。其適繼之,亦百代不遷。"③張鏡心據此提出宗法當以貴貴爲定。許氏細化此一原則,認爲如果候選人都貴,則再從尊尊或長長考慮,如果候選人無貴者,就按尊尊或長長或賢賢來。這樣的新原則雖説有一定的經説根據,但基本上是針對現實情况對經説做的再詮釋。當然,以貴貴爲原則也會出現問題。馮爾康先生指出,家族祠堂應按昭穆制度安排神主,如果論官爵,則會出現輩分高的活人去祭拜輩分低的死人,從而破壞宗法制度。但從現實來説,家族若没有富貴人的支持,就難以順利發展。因此,在重宗法倫序的昭穆制度和重實用的貴貴原則之間,就不可避免地發生衝突。④ 這在學術上,就體現爲考據與經世之間的張力。也就是説,如果要尊重經典的神聖性,恢復古禮,則必然會面對現實的種種阻礙,特別是由財産繼承帶來的一系列問題。

此外,還有馮爾康先生所説的小宗法論中的大宗法説、以小宗法爲主的大小宗法結合論,以及不講求任何大小宗法的宗法觀等家族觀念,⑤這裏不再贅述。衹是指出,在明清時期的社會結構和條件下要想組建大家族,必須實行宗法,但同時又必須對宗法加以適當的改造,否則便難以實行。

在厘清清人大小宗觀念的基礎上,才可進一步考察時人對於立嗣問題的爭論。

是否要爲無後者立嗣,從明代就一直有爭論。清初汪琬有《置後解》一文,認爲隨著

---

① 許三禮:《補定大宗議》,《清朝經世文編》第 2 冊,卷 58《禮政五》,第 28 頁。
② 《禮記正義》卷 34,阮元校刻《十三經注疏》,中華書局,1980 年,第 1508 頁。
③ 衛湜:《禮記集説》卷 85,《文淵閣四庫全書》本第 118 冊,臺灣商務印書館影印,1983—1988 年,第 779 頁。
④ 馮爾康《18 世紀以來中國家族的現代轉向》,上海人民出版社,2005 年,第 106—107 頁。
⑤ 馮爾康:《18 世紀以來中國家族的現代轉向》,第 101—113 頁。

時代的變化,宗法制廢止,只爲大宗立後,而小宗、支庶子不立的作法需要調整:

> 古者大宗而無後也則爲之置後,小宗則否。夫小宗猶不得置後,況支庶乎?……然則無宗支適庶而皆爲之置後,今人之所行,古人之所禁也,不亦大悖於禮與? 曰:此禮之變也。蓋自宗法廢而宗子不能收族矣,宗子不能收族,則無後者求祔食而無所,其毋乃驅之爲厲乎? 故不得已爲之置後也,變也。①

汪氏認爲由於宗法廢除,宗子不能維持一族之秩序,就會造成無後者無人祭祀的局面。這從情理上講是無法接受的,所以不論是宗支還是嫡庶,都應該爲之置後,這是時代變化的要求。

而同時的徐乾學則針鋒相對,認爲立後應當儘量按古禮來。他説:

> 古禮,大宗無子則立後,未有小宗無子而立後者也。自秦漢以後,世無宗子之法,凡無子者,即小宗亦爲之置後,彼豈盡爲繼嗣起見哉,大要多爲貲産爾。不知小宗無後者,古有從祖祔食之禮,則雖未嘗繼嗣,而其祭祀固未始絶也,又何必立人爲後始可以永其祭祀哉? 今世之紛紛爭繼者,其爲大宗當斷之以律例,若小宗則舉從祖祔食之禮,而不爲立後其亦可也。②

可見,徐氏堅持大小宗之區分,認爲秦漢以後爲小宗繼嗣,目的都是爲了貲産。如果按照現行的律法與禮制,則問題也很容易解决,那就是大宗不可絶。按照律令,如果大宗無後,小宗祇有一子,則仍當以此一子爲大宗後,因爲按照禮制,小宗無後可以從祖祔食。但他的這一認識是以宗法制被嚴格遵守爲前提的,可如果當時的家族不行宗法,爲了繼承財産,那麽爲小宗、支庶子立後就成了必然。

與汪琬論學齟齬的閻若璩,也堅守古禮的立場,對汪琬的觀點提出了批評。③ 汪氏的根據來自《通典》引晉范甯"夫嫡子存則奉養有主,嫡子亡則烝嘗靡寄。是以支子有出後之義而無廢嫡之文,故嫡子不得後大宗,但云以支子繼大宗則義已暢矣,不應復云

---

① 汪琬:《鈍翁前後類稿》卷 16,李聖華編:《汪琬全集箋校》,人民文學出版社,2010 年,第 418 頁。
② 徐乾學:《讀禮通考》卷 5,《文淵閣四庫全書》本第 112 册,臺灣商務印書館影印,1983 年,第 151 頁。
③ 參看李聖化:《閻若璩與汪琬禮學論證考述》,《浙江師範大學學報(社會科學版)》2012 年第 4 期,第 32—37 頁。此文提到了兩人關於立後問題的爭論,可惜只羅列材料而没有分析。

嫡子不得繼大宗,此乃小宗不可絕之明文也"之語。① 對此,閻若璩反駁説:

> 范甯言《子夏傳》既云以支子繼大宗則義以暢矣,不應復云適子不得繼大宗,此乃小宗不可絕之明文矣。余謂絕有二,有天然而絕者,有以後人而絕者。苟天然而絕,在大宗則爲之置後,俾適適相承,統領百世之族人。若小宗則聽之,不必復取他支子以後之,蓋彼不過五世則遷耳,此大宗小宗之别也。何休曰小宗無後當絕,斯言得之。賈公彦曰適子不得後人,無後亦當有立後之義,斯言失之。②

閻氏認爲對於天然而絕的小宗,是不必以其他支子爲之後的,因爲小宗五世則遷,没有統領百世族人的職責。這從經義上是有理據的,但却忽視了現實的需求。

對於汪、徐、閻三人之間的爭論,秦蕙田在充分考慮現實情形的前提下,贊成小宗亦當立後之説。他説:

> 禮以義起,法緣情立。不衷諸古則無以探禮之本,不通于時不足以盡物之情。如宗法爲人後一事,此極古今不同之殊致也。《禮》稱大宗尊之統不可以絕,故族人以支子後大宗。是惟大宗當立後,而小宗則不立,支庶更無論矣。嗚呼! 此誠三代以上之言,不可行於後世者也,何則? 古者有井田,有世禄,井田法行則人無兼併,世禄不絕則宗無削奪。有世禄者皆卿大夫也。《禮》"别子爲祖",别子者,本國公子他國公子。庶人崛起皆卿大夫也,卿大夫則有圭田以奉祭,有采地以贍族。蓋其禄受之於君,傳之于祖,故大宗百世不遷,而立後之法重焉。若後世與古相似者,惟宗室、近戚、勳臣襲爵者爲然耳。若卿大夫則多出於選舉,雖公卿之子,其入仕者或以甲科,或以恩蔭,別無世禄可藉。而士之入仕崛起者居什九,是以一族之人或父貴而子賤,或祖賤而孫貴,或嫡賤而庶貴。貴者可爲别子,賤者同于庶人,皆以人之才質而定,非若古繼别之大宗一尊而不可易也。③

秦蕙田在此更加詳細地分析了周代宗法制無法用於後代的問題,其中的關鍵即在於科舉。隋唐科舉制確立,特別是宋代以後,除了宗室、近戚、勳臣襲爵者還有點類似於

---

① 杜佑:《通典》卷96,中華書局,1988年,第2582頁。
② 閻若璩:《潛邱劄記》卷4《喪服翼注》,《文淵閣四庫全書》本第859册,第487頁。
③ 秦蕙田:《五禮通考》卷146,《文淵閣四庫全書》本第138册,第452—453頁。

周之貴族外,其他的士大夫絕大多數來自科舉。這就使得一族之中身份的貴賤經常會發生變化,進而使得周禮大小宗的區別不再適用。宮崎市定曾考察宋代士大夫與宗族的關係,指出宋代士人多不回原籍,而是分成小家族、買田產定居於爲官的轄區,"因此,在宋代出了士大夫的家族,就破壞了一向維持著的宗族集團性聚居方式,出現了即便近親也散居各地的傾向""近世(指宋代—引者按)的士大夫,因爲成就了他們的科舉,重視的是個人才能,因此任官之後他們也就採取以個人爲中心的行爲,從而使得傳統的宗族出現分裂"。① 從北宋開始,就有士大夫如蘇軾等,不斷地呼籲部分地恢復宗法,希望能借此存續家族,使族人相親,但却總是難以全面落實。② 這一問題也延續到明清時期,也就是秦蕙田所說的"士之入仕崛起者居什九,是以一族之人或父貴而子賤,或祖賤而孫貴,或嫡賤而庶貴。貴者可爲別子,賤者同于庶人,皆以人之才質而定,非若古繼別之大宗一尊而不可易也"。因此,他認爲若强執周禮大小宗之分以定是否立後,是不符合人情的。在新的歷史條件下,大宗不可能一直盡收族之責,"既無大宗,則人各禰其禰,各親其親,亦情與理之不得不然者"。宗子與支庶子的經濟條件既然都已不是周代宗法時的樣子,則"支庶無藉于宗子,而宗子之祭祀有闕,反不能不藉于支庶。若不立後,是奪支子之產以與適,黜賢而崇不肖,此豈近於人情"。③ 這種觀點無疑更加合乎人情。

既然宗法不可能恢復、普及,那麽立後繼嗣的作用也就隨之發生了變化,由"收族"轉爲"止争"。《儀禮·喪服》云:"爲人後者孰後?後大宗也。曷爲後大宗?大宗者尊之統也。……大宗者收族者也,不可以絕,故族人以支子後大宗也。適子不得後大宗。"盛世佐對此解釋說:

> 重言大宗者,尊之統也者,見士大夫之家以別子爲祖,尊統雖近,而以繼別者爲正統所在,則無異于國耳。統在足以收族,統絕則族遂散而不可紀,勢必有一本之親視爲行路者,其去禽獸不遠矣,此族人必以支子後大宗之故也。適子不得後大宗者,重絕人之祀也。族人多矣,寧必以其適爲後哉?言此者亦所以杜争繼之釁也。古之人惡背其親,迫于大義不得已而爲之。而後世乃貪財争後者有之,或無所利焉

---

① 宮崎市定:《宮崎市定全集》第 15 卷《科舉》第三章第一節,岩波書店,1993 年,第 185—190 頁。
② 蘇軾:《蘇軾文集》卷 8《策別安萬民二》,張志烈等主編:《蘇軾全集校注·文集二》,2010 年,河北人民出版社,第 839—840 頁。
③ 宋代沿用了唐令中關於均分家產的法規,這也阻礙了以大宗爲首的宗族的建立。見竇儀等:《宋刑統》卷 12《户婚律·卑幼私用財》,吴翎如點校,中華書局,1984 年,第 196—198 頁。

則聽大宗之絕而莫之顧。噫！時代之升降遠矣。①

從《儀禮·喪服》的經文來看，其核心意思是説在宗族中大宗"收族"的重要性，但同時也强調不能以小宗之嫡子後大宗，因爲這樣可能會"絶人之祀"，盛世佐對經文的理解是比較準確的。需要注意的是，他特别批評了現實中的兩種極端情形：由於貪財而爭爲人後，或者由於無利可圖而聽任大宗絶嗣。對此他並沒有提出有效的應對策略，而祇是在經過古今對比後發出"時代之升降遠矣"的感慨。

爲解決這一難題，程瑶田認爲今人之立後應以"止争"爲目的。他説：

> 吾嘗曰："古人立後以收族，今人立後以止争。"何也？無異宫同財之法，無有餘歸之宗，不足資之宗之義，宗法之不行於天下也久矣。其人死而無後，則其財無所歸，而争端起矣。故必擇其親者而立爲後，無親者乃取其稍疏遠者而立之，由親及疏，不容或紊，不如是不可以止争。而要非《喪服》經傳立後制服之初指也。②

可見時人的關注焦點已轉到如何處理財産問題上，立後是爲了消弭争端。如此一來，大小宗根本不必再講，只要按親疏遠近立後即可。秦蕙田就明確指出，止争的最好方法就是遵守國家的律令：

> 伏讀國家功令，無子者許令同宗昭穆相當之姪承繼，先盡同父周親，次及小功緦麻，如俱無，方許擇立遠房及同姓爲嗣。其或擇立賢能及所親愛者，若于昭穆倫序不失，不許宗族以次序告争並官司受理。又獨子不許出繼。夫曰無子者，則凡無子皆是，未嘗指大宗小宗及爲適爲庶而言也。曰同父周親，則兄弟皆是，未嘗專指繼父之適爲言也。由親及疎，由近及遠，又有擇賢之條，即古同宗皆可爲後之義，而次序分明，則争端不起。獨子不爲人後，尤與嫡子不後大宗之義相符，此真禮以義起，法緣情立，非聖人莫能制也。③

---

① 盛世佐：《儀禮集編》卷23，《文淵閣四庫全書》本第111册，第114頁。
② 程瑶田：《儀禮喪服文足征記》卷10《答段若膺大令論爲人後者服其本親降一等書》，《續修四庫全書》第95册，影印清嘉慶刻通藝録本，上海古籍出版社，2002年，第267—268頁。
③ 秦蕙田：《五禮通考》卷146，《文淵閣四庫全書》本第138册，第454頁。

很明顯,秦氏的解決方案一切都以大清律例作爲標準,認爲其代表的就是"禮以義起,法緣情立"的原則。如果依此而行,則汪琬、閻若璩、徐乾學、盛世佐等人的争論與經學詮釋可以説基本都失去了現實意義。

清人對於立嗣問題的另一個争論焦點是關於"殤子立後"的問題。《禮記·曾子問》:"孔子曰:'宗子爲殤而死,庶子弗爲後也。'"又云:"凡殤與無後者,祭于宗子之家,當室之白,尊于東房。"①學者將此歸納爲"殤子不立後"這一原則。但在歷史上和清代的社會中,爲殤子立後的情况經常出現。禮學家們對此是很不滿的,如秦蕙田云:

> 殤子立後,其情有二。一是寵愛其子,思念不忘,於是爲之冥婚立後,封爵贈謐,建廟立碑,以爲榮寵,若《晉書》所載是也,其失也愚。一是兄弟子行中已無應繼之人,惟孫行尚有支子,又恐無子立孫,則其孫有祖而無父,於是强借夭殤之子,或别立兄弟夭殤之子爲子,而後以孫繼之,其失也詐。夫殤無爲父之道,必以立後爲厚之,未見其爲厚也。孫有後祖之義,必以無父而諱之,未見其可諱也,是皆明禮者所不爲也。②

他批評了歷史上及當時民間存在的爲殤子立後的現象,認爲如果是出於寵愛而爲殤子立後是愚蠢的;如果是因爲殤子的兄弟子行中没有可繼之人,而選擇殤子的孫輩爲後,並爲了在名義上説得過去,而選擇夭殤之子爲殤子之後,再以孫繼之,這就相當於欺詐了。無論如何,清儒是不同意爲殤立後的,因爲在禮學上,這是"明禮者所不爲也"。③而這一點,也被部分地吸收到了大清律例中。

總的説來,清前期學者對於立嗣問題的争論在某種程度上反映了世變與古禮之間的張力。宋代以後,"在開放式的官僚制度和家産均分慣例的基礎上,身份或財富基本上僅限於一代人所有",④這就决定了古禮中的大小宗制已没有了恢復的現實土壤。如果想要以宗法來維持家族的穩定,就必須要在古禮與現實之間作出折中。學者們也認識到了這一點,不過在具體的釋經過程中有的會偏向現實,强調"禮之變",如汪琬;有的

---

① 《禮記正義》卷19,阮元校刻:《十三經注疏》,第1400頁。
② 秦蕙田:《五禮通考》卷147,《文淵閣四庫全書》本第138册,第475頁。
③ 當然也有個別學者認爲在理論上也可爲殤立後,如杭世駿,但他也説"余爲創立後之議,以止稷祝予之痛,世有君子,其不以餘爲無稽也夫",是爲了安慰他的朋友趙稷而"創立"的。見杭世駿:《道古堂全集》文集卷23《爲殤立後議》,清乾隆四十一年刻光緒十四年汪曾唯修本。此文亦被收入王昶:《湖海文傳》與袁枚《隨園隨筆》中,可見雖然在禮學上站不住脚,但由於切中人情,在當時還是有相當影響的。
④ 井上徹著、錢杭譯:《中國的宗族與國家禮制》,第50頁。

則强調應儘量遵守古禮,如徐乾學提出的"其爲大宗當斷之以律例,若小宗則舉從祖祔食之禮"的方案。但無論哪種傾向,學者們以大小宗爲前提的立嗣思路與當時政府所定之律例間還是存在相當大的距離,這種距離也説明了當時學者與現實之間逐漸產生了隔閡。

二、《大清律》對立嫡違法的規定與修改

近年來,學者們開始重新思考儒家學術與民間秩序之間的關係,傅斯年先生的"儒家文化的不安定層"之説被認真地加以討論。這些研究成果都在相當程度上改變了以往我們對儒家與民間社會關係的看法,開闢了新的研究方向。但其中的一些説法還需要再檢討,如王汎森先生認爲"清代考證學最盛的時候,所治的學問非常專門,非常精英,我們可以强烈感覺到上下兩層之間,即主流知識份子的學問和地方上的思維不相聯繫。尤其是對渴望信仰的下層百姓而言,太過抽象,太過與現實抽離,太'明其道而不計其功',對於重視實效的平民,更處處顯示其不相干性",這樣清代的地方就在統治與精神思想層面呈現出雙重空虚的狀態。他進而提問説"傳統中國的儒學要怎麽維持以庶民爲主的地方社會,是一個值得深入思考的問題"。① 此問深具卓識,但也忽視了一個面向,那就是儒家思想透過政府律令而對民間秩序的影響。陳寅恪先生曾指出:"夫政治社會一切公私行動莫不與法典相關,而法典爲儒家學説具體之實現。故二千年來華夏民族所受儒家學説之影響最深最巨者,實在制度法律公私生活之方面。"②這一點即使在考據學興盛之時,也未曾衰亡。

清朝律例刊佈于順治三年(1646),定名爲《大清律集解附例》,頒行全國;酌議於康熙十八年(1679),雍正元年(1723)續修,三年書成。乾隆五年(1740),更名爲《大清律例》。此後歷經修訂,主要是增加附律之條例。按照明清皇帝的聖意,律是不能變動的,而例則可隨時調整。因此,從《大清律》中例的變化,可以明顯地看出時代的脉搏,士人精英階層的關注與著力所在。本節將重點討論乾隆時期江蘇按察使胡季堂對民間立嗣問題的建議對《大清律》條例修訂所起的作用。

---

① 王汎森:《"儒家文化的不安定層"——對"地方的近代史"的若干思考》,《近代史研究》2015 年第 6 期,第 125 頁。類似的説法可見羅志田:《地方的近世史:"郡縣空虚"時代的禮下庶人與鄉里社會》,《近代史研究》2015 年第 5 期,第 6—27 頁。
② 陳寅恪:《馮友蘭〈中國哲學史〉下册審查報告》,《金明館叢稿二編》,上海古籍出版社,1980 年,第 251 頁。

清朝皇帝對於《大清律》經世濟民的作用曾予以極高的期望。雍正帝在《大清律集解序》中説：

> 是書也，豈惟百爾有位宜精思熟習，悉其聰明，以查小大之比；凡士之注名吏部將膺民社之責者，講明有素，則臨民治事不假於幕客胥吏而判決有餘。若自通都大邑至僻壤窮鄉，所在州縣仿《周禮》布憲讀法制時爲解説，令父老子弟遞相告戒，知畏法而重自愛。如此，則聽斷明於上，牒訟息於下，風俗可正，禮讓可興。①

雍正帝認爲只要大小臣工能夠精熟、講明《大清律》，就可以做到臨民治事時不必憑藉幕客胥吏，地方百姓可以畏法而自愛，最終達到風俗正而禮讓興的效果。稍稍懂得歷史的人皆可明白他這種想法的虛妄，但不得不承認，憑藉清政府集權的力量，《大清律》在當時的民間還是發揮著十分重要的作用，本文所討論的立嗣問題也不例外。

《大清律》"户律"中有關於"立嫡子違法"的律、例。其律云：

> 凡立嫡子違法者，杖八十。其嫡妻年五十以上無子者，得立庶長子。不立長子者，罪亦同（俱改正）。若養同宗之人爲子，所養父母無子（所生父母有子）而舍去者，杖一百，發付所養父母收管。若（所養父母）有親生子，及本生父母無子欲還者，聽。其乞養異姓義子以亂宗族者，杖六十。若以子與異姓人爲嗣者，罪同，其子歸宗。其遺棄小兒，年三歲以下，雖異姓仍聽收養，即從其姓（但不得以無子遂立爲嗣）。若立嗣雖系同宗，而尊卑失序者，罪亦如之。其子亦歸宗，改立應繼之人。若庶民之家，存養（良家男女爲）奴婢者，杖一百，即放從良。②

此條律文乃繼承明律，括弧内小注爲順治三年（1646年）添入。其主要精神在於保證家族血緣的延續與族内關係的穩定，故而對於嫡長子所代表的尊卑次序特别强調，"若立嗣雖系同宗，而尊卑失序者，罪亦如之"，對於異姓爲嗣的情況也多所限制。

在此條律文後，明清時還增有七條條例，基本都是著眼於解決過繼及由繼嗣所引發的家産分配問題。其中第一條言立嗣後生子，家産准其均分；第二條言孀婦守志者，合承夫分，仍憑族長繼嗣；第三條言義男、女婿亦許分給財産，都屬於明令或明代的問刑條

---

① 馬建石、楊育棠主編：《大清律例通考校注》，中國政法大學出版社，1992年，第4頁。
② 薛允升：《讀例存疑點注》卷9，胡星橋、鄧又天主編，中國人民公安大學出版社，1994年，第175頁。

例。第四條言義子歸宗與否,是否可以分給財產,系乾隆二年(1737),刑部議覆湖南巡撫高其倬題唐四毆死本生叔母何氏一案所定。第五條言圖謀財產勒令承繼之罪,系乾隆三十八年(1773),户部議覆江蘇按察使胡季堂條奏及四十年(1775)奉諭旨所纂。第六條申言爭產爭繼釀命之事,系乾隆四十四年(1779),刑部議覆湖北巡撫鄭大進題曾志廣謀奪繼產,毆死期親胞叔曾生迥一案,奉諭旨所纂。第七條言旗人養異姓爲子,詐冒蔭襲承受世職,系乾隆五年(1740),户部議准定例,五十三年(1788)改定。① 其中,第四、五、六條都是由當時之封疆大吏所奏請而定,其中又以胡季堂之條奏最爲著名。

乾隆三十八年(1773),江蘇按察使胡季堂針對當時江蘇民間立嗣的亂象寫了《請定繼嗣條規疏》。② 在此疏中,他根據平日批閲案牘所思,對"江蘇訟詞繁多,控爭繼嗣者尤爲不少""訐告糾紛,殊爲人心風俗之害"的狀況提出了自己的解决方案。總的來説,他認爲這種種亂象,根源皆在於對財産的争奪,"立繼承祧,原爲慎重嗣續,非爲親族分財産計也""無論大家世族,田野細民,凡無子之人薄有貲産,族黨即群起紛争,不奪不厭"。③ 因此,若要從根源上解决此難題,必須從律法上嚴格規定承繼的原則與次序。經過詳細的分析與思考後,他認爲應立嗣應按以下原則進行:

第一,凡無子者慎立後嗣一人,照依同宗昭穆次序承繼;

第二,繼後不得於所後之親,聽其告官别立,前繼之子即令歸宗;

第三,即在大功服屬内承繼,大功小功如有訟嫌,亦即遞降議立;

第四,若有夭亡未婚者,或已娶而故其婦未能孀守者,均不立繼,仍爲其父議繼;

第五,若有子已婚而子亡,其婦人能孀守者,應爲其子立繼,不得再爲其父立繼;

第六,大宗無子,自應在同父周親小宗内立繼。即小宗止有一子,仍繼大宗,其小宗另行立繼;

第七,如非大宗,凡系獨子,雖期功近親一概不許出繼。④

其中,第一和第二點遵從的是《大清律》"立嫡子違法"的第一、第三條例,而第三至七條,則是針對當時的現實問題提出的對策。在經過户部官員的審議後,增補了"立嫡

---

① 薛允升:《讀例存疑點注》卷9,胡星橋、鄧又天主編,第175—177頁。
② 《清經世文編》記胡季堂爲江西按察使,但《讀例存疑》記爲江蘇按察使,查錢實甫:《清代職官年表》,乾隆三十七年,江西按察使爲歐陽永裿,胡季堂爲江蘇按察使,則當以《讀例存疑》爲是,疏中"江西"亦當作"江蘇",下不出注。見錢實甫編:《清代職官年表》,中華書局,1980年,第2078頁。
③ 賀長齡編:《清朝經世文編》卷59《禮政六》,賀長齡、盛康編:《清朝經世文正續編》第2册,第37頁。
④ 賀長齡編:《清朝經世文編》卷59《禮政六》,賀長齡、盛康編:《清朝經世文正續編》第2册,第38頁。

子違法"的第五條例：

> 無子立嗣,若應繼之人平日先有嫌隙,則于昭穆相當親族内擇賢擇愛,聽從其便。如族中希圖財産,勒令承繼,或悠恿擇繼,以致涉訟者,地方官立即懲治。仍將所擇賢愛之人,斷令立繼。其有子婚而故,婦能孀守,已聘未娶媳能以女身守志,及已婚而故,婦雖未能孀守,但所故之人業已成立,或子雖未娶而因出兵陣亡者,俱應爲其子立後(按：此應爲未婚之子立後者)。若支屬內實無昭穆相當可爲其子立後之人,而其父又無別子者,應爲其父立繼,待生孫以嗣應爲立後之子(按：此應爲立繼而無可繼之人者)。其尋常夭亡未婚之人,不得概爲立後(按：此不應爲未婚之子立後者)。若獨子夭亡,而族中實無昭穆相當可爲其父立繼者,亦准爲未婚之子立繼(按：此于不應之中仍准立後者)。如可繼之人亦系獨子,而情屬同父周親,兩相情願者取具合族甘結,亦准其承繼兩房宗祧。①

可見,增補的這第五條例,非常重視胡氏的建議,強調"如族中希圖財産,勒令承繼,或悠恿擇繼,以致涉訟者,地方官立即懲治"。在胡氏的建議外,還規定在應繼與愛繼間發生矛盾時,可聽從當事人與族内昭穆相當之人中"擇賢擇愛";一般的未成年未成婚之人,不得立後;在可繼之人爲獨子的情況下,可以在宗族同意的前提下,"准其承繼兩房宗祧"。其實,這三點也是胡氏在其疏中所提出的問題,現在不過是以法律的形式提出了需要遵守的規範。

可見,與第一節中所論關於大小宗問題的爭論不同,在當時的律例中,並沒有學者所關心的大小宗的區分,"大宗當立後,小宗不可立"或"小宗亦不可絕"等清儒對經義的闡釋對律例並沒有產生影響。而"殤子不立後"則在新增條例中得到了體現："其尋常夭亡未婚之人,不得概爲立後。若獨子夭亡,而族中實無昭穆相當可爲其父立繼者,亦准爲未婚之子立繼。"當然,與清儒主要著眼於經典解釋不同,這兩點都是著眼于解決財産繼承問題。不得爲夭亡未婚之人立後,如上節所述,乃是遵循《禮記·曾子問》之意。但爲了解決財産繼承問題,如果夭亡者爲獨子,且族中無輩分相同之人代之,則"亦准爲未婚之子立繼",這樣才不至於因爲沒有繼承人而導致出現爭奪財産的局面。

---

① 薛允升：《讀例存疑點注》卷9,胡星橋、鄧又天主編,第176頁。

综上,当时对继嗣问题有制度规范作用的律例与学者们根据经义所做的讨论在相当程度上出现了断裂。后者的影响范围很小,真正能改变法典制度的祇能是像胡季堂这样的封疆大吏的上疏,在经过部议後,根据现实情形而对现行律法做出的补充。当然,胡氏这一上疏与所得到的回饋,也可以视作儒家官僚经世致用的体现,①因为其关注点是在"绝觊觎之端,永免纷更之扰,讼端息而风俗较厚矣",还是属於儒家化民成俗的理想。因此,他的上疏可以算作是儒家思想影响国家律法的一个典型。

三、判词:经典与人情的妥协

单纯从社会结构来讲,清代学者的分层与民间的脱钩确实很明显,也在相当程度上造成了经学对民间影响力的乏力状况。傅斯年先生曾说:

> 《礼记·曲礼》:"礼不下庶人,刑不上大夫。"这两句话充分表现儒家文化之阶级性。"礼不下庶人",所以庶人心中如何想,生活如何作心理上的安顿,是不管的。於是庶人自有一种趋势,每每因邪教之流传而发作……这是儒家文化最不安定的一个成分。为矫正这个基本错误,文化(即古所谓礼)是要推及大众的。②

傅先生之说自有其学理与亲身体会为依据。不过,正如上节所论,经学的表现形态不仅是经说,同时也体现在其他方面。与名臣奏议对朝廷律令的改变这种上层路线相对的,是一般官吏在面对民间继嗣问题时所做的具体处理。这些处理的背後都有经学作为思想的支撑,应当将其纳入经学的范围,进而重视其在民间所产生的作用。以下将以乾隆时期的张甄陶和汪辉祖为例,以说明当时下层官吏面对继嗣纠纷时在情理、律令与礼制之间的择从。

乾隆时期,名儒张甄陶在广东任知县,遇到一件非常棘手的民间立嗣纠纷。邑民刘

---

① 据《清儒传略》,胡季堂乃胡煦(1655—1736)之子,由荫生补顺天通判,官至刑部尚书,因在嘉庆初年首劾和珅二十罪,直声大震,号称"克承家学"。有《读史任子自镜录》二十二卷、《培荫轩杂记》一卷、《扈从木兰行程日记》一卷。因此,胡氏算得上是典型的儒家学者型官僚。见张文郁编:《清儒传略》,台湾商务印书馆,1990年,第127页。
② 傅斯年:《中国学校制度之批评》,《傅斯年全集》第6册,联经出版事业股份有限公司,1980年,第2124—2125页。

紹璧早亡無子,因家貧,族人無人肯繼嗣,其妻楊氏遂立遠房無服之劉成三爲嗣。後家漸殷富,而劉成三好賭,紹璧之堂兄劉紹昂貪圖楊氏家產,便慫恿楊氏將劉成三斥逐,立己子劉亞康爲嗣。後楊氏病故,紹璧胞弟劉紹蕃又貪財,請求母親錢氏不許立劉亞康主喪,而以己子劉觀融爲喪主。兩家遂在靈前扭打,族人各惟利而左右袒。①

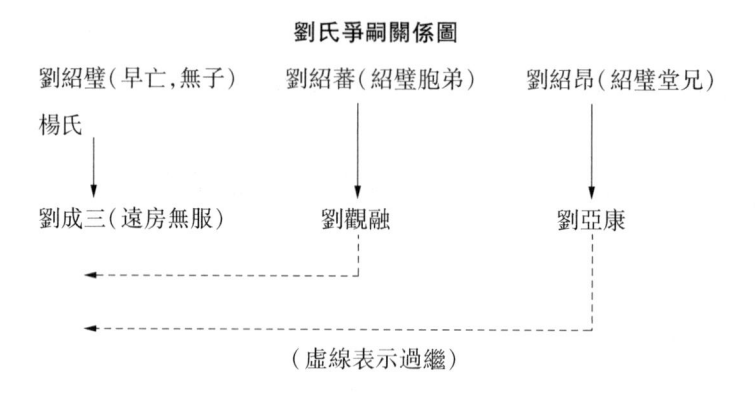

劉氏爭嗣關係圖

劉紹璧(早亡,無子)　　劉紹蕃(紹璧胞弟)　　劉紹昂(紹璧堂兄)
楊氏
　↓　　　　　　　　　　　↓　　　　　　　　　　↓
劉成三(遠房無服)　　　　劉觀融　　　　　　　劉亞康

(虛線表示過繼)

對此,張甄陶認爲無論是劉成三、劉亞康還是劉觀融都無繼嗣資格。劉成三本五服外之親,不必論。劉亞康乃紹璧堂兄之子,理應繼嗣,但劉紹昂爲財挑唆,又錢母不許,則亦無繼嗣資格。劉觀融爲紹璧胞弟之子,從律法、情理來説最有資格,但觀融爲獨子,當時乃乾隆十四年(1749),尚無一子兼祧之條例,故亦不能繼嗣。② 面對此種情況,張氏的處理方式是將楊氏遺產分爲四份,一份用於喪葬,一份由劉成三、劉亞康、劉觀融平分,剩下兩份由楊氏兩女所有。劉紹璧夫婦之木主,由劉成三等三人各行奉祀,三人都算劉氏夫婦之嗣。

很明顯,張氏的此種做法其實在法律與禮經上都無所據,他的目的祇是"聊以息爭,不必又援禮引律,致墮此輩度内,反成難結之案,但此不過就事論事"。③ 但以張氏儒者的身份,不可能只用這種簡單粗暴的方式來解決問題,他的考慮很周到:

> 至現在爭繼之案尚有,而粤俗嗜利爭繼最力,各執一説。非云先盡同父周親,則云聽告官別立所親愛,非云大宗不可無後,則云失繼之主無依。其言藐如,其心難問,若不尋究根由,逐一剖示,則現爭者既不愧不畏。特略考古今立繼之本意,以示邑民。④

---

① 張甄陶:《示邑民爭繼嗣諭語》,賀長齡、盛康編:《清朝經世文正續編》第2册,第38頁。
② 一子兼祧乃乾隆三十八年經胡季堂上疏後才增爲條例,見上節。
③ 張甄陶:《示邑民爭繼嗣諭語》,賀長齡、盛康編:《清朝經世文正續編》第2册,第39頁。
④ 張甄陶:《示邑民爭繼嗣諭語》,賀長齡、盛康編:《清朝經世文正續編》第2册,第39頁。

作爲儒者,在判案時最重要的是要化民,否則這些"其言藹如,其心難問"的邑民肯定會"不愧不畏"。因此,他寫了《示邑民爭繼嗣讞語》,讞語本爲斷案文辭,但他要將此讞辭公示於民,以求在情理上能説服當地貪利之民。

他首先指出,依據古禮,"重大宗而尊先祖",大宗無子不可絕,不可令小宗旁支雜出干預,乃重本也,現行《大清律》所載立嫡子之法乃古禮之"遺意"。但考之《禮記》,亦有以貴而爲之立後、賢亦爲置後的,此外,即使非貴非賢,禮也有"無後從祖祔食"的規定。所以綜合來看,他認爲三代時期"古今人情不相遠,當時亦必有覬覦財產,強祔人後者",三代以後則今古異宜,"封建廢則世爵禄廢,世爵禄廢則宗法亦廢……宗法廢則爲人後之説亦宜廢"。但有三種情況下爲人後之説不可廢,一是公侯至世職流官之分應承襲者,這是爲了不使爭利;二是屯兵衛軍與工匠之有世業者,這是爲了不使避害;三是對於一般老百姓而言,需以律法嚴加限制。對於第三點,他認爲《大清律》"立嫡子違法"第一、三條例對庶民立後的規定乃"聖君賢相體恤人情,以生者必有所養,死者必有所歸,不可不爲之所",普通百姓"既非有大宗小宗、爲貴爲賢之別,又無承襲之樂,更替之苦之殊,則惟取其義,可以相安而各從其願"。① 他爲此還對律例做了詳細的符合大衆心理的解釋,也就是所謂的"三不爭":

> 一曰繼死者不必爭,何則?生民有欲,是以有愛憎厚薄之殊,而倫常之説不足以盡之。若已死則其人亡其欲亡矣,所餘者氣無不之,而窮則反其本,故鬼神不享非類,則氣不相通。氣不相通,則祭無由而格。若就其氣以求之,則必就倫序爲當矣,此不必爭也。一曰繼生者不必爭,何則?鬼猶求食,須求所歸,豈民之生反令顛拂。今若入繼之男不得于父母,或應繼子之父母不友于弟昆,是其日尋詬誶,不可一朝而居,豈可繼以虛名,迫使終身之累,自應聽其擇于親愛以安齒没,此不必爭也。一曰繼婦人者不必爭,何則?婦人無子是有二義,其青年喪夫,矢志守節,是其無子可矜,自應爲擇亢宗之子。其有自不生育,而又妒忌兇悍,令夫無子者,其人已犯七出之條,又欲擁家貲,徇愛憎以混昭穆,則族人可秉禮以正之,其主使者可按法以懲之。蓋女人從夫不從身,立繼繼宗非繼己,自應就其夫之倫序酌其繼之人才,何用紛紜辨論?此不必爭也。②

---

① 張甄陶:《示邑民爭繼嗣讞語》,賀長齡、盛康編:《清朝經世文正續編》第2册,第39頁。
② 張甄陶:《示邑民爭繼嗣讞語》,賀長齡、盛康編:《清朝經世文正續編》第2册,第39頁。

簡單來說,就是爲死者立嗣需重倫序(即"立嫡子違法"第一條例),爲生者立嗣需照顧生者情感(即"立嫡子違法"第三條例),爲無子婦人立嗣需宗族秉禮法行之。最後他的結論是:"棄親而取疏,是謂悖德。見利而忘義,是謂無恥。不揆以理,而惟一偏之詞是聽,是謂之不知。類此三者,吾無取焉。若夫仁人孝子,友兄悌弟之不忍死其親者,則自行其心之所安,而禮可以義起,不可執是説以繩之也。"①他將立嗣爭執的情況歸納爲悖德、無恥、不知,更重要的是,他認爲只要能從仁心出發,行其心之所安,則"禮可以義起,不可執是説以繩之",也就是在大清律條例之外給出了可以斟酌權衡的空間。

清代名吏汪輝祖也在爲幕時期多次遇到民間的立嗣糾紛,他的解決方式也反映了經説、律法與民間實踐之間的張力。乾隆二十四年(1759),他因家貧,應鄭毓賢之聘館長洲,掌管刑名。次年,他遇到一件非常棘手的案子。縣孀婦周張氏欲爲十八歲殤子周繼郎立嗣,族則以繼郎未娶,而欲爲周張氏之夫立繼子。輾轉訐訟十八年,縣令皆從族議。第十九年,周張氏指一人立孫,又遭到房族的反駁。這時汪氏擬批,認爲周張氏"撫遺腹繼郎至於垂婚而死,其傷心追痛,必倍尋常。如不爲立嗣,則繼郎終絶。十八年撫育苦衷,竟歸烏有。欲爲立嗣,實近人情"。對於族以"繼郎未娶,嗣子無母,天下無無母之兒"爲理由的反駁,他説:"此語未見經典。爲殤後者以其服服之,禮有明文(今按:見《禮記·喪服小記》)。殤果無繼,誰爲之後?律所未備,可通於禮。與其絶殤而傷慈母之心,何如繼殤以全貞婦之志?"當時汪氏的同事朋友"皆以爲事關富室,舍律引禮,事近好奇。況以累批房族之案,官獨臆斷,必滋物議",但他在鄭毓賢的壓力下執意不改:"批房族不難也,爲民父母而令節婦抱憾以終,不可!余爲主人代筆,令主人造孽,心不安。吾不顧其爲富爲貧,論事理耳。批不可易,請易友。"後來,此案被一秀才告到蘇州府,當時的巡撫陳宏謀看到汪氏之批,盛讚之。② 汪氏這樣的判決一方面是受到其兩位母親的感化,故"與其絶殤而傷慈母之心,何如繼殤以全貞婦之志",③另一方面也是受宗教思想,特別是《太上感應篇》的影響,故云"余爲主人代筆,令主人造孽,心不安"。④ 因此,他寧可"舍律引禮",因爲從禮可以兼顧情理,所以才敢在有限的權力範圍内做出爲殤子

---

① 張甄陶:《示邑民争繼嗣諭語》,賀長齡、盛康編:《清朝經世文正續編》第 2 册,第 39 頁。
② 汪輝祖:《病榻夢痕録》,臺灣商務印書館,1980 年,第 39—40 頁。
③ 汪氏 11 歲喪父,由徐、王二位母親辛苦養大。他後來遍訪諸名士爲二母撰寫誄、銘、表,集爲《雙節堂贈言集》,共 62 卷,終身懷慕不已。
④ 在判另一普通盗竊案件時,他代幕主劉國煊判案,亦不肯輕易給人加罪,故曰"以一疑似之被,駢戮數人,非惟吾不忍以子孫易一館,爲君計,亦恐有他日累也"。後來正犯到案,劉國煊感謝汪輝祖,輝祖答曰:"君不當抵罪,吾不當絶嗣耳。"也是因爲篤信《太上感應篇》之故。見汪輝祖:《病榻夢痕録》,第 52 頁。

立後的判决。①

汪氏以禮經世的做法,據其自傳,最早始於乾隆二十七年(1762年),並延續到以後的判案中。那一年他判陶世侃案,當時秀水縣貢生陶世侃爲争其亡兄財産,欲將己子立爲伯兄之後,當時"搢紳先生聚議此事,紛紛不絶"。汪氏受其師孫爾周之托以折衷此案,"餘亦無能折衷,長夜求索,忽憶《禮經》'殤與無後者祔食于祖'之文,爰佐孫師持議,謂禰祖之説必不可行,陶惠先出繼叔後,斷難以已之次子歸繼本宗。有子而絶,情有難安,請以其主(指陶惠先)祔食于伊父愛泉支下,聽惠先子孫奉祀"。②

陶世侃案關係圖

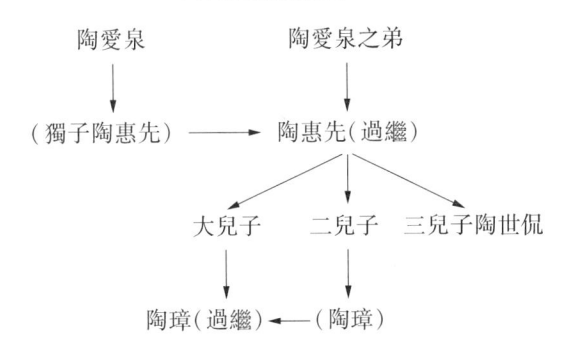

陶愛泉　　　　　陶愛泉之弟
　↓　　　　　　　　↓
(獨子陶惠先)——→陶惠先(過繼)
　　　　　　　　　　↓
　　　大兒子　二兒子　三兒子陶世侃
　　　　↓
　　　陶璋(過繼)←——(陶璋)

在本案中,陶惠先的大兒子無子,以其二弟之次子陶璋繼嗣。在長兄去世後,留下巨額遺産,三子陶世侃想奪取其長兄財産,欲以己子爲長兄之後,而假冒父親陶惠先遺命,以二兄爲本生祖陶愛泉之後。偏祖二兒子的人認爲不能以孫嗣祖(即間代立孫),偏祖三兒子的人則認爲陶愛泉有子(陶惠先)而無後(惠先過繼給其叔),于情理不順,應該讓二兒子歸繼。當時的士紳對此議論紛紛而無定論。在胡虔看來,③"禮,庶子成人無子者,無以兄弟子爲後之義……陶某不當後其叔,其長子非大宗,不當立後,其所後之叔祔于祖",④也就是説,陶惠先乃長房陶愛泉的獨子,不能再出繼給叔叔。如果陶惠先不出繼給其叔,那麽没有後代的就是陶愛泉之弟。祇有把陶愛泉之弟的牌位祔在祖先下面,享受陶惠先子孫的祭祀,這還是堅持《禮記·曾子問》"凡殤與無後者,祭于宗子之家"的規定,以大小宗的存在爲前提而做的判斷。

---

① 1773年,胡季堂:《請定繼嗣條規疏》:"至例稱無子者,系指已經成立娶有妻室者而言,若夭亡或未婚則是尚未成人,自應爲其父議繼。若有子成立已死,或子死而其婦媳守,自應爲無子之人立繼,不必再爲其父立繼。"此即汪輝祖判周張氏案所面對的情形。
② 汪輝祖:《病榻夢痕録》卷上,第47—48頁。
③ 胡虔的生平行事可參尚小明先生《胡虔生平系年》,《中國典籍與文化》2005年第4期,第63—68頁。
④ 胡虔:《識學録·書〈佐治藥言〉後》,國家圖書館藏晚清抄本。

汪氏對胡虔之説也覺得"援據禮文,反覆申辨,其言甚正",但他還是根據當時的實際情形解釋説:

> 蓋惠先之後叔父歷有年所,陶氏無議之者。今因其子爭繼而輒奪其所繼,於理不順。況陶氏家貲巨萬,向未分析,叔不議繼,姻族必不允服。一經議繼,必須分家。分家則覬覦分肥之輩從旁搆扇,勢不至破家不止。是以餘佐孫師定議,斷主祔食之説,使爭繼者無所籍口,案遂完結,一時權宜調劑不得不爾,而陶氏遂得保全無恙。且禮順人情,情之所不可禁,不能執禮以奪之也。世俗無子之人苟稍可支援,未有不立嗣者,如胡君言惠先之叔與其長子皆不合立後,揆之人情亦屬不安。從來令之折獄、幕之議事,當以愛民省事爲主。遇富家事尤苦棘手,讀書者拘文牽義,解事者避謗引嫌,觀望蕩延,滋爲民病。余前録所記,凡引經決獄諸案,往往經旨不必如是,每籍以厭服人心,慘澹經營,頗費神用,故通經之上官無不委曲允從。同年章實齋《書夢痕録後》據經疏證,謂余讀書通變而不失其正,可爲經旨通其外義,真通達治理之言。恐因胡君之論事有難行,聊復申明鄙意,非護前也。①

可見,與胡虔不同,汪氏考慮問題的起點不是經旨而是現實:陶愛泉兄弟並未分家,陶惠先過繼給叔叔也有很多年,是既定事實。如果這時再討論是否以陶惠先之次子繼本生祖,一定要以分家爲前提,這樣鬧下去,陶家勢必破家。但考慮到陶愛泉身爲長房,却有子無後,也不合情,故以陶惠先祔食于其父陶愛泉之下,這樣陶愛泉也算有子孫祭祀。從汪氏的自我辯護中可見,他在解決涉及情禮矛盾的具體問題時,所考慮的是"禮順人情,情之所不可禁,不能執禮以奪之也"。這也是他爲幕做官時一貫的做法,所謂"凡引經決獄諸案,往往經旨不必如是,每籍以厭服人心,慘澹經營,頗費神用"。他對此頗爲自信,故引章學誠的評價"讀書通變而不失其正,可爲經旨通其外義"以爲證明。所謂"可爲經旨通其外義"者,即是在將經旨落實于實際時有所變通,能引申其義,也就是在經旨與現實間做出調和,並給予解釋。

更進一步説,在汪氏的判案原則裏,既要考慮到當時的律例,也要顧及經書,但人情與現實更加重要。對此,其好友邵晉涵曾評價道:

---

① 汪輝祖:《病榻夢痕録·録餘》,《儒藏》史部第 91 册,四川大學出版社,2007 年,第 170—172 頁。

法家以輔禮制,律者法也,審察於禮與法之相貫通,而後能明律,而後能養人。余讀《唐律疏義》,其傳義予比實依於仁慈,而參合必以《唐六典》爲依據,何其明於禮意也。《明律》改用重典,峻文苛法,欲以齊民,惡睹所謂禮以養人者乎?後之治律者能銓度於世輕世重,以劑于平,仁者之用心也。刻者爲之則傷恩,而薄厚昧者則坐視人之生死疾痛而不自省。……吾友汪君焕曾嫻習經訓,以家貧謀養,治法家言,議論依於仁慈,佐州縣治,引三禮以斷疑獄,遠近稱平允,性廉介,嚴取與,異乎俗所云幕賓者。①

作爲汪氏的好友,邵晉涵很明確地指出其雖然專業是法家言,但"議論依於仁慈",並可以引三禮以決獄,這和一般的幕僚很不相同。也正是因爲汪氏在斷案時能夠以人情、現實爲重,所以才能產生比較好的影響。乾隆三十一年(1766)他館平湖時,對於當時繁多的爭繼之訟,他規定了明確的判案原則:"飭房族公査,無子之人是否必須應繼,同父有無昭穆相當,繪圖稟核。其人如在或有妻則聽其自主,夫婦俱亡則援令祔産以祭,不准立繼。"②即首先考慮家族内部的意見,畫出親屬關係圖。如果無子之人或者其妻子還在,那麽是否立嗣就看他們自己的意思。如果夫妻都已亡故,就援引無後祔食于祖之禮,將其財産用來祭祀祖先,不再立嗣。此種做法最看重的是家族的意見(當然也會體現律例的要求),其次是人情,再次是禮意,可以說考慮到了各方面,因此"行之數年,囂風稍息"。

綜上所述,當時在民間真正能處理好繼嗣問題的底層官吏,都不太會考慮之前清儒所爭論的大小宗問題,而是首先從民間内部的要求出發,在律例、人情與經義之間找到平衡。這是儒家官吏處理案件的特色,即不能僅靠行政命令或律令,還必須在經典中有所根據,能貼近百姓的人情,這樣才能改變一方之風俗。

餘　論

南宋時期,陳亮曾在給宋孝宗的上書中提到了宋代以來"郡縣空虚"的狀況:"五代之際,兵財之柄倒持於下,藝祖皇帝束之於上以定禍亂。後世不原其意,束之不已,故郡

---

① 邵晉涵:《南江詩文抄》卷6《送汪焕曾之官寧遠序》,清道光十二年胡敬刻本。
② 汪輝祖:《病榻夢痕錄》卷上,第58頁。

縣空虛而本末俱弱。"①清初顧炎武曾根據明清時期的地方情形論述説:

> 自三代以下,人主之於民,賦斂之而已爾,役使之而已爾。凡所以爲厚生正德之事,一切置之不理,而聽民之所自爲。於是乎教化之權,常不在上而在下。②

近幾年來,學者對這種唐代以下由於權收於上而造成的地方空虛多有關注,並進而探討南宋以後地方自治的進程。③ 羅志田引陳獨秀"除了訴訟和納税之外,政府和人民幾乎不發生關係"之語,認爲"地方若成一自足的體系,則上層政治的變化對下層的影響就不大"。④ 這當然是精闢的觀察。但我們還是要問既然不能否定制度對民間的影響,而制度又爲"儒家學説具體之實現",那麼這影響中國古代公私生活甚巨的制度背後的思想,在特定時刻究竟會因爲時代的變遷、士人學者關注點的變化,而在各個層面呈現出如何的樣貌。這些樣貌的異同又反映了當時思想學術與社會生活之間怎樣的關係,這是本文所探求的核心内容。

儘管本文關注並努力發掘清前期關於立嗣問題的學術論爭及上下層士人的不同處理方式及態度,指出富有經學思想的士人是如何通過各種實踐來濟世化民的。但是也要看到,這種作用決不能誇大。當時民間與士人群體之間的疏離狀態還是比較嚴重的,類似張甄陶、汪輝祖這樣的循吏、名幕畢竟是少數,而汪輝祖在館平湖時通過判案形成的"行之數年,囂風稍息",也並非普遍情况。史志强根據刑課題本等檔案材料揭示立嗣規範與實踐之間有著巨大差距。⑤ 首先是異姓繼嗣的現象在民間大量存在,但這既違反了《大清律》禁止"乞養異姓義子以亂宗族"的規定,也不爲當時的士人所承認。⑥ 其次,"隔代立孫"在當時的民間普遍存在,可是在律法當中却有著嚴格的限制,非族中實無昭穆相當可爲父立繼者,或因出兵陣亡,是不能隔代立孫的。在清儒眼中,這樣做也存在

---

① 陳亮:《陳亮集》(增訂本)卷之一《上孝宗皇帝第三書》,中華書局,1987年,第13—14頁。
② 顧炎武:《顧亭林詩文集》卷5《華陰王氏宗祠記》,中華書局,1983年,第108—109頁。
③ 羅志田:《地方的近世史:"郡縣空虛"時代的禮下庶人與鄉里社會》,《近代史研究》2015年第5期,第8—15頁。
④ 羅志田:《地方的近世史:"郡縣空虛"時代的禮下庶人與鄉里社會》,《近代史研究》2015年第5期,第27頁。
⑤ 史志强:《伏惟尚饗:清代中期立嗣繼承研究》,《中國社會歷史評論》第12卷,天津古籍出版社,2011年,第383—404頁。
⑥ 但在胡季堂上疏後,"立嫡子違法"增加了第五條例,"無子立嗣,若應繼之人平日先有嫌隙,則於昭穆相當親族内擇賢擇愛,聽從其便"。這裏的"於昭穆相當親族内擇賢擇愛,聽從其便",就承認了異姓承繼的合法性,可以看做是對民間習俗的妥協。

學理上的問題,會擾亂家族的倫序。① 再次,明清時期,還存有大量的贅婿承嗣現象,②這在當時的律法中也没有明確的規定,學術界的討論更是付之闕如。此外,由於明清時期的家族形態以 3—5 人的小家庭爲主,加上頻繁的移民活動,使得在社會中下層立嗣行爲中,宗族勢力的影響比較小。③

清末劉師培曾論明清學術之差别云:"清代之學迥與明殊。明儒之學用以應事,清儒之學用以保身。明儒直而愚,清儒智而譎。明儒尊而喬,清儒棄而濕。蓋士之樸者惟知誦習帖括,以期弋獲,才智之士,憚于文網,迫於饑寒,全身畏害之不暇,而用世之念泪於無形。"④此説對清學的概括太過籠統,不過如果限定在清中期以前,仍有相當的解釋力。極度高壓的政治氛圍,確實抑制了學者的"用世之念",對考據學的崇尚,也窒礙了儒者向民間傳道,隔斷了社會精英與普羅大衆之間的聯繫。⑤ 從本文所論關於繼嗣問題的争論來看,這種學術界與社會之間的分裂是比較明顯的。道咸以降經世之學的興起,似可看做是對此問題的糾正。

---

① "間代立後"由於涉及家族倫序問題,其中涉及"爲人後"與"爲祖後"之間的差别,故清人辨析甚細。參朱筠:《笥河文集》卷 8《大宗間代立後議》,《清代詩文集彙編》第 366 册,影印清嘉慶二十年椒華唫舫刻本,上海古籍出版社,2010 年,第 529 頁;陳立:《白虎通疏證》卷 4《封公侯》"爲人後"條,中華書局,1994 年,第 152—153 頁;曹元弼:《禮經校釋》卷 13,續修《四庫全書》第 94 册,影印清光緒十八年刻後印本,上海古籍出版社,2001 年,第 347 頁。
② 郭松義:《倫理與生活:清代的婚姻關係》,商務印書館,2000 年,第 314 頁。
③ 史志强:《伏惟尚饗:清代中期立嗣繼承研究》,《中國社會歷史評論》第 12 卷,第 400 頁。
④ 劉師培:《清儒得失論》,吉林人民出版社,2013 年,第 226 頁。
⑤ 儘管漆永祥先生曾舉例説明清儒亦有許多事功(《江藩與〈漢學師承記〉研究》,上海古籍出版社,2006 年,第 318—320 頁),但這並不能否認清儒與民間社會的疏離。時人對此有許多論述,姑舉一例。潘德輿在《〈晚醒齋隨筆〉序》一文中説:"數十年來承學之士,華者騁詞章,質者研考據。……爲士者必惡講學,不特心性精微之言不偶一關慮,即倫紀理亂、官守清濁、民生利病之大故,父兄於子弟亦未有敢相詔告敦勸者,況師友間哉? 風尚既成,轉相祖襲,牢不可詰。天下之士遂真以爲食色爲切己,廉恥爲務名,攫利禄爲才貢,究義理爲迷惑。而官箴玷,民俗薄,生計絀,獄訟繁,百害籍籍乘此而起。"潘德輿:《潘德輿全集》,人民文學出版社,2016 年,第 421 頁。

儒家禮學之實踐
——以陳璸家書爲例

嘉南藥理大學儒學研究所　汪中文

陳璸中年仕宦之後，長年在外爲官。然其對家庭之關懷，子弟之教育，却面面俱到，無微不至。今讀其家書，[①]無論是祭祀祖先，慎終追遠；或善待親族，惜福求缺；或謹慎小心，防微杜漸，以誠摯之心，温厚之言語，循循善誘，期望陳家子孫能維持家道之興旺。其在家書所言之觀念，大抵承自朱子禮學遺訓，[②]及其人生閱歷之經驗。其對倫常之重視，養氣保身之觀念，慎獨之人格修養，修業衛身之理想，可謂堅守儒家思想，充分展現中國傳統文化特色。

一、陳璸生平及其家書概述

陳璸（1656—1718）字文焕，一字眉川，廣東海康縣人。世族清寒，潛隱弗耀。康熙十三年（1674），中秀才，時年十九。之後困於生計，設館授徒。三十二年（1693）鄉試中舉，隔年進士，傳臚第三甲第三十一名，歸班候銓。三十九年（1700），授福建古田縣知縣。四十一年（1702），調台灣知縣。四十三年（1704），内升主事，歷遷郎中。四十八年（1709），提督四川學道。四十九年（1710），調福建台廈道，兼理學政；五十三年（1714），特升湖南巡撫；五十四年，命改撫福建。五十七年（1718）九月，因病乞休；十月，卒於任。康熙帝諭廷臣曰："陳璸居官優、操守潔，朕所僅見；恐古人中亦不多得也。"追贈禮部尚書，賜謚"清端"，立碑墓道。雍正十一年（1733），特詔入京師賢良祠，春秋享祀。其一生仕宦與台灣關係緊密，治台期間，關懷民瘼，獎勵文教，革除官庄陋習，安撫原住民，以

[①] 李龍《清代以來陳璸著述、年譜、傳記出版概況》對清端公之著述出版有翔實之敘述。見 https://new.qq.com/omn/20171218/20171218G0XUEI.html。
[②] 潘朝陽云："陳璸是清初最徹底實踐朱子儒學道德規範之儒者典型。"《從閩學到台灣的傳統文化主體》，《明清台灣儒學論》，台灣學生書局，2001年，第147—148頁。

是台人信之。今台南孔廟、武廟與北極殿,猶見其神位。清代官員仕台者,無慮千百,然離任後百姓立祠奉祀,獨清端公而已。①

陳璸家書目前流傳之版本有三:一是《陳清端公家書》,1924年赤坎埠華文印務局出版,凡收36篇。前有陳璟鋆的序文。二是《陳清端家書》,1931年雷陽印書館印行,凡收24篇。前有陳清端公畫像及王伯良的《像贊》,後有陳丹林題跋。三見於2004年鄧碧泉編校之《陳璸詩文集》,其卷三《書信》,凡收35篇。其中雷陽本乃節錄,與華文本相校,缺第一封《癸酉初秋赴試至河頭寄回家致囑各條》、第三封《癸酉冬往京會試到省寄回家信》和第三十六封《丁酉在福撫任內奉旨巡海寄回》。其他或擇其要者而錄之,如:第二封《癸酉中式省城寄回家信》只錄"汝爹中年得舉"至"謹慎爲可",其後囑咐遵河頭各條,告知親友中式34名與歸期在九月均刪而不錄。又如:第三十二封《癸巳臺灣寄》,前後皆略,只錄"宜體父心,自保身體,勿過刻苦,行成名立,亦自有時,但潛心做去便得"乙條。或數封而併合爲一,如雷本之《甲申在京》,分見於華文本之《甲申年十一月十三日接到家信》《甲申年都中寄回家信(十二月十一日黃千總送到)》和《甲申年都中寄回家信(乙酉年四月三十日接到)》三封。鄧本與華文本相校,篇目獨少《甲午七月十二日在台灣寄》一篇。此篇雷陽本摘"務實讀書"與"學然後知不足"兩條,未審何以失收。其次,篇名稍異,如前述甲申三信,鄧本分作《甲申家信(十一月接到)》《甲申都中寄回家信(十二月接到)》及《甲申都中寄回家信(次年四月接到)》。鄧書於書信間若干小字附記,刪而不錄。其中,第二十七封《己丑都中寄》,小字附記云:"洋字第一號。日後家信俱順字號一二三四登記,以便稽查,防失落。家中信寄來亦編一號爲是。"此文說明清端公對家書之態度,極其重要,不可不錄。第三封《癸酉冬往京會試到省寄回家信》,鄧書256葉第五行"則當非等閒事",則字下漏"全仗神天妙力"六字。第六行"早晚須以爲念",念字下漏"家堂燈火油燈勿失,及帝君前"十二字。又,同行,華文本作"至開新元旦節,更宜早起焚香叩頭。及明年清明節,雖不合向,不便修墓"。鄧本至字下漏"開新元旦節,更宜早起焚香叩頭。及"十四字。節字下漏"雖不合向,不便修墓"八字。闕漏太過。第三十六封《丁酉在福撫任內奉旨巡海寄回》,鄧本354葉第一行"以"誤作"于",第三行"真"誤作"其",第四行"門"後漏"供奉"兩字。缺漏誤字之處,鄧本亦難免失檢之譏。

---

① 其在臺灣的巨大貢獻,見黃秀政:《清代臺灣循吏——陳璸》,《東海大學歷史學報》7,第59—75頁,1985年。龍鳴:《清初儒臣陳璸在臺灣》,燕山出版社,2011年。

二、家書選釋

一般而言,家書之内容,不外修身、勤學、治家、交友、爲政及言志等。本文不擬分類處理,謹依時序爲準,擇其中足以表現其實踐儒家禮學與人格特質者,分別疏釋之。

陳璸于康熙三十三年(1694)考中進士,歸班候銓。遲至三十八年,方起程入京赴選。其《戊寅年奉部文截取己卯春二月十一日起程赴京十二日至遂溪寫寄》信云:

> 昨朝起程,汝兄弟依依戀戀,孺慕至情,予亦因之揮涙不絶。竊嘆人生世上,何苦因功名二字,致有骨肉分離之慘耶!既而撫心再想,天地生一才人,國家得一賢士,甚是不偶。如必株守門内,坐卧園林,恐大失國家教育至意,而虛生天地間矣。即父之教子,祖之望孫,亦斷不欲其以畎畝終老可知也。①

陳璸長子居隆生於康熙十六年,次子居誠生於十八年,二子此時皆已入泮(居隆三十四年,居誠三十七年),故有慰勉讀書報國之志。其《人日課兒》詩云:"茫茫乾坤内,藐然獨立身。並生憐萬物,鞠我念雙親。不學方知愧,無才信是貧。文章甯小技,報國最爲真。"②又,《起程赴選》詩云:"欲别鄉園上帝京,此行端不爲浮名。覺民責任懷莘野,學道淵源溯武城。未卜才猷裨世用,肯誣心事負平生。行期正值春明媚,迢遞前驅萬里程。"③又,《示兩兒》詩云:"我爲旅客汝家居,珍重青年要讀書。心未發時思穀種,眼當放處有盆魚。不妨松柏相依附,應與風雲共卷舒。華國文章寧小道,時勤郵寄看何如。"④

這些詩句一再表明讀書以立品爲先,⑤文章寫作的技巧衹是小道小技,不足爲憑。唯有胸懷抱國濟世之情,方能不負蒼生,無慚所學。

康熙三十九年,陳璸奉派至古田任縣令,其《古田縣署中寄回家信》云:

---

① 《陳清端公家書》,赤坎埠華文印務局,1924 年,第 15 頁。
② 《陳清端公詩文集》,龍文出版社,2012 年,第 146 頁。
③ 《陳清端公詩文集》,第 159 頁。
④ 《陳清端公詩文集》,第 159—160 頁。
⑤ 檢《詩集》中,如《入都前三日夢長兒一騎來送詩以志之》:"匹馬遠相送,入都彈指間。繫情千裏外,覿面萬重關。宮闕風雲壯,文章日月編。會須酬夙願,默慰爾南還。"《寄家書》:"離家才閲月,底事夢相尋。門户當如故,兒曹却繫心。鯉庭詩禮訓,花萼弟兄忱。能保無相負,郵筒一寄音。"意多似此。

是台人信之。今台南孔廟、武廟與北極殿,猶見其神位。清代官員仕台者,無慮千百,然離任後百姓立祠奉祀,獨清端公而已。①

　　陳璸家書目前流傳之版本有三:一是《陳清端公家書》,1924年赤坎埠華文印務局出版,凡收36篇。前有陳璟鋆的序文。二是《陳清端家書》,1931年雷陽印書館印行,凡收24篇。前有陳清端公畫像及王伯良的《像贊》,後有陳丹林題跋。三見於2004年鄧碧泉編校之《陳璸詩文集》,其卷三《書信》,凡收35篇。其中雷陽本乃節錄,與華文本相校,缺第一封《癸酉初秋赴試至河頭寄回家致囑各條》、第三封《癸酉冬往京會試到省寄回家信》和第三十六封《丁酉在福撫任内奉旨巡海寄回》。其他或擇其要者而録之,如:第二封《癸酉中式省城寄回家信》只録"汝爹中年得舉"至"謹慎爲可",其後囑咐遵河頭各條,告知親友中式34名與歸期在九月均删而不録。又如:第三十二封《癸巳臺灣寄》,前後皆略,只録"宜體父心,自保身體,勿過刻苦,行成名立,亦自有時,但潛心做去便得"乙條。或數封而併合爲一,如雷本之《甲申在京》,分見於華文本之《甲申年十一月十三日接到家信》《甲申年都中寄回家信(十二月十一日黄千總送到)》和《甲申年都中寄回家信(乙酉年四月三十日接到)》三封。鄧本與華文本相校,篇目獨少《甲午七月十二日在台灣寄》一篇。此篇雷陽本摘"務實讀書"與"學然後知不足"兩條,未審何以失收。其次,篇名稍異,如前述甲申三信,鄧本分作《甲申家信(十一月接到)》《甲申都中寄回家信(十二月接到)》及《甲申都中寄回家信(次年四月接到)》。鄧書於書信間若干小字附記,删而不録。其中,第二十七封《己丑都中寄》,小字附記云:"洋字第一號。日後家信俱順字號一二三四登記,以便稽查,防失落。家中信寄來亦編一號爲是。"此文説明清端公對家書之態度,極其重要,不可不録。第三封《癸酉冬往京會試到省寄回家信》,鄧書256葉第五行"則當非等閒事",則字下漏"全仗神天妙力"六字。第六行"早晚須以爲念",念字下漏"家堂燈火油燈勿失,及帝君前"十二字。又,同行,華文本作"至開新元旦節,更宜早起焚香叩頭。及明年清明節,雖不合向,不便修墓"。鄧本至字下漏"開新元旦節,更宜早起焚香叩頭。及"十四字。節字下漏"雖不合向,不便修墓"八字。闕漏太過。第三十六封《丁酉在福撫任内奉旨巡海寄回》,鄧本354葉第一行"以"誤作"于",第三行"真"誤作"其",第四行"門"後漏"供奉"兩字。缺漏誤字之處,鄧本亦難免失檢之譏。

---

① 其在臺灣的巨大貢獻,見黃秀政:《清代臺灣循吏——陳璸》,《東海大學歷史學報》7,第59—75頁,1985年。龍鳴:《清初儒臣陳璸在臺灣》,燕山出版社,2011年。

二、家書選釋

一般而言,家書之内容,不外修身、勤學、治家、交友、爲政及言志等。本文不擬分類處理,謹依時序爲準,擇其中足以表現其實踐儒家禮學與人格特質者,分別疏釋之。

陳璸于康熙三十三年(1694)考中進士,歸班候銓。遲至三十八年,方起程入京赴選。其《戊寅年奉部文截取己卯春二月十一日起程赴京十二日至遂溪寫寄》信云:

> 昨朝起程,汝兄弟依依戀戀,孺慕至情,予亦因之揮淚不絶。竊嘆人生世上,何苦因功名二字,致有骨肉分離之慘耶！既而撫心再想,天地生一才人,國家得一賢士,甚是不偶。如必株守門内,坐臥園林,恐大失國家教育至意,而虛生天地間矣。即父之教子,祖之望孫,亦斷不欲其以畎畝終老可知也。①

陳璸長子居隆生於康熙十六年,次子居誠生於十八年,二子此時皆已入泮(居隆三十四年,居誠三十七年),故有慰勉讀書報國之志。其《人日課兒》詩云:"茫茫乾坤内,藐然獨立身。並生憐萬物,鞠我念雙親。不學方知愧,無才信是貧。文章甯小技,報國最爲真。"②又,《起程赴選》詩云:"欲別鄉園上帝京,此行端不爲浮名。覺民責任懷莘野,學道淵源溯武城。未卜才猷裨世用,肯誣心事負平生。行期正值春明媚,迢遞前驅萬里程。"③又,《示兩兒》詩云:"我爲旅客汝家居,珍重青年要讀書。心未發時思穀種,眼當放處有盆魚。不妨松柏相依附,應與風雲共卷舒。華國文章寧小道,時勤郵寄看何如。"④

這些詩句一再表明讀書以立品爲先,⑤文章寫作的技巧祇是小道小技,不足爲憑。唯有胸懷抱國濟世之情,方能不負蒼生,無慚所學。

康熙三十九年,陳璸奉派至古田任縣令,其《古田縣署中寄回家信》云:

---

① 《陳清端公家書》,赤坎埠華文印務局,1924年,第15頁。
② 《陳清端公詩文集》,龍文出版社,2012年,第146頁。
③ 《陳清端公詩文集》,第159頁。
④ 《陳清端公詩文集》,第159—160頁。
⑤ 檢《詩集》中,如《入都前三日夢長兒一騎來送詩以志之》:"匹馬遠相送,入都彈指間。縈情千裏外,覿面萬重關。宫闕風雲壯,文章日月煸。會須酬夙願,默慰爾南還。"《寄書》:"離家才閲月,底事夢相尋。門户當如故,兒曹却縈心。鯉庭詩禮訓,花萼弟兄忱。能保無相負,郵筒一寄音。"意多似此。

其縣處萬山之中,舟車所不到,無過客迎送之煩,此其一快。民風土俗與吾鄉約不甚遠,獨歲徵額賦,多至二萬六千餘兩,每抗欠不肯足額完納,此其民俗薄惡之甚者也。查從前自三十四年至三十八年,積欠萬有二千;目下接徵,勢難盡完。明年考成,必至代爲受累,固無如之何者!汝父一生勤苦,幸博一官;而遇此魔障,豈非命耶!但士君子既以身許國,有土有民,皆當盡心竭力以供厥職,未可以地之難易,生煩惱心、生退諉心。蓋世人之所謂好地方者,不過以其可多得錢,爲身家計耳。汝父此念,自一出門時已斷絕了,又何嫌於其地之難爲!汝父用是一切陋規,盡行革除,與民休息;總自勸納止供外,不欲破費民間一錢:此私心之時時用自慊者也。①

陳璸於康熙三十九年三月初四到任。此信一方面指陳在古田爲官之難,一方面也從容鎭定,自明心志,謀國恤民。之後,其深入瞭解古田形勢,奔波於窮山惡水之間,摘比積欠,興義學,賦平役均,從而革除陋習,民得蘇息。是年冬,徵糧北鄉,月餘始歸。同前信,接續云:

汝父自九月二十一日出門,往鄉間徵糧,歷盡川巖險仄,眞禹跡所不到之地,私心不無驚恐。所幸者,隨所至小谷曉民皆歡呼攀轅,頂香迎接,如赤子之戀慈母。所欠錢糧,不動一板,經宿即皆完納。以是又自喜,信斯民直道,果在人心也。到十月二十四日回衙,僅一個月零,徵起三千兩,人無不嘖嘖難之。②

對比之前百姓抗稅不繳,積欠逃亡之狀況,可見陳璸體察民情,銳意興革吏治,乃獲得人民信任,無怪離任之際,百姓欲立生祠,蓋政聲日著,輿情悅服,非深得民心者,孰能致之。

康熙四十一年,陳璸奉調台灣縣,其《辛巳年古田縣署中寄回家信》云:

聞自福建廈門開船往台灣,有一千二百里海路。順風相送,一日一夜可到,並說汝兄弟知。汝父此行,不但不知有身家,並驅命付造物矣。然人世之平險,不盡在山川也。汝兄弟切須勁立心腸,勇往奮發以成名,酬生我,則與汝父之國而忘家,

---

① 《陳清端公家書》,第30頁。
② 《陳清端公家書》,第32頁。

酬成我者,同一揆矣。正不在朝夕問視間也!①

　　清初台灣新附,氣候炎熱、疾病流行,加上原住民與新移民的衝突,官員視赴台爲畏途。同時渡海變化極大,生死難料。此信之所以有"驅命亦付造物"之嘆,其原亦可知矣。康熙四十三年,陳璸調陞入京。自台啓行時,舟出鹿耳門,便遭强風折柁,驚波震濤,險象環生。康熙四十三年《甲申年四月接到家信》云:"汝父幸得海外生還,以正月二十五日抵閩省,二月十五日自省起行,想春盡夏初,得入都門矣。"②又,《天語下問》答康熙問過海歷險之詢,云:"臣於康熙四十三年行取進京時,舟出鹿耳門便失去舵了,船在海中瓢蕩一夜;至黎明,忽有西風一陣將船打回港內,一船方得生命。再放洋至洋心,又遇大風發作,波浪滔天,船幾沉了。此是臣過海經險頭一次。"③

　　康熙四十六年,陳璸奉旨升兵部車駕司郎中,《丁亥年都中寄回家信》云:

　　　　汝父以本年五月二十八日到兵部車駕司郎中任。人莫不以居此官可不苦矣。自汝父處之,其况味不甚相遠。大凡做官,苦樂存乎其人之胸次,非官能苦之、樂之也。此段尚未便爲男兄弟詳細説耳。男兄弟今日得在家,自相師友讀書,可謂至樂;然不可不苦心求之。用苦心讀書,方得讀書樂處;否則,祗見其苦,算不得讀書人矣。④

又云:

　　　　看男家信,每以家道艱難爲念。男試思之:今雖艱難,比汝父作諸生時之艱難,不亦當少差耶? 人生富貴,本自有時,亦各有分限。聖人所以親切示人,不處非道之富貴,寧不去非道之貧賤,蓋以貧者士之常、賤乃吾之素耳。⑤

　　陳璸自十九歲舉秀才以來,科考之途並不順遂,以塾師爲業,生活祗能餬口。雖如

---

① 《陳清端公家書》,第35頁。
② 《陳清端公家書》,第38頁。
③ 《陳清端公詩文集》,第641—642頁。
④ 《陳清端公家書》,第50頁。
⑤ 《陳清端公家書》,第51頁。

是,對族親之貧者,則以束脩之入分之。① 信中平淡敘述家事之間,却蘊含真知良言,慰勉其子,守澹泊之志。居官一段,則其素願。其未入仕前,《偶遺》詩云:

> 贏得林居數載餘,何曾家計問盈虛。
> 最宜終日長無事,掃地焚香讀道書。

其二,又云:

> 平生賦性不猶人,料想居官依舊貧。
> 未必今生爲乞丐,後身猶得證前身。②

居官不以自利,猶如讀書以立品礪行爲先。③ 陳璸曾上奏康熙言:

> 貪官不在多收少取,若取一二錢,即如取百千萬。却必一文不取,乃可謂之清官。人所以貪取錢財者,皆因艱於過活。臣曾任縣令,看來一爲縣令,即不致窮苦,艱於過活;雖一文不取,衣食已能充足。④

其一生操守清廉,誠是儒家重德修身理念的最佳體現。

康熙四十七年四月十五日,考放天下試官,陳璸名列第二名,僅次江南學院余正健。其《戊子都中寄回家信(七月接到)》云:

> 汝父在京,寢食如常、精神依舊。雖風霜漂剝,形容漸有老態;而寸心耿耿,十年中如一日。亦惟是于"寡嗜欲、養心氣"上有得微力,男兄弟亦可知所慎重矣。唐人云:"自憐無舊業,不敢恥微官。"汝父浮沉郎署,未忍飄然去國者坐此。第父子天性,闊別十載,何能爲心!遠則明春、近則今冬,必有相見知日。男兄弟奮發成名,

---

① 見《請祀鄉賢遣報居鄉事蹟》,《陳清端公詩文集》,第403頁。
② 《陳清端公詩文集》,第157頁。
③ 見《條陳臺灣縣事宜十二條》"宜定季考之規,以勵實學"條云:"知奮則知恥,日恥則日進,將惟向上是務,一切利欲薰心、苟賤不廉之行,自不覺棄之若浼。故謂文章與品誼相關也。"《陳清端公詩文集》,第753頁。
④ 《陳清端公詩文集》,第550頁。

得早相見於都門，不更一快心事乎哉！①

陳璸自入朝爲官，孑身在外，父子相見次數極少，康熙五十四年入朝陛見，康熙問："汝做官帶有多少人口？"陳璸答曰："止帶有僕一兩人，妻室在家不能搬動。"又問："汝兒子呢？"答曰：

> 臣兒子不相見十多年了，因爲無盤纏，不能來往相看。祇有第二個兒子，在四川任上，來看臣回去，今又隔數年了。臣今年由台灣到福建便少盤費了，蒙撫臣給臣盤纏赴任。又到衢州見總督，總督説汝到任後應請陛見，皇上必叫汝去看，若無盤纏，如何去得呢！臣得總督給的盤纏，方能來京。

康熙嘆息久之，復云："汝竟是苦修行老僧一樣！"②《家傳》云：

> 公自筮仕古田至爲巡撫二十年，孑身於外，未嘗延致幕客。父子睽隔數千里，不能具舟車通往來。僅從一二人，官廚惟進瓜蔬；皆人情所萬不能堪者。而公恬然處之，終其身。③

無怪康熙慨歎道："陳璸居官甚優，操守極清。朕亦見有清官，如伊者朕實未見；即從古清官，亦未見有如伊者。"④

其後於福建巡撫任上，年已六十二，次子居誠方隨侍其旁，其爲國事而忘家，有如斯也。康熙五十三年十月於台廈道任，《甲午臺灣寄》云：

> 《朱子學的》内聖外王，道理無一不備，是儒者有體有用之學，非但有益作文字而已。甚悔其讀之晚也。逐句點斷，易看易讀。《小學近思録》亦于每段頂上提明要旨，亦宜細細看過。⑤

---

① 《陳清端公家書》，第53頁。
② 《天語下問》，《陳清端公詩文集》，第665—666頁。
③ 《陳清端公詩文集》，第548頁。
④ 《陳清端公詩文集》，第549—550頁。
⑤ 《陳清端公家書》，第71頁。

陳璸篤奉朱子，前此已建朱子祠成，今則爲張孝先校刻邱瓊山《朱子學的》一書作跋，蓋有所感，故發此信勉其子沉潛其中，細細玩味朱學。五十五年，自湖南巡撫調任福建巡撫時，先到建陽縣拜謁朱子祠後，方抵任；因見祠堂頹敗蕭然，隨即奏修朱子祠；五十六年，注朱子《齋居感興》詩十一章；五十七年二月，刻《朱子小學》一書；皆是不遺餘力表彰對朱子的敬意。其實，陳璸以爲朱子之學直承孔孟，乃儒家正學，儒家道統之所以不墜，實朱子之功。其《新建臺灣朱子祠記》云：

> 自孔孟而後，正學失傳，斯道不絕如綫，朱子剖析發明于經史及百氏之書，始曠然如日中天。凡學者口之所誦、心之所維，當無有不寤寐依之、羹牆見之者。予自少誦習朱子之書，雖一言一字，亦沉潛玩味，終日不忍釋手。迄今白首，茫未涉其涯涘。然信之深，思之至，所謂焄蒿悽愴，若或見之者也。

又云：

> 朱子之言曰："大抵吾輩於貨色兩關打不透，更無話可說也。"又曰："分別義利二字，乃儒者第一義。"又曰："'敬以直內，義以方外'八箇字，一生用之不窮。"蓋嘗妄以己意繹之：惟不好貨，斯可立品；惟不好色，斯可立命。義利分際甚微，凡無所爲而爲者，皆義也；凡有所爲而爲者，皆利也。義固未嘗不利，利正不容假義。敬在心，主一無適則內直；義在事，因時制宜則外方。無纖毫容邪曲之謂直，無彼此可遷就之謂方。

依此可知，"義"與"敬"乃人生德業之本，陳璸一生能不受世俗之惑，而爲清廉之卓絕者，實謹守此義也。

綜觀其家書，或朂勉二子勤學、進德修業；或敘爲政之道與人生處世之感；其思想和言行務實而真切，值得我人借鑑和深思。

太平天國以後徽州祭祀禮儀的重整
——以抄本《祭神祀祖大例集記》爲例

復旦大學 王振忠

徽州遺存有目前所知國内爲數最多的民間文書，其中除了常見的土地契約之外，還有不少反映民衆日常生活和社會文化的文獻資料。以祭祀禮儀爲例，明代編纂、出版的《祈神奏格》，就極爲生動地反映了民間信仰與日常生活的實態。[①] 此外，近十數年來陸續發現的諸多民間日用類書中，也有不少與祭祀禮儀相關的歷史文獻。

數年前，我在安徽歙縣做田野調查，承一程姓友人的幫助，獲贈徽州抄本影本《祭神祀祖大例集記》，該書内容相當豐富、翔實，頗具學術價值。以下就以此書爲基本史料，探討太平天國以後徽州祭祀禮儀的重整。

一、《祭神祀祖大例集記》的作者及其身份背景

《祭神祀祖大例集記》一册爲光緒年間抄本，封面題作"祭神祀祖大例"，扉頁則書"祭神祀祖大例集記"，一作"祭神祀祖集記"，今統一將書名題作"祭神祀祖大例集記"。書前有《祭神祀祖大例集記序》，曰：

> 時在大清光緒二十九年歲次癸卯新春正月，是年余六十有三歲，正值恭逢正月半頭，敬祭李王聖神、列聖尊神暨元宵大會靈感尊衆之神，輪我太祖德鸞公支萬春社下輪接下管之期。余忝屬長房，理宜邀屈本社諸君會議今歲應接下管、明正輪首、引禮敬祭、應辦事宜。兹於正月初六日，荷蒙諸君降舍集議，欣幸衆志樂從，悉遵成例，無不踴躍，爭先恐後，各任其勞，懷報神庥於萬一，暨副十四年一輪之永便，□□簽司，曷勝歡忭之至！余復念及諸子生長江蘇，既又糊口于江、浙等處，甚屬在

[①] 王振忠：《明清徽州的祭祀禮俗與社會生活——以〈祈神奏格〉展示的民衆信仰世界爲例》，中山大學歷史人類研究中心、香港科技大學華南研究中心主辦：《歷史人類學刊》第 1 卷第 2 期，2003 年 10 月。

家日少,外貿日多,里中風俗,從未見聞,祭神、祀祖大典成例,茫茫無知,余因是懷懼而恐,適及余因有吳下之行,侷促稍餘,匆匆摹錄《祭神祀祖大例》一篇,以冀諸子如熟悉,是余深深是望之初意,聊具粗俗寡陋幾句,以爲是序。

時光緒二十九年歲次癸卯仲春月吉旦

古歙溪北鄉賢里延陵恩臨氏志識。

"延陵"系古代吳氏之郡望,故"延陵恩臨氏"即吳恩臨,這一點也得到書末《自用公清明》一文署名之印證。光緒二十九年即 1903 年,當年吳恩臨已 63 歲。他想到自己的幾個兒子都生長于江蘇,又在江浙各地務工經商,他們從未見聞家鄉風俗,特別是對祭神、祀祖的相關成例更是毫無所知,所以他抄錄了一份《祭神祀祖大例》,以便諸子能熟悉其中的程式。從文字表述上看,吳恩臨的文化水準似乎並不太高("正值恭逢"一語,明顯頗有重複;而"以冀諸子如熟悉,是余深深是望之初意,聊具粗俗寡陋幾句,以爲是序",亦不雅訓)。

關於該書所屬的地點,從上文末了所署"古歙溪北鄉賢里"可知,"溪北"應即歙南北岸村,而在著名的北岸廊橋之南端,迄今仍存上書"鄉賢里"的橫額。可見,此書反映的地點應在歙縣南鄉的北岸村。①

抄錄《祭神祀祖大例》的吳恩臨,屬北岸吳氏"茂公"後代。據《北岸茂公祠修祠理主修譜啓》載:

> 蓋自蘇垣著姓,梅里傳宗,氏族之繁,遍於宇內。而新安世系,多出我少微公。歷十有九世,遷大阜市者,實惟璟公,三傳至趙公,更遷北岸。逮至長公,三子十孫,惟我茂公孫支之第一也,椒實蕃衍,瓜瓞綿延,在北岸支中最爲昌大矣。②

---

① 據後來所見屯溪老街某書商提供的書單,《祭神祀祖大例集記》一書被歸入歙縣三十三都二圖吳氏文書,這批文書計有 162 件,聽說目前歸南方某高校購藏,這是時下皖南書商與國內一些公藏機構頗爲認可的一批"歸户用書"。不過,根據抄本《歙縣都圖全載(附十六鄉新丈字型大小)》(安徽省圖書館藏)的記載,歙縣三十三都二圖下轄的村落包括:石潭、蛇形、蛇川、竹坑、土坑、裡坦、營上、斜坑、石壁、白毛干、利石、餘川。據此,該書乍看似與歙縣石潭有關,但經仔細考察,除了文字清晰、內容豐富的《祭神祀祖大例集記》一書之外,同一歸屬的其他文書之書寫極爲潦草,內容也都相當簡單。可能正因爲如此,《祭神祀祖大例集記》一書在輾轉流傳的過程中,被有心人單獨複印、保留。實際上,該書是被混入這批所謂歸户文書中的一份資料,與石潭並無多大關係。

② 《北岸吳慎德堂族譜》"正編·啓",1917 年刊,吳永涵撰,第 1 頁上。2011 年 8 月 17 日攝於歙縣南鄉瞻淇村。

根據相關的記載,江南吳氏溯源于太伯、仲雍,故曰"梅里傳宗"。而徽州吳氏,多自稱出自唐朝左台監察禦史吳少微,故稱"新安世系,多出我少微公"。至於北岸,此地舊稱溪北,南宋寶祐末年,吳、趙二姓奠基於溪之北岸,遂爲村名。其後,村落以吳姓爲主體,結社曰溪北大社。始遷此處的吳璟,於南宋淳熙年間由歙西富饒遷居于歙南大阜市(亦稱大佛市,今大阜橋頭對面店塢)。歷代繁衍,以"茂公"一支最爲發達。

根據村志的記載,北岸村後有一溪,源自吳家山,經石際、彎龍坑和岔坑綿延而出,一分爲二穿過村中,然後匯入村前的華源河(又稱綿溪河),經大阜、五渡、安梅、獅嶺下、綿溪匯入新安江。① 除了水路交通之外,此處陸路亦雄扼南鄉。在明末清初西陵憺漪子(汪淇)編纂的《天下路程圖引》中,就有"杭州府由余杭縣至齊雲巖路":

　　　杭州府。……余杭縣。……昌化縣。……老竹嶺腳。三里　老竹鋪。……杞梓里。三里　齊塢。七里　蘇村。……蛇坑。……鄭坑口。五里　七賢。五里　方村。二里　北岸。二里　大佛。……章祁。十里　稠木嶺。七里　七里頭。七里　徽州府。……②

該條交通路綫,如果是由徽州府附郭(歙縣縣城)出發前往杭州方向,途中歷經浙江省昌化縣和余杭縣,民間俗稱爲"走余杭"。此一路綫至北岸而分,東北通旱南各鄉村,東南至水南各鄉村,有青石板古道橫穿風雨廊橋和吳氏宗祠前。北岸廊橋爲原先通往府城的徽州古道必經之路,北端橋的門柱上刻有"往府大路過橋"六個大字。上揭商編路程中的"大佛",應即今大阜,與北岸距離僅有 2 里路。由於地處交通要衝,北岸、大阜一帶與外界的交流相當頻繁,當地更有不少人前仆後繼地外出務工經商,一向頗爲富庶。在歷史上,這一帶很早就出現了富甲一方的大户。

根據族譜的記載,北岸吳氏 91 世的"長公","洪武年間,僉舉富户,赴南京應天府,填實京師。永樂二年,本縣奉例,保充北京宛平縣德勝關惜新司五廂富户,卒於正統九年甲子三月廿四日"。③ 由此可見,早在明初,北岸村就已出現了豪富之家,吳長在永樂年間曾是歙縣最爲富裕的八大家之一。④ 此後,茂、芳、蘭、萱四支派合創"得全堂",號

---

① 《北岸村志》"概述",《北岸村志》編委會,2015 年 10 月,第 1 頁。該村志序文爲筆者所撰。
② 楊正泰校注:《天下水陸路程、天下路程圖引、客商一覽醒迷》,山西人民出版社,1992 年,第 373 頁。
③ 《北溪吳氏世譜》抄本。私人收藏。
④ 江萬象:《歙北岑陽江氏宗譜》後集《壽静山江次公六帙序》,見馮劍輝撰:《明代京師富户之役考論——以徽州文獻爲中心》,載《史學月刊》2015 年第 1 期。

稱"四分廳"。在北岸,"四分出名"爲人耳熟能詳。揆諸實際,這"四分"中的生意人多,做官的人也較多。其中,明代嘉靖年間吳宗枋曾漂洋過海發家致富。①

及至清代,當地外出經商者更是相當引人矚目。乾隆時代的《揚州畫舫錄》就曾提及吳氏爲徽州望族,分居於歙縣西溪南、南溪南、長林橋、北岸和巖鎮諸村,其寓居揚州者,即以所居之村爲派。可見在盛清時代,北岸一帶前往揚州經商的人已有相當不少。另據當代編纂的《北岸村志》,吳德凝茶號從陸路闖關東,吳榮運則在盛京創下"景隆號"的金字招牌。成書於1921年的《北岸吳慎德堂族譜》也指出,北岸族人經營茶業有方,在江浙一帶開設茶莊,所獲不貲。他們廣設茶行於歙縣北鄉、東鄉和南鄉各地,並在上海經銷,獲利頗豐。據1869年吳氏宗祠重修捐輸碑志記載,當時的"茂公"支有光福店、木瀆店、車坊店、盛澤店以及岔口洋莊,而"芳公"支有陳墓店、松江店、光福店、木瀆店,"蘊公"支有木瀆店,"萱公"支有太倉店、車坊店、周莊店,"友德公"支有光福店。②這些,都反映了北岸吳氏多在江南的蘇州附近從商。

從《祭神祀祖大例集記》的序文來看,吳恩臨的幾個兒子皆生長於江蘇,他在序末也說自己"適及余因有吳下之行",推測他也應當是在江南從業的徽商。

二、吳氏的宗族組織與祭祀安排

《祭神祀祖大例集記》一書,頗爲詳細地記録了吳氏宗族組織及相關祭祀安排。以下,首先簡述吳氏的宗族組織。

1. 宗族組織與相關的社額

在《祭神祀祖大例集記》一書中,緊接着序文的內容是"我族吳氏溯源""吳姓溯源"和"北岸大族溯源"。其中,吳氏譜系遠的上溯至上古軒轅皇帝,較近的則溯源至泰伯。關於吳氏遷居北岸的歷史,主要脈絡如下:

世　　代	姓　　名	事　　蹟
60世太祖	璟　公	始遷居北岸,功績卓著
91世太祖	長太公	至德發祥,盛開大族,生三子、十孫

---

① 《北岸村志》,第259頁。
② 《北岸村志》,第362—367頁。

續　表

世　代	姓　名	事　蹟
92世太祖	慶宗公	生四子：茂、芳、蘭、萱
	添福公	生三子：蘊、羲、棻
	友德公	生三子：尊、萌、兹

60世吳璟始遷至北岸，及至91世吳長，"發祥開大族"。到了92世，"是爲十大分。又各三子、十孫，子孫勝旺，遂立家廟"。這是說，92世的吳慶宗、吳添福和吳友德之下一代（亦即93世），共有十個成員，形成所謂的十大分。

因家族繁衍，北岸吳氏建有家廟。緊接着上述記載，《祭神祀祖大例集記》"創立家廟"條曰："吳至德堂大宗祠，立管堂十四人，例定三年爲滿，更換交接。按年二月十五日春祭，八月十五日秋祭。管堂諸長司其事。"其中的"家廟"，也就指至德堂大宗祠。根據《北岸村志》，至德堂由長公（即上表中的"長太公"）在1382年所建，[①] 此一建築迄今尚存，於2013年被列爲國家文物保護單位。除大宗祠之外，《祭神祀祖大例集記》還記載了一些"大支廟"，亦即北岸村中的吳氏支祠：

世代	姓　名	大支廟	供　奉	備　註
93世	蘊、羲、棻	文穆堂	添福公神主、三支下歷代祖考妣神主、功德神主	三支派合創文穆堂，是爲裹門
	尊、萌、兹	作求堂	友德公神主、三支下歷代祖考妣神主、功德神主	三支派合創作求堂，是爲大三分
	茂	茂公支祠（慎德堂）	茂公神主、歷代祖考妣神主、功德神主	大分
	芳	芳公支祠（啓祥堂）	芳公神主、歷代祖考妣神主、功德神主	二分
	蘭	蘭公支祠（至善堂）	蘭公神主、歷代祖考妣神主、功德神主	三分
	萱	萱公支祠（致和堂）	萱公神主、歷代祖考妣神主、功德神主	四分
95世	侲	侲公支祠		

茂、芳、蘭、萱四支派合創"得全堂"，號稱"四分廳"，也叫"外門"，供奉92世的慶宗

---

① 《北岸村志》，第14頁。

公神主,以及四支下歷代祖考妣神主、功德神主。每年七月中元節、歲暮燒年節,①陳設牲儀,敬祭祀祖。燒年之日,分發耆老(男80歲、女70歲)胙肉。蘊、義、菜三支派合創文穆堂,也叫"裏門"。萼、萌、兹三支派合創作求堂,亦稱"大三分"。

除此之外,當地的吳姓還遷往附近各地,建立祠堂、社廟和其他神廟。如萼公支下,就遷居白楊上村(又名禾碩橋)。"自遷居之後,發祥開支,自行創立家廟、社廟、神廟,自立一支",又形成支派。② 萌公支下一向居住在北岸村,到20世紀初,村内只剩下6家。兹公支下遷居徽州府城,留在北岸的祇有一家。可見,93世"大三分"的三個支派,或外遷,或衰落,不成規模。留在當地者,93世的茂、芳、蘭、萱、蘊、羲、菜和92世的友德公,又合爲"八大分"。因此,北岸吳氏各支派,除了"十大分""大三分""大分""二分""三分""四分"之外,又有所謂的"八大分"。在當地,"分"是支派之别,各支派的聯合,既可以是同輩人的結合,又可以是不同輩份之間的組合。除了外門的四分之外,裏門三分亦頗爲發達。其中吳蘊後裔,"富連阡陌,貴登科甲",故吳蘊被尊爲"吾族興家之始祖"。③

吳恩臨是外門四分中茂公派的後裔,故《祭神祀祖大例集記》對該分派的記載特别詳細:

> 茂公發祥悦公、惟公、性公,三公支下合爲大分。
> 悦公發祥侃公、儀公,俱各發祥,號爲半個大分。
> 惟公發祥伯公、作公、倫公、偲公、像公。
> 惟公五支,一支遷河南省,一支遷江西省,一支遷余杭等處,俱各發祥,别開大族。
> 性公發祥佳公、佡公、傚公,伯仲十人,俱開望族。
> 惟公五支遷河南、江西等處,别開大族。凡族中無論大小事務,悦、性二支承值支應一應事務,因號悦、性二支是大分。

可見,94世和95世又分别形成"大分"和"半個大分"。96世的惟公五支還遷往河南、江西、余杭等處,開枝散葉,形成大族。所以只統計留在當地的悦公、性公二支,稱其

---

① "燒年"是舊曆十二月某夜(多在除夕)舉行的一種祭祖習俗。祖籍徽州祁門左田村的清人黃鉞(1750—1841)有《燒年紙》詩(見氏著《壹齋集》,黃山書社,1999年)。届時,人們焚燒年紙,祝願生意興隆,科第興旺,耕作豐收,家庭和睦。
② 關於白楊上村萼公支的發展,可參見吳正芳:《徽州傳統村落社會——白楊源》之四"宗族社會",勞格文(John Lagerwey)、王振忠主編:"徽州傳統社會叢書",復旦大學出版社,2011年。
③ 《北溪吳氏世譜》抄本。

爲"大分"。96世的侲公,"發祥德鶯公、德鳳公",也就是説,德鶯、德鳳皆爲侲公之後。"德鳳公支下,素本人丁不盛,至咸、同間發逆竄擾,殉難無遺,惟德鳳公一社敬神、祀祖無人承値。族承祖訓,例靠至親近房支應,敬神、祀祖一應事務,與遠房無干,所有德鳳公一社,惟我長房一房代德鳳社馱做正月半頭。凡事合族有俗言代馱子孫軍,此即所謂也與"。此段文字反映出97世的吳德鳳,因人丁向來不盛,再加上太平天國動亂造成的人口損失,故而後繼乏人,而由吳德鶯一支代爲承値敬神、祀祖的義務,所以有"代馱子孫軍"的説法。這一點,當然反映了宗法關係下各分支之間的相互扶持和互通有無。

吳德鳳的兄弟吳德鶯,即《祭神祀祖大例集記》的編者吳恩臨之直系祖先。關於這一支的世系,詳見下表:

世　代	姓　　名	分　房	姓　名
96世	德鶯		
97世	德鶯之子	長房	玄祥
		二房	玄保
		三房	玄爵
		四房	玄禄
98世	玄祥之子		宗元
99世			自用
100世			時敏
101世			大膽
102世			廷喜
103世			兆標
104世			嘉永
105世			必德
106世			紹炎
107世	永赦		
108世	承耆、承欽、承穌、承嘉、承安、承基		

《祭神祀祖大例集記》的編纂者吳恩臨,[①]則爲109世。他在《祭神祀祖大例集記》中,既對家族譜系做了細緻的梳理,又詳細記録了與之相關的社額:

[①] 從抄本序文來看,吳恩臨在北岸村抄録了一份現成的《祭神祀祖大例》,但就現存的《祭神祀祖大例集記》來看,其中有他個人參與迎神賽會的經歷,據此推測,該書應經過吳恩臨的整理和補充。

支派	社　　額	輪首	備　　注
茂公	支下立 14 社	頭管	按年每分每社輪首,挨次做月半頭敬神。所敬之神爲太子千秋聖誕(3月29日)、李王千秋聖誕(8月初1日)。 七管頭首輪流,挨次輪首做頭敬神
芳公	支下立 12 社	三管	
蘭公	支下立 18 社	四管	
萱公	支下立 16 社	六管	
蘊公	支下共立 21 社	二管	
羲公			
菜公		五管	
友德公		七管	

在十大分中,"蓴、萌、兹三支不在其内,共合八十一股社額,按年每分每社輪首,挨次做月半頭敬神"。其中的記載稍有歧異,在社額部分,是七支八十一股。而在輪首部分,雖然也是七管,但却有吳友德在内,而無吳羲。其詳情不得而知,不過,大體説來,"是立七管頭首,輪流挨次,做頭敬神"。

《祭神祀祖大例集記》的編者吳恩臨是吳茂的後代,故書中有"我茂公支下社額":"瓚公、斑公、佳公、源公、澤公、滿公、沾公、泓公、汴公、灑公、惟公(癸卯正月)、德鶯公(光緒三拾年甲辰正月)、德鳳公(乙己正月)、佳公(丙午正月)。"吳惟輪值的"癸卯",亦即《祭神祀祖大例集記》序撰寫的時間,即光緒二十九年。此後的光緒三十年、三十一年和三十二年,分別輪到吳德鶯、吳德鳳和吳佳。吳茂是 94 世,其子吳悦、吳惟、吳性三派合爲大分:

> 我大分合成一十四社。
> 惟有惟公一社,系悦公、性公二支下人合馱月半頭是也,其年輪首事歸茂公祠管堂諸君經辦,其費用茂公祠公款内提款間消,惟有祭菜或百碗、數十碗不等,均歸二支下按灶分辨,預年冬採辦齊集,以免臨期無錯[措]。二支户家或豬、羊諸品祭儀,陳設文穆堂,引禮敬祭神靈,此即所謂統大分馱月半頭是也。

"月半頭"也就是豬羊祭,"馱月半頭"也就是主持、操辦月半頭的祭祀活動。文穆堂爲 93 世蘊、羲、菜三支所合建,是該三大支的總祠。北岸歷史上總稱的八大分文穆派占其三,因此,北岸村每年舉辦廟會,而在文穆堂則每隔一年就要輪流舉行一次。[1]

---

[1] 《北岸村志》,第 330 頁。

96世吳德鸞四子吳玄祥、吳玄保、吳玄爵、吳玄禄,也就是上述所稱的長房、二房、三房、四房。該四房共合成一社,即"德鸞公社"(又號萬春社)。此外,德鳳公也有一社。所以95世侲公支下,計有二股社額。各分派以"股"的形式組織社會,合族共立八十一股社額。由此可見,社額基本上與宗族的分、派相互對應。

2. 神明祭祀

與吳氏相關的神明及其祭祀活動,在《祭神祀祖大例集記》中有頗爲詳細的記載。如"創立神廟"條曰:"廟貌創立鯉魚形,號大佛廟,又號魚山古墅,供奉本里主壇。""魚山"有時亦寫作漁山(民國時期北岸鎮下曾設漁山保),大佛廟就坐落於漁山山腳。據當地傳說,某年漲大水,沖來一個木頭菩薩。當時橋頭有一人正在打魚,但見木頭菩薩圍著網邊打轉,他幾次起網皆一無所獲。見此情狀,此人就對那菩薩許願:倘若能保佑我打上一網魚來,我就將你撈起。結果,他真地如願以償了。於是,就將菩薩撈起,放在路邊的石磅上。說來也怪,到了第二天,這尊菩薩就搬不動了,好像生了根似的。此一怪事引發許多人的好奇,大家議論紛紛,認爲菩薩既然想在這裏坐殿,乾脆就在此地建個廟吧,後來也就建了這座大佛廟。此後,大佛廟越修越壯觀。殿前一對大紅獻柱上盤著兩條張牙舞爪的金龍,後殿是羅漢堂,供的是108尊形態各異的羅漢。前門的橫額爲"大佛廟",後門橫額上則是"璟發其祥"——這是爲了紀念吳氏79世吳璟(名德輝,字德瑩),此人於宋孝宗淳熙年間由富饒遷大佛市,在店塢創下北岸這一片吳家的天地。大佛廟的後門,恰與店塢正對。大佛廟在20世紀50年代被拆毀,廟中的菩薩也先後被付之一炬。①

迄至今日,吳氏宗祠寢堂左側地上放着一堆碎碑石塊,經拼合,應是道光二十四年(1844年)的《大佛廟重修碑記》,從殘碑上的文字來看,吳至德堂、篤敘堂、惇裕堂、德裕堂、是敬堂、培根堂、二方堂、樹滋堂、吳德滋堂、懷德堂、繼述堂、承善堂和吳慎修堂等都捐物捐錢。② 另外,在北岸文書中,亦見有《重修大佛廟捐啓》:

> 蓋聞新基創始,經濟維難;古跡保存,功成較易。吾村延陵舊里之大佛廟,由來久矣。廟之正殿,供奉中正李王爲主壇,廟之後進,則奉三尊大佛諸神像,此大佛廟命名之所由起歟。廟坐鯉魚形□龍,故主壇倍著靈顯,香火之盛,自古於茲。八月

---

① 《北岸村志》,第336—337頁。
② 《北岸村志》,第368—369頁。

一之無遠弗届,正月半之踵事争[增]華,倘非神靈有求必應,安能使衆情踴躍,從事若此乎? 特廟多年失修,牆垣椽棟,損壞欹斜,日炙雨淋,急宜及時整理。況吾村户口繁多,或經營外省,或居處本鄉,群深敬奉之忱,宜效隨緣之助,庶幾廟宇焕然,重新神靈□依,得所自然,百福駢臻,千祥雲集,功德無量,謹啓。甲子年立。①

從該抄本所收相關文書來看,"甲子年"當爲 1924 年。上文描述提及大佛廟的主壇爲李王,廟之後進有三尊大佛神像,這與今人的回憶並不完全吻合。不過,據《祭神祀祖大例集記》"本里主壇"記載:

李王起祖小像尊神;

敕封成濟顯忠晉封中正李王尊神;

李王小像尊神;

唐封宣靈侯[侯]通真威靈三太子尊神;

唐封東平忠靖洪濟景佑真君尊神;

唐封開路總管胡大元帥尊神;

唐封中書省聰明四舍人尊神;

汪公老帝尊神;

本廟土地尊神。

此處的記載,與《重修大佛廟捐啓》的描述雖然年代不同,但從民俗傳承的穩定性來看,顯然可以比照而觀,因此,大佛廟以李王爲主壇,應當是可信的。而從歙南的諸多民間文書來看,李王亦稱"大佛廟李侯王尊神",而大佛廟也稱爲"李王祖殿"。以下對上述諸神稍加考述:

(1) 李王

據説在橋頭被從水中撈起的菩薩就是李王,這也就是李王菩薩每年正月要在橋頭外程坐十八朝的原因。除了"十八朝"之外,與李王菩薩相關的祭祀活動,最爲有名的首推北岸"八月一"廟會。在歙縣南鄉一帶,民間有"管他有得吃没得吃,都要到北岸去看'八月一'"的説法。届時,北岸村内家家户户都住滿客人,祠堂前和北岸廊橋一帶人山

---

① 歙縣北岸吳氏文書,1 册,抄録於"鳳棲山館柳湖氏鈔"的藍絲格帳册上。私人收藏。

人海。人們在祠堂裏拜菩薩,舉行祭祀,善男信女燒香許願;而在祠堂外則敲鑼打鼓做戲,熟食攤販叫賣吃喝,此起彼伏,異常熱鬧。①

據《北岸村志》,吳氏宗祠每年要舉辦三次廟會,即正月、三月二十九和八月初一,屆時都要接菩薩。當地民衆心目中最爲靈驗的就是李王菩薩,所接的李王菩薩有"老李王"和"嫩李王"二尊。老李王爲坐像菩薩,手握金磚擱在左腿上。而嫩李王則衣冠穿戴。每年正月,吳氏宗祠接的是嫩李王。老李王則在橋頭外程坐殿,要坐十八天,僅在正月十七這一天,在晚上從橋頭外程接出,經大佛橋、沙坑、赤石潭山、社屋前、壩下坦,過北岸廊橋,停在前壩坦上,等賀元宵的所有菩薩棚轎在祠堂前排好隊伍,過北岸廊橋,經前壩坦,走前壩下巷,老李王才壓軸動身,經四眼塘,走南村,再回到三灣九曲大路往大阜,老李王還在橋頭外程下棚,要坐完十八朝,才回大佛廟。八月初一則不同,此日爲李王的千秋聖誕,老、嫩李王和其他菩薩都要接,但主壇却是老李王,意味著"八月一"是專爲老李王操辦的。在橋頭外程李王神龕上方有一匾額,寫的是"功同韓、岳"。韓、岳是指南宋的韓世忠和岳飛,"功同韓、岳"者,則是指南宋名將吳玠、吳璘兩兄弟,他們是左台吳氏少微公的十五代孫。據説是因爲他們兄弟倆被皇帝先後封爲涪王和信王,因此才有北岸人所祀奉的老、嫩兩李王。換句話説,北岸村所崇拜的老、嫩兩李王是姓吳而不姓李,稱"李王"不過是習慣而已。② 這種説法顯然祇是北岸吳氏的説法,他們將老、嫩李王説成是自己的祖先。③

《祭神祀祖大例集記》一書,記録了八月初一祭李王的詳細過程:

> 八月初一日,恭逢敕封威濟顯忠晉封中正李王尊神千秋聖誕吉期,輪首合計七管。茂公、芳公、蘭公、萱公、藴公、義公、友德公,是爲七管,每公支下人民,輪流挨次做頭,即所謂七年一次、八年兩頭是也。

---

① 《北岸村志》,第 126—127 頁。民國某年八月一日的《江氏日記》記載:"是日也,歙南北岸、大阜兩地方,向假接李王菩薩之名,而實大開賭博會,到處嗜賭者莫不趨赴,擺攤求售雜色貨物者不計其數。舊歲繆縣長來宰我歙,嚴禁煙賭,北岸、大阜兩地方是日不敢公然開賭,人數□無處,生意頗覺清淡。今值王縣長涖任,禁賭之令,未聞如此其嚴,大阜、北岸賭博之熱鬧,人數之萃集,不卜可知。"另外,1927 年歙縣北岸北溪學校教師吳賢,撰有《八月一日北岸賽會感言》:"歲在丁卯,仲秋之朔,北岸例有迎神賽會之舉,聞今歲爲尤甚。余今歲適糊口於北岸北溪學校。是日粥後,約友多人,易衣而出。至街衢,見行人絡繹,恐後争先。余與諸友,尾衆後,以睹其所謂賽會者果何如也。比至祠前,行人擁擠,人山人海,水湧潮奔,喧嚷之聲,不絶於耳。舉目四顧,則見設攤售物,排列整齊,妓女之所二三,賭博之所不可勝數。迎神之時,旌旗交展,鑼鼓之聲,互相接應……"
② 據《北岸村志》,將吳玠、吳璘塑造成老、嫩李王,始於 1589 年。
③ 《北岸村志》,第 128—129 頁。

吴恩临爲茂公之後,他具體描述了本派的祭祀過程:七月二十六、七等日,"我性公支伝公泰來社管會諸君,會同悦公管會諸君,打掃至德祠,張燈結綵,鋪擺古玩、書畫、花卉,陳設一新,以壯觀瞻"。祭菜或用葷素100碗、100盤,或80碗、80盤不等,悉聽其便。葷、素祭菜按例,由悦公、性公對派。悦公支下一半,由侃公、儀公兩公支下分派。性公一半,由伝公、傚公兩公支下分派。至於用費,也按侃公、儀公、伝公、傚公四股分派。七月末下午,輪首人前往大佛廟迎神,將神迎入至德祠恭座,鋪設茶點、祭菜,並於當夜開台演戲,時稱"暖壽宴賀"。是夜,演唱會戲,演至正本團圓,將神送至大佛廟恭座。

八月初一正日,合茂公下侃公、儀公、伝公、傚公四支族衆齊至大佛廟,上午迎神。屆時鳴鑼開道,有清道旗、興旺鑼、飛虎旗、吹手、鼓樂、萬民傘、遮陽和神轎等,共計"小使"(亦稱小子、底下人,亦即佃僕)50—60名,再加四公支下人民,有大旗大鑼,放銃者、放炮竹者、鑾架旗、錫鑾架、香童、執香者、護勇者,總體規模多達500—600人。

迎神之前,上午由月半頭首至大佛廟,用吹手行香。行香之後,迎神至至德祠內恭座,祠外即行開台演戲。祠內香燈燎亮,設祭,敬觴上壽,頌祝無疆,陳設祭儀,排列禮生。李王祭祀的儀式十分隆重,計有司饌2位、司樽4位、主祭1位和禮生8位。其中,主祭者是侃、儀、伝、傚四公支下輪流選舉一位主祭,而禮生也是由四公支下每支各選舉2位。主祭、禮生等預先齊集於茂公祠,其排列順序爲頭執事、二執事、正引、大通、倍通、倍引、三執事和四執事,在鼓樂聲中迎入祠內排列。

《祭神祀祖大例集記》還詳細記載了祭祀的整個過程,並抄錄了相關的祭文。據載,後堂拜祖畢後,三分燒龍豬,演戲或10台、20台。等演出完畢,各支踴躍送神。

(2) 通真威靈三太子

"通真威靈三太子"之全稱是"唐封宣靈侯巡察使通真威靈三太子",在北岸一帶,這是除了李王之外最爲靈驗的菩薩。三月二十九是他的壽誕,當日要爲太子菩薩祝壽,村人也有借此接點壽燭賀壽的。此日廟會也要請戲班演戲,一直要熱鬧五天才告圓滿。[①]

關於通真威靈三太子的祭祀活動,《祭神祀祖大例集記》記載了正月十三日的"裝太子神棚"。屆時,"輪首各社,派人會同齊集至得全堂,裝太子神棚"。棚內例用:"大分,時憲通書;大分,白棉紙小長錢;二分,弔懷銅鏡;三分,掛寶劍錢;四分,束腰綢帶。

[①] 《北岸村志》,第205—206頁。

以上五件,例定下管備辦敬掛。例定輪首上、下管社首會同齊集,同裝神棚。"得全堂是統四分的總支祠,此處規定了大分、二分、三分和四分分別置備的用品。

接着,《祭神祀祖大例集記》記錄了"做小祭"和"請太子神棚"、"燒龍豬"、"祝壽"等程式:

> 例定輪首大、二、三、四、裏社首,會同正月十二日夜更許到神前做小祭。自十二日夜做起,至十七日夜止,按夜均要做小祭。每社例用刀頭、米豆、豆腐、羹飯、水酒、棒香、足兩一枝紙箔。吹手吹祭,道士祝請。道士口經,按夜每社給錢二十一文。

接下去是正月十三日的敬祭太子神棚,也就是"請太子神棚"或曰"上燈","例用刀頭、豆腐、油果、水酒、紅燭、棒香、紙箔。例至得全堂,敬請神棚"。正月十四日燒龍豬,例用全豬一隻。屆時,也要吹手吹祭、道士祝請。正月十四夜,輪首大、二、三、四、裏五社,每社一人,齊集祠內,催鑼三遍,輪首各社社户集於祠內侍候祝壽。其時,要用麻糖、發豆、花糕、糖枝、紅糕、雞魚肉、壽燭、棒香、紅長錢、紙箔、水酒、百子大炮,還要高聲朗讀鍋灶户簿,並祝請神明。

根據慣例,輪首各社户祝壽禮畢,祠內例應肅清安靜。其時,輪首大、二、三、四、裏五社社首以及道士等,各預先至祠侍候。當此之時,忌諱生人臨門,祠堂封門至四更時,各社首恭肅虔誠,敬請"禳火清吉大醮",以保佑闔族成員清吉平安,人壽年豐。此一清醮,每社需付給道士口金 28 文。

在上揭過程中,參與祭祀活動的諸社還應交納社户紙,每社稱 2 兩。其中,吳氏大分 14 股,應交社户紙 28 兩,到至德祠交付與其他三分社首稱收,以備沿途神前焚化。正月十七日,大、二、三、四分輪社首,每社稱紅燭 2 斤 8 兩,稱爲"太子棚燭"。正月十七日午後,輪首各社各派一人,齊集同行,催鑼三遍,讓"各社輪户敬謹豬首,神前回熟"。

正月十七日,各社輪首每社二人,會同上、下管,齊至至德祠前打掃潔净,搭圳橋,安設棚架。當晚,需要"馱棚凳",例應於正月十七日夜馱棚凳至神棚前,伺候接點紅燭之用。根據慣例,大分輪社馱至至德祠前,二分輪社馱至前壩,三分輪社馱至南村,四分輪社馱至原處安置。

此後,四分輪首各有分工。在神棚轎內,由輪首下管社首支應:由大分、二分、三分、四分輪首社首分別置備時憲通書、白棉紙小長錢一竿、弔懷鏡一面、弔掛寶劍綾、束腰綢帶。而在神棚轎外,則由輪首上管支應:由大分輪頭社首馱太子尊神、捧香案,二分輪頭社首撐香落,三分輪頭社首燒社戶紙,四分輪頭社首敲銅鑼。根據慣例,應由大分輪頭社首下管到至德祠馱菩薩下位、捧香案、撐明燈,迎神至蘭公祠前上棚。大分輪頭社首上管至大佛廟前大佛橋中馱菩薩、捧香案、撐明角燈,迎神飛行入廟上殿。而送神袍箱,則例應由輪頭上、下管社首一同,將神杯、神袍、神靴、箱匣送至大佛廟,交廟祝與菩薩穿戴。

接着是"請神起馬",例用刀頭、米豆、水酒、香燭、紙箔,到至德祠恭請列神起馬,又至大佛廟恭請列神下馬。祭畢,刀頭、米豆、水酒,由廟祝收去。

此時,還要迎請老李王。例應由輪首上下管大、二、三、四、裏各社首,至橋頭外程神宇候齊,至神前叩拜,祈禱聖筶,根據所得聖筶爲准。上下管輪首各撐大燈籠一對,用 4 兩頭紅燭,恭請老李王尊神下位,迎神上棚。根據慣例,大分上管先行,其次是大分下管,再接下去的則是二分、三分、四分和裏門,在橋頭依次排齊,送老李王棚轎至大佛廟坦上辭神。一應執事撐大燈籠、明角燈、香落,捧香案,馱菩薩,燒社戶紙,並至蘭公祠前焚化棚前。上揭的一應執事並輪頭各社首,至得全堂集齊,各司其事。棚燭上下點齊,迎棚起馬,至蘭公祠前落棚歇定,各項執事等,再至至德祠迎送社公牌,至得全堂上殿,然後排齊請神下位,迎至蘭公祠前上棚。

接着是"送太子棚轎壽燭"。根據慣例,應將神棚迎出大巷口,一路飛行,迎至至德祠前落棚歇定。由上管輪首敬送下管輪首壽燭,第一對送吳綏青董事,[①]還有的是分別送與大分、二分、三分、四分下管社首。其餘列神棚燭,各送該管輪頭社首。另外,將老李王下位大燈籠燭送與總管賬務,三太子上殿大燈籠燭送與長房,三太子上殿明角燈燭送與二房,三太子棚上香案燭送與三房,老李王上殿大燈籠燭送與四房。

當日還有"花燈勝會","例應迎送列神至各處上棚,即行各迎至至德祠前落棚,候齊。是夜,遠近鄉村紅男綠女,填街塞巷而來大觀者,非常之熱鬧,同慶元宵升平景象之樂"。該花燈勝會上,列有諸多神棚:

---

① 吳綏青是北岸一帶極具影響力的紳士。據歙縣北岸吳氏文書抄本:"今開歙縣南鄉附生吳晉紳,現年四十七歲,數世業儒,家風清素。先祖曉之公、先父綏青公,樂善不倦,見義勇爲,鄉里欽其篤厚,官長樂其周旋,有行狀、志銘匯刻成籍,茲不細贅。紳承先人之餘蔭,謹小慎微,排難解紛,悉循祖訓,闔族公推,乃充董事;前清至今二十有餘年矣,凡地方公益,興學校,設自治,辦團防諸善舉,無不極力贊成。自愧才疏識淺,一無所長,乃蒙縣長垂青,不棄葑菲,益勉力赴公……謹呈大略于左。治晚生吳晉紳叩上。"可見,吳綏青、吳晉紳父子長期擔任地方的董事。

順序	神　　明	承　值　者	備　註
1	唐封開路總管胡大元帥尊神	前山小使承值	
2	玉府金輪如意都督趙大元帥尊神	得全堂管堂堂長承值	外門財神
3	唐封宣靈侯通真威靈三太子尊神	大、二、三、四分輪頭社首承值	
4	玉府金輪如意都督趙大元帥尊神	裏門財神會承值	裏門財神
5	唐封威濟顯忠晉封中正李王尊神	裏門輪頭社首承值	
6	唐封東平忠靖洪濟景佑真君尊神	外門、裏門二支人承值	
7	禦封靈應候打獵胡大元帥尊神	南村朱家承值	
8	敕封汪七相公尊神	南村朱家承值	
9	敕封威濟顯忠晉封中正李王尊神	橋頭承值	老李王

　　這些神棚，自至德祠前起行，至前壩落棚暫歇片時。再由前壩起行，至南村落棚暫歇片時。然後又由南村起行，至大佛橋中落棚歇定。馱菩薩一應值事以及諸執事等排列成行，飛行進廟上殿。老李王由南村起行，至橋頭，仍回外程恭呈神座，直到十八朝迎神至大佛廟上殿。關於"老李王上殿"，例應於十八朝上殿。屆時，輪首大、二、三、四、裏社首，每社衣冠穿戴，敬撐大燈籠一對，其餘各司其事。按照慣例，必須在早晨至橋頭神宇殿候齊，恭請老李王下位上轎，迎送大佛廟上殿。

　　至此，迎神賽會暫告一個段落。接下去的事情是"檢點金盔銀鎧"。根據慣例，應於十八朝會同輪首上下管社首，齊至大佛廟，檢點赤金嵌珠神盔、白銀嵌珠寶神甲、白銀嵌珠寶寶劍和赤金嵌珠寶神靴。要求各輪首等應用心仔細檢點，有無傷損。倘有損壞，由輪首各社賠償。最後檢點如式，一齊送至吳綬青處，用心點交清楚，以昭慎重。十八朝，輪首上下管社首，還要一起到得全堂，收藏太子神棚。同樣要用心檢點，有無傷損。若有損壞，也要由輪首各社賠償。要將太子神棚上的燭油洗淨，根據慣例，用樟腦盛裝如式，加以收藏。此外，還有一個活動是正月十九日的"請三朝"，也就是用刀頭、米豆、香燭、水酒、紙箔，前往大佛廟請三朝。祭畢，刀頭、米豆、水酒，由廟祝收去。

　　"請三朝"之後，還有"做春事"。《祭神祀祖大例集記》記載："用刀頭、米豆、酒香、紅燭、紙箔、火炮、百子，道士一衆，會同上下管社首等共做春事。接下管禮畢。"

　　除了正月期間之外，三月二十九日是通真威靈三太子的聖誕吉期。北岸茂公、芳公、蘭公、萱公、蘊公、義公、友德公七股，每公支下人民輪流挨次做頭。屆時，也要迎神演戲。演唱會戲或 10 台、20 台。

在前揭的《祭神祀祖大例集記》"本里主壇"中,此外的神明還有東平王、胡大總管、四舍人、汪公老帝和本廟土地等。其中,溪北大社立於蜈蚣形,供奉溪北大社後稷社公、社母尊神,按年春社、秋社恭迎設祭敬神。

除此之外,北岸村西水口的赤石潭山有寺院號"回瀾殿",供奉協天上帝關聖帝君、釋教諸佛。另在墩兒上(即北斗七星形)創立道院,院名"真慶宮",供奉玄天上帝、四大元帥、觀音大士、文昌帝君、魁星和靈官等。真應宮俗稱道士觀,坐落于南村田畈中,紅牆青瓦,占地八百多平米。① 關於真慶宮,現存有明萬曆三年(1575 年)南京户部尚書殷正茂所撰的《真慶宮記》提及:"武當山水爭奇,甲於天下。傳宋、元以來,皆建玄帝神像於其上。明興,廣爲宫殿,連延三百餘間,始政建其像,貯以金室,凡有禱於其間者,罔不輒應。"當時北岸人吳浩(字悔之)艱於胤息,有人到武當山爲之祈禱,後建真慶宮,且奉祀有田,②曾于道光二十八年(1848 年)重建。真慶宮之修建,使得歙南地域與齊雲山——武當山的信仰世界有了直接的聯繫。

以上是吳姓合族的廟宇及祭祀概況。除了合族的祭祀之外,宗族内的各個分支,也還有自己的祭祀神明。例如,93 世的茂、芳、蘭、萱四支派合創"得全堂",號稱"四分廳",也叫"外門"。得全堂廂屋,供奉有"玉府金輪如意都督趙大元帥尊神(俗稱財神趙公明,又稱玄壇)""禦封靈應候[侯]打臘[獵]胡大元帥尊神"和"溪北大社后稷明公尊神"。另據《北岸村志》記載,裏門的文穆堂左側下堂也有個財神殿,供奉"玉府金輪如意都督趙大元帥"。財神邊還有四個小菩薩,有人說是五福神(五路財神、五昌神)。此外,還有一尊"御封靈應候行司打獵大元帥"和一尊"唐封東平忠靖洪濟景佑真君"。③

三、從《祭神祀祖大例集記》看徽州的祭祀禮儀

《祭神祀祖大例集記》詳細記錄了宗族内部的祭祀禮儀,例如,宗族内部各支派的"祭神日期"和"燒龍豬例"各不相同:

---

① 《北岸村志》,第 338 頁。
② 《北岸村志》,第 365—366 頁。
③ 《北岸村志》,第 339 頁。

支　　派	祭神日期	燒龍豬例	備　　註
大分	正月初四吉日祭	正月十四吉期	從祖定期，例無更改
二分	正月初八吉日祭	三月二十九吉期	
裏門	正月初十吉日祭	六月做田福吉期	
三分	正月十二吉日祭	八月初一吉期	
四分	正月十四吉日祭	冬月禳火醮吉期	

北岸吴氏93世的大分、二分、三分、四分以及裏門，各分的"祭神日期"和"燒龍豬例"皆不相同。"龍豬"亦即接龍之豬，徽州素有拖豬接龍的儀式，這與風水有關。屆時，所宰之豬稱爲"龍豬"。根據我們的調查，在歙縣南鄉的周邦頭一帶也有"龍豬"的說法。① 不過"燒龍豬"的儀式則未見記載。

至於每年不同時期的祭祀，則有各自不同的内容，以下擇要述之：

1. 除夕及正月

《祭神祀祖大例集記》一書中有"輪首正正②月半大制"：

　　歲暮打掃至德祠，至德祠張燈結綵。大除夕二更後，大分、二分、三分、四分各社首，每社一人，照例通村摧鑼三遍。神座至德祠摧鑼者，連裏門一共五人，於至德祠集齊。神座文穆堂，摧鑼者于得全堂集齊。

接着是"大佛廟分歲"："用刀頭肉、煎豆腐、煎油果、水酒、棒香、紅燭、火炮、百子、打紙、錫箔。"屆時，要送神盔、神袍、靴、金花等箱至大佛廟，交廟祝與神穿戴。再接下去的是"賀歲新禧"，大分、二分、三分和四分各社派一人，必須穿戴衣冠。"神座至德祠賀歲，四位衣冠，例至至德祠齊集。神座文穆堂賀歲者，例至得全堂集齊。賀歲者四位集齊，同至文穆堂，先拜賀太伯叔祖宗新禧，後拜賀文穆堂管堂堂長如意，即行回至或至德祠或得全堂，例要先拜賀祖宗，後拜賀堂長。畢，例要守候文穆堂。衣冠者或至至德祠，或至得全堂，回賀新禧。然後例得各散回家。例定大除夕摧鑼三遍後，即行集齊賀歲。"

以上的標題雖然是"正月半"，但實際上説的則是除夕及正月習俗。至德祠是北岸

---

① 王振忠編：《歙縣的宗族、民俗與經濟》，"徽州傳統社會叢書"，復旦大學出版社，2016年。
② 兩個"正"字之一疑衍。

吳氏的宗祠（統宗祠，亦稱"統祠"），而文穆堂則是添福公後裔蘊、義、菜三大支的總祠（在八大分之中，文穆派占其三），得全堂是統四分的總支祠。《祭神祀祖大例集記》一書，不僅對迎神賽會時的各種安排作了詳細的描述，對於各類開支也有頗爲細緻的記錄。如對參與迎神賽會的"底下人"之犒賞，也有"小使例給"加以細緻的說明。"底下人即小使，俗呼小子，通年祭神、祀祖，例用小子，雖云當差，究屬亦不虧薄，敬將太祖定例，摹錄於右"：

角　　色	承　　擔	犒　　賞
吹手	按周年一應當差到年	每社例給錢840文
吹手12名	做祭	每社例給錢840文
吹手吹唱	宵夜	每社例給錢840文
	結菜	古例給錢320文，新例給錢840文
吹手	迎接禮生	例給錢120文
吹手	利市	例給錢140文
	打掃至德祠廚灶	例給錢140文
	在祠當差值事	每工例給錢70文
	做祭值堂並喜對	例給錢280文
	茂公祠做祭吹手並喜封	每名例給錢100文
	茂公祠做祭值堂並喜封	例給錢104文

這些費用，例於"大除夕開發"。上述的吹手，也稱"吹手小使"。《祭神祀祖大例集記》中還見有"春秋二社開消吹手小使規例"，詳細開載了迎神做祭時的開支。從前述提及的"太祖定例"，說明這樣的規矩由來已久。不過，從表中提到的"古例"與"新例"來看，在太平天國前後應有所變化。關於這一點，書中還詳細列舉了"迎神古例"及"新例"：

名　目	角　色		人　物	給　價	備　註
元旦至大佛廟迎神	太子轎		每分派1名	例給錢42文	此系古例，新例自由得全堂並真君會内開消，與月半頭社首無干
	真君轎		每分派1名	例給錢42文	
	出棚	太子棚	每分派1名	例給錢42文	
		真君棚	每分派1名	例給錢42文	
		吹手	每分派1名	例給錢42文	
		亮傘	每分派1名	例給錢14文	

續　表

名　目	角　色	人　物	給　價	備　註
元旦請下馬		大分、二分、三分、四分，各社每派1人，至大佛請神起馬		用刀頭、米豆、水酒、香燭、紙箔、火炮、百子、道士一衆，請起馬。請畢，刀頭、米豆，廟祝收去
元旦迎神入祠恭座		輪首戶家，各家新婦或少婦		預先入祠俟候，神到，敬獻點茶。其點茶各賽新奇，萬分可觀，熱鬧好看。其點茶裝式，是婦女各賽其能，心巧之精緻
	主祭焱祥花			主祭者衣冠齊整，用大紅託盤盛白米，並草花一枝，麻桔一束，用火燒旺，立至德祠門口候，迎神入祠，在神轎底下撩三圈，例取發兆興旺之意
	各家拈香			自元旦起，各社首人家按日早、晚兩次，例至至德祠神前裝香，例要裝至送神上殿而後已
初二日				神前六點三飱，例要吹唱敬獻，夜用堂名唱戲，直至十六日方止
	輪首戶家			初二日例至至德祠鋪搭，擺設祭盒臺，並搭豬羊臺，以備初四日引禮敬獻
初三日				神前自元旦起，按日陳設祭菜，或二十四碗，或三十六碗，悉憑其便，盤亦如其數
	輪首戶家			初三日殺豬宰羊，裝祭盒，一應敬神之物，無不端正如式。各家自上冬忙起，正初格外忙甚，直忙至請酒、送親眷、敬神諸物之後，方可稍閒，亦不過望神保護豐收，丁財興旺，人口清吉平安，十四年之發祥是也
初四日				我大分恭敬引禮祭神之期，是日陳設葷、素祭菜壹百碗，葷、素祭菜壹百盤

上揭表中初三日條,有"十四年之發祥是也"的字樣,這是因爲萬春社每逢"十四年一輪"接辦正月半頭。其中專門提及"焱祥花"的做法,也就是用麻秸一束,用火燒旺,在神轎底下撩三圈,以期"發兆興旺"。這種做法,在歙南一帶頗爲流行。另外,《祭神祀祖大例集記》中還記錄了各項準備,如初四日的葷素祭菜包括:

種 類	內 容	數 量
素 菜	麻姑[菇]、香姑[菇]、石耳、百合、紫菜、海粉、麒麟菜、黃芽菜、海帶絲、蓮子、扁豆、紅絲、金針、紅花、素餃、米食、白果、芡實、冬筍、春餅、粿粽、轉包、面斤、青筍、玫瑰花、苔乾菜、栗枝、雞腳菜、素魚肚、紅粉絲、京冬菜、杏仁、均耳、桃求、紅棗、南棗、蜜棗、蕨包、青豆、素金絲、葵花子、仁米、菜花頭、赤小豆、青絲、香春頭、素海參、素雞、洋菜、水琴菜	50碗
葷祭菜	鴿子、鴨子、海參、大瓜、寧淡、豹魚、豬肚、羊尾、鱔魚、鰻鱟、銀魚、鰤魚、鯧魚、黃雀、雞子、腳魚、鮮鴨、對鴿、蹄爪、肉元、蛋餃、野雞、野鴨、豬心、貴魚、鵝子、魚肚、玉燕、鹿斤、海鹽、魚翅、南腿、豬腰、醉蟹、邊魚、帶魚、鱸魚、豬斤、青螺、魚元、干貝、蹄包、鮮雞、方肉、鮮魚、鯉乾、鯽魚、明府魚、香腸、口舌	50碗
饌 碗	鮮雞、鮮肚、鮮魚	
祭 屏		一副
獻 衣		
祭 器		全副

上揭的各樣葷、素祭菜,有的還被寄託著特別的寓意。如鮮雞,"上用雲霧日字,謂之太陽,其意丹鳳朝陽";鮮肚,"作兔子形,用雲霧月字,謂之太陰,其意兔子望月";而鮮魚則"上用龍門牌坊,謂之龍門,其意鯉魚躍龍門"。其時,各房準備的葷素菜分別爲:

房分	人 名	菜 肴	數 量
長房	上 慶	素金絲、仁米、鮮鴨	葷、素祭菜32碗
	福 全	香菇、野鴿	
	恩 臨	黃芽菜、鴿子、黃雀、羊尾	
	紹 由	青筍、海參3碗	
	永 來	蕨包、野雞、野鴨	
	討 飯	赤小豆、洋菜、貴魚	
	延 林	香春頭、豬心	
	榮 壽	苔乾菜、杏仁、豹魚、時魚、鰻(魚黎)	
	五壽嫂	紅絲、米食3碗、方肉2碗	

續　表

房分	人　名	菜　　肴	數　量
二房	社　森	紅粉絲、轉斤包、雞子、腳魚、肉元	葷、素祭菜32碗
	紹　令	蓮子、紅花、轉斤包、大爪、善魚	
	炳　南	百合、海粉、鴨子、昌魚	
	紹　福	桃求、素雞、寧淡、鮮魚	
	天有嫂	銀魚、蹄爪、蛋餃、鮮雞	
	金　德	芡食、雞腳菜、轉斤包、豬肚、鮮雞	
	貴　喜	春餅、南棗、轉斤包、豬肚、鮮魚	
三房	啓　盛	素魚肚、南腿、青螺、鯽魚、明府魚	葷、素祭菜8碗
	啓林嫂	菜花頭、水琴菜、香腸	
四房	惇裕堂	麻菇、粿粽、素餃4碗、栗枝、鵝子、海鹽、玉口、魚丸、蟶乾、鹿斤、魚翅	葷、素祭菜52碗
	永　南	紫菜、豬腰	
	討　飯	麒麟菜、石耳、帶魚	
	忠	海帶絲、葵花子、豬斤	
	黑	金針、面斤	
	法	白果、冬筍、鮮雞	
	巒　和	玫瑰花、蹄包、鱸魚	
	萬　壽	京冬菜、紅棗、青豆、方肉、魚肚3碗	
	百福	均耳、蜜棗、醉蟹、干貝	
	灶順	扁豆、口舌	
	紹美嫂	青絲、鮮雞	
	細燦嫂	素海參3碗	
	春　喜	邊魚、鮮魚	
	惡	方肉、鮮魚	

其中，提供黃芽菜、鴿子、黃雀、羊尾的長房就是《祭神祀祖大例集記》的編纂者吳恩臨，這說明他是此次迎神賽會的躬行實踐者。此外，書中還提到一些特別的奉獻：

種　類	菜　肴	數　量
饌碗祭菜	鮮雞、鮮肚、鮮魚	3碗
神前正席	葷、素祭菜	100碗、100盤

续 表

种　类	菜　肴	数　量
老郎正席	荤、素祭菜	9碗
土地正席		3碗
祖宗前正席		9碗
总　计		124碗、100盘

这些特别的奉献，除了祭祀神明、祖宗和土地之外，还专设"老郎正席"，这显然与当日频繁的戏剧演出密切相关。

在祭祀过程中，还要邀请礼生。书中收录了一份由万春社社首具名的《请礼生帖式》，所请礼生包括司馔（2名）、司樽（2名）、司饎（2名）、大赞、倍赞、正引、倍引、头执事、二执事、三执事、四执事和主祭，共15位。正月初四日上午，各位会同至茂公祠，齐集叙饮，毕，各整衣冠俟候。《祭神祀祖大例集记》一书中详细记录了这些礼生的活动，并抄录了光绪三十年（1904年）新春正月相关的祭文。祭神礼毕，礼生八位，衣冠敬送寿烛，先送吴绥青，再送长、二、三、四房各一封寿烛，送齐告毕。

祭祀之后，具体的程式还有"催锣""敬祭社公"等。关于催锣，是正月初四日下午，会同轮首大、二、三、四、里五社，每社例派一人，邀齐催锣三遍，拜贺社公。接着的是"敬祭社公"，由轮首大、二、三、四、里各分社首，遵例于正月初四日夜三更时，敬祭社公尊神，例用刀头、米豆、豆腐、羹饭、水酒、香烛、纸箔、红长钱、巨尖长钱、①百子火炮、水红纸三张，"膳录笞单，道士一众，以备祝读，祈请发笞，人民是否平安，麻、痘、天花是否几分，年岁是否丰收，五谷麦豆，杂粮冬收，菜蔬六畜，遍年一应耕种几分收成，膳录三纸，粘贴三处，备众周知。道士口经，每分轮社，给钱二十五文"。显然，在族众眼中，此一过程与农耕生产、社区安全密切相关。

此外，《祭神祀祖大例集记》中还提及正月期间的送礼和记帐。作为宗族成员之一，两度轮首间隔的14年间，每年都会收到其他人分发的敬神果子、福仪等物，这些，都按照年份膳有清帐，以便日后还礼。及至自己轮首之年，就应当礼尚往来。一般是在正月初五日，按照此前的膳清帐簿，按户照数分送敬神果子、福仪、猪羹、猪头肉、萝卜，送完之后，在膳清簿册上注明。初六日，还应将敬神果子等物分送诸亲眷、戚友，也要将此膳入帐簿。正月初六、七等日，则备酒请客，请客的对象是迎神赛会期间帮忙照应的人，以

---

① 在徽州文书中，衢州之"衢"常简写作"巨"，故"巨尖长钱"可能是指产自衢州一带上等的纸钱。

及其他的親朋好友。正月初八日,親自前往各處祖墓,拜賀祖宗新年之禧。初九等日,則往各處拜賀諸親眷新年鴻禧。

2. 正月半頭

北岸《祭文》抄本中,有"元宵演戲區聯"及祭文,祭文爲:

維大清光緒七年歲次辛巳春正月甲子朔越祭日癸酉之辰,輪司社首弟子吳△△暨闔社人等仝百拜於日,謹以剛鬣柔毛、楮帛清酌、庶羞之儀,敢昭告於本里主壇:

敕封威濟顯忠加封中正李王　　　　　　尊神
唐封宣靈侯巡察使通真威靈三太子　　　尊神
唐封東平忠靖洪濟景佑真君　　　　　　尊神
玉府金輪如意都督趙大元帥　　　　　　尊神
御封靈應侯行司打獵胡大元帥　　　　　尊神
開路總管胡大元帥　　　　　　　　　　尊神
唐封中書省聰明四舍人　　　　　　　　尊神
溪北大社后稷明公　　　　　　　　　　尊神 暨
元宵會中威靈有感尊衆之神

上述的"光緒七年"右側,另有"十四"字樣,其下的"辛巳""春""正月""甲子""癸酉"的右側,亦分別改爲"戊子""秋""八月""庚辰""庚辰"字樣,這説明此一祭文曾一再改動及套用。此外,書中還有《元宵祝文》《告祝》《祖墓春秋通用祝文》等。①

根據吳恩臨的記録,祭祀是由四房(即四分)合作,首先必須一起商議。《祭神祀祖大例集記》一書中列有"會議諸君台銜":

長房:細闊,紹由,恩臨,永來
二房:社森,紹令,金德,貴喜
三房:外貿未到
四房:萬壽,忠,惡,黑

---

① 《祭文》,抄本1册,私人收藏。

這顯然是光緒某年的一次實際運作。其時,除了三房外出經商之外,其他諸房參與者共12位。吳恩臨系屬長房,也參與了議事。此後,對於迎神賽會的準備過程,有詳細的記載:

日　期	負　責　人	活　　動	備　註
正月十二日	細閻	會同各社輪首,至得全堂集裝太子神棚	大分下管:通書一本,白棉紙小長錢一竿; 二分下管:掛懷鏡一面; 三分下管:掛劍綾一根, 四分下管:束腰綢帶一條
正月十三日	細閻承值	敬祭太子神棚	用刀頭肉、白米、黃豆、水酒、捧香、香燭、打紙、錫箔、火炮、百子
正月十七日	長房上慶、二房桂喜、四房忠、四房惡化四人承值	打掃祠坦、搭圳橋、馱棚架	
	細閻承值	會同上下管輪首,同送神袍、神盔、神靴至大佛廟,交廟祝,與神穿戴	至夜,用刀頭、米豆、酒香、紙箔,至文穆堂請下馬。又至大佛廟請下馬
正月十七日夜	四房法承值	馱棚凳	大分馱至祠堂前; 二分馱至前壩; 三分馱至南村; 四分馱回原處安置
	長房恩臨、四房德興承值	恭送老李王聖神下位	撐大燈籠,用四兩壽燭壹對,至橋頭里程恭座神處,須候上下管輪首、社首並各色執事人等到齊,即行恭請神躬下位上棚恭座,迎送出棚,送至大佛橋下廟坦,即行回返,將大燈籠內壽燭雙輝敬送,長房恩臨撐大燈籠
	撐大燈籠,恩臨、德興;馱太子尊神,長房永來;撐明角燈,二房社森;捧香案,四房萬壽	一俟老李王神棚巡行至大石塔,上下管輪首人等,至得全堂,將棚點齊通亮,彩色光明,一應執事齊集,即行恭迎神棚起行,至蘭公祠門前落棚歇定,上下管執事等,即至文穆堂排齊,恭請太子神躬下位,迎至棚前,上棚恭座,再俟列神下位全齊,迎神棚起行,出大巷捷行,至至德祠前棚架上,落棚歇定,上管輪首敬送神棚,上壽燭壹對,	古例:送壽燭,大巷口送大分,至德祠前送二分,前壩送三分,南村送四分。 太子神棚前:大分馱菩薩,捧香案,二分撐香落,三分燒社戶紙,四分敲鑼。 是夜各賽花燈,一俟列神亮棚到齊,開路總管神棚前行,次外門財神、三太子,四裏門財神,五李王,六真君,七元帥,八七老爺,行至前壩,落棚歇定。 老李王自橋頭起行,至廟坦歇,旋

續表

日　期	負責人	活　動	備　註
正月十七日夜		大、二、三、四分上管輪首各一人,撐壽燭送綏青家,第二對壽燭敬送大分下管輪首、二房社森,第三對壽燭敬送二分下管輪首,第四對壽燭敬送三分下管輪首,第五對壽燭敬送四分下管輪首	行,由大石塔至社屋橋,再至壩下坦歇,又至前壩歇,俟列棚至壩齊。老李王先起行,列棚次第起行,至南村歇,片時總管先行,至廟上殿,老李王居後,仍回至橋頭恭座。太子神棚行至大佛橋歇定,上管頭首駄菩薩,捧香案,撐明角燈,各司其事,飛行入廟,鐘鼓齊鳴,一應非常熱鬧,送神上殿。恩臨、德興撐大燈籠、壽燭,即行回返,敬送三房啟盛
正月十八朝	恩臨、德興撐大燈籠、壽燭,至橋頭里程恭座神處,須俟上、下管輪首、社首並各色執事人等到齊,即行恭請神躬下位上轎,迎送至大佛廟上殿。燈籠內壽燭,即行回返,敬送四房萬壽。恩臨承值	迎送老李王聖神上殿	先用刀頭、米豆、酒香、紙箔,至喬[橋]頭請下馬。又至大佛廟請下馬
	長房永來、二房社森、四房萬壽、四房惡化四人承值	會同上下管社首,齊至大佛廟查點赤金神盔、白銀神鎧甲、赤金靴、白銀寶劍,用心仔細檢點,有無傷損破壞,例要上下管各社修補如式,或無傷損等情,上、下管社首用送至綏青處,亦要檢點明白,方可交卸,以昭慎重之至意	
	長房細闊、長房紹由、二房社森、四房萬壽、四房惡化五人承值	會同上下管各社首,齊集得全堂,收藏神棚,用心檢點,有無破壞傷損,例要上、下管各社修好如式,又例要將燭油剔洗乾淨,須用潮腦盛裝如式,一應收藏,安置原處,方可交卸清楚,亦昭慎重之至意	
正月十九日	恩臨承值	備辦刀頭、米豆、酒香、紙箔,至大佛廟請三朝,請畢,福儀廟祝收去	

以上的迎神賽會，《祭神祀祖大例集記》的編纂者吳恩臨幾乎是從頭到尾皆參與其間，故其人的記錄極爲詳盡。"正月半頭"又叫"正月半"，據"祭祀規則"抄件記載，正月半亦即正月十五，故亦稱爲"做月半"或"正月十五豬羊祭"。乾隆時代歙縣人吳梅顛在《徽城竹枝詞》中曾寫道："之而角鬣鱗牙爪，紮獸爲燈各肖形。往北岸看正月半，太平遙慶舞虞廷。"可見，北岸一帶的正月半最爲著名，亦極爲隆重。

3. 二月春社

根據吳恩臨的描述，社前一日邀會，輪首各社首於至德祠內張燈結綵，陳設祭儀、祭菜，或用12碗、24碗、36碗不等，悉憑其便。輪社戶家，祭儀盒1擔，燈籠1對，紅燭四兩1對，紅長錢1竿，棒香，水酒，紙箔，高升邊（鞭）炮，衣帽全副，祭儀，全豬，全羊，紅燭一斤頭3對，足兩紅燭一斤，社花，大幡一對，衣帽全副，三饌碗用，鮮雞一隻，鮮豬肚一隻，鮮魚一尾。大社日午前，先至社廟迎神，再至得全堂迎社稷牌二尊，並玄壇二尊。又至南村朱家迎接元帥恭座。主祭一位，禮生八位，虔誠敬祭。祭畢，各社首每社派一人圍繞全村攉鑼三次，而後設席坐社飲福。飲畢，至申時齊集送神，送至得全堂廂屋內恭座。

關於二月春社，《祭神祀祖大例集記》中抄錄了一份祭文：

> 維大清光緒　　年歲次　　仲春月　　朔越祭日　　之良辰，輪首月半社首弟子吳大、二、三、四、裏等全頓首百拜：溪北大社后稷明公尊神、御封靈應侯打獵胡大元帥尊神、玉府金輪如意都督趙大元帥尊神前而言曰：緬維聖祖，稼穡開基，蒸[烝]民攸賴，粒食方成，春祈有應，載頌豳詩，爰潔籩豆，神其格思，敢告！

從這份祭文來看，二月春社也是由大分、二分、三分、四分和裏門一同舉辦。從年、月、日前的空白來看，此一祭文屬格式活套，供族衆在需要時套用。

4. 六月作田福

六月作田福，俗名"求雨福"。這在鄰縣的績溪，也叫"燒田福"或"燒秋"。清末劉汝驥的《陶甓公牘》記載：績溪"六月六日，家家食麥粉包粿，農家祀田祖于田坊，謂之燒田福，北鄉謂之燒秋。諺云：田家大吃肉，單看六月六。是日，擷園蔬、瓜果、田禾葉盛於筐以爲祭,主祀秩場圌牢笠諸神"。① 由此可見,作田福應當主要與農事活動有關。

在北岸,作田福選擇吉期迎神,祭菜或 12 碗、12 盤,或 24 碗、36 碗,葷素對辦,"可豐可儉,悉恁其便"。屆時,需要準備棒香、紅燭、紙箔、檀香、火炮、刀頭②、米豆等,"至大佛廟請下馬,複至至德祠守候,迎神至祠,又請下馬"。首事者穿戴衣冠,在祠内守候,迎神到祠,"用託盤麻桔火在神身下撩祥花",將諸神恭迎上座,然後加以祭拜。

作田福所用的"福儀",規定是面蛋五個、面鰻鱉一尾,並用香燭、火炮、水酒、紙箔、銅鑼等。屆時,還要請道士參加。

六月作田福,在北岸吴氏内部,各分支之間有明確的此疆彼界。對此,《祭神祀祖大例集記》有"各分例定界址"條:"大分例定至德祠門前祭,二分例定社屋橋樑祭,三分例定土地壩祭,四分例定大佛碣祭,裏門例定朱家凹祭。"同時還規定:"例定界址,毋得爭論,遵守遺訓,勿違祖例。"據《北岸村志》記載,從堪輿的角度來看,北岸吴氏宗祠的地基是個鯰魚形,祠前左右有兩條水溝,東邊水溝在當中欄杆處彎向西側合流入河,像是魚之須,吴氏宗祠位於村之中央,背靠來龍山,祠基正是行龍結穴之處。左右有兩條小溪,一條來自吴家山、石際、岔坑經裏門坑橋過北溪橋,從村東流入北溪河;一條自蒼塢、呈坑經社屋橋流入北溪河,像是兩條龍鬚。村子左右山脉綿延不斷,從北而東是吴家山、菏葉尖、牟鷹巖、石際、汪龍坑、石山嶺、東山下、大柴山、象形山、龍門山、巖廟、天柱尖、蟲坑、牛杌坑、花山、前山,西側則有蒼塢、子塢、赤石潭山、沙坑、魚山。因此,宗族各個分支的祭祀,都選擇在重要的節點之上。譬如,上文提及的土地壩位於北岸裏門去後塘的村口,也是現存唯一完好的水口,壩上原建有一個土地廟。北岸從東邊村頭進村,舊時有三條主要道路,其中的一條是從東北向的朱家凹水口的水塘邊小路到裏門。朱家凹地處北岸東側,原先有不少千年古樹,是最爲重要的一個水口,也是吴氏祖先長公祖墓之所在。③

六月作田福,"自吉期日迎神,至第四日送神至大佛廟恭座",前後歷時四日。根據慣例,吉期日迎神至祠,祭拜後,裏門燒龍豬。根據前述的記載,北岸吴氏 93 世的茂、

---

① 劉汝驥:《陶甓公牘》,載《官箴書集成》第 10 册,黄山書社,1997 年,第 619 頁。參見清《績溪縣城市坊村經理風俗》第 34 課,績溪縣圖書館收藏。嘉慶《績溪縣志》卷 1《輿地志·風俗》,"中國地方志集成"安徽府縣志輯(54),江蘇古籍出版社,1998 年,第 366 頁。

② "刀頭"也叫"胙頭""刀頭肉"或"豬肉刀頭",亦即豬肉之意,有時還加上斤兩。在歙南宗教科儀《三十六串》抄本中,有"謹備刀頭輪雞、長江鮮魚、獻牲脯醢、净净齋飯、水花豆腐等事,拜請諸位衆神,天下名山等府有感德道神祇"。王振忠《抄本〈三十六串〉介紹——清末徽州的一份民間宗教科儀書》,載《華南研究資料中心通訊》第 14 期,1999 年 1 月 15 日。此外,《宗穆社規例》抄本中亦見有"刀頭"的説法。

③ 《北岸村志》收録有《修朱家凹祖墓記》,第 375 頁。

芳、蘭、萱四支,號稱四分(即外門),而同一世代的蘊、義、茱三支爲裏門。作田福由外門和裏門共同參與。

5. 八月秋社及八月十五日秋祭

秋社也是徽州的傳統歲時節日。北岸在社前一日,"輪首月半頭首,會同大、二、三、四分社首,齊至至德祠内,張燈結綵,陳設祭儀"。葷素祭菜,或用 12 碗、24 碗、36 碗不等。至於祭儀,則除了上述的祭菜之外,還有全豬、全羊,鮮雞 1 只,鮮豬肚 1 只,鮮魚 1 尾,並用紅燭 1 斤頭三對、足兩紅燭 1 斤、社花、社幡等。"輪社户家用祭儀盒壹擔",其中有紅燭 4 兩頭 1 對、大燈籠一對、棒香、紙箔、水酒、衣帽全付、紅長錢一竿、百子鞭炮、高升等。

社日午前,先至社廟迎神,再至南村朱家迎元帥(應指"唐封開路總管胡大元帥尊神"),後至統四分的總支祠——得全堂(四分廳)廂屋内迎社公牌二尊,並迎玄壇二尊,迎至祠内恭座。或設祭,請禮生主祭並做祭,形式悉照二月春社做祭樣式。也有是用鼓手三奠酒敬祭,其餘悉照二月春社樣式。

此外,茂公祠即慎德堂,例設春、秋二祭大典,祭祀祖宗以及吳氏"堂中歷代先遠伯叔祖考妣男女尊衆之靈",應備陳設祭儀等物,並主祭禮生、做祭形式,"悉照二月十五日春祭做祭一色樣式,永不違例"。

吳茂在吳長的十個孫子中排行老大,因爲大分人丁興旺,也就有了"大分人"的稱號(意在人多)。吳茂興建的慎德堂,是八大分中第一個支祠的建造者。後來在 1920 年遷往岔口的沽公支的後裔,爲了表明北岸吳氏後繼有人,籌集資金將大分的支祠慎德堂續建了前部,在院内一邊各栽一根桂花樹,顯示岔口這一支出了貴人(取"貴"、"桂"同音之意),[①]並在前門的門額上題寫了"茂公祠"。因此,《祭神祀祖大例》專門提及茂公祠的秋祭。

6. 冬十一月"穰火醮"

"穰火醮"應作"禳火醮",選擇屬水吉日迎神。具體做法是:"輪首月半頭首,大、二、三、四、裏各社首邀齊",先選屬水吉日,再議葷、素祭菜。祭菜或用 12 碗、24 碗、36 碗不等,"可豐可儉,悉憑其便"。議定由大、二、三、四分社首四股份派,每社應派幾碗,

---

① 關於岔口吳氏,參王振忠:《20 世紀初以來的村落調查及其學術價值——以社會學家吳景超的〈皖歙岔口村風土志略〉爲例》,《安徽大學學報》2015 年第 3 期。

再分派各户備辦,"應公敬神"。祭祀物品包括檀香、棒香、紅燭、火炮和紙箔等"一切應用之物,其錢各社派出"。每社備辦刀頭、米豆、水酒、香燭、紙箔,至大佛廟請神上馬。再迎神到祠堂,又請下馬。"神至祠門前,侍候燎祥花",也就是用託盤麻桔火在神身下薰燒。接著迎神至祠,恭座敬祭,"用道士薦修穰[禳]火清吉醮"。由四分燒龍豬。關於冬十一月的禳火醮,《祭神祀祖大例集記》還專門指出:"老例:演戲三日夜,演畢送神,即俗稱穰[禳]火戲是也。新例:兵燹後不演戲,自迎神日起至第四日下午送神,送至大佛廟恭座。"這説明太平天國前後,祭祀的排場有所變化。

餘 論

綜上所述,現存的《祭神祀祖大例集記》抄本,爲光緒二十九年(1903年)徽商吴恩臨所編纂。該書以北岸村既存的《祭神祀祖大例》爲藍本,結合個人經歷編纂而成,頗爲詳盡地記録了北岸一地迎神賽會的組織及其實施過程,内容相當具體、翔實。以下,在此基礎上作進一步的探討。

1. 根據《北岸村志》的記載,吴氏宗族的"八大分",文穆派占其三,其總祠即文穆堂,地位僅次於北岸的至德堂總祠。正月初一接菩薩,由文穆堂輪流一家一年。經過三天熱鬧之後,初四開始對先祖的群祭活動,從而形成了北岸每年有名的"裏做祭,外做戲"的熱鬧場面。因北岸吴姓分支衆多,祇能有序地分批進行:年初四是大分各分社,初八是二分,初十是裏門蘊、羲、茱各分社,十二是大三分和蘭公支,十四是四分,各分下各分支安排輪流做月半。每逢輪首,當年的公田收益即歸某分支支配,由該分支精心飼養的大豬、大羊,則抬到祠堂敬獻並彼此攀比,其中最大的一隻則披紅戴花。屆時,大、小宗祠一排排豬羊架上的大肥豬,場面相當壯觀。①

根據吴恩臨的説法,"德鸞公社是我本社名,號萬春社,我長、二、三、四房,系德鸞公支萬春社下人"。此一説法,揭示了宗族房派與社額的關係。在傳統徽州,"社則有屋,宗則有祠",②一般説來,宗祠是血緣關係的結合,而社屋則彰顯地緣性的組合。不過,由於北岸吴氏宗族的規模極爲龐大,故而社與宗族的關係更爲密切,宗族組織與社額基本上對應清晰,血緣與地緣呈現出高度的重合。

當然,其時除了吴氏家族做祭之外,南鄉其他地方也有不少人前來燒香還願。民國

---

① 《北岸村志》,第204頁。
② 程庭:《春帆紀程》,載《若庵集》卷4,見《四庫全書存目叢書補編》第8册,齊魯書社,1997年。

時代洪有泉所抄《文聯雜記》中,有一份文書提到:

> 維中華民國某某年歲在△△春王正月△△朔越八日△△之良辰,信士弟子洪姓闔族人等,謹以瓣香束帛之儀,敢昭告於通真威靈文武太子尊神、敕封威濟顯忠李王尊神、敕封金輪如意救法趙大元帥尊神、唐封崇和衍烈侯七相公尊神、本社樹藝五穀社稷明公尊神,暨元宵會中有感神祇之座前,跪而祝曰:神其如在,洋洋乎降庭,鑒茲菲禮,展我悃忱,謹告隨行兵馬、大阜祖殿李王尊神、南無大慈大悲靈感觀世音菩薩、本里侍奉諸位眾神隨身兵將……

上揭文書禱告的諸神明,與《祭神祀祖大例集記》提及者大同小異,但禱告者却非吳姓,這說明當時的確有不少其他村落的民眾前來燒香還願。

除了"正月半"之外,"八月一"也同樣熱鬧。晚清大阜潘氏有一份稟文稱:

> 具稟南鄉董事潘騶孫、潘恩榮,抱呈潘升。三十五都一圖大阜地方,離城三十里。
> 稟爲賭幹例禁,責有攸歸,請示加禁,以免貽害事。今董村向例八月初一爲迎神報賽之期,凡有燒香還願者,丁男子婦,紛至遝來。第慮良莠不齊,合圖循例,禁止匪類人等,不許入村。乃聞近時賭風甚熾,尤須查察綦嚴,況當此物力維艱,米糧騰貴,而賭博一項,更宜嚴禁,免害鄉愚,但董村與北岸毗連,誠恐無知之徒,潛集於兩村交界之區,輕相嘗試,開場聚賭。

該份稟文作於光緒二十五年(1899年)七月,稍早於《祭神祀祖大例集記》。其中提及八月初一的迎神賽會,大阜、北岸一帶有不少其他村落的人們前來燒香還願,開場聚賭。①

2. 歙縣北岸的迎神賽會,從一個側面反映了區域社會歷史發展的進程。從人口構成來看,12世紀的南宋淳熙年間,吳姓始遷入該地。當時此處的村名叫於岸里,原始居民爲朱姓、汪姓和程姓。此後,因吳姓的迅猛發展與壯大,朱姓、汪姓先後遷往博文墈(今屬歙縣洽河)和向坑(今屬歙縣棉溪)。而程姓則因生活所迫,則被迫遷往北岸的下

---

① 關於這一點,歙縣北岸吳氏文書抄本中,亦收入一信,提及:"敝村月初演劇,循例酬神,祇緣族廣人多,以致賭徒雜處。"

前壩和前山,並淪爲替望族吳姓服務的"底下人"(佃僕),只留下其原居住地橋頭一帶的"裏程"和"外程"地名。不過,民間傳説中從水中撈起李王菩薩木頭神像的地方,正是橋頭一帶的程姓聚居地。因此,每年正月賀元宵,許多棚轎抬著菩薩遊行,走在最前棚轎上坐的胡大元帥,平時就供在前山程姓的家裏,程姓的這一"特權",顯然與程姓的早期定居歷史有關。①

大佛廟(李王廟)是北岸迎神賽會的中心所在,據1册明萬曆至清道光年間的訴訟案卷顯示,②此一大佛廟,原先是北岸吳氏與大阜潘氏合作修建,但後來却因故發生糾紛,由此留下了"告争大佛廟基"的訴訟案卷。其中,有一份"本府督糧廳問供狀"這樣記録:

  供狀人潘世蔭,年卅九歲,系本府歙縣卅五都一圖民籍,供狀有在官吳茂蘭故祖吳存善,於永樂年間,價買餘得民尊字五百十號中基地卅一步,山二步,土名大佛廟,此吳茂蘭祖及潘世蔭祖衆姓助財,建立廟宇,蔭庇至今。嘉靖頽敗,所是吳茂蘭用工修理,尊奉明文,吳茂蘭就于本廟建立義倉,申明院、道,貯穀備賑。至萬曆九年奉例丈量,吳茂蘭查得廟基,原系中基額地,又是系伊家用工修理,僉爲己業。世蔭此即插牌,稱故祖景泰三年,收買吳阿有所故下等地五步,亦要僉業。世蔭與茂蘭,見得税額不同,各不合,互相争嚷,計告本縣。吳茂蘭又于萬曆十年正月廿一日具告,赴府督糧廳張老爺,專官丈量,告准……

上述的"問供狀"成于萬曆十年(1582)四月十七日,但此一官司起自萬曆九年(1581)十一月二十日,至少打到萬曆十年十二月(1582—1583),一直告到南京户部。另據此一訴訟案卷中的"太平府林太爺親審口供",大佛廟基又名"大佛市"。由此可見,北岸吳氏與毗鄰的大阜潘氏,原在當地合造神廟,"二家之地,俱爲一鄉香火之廟基",及至16世紀後期,潘、吳二姓曾就大佛廟基展開了激烈的争奪。後經官斷:"大佛廟鄉衆共建,至今二百餘年,潘家亦有銀兩在内修理,地須歸吳,仍舊聽潘家一鄉燒香,不許吳家阻占。"在此背景下,北岸吳氏似乎並未完全佔據上風。據白楊村人吳正芳説:"因李王廟是各姓共有,故正月各姓一起做。"這大概反映了附近地域人們的一般認識。

揆情度理,李王是江南的一個重要神明,蘇州婁門等處即有李王廟,根據日本學者

---

① 《北岸村志》,第46頁。
② 抄本1册,私人收藏。另一册晚清歙縣雜抄中,也抄録了部分的訴訟案卷。

濱島敦俊的研究,江南的李王原是吳興(湖州)長興縣的土神,元末時已受到民衆的廣泛信仰,後來逐漸演變而爲與保護海運、水運有關的神靈。① 輯自《永樂大典》的洪武《湖州府志》中,有對李王廟的一段描述,從其中提及的"威濟侯""忠正王"之類的敕額可以確認——江南的"李王"亦即徽州的"李王"。②

對於李王,北岸吳氏和大阜潘氏等有著不同的認識。20世紀中葉歙縣大阜呂龍光所撰之《李王》的科儀:

> 威濟侯李王尊神,重新裝飾,選於本月△日△時迎神附體,開點神光,謹具醮儀,虔修法事。維神氣吞胡羯,與金人不共三光;志復中原,爲宋室謀二帝。破家殉國,恨檜賊偏欲和戎;義膽忠肝,與魏公同思滅虜。克靈壁[壁]而偏師報捷,復宿州而大將用奇。弓名克敵,何敵不摧;斧用於軍,諸軍效命。倘無權奸掣肘,將相同心,豈止敗兀術於柘皋,挫逆亮於採石已哉!今雖往事雲遥,聲靈如在。火光玄藋,生初先真弓刀;像繪明廷,正氣長留宇宙。佑兹士庶,共慶雍熙;爲我黎民,捍其災患。須至劄者,右劄威濟侯李王,照驗施行。③

此份開光科儀,較爲細緻地概述了李王的生平事蹟。這與晚清光緒七年(1881)自蘇州返鄉展墓的大阜人潘鐘瑞所撰《歙行日記》之記載,可以相互呼應。《歙行日記》在談及大阜村的寺廟時寫道:"村口李王廟,神爲南宋中興將,諱顯忠。"另據潘世鏞所撰《大阜三十六詠》記載:"大阜橋,在村東大佛寺前。"其中提及村東的李王廟,由遷居蘇州經商的潘其蔚與族人共同興建。據載,康熙三十四年(1695),潘其蔚專門捐貲鑄造了一口大鼎,作爲鎮廟之寶。對此,後人吟詠道:"烈烈李開府,南宋將帥臣。十年成大捷,身後爲明神。神功保赤子,燈火時時新。大鼎鎮古廟,吾頌作鼎人。"值得注意的是,此處提到了李王"神功保赤子"的功能。大阜李王廟在乾隆時代得到進一步的修葺,及至嘉慶年間,從蘇州返鄉的潘氏族人因祈求子嗣有所靈應,又添置了一具香案作爲還願。

北岸、大阜一帶的民衆多往江南一帶務工經商,因此,江南的李王信仰在歙縣南鄉

---

① 濱島敦俊:《近世江南海神李王考》,載梅原郁編:《中國近世の法制と社會》,京都大學人文科學研究所,1993年。中譯文亦見氏著:《明清江南農村社會與民間信仰》第1章第2節,朱海濱譯,廈門大學出版社,2008年,第27—43頁。
② "威濟侯"之敕額見下引文。另,清光緒年間《福澤廟開光祭文》提及"敕封忠正王李王尊神",見徽州文書抄本《新舊碎錦雜錄》。
③ 見徽州文書抄本《酬世彙編》卷5,該卷内容包括祭神文、劄付、會序和魁星贊等。

也極爲興盛。與江南的李王不同,歙縣李王的功能更多的是與孕誕習俗有關。對此,徽州啓蒙讀物《逐日雜字》中,①就有"接李王,許香願,子母安全"的描摹。清乾隆時人吳梅顛的《徽城竹枝詞》則寫道:"坐蓐臨盆莫浪驚,獲持産母記分明,麻油雞子沙糖酒,粥煮沙鍋幹莧羹。""坐蓐"亦即坐月子,原指婦女臨産及産後一個月内的休息調養,但此處與"臨盆"一詞連用,顯然是指婦女臨産時的飲食風俗。根據吳正芳的描述,白楊人認爲"李王菩薩特別喜歡吃産婦吃的那種酒釀燒油煎雞子餅,故特別能保佑孕婦母子平安",因此,家庭條件較好的人家,都要請親族親房到廟裏將李王菩薩請到家中供奉,不接請的人家,也要到廟中祭祀,以祈求神靈保佑。另一首歙縣竹枝詞這樣寫道:"八月一日拜李王,酬還心願老婆香,誰人不喜生男女,保産何須好藥方?"舊時婦人生育遇到難産時,就要恭請李王。屆時必須燃香,通常是將李王菩薩神像抬進産房,用李王的腳在産婦肚上踩三下,據説這樣可以讓麟兒順利降生。白楊新橋頭的九月十三,與昌溪七月的八老爺廟坦會以及北岸八月一日接李王菩薩,爲歙縣南鄉最有名氣的三大廟會。

值得注意的是,北岸吳氏對李王的身世有著不同的説法,他們將老、嫩李王類比爲南宋名將吳玠、吳璘兩兄弟,説他們是自己的祖先,這顯然改造了元代以來江南流行的李王信仰,拉近了族人與神明的關係。在北岸、大阜一帶,圍繞著李王信仰,形成了與之相關的求子及誕育風俗,並成功地將相關的信仰活動塑造成歙南最爲重要的三大迎神賽會之一,確立了各個族姓在歙南地域社會中的重要地位。清代以來"周漆吳茶潘醬園"之歙南諺語,雖然指的是三大族姓經營的特色,但其實也反映了在歙縣南鄉這三個家族的顯赫地位。

此外,北岸吳氏還在附近的南村建有真慶宫道觀。此一道觀的修建,使得歙南地域與齊雲山——武當山的信仰相對接。

3. 19世紀中葉的太平天國動亂席捲全國,對於徽州亦創深痛巨,影響深遠。兵燹之餘,人們紛紛殫思竭慮地恢復善後。② 其中,素重慎終追遠的徽州人,對於禮儀的重整亦傾注了全力。光緒年間僑居北京的徽商吳鶴年,在其刊行的《鶴年家書摘録》中,③就有一些書信討論到相關的問題。

吳鶴年爲歙縣南鄉蔡塢里人,與《祭神祀祖大例集記》的編者吳恩臨所在的北岸相距非遥。從《祭神祀祖大例集記》一書來看,它以太平天國爲分界時限,將祭祀禮儀分爲

---

① 抄本《逐日雜字》,封面題"張爾熾/皖南虎川張爾熾"。
② 此類的善後表現有多方面,如對閭村水口的重修,見歙縣北岸吳氏文書抄本中收録的捐啓。
③ 刊本1册,私人收藏。

"老例"和"新例"。此一文獻具體而微,在某些方面較之當代的民族志描述,亦不遑多讓。從中可見,徽州迎神賽會的組織極爲嚴密,這與目前所見的一些調查資料可以比照而觀。[1]

太平天國以後,徽州的宗祠紛紛重新修葺,祭祀禮儀亦得以重整。《故紙堆》一書收錄有一份稍早的文書,恰可與《祭神祀祖大例集記》相互印證:

蓋聞水源木本,必溯由來,祖德宗功,尤宜崇報,所以馨香當薦享,而祠宇貴經營也。竊以吾宗至德統祠丙戌之歲拆舊重新,枕龍山而鴻基廣辟,朝鳳樓而烏革高騫,非徒壯其觀瞻,洵足安其靈爽。左昭右穆,綿百世以承口;春祈秋嘗,歷千年而配饗。可謂本源茂實,枝葉蕃昌也已。詎遭粵匪倡狂,蠻氛肆擾,烽煙疊起,刁鬥時聞,巍然高閣,大半摧殘,洞若重門,幾無關設,爲之嗣者,目觸心傷。今幸時當清晏,四鎮安恬,鄉村神廟、祖廟俱已綢繆,吾族宗祠、支祠半未修葺,其何以報祖德而篤宗祊乎?是以因公集議,詢衆籌謀,僉同有成規之可守,其踵事而增華,或取濟於茶釐,或取資于鋪項,各宜踴躍,無吝捐輸,庶幾集腋成裘,鳩工告竣。至於栗木神牌,源流必加深考;粉牒祀譜,世系漸次詳登。從此螽斯麟趾,長髮其祥,依然松茂竹苞,載篤其慶。謹啓。

謹將本祠公議捐輸丁工、婦飯、茶捐、店捐、行捐各款列後:

一、議每丁每口丁工婦飯,照例開載,粘帖公所收數;

一、議本祠內支丁在北京、江蘇、浙江等處所開店業,每店照櫃檯日收生意錢數,每錢壹千文,捐錢五文,自本年正月起至年終爲滿,公信到日,按季繳付,隨發執照;

一、議祠內支丁,今年所辦茶箱,往申江出售者,照箱數,每箱捐曹平紋銀壹錢正,由肇泰經收,當付祠內執照;

一、議本祠內支丁,今年辦茶出口外售賣者,照件數,每件捐曹平紋二錢正;

一、議本祠內支丁在於江、浙所開茶行,照行內本年共做生意數目,每錢壹千文,捐錢壹文;

一、議店捐、茶捐、行捐收繳之日,祠內給有收票,告成晉主之時,各將收票送投祠內,合成洋蚨壹百元,晉主位壹座,永遠不祧,以昭獎勵。其有不足數者,或找

---

[1] 勞格文、王振忠主編:《徽州傳統社會叢書》,復旦大學出版社,2011—2016年。

捐足,或於他人處湊足捐票均可。

　　同治七年正月　　　　日至德祠文會、司祠、司事全具。①

這份文書的年代爲同治七年(1868),雖然未標明地點,但文中提及"至德統祠",顯然是有關北岸吳氏的文書。從中可見,至德祠修建宗祠的資金籌措,除了按每丁每口徵收之外,其他的則主要依靠旅居北京、江蘇、浙江的徽商捐輸。具體説來,店業每店照櫃檯生意錢數,每錢1 000文捐5文;祠内支丁所辦茶箱運往上海出售的,每箱捐銀1錢;出口外售賣者,每件捐銀2錢;至於在江蘇、浙江所開茶行,當年所做生意數每錢1 000文捐錢1文。作爲回報,在祠堂告成時,凡是湊成100元者,晉主一位,永遠不祧。

在重建宗祠的同時,祭祀禮儀也面臨著重新修訂的局面。明清時代,徽州的祭祀禮儀歷經數度變遷。明代中葉以後,原先的儺壇祭儀的大規模整理,形成了頗爲完善的"徽禮",其主要表現爲《祈神奏格》之編纂。及至清代前期,祭祀禮儀得到了進一步的完善,具體體現爲各個家族内部祭禮的普及(出現了一些如《茗洲吳氏家典》那樣的著作)。② 而太平天國之後祭祀禮儀之變化,則主要表現爲力圖對戰前禮儀的重新恢復上。③

明清時代徽州祭祀禮儀的數度變化,都與徽商的發展密切相關。明代中葉和清代前期祭祀禮儀的規範,促進了"徽禮"在長江中下游各地的廣泛傳播。而太平天國之後祭祀禮儀的重整,亦與僑寓外埠徽商的努力密切相關。祇是此次重整,適值兵燹劫難之餘,人丁蕭條,④本土物力維艱,⑤紛紛外遷的徽商與故土之聯繫亦日趨鬆弛,故禮儀的重新恢復存在著一定的困難。

---

① 《故紙堆》丙,北京圖書館出版社,2003年,第30頁。不過,從内容上看,這份資料原被命名爲《同案公議文件》,頗爲莫名其妙。
② 清吳翟輯撰《茗洲吳氏家典》(合肥:黃山書社,2006年),爲明清時代徽州府休甯縣虞芮鄉趨化裏茗洲村吳氏家族歷時數代醖釀而成,最後成於清雍正年間歲貢生吳翟之手,主要記述家族日用常禮,是一部上承古禮而又宜於時俗的著作。
③ 太平天國以後徽州社會的嬗變以及祭祀禮儀的重整,與徽商密切相關。唐力行先生在《延續與斷裂——徽州鄉村的超穩定結構與社會變遷》中也指出:"小徽州與大徽州的良性互動,造成了徽州本土的繁榮與穩定。同時,大徽州的每一次動亂也會在小徽州引起迴響。……(太平天國)戰後,在徽州鄉村社會要素——徽商與士紳的努力下,在外迴圈的帶動下,宗族組織得以重建,内迴圈又恢復良性互動。"北京:商務印書館,2015年,第276頁。
④ 97世的吳德鳳,因人丁向來不盛,再加上"咸、同間發逆竄擾,殉難無遺",人口的大量損失,造成後繼乏人,而由吳德鷟一支代爲承值敬神、祀祖的義務,所以有"代馱子孫軍"的説法。
⑤ 以禳火戲爲例,"老例:演戲三日夜,演畢送神,即俗稱穰[禳]火戲是也;新例:兵燹後不演戲,自迎神日起至第四日下午送神,送至大佛廟恭座"。所謂老例、新例,也就指太平天國前後的不同情形。原本總共58人散胙,"兵燹後,於同治三年因租歉收,改發興隆包,專發三老,每人二隻,禮生每人四隻,以外停胙。新例各分散胙"。可見,隨著元氣的恢復,祭祀禮儀亦有所變化。

在徽州，無論是宗祠之重修還是祭祀禮儀的重建，在在都需要旅外資本的挹注。《祭神祀祖大例集記》的作者吳恩臨，就殫思竭慮地重整祭祀禮儀。他在《自用公清明》一文中指出：

> 我長房九十七世太祖希祥公、九十八世太祖宗元公、九十九世太祖自用公、壹百世太祖時敏公。凡我長房支下人丁興旺，亦稱望族，先前尊長諸公集資，立有清明會，將租息按年清明輪首上墳掃墓，春秋祭祀，標掛紙帛，合支下眾支丁，按股散胙，挨首輪流，周而復始，永遠不湮，歷有年矣。自咸同年間遭廣西髮逆長毛猖獗，擾亂各省，凡我眾支丁殉難者甚眾。自兵燹之後，軍興以來，所有祀產遺失無存，人丁稀少，遠不及前矣。乃時遭難餘生，不過十餘家，甚至衣食有朝不保暮之勢，按年清明節，至每丁捐錢百文，上墳掃墓，祭祀標掛，無餘資散胙。迨至光緒二年仲春，恩臨竭力倡首，仍復創立自用公清明會，糾股集資，按丁捐錢，壹千文作爲壹股，幼丁至十歲，捐錢壹千文，上會一股，至來年清明，方能散胙。至於不捐錢上會，不得散胙，永遠爲例，不准紊亂會規。再將股本生息，按年將息，作春秋祭祀、標掛、散胙各項等費用，只准用息，不准用本，永遠爲例，不准徇情，毋違，等因。
>
> 是會恩臨名下捐出資本錢五千文，上會五股。艾年一股，即阿壽。伯候一股，即阿二。惠伯一股，即阿四。竺君一股，即阿五。達尊一股，即阿八。兄弟五人合爲五股，永遠遵守成例，毋違，特白。
>
> 吳恩臨志識。

與傳統徽州的其他宗族一樣，北岸清明祭祖，每個支派都有清明會，捐有公田、公山，爲清明祭祀活動提供經費開支。上揭文字追述了吳氏宗族中清明會的盛衰遞嬗，指出咸同兵燹之後，因祀產無存、人丁稀少，宗族成員生活竭蹶困窘。當時劫後餘生的十餘家，祇能每丁捐錢百文，用以上墳掃墓，祭祀標掛，並無餘資散胙。直到光緒二年（1876），才因吳恩臨的倡議，重新創立"自用公清明會"。其中的阿壽、阿二、阿四、阿五、阿八，應即吳恩臨的五個兒子。此處提及清明會的做法，也是糾股集資，按丁捐錢，以 1 000 文爲一股。

太平天國之後，茶業一度繁盛，故而在前述同治七年（1868）的文書中，在宗祠之重建中，茶捐、店捐、行捐佔有重要的比例。及至清末、民國時期，在祠堂建設及禮儀重建中，丁口捐則逐漸代替了店業捐。關於這一點，《祭神祀祖大例集記》詳細記錄了光緒三十年（1904）新春正月德鸞公支萬春社的春祭，其中的《公議章程》曰："溯自兵興後，業經輪過兩次，其費用均系籌捐人丁款，以備支應需用。茲又輪首敬祭之期，爰例仍捐丁款，以便應需，俾免臨期躊躇，致有是議。"籌措經費，是按丁捐錢五百文。除此之外，若有缺口，仍然是按丁再捐。當時是由吳恩臨經理帳目，長房、二房、三房、四房分別收捐。規定無論何房，如捐款收不到之丁，該收捐之人，即行邀集各房收捐者，會同至該丁處收捐，不得徇私。及至民國時期，《重整得全堂捐啓》亦感嘆："特作事匪艱，籌款維艱，我族各支近來光景大不如前，殷實者既已寥寥，慷慨者更形落落。若照從前店業、田畝各捐，恐衆情未必踴躍，籌思再四，惟有丁口一捐，不至大傷元氣。"據載，得全堂是永樂年間富户吳長親手所建，地點在來龍山的東面半山腰處，依山而建，是北岸吳姓建造最早的支祠，後來劃給大、二、三、四分共有，爲統四分的總支祠，族支的裔孫衆多。該祠堂於清光緒十一年（1885）春季重建，但因經費不足而半途中止，僅將屋架蓋瓦完成。直到十五年後的1900年，方才按丁口納捐籌措經費得以竣工。

從總體上看，太平天國以後，徽商的實力已大不如前。同治年間雖然一度因茶業興盛而中興，但總體趨勢是在走下坡路。因此，有關宗族活動經費的籌措，店業捐所占的比重迅速下降，丁口捐則成爲籌措經費的主要方式。

孔廟祭祀與鄉村教化

——以山西現存鄉村孔廟及方志碑刻爲中心

山西師範大學歷史與旅遊文化學院、
山西師範大學戲曲文物研究所　　孟梓良、張焕君

孔廟是獨具中國特色的儒家標志性建築,其産生與發展在歷史上有重要意義。山西具有悠久的歷史文化,現存孔廟數量衆多,保存較好。據筆者考察,山西省内現存各類孔廟七十餘座,其中全國重點文物保護單位與省級文物保護單位多達三十餘處。山西還留有大量碑刻,許多碑文並未被收入縣志或石刻叢編中,這些碑刻材料是研究山西孔廟的重要資料。[1] 此外,山西擁有大量地方志,這些方志中包含了孔廟的位置、圖例、儒學人物、重修孔廟的經過、祭祀品物與儀式等内容,對研究山西孔廟有重要價值。[2] 然而筆者發現,學界對於鄉村孔廟的研究相對不足。景軍《神堂記憶》是少有的關於鄉村孔廟的一部力作,[3]作者"通過對大川孔廟的歷史發展以及對當下政治與社會的適應過程的敘述和描寫,從一個特定的角度向我們展示出中國鄉村宗教和鄉村社會的複雜性和多元性"。[4] 關於山西鄉村孔廟的研究則更不常見。段飛翔、曹飛《陵川縣南召文廟及戲曲碑刻考述》對山西陵川縣的南召文廟"建築格局明顯不合文廟規制,甚至廟内還建有戲樓供祭祀獻戲之用"的問題作了深入探討,爲民間劇場史和演出史的研究提供了一些案例與參考。[5] 都惜青、都鬱《山西陵川南召村文物古跡考述》對南召文廟作了細緻介紹。[6] 此外,日本學者高橋文治在《山西省潞城縣李莊文廟金元三碑》一文中"通過

---

[1] 已出版的山西碑刻材料主要有《山右石刻叢編》《三晉石刻總目》《山西碑碣》《三晉石刻大全》等。山西師範大學仝建平教授在《淺談山西碑刻書籍的收集與利用》一文中認爲山西現存近代以前的碑刻"至少也在3萬通以上"。仝建平：《淺談山西碑刻書籍的收集與利用》,《山西檔案》2015年第5期,第45頁。
[2] 據劉益齡在《山西地方志史》中的統計："有文獻可考的山西舊志爲865種。其中,魏晉時期5種;隋唐時期15種;宋遼金元時期70種;明代303種;清代394種;民國時期78種。"劉益齡：《山西地方志史》,三晉出版社,2013年,第5頁。
[3] 景軍著,吴飛譯：《神堂記憶：一個中國鄉村的歷史、權力與道德》,福建教育出版社,2013年。
[4] 賀志韌：《從〈神堂記憶〉看大川孔廟的宗教功能》,《科學經濟社會》2015年第4期,第178頁。
[5] 段飛翔、曹飛：《陵川縣南召文廟及戲曲碑刻考述》,《戲劇》2017年第4期,第24頁。
[6] 都惜青、都鬱：《山西陵川南召村文物古跡考述》,《遼寧省博物館館刊》2008年第3輯。

調查,介紹了關於李莊文廟於金元時期記載的三塊碑文。從碑文中考察了王氏一族的動向,分析了當時上黨地區的社會狀况"。① 但上述文章都是對山西某一具體鄉村孔廟進行的個案研究,許多問題還值得深入探討。筆者在前人研究的基礎上,從山西現存鄉村孔廟的具體情况、類型及形成原因、鄉村孔廟中的祭祀以及鄉村孔廟的教化作用等方面展開論述,試圖推進山西鄉村孔廟的探討與研究。

一、山西現存鄉村孔廟的基本情况

對於孔廟的稱呼始終没有固定的説法,較爲常見的有"孔廟""文廟""廟學""學宫""儒學""夫子廟""先師廟""至聖廟""宣聖廟"等,其中又以"孔廟"和"文廟"最爲常見。究其原因,與歷史上孔子封號的演變有很大關係,即便是同一座孔廟,在不同的歷史階段也會有不同的稱呼。筆者更趨向于"孔廟"的説法,這一概念更具包容性,使用起來也更爲合理。筆者通過考察與統計,發現山西省内現存孔廟數量多達七十餘處,其中絶大部分存有大成殿或祭祀孔子的主殿。相對於陝西、河南、山東等其他文物大省,山西現存的孔廟數量仍位於前列。② 在山西現存的各類孔廟中,除府州縣孔廟外還有不少鄉村孔廟,這些鄉村孔廟以及與之相關的方志碑刻材料都值得進行深入的探索與研究。鄉村孔廟並不屬於中國古代官方祭祀體系,但却大量存在於鄉里之間。關於鄉村孔廟的記載古時就有,明成化《山西通志》記載:

> 文廟,各府州隸運司學俱建,凡一百,每歲春秋仲月上丁日有司致祭。又樂平縣陳村、襄陵縣趙曲鎮、沁州麟山、澤州天井關宣聖回轍處及蒲、潞等州、屯留、襄垣、高平、陽城諸縣各鄉鎮亦建,中像宣聖,從以顔、曾,或四配十哲,居民亦以祭,丁日致癸[祭]。③

雍正《山西通志》記曰:"天井關宣聖廟,肇于唐駕部,至元九年知州皇甫琰踵成之。召

---

① 高橋弘臣撰、張紅兵編譯:《2004 年日本史學界的五代宋元史研究》,《中國史研究動態》2006 年第 10 期,第 25 頁。
② 以陝西省爲例,在王長坤教授的著作《陝西孔廟遺存及其文化價值研究》中,作者通過實地考察共發現陝西省的孔廟遺存共四十餘處,比孔祥林先生統計的多了十餘座,但即便如此還是與山西的現存孔廟數量存在一定差距。王長坤:《陝西孔廟遺存及其文化價值研究》,科學出版社,2017 年,第 19 頁。
③ 成化《山西通志》卷 5《祠廟》,中華書局,1998 年,第 182 頁。

民傍居,創旅店,以供廟祀。"①雍正《山西通志》在記錄長治縣所屬文廟時也曾提到:"各鄉文廟四:一在西火鎮,宋紹聖建;一在長治故縣,元末至正間建;一在縣北寨村,明隆慶時建;一在北董鎮,明萬曆年建。"②此外,清同治十三年(1874)《重修鳳山至聖先師廟碑記》記載:"陵川附城鎮鳳山之巔,舊有至聖先師廟一區。考之碑碣,創建於明嘉靖年間。"③《山右石刻叢編》中的屯留《藕澤村孔廟記》也有記載:"天下郡邑莫不建立宣聖廟學,所以教育人材,增崇聖道者也。其於鄉社有廟世罕見焉。藕澤里之有廟學……"④以上這些都是關於鄉村孔廟的記載。鄉村孔廟不僅存在於山西,其他各地也有出現。王長坤《陝西孔廟遺存及其文化價值研究》中曾提到咸豐年間鄉人鄭士範告病辭官回鄉,於村中建立鳳翔縣城關鎮高王寺村昭明堡孔廟之事。⑤

對於鄉村孔廟,現在還沒有詳備的定義。根據《皇明制書·大明令》記載:"凡孔子廟祀,春祭用二月上丁日,秋祭八月上丁日。配享禮樂,並依定式。在京用牛羊等物。各府、州、縣祭物,官給米三石。"⑥由此可見,在京、府、州、縣,官方祭祀孔子是有定式的,但並沒有規定在鄉村之中要設立孔廟。劉新在《儒家建築——文廟》中指出:"文廟多由官府設立,通常最基層的為縣文廟,一縣一所,作為國家培養人才的教育場所。但是個別地方也有鄉村一級的文廟……山西保留有幾座完好的鄉村文廟。"⑦孔祥林在《世界孔子廟研究》中也說過山西省"保存著平遙金莊、潞城李莊、靈石靜升等金元時期的私建孔子廟"。⑧ 因此,筆者認為鄉村孔廟是孔廟中的一種,具體是指存在於鄉村之中,主要用於祭祀孔子的具有一定教化功能的建築,但並不屬於中國古代官方孔廟祭祀體系。

山西現存的鄉村孔廟集中分佈在太原以南,尤其是臨汾、長治、晉城三地。具體而言,呂梁和晉中地區現存鄉村孔廟三座,其中,晉中地區的金莊文廟和靜升文廟都是全國重點文物保護單位,規制相對完整,保存較好,金莊文廟還留有元代建築遺存。臨汾地區有鄉村孔廟四座,其中的趙曲文廟大成殿是省級文保單位四處孔廟的規格樣式各

---

① 雍正《山西通志》卷36《學校二》,中華書局,2006年,第870頁。
② 雍正《山西通志》卷35《學校一》,第853頁。
③ 尋鑾煒:《重修鳳山至聖先師廟碑記》,《三晉石刻大全·晉城市陵川縣卷》,三晉出版社,2013年,第657頁。
④ 翟祺:《藕澤村孔廟記》,胡聘之:《山右石刻叢編》卷39,山西人民出版社,1988年,第30頁。
⑤ 王長坤:《陝西孔廟遺存及其文化價值研究》,科學出版社,2017年。
⑥ 楊一凡點校:《皇明制書》,社會科學文獻出版社,2013年,第25頁。
⑦ 劉新:《儒家建築——文廟》,中國建築工業出版社,2013年,第21頁。
⑧ 孔祥林:《世界孔子廟研究》,中央編譯出版社,2011年,第358頁。

不相同,體現了鄉村孔廟的多樣性。長治地區鄉村孔廟較多,至少有五處,其中李莊文廟保留著金代建築遺存,是全國重點文物保護單位,而孔家峧聖祖祠則是孔子後人在山西建立的家廟。晉城地區的鄉村孔廟留存最多,有十五處,其中南召文廟和石末宣聖廟都是全國重點文物保護單位,而靖居文廟、釜山文廟、勾要文廟則是由宋代程顥所建鄉校轉化而來的,頗具歷史研究價值。

表1 山西現存鄉村孔廟分佈情況表

地區	呂梁	晉中	臨汾	長治	晉城
數量(座)	1	2	4	5	15
孔廟名稱	南局則夫子廟	金莊文廟 静升文廟	趙曲文廟 東郭文廟 古縣村文廟 參峪孔聖廟	李莊文廟 南桑魯孔廟 正社文廟 孔家峧聖祖祠 吾樂文廟	五門文廟 南召文廟 德義先師廟 西南莊文廟 鳳和文廟 南朱莊文廟 勾要文廟 建南文廟 建北宣聖廟 石末宣聖廟 靖居文廟 釜山文廟 東街文廟 伯方文廟 上伏成湯廟·文廟

二、山西現存鄉村孔廟的類型及形成原因

鄉村孔廟不屬於中國古代官方孔廟祭祀體系,一些鄉村孔廟的存在是違背禮制的。在這些孔廟中,基本看不到朝廷頒行於各級官方廟學的碑文,如康雍乾時期的紀功碑和教諭碑等。然而大量鄉村孔廟的存在却是事實,正如濱島敦俊所言:"國家與社會或政權與民衆之間的,統一與悖離,即'當爲'與'實態'的游離且又並存的狀態,是近世以來的傳統中國歷史中屢見不鮮的現象。"①因而弄清鄉村孔廟的類型及其形成與存在的原因十分重要。基於對山西現存鄉村孔廟的考察以及大量方志碑刻的記載,筆者認爲山西現存鄉村孔廟可分爲以下四種類型:官員和士紳支持或參與創建的鄉村孔廟;孔氏

---

① 濱島敦俊著、朱海濱譯:《明清江南農村社會與民間信仰》,廈門大學出版社,2008年,第103頁。

家族後代于鄉村中所建的家廟;社學、義學、鄉校、書院等轉變而成的孔廟;其他廟宇改建而來的孔廟。具體論述如下。

1. 官員和士紳支持或參與創建的鄉村孔廟

這類鄉村孔廟的創建與修繕得到了士紳、地方家族和商賈富户的支持,在人力、物力、財力的資助上起到了非常重要的作用。據静升文廟康熙十四年(1675)《静升村重修文廟碑記》記載:

> 廟學之設自漢始,蓋以夫子道集前聖之大成,祀而扶之,見學子有原本也。屢代相沿,國學而外,亦止立於郡邑,而鄉村無聞焉。唯静升里中有廟,准之縣學制,不陋不華,蓋創造於先元至元之二年。先民南塘輩倡之。①

再如現存于金莊文廟内的清咸豐二年(1852)《重修文廟碑記》記載:

> 元延祐之元年,有張傳霖諸君子,進士出身也。慨然於荒陬僻壤無復禮樂文章之盛,不作之范,奚以端其趨,神道設教之説行於通都者,亦烏可靳于微區哉。於是於村之西南隅新建先師孔子廟。正殿三間足矣,他未遑計。②

由上述記載可知,静升村文廟始建於元代,是在鄉民南塘等人的倡議下修建的。平遙金莊文廟則是因當地張傳霖等人感慨禮樂不興,故而興建。此外,一些鄉村孔廟的建造歷經了幾代人。道光十二年(1832)的《繼成文廟碑記》就記載了幾代人修建孔廟的過程。③ 由此可見鄉村孔廟得以建成實屬不易。

由於鄉村孔廟的存在不符合禮制,因而會有人提出質疑。面對質疑,一些地方官員仍十分支持鄉村孔廟存在。明弘治十二年(1499)知縣李高所撰《趙曲鎮夫子廟碑》記載:

> 或疑國朝稽古右文,崇儒重道,天下郡縣皆立廟學,吾邑既勞重新矣,此鎮似不

---

① 張尊美:《静升村重修文廟碑記》,《三晉石刻大全·晉中市靈石縣卷》,三晉出版社,2010年,第83頁。
② 清咸豐二年(1852)《重修文廟碑記》,現存金莊文廟碑廊内。
③ 高領楚:《繼成文廟碑記》,《三晉石刻大全·臨汾市襄汾縣卷》,三晉出版社,2016年,第405頁。

必有此也。余曰："宣聖立生民之道,而于萬世爲王。則雖家立一廟,人肖一像,亦不爲過,況一鎮二里之民乎!"疑者唯唯而退。①

當地知縣李高對鄉村孔廟表示支持,認爲孔子立生民之道,于萬世爲王,就是家家立廟,人人爲之塑一聖像也不爲過,何況一個鎮。可見,鄉村孔廟的存在雖有違禮制但仍得到部分官員的支援。

2. 孔氏家族後代于鄉村中所建的家廟

這類鄉村孔廟是指孔子後代遷居當地並建立的家廟。如山西黎城孔家峧聖祖祠和景軍《神堂記憶》中提到的"大川孔廟"。山西黎城縣孔家峧原名北峪峧,因孔子後人定居于此而改名。據碑刻記載,"自明嘉靖年間有孔貞睦者,貿易於山西,儲蓄有年,就近置產于黎之北峪峧,定居而家"。② 這裏的孔子後人最早是第 63 代孔貞睦,到現在最晚的是第 81 代。聖祖祠內有乾隆年間碑刻一通,當地的孔氏後人還保存著可以證明自己世系的族譜。景軍在《神堂記憶》中提到,"孔氏家族成員遍佈全國的主要原因是歷朝歷代的人口遷徙,由此形成了繁多的孔姓支系","曲阜以外的孔家人有自己的族譜,但衹有少數被衍聖公認可……衍聖公在曲阜以外的孔姓中只挑選一小部分享受'天恩'。這些孔姓人家必須把自己族譜送到曲阜獲得承認,蓋上衍聖公私人印章,方可減免徭役。"③黎城的孔氏後人也經歷了這個過程。據《北峪峧孔氏創建聖祖祠序》記載:

及康熙五十三年,恩榮錫自闕里,黎邑孔姓以一族故,亦得賜恩生二人,一曰繼先,一曰繼龍。由是黎之至聖廟竟有孔氏遺徽焉,典至渥也。然恩榮雖沐,而譜牒未清,徭役弗免,其不等於齊民者幾何? 所以繼密、繼賢,暨族侄廣孝、廣泰,□□□□□□興故國園林之思,不遠千里,緒譜山東,蒙襲封衍聖公府查明□原系五十六代祖希范雲孫,户系孟村貞睦之所自出,俯念一本之誼,遂薦同宗之好,錄入譜系也。④

---

① 民國《襄陵縣新志》卷 24《藝文·趙曲鎮夫子廟碑》,鳳凰出版社,2005 年影印本,第 270 頁。
② 王守儉:《北峪峧孔氏創建聖祖祠序》,《三晉石刻大全·長治市黎城縣卷》,三晉出版社,2012 年,第 191 頁。
③ 景軍著,吳飛譯:《神堂記憶:一個中國鄉村的歷史、權力與道德》,第 9 頁。
④ 王守儉:《北峪峧孔氏創建聖祖祠序》,《三晉石刻大全·長治市黎城縣卷》,第 191 頁。

由此可知,黎城孔氏後人曾前往曲阜查驗譜牒,經衍聖公府查明,最早遷居孔家峧的孔貞睦爲孔子五十六代孫孔希范的雲孫,確爲孔氏族人,這才得到正式承認並被免去了徭役。這一過程,道光年間的黎城縣《孔氏世家支譜序》也有記載:

> 今春二月,山西黎城族人憲湧、憲相等呈懇重修,持其支譜就予正之,兹稽其世系,實系五十六代祖希范之雲孫諱貞睦者於黎邑爲家焉。因徵予言以志篇首……故述其事,謹呈大宗主案下恩閱鈐印,即世遠年湮,按列支瓜,源流分明,由是遵祖敬宗,敦本睦族,諒亦仁人君子所心許也。是爲序。道光二十年歲次庚子暮春之吉,敕授修職郎至聖廟三品執事官兼孔氏族長孔尚功偉勳。①

黎城孔氏後人的身份雖已確定,但由於往來曲阜孔廟進行祭奠頗爲不便,於是就在當地建立了聖祖祠以供祭祀。《北峪峧孔氏創建聖祖祠序》載:"密等祖父,故里之思,夢寐不忘。故每歲仲春,曲阜謁廟一次,聊表寸衷。歲月屢遷,常以不獲朝夕親承爲憾。族中又有繼林暨族侄廣泰、廣讓等慨然思創建聖祠,肇工于國朝二十六年,歲次辛巳仲春,告成於二十七年,歲次壬午孟秋。"②這便是此類鄉村孔廟出現的原因。

3. 社學、義學、鄉校、書院等轉變而成的孔廟

有些社學、義學、鄉校、書院既有教學功能,同時也供奉孔子,從某種角度看,它們在鄉村中的功能與府州縣孔廟類似。隨著時間的推移,這些鄉校、社學的教育功能逐漸弱化,演變爲專門祭祀孔子的場所,即後來的這類鄉村孔廟。在晉東南尤其是高平一帶,有相當數量的鄉村孔廟是由鄉校文館轉變而來的,這與程顥做晉城令時的興學政策有關。③ 乾隆時期司昌齡所撰《石村修文廟記》中記述得較爲清楚:

> 學之係乎人,大矣。古者建國君民,教學爲先。天子曰辟雍,諸侯曰頖宫,下逮鄉、黨、州、閭皆有學。凡入學,必釋奠於先聖先師,此後世文廟所由起也。然必郡、縣學乃立廟,而鄉則否。蓋學官,有司春秋致祭,而鄉校則有司所不至,生徒分合,靡有定處,亦無所事於廟也。惟宋程明道先生令晉城,以養民善俗爲先,建設鄉校

---

① 道光年間黎城縣《孔氏世家支譜序》,現存長治市黎城縣孔家峧村。
② 王守儉:《北峪峧孔氏創建聖祖祠序》,《三晉石刻大全·長治市黎城縣卷》,第191頁。
③ 段飛翔、曹飛:《陵川縣南召文廟及戲曲碑刻考述》,《戲劇》2017年第4期。

百有餘所,親爲童子正句讀,教化大行。高平其鄰邑也,遂亦相競於學,鄉多立校焉。鄉既有校,則必立主以祀先師。迄于後世,學徒衰散,而校之故址猶存。輒修而葺之,稱爲文廟。第其規制殊隘,故立於鄉而不爲僭也。石村在邑東北三十里,有文廟焉。廟舊無碑,相傳創建於正德十二年,重修於康熙八年。余考之舊志,參之故跡,蓋即宋之鄉校。今西北室有程子木主,亦其一驗。意者,前此廢壞幾盡,至正德時,特建大殿,摶土爲聖像,始稱文廟,故以爲創爾。①

上面這段話中,首先指出"郡、縣學乃立廟,而鄉則否。蓋學宮,有司春秋致祭,而鄉校則有司所不至",說明鄉村之中没有孔廟學宮,但"宋程明道先生令晉城,以養民善俗爲先,建設鄉校百有餘所",這樣就使得晉城擁有了很多的文館鄉校,並供奉先師孔子。但時過境遷,學徒衰散,而鄉校故址猶存,人們便將荒廢的鄉校進行修葺,用來祭祀孔子,並稱之爲文廟。石村的文廟便是這樣形成的。山西現存方志碑刻資料中,有不少是關於此類鄉村孔廟的。如現存于高平市建寧鄉建北村宣聖廟中的《補修創建文廟内外一切勝跡碑記》記載:

且夫鄉曲之間,立廟以祀至聖,稽諸典禮未協也。余自下車以來,高邑數大鎮遂在咸有,心甚訝之。爰是訪諸父老,詢之土人,僉曰爲明道先生講學故處。文廟之設,有自來矣。夫明道,聖人也,料非無因而創,宋迄今遠年也,豈無因而因?此其中當必有説。余不敏,不得而知也。獨是文廟,非淫祀比也。座落之地,理合修整,勿令頽壞。②

由此可見,程顥的功績一直以來都爲人所稱頌。正因爲他當年建造了大量鄉校,才有了後來晉東南地區的數座鄉村孔廟,對當地的民風教化影響深遠。

4. 其他廟宇改建而來的孔廟

還有一部分鄉村孔廟是由其他廟宇改建而來的。因爲受到政令或其他因素的影響,鄉村中的一些佛寺、道觀、三教堂之類的建築被要求改建成孔子廟。如乾隆九年

---

① 同治《高平縣志》卷22《藝文·石村修文廟記》,鳳凰出版社,2005年影印本,第301頁。
② 孫嗣光:《補修創建文廟内外一切勝跡碑記》,《三晉石刻大全·晉城市高平市卷》,三晉出版社,2010年,第357頁。

(1744)的《婁莊夫子廟記》就記述了絳州婁莊村根據朝廷旨意改三教堂爲夫子廟的經過：

> 然明季聖學失傳，好事之徒既奉佛老以招引愚民，復借至聖以籠絡儒士，到處有所謂三教堂者。其位次佛踞中，至聖、老子互相左右……郡左婁莊艮隅舊有此堂，紳士耆民遵制酌去他像，恭妥至聖，整頓廟貌，且倣澤宫設四配十哲暨兩廡諸賢儒位，約費朱提半百。①

在三教堂中，儒釋道供於一起，却以佛居其中，孔子老子在左右兩邊，於儒者看來難以接受，後根據朝廷旨意將三教堂改爲夫子廟。這也是鄉村孔廟的形成原因之一。

此外，鄉村孔廟的形成還有一些其他原因。一些鄉村孔廟所在地社會經濟發展較好，交通便利，人們在精神追求上有了更高的要求。從山西現存鄉村孔廟的分佈情況來看，主要集中于晉中、臨汾、長治、晉城，皆是古代山西經濟文化繁榮之處。這些地區在經濟相對較好的情況下，對孔廟祭祀和祈求文運等精神追求更爲看重。② 因而在儒學教育及祭孔問題上有逐漸想要和縣學分禮之趨勢，其間有一種自下而上的生長力量在推動，也可以看作是對縣級政權在文化上的一種挑戰，體現出一種民間力量的升騰與活躍。

三、鄉村孔廟與孔廟祭祀

孔廟祭祀也被稱爲"釋奠禮"。釋奠禮早已有之，但從漢代一直到唐代，釋奠禮都不是祭祀孔子的專門禮。在唐代，祭祀孔子、周公、武成王姜太公，都可以用釋奠禮，直到明代朱元璋時才確定釋奠禮專門用來祭祀孔子。關於"釋奠禮"的研究學界已有不少，③對於孔廟祭祀中的釋奠程式，筆者在前人研究基礎上對其進行總結概括如下：

闕里釋奠：祭前準備略，祭祀過程主要包括：迎神→初獻→亞獻→終獻→飲福受胙→徹饌→瘞饌→辭神→送神→望燎→闔户→禮畢→布席→燕享→旅酬→分胙。

---

① 光緒《直隸絳州志》卷17《藝文·婁莊夫子廟記》，鳳凰出版社，2005年影印本，第324頁。
② 關於此點，可借鑒日本學者濱島敦俊在《明清江南農村社會與民間信仰》一書中對"鎮城隍廟"出現所做的探討，見濱島敦俊著、朱海濱譯：《明清江南農村社會與民間信仰》，第208—222頁。
③ 董喜寧：《孔廟祭祀研究》，中國社會科學出版社，2014年；劉續兵、房偉：《文廟釋奠禮儀研究》，中華書局，2017年。

國學釋奠(中祀,齋戒五天,用樂)釋奠準備:齋戒→設位(人員、樂器、禮器)→視灌溉、視饌具→割牲、烹牲→設神坐→就位。饋享過程:迎神→初獻→飲福受胙→亞獻→終獻→徹豆、賜胙→瘞幣、燔祝版。

州縣學釋奠(小祀,齋戒三天,不用樂)釋奠準備:齋戒→設位→就位。饋享過程:迎神→初獻→飲福受胙→亞獻、終獻→徹豆、賜胙→瘞幣、燔祝版。①

1. 祭孔在鄉村孔廟中的體現

鄉村孔廟不屬於中國古代官方孔廟祭祀體系,因而國家禮制中對於鄉村祭孔的具體儀節並無規定,甚至可以説是一種僭越和違禮的行爲。但在山西的方志碑刻記載中却可以看到不少關於鄉村孔廟祭祀的内容。位於潞城市黄牛蹄鄉李莊村中的李莊文廟,是2013年全國重點文物保護單位。李莊文廟内一通元中統四年(1263)的碑刻記載:

> 余族兄全德敦武,□大姓也,自幼聰敏,好學禮賢,勇義成仁,□是鄉里咸推服焉。常患其俗鄙野,遂與諸同志率衆創斯廟。凡恭敬灑掃,旦夕瞻拜,春秋奠享之禮,略無少怠。②

另據乾隆《潞安府志》記載:

> 金太和中,潞城東有里曰李莊,豪族王倩、李格者,治學舍爲禮殿,其中繪從祀弟子于兩廡,規模如度,爲里中弟子弦誦之地,今百年矣,風雨寖圮,倩孫大椿及弟大用謀於衆曰:故廟庭刻石俱在,功無幾可復舊,欲與諸君同工傋材,撤其敝(敞)而架其傾,可乎?咸曰:諾……③

從碑刻和方志的記載中我們可以看出,雖然孔廟是由當地大姓家族自行建造的,但其目的是因爲"常患其俗鄙野",想要通過建立孔廟來改换風俗,培養仁禮之風,因而建成之後,鄉村孔廟成爲"里中弟子弦誦之地",對當地的文化教育産生了不小的影響。從"其

---

① 參見董喜寧:《孔廟祭祀研究》,中國社會科學出版社,2014年,第385、398、403頁。
② 元中統四年(1263)《王全德重修碑》,現嵌于李莊文廟。
③ 乾隆《潞安府志(二)》卷30《藝文續·李莊重修宣聖廟記》,鳳凰出版社,2005年影印本,第35頁。

中繪從祀弟子于兩廡,規模如度"可知,雖是鄉村孔廟,但在建造時並非隨意而爲之,兩廡從祀弟子也要一併繪製,儘量符合孔廟的原貌。當地鄉民"凡恭敬灑掃,旦夕瞻拜,春秋奠享之禮,略無少怠",無論是灑掃清潔還是瞻拜奠享,都十分恭敬,不敢懈怠。當孔廟年久失修之時,大家也願意一同修復,可見民衆對於孔廟祭祀之重視以及鄉村中興建孔廟的必要性。

再者,上文提到的明成化《山西通志》記載:

> 又樂平縣陳村、襄陵縣趙曲鎮、沁州麟山、澤州天井關宣聖回轍處及蒲、潞等州、屯留、襄垣、高平、陽城諸縣各鄉鎮亦建,中像宣聖,從以顔、曾,或四配十哲,居民亦以祭,丁日致祭。①

由此可見,在不少鄉村孔廟中,均是"中像宣聖,從以顔、曾,或四配十哲,居民亦以祭,丁日致祭",這些行爲幾乎與府州縣孔廟無異,雖有違禮僭越之嫌,但與民間的一些淫祀絶不相同,而是鄉村民衆對禮樂文化心嚮往之的體現。這樣的記載還有很多,如現存静升文廟中的光緒六年(1880)《静升邨各會協撥文廟銀兩碑記》中記載:"《禮經》云:'有其舉之,莫敢廢也。'凡祭類然,况聖廟之載入祀典乎?"②再如高平市建寧鄉建南村道光十三年(1833)的圓形碑刻《補修西館房屋院牆記》記載到:"稽古裹館立廟以祀至聖,時行典禮之地也。"③由此亦可見鄉間民衆對於孔廟祭祀的重視。

此外,一些鄉村在祭祀孔子之餘,還加入了當地的風俗。栗守田主編的《上伏村志》中記載:

> 里社和文社是明清兩代實行里甲制度時候的組織。文社是和里社並存的組織,丁日舉行"丁祭"(在文社的人齊集大廟祭孔子,也到大道坡魁星閣祭魁星,中午將祭品食用)。④
>
> 冬至祭孔。村學放假。師生在祭孔後共吃一頓饃饃配豆腐湯。⑤

---

① 成化《山西通志》卷5《祠廟》,第182頁。
② 王舒薴:《静升邨各會協撥文廟銀兩碑記》,《三晉石刻大全·晉中市靈石縣卷》,第534頁。
③ 體泰:《補修西館房屋院牆記》,《三晉石刻大全·晉城市高平市卷》,第571頁。
④ 栗守田主編:《上伏村志》,内部刊物,1995年,第81頁。
⑤ 栗守田主編:《上伏村志》,第194頁。

明清時期山西晉城上伏村在"丁祭"日和冬至都要舉行祭孔,並有相應的飲食風俗。"中午將祭品食用"則可看作是釋奠程式中"分胙"一項的遺存與變相,祗是在具體操作上與當地的民風民俗相結合,簡化了禮儀程式,使得鄉民更加容易接受,這也是孔廟祭祀融入當地民眾生活的體現。鄉村孔廟祭祀的出現反映了儒家禮樂文化的普及與擴散,禮制的下移伴隨著與民風民俗的相融,從而讓更多的民眾參與祭祀孔子,傳播文教。這與府州縣學中的正祀並不對立,反而起到了相互呼應的作用。

2. 地方官員對鄉村孔廟祭祀的態度

上文提到,一些地方官員對鄉村孔廟的建設頗爲支援,對於孔廟祭祀,不少官員仍然表示贊成,一些官員還親赴祭奠。明弘治十二年(1499)知縣李高所撰《趙曲鎮夫子廟碑》記載:

> 趙曲鎮在縣治東南二十里,居民富庶甲一邑。其西偏處,舊有宣聖禮殿數楹。建置莫知所自。歲久風雨飄零,頹敝殆甚。中肖宣聖及四配像,物色剝脱。其東社學一區,中屋三架,以居鄉民之司教者……先是,禮殿與學通爲一門,余惡其褻,築道於學前□池中,别作門以便之。規制嚴整,金碧輝煌,足爲尊事之所,時明年庚申春三月矣。予謹率僚屬及梁君等,釋奠其間。且拔鄉童之秀者,諭以厚典習禮,讀書力學,衆皆回應。①

知縣李高不僅對趙曲鎮的孔廟進行了"規制嚴整",使其煥然一新可爲"尊事之所",更是"率僚屬及梁君等,釋奠其間",並勉勵勸學,足見其對鄉村孔廟及其祭祀的支持與認同。雖然這樣的行爲可能與其個人對儒學的熱愛有關,但也可以體現出一些官員對於縣學以下孔子廟的態度,並非一律禁止。這樣的官員絶非李高一人。上文提到的雍正《山西通志》也有記載:

> 天井關宣聖廟,肇于唐駕部,至元九年知州皇甫琰踵成之。召民傍居,創旅店,以供廟祀。嗣令王佑繪像,用房課權子母,歲取息九十緡充祀事……國朝康熙間,清出三十二畝,生員孔興銑主之,春秋仲月上丁日遣訓導往奠。②

---

① 民國《襄陵縣新志》卷24《藝文·趙曲鎮夫子廟碑》,第270頁。
② 雍正《山西通志》卷36《學校二》,第870頁。

這裏可以看出,一些地方官不僅支持建立孔廟,而且爲孔廟的經營想辦法,如"召民傍居,創旅店,以供廟祀""用房課權子母,歲取息九十緡充祀事",還會在春秋仲月上丁日遣縣學訓導往奠。

另據1921年沁水縣《重修文昌閣文廟碑記》記載:

> 西文興村,在縣治西南三十里……村南舊有文廟暨文昌閣。考村中當練民殷富時,籩豆器數悉依盛朝之制。春秋祀期,往往邑侯下臨,或遣學官爲代表,率四鄉士子習禮講學於其中,漸摩以詩、書、禮、樂之化,故當時科第聯翩,民俗亦爲之敦厚。①

碑文記述了沁水縣西文興村重修文廟和文昌閣的事,通過碑文可知該村孔廟與文昌閣是在一起的,到了春秋祀期,縣令有時會親臨或派遣學官前來習禮講學,使得當地的文運十分興盛。而且祭祀孔子、講習禮樂對鄉民也產生了深遠的影響,培育了敦厚的民風。更難能可貴的是,"考村中當練民殷富時,籩豆器數悉依盛朝之制",這樣一來,鄉村孔廟祭祀便可以盡可能地按照國家禮制規定的祭器數目去祭祀孔子,足見鄉民對祭孔之事的敬重。

3. 鄉村孔廟祭祀中的孔子形象

筆者在考察山西孔廟時,見到的孔子塑像多爲後來重塑,其材質與形象也頗不相同。從材質上而言,有石像、銅像、泥塑、漢白玉像等,一些地區供奉的則是孔子畫像。從形象上來說也不統一,服裝冠冕多有不同。此外,部分孔廟中祇有孔子像沒有牌位,或者祇有牌位沒有孔子像。現存孔廟的孔子牌位所寫稱號也不完全一致,主要有"至聖先師孔子(之)神位""至聖先師孔夫子神位""大成至聖先師孔子神位"等。這些材質、形象、規制、稱號混亂的情況與近代以來孔廟祭祀的衰落有關。由於現在的孔子形象並不統一,所以各地在修繕孔廟時依據的標準也不一樣,有的地方按照明代的標準,有的按照清代的標準,有的則更爲隨意。

明世宗嘉靖時期的孔廟改制在歷史上有著重要的影響。明嘉靖九年(1530),明世宗朱厚熜對孔廟祭祀制度進行了改革。在孔廟改制的衆多措施中,"去塑像立木主"是

---

① 張文焕:《重修文昌閣文廟碑記》,《三晉石刻大全·晉城市沁水縣卷》,三晉出版社,2012年,第436頁。

重點之一。享祭者的形象在獻祭者看來是十分重要的,塑像相對於木主而言,無論是在莊嚴感或是其他方面,都更加被人們所看重。但面對孔廟改制以及大量朝廷諭旨的頒佈,一些地區的孔廟在執行的時候却並没有完全依照新制,而是尋求變通。筆者在考察中有幸見到了平遥縣金莊文廟中的孔子以及四配十哲的塑像和木主,這尊孔子像無論從材質還是形象而言,在山西省内是獨一無二的,非其他孔廟中的塑像所能比擬。① 據説明朝孔廟改制的時候,人們將這尊孔子像藏入了神龕之中,並將神龕門掩住,還製作了木主,當有人來查看時,祇能看到木主而看不到孔子塑像,從而將塑像保存了下來。"供桌上擺著一個高達一米的帶須彌座的木主牌位,上書'至聖先師孔子之神位',木主上方及兩側的雲飾上,雕有三條翻騰欲動的四爪龍……他們按聖旨精雕細琢了一高大木主,以備萬不得已時取而代之。幸而金莊村地處窮鄉僻壤,不在朝廷重點關注之中,終於使塑像和木主雙雙保留下來。"② 到清代的時候,對於孔子塑像的管制便没有之前那麽嚴格了。

在筆者看來,金莊文廟畢竟屬於鄉村孔廟,不是官方主持祭孔的府州縣學,因而在管理上也没有那麼嚴格,嘉靖皇帝所頒行刻立的各類御制碑、聖諭碑最低只到達縣級孔廟,並不會下至鄉村,何況鄉村孔廟本身就存在違背禮制的問題。不過金莊文廟中的孔子塑像歷經百年仍然能夠保存下來實屬不易。從當地人對孔子塑像的重視與保護方面也可以看出鄉村祭孔對民衆影響之深遠。

總之,鄉村孔廟祭祀保留了釋奠禮的核心精神,但在具體操作上則多與當地的民風民俗相結合,簡化了禮儀程式,使得鄉民更加容易接受。與府州縣孔廟中的釋奠禮相比,鄉村孔廟祭祀中變化的是外在的具體形式,不變的是内在的禮樂精神。此外,雖然鄉村祭孔在古代與禮制不合,但正如楊華教授在《禮樂制度與中國傳統文明》中所言:"宋代繼承了韓愈以來的'儒學復興'運動。士大夫對上古華夏禮儀進行了大量删繁就簡的改編工作,以適應現實生活中平民百姓的需要,同時抵制佛教儀軌對百姓日常生活的影響。宋代的不少知識精英,都曾做過此種改編和簡化工作,如張載、二程、司馬光、吕大臨、范祖禹、朱熹等……宋代以來的民間禮法規範,經過禮學家們改編,簡便易行,已深刻地影響了近一千年來平民百姓的日常生活,這是不争的事實。這個禮制'下移'

---

① 據介紹,這尊孔子像是保存至今年代最久的供奉於殿宇中的大型孔子泥塑像,上海同濟大學的路秉傑教授曾鑒定爲元代初建時的泥塑。參見 www.pingyao.gov.cn。

② 參見 www.pingyao.gov.cn。

的過程,其結果就是禮制變成了鄉俗,禮俗不分了。"①在山西,鄉村孔廟及其祭祀的出現基本都是在宋代以後,而且晉東南由文館轉變而來的孔子廟恰恰得益于程顥爲晉城令時的舉措。因而,這也是禮制下移的一種體現,禮制在鄉村中與民俗相結合,滿足了鄉民對於祭祀先師、祈祝文運的需要。這樣看來,鄉村孔廟及其祭祀的出現和發展便也在情理之中了。

四、鄉村孔廟與鄉村教化

《禮記》云:"玉不琢,不成器;人不學,不知道。是故古之王者建國君民,教學爲先。"②孔廟承載著教育教化民衆和傳播儒家文化等多項作用,通過學習和感受,使人們懂得尊師尚學,做到禮敬規範,出則爲有用之才,入亦能嚴律己身。關於孔廟的教化功能,清代龐鐘璐在《文廟祀典考》一書中就曾談到:"夫欲敦教化、厚人倫、美風俗,必自學校始。學校崇祀孔子,附以先賢先儒,使天下之士,觀感奮興,肅然生其敬畏之心,油然動其效法之念,其典至巨,其意甚深。"③府州縣學中的孔廟如此,鄉村孔廟也是一樣,具有其特有的教化作用。山西絳縣文廟中有一通明正德五年(1510)的《提學敕諭教條碑》,刊刻了正德四年(1509)明武宗朱厚照對山西按察司副使陳鳳悟下發的敕文,這是明代皇帝勸學于山西的重要體現。明武宗在碑文中講了興學的重要性,並對山西各地興學提出了具體要求。碑文有十六條教諭羅列於後,其中之一便是:"古者鄉閭里巷,莫不有學,即今社學是也。爾凡提督去處,即令有司每鄉每閭俱設社學,擇立師範,明設教條。"④據此可知,僅注重府州縣的教育還遠遠不夠,也要注重閭里社學的經營,擴大教育的覆蓋面。而府州縣中的孔廟學宮就像中心點,由此出發,進而開展教育,培養人才,再逐漸擴散到周邊的鄉鎮村社中去。在筆者看來,鄉村孔廟便是勸善勸學、弘揚教化的重要場所。

1. 移風易俗,改善風化

鄉村孔廟首先有著移風易俗、改善風化的作用。鄉民大致可以分爲兩類,其一爲向

---

① 楊華:《禮樂制度與中國傳統文明》,《古禮新研》,商務印書館,2012年,第12—13頁。
② 《禮記正義》卷36《學記》,藝文印書館,2007年,第648頁。
③ 龐鐘璐:《文廟祀典考》,光緒戊寅(1878)刻本。
④ 明正德五年(1510)《提學敕諭教條碑》,《三晉石刻大全·運城市絳縣卷》,三晉出版社,2014年,第41頁。

學者,另一種爲不學者。前者爲鄉之才俊,明詩書禮樂之教,鄉村孔廟的存在必然有利於這些鄉間俊秀潛心於學。對於不學者,鄉村孔廟的存在則更爲必要,具有了教化勸學的目的,希望通過孔廟使這些人變得好學起來,進而改進當地的風氣。正社村文廟清嘉慶八年(1803)《重修文廟序》記載:"故斯廟之建,雖爲神明所庇,實亦風化所關。儒生之流,想禮法之森嚴,固肅然而起敬,即村夫牧豎,應亦鑒廟貌之巍峨而趨是凜焉。"①可見,對於向學者"儒生之流",他們步入孔廟,"想禮法之森嚴,固肅然而起敬",必然謹言慎行,愈發嚴格要求自己。而"村夫牧豎,應亦鑒廟貌之巍峨而趨是凜焉",這些平時對禮儀不甚關注之人,看到孔廟的巍峨和莊重,也會受到心靈的衝擊,進而對自己的行爲有所約束。因而説鄉村孔廟的建造是"風化所關"。

現存五門村文廟的嘉慶十六年(1811)《五門鄉重修聖廟碑記》記載:

> 自通都大邑,以及偏隅僻壤,莫不崇奉而廟祀之,是皆表章□作新斯文之意焉耳……且使春秋修其常事。猗歟休哉! 大聖不康,此禋祀乎? 是舉也,鄉中人今而後革面洗心,遵循聖教,人文蔚起,釀成鄉鄰風俗之美。②

由此亦可見鄉村孔廟的教化意義,使"鄉中人今而後革面洗心,遵循聖教",對自己之前的行爲進行反思和改進,從而"釀成鄉鄰風俗之美"。

再如元至正二十一年(1361)的《孔子燕居廟記》記載:

> 廟爲三楹,直榱短棁,朱户疏牖,不痺不侈,規制合則而幽爽適宜。位先聖于中,顏、曾、思、孟四子列侍左右,皆弁服塑像象其生,儼然肅然,人知起敬……爾鄉人朝夕朔望從師生之列瞻仰聖賢,如在其上,得無有感於心乎! 感之深則思之不忘矣!③

鄉村孔廟之中往往有聖賢塑像,皆"儼然肅然",使人望而生敬,久而久之,自然深受其薰陶。這些碑文都體現了鄉村孔廟對上至儒生下至村夫的教化作用,無論是儒生還是村夫,皆會因爲孔廟的存在而心生敬意,並約束自己的行爲,達到移風易俗,改善風化的效果。

---

① 申時顯:《重修文廟序》,《三晉石刻大全·長治市黎城縣卷》,第 224 頁。
② 魏元舉:《五門鄉重修聖廟碑記》,《三晉石刻大全·晉城市城區卷》,三晉出版社,2012 年,第 251 頁。
③ 民國《襄陵縣新志》卷 24《藝文·孔子燕居廟記》,第 261 頁。

2. 出則忠國，處則孝家

鄉村孔廟的教化作用除移風易俗外，還會對鄉民的思想觀念及生活態度產生一定的影響，使其"出則忠國，處則孝家"。

南桑魯孔廟中明洪武四年（1371）《潞州黎城縣重修南桑魯孔子廟碑》記載：

> 不唯修學廟於邑庠，而復修葺於里社，則自里而邑，自邑而□郡，□化民善俗，□□於天下者，孰不曰兆於此乎？里中耆老復能招良師賢友，教其族□子弟，與鄉間之俊秀，敦瞻禮殿，潛心聖學，入孝而出弟，朝耕而暮誦，厚積薄發，任重道遠，達而在上則爲有用之材，□而在下亦爲廉謹之士，然後不負修建廟學之意，庶可□于永久而不墜也。①

從碑文記載可知，鄉村孔廟的存在使得族中子弟及鄉間俊秀"敦瞻禮殿，潛心聖學，入孝而出弟，朝耕而暮誦"。這樣做的目的是讓他們"在上則爲有用之材"，"在下亦爲廉謹之士"。這對於鄉民思想觀念及生活態度的提升大有裨益。這樣的記載並不少見。再如立于靖居村文廟大殿之下的光緒七年（1881）《重修文廟碑記》記載：

> 文廟既修，則鄉校已復，若能□師儒於其中，講明孝悌忠信之義，服習禮樂詩書之訓。將現多士奮興，人才蔚起，出可爲國家有用之材，志不失寡過謹身之道，不但宣程子鄉校之意，亦不毀□□□補修之心也。②

《山右石刻叢編》中的高平《米山宣聖廟記》也有記載："凡爲人之子弟者，當念在上之恩，朝夕黽勉，從事於經，希賢希聖，出則忠國，處則孝家，則鄉校爲不虛設矣！"③這些碑文都揭示了鄉村孔廟所產生的深刻影響，即修建廟學之意是要"講明孝悌忠信之義，服習禮樂詩書之訓"，使鄉間才俊"出可爲國家有用之材，志不失寡過謹身之道"，起到敦促和激勵的作用，鼓勵他們真正做到"出則忠國，處則孝家"。

此外，由於鄉村孔廟具有重要的教化作用，久而久之，民衆對於孔廟的重視與敬意

---

① 宋桓：《潞州黎城縣重修南桑魯孔子廟碑》，《三晉石刻大全·長治市黎城縣卷》，第47頁。
② 光緒七年（1881）《重修文廟碑記》，碑立于靖居村文廟大殿之下。
③ 宋翼：《米山宣聖廟記》，胡聘之：《山右石刻叢編》卷33，第12頁。

也會越發深刻,這一點從鄉民熱心于鄉村孔廟的捐施修繕便可看出。現存金莊文廟内的清咸豐二年(1852)《重修文廟碑記》,將施財姓氏及修繕孔廟的收入與花銷載於碑陰,其間記載:

> 收文廟歷年租錢□十七千二百五十文;收募化施銀四百□十七兩,錢六百一十一千三百六十文;收社内湊錢一百零七千四百文;收師承□補修牌□錢五千文;收開光香□錢一百一十千文。①

由此可知,歷年租錢、募化捐施所得、村内攢湊、開光錢等是修繕孔廟的主要收入。其中,民衆的捐施攢湊占了一大部分,可見人們對於捐施鄉村孔廟抱有很高的熱情。康熙十一年(1672)知縣謝國傑所撰《重修趙曲鎮宣聖廟暨社學碑記》就有記載:"余閱邑中前宰李君碑記,知趙曲之有宣聖殿也,創於遠代,飭於前朝,而社學建其旁……捐俸倡始,而鎮之輸財輸力者,皆歡焉恐後。"②現存金莊文廟的嘉慶七年(1802)《重修文廟碑誌》記載:"今春會議一倡百和,或在本村起湊,或在他鄉鼓舞,毫不費力,錢堆金積。"③再如上文提過的元至正二十一年(1361)的《孔子燕居廟記》記載:"乃令里社咸建夫子廟,謹悆祀事。令下,衆皆樂趨。"④從上述這些材料我們不難看出,民衆對於修繕捐輸鄉村孔廟之事很是積極,可以做到"一倡百和",而且"鎮之輸財輸力者,皆歡焉恐後","衆皆樂趨",無論是在本村起湊,還是在他鄉鼓舞,都"毫不費力,錢堆金積"。因此我們說,民衆樂於捐輸也是孔廟教化作用深入人心的體現。

餘　　論

鄉村孔廟及其祭祀情況應該得到更多的關注,然而許多孔廟並不爲人所熟知,其建築遺存没有得到相應的保護,碑刻文獻没有得到應有的利用,其内在的核心價值與意義也没有得到充分的發掘。提高對鄉村孔廟及其祭祀問題的關注也可以爲鄉村儒學這一命題的研究提供新的思路。鄉村孔廟祭祀是禮制下移的一種體現,其變化的是外在的

---

① 清咸豐二年(1852)《重修文廟碑記》,現存金莊文廟碑廊内。
② 民國《襄陵縣新志》卷24《藝文·重修趙曲鎮宣聖廟暨社學碑記》,第298頁。
③ 清嘉慶七年(1802)《重修文廟碑誌》,現存金莊文廟碑廊内。
④ 民國《襄陵縣新志》卷24《藝文·孔子燕居廟記》,第261頁。

具體形式,不變的是内在的禮樂精神。因而在研究時可以將視野下移,擴大禮的研究範圍,從民間尋找更多的材料與啓發。在現代社會,我們需要繼承和弘揚優秀的傳統文化,而孔廟祭祀中的釋奠禮應該得到更多的重視,正如彭林教授所言:"釋奠禮所要表達的,是對古老的中華文明的敬意,具有鮮明的提倡文教的意義。"①

---

① 彭林:《祭祀萬世師表:釋奠禮》,《文史知識》2003 年第 10 期,第 97 頁。

日本近世的儒教喪祭禮儀
——《家禮》與日本

日本關西大學　吾妻重二
武漢大學　古宏韜　譯

序　言

儒教與日本的關係，至今已有諸多討論。關於儒教對日本的思想、學問、文化與生活帶來了多大程度的影響——或者換一種說法，儒教對日本而言究竟是什麽？可以認爲，這一問題會因爲當下研究者個人解釋的不同，而存在相當大的分歧。像津田左右吉那樣認爲儒教僅僅是一種知識、對日本人生活幾乎沒有影響的看法，雖然過於極端了，但對於"儒教究竟被日本接受到何種程度"這種儒教對日本的影響和評價，應當說依然沒有明確的共識。

造成這種情況的其中一個因素，是因爲"日本儒教的實際形態爲何"這一點上還留有許多不明之處。如此一來，也就存在這樣一種思考傾向，認爲日本儒教的內容已經有充分的研究。即便將考察的時間段限定在明治時代以降，從井上哲次郎的三部著作——《日本陽明學派之哲學》《日本古學派之哲學》《日本朱子學派之哲學》(1900—1905年)——問世以來，已有諸多成績。日本思想史研究在戰後也尤爲興盛，成果不勝枚舉。儘管如此，就儒教整體而言，仍有不少尚待開發的領域。特別是，對日本儒教中"禮樂"的研究，應該說才剛剛展開而已。

本文探討的"儒教喪祭禮儀"，就是還未開發的研究領域之一。該領域屬於"禮儀"的範疇，是儒教中的本質性部分，日本的儒者對其也表現出了很大程度的關心，留下了不少相關著作，並且也有不少進行禮儀實踐的案例；然而至今爲止，不僅日本思想史界，連日本喪葬制度史中也幾乎沒怎麽討論過這方面的內容。對於"禮儀"方面的研究興趣不足會是出現這種情況的一大原因，對此問題有待其他場合討論。本文嘗試對日本近世的儒教喪葬禮儀作一概覽，以期提供一個大致的參考。

一、三禮的文獻與《家禮》

眾所周知,儒教經典中有關於禮的三種典籍,是所謂"三禮",即《儀禮》《周禮》《禮記》。這些經典在後世是中國禮學、禮制據以定型的基本文獻。特別像《儀禮》,是以冠婚喪祭、相見禮、鄉飲酒禮、射禮、聘禮等,強調士階層身份定位爲主的禮儀實踐範本,地位很重要。一般而言,《禮記》作爲禮書比較有名,但其屬於"與禮相關的劄記",除了和《儀禮》有關的解讀,還包含有其他各種文獻的篇章。《周禮》則是對官僚組織體系進行整理的文書,因此保存有關於國家禮儀的記載;不過若就"記錄儀式程式的禮書"這一點來看,《儀禮》的意義最爲重要。

南宋朱熹(1130—1200 年)根據《儀禮》編著了新式的禮儀範本——《家禮》五卷。①《儀禮》和《禮記》是先秦時期的古代文獻(一部分内容可上溯至周代),並且其書寫方式相當繁瑣,在朱熹生活的 12 世紀時,要照搬其中的内容來實踐禮儀比較困難。《家禮》,如題所述是應當在家(宗族)中推行的禮儀之意,在通禮之後有冠禮、婚禮、喪禮、祭禮,構成"冠婚喪祭"體系,該書伴隨著朱子學的普及,在近世以降發揮了很大的影響力。

説到日本的禮學,儒教在近世時期廣泛普及,並湧現出了衆多的儒學者。不過與其他儒教文獻相比而言,對三禮文獻的研究並不那麼普遍,而且對禮學文獻的興趣也都集中在朱熹的《家禮》上。②《家禮》中特別強調作爲日常禮儀的"冠婚喪祭",而且這是士人和庶民都能利用的内容。"學即可成聖"是朱子學標榜的有名的理念,朱熹在《家禮》裏構建了不問地位、身份、財產,"人皆可行"的日常禮儀範本。隨著朱子學自身的權威性,該書中存在的這種普遍理念也展現在日本知識階層面前,並得到接受。此外,《家禮》對朝鮮、越南、琉球等東亞地區的冠婚喪祭禮儀也造成了廣泛影響,這同樣也是《家禮》本身的特性所導致的。③ 順便一提,我們日語中平時使用的"冠婚喪(葬)祭"的語彙,可以認爲也是來自《家禮》的。

近世日本與《家禮》相關的著述數量非常多。現取其中幾種加以討論,由此陳述儒

---

① 曾有認爲《家禮》是假託朱熹之名的僞作,但根據近年研究,儘管它是未完成的著述,這無疑仍是朱熹本人的著作。此外,日本近世的相關書籍對其作者爲朱熹一事没有懷疑,完全尊《家禮》爲朱熹自著。
② 吾妻重二:《江户時代における儒教儀禮研究——書志を中心に》,《アジア文化交流研究》第 2 号,関西大學アジア文化交流研究センター,2007 年。
③ 關於《家禮》在東亞地區的接受度狀況,參照吾妻重二、朴元在編:《朱子家禮と東アジアの文化交涉》,汲古書院,2012 年。

教的一些喪祭案例，並嘗試思考其特徵。① 另外預先闡明，在日語中"葬祭"的説法比較容易理解，但按照儒教式的説法則是"喪祭"，也就是代表了喪禮與祭禮。"喪禮"包括葬禮儀式以及服喪的内容，"祭禮"則是指祖先祭祀（佛教的稱法是祖先供養），這兩種禮通常是並稱的。僅僅從葬儀或祖先祭祀的單方面切入都不合適，所以在此將兩者同時加以考量。

二、林鵞峰

1. 林鵞峰與葬禮——《泣血餘滴》

林鵞峰（1619—1680）是林羅山的第三個兒子，参與了幕府的政治事務，同時留下了《本朝通鑑》等多部著作。與喪祭相關的著作，是《泣血餘滴》二卷。

《泣血餘滴》是對明曆二年（1656）三月以儒禮舉行的林鵞峰母親荒川龜（即林羅山之妻）的葬禮的記録，用漢文寫成，三年後在京都的書肆刊行。②

原本林鵞峰的父親林羅山（1583—1657），早在寬永六年（1629）主持的長子叔勝（鵞峰長兄）的葬禮就是按照儒教禮儀實行的。叔勝留下了"吾死勿用浮屠禮儀"（林左門墓志銘，《林羅山文集》卷43）的遺言，非浮屠（佛教）式的儒教式葬禮，要而言之就是基於《家禮》的儒教範式。根據《家禮》進行的葬禮，土佐的野中兼山（1615—1663）被認爲是最早的例子，實際上叔勝這邊較之更早20年左右。而且，兼山的儒葬雖然規模很大，但僅舉行了一次，相較之下林羅山使用儒葬之後，便成爲了林家的傳統。

繼承了林羅山傳統的林鵞峰，在其母親的葬禮上就採用了儒禮。本來林鵞峰的母親是佛教净土宗的信徒，但她比起被他人下葬更希望經由子女之手，於是儒葬的形式得到了允許。《泣血餘滴》詳細記録了她從死去到埋葬的五日之間的禮儀，展示了林家的儒葬形式。關於該書的基本方針，書中序文如此寫道：

> 昔朱文公遭其母祝孺人之喪，折衷《儀禮·士喪》而製作家禮，後學無不由之。本朝釋教流布闔國，爲彼被惑，無知儒禮者。故無貴賤，皆葬事無不倩浮屠。嗚呼，

---

① 在吾妻重二：《家禮文獻集成：日本篇》1~7（関西大学出版部，2010—2018年）中收有本文稿所提及的主要相關文獻的影印版。另，本文所述内容，主要都基於筆者至今爲止發表的各種論文。詳細内容在注釋中引出，請参閲拙作。

② 吾妻重二：《日本における『家禮』の受容——林鵞峰『泣血余滴』『祭奠私儀』を中心に》（如注3所示，已收録於《朱子家禮と東アジアの文化交涉》中）。

> 痛哉！近世有志之人雖偶注心於家禮,然拘於俗風,而雖欲爲之而不能行者亦有之。今余丁母之憂,而其葬悉從儒禮行之。

可見,他對當時習俗中的佛教式葬禮加以排斥,並按朱熹《家禮》"悉從儒禮"來舉辦葬禮。書名的"泣血",指的是《禮記·檀弓(上)》中父母死後三年間泣血哀悼的典故,應當認爲,這是儒式葬禮中"孝"的重要表現。

此外,關於該書刊行的旨趣,出版前一年的萬治元年(1658),寄給京都的石山丈山的書簡(《答石丈山》,《鵞峰先生林學士文集》卷28)中說到:"聞先年所借《泣血餘滴》,可刻梓以行於世,使人知儒禮葬法。"他將自己葬母禮儀的詳細記錄出版問世的行爲,有點奇異,不過這是爲了推廣"儒禮葬法"的做法。這其中包含了他希望使朱子學禮儀在日本普及,並成爲普世文化的意圖。

2. 林鵞峰與祭禮——《祭奠私儀》

《泣血餘滴》是關於葬禮的書籍,對祖先祭祀之事基本沒有記述。此外他還著有爲實踐祭禮而作的《祭奠私儀》一卷。

《祭奠私儀》用漢文寫成,現有鵞峰手稿本,藏於日本國立公文書館(內閣文庫)。林鵞峰在母親葬禮的第二年,即明曆三年(1657)一月,遭逢父親羅山的逝世,這次他將祭祖的儀式記錄了下來。該書記述的內容依據了《朱子家禮》,他在序文中這樣提到:"其儀專宗朱文公《家禮》,且參考丘氏《儀節》,以聊損益而從時宜。"此處說到的《儀節》是指明代丘濬的《文公家禮儀節》,這是將《家禮》的做法改造得更爲簡易並附上了解釋的書。鵞峰同樣按照《家禮》,製作讓祖先靈魂憑依的木制神主(相當於佛教中用於魂靈憑依的位牌)和安放神主的祠堂。祠堂是與住房相鄰的建築物,又稱家廟,在此進行祭祀活動,而這在日本尚屬於早期的案例。從此以後,林家就依照《祭奠私儀》來進行祖先祭祀。

圖1所載的是《泣血餘滴》中記錄的墓石之圖,圖2是現存的墓石的照片。可見原本的式樣保存得比較完好。

另外,此處應當注意墓碑的形狀和大小。大小方面,圖1所示的是:

> 高四尺,今尺二尺五寸五分餘
> 厚七寸九分,今尺五寸一分
> 闊一尺一寸八分,今尺七寸六分

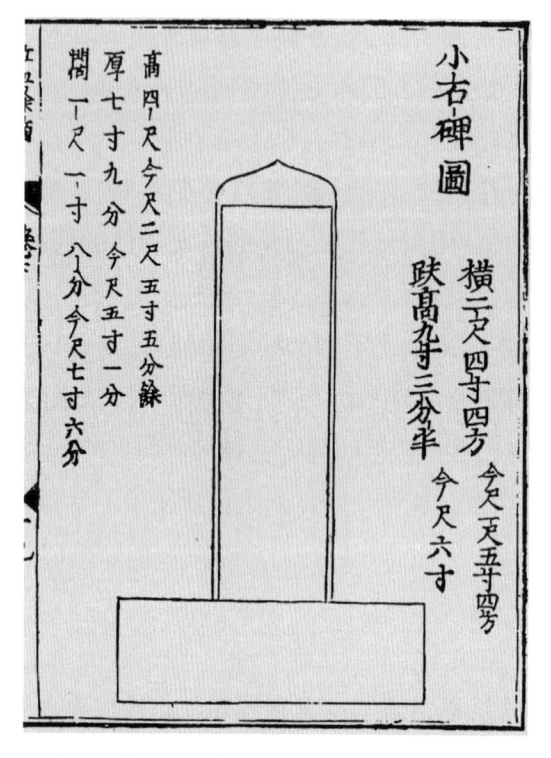

圖1 鷲峰母親的小石碑（《泣血餘滴》卷下）

圖2 現在的鷲峰母親小石碑（背面的樣子。引自新宿區教育委員會《國史跡林家墓地調查報告書》，1978年）

相對的，《家禮》對墓碑大小的描述如下：

> 墳高四尺，立小石碑於其前，亦高四尺，趺高尺許。
> 〇今按……用司馬公說，別立小碑，但石須闊尺以上，其厚居三之二，圭首而刻其面如志之蓋，乃略述其世系名字行實而刻于其左，轉及後右而周焉。（《家禮》卷四）

《泣血餘滴》所謂"高四尺""闊一尺一寸八分""厚七寸七分"，可以認爲是參照了《家禮》的"高四尺""闊尺以上""其厚居三之二"的說法。另外，《泣血餘滴》將《家禮》的"尺"換算成日本的"今尺"，高度變成了"今尺二尺五寸五分餘"，厚度變成"今尺七寸六分"。今尺是日本的曲尺（一尺 = 30.2 cm），據此算來墓碑的高度約是77 cm有餘。事實上現存於東京新宿區的林家墓地中，荒川氏的墓碑高度正是77 cm。

鷲峰的換算法原本並不正確,《家禮》所用的尺是周尺,一尺爲 23.1 cm。因此,《家禮》中的墓碑高度(四尺)應是 92.4 cm,荒川氏墓碑比《家禮》所説要更小。

此外,墓碑的形狀按照《家禮》來看應是上方有略尖鋭的形態(圭首),而荒川氏墓碑上方也有尖鋭的形狀,十分相似。

《泣血餘滴》後來作爲書籍出版,隨著林家名望的擴大,爲近世日本的儒教喪祭禮儀提供了一種基準。例如,從德川光圀肇始的水户藩儒教喪祭禮儀,也受到其影響。

三、藤井懶齋、中村惕齋等朱子學者團體

1. 懶齋與《本朝孝子傳》

藤井懶齋(1617—1709)是林鷲峰的同時代人,生於京都。曾出任九州築紫久留米藩的藩醫,此後在京都與山崎闇齋和米川操軒相識,開始研究朱子學。此後,他於 58 歲從久留米藩離任,回到京都,聚集了衆多門徒來講解儒書。他和中村惕齋(1629—1702)交好,當時惕齋是與伊藤仁齋、淺見絅齋齊名的儒者。①

讓懶齋一躍成名的是其著作《本朝孝子傳》三卷。該書以中國的孝子傳爲範本,用漢文記録了日本的七十餘名孝子的傳記,自貞享二年(1685)刊行以來,增印了許多次,成爲最佳暢銷書。而井原西鶴的《本朝二十不孝》,借助《本朝孝子圖》所造成的爆發式流行熱潮,以其爲基礎而寫作之事,是有名的逸話。② 受到熱賣鼓舞的懶齋,在兩年後的貞享四年(1687),將該書改成漢文與平假名相參的文本形式,以《仮名本朝孝子伝》爲名刊行。《本朝孝子傳》也成爲江户時代諸多孝子文學中,能與幕府的《官刻孝義録》相提並論的重要著作。

懶齋撰寫《本朝孝子傳》的動機,當然有儒者宣導"孝"的因素在内。同時,還有禮儀書籍《二禮童覽》,也是爲"孝"的實踐而寫作的。

2. 懶齋的《二禮童覽》

《二禮童覽》是元禄元年(1688)懶齋在 72 歲時刊行於京都的。"二禮"是指喪禮和祭禮,一邊依據《家禮》一邊附加了和文的解説。其自序説到:

---
① 吾妻重二:《藤井懶斎『二禮童覽』について——「孝」と儒教葬祭儀禮》,《関西大學中國文學會紀要》第 37 號,2016 年。
② 胜又基:《『本朝孝子伝』の流行》,《金沢大學國語國文》第 23 號,1998 年。

喪祭の二禮、世のならはしのまゝなるはあまりにこゝろよからず覺へ侍れバ、朱文公の家禮のおもかげいさゝか家にあらまほしくて、ひそかにみづからかの書を抄略し俗語にかへ俗禮をまじへ婦女兒童のともがらまで是をよみ見てかばかりの事はよくなしてんとおもえらむやうにと書つく。終に此ふた卷となりぬ。よりて名づけて二禮童覽となんいふ。

　　（其大意是：喪祭二禮，在當下世風的情況實在令我心有不安，而朱文公《家禮》的影子讓我有所嚮往，於是私自抄寫了這本書，用俗語寫作這樣禮俗交雜、婦女兒童之輩也能明白的樣子，最後就有了這樣的兩卷本。據此將其命名爲《二禮童覽》。）

也就是説，作者無論怎樣也要根據《家禮》在日本推廣儒禮，於是抄寫了《家禮》，並夾雜著使用婦女兒童也能理解的俗語、俗禮來進行書寫。

這本書原本是懶齋在久留米藩時代的萬治三年（1660），以父親逝世爲契機而撰寫的。其父死後，懶齋向藩主求得了三年的假期，回到京都舉行葬禮和服喪。據其友人武富廉齋的《月下記》的記載，他當時的情況是：廬居（服喪期間在墓旁廬屋內生活）、寢苦枕塊（在草墊上睡覺，用硬土作爲枕頭）、素食，再加上小祥和大祥等，基本都遵照《家禮》的順序實行下來。懶齋實際上就是依《家禮》實行了喪祭過程，並以其順序爲要點總結形成了《二禮童覽》一書。

3. 懶齋周圍的京都朱子學者團體

關於懶齋的儒禮實踐問題，不能忽略京都朱子學者團體的存在及其意義。在懶齋身邊，以撰寫者中村惕齋爲中心，川井正直（1601—1677）、三宅鞏革齋（1614—1675）、米川操軒（1627—1678）、增田立軒（1673—1743）等人，都推崇朱子學，與儒教喪祭禮儀具有關聯。

例如，承應二年（1653）以儒禮葬父的中村惕齋很快就建造了祭祖的祠堂，並經過長年考察，寫下喪禮書籍《慎終疏節》4卷、祭禮書《追遠疏節》1卷。此外，還撰有可認爲是詳細資料集的《慎終疏節通考》6卷、《追遠疏節通考》5卷。這些都是補訂《家禮》的工作。最擅長禮學、並著有《律呂新書》等音律研究的惕齋，即使在整個日本近世也是第一等的儒教禮樂研究者。[①] 此外還有惕齋的門人增田立軒，根據惕齋的《慎終疏節》《追

---

① 關於惕斎的音律研究，參考：榧木亨：《中村惕斎と律呂新書—『修正律呂新書』および『筆記律呂新書説』の文献學的考察—》，《文化交渉》創刊號，関西大學大學院東アジア文化研究科，2013年。

遠疏節》,整理了惕齋的語錄,以和文編寫出《慎終疏節聞錄》4 卷和《追遠疏節聞錄》(不分卷)。三宅鞏革齋也按《家禮》著有《喪禮節解》2 卷及《祭禮節解》2 卷。

4. 川井正直的實踐等

川井正直同樣是一個有趣的人物。正直並非學者身份,他是京都茶町的茶商,與惕齋和懶齋關係很近。值得注意的是,懶齋在此前所述的暢銷書《本朝孝子傳》卷下的《今世》部分,爲川井正直立有專傳,記載了他的孝行和儒禮的實踐。

據其所述,正直在將近 50 歲時在山崎闇齋處學習《小學》,注意到了孝親的重要性,於是盡心奉養父母。在父母死後,遵從《朱子家禮》的方式舉行葬禮。當時,正直害怕父親會接受佛教式的火葬,連夜偷偷把棺材從墓場運出改葬,不久後將母親在那裏陪葬。這在周圍人看來是令人震驚的行徑,但正直"斷然堅持如此行事",並不在意世評。不僅如此,他還完整地服完了三年之喪。

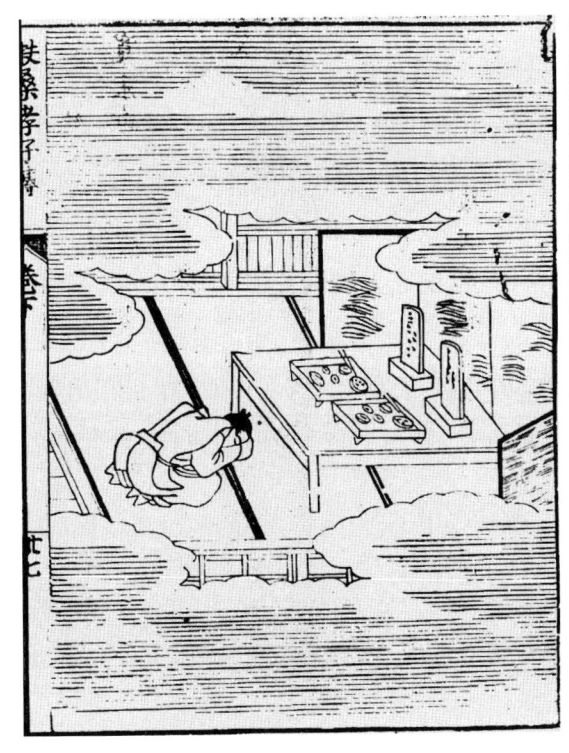

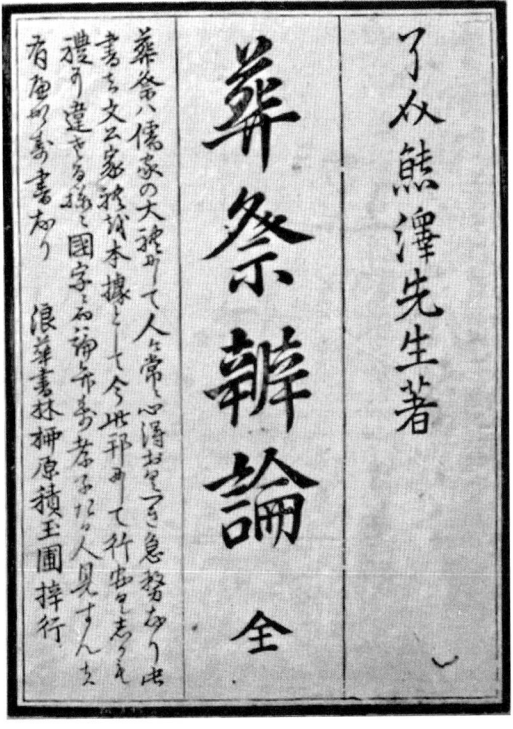

圖 3　《川井正直》圖(《本朝孝子傳》卷下)　　圖 4　熊沢蕃山《葬祭弁論》(重刻本)封面內頁

圖 3 所示的是《本朝孝子傳》記載的川村正直的圖像。其中描繪了他在父母二人神主前奉上供品並虔誠行拜禮的姿態。有可能這是實際狀況的寫照,其虔敬程度之強烈

給人印象深刻。懶齋的《本朝孝子傳》在當時評價很高,因此,正直據儒禮無畏地實踐喪祭禮儀,顯然也是膾炙人口的事蹟。

諸如此類,在 17 世紀後半葉,在京都的懶齋周圍聚集起衆多朱子學者及其信奉者,他們互相之間形成影響。他們是在日本實踐朱熹《家禮》的群體,也有不少相關的著作存世。大和田氣求將《家禮》全文翻譯而成的日語版《大和家禮》,淺見絅齋的《家禮》研究和《家禮》標點本的出版等,也在京都朱子學者們的行動上起到順水推舟的效應。

此外,伊藤仁齋(1627—1705)與他完全是同時代人,也同樣在京都活躍著,但他並沒有特別積極進行禮儀研究,與以上所説懶齋、惕齋等人的團體形成截然不同的面貌。

四、熊澤蕃山

1. 蕃山的《葬祭弁論》

熊澤蕃山(1619—1691)是江户初期代表性的儒教思想家、政治家。他雖生於京都,在十六歲時因緣分成爲岡山藩主池田光政(1609—1682)的小姓。① 數年後離職,師從近江的中江藤樹(1608—1648)。此後,再次在岡山藩任職,輔佐光政,慶安三年(1650)升任爲番頭,成爲主導藩政的中樞人物並取得巨大的治理成績,聲名播於藩内外。明曆三年(1657),因受到幕府和藩内外的誹謗中傷,三十九歲就離任隱居,此後仍在藩内維持了一段時間的幕後影響力。不久與公家、幕臣、諸侯等人展開交遊,但主要精力集中在著述之上。

蕃山與禮相關的著作,有和文的《葬祭弁論》1 卷,于寬文七年(1667)在京都出版。這本書在江户時代後期刊行了重刻本,如圖 4 所見,其封面内側部分上明確記有基於《家禮》的内容:

> 葬祭ハ儒家の大禮にして人々常に心得おくべき急務なり。此書は文公家禮を本拠として、今此邦にて行安くしかも禮に違ざる樣ニ國字に而論弁す。孝子たる人見ずんば有べからず書なり。
>
> (大意是:葬祭是儒家大禮,也是人們应當時刻銘記的要務。本書根據文公家禮,如今在本國推行,用日語討論禮的本來面貌,此作爲孝子之人不可不讀的書。)

---

① 小姓,指服侍貴族的小侍從。——譯者。

本來蕃山的老師中江藤樹就是儒教喪祭禮儀的實踐者，他製作《家禮》式的神主，藤樹的葬禮也由門人按《家禮》行事，蕃山繼承了他的這種教導。①

2. 激烈的佛教批判

《葬祭弁論》中，蕃山根據《家禮》逐一討論了在日本可以施行的儒教喪祭禮儀，其中尤爲突出的是對佛教的嚴厲批判。例如：

> 仏者ハ此理をわきまへず、罪ふかふして地獄におつるなどゝ己れも迷ひ、人をも惑し、子たる者も又其理を不弁、父母たる人死すれば悪人のごとくに取成、罪ありて地獄に入べし、其供養ニハ経をよみ、施仏をなすべしとて、一七日百日期年などゝ、其忌にあたれる比ハ種ゝ財を費し宝をすてゝ僧徒に施すと見へたり。是等の事其親を罪悪人にとりなし、漸ゝ読経施仏の供養にて罪人を佗言するに似たり。爲子人、其親を罪人とひとしくする事豈忍ぶべけんや。
>
> （大意是：佛家不明此理，講有罪即墜入地獄，使自己迷茫，而又蠱惑人心。子不辨其理，視父母如同惡人，以爲父母死後因惡獲罪入地獄，需供養讀經施佛，經十七日、百日、一年，耗費錢財施與僧衆。侍奉親人而將其視爲罪人，用讀經施佛來撫平這種妄言。爲人子者如何忍心將親人視爲罪人？）

這裏，對佛教認爲不讀經、供養佛就會落入地獄，即使有父母也被視爲罪人的不合理之處，進行了指摘。儒教原本就没有地獄的觀念，對作爲儒者的蕃山而言，地獄之説衹不過是佛教的妄想而已。還有：

> 元來葬禮祭禮の事ハ聖人の至理を以てなし給ふことにて、釈迦の経文の中になき事なるを、梁の竺潜といへる出家、はじめて人を葬りしより、漸ゝ出家の業となり、儒者のおこなふ法式の中を窃ミとりて、其禮法を損益して己が家の法となせり。……故に末流に及てハ渡世のいとなミとなりて、経をよみて仏事をおこなふとも商人の売買するにひとしく、浅ましきありさま也。

---

① 參考吾妻重二：《日本における『家禮』の受容——林鵞峰『泣血余滴』『祭奠私儀』を中心に》。藤樹等人的神主，目前可見于滋賀縣高島市的藤樹書院内。此外，也有説法認爲《葬祭弁論》不是蕃山的著作，但其根據比較站不住腳。

（大意是：原本葬禮、祭禮之事是根據聖人至理而來，釋迦的經文中沒有這些東西。南朝梁的竺潛這個出家人，最開始祇是埋葬人，漸漸形成了出家的做法，竊取儒者的做法，損益禮法以爲己用。……因此其末流就講渡世，要讀經、做佛事，跟商人做買賣一樣，十分淺薄。）

這是指出父母、祖先的葬禮與祭禮原來並未記載於印度佛典中，佛教僧侶當下所爲祇是與商人的投機買賣没什麼區別的淺薄行徑。最后該書説：

　　もし聖人の禮に順ハんとおもふ人ハ文公家禮をかんがへ見るべしなり。
　　（大意是：如果有人想要接受聖人之禮，就應該去看《文公家禮》
　　顯然，是將朱熹的《家禮》當作學習的模範。）

3. 蕃山的思想轉變

然而，蕃山在此不久之後就改變了之前的想法。後年的《集義和書》與《集義外書》所説的觀點，可以看到與此前説法有所不同。首先來看看《集義和書》的内容，其卷四説到：

　　それ喪は終を慎むなり。祭は遠きを追なり。民の德厚きに歸す、尤人道の重ずる所なり。然れ共、喪祭ともに時処位をはかるべし。只心の誠を尽すのみ。格法に拘て不㆑叶をしみ、不㆑能をかざらば、必ず基本をそこなふべし。格法の儒者の世に功ある事すくなからず。予がごときものも恩德にかゝれり。しかれども、心法にうときがゆへに、自己の凡情を不㆑知、又行ふこと、日本の水土に叶はず、人情にあたらず、儒法をおこすといへども、終に又儒法を破る事をしらず。貴殿、三年の喪の法はあたはず共、心情の誠は尽し給ふべし。追㆑遠の祭も、又なるべきほどの事を行て、自己の誠を尽し給ふべし。

　　（大意是：喪禮慎終，祭禮追遠。民德歸厚，此尤爲人道所重。然而喪祭還需考慮"時處位"，祇是盡誠心而已，應當不拘一格。若非如此，將有損于根本原則。弘揚儒法之世，功不爲小。我輩也能承其恩惠。然遵循心法，應看到自身的世俗一面，又應在行事中考慮日本的本土情況、人情世故，若非如此，在發揚儒法的同時也有可能最終導致失敗。您進行三年之喪之法,心意之誠已盡。追遠之祭,也應竭力而爲,盡自己的誠心。)

在日本,應當"考量喪祭兩者的時間、場所和立場",完全没必要拘泥於三年之喪和追遠祭祀等儒教喪祭禮儀的方式,只需盡到自己的誠意即可。

這種見解同樣見於《集義外書》,其卷一説:

> 日本は小國にして山沢ふかゝらず。地福よくして人多し。中華のごとく死ををくるの禮を備へがたし。尤今日本國中をかぞへてわづか数十人に過ざる儒者の道を行ふ人の棺槨は、成程美を尽したりとも、害あるべからず。聖人の禮を知べきたよりにもよかるべし。しかれども天下に道の行はるべき通法にはなりがたし。
> (大意是:日本雖是小國而山溪不深,地靈而人口衆多。很難如中華那樣,送死的禮儀相當完備。特別是現在日本國内僅僅數十人的儒者,其棺槨有百美而無害。如此知聖人之法固然是好事,但要推行成爲天下之常法恐怕很困難。)

卷十則有關于火葬的説法:

> 天地ひらけてこのかた、近世ほど人多土地せばき事はあらじ。気運ふさがりくらふしてしかり。時に仏法あるも又かなへり。火葬も又可なり。今の時に當て、家禮の儒法を庶人にまで行ん事は、聖賢の君出給ふとも叶ふべからず。
> (大意是:天地開闢以來,如近世這樣人多地少的情況是没有的,是因爲氣運塞暗而然。此時佛法也合乎需要,火葬可以採用。如今的時代,將《家禮》之儒法向庶人推行,與聖賢明君出現一樣不可期望。)

在此他斷言,《家禮》的儒教禮儀,在儒者來説姑且不論,向庶民推廣成爲"通用法則"一事在日本是不可能的。

這時的意見,與批判火葬和佛教式供養、遵守《家禮》的《葬祭弁論》,確實大相徑庭。也就是出於本土論的角度,考慮"時間、場合、立場",即日本的國情,這與此前以《家禮》爲準則的規範意識相比明顯是倒退了。《集義和書》刊行于寬文十二年(1672),

《集義外書》刊行於延寶七年(1679),表明蕃山的思想在《葬祭弁論》後無疑是發生了轉變。

4. 岡山藩主池田光政與蕃山

前文所引《集義外書》中所謂的"家禮的儒法在庶人中間實行",實際上指的是岡山藩主池田光政。光政在寬文六年(1666)8月,根據《家禮》在領地內向庶民頒佈了稱爲"葬祭之儀"的文書,並努力促成其實施。① 從這一視點來看,可以發現《葬祭弁論》中有面對藩主陳述見解的口吻。有以下文段:

> 仏道には本より父母妻子をもすてゝ、父母あり共せざる意より教をたてゝ、他人の父母といへ共、おのれが法にまかせて火葬にし、一所の壙にて数百人をやくとミへたり。実に有罪の者を刑罰するにひとしく、國守たる人のゆるすべきところにあらず。
>
> (其大意是:佛道本來是宣揚捨棄父母妻子,父母人人皆平等的教義,因此遵從法式付於火葬,與他人的父母數百人一起置於同一壙中。這實與處置罪人的刑罰相同,並不是國守之人應當做的事情。)

他直接向國守諫言稱,火葬與給予有罪之人的刑罰相同,因此對於"守護國土者"而言是不應被允許的行爲,這些説法受到了關注;此處説的國守,應該可以認爲是指批判佛教、熱衷於儒教禮儀實施時期的光政。

如此想來,寬文七年(1667)刊行的《葬祭弁論》,正是蕃山在壯年期、並且是與光政處於"蜜月"狀態的承應四年(1655)到寬文六年(1666)之間,爲催促光政推進儒教禮儀實踐而寫的著作。

這個作爲儒禮推動者的蕃山,向儒禮批判者轉變的理由,也包括有圍繞儒教喪祭禮儀的一個討論。寺請制(檀家制度)的確在底層庶民中也得到實行,而當時佛教式葬祭禮儀有幕府、各藩權力在背後影響,已然滲透到民間習俗當中,要改變爲儒教式禮儀實屬困難;這或許也是一種對現狀的追加認知。但是,即便如此仍有不少人想要實踐儒教式的葬祭禮儀,對這一點應該有所注意。

---

① 吾妻重二:《池田光政と儒教喪祭儀禮》,《東アジア文化交渉研究》創刊號,関西大學文化交渉學教育研究拠點,2008年。

五、一些特徵

1. 大名、儒者與儒禮實踐的意義

在此僅舉一部分日本近世的儒式葬禮和祖先祭祀，主要是 17 世紀後半期的例子。雖對其他的事例也有所涉及，那些部分還有待整理。

除去文中介紹過的內容以外，還有很多相關的資訊，特別是名古屋藩的德川義直、水戶藩的德川光圀、岡山藩的池田光政等好學的大名，他們在關於儒式喪祭的問題上表現出的關心和實踐應當受到注意。並且還有山崎闇齋、淺見絅齋、若林強齋、蟹養齋等崎門派人物，室鳩巢、新井白石、中井甃庵、佐久間象山等朱子學系學者，荻生徂徠等古學派，三輪執齋等陽明學者，也許還應包括豬飼敬所等考據學者。不僅是朱子學派，還有各類學者對儒教喪祭禮儀，或者說是《家禮》都抱有非常高的熱忱。埋葬寬政三博士的大阪先儒墓所也是一個具體事例。

近世儒教先驅者藤原惺窩曾對門人林羅山應答說（《答林秀才》，《惺窩先生文集》卷 10）："若諸儒不服儒服，不行儒行，不講儒禮者，何以妄稱儒哉。"此處明確說到，若不著儒服、不仿效儒者的舉止、不行儒禮，就不能稱之為儒者；這表明儒教並不單純是某種觀念，而需要體現在主體自身的行為與禮儀活動中。惺窩的思考方式，與當時跟儒教思想產生共鳴的人們或多或少有共通之處，他們不僅借鑒思想，也參考了禮儀方面的內容，其原因正在於一種身為儒者的強大自覺性使然（即以儒教文化為一切行為規範之真理的自覺）。

2. 伊藤仁齋與新井白石

舉例來看，雖然上面說過伊藤仁齋與當時的京都朱子學者團體方針不同，並未對儒禮研究懷有充分的熱情，但是，在伊藤家喪祭中推敲《家禮》以及建立《家禮》式神主、祠堂的場合，可以看出他仍然有對儒教禮儀表示關心之處。[①] 此外，仁齋與其子東涯在嵯峨野二尊院內的墳墓也是以儒式修造的。圖 5 與圖 6 是他們的墓，在建制上基本相同。

---

① 參見吾妻重二：《日本における『家禮』の受容——林鵞峰『泣血余滴』『祭奠私儀』を中心に》。

圖 5　伊藤仁齋之墓（正面照。墓碑上方篆額刻有《古學先生伊藤君碣》字。）

圖 6　伊藤東涯之墓（背面照。墓地周圍以石壁形成半圓形，墓碑後面有土堆成的墳。）

　　仁齋和東涯的墓葬營造法也基於《家禮》。現在看到的仁齋墓，首先應注意到其上端有尖銳的"圭首"之形；大小方面，高度是 120 cm，寬度是 45 cm，厚度是 21.7 cm。上文曾提到日本曲尺（一尺 = 30.2 cm），按此分別對應的是四尺、一尺五寸、七寸。這與《家禮》的"高四尺""闊尺以上""其厚居三之二"的規格嚴絲合縫。毫無疑問，仁齋等人正是參照《家禮》來修建墓地的。①

儘管他們是批判朱子學，主張回歸孔孟本義的古學派人物，但在儒教禮儀方面依然表現出來自朱子學的深刻影響。

除此以外，仁齋墓碑的釋文如圖 7 所示。② 如圖中所見，在墓碑的側面刻有墓主的傳記，其所本即來源於《家禮》。

還有一個以往並未引起足夠重視的情況是，新井白石著有《家禮儀節考》八卷（寫本）。這是對丘濬《文公家禮儀節》中難懂的語句進行詳細注解的著作，即使在今天看來也是極爲有價值的整理工作。以及，白石在建設祭祖祠堂時，製作了《家禮》式的神主。該神主至今還在新井家被傳承下來。③

由上述可知，儒教禮儀中的喪祭之禮對他們而言是重要的切身大事。

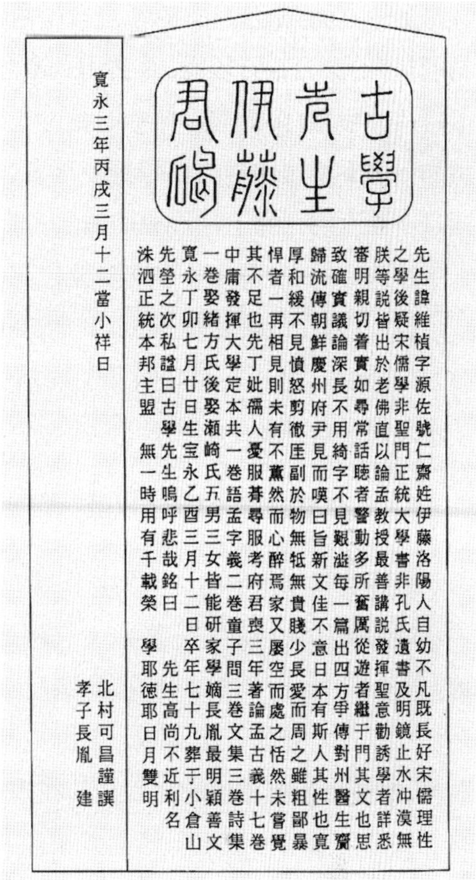

3. 佛教批判與日本式轉變

一個重要的相關情況是，推進儒式喪祭制度的儒者們幾乎無一例外地對佛教展開了批判。如熊澤蕃山的《葬祭弁論》中所示，儒教與佛教在生死觀的立場上就存在分歧。儒教不承認地獄和極樂世界的存在，認爲拯救地獄中死者的靈魂、引導向極樂世界的追善供養行爲全無必要，並且認爲佛教火葬的做法會毀傷親人的身體，與"孝"的教義相悖，應當避免。

另外，一邊守護儒禮的核心內容，一邊使之適應日本國情，也是一大特色，在此不宜詳細展開。簡略來講，僧侶不進行葬禮和追善供養，捨棄火葬而採用土葬，不起戒名（法名）和院號，製作爲靈魂提供憑依的神主，這些最終底綫是不可退讓的核心內容。

圖 7　伊藤仁齋墓碑（正面與側面）

---

① 除此之外，朱子學者中村惕齋等人的影響也曾被指出。可參考松原典明：《近世大名葬制の考古學的研究》，東京：雄山閣，2012 年，第 269 — 270 頁、第 296 頁以下。
② 來村多加史：《関西大學藏：『古學先生伊藤君碣』》，《関西大學考古學等資料室紀要》第 7 號，関西大學考古學等資料室，1990 年。
③ 吾妻重二：《家禮文獻集成：日本篇》5，関西大學出版部，2016 年，第 355 頁注解。

另一方面，結合日本的情況發生的改變，是三年之喪（算整數雖是三年，實際時間應是兩年）的服喪推行困難；服喪中的衣物也難以按《家禮》那樣製成麻布服，①只使用日本傳統的藤衣；建造安置神主的祠堂也並非易事，不少人通常只在一室之内安放妥當；供品一般不使用四脚的獸類等。再者，月命日（月忌）的祭祀不見於《家禮》，因爲這是據日本獨有的習俗追加形成的做法。還有，《家禮》在選擇墓地方面需要在葬禮前卜筮求占來决定位址，而在日本則多數會在自己宗門的寺院内修建墓地。

提到火葬，山崎闇齋死後，其門人一方面按《家禮》做法偷偷將闇齋遺骨埋葬（土葬）於墓地中，另一方面又做了空的棺材，送到寺院舉行佛教式葬禮。② 其意圖正是爲了避免與佛教界發生衝突。

4. 對葬禮、祭禮的關注以及"孝"和祖先觀念

最後應當指出的是，《家禮》分爲"冠婚喪祭"四禮，而喪禮（葬禮）和祭禮内容佔據了相關論著的大半部分。從本文有限的材料中也能看出這點。如本文開頭所説，《家禮》雖按照"冠婚喪祭"四種禮的範疇來講述，實則對冠禮和婚禮的關注很少。這並不是僅在日本才有的情況，中國、朝鮮也同樣如此。理由或有多種，但最主要的原因還是冠禮、婚禮相較喪禮、祭禮而言，其在現實中的重要性有所差别。"父母亡故後，子孫應該怎樣進行葬禮和祭祀"，這對人來説是絶對不能忽視的重大問題。换句話説，儒教喪祭禮儀的實踐與宣揚"孝"的思想是表裏一體、不可分割的關係。

儒教喪祭禮儀是爲了與佛教喪祭禮對抗，而由儒者爲中心提倡並實施的。這對幕末以來神道教的"神葬祭"和皇室的祖先祭祀都産生了很大的影響。這些姑且不論，儒者們的行動以及提倡"孝"的思想，對於强化日本人此前淡薄的祖先觀念和儀式感（即對祖先的敬意和崇拜之情）帶來了重大契機，這一點是顯而易見的。儒教禮儀終究對日本的思想和習俗造成了深遠的影響。

綜上，在日本近世時期（17—19世紀），很多日本儒學者關注儒教的喪祭禮儀，也就是儒教中的"葬儀、服喪"和"祖先祭祀"，表現出極大的興趣。在這個過程中，因爲朱熹的《家禮》專門對"冠婚喪祭"有十分簡約的構想與説明，所以他們對此書積極進行研究的同時，也實際舉行了基於《家禮》的儒教式喪祭。既然如此，儒教禮儀對日本没有影響這一至今通行的説法應該有重新反思的餘地了。

---

① 順帶説明，麻制的儒教喪服，現在仍可見于韓國的傳統喪禮之中。
② 近藤敬吾：《崎門學派における朱子家禮の受容と超脱》，收于氏著《儒葬と神葬》，國書刊行會，1990年。

以上筆者通過幾個有特色的例子來看日本接受《家禮》的具體情況,並對日本與儒教禮儀的關係進行了新的探討。我們該注意的是,在日本,不僅朱子學派的學者,陽明學派、古學派或考證學派等學者也都關注《家禮》,並實際嘗試舉行儒教喪祭禮儀。這些事實就說明《家禮》一書對日本思想界發生過重大的影響,在考察東亞地區儒教的吸取和展開過程時,這無疑也是一個很重要的因素。

ベトナムの「家訓」文獻
から見た伝統倫理

関西大學　佐藤トゥイウェン

はじめに

　「家訓」は儒教にもとづくベトナムの伝統的家庭の倫理教育を鮮明に映し出す資料である。現在でも、ベトナム・日本・フランスに、約119點ものベトナムの「家訓」文獻が所藏されており、大きく分類すると二種類に分けることができる。それは① 君主、官僚、民衆の階層を含む男子に対する伝統倫理、② 女子に対する伝統倫理である。そのため、ベトナムの「家訓」からかつてのベトナム人の伝統倫理の価値観を明瞭に見ることができると思われる。本発表では、時間の制約上、ベトナムにおける「家訓」文獻の流布狀況および民衆の男子、女子に対する伝統倫理、すなわち、ベトナムの伝統倫理を明らかにしたい。

一．ベトナムにおける「家訓」文獻の流布狀況

　現在、ハノイの漢喃研究院、ベトナム國家図書館、ホーチミン市の総合科學図書館、日本の東洋文庫、東京大學図書館、東京外國語大學図書館、京都大學図書館、大阪大學図書館およびフランス極東學院、フランス國立図書館、大學間共同利用言語・文化図書館、ギメ東洋美術館図書館、パリのアジア協會などに、約114點もの文獻が所藏されていることが明らかになった。さらに、驚くべきことに「家訓」文獻は今でも引き続き出版され、書店で市販されている。これらも「家訓」文獻として数えるならばゆうに114點を超えていることになる。これら「家訓」文獻のリストは表一のとおりである。

表一　ベトナムの「家訓」文獻リスト①

No	書　名	編著者	種　類	印刷所・出版社	刊行年	所蔵図書館
1	「温氏母訓」(『教女遺規』AC. 200 所収)	陳宏謀	刊本	興安省關聖祠藏板	1878 年(再版)	漢喃研究院
2	「家訓國語」(『文廟十詠』NLVNPF－0100・R. 1732 所収)	杜輝琬編纂	写本		1887 年	ベトナム國家圖書館電子文
3	「家訓長編」(『名詩合選』VHv. 452 所収)	不明	写本		不明	漢喃研究院
4	「家訓傳」(『國音詩歌雜錄』AB. 296 所収)	不明	写本		不明	漢喃研究院
5	「家族訓」(『珠川家訓』VHv. 2018 所収)	珠川子	写本		1910 年	漢喃研究院
6	『家范集要』(A. 2952)	鄧福庵	写本		不明	漢喃研究院
7	「家宝箴」(『珠川家訓』VHv. 2018 所収)	珠川子	写本		1910 年	漢喃研究院
8	「顏氏家訓」(『群書合採』VHv. 923 所収)	顏之推	写本		不明	漢喃研究院
9	居家要言(『朱子家政』(AC. 555) 所収)	阮希潘編纂	刊本	懷德府慈廉縣上葛社三聖祠藏板	1894 年	漢喃研究院
10	「勸孝國音歌」(『訓俗國音歌』AB. 287 所収)	鄧希龍	刊本	善行二聖祠藏板	1895 年	漢喃研究院
11	『窮達嘉訓』(VHv. 286)	胡尚書致士瓊郡公	写本		1733 年	漢喃研究院
11	『教訓演歌』(VNB. 44)	不明	刊本	柳文堂藏板	1919 年	漢喃研究院
13	『教訓歌』(AN. 201)	不明	刊本	廣盛堂藏板	1909 年	漢喃研究院
14	『居家勸戒則』(A. 166)	鄧春榜	刊本	善行二聖祠藏板	1901 年	漢喃研究院
15	『行参官家訓演音』(AB. 108)	裴輝璧	刊本	不明	1818 年	漢喃研究院
16	『勤儉彙編』(VHv. 245)	阮德達	刊本	不明	1870 年	漢喃研究院
17	「訓孩」(『禪宗本行』AB. 562 所収)	莫挺之著　慧身校訂	刊本	北江省永嚴寺藏板	1802 年	漢喃研究院

---

① 表一の「家訓」文獻のリストの順序については、漢字・字喃の文獻の場合は五十音順に、國語字の文獻の場合はアルファベット順に並べた。

續表

No	書　名	編著者	種　類	印刷所・出版社	刊行年	所蔵図書館
18	「訓子歌」（『劉平廚』AB. 640 所收）	不明	寫本		不明	漢喃研究院
19	「訓子五戒」（『翠翹所遇景況詩』VHv. 2398 所收）	阮實亭	寫本		不明	漢喃研究院
20	「訓子國音歌」（『訓俗國音歌』AB. 287 所收）	鄧希龍	刊本	善行二聖祠藏板	1895 年	漢喃研究院
21	「訓女演音歌新訂」（『女小學』AC. 552 所收）	黎日絢、阮廷四	寫本		1899 年	漢喃研究院
22	「訓女演歌」（『日省吟』AB. 18 所收）	不明	刊本	成立号藏板	1901 年	漢喃研究院
23	『訓女子歌』（VN. IV. 468）（AB85）	阮輝瑩	刊本	盛文堂藏板 大著堂藏板	1875 年	漢喃研究院および Bibliothèque Universitaire des Langues et Civilisations（大學間共同利用言語・文化図書館）
24	『啓童說約』（NLVNPF－0617，R. 562）	范復斎	刊本	不明	1881 年	ベトナム國家図書館電子文、Société Asiatique（パリ・アジア協會）
25	「儆婦箴」（『勸孝歌』AB. 532 所收）	不明	寫本		不明	漢喃研究院
26	『阮氏家訓』（A. 2942）	鳳亭阮梅軒	寫本		1849 年	漢喃研究院
27	『阮唐臣傳家規範』（A. 2236）	阮逸	寫本		不明	漢喃研究院
28	「國朝女範演義」（『皇陳廟坤范嗣音歌章合稿』AB. 140 所收）	阮福綿寊（绥理王）	刊本	即墨祠藏板	1905 年	漢喃研究院
29	「古訓女子歌」（『聖祖行實演音歌』VHv. 2388 所收）	鄧春榜	寫本		1898 年	漢喃研究院
30	『呉公訓子文』（A. 2219）	呉維垣	寫本		1769 年以降	漢喃研究院
31	『古人言行錄』（VHb. 285）	鄧春榜	刊本	善行二聖祠藏板	1895 年	漢喃研究院
32	『五倫記』（AC. 38）	裴秀嶺	刊本	不明	1830 年	漢喃研究院
33	『五倫詩歌』（AB. 538）	不明	寫本		不明	漢喃研究院

續表

No	書　名	編著者	種　類	印刷所・出版社	刊行年	所蔵図書館
34	『五倫叙』（AB. 128）	阮宗奎	刊本	不明	1847年以降	漢喃研究院
35	『蔡氏家訓』（VHv. 2832）	不明	刊本	不明	不明	漢喃研究院
36	『三光范大人家訓詩』（VNv. 263）	范文誼	写本		不明	漢喃研究院
37	「志庵家訓」（『東作阮氏家訓』A. 673 所収）	阮文理	写本		1849年	漢喃研究院
38	『慈訓録』（A. 149）	阮朝の慈裕皇太后著 嗣徳帝編纂	刊本	不明	嗣徳帝時代	漢喃研究院
39	『詩集訓蒙』（A. 1056）	蘇川老人	写本		1845年	漢喃研究院
40	「朱訓演音歌」（『春亭家訓』VHv. 13 所収）	黎右輯	刊本	不明	1849年	漢喃研究院
41	「朱子家訓」（『春亭家訓』VHv. 13 所収）	黎右輯編纂	刊本	不明	1849年	漢喃研究院
42	「朱子家訓」（『朱子家政』（AC. 555）所収）	阮希潘編纂	刊本	懐徳府慈廉県上葛社三聖祠蔵板	1894年	漢喃研究院
43	「朱子家訓」（『名詩合選』VHv. 452 所収）	不明	写本		不明	漢喃研究院
44	「朱子家訓」（『世傳宝訓』巻下、AC. 20 所収）	海珠子編輯	刊本	文江多牛文山堂蔵板	1864年	漢喃研究院
45	「朱子家訓附國語」（『名詩合選』VHv. 452 所収）	阮探花	写本		不明	漢喃研究院
46	『朱子家政』（AC. 555）	朱柏盧著	刊本	懐徳府慈廉県上葛社三聖祠蔵板	1894年	漢喃研究院
47	「朱子訓言」（『世傳宝訓』巻下、AC. 20 所収）	海珠子編輯	刊本	文江多牛文山堂蔵板	1864年	漢喃研究院
48	『珠川家訓』（VHv. 2018）	珠川子	写本		1910年	漢喃研究院
49	「朱夫子晩年傳訓」（『群書合採』VHv. 923 所収）	朱熹	写本		不明	漢喃研究院
50	「朱文公家訓」（『阮氏家訓』A. 2942 所収）	鳳亭阮梅軒	写本		1849年	漢喃研究院

續表

No	書名	編著者	種類	印刷所・出版社	刊行年	所藏図書館
51	『春亭家訓』（VHv.13）	黎右輯	刊本	不明	1849年	漢喃研究院
52	「春亭家訓國音歌」（『春亭家訓』VHv.13所收）	黎右輯	刊本	不明	1849年	漢喃研究院
53	『女訓傳』（AB.423）	鄭輝東	寫本		不明	漢喃研究院
54	「女訓要言」（『朱子家政』（AC.555）所收）	不明	刊本	懷德府慈廉縣上葛社三聖祠藏板	1894年	漢喃研究院
55	「女訓約言」（『教女遺規』AC.200所收）	陳宏謀	刊本	興安省關聖祠藏板	1878年（再版）	漢喃研究院
56	『女則演音』（BIULO.VN.IV.468）	陳萬安	刊本	盛文堂藏板	1869年	漢喃研究院およびBibliothèque Universitaire des Langues et Civilisations（大學間共同利用言語・文化図書館）
57	清穆堂叙籙（『阮族家譜』（仁睦）、VHV.2488所收）	阮廷琦	寫本		1777年	漢喃研究院
58	「石林家訓」（『群書合採』VHv.923所收）	葉夢得	寫本		不明	漢喃研究院
59	「宋尚官女論語」（『教女遺規』AC.200所收）	陳宏謀	刊本	興安省關聖祠藏板	1878年（再版）	漢喃研究院
60	『曹大家女戒』（AB.557）	班昭	刊本	廣盛堂	1908年	漢喃研究院
61	「男女教訓歌」（『三字経釋義』VNv.257所收）		寫本		1869年	漢喃研究院
62	「鄭氏家範」（『群書合採』VHv.923所收）	金華鄭氏	寫本		不明	漢喃研究院
63	「程狀元内房訓子歌」（『白雲石室』VNv.218所收）	白雲先生	寫本		不明	漢喃研究院
64	『傳家錄』（VHt.5）	不明	寫本		不明	漢喃研究院
65	『東作阮氏家訓』（A.673）	阮文理	寫本		1849年	漢喃研究院
66	「二十四孝演歌」（『掇拾雜記』AB.132所收）	李文馥	寫本		不明	漢喃研究院

續　表

No	書　名	編著者	種　類	印刷所・出版社	刊行年	所蔵図書館
67	『裴家訓孩』（VNv. 214）	古鸛裴楊歷	写本		1787 年	漢喃研究院、日本・東洋文庫および L'Ecole Francaise d'Extrême Orient（フランス極東學院）
68	「八反演音歌」（『訓俗國音歌』AB. 287 所収）	鄧希龍	刊本	善行二聖祠蔵板	1895 年	漢喃研究院
69	『筆香齋溪訓歌』（VNv. 295）	阮和郷	写本		1861 年	漢喃研究院
70	「婦箴便覧」（『掇拾雜記』AB. 132 所収）	李文馥	写本		不明	漢喃研究院
71	「宝訓」（『陳氏家訓』VHv. 2958 所収）	陳朝の皇帝歷代	刊本	不明	嗣徳時代（1847-1883）以降	漢喃研究院
72	『保赤便吟』（NLVNPF - 0521、R. 1954）	杜煇僚	刊本	不明	1901 年	ベトナム國家図書館電子文
73	「明道家訓」（NLVNPF - 0663、R. 1555）	程灝著 朱玉芝訳	刊本	河内福文堂蔵板	1890 年	ベトナム國家図書館電子文
74	『明心寶鑑釋義』（NLVNPF - 0831、R. 1626）	不明	刊本	不明	1888 年	ベトナム國家図書館電子文
75	『默翁使集』（VHv. 1443）	丁儒完 進士阮仲常編纂	写本		1719 年	漢喃研究院
76	『笠峰文稿』（A3148 - I. 394）	阮浹	写本		1801 年以降	漢喃研究およびL'Ecole Francaise d'Extrême Orient（フランス極東學院）
77	『黎朝阮相公家訓歌』（AB. 406）	阮鷹	刊本	観文堂蔵板	1907 年	漢喃研究院、日本・東洋文庫および大阪大學図書館
78	「呂新吾閨範」（『教女遺規』AC. 200 所収）	陳宏謀	刊本	興安省關聖祠蔵板	1878 年（再版）	漢喃研究院
79	『楊公閨鑑錄』（VNv235）	楊恩	写本		不明	漢喃研究院
80	『楊公訓子歌』（AB605）	楊恩	写本		不明	漢喃研究院
81	Ái gia ninh nội huấn（『Ái gia ninh 内訓』）	Nguyễn Văn Đàm	刊本（単行本）	Nam Tân 印刷所	1935	Bibliothèque Nationale（フランス國立図書館）

續　表

No	書　名	編著者	種　類	印刷所・出版社	刊行年	所蔵図書館
82	Bạch vân gia huấn(『百雲家訓』)	阮秉謙著 Duy Nhuận, Duy Hậu 訳	刊本（単行本）	Thanh niên 出版社	2006年	ベトナム國家図書館
83	Chu Tử gia huấn(『朱熹家訓』)	Trần Trọng San 訳	刊本（単行本）	Bắc Đẩu 出版社	1973年	ホーチミン市科學總合図書館
84	Gia huấn ca(『家訓歌』)	陳希曽著 Trương Vĩnh Ký 注釈	刊本（単行本）	C. Guilland et Martinon 印刷所	1883年	ベトナム社會科學情報院、フランスのMusée des Arts Asiatiques – Guimet（ギメ東洋美術館図書館）および Bibliothèque Universitaire des Langues et Civilisations（大學間共同利用言語・文化図書館）
85	Gia huấn ca(『家訓歌』)	阮廌著 Thi Nham Đinh Gia Thuyết 注釈		Tân Việt 出版社	1953年	ベトナム國家図書館、ベトナム社會科學情報院、日本・東京大學図書館、フランスの Bibliothèque Universitaire des Langues et Civilisations（大學間共同利用言語・文化図書館）および L'Ecole Francaise d'Extrême Orient（フランス極東學院）
86	Gia huấn ca(『家訓歌』)	多編著者	刊本（単行本）	Giáo dục 出版社	1996年	ベトナム國家図書館
87	Gia huấn ca: đối chiếu chữ nôm-quốc ngữ(『家訓歌』-字喃、國語の対照)	阮廌著 Vũ Văn Kính 注釈	刊本（単行本）	Trường hán nôm Nguyễn Trãi 出版	1994年	日本・京都大學図書館およびフランスの Bibliothèque Universitaire des Langues et Civilisations（大學間共同利用言語・文化図書館）
88	Gia huấn diễn ca(『家訓演歌』)	Nguyễn Hữu Sanh	刊本（単行本）	impr. de F.-H. Schneider 印刷所	1911年	Bibliothèque Nationale（フランス國立図書館）
89	Giáo huấn diễn ca(「教訓演歌」)	Nguyễn Hữu Tình 訳	刊本（単行本）	Vĩnh Thành 印刷所	1922年	ベトナム國家図書館
90	Hiền Năng gia huấn(『Hiền-Năng 家訓』)	Nguyễn Hiền Năng	刊本（単行本）	Impr. de l'Union 印刷所	1936年	ベトナム國家図書館

續　表

No	書　名	編著者	種　類	印刷所・出版社	刊行年	所蔵図書館
91	Huấn nam diễn ca(『訓男歌女』)	Nguyễn Hữu Sanh	刊本（単行本）	Phát Toán 印刷所	1909 年	ベトナム社會科學情報院
92	Huấn nam huấn nữ(『訓男訓女』)	Hoàng Minh Tự	刊本（単行本）	Phạm Văn Cương 印刷所	1931 年	Bibliothèque Nationale（フランス國立図書館）
93	Huấn nữ ca(『訓女歌』)	Ung Ngọc Liên 編集	刊本（単行本）	Duy Xuân 印刷所	1926 年	ベトナム國家図書館
94	Huấn nữ ca(『訓女歌』)	Đặng Huỳnh Trung 著 Trương Vĩnh Ký 注釈	刊本（単行本）	C. Guilland et Martinon 印刷所	1882 年	ベトナム社會科學情報院および Bibliothèque Universitaire des Langues et Civilisations（大學間共同利用言語・文化図書館）および Musée des Arts Asiatiques Guimet（ギメ東洋美術館図書館）
95	Huấn nữ diễn ca(『訓女演歌』)	Xuân Lan 訳	刊本（単行本）	Văn Minh 印刷所	1911 年	ベトナム社會科學情報院
96	Huấn nữ quốc âm ca(『訓女國音歌』)	Huỳnh Yến 著 Trần Phong Sắc 注釈	刊本（単行本）	Nouvelle 印刷所	1911 年	ベトナム社會科學情報院
97	Huấn phụ diễn ca(『訓婦演歌』)	Nguyễn Chánh Sắt 著	刊本（単行本）	Librairie Huỳnh Kim Danh 印刷所	1912 年	ベトナム社會科學情報院
98	Khuyến hiếu ca(「勧孝歌」)	Huỳnh Kim Danh 編纂	刊本（単行本）	H. Blaquiere 印刷所	1911 年	ベトナム社會科學情報院
99	Lê tường công Nguyễn Trãi gia huấn ca(『黎相公阮廌家訓歌』)	阮廌著 Tô Năng Văn 訳	刊本（単行本）	Imprimerie E. Crebessae 印刷所	1894 年	Bibliothèque Universitaire des Langues et Civilisations（大學間共同利用言語・文化図書館）
100	Lương Ôn Như gia huấn(『Lương Ôn Như家訓』)	Lương Ngọc Hiền	刊本（単行本）	Impr. Nghiêm Hàm 印刷所	1924 年	ベトナム國家図書館および Bibliothèque Nationale（フランス國立図書館）
101	Minh đạo gia huấn(『明道家訓』)	Đoàn Trung Còn 訳	刊本（単行本）	Thanh niên 出版社	2000 年	ホーチミン市科學総合図書館
102	Minh Tâm bảo giám diễn ca: gương báu soi sáng cõi lòng(『明心宝鑑演歌』－心を明るく照らし出す貴重な鑑)	Lê Phục Thiện 訳	刊本（単行本）	越南孔學會出版	1963 年	日本・東洋文庫、東京外國語大學図書館

續　表

No	書　名	編著者	種　類	印刷所・出版社	刊行年	所藏図書館
103	Minh Tâm bảo giám tinh tuyển(『明心宝鑑精選』)	Tịnh Minh 訳	刊本（単行本）	Văn nghệ 出版社	2009 年	ベトナム國家図書館
104	Minh Tâm bửu giám(『明心宝鑑』)	Dương Mạnh Huy 訳	刊本（単行本）	Tín đức thư xá 出版	1954 年	日本・東洋文庫、東京外國語大學図書館
105	Ngữ luân ngâm khúc(「五倫吟曲」)	Xuân Lan 訳	刊本（単行本）	Văn Minh 印刷所	1910 年	ベトナム社會科學情報院
106	Nội huấn ca(「内訓歌」)	Xuân Lan 訳	刊本（単行本）	Văn Minh 印刷所	1911 年	ベトナム社會科學情報院
107	Nữ huấn — sách dạy con gái những phép trau mình(『女訓- 女性に対する修身を教える訓書』)	Trần Kim	刊本（単行本）	Imprimerie De L'union Nguyễn văn Của 印刷所	1922 年	ベトナム國家図書館およびBibliothèque Universitaire des Langues et Civilisations（大學間共同利用言語・文化図書館）
108	Nữ tắc(「女則」)	Trương Vĩnh Ký 注釈	刊本（単行本）	C. Guilland et Martinon 印刷所	1882 年	ベトナム社會科學情報院
109	Phong hóa tân biên phụ Huấn nữ ca(『風化新偏附訓女歌』)	不明	刊本（単行本）	Impr. de Tân Định 印刷所	1923 年	ベトナム社會科學情報院
110	Tiểu gia huấn(『小家訓』)	Bùi Gia Huấn	刊本（単行本）	Impr. Tonkinoise 印刷所	1922 年	ベトナム國家図書館およびBibliothèque Nationale（フランス國立図書館）、Bibliothèque Universitaire des Langues et Civilisations（大學間共同利用言語・文化図書館）
111	Tiểu nữ huấn-sách dạy sơ con gái những phép trau mình(『小女訓- 女性に対する修身を教える訓書』)	Trần Kim	刊本（単行本）	Imprimerie De L'union Nguyễn văn Của 印刷所	1922 年	ベトナム國家図書館およびBibliothèque Universitaire des Langues et Civilisations（大學間共同利用言語・文化図書館）
112	Tri gia cách ngôn(「治家格言」)	朱柏廬著 Trần Huy Bá 演音	写本		1951	ベトナム社會科學情報院

續表

No	書　名	編著者	種類	印刷所・出版社	刊行年	所蔵図書館
113	*Tục diêu gia huấn*(『Tục diêu 家訓』)	Phạm Khắc Thiệu	刊本（単行本）	Phú Toàn 出版社	1957年	ホーチミン市科學総合図書館
114	*Xuân ôn gia huấn*(『Xuân ôn 家訓』)	Hà Thành Bùi Đình Ta 編纂	刊本（単行本）	Thủy Ký 印刷所	1930年	ベトナム國家図書館および Bibliothèque Nationale（フランス國立図書館）

二．ベトナムの「家訓」文獻から見た伝統倫理

　かつてベトナムの社會では男子、女子により様々な伝統倫理の基準が異なっている。男子の場合は忠孝、仁禮の教養などを含む修身、子に厳しく教えることなどを含む斉家をきちんとしなければならないという。女子の場合は親孝行、「三従四徳」を含む「修身」、夫の扶助、嗣子を生むこと、子育て、子教育などの「良妻賢母」を含む「斉家」という伝統倫理が求められている。以下、適宜文獻から引用し、具体的に考察してみたい。

1．男子に対する伝統倫理

① 親孝行
　子が親の「劬勞」の恩を忘れず、「晨昏定省」の心を持って、家業を継がせなければならないこと、親の葬式は儀禮に沿って行なうことを含む親孝行をすることを強調する。
【原文】　蓼莪尨孳　切牢、恩情坤把劬勞坤塡、代初啥琨昑討孝、處准坤祕舜𠸛欣①。……琨稟生泇恩擺撒、功攢招丕審嫰高、箏皮塡把茉包、爰恩悉意擲帯嗷涓。……禮常定省𥪝𣋚、詔冬包把撮夏叓偵、期於積庄涓孝養、罵醜　腰𦝄夆承歡、隊番侯下嗨咹。……歲包皮堆𦟐荊布、業茹專嶙吶偵勤②。……旦覨吒嬶惎□、衣衾棺槨瞳憾每塘。嚁嚆嚁哭䴰常、淹□慖擬料塘䚻䚣③。

---
　① 漢喃研究院蔵『五倫叙』（AB128）、第4葉表裏。
　② 注2前掲、『五倫叙』第15葉表裏。
　③ 「訓女演音歌新訂」（『女小學』AC. 552所收、一八九九年、漢喃研究院蔵）、第五葉裏。

【日本語訳】 「蓼莪」に記された劬労の九文字の恩とは、①返すことが困難なものである。……子は親の山のように高い恩に感謝する気持ちを持ち続け、その恩を返すことを決して忘れてはなりません。……子は朝夜、親を訪ね、一生懸命冬の筵を暖かくすること、夏の枕を扇ぐことも怠ってはならない。親と同居しなくても親を孝養することを忘れてはいけない。夫婦の愛情に夢中になり、「承歓」を怠ってもいけない。……結婚の年齢になった子に家業を継続させ、勤勉になることを勧めるべきである。……親が亡くなると、夫婦は衣衾・棺槨をきちんと用意しなければならない。朝晩、哭しなければならず、前後左右に気配りして葬式を行なわなければならない。

② 村の活動や廟の修繕に参加する

男子は外では村の活動、祭り、村の宮、廟を修繕することに参加することが求められる。

【原文】 勸規鼪准役廊、祈神拜社所郎停厨、役官朱典役希、役苐拱沛忙朱覥銅②。

……Đời xưa đức Khổng Tử là đại thánh nhân mà ở làng cũng tuân tuân cẩn hậu,……thế thì đối với người làng phải ở cho trên thuận dưới hòa, họp người làng mà lập phép hương ước, lập tràng hương học, tương bảo tương trợ, đừng có vũ đoán mới phải③.

【日本語訳】 村の祭りなどの活動や、村の宮、廟、寺院の修繕にも参加し、常にこれらのことに気を配るべきである。朝廷の仕事から村の活動に至るまで、いずれもきちんとしなければならない。……昔は大聖人である孔子でさえも、村にいた間、村の規則をきちんと順守した。……村の人に対して年上・年下の人と仲良くして、村の人とともに郷約、郷學を設置して武断せずにお互いに協力しなければならない。

③ 「忠」「孝」「尊尊長長親親」の理念に基づき修身をする

「忠」「孝」「正道」を修身しつつ、自らの権力、才能、富貴を自慢して貧しい人を軽視してはいけない。老いている人を敬い、幼い子を愛することを強調する。それは人倫の道であるという。

---

① ここでの劬労の九文字は「生」、「鞠」「拊」、「畜」、「長」、「育」、「顧」、「復」、「腹」である。これは『詩経』小雅、蓼莪篇「父兮生我、母兮鞠我、拊我畜我、長我育我、顧我復我、出入腹我」による。
② 『保赤便吟』（NLVNPF－0521・R.1954、ベトナム國家図書館の電子版）、1901 年、第五葉裏。
③ 『梁温如家訓』、Nghiêm Hàm 印刷所、1924 年、18 頁。

【原文】……孝忠沛祕呵悉、孝囗吒娾、忠共君王。孝忠日不可忘、孝忠羅𠅍三綱於頭。……孝忠院奇𦲿皮、馱苐固孝至辰塡功。一孝立萬善從、𢪱於固孝朋悉娾吒①。……庒祴忌労忌財、忌富忌貴輕馱貧人、尊尊長長親親、敬囗腰稗人倫道常。

【日本語訳】……忠孝を心に刻む。孝は親に対するものであり、忠は君王に対するものである。忠孝は一日たりとも忘れてはならないものであり、三綱のうち、第一の位置を占めている。……忠孝を両方とも全うし、特に親孝行の人であれば、天から恩賞を賜る。孝を実施することができたら、すべての善行はそれに従うことになる。……権力、才能、富貴を自慢して貧しい人を軽視してはいけない。「尊尊、長長、親親」②、すなわち老いている人を敬い、幼い子を愛することは人倫の道である。

④ 學問、農業を重視する

男子に対して學問、すなわち、儒教の學習を優先しなければならない。その他、農業をも重視することが必要であるという。

【原文】士農工賈於頭四民。……嚸𢪱針役學徒、耕農辰拱沛朱專勤。文章些底立身、耕農以稽覩咹覩用③。

【日本語訳】士、農、工、商は四民の上位を占めている。……子には儒教の學習以外にも、農業についても學ばせなければならない。文章④は立身出世のためであり、耕作は稲を収穫して食糧を確保するためである。

⑤ 酒、色欲、賭博、不義の金銭を貪ることなどの悪い癖を避ける。

19世紀以前の「家訓」では酒、色欲、賭博に染まわないよう修身をしなければならないことが求められる。

【原文】勸𢪱𠃣役辰停、醶茶旗薄悉窮㛪耦、意羅巽貼耗財、傾家敗産羅馱虛身。渚制仍几無倫、生𧵆盜刼不仁無儀。浮雲富貴𨤔之、怒𦉱軿罶怒辰𨤔㡬、仍貼非義固嗣⑤。

【日本語訳】避けなければならない三つを子に勧める。それは酒、賭博、色欲である。これらに染まってしまうと家庭は崩壊し、財産も損耗して堕落した人間になる。義理、道徳を弁えない人と友達になると、自分も不道徳で不義な盗賊になる。

---

① 注6前掲、『保赤便吟』第三葉表裏および第四葉裏。
② 「尊尊、長長、親親」は『禮記』喪服小記篇による。
③ 注6前掲、『保赤便吟』、第二葉表裏。
④ ここでの文章とは、儒教の學習を指す。
⑤ 注6前掲、『保赤便吟』第七葉表裏。

浮雲のごとき金銭、富貴とは何か。これらは前の扉から入って來て、後ろの扉から出て行くものである。不當な財産では絶対に金持ちになれない。

⑥　徳育、知育、体育を重視する

ただし、19世紀末から20世紀初頭にかけて、ベトナムはフランス植民地であったため、ベトナム社會の背景は、教育理念、伝統倫理に影響を深く與えられ、アヘンや六賊（すなわち酒、色、財、気、煙、博）を避けながら徳育、知育、体育を実施しなければならないという倫理道徳を高揚する。そうすれば、人間の義務、責任が十分に全うできるという。

【原文】

……Đừng theo những lũ ca công, cũng đừng du đãng ở không chơi bời.

Điếm đường bợm bãi mặc người, cũng đừng giao kết ăn chơi sa đà.

Chớ ham nha phiến kia là, cùng là bài bạc rượu trà sa mê①.

……Muốn quý lấy mình trước phải có học, học có ba điều cốt yếu, một rằng thể dục, là biết cách vệ sinh ẩm thực cư sử có tiết độ để cho thân thể mạnh giỏi mà đảm đang được các việc; hai rằng trí dục, là biết đường học hành, trước học phổ thông, sau học chuyên môn để cho trí thức thông thái mà lo toan được các việc; ba rằng đức dục, là phải giữ gìn "tứ duy"「四維」(lễ, nghĩa, liêm, sỉ), khu trừ "lục tặc"「六賊」(tửu, sắc, tài, khí, yên, bác).……Như thế thời mình mới là người được.……Tóm lại mà nói, trong ba sự đó, đức dục càng là cốt yếu②.……Người nào cũng phải lấy tu thân làm gốc, thể dục khiến cho mình mạnh, trí dục khiến cho mình khôn, lại phải đức dục khiến cho mình hoàn toàn nhân cách, thời suy ra nhà nước, thiên hạ đâu đâu cũng điều chỉnh tề, bình trị, công hiệu lớn lao vô cùng, người ta làm đặng như thế thời nghĩa vụ trách nhậm mới là không thiếu thốn vậy③.

【日本語訳】……歌劇団について行ってはならない。遊んでばかりいる遊蕩者にならないように。ろくでなしとは友達にならず、気ままに遊びほうけてはいけない。酒、賭博、アヘンに耽り溺れてはならない。　……高貴な人になるため、「体

---

①　Gia huấn ca(『家訓歌』)（陳希曽著、Trương Vĩnh Ký 注釈、1883 年、フランスのギメ東洋美術館図書館蔵）、二六頁。
②　注 7 前掲、『梁温如家訓』、5 頁、15 頁。
③　注 7 前掲、『梁温如家訓』、23 頁。

育」・「知育」・「德育」という重要な三要素を學ぶことが不可欠である。「体育」とは健全な身体をつくり、さまざまなことを担當できるように衛生管理、栄養管理の仕方を知り、節度を守ることである。「知育」とは仕事を担うことや知識を高めることができるため、まずは初歩的知識を勉強した後、専門的な知識を學ぶことである。「德育」とは「四維」（すなわち禮、義、廉、恥）を守ること①および六賊（すなわち酒、色、財、気、煙、博）を絶対に避けることである。……そうすれば、人間になるといえる。……要するに、三つの中では「德育」が最も大事なことである。誰でも修身を根本にしなければならない。体育は健全な体をつくる。知育は知的能力を引き出す。德育は人格の完成をする。そうであれば、國、天下がいずれも整って治めることができる。このようなことを実施すれば人間の義務、責任を十分に全うできるであろう。

⑦「慈父」・「厳父」としての父親

子に対して「慈」の心を持ち、立派な人間になるように養育をしなければならない。また、職業を身につけさせるように教育しなければならない。そのために、子の才能に応じて仕事を委ね、ある子には漢字、漢文を教育し、ある子には耕作を教えることをしなければならない。それは斉家の一つであるといえよう。

【原文】 吒冷帯沛冷空、腰昆哈吠買蒙𫢸䚂、䳡安迸歳群渚厽、梗鈔錢□駭櫛寅、押㐌軋禮塘仁、吠跋理正禁垠悉邪、暭寅夜引塘忠孝、玉箕𤀠磨碪買𫢸②。……没㻆遣㝵没藝、所㐌困法極分驕矜、跋道恒勸𦄅歇飭、……嬌可蹺賢初訓子、經没舖欣女𠶢鑽、勸嘍袐道謙讓、意唁仁軌哈唐吠𠮩③。……隨才拌役朱涓、几専畑冊𣗽専棋耚。

【日本語訳】 父は子に対して「慈」の心を持つだけでは不十分であり、子が立派な人になるための教育をしなければならない。十歳以下の子の場合、弱い枝のようにゆっくりと正し、子に「禮」、「仁」、「正道」を訓育し、邪心を禁止しなければならない。成人になっても、「忠」、「孝」を教訓すべきだ。玉は磨かないと光らないのである。……子一人一人に職業を身につけさせ、子が傲慢にならないよう禮儀、法則に従い訓育し、道に従うことを勧めなければならない。……「一篇の経典は千銀より価値がある」と子に教訓したかつての賢人の言葉は多く存在する。謙讓、仁道を

---

① 「四維」は『管子』牧民篇による。
② 注２前掲、『五倫叙』第14葉裏、第15葉表。
③ 注２前掲、『五倫叙』第５葉表。

しっかりと子に教育すべきである。……子の才能に応じて仕事を委ね、ある子には漢字、漢文を教育し、ある子には耕作を教える。

*

このように、男子は親の「葬祭」の儀禮、家業の継承を厳守すること、「慈父」・「厳父」としての父親を含む斉家を行うという。また、村との付き合いを重視することや不名誉なそしりを受けないように酒、賭博、色欲、アヘンなどの悪い癖を避け、仁禮、忠孝を修身しなければならない。すなわち、男子は四民（士農工商）のうち一つの職業に就かせなければならず、村で行なわれる祭祀儀禮に積極的に参加し、活躍すること、さらに、素行不良の者には近づかず、酒・色欲・賭博・アヘンや六賊（すなわち酒、色、財、気、煙、博）を避けながら、徳育、知育、体育を実施しなければならないこと、子に厳しく教えることを求めている。言い換えれば、男子に対する伝統倫理は儒教的思想に従って実践されたマナー、禮儀、仁義、人間の道、人格に焦點を當てていることがわかる。

2. 女子に対する伝統倫理

「家訓」文獻に見られる女性に対する記述は、自分が「三従四徳」、「仁義」、「慈悲」の心を持つように修身を行う以外にも、親孝行、夫の扶助、嗣子を生むことの重要性や、子育てなどに重點が置かれている。また、正妻あるいは継母になった場合を想定し、夫の子供、夫の妾との処世術とその役割、さらに、慈悲の心をもち、不殺生戒を厳守することで徳行を積むこと、祖先祭祀、竈の神様を祀ることも重視されている。それらは女子に対する伝統倫理の一つである斉家を求めている。以下、適宜文獻から引用し、具体的に考察してみたい。

① 親孝行

女性は実の両親と同様に夫の両親に親孝行をしなければならない。老後の夫の親の面倒を見ることを高揚している。

【原文】𤲞边吒媄歳□、年高歳老時些餕馱。庄特奇啥嚢唑。……悲除些吏承於、庄傷庄感庄蜂牢𢢲。意唑包𠺳吏勧、係埃拠特千年寿長①。

【日本語訳】 実の両親、夫の両親が老いたときには、彼らに孝養しなければなら

---

① 「訓女子歌」（BIULO. VN. IV. 468、フランスの大學間共同利用言語・文化図書館所蔵）、第 7 葉裏

ず、大きな声でひどい言葉を言ってはいけない。……現在、子供は親を無視し、親を愛さず、親に仕えることをしないが、それで良いはずはない。以上、様々なことを言いつけ、勧めたが、およそこれらのことを実施できる人であれば長寿を得られる。

② 貞節観

鳥林、夏侯令女、梁節婦、竇姉妹などの模範を引用しつつ、頑なに貞操を固く守る貞女、節婦、烈女、烈婦を稱揚する。

【原文】鳥林守節欺饒①。……夏侯令女窒唔、割挮聰齅朱紆節貞。凝妻義意強驚、馱旺扴翻娘停割秡。……焯焯涅守拯燘、中心不改吏羅節貞。

【日本語訳】 鳥林は貧しい時期から貞節を守った。……夏侯氏の娘令女は褒めるに値する。彼女は貞節を固く守るため耳、鼻を殺ぎ落とした。凝（すなわち王凝）の妻が貞節を守ったことはなおさらである。彼女は旅館の人に腕を引っ張られたために、わが手を切り落とした。（吏氏が顔面に）「中心不改」（心の中においても夫に対する貞操の気持ちが変わらない）という四文字を刻したことも貞節である。

③「三従四徳」および慈悲、仁義の心を持つべき

女性は強情な言葉を大声で叫んではならないこと、裁縫の學習が必要であり、従順で柔和で端正な人であってこそ賢い人になるべきである。物事の前後をきちんと処置し、処世術を上手にして、姉婿、妹婿をも尊重し、兄嫁、弟嫁にも譲ってあげる。女の道として「三従」、「斉家」を全うしなければならない。また、自分より貧しい人、飢餓狀態にある人を含む不幸な人に対して哀れむ心をもち、彼らを救わなければならないことを求める。仁を修め、徳を積むことが大事であるという。

【原文】包生罣分女儿、於朱深日柔眉買頑。……馬兮性氣光扞、涅於庄賢唑說頑危。……油〻私事役之、扐朱旦准術時旦尼。罣塘油吸昆糊、亼□扨襖罵兮嘫香。彈翁性氣良光、昆妈些沛抒床涅那。………於時朱別驊□、伴□共敬伴妣共讓。……昳乾於與□得□歆、坤兜理意麻貪。……於共吒媄歆理、庄特奇嗜共馱庄峨②。……苧浪女有三従、斎家内助乂渊順貞。……傷馱餇渇呂床、救馱貧苦疾瘍要疠。〻福拱如〻毦、修

---

① 漢喃研究院蔵「國朝女範演義詞」（『皇陳廟坤範嗣音歌章合稿』（AB. 140）所収）、第五葉表。
② 注19前掲「訓女子歌」（VN. IV. 468、大學間共同利用言語・文化図書館（BULAC）所蔵）、第一葉裏、第二葉表、第三葉表裏、第四葉裏、第六葉裏。

仁積德術幾凭紆①。……役命金紙□埋、庄別時學朱平㪍些。防期奴㳘汰□、秩功吏沛走㔫慢㪍②。

【日本語訳】女児として生まれたあなたは、従順で柔和な人であってこそ賢いといえるだろう。……性格がでたらめで優しくないこと、また、強情な言葉はだめである。……どんな仕事をしても寄り道をせず、行先にきちんと行き、帰るべきところにきちんと帰る。途中で男の人に會っても、両手で服の前を締めて、肌を露出してはいけない。男性の性格はでたらめであるため、女性は端正なものになるべきである。……物事の前後をきちんと処置し、処世術を上手にして、姉婿、妹婿をも尊重し、兄嫁、弟嫁にも譲ってあげる。……でたらめで大胆不敵な生活をすると、人に嫌われる。これは賢い理念ではない。……両親と暮らしているとき、両親に大きい声でしゃべってはならない。……女の道として「三従」、「斉家」、貞を守ることを全うしなければならない。……また、自分より貧しい人、飢餓狀態にある人に対して哀れむ心をもち、貧乏で病気の人を救わなければならない。福をなすのは財をなすことと同義である。仁を修め、徳を積むなら幸運が永遠になるであろう。……自分で裁縫を行なったり、継ぎ當てをすることができない場合、人並みにできるようになるまで勉強しなければならない。そうすれば、服が破れたときに、わざわざ人に修繕を頼む必要がなくなる。

④ 良妻賢母の理念

女性は良妻賢母として、夫の治國や夫の事業を扶助すること、祖先祭祀を重視すること、夫の勉學を勧めること、夫の過失を諫めることが求められます。また、継母になった場合を想定し、夫の子供への対応についても記述されているほか、正妻の場合に必要となる、夫の妾との処世術、子育てを重視することなどが強調されている。以下、適宜文獻から引用し、具体的に考察してみたい。

ア．祖先祭祀を重んじる

女性は祖先祭祀の際、綺麗で清潔な衣服を着て、手足を綺麗に洗わなければならないなど
のあらゆることに気を配らなければならない。「事死如事生、事亡如事存」という理

---

① 注6前掲、『保赤便吟』、第八葉表裏。
② 注19前掲、「訓女子歌」第三葉表。

念に従えなければならないという。

　【原文】……女児係役家堂沛尊、油期ᵐ貝ᵐ盘、裙冷襖涎仕箏此㔹。真栖泹涎消耗、事誠必應理苒固空。於朱清浄中悉、事生如死事亡如存。㕣連娀姅午坤、娍得賢討啫吨斯賖、伋唩所役斉家①。

　【日本語訳】　……女性は家の祖先祭祀のあらゆることに気を配らなければならない。祭祀のためにご馳走を準備するとき、綺麗で清潔な衣服を着て、手足を綺麗に洗わなければならない。誠心があれば祖先は必ず感応するに違いない。心の中を汚すことなく清らかさを保ち、「事死如事生、事亡如事存」②という理念に従えば賢い女になり、親孝行の人であることが多くの人に知られることになる。それこそが斉家ということである。

　イ．「夫唱婦随」、夫の事業を扶助する

　女性は夫が高位官職者であっても、貧しい者であっても、一生懸命に仕えなければならず、夫を軽視してはいけない。妻として夫が科試に合格することを目指すように、日夜彼に勧めなければならない。また、不名誉とならないように酒、色欲、賭博におぼれないよう、夫に勧めなければならないという。さらに、「國朝女範演義詞」により、樂羊の妻、晏嬰の妻、周才美の妻、徐妃などの良妻の模範を引用しつつ、女性が夫の過失を諫めることは良妻の役割の一つであることを強調する。すなわち、良妻は「夫唱婦随」の理念に従うことが示唆されている。

　【原文】庄路□固官高、庫賢共沛能打奉蜂。世苒丑默□些、双离卒葉亦□□馸。馬兮呵々嘔吱、夫妻且吏□得盝胺③。……茄明馬氏唱隨、仍徐微賎轙位君王④。……孟光恪侼女流、ᵐ税晧朘餒饒婨□。戸陳辞職三公、躳甘ᵐ檓婨窮打練。少君桓氏娍□、台裙黼挧簪橯蹺□⑤。

　……嘞□互飭詩書、嘞□𤽗册歖暴學行、枚伽分固功名、麻□富貴意躳歷榮。嘞停糊妠□挑、嘞茶醽呂抂吱哄。拱停萁鋌揶制、矇□事業黜馸文夫。矇□遶啫名儒、臣忠子孝底朱啫共⑥。……樂羊㬟婨沛調、係悉固主油饒拯貪⑦。……晏嬰御者娍功、罕羅婨

---

① 注19前掲、「訓女子歌」第五葉表裏。
② 「事死如事生、事亡如事存」は『中庸』第十九章による。
③ 注19前掲、「訓女子歌」第四葉表。
④ 注20前掲、「國朝女範演義詞」、第五葉表。
⑤ 注20前掲、「國朝女範演義詞」、第十九葉裏、第二十葉表。
⑥ 「訓女演音歌新訂」、(『女小學』AC. 552所収、1899年、漢喃研究院蔵)、第三葉表裏。
⑦ 注20前掲、「國朝女範演義詞」、第十六葉裏。

呎朱□ᴾ官。……樂羊恔學嫋慣、篤缄耓枂之愣工夫。戸嫛別義輚嵞、拯瞶哇嫋過愚意□。……嫋周才美室清、拯貪嚻塊害躬買□。……徐妃炉役諾茄、唼干没疏辻戈尢層①。

【日本語訳】 夫が高位官職者であっても、貧しい者であっても、一生懸命に仕えなければならない。女性はなぜか自分の夫の悪い部分を見つけ、他人の夫の良い部分を見つけてしまうものである。自分の夫を非難してはいけない。……明朝の馬氏は夫が貧しかった時から立身出世するときまで相変わらず夫に従った。……孟光は一般の女性と異なり、夫とお互いに賃金を貰って働く日々を送った。陳の人は「三公」の官職を辞任して、自らは屨を作っており、妻も夫と一緒に靴を磨いた。小君桓氏は善い人であり、布のズボン、木製の簪に変えて嫁になった。……女性は、夫が「詩」、「書」、學問などに日夜励むように勧めなければならない。そうすると、夫は將來、功名を得て、富貴になり、それが自身の栄誉にもなる。不名誉とならないように酒、色欲、賭博におぼれないよう、夫に勧めなければならない。女性は夫が知識人、有名な儒者や忠孝を全うする人になるように期待しなければならない。……樂羊は妻が諫めたことを聞いた。それは、正しい心を持つなら、貧しくても落とし物を貪らないのだ、というものだった。……晏嬰は妻の勧めのおかげで官吏になった。……樂羊は勉學に努めなかったため、妻は夫に、勉強が機織りと同じように、布になるまでの工夫が必要であると諫めた。婁氏は王に仕える心をもっていたが、彼女の夫が妻の言葉を聞かなかったのは、愚かであった②。……周才美の妻は清廉潔白な人であり、豪奢な生活を貪らなかったため災いを避けられた。……徐妃は國のことに配慮して、夫である帝に戦争を行わないように疏を奉った。

ウ．寛容な心を持つ正妻、「仁義」の継母になるべき

正妻の場合はやきもちを焼かず、夫の妾に対して寛容な心を持たなければならない。妾になった場合、正妻が劣る人であっても、正妻に敬意を払う必要があり、自分は妾としての道を守るべきである。継母になった場合、夫の子供に対して苛酷になり虐待してはならず、仁義の継母になるべきである。

【原文】吏如婏抗琨□、停調菲薄停悉氾溪。……欺□祂□祂叱、固容几鞒買羅釓違③。……吏如ᴾ妾□釓、或釓嫋奇数𫝊悶生。麻躬㚢卒糊□、麻躬ᴾ特浧名朱□。潘

---

① 注20前掲、「國朝女範演義詞」、第十八葉表裏、第十九葉表、第二十葉裏。
② 婁氏は夫に反乱を行わないように諫めたが、夫は彼女の言葉を聞かず、結局、殺された。
③ 注29前掲、「訓女演音歌新訂」、第七葉表。

誠恨貼恨功、恨才恨色吹□□。吹□吒啡𡂣𠾖底𠺌、辱雅朱皮悉慳。咄麻婀奇愚憒、拱誠守分彈姆買羅①。

【日本語訳】 継母になった場合、夫の子供に対して苛酷になり虐待してはならない。……正妻の場合、やきもちを焼かず、夫の妾に対して寛容な心を持たなければならない。……妾になった場合、正妻が子供を生むことができない一方、自分が息子も娘も生み、夫に貢献することができたとしても、財産、功労、才能、権勢、顔色に頼らず、正妻を嫌うように夫をそそのかしてはいけない。正妻が劣る人であっても、自分は妾としての道を守るべきである。

エ．嗣子を生むことを重視する

良妻は夫のため嗣子を生むことが大事である。そうすれば、世間でも好評になり、夫婦が一生仲よく結ばれることとなる。

【原文】……朝得祂貼朝□祂昆。嘩哊包特啥吨、□哊吏特䬸倫共烧②。……吟排麟趾關雎、啫婡太姒德餘閔懣。課希帝譽□魃、吡婡恬應生糊聖賢、慕琨疎雅議啫、姜酘厚德姒㘰高仁③。

【日本語訳】 ……人に仕えて財産を築き、夫に仕えて子どもを得る。そうすれば、世間でも好評になり、夫婦が一生仲よく結ばれることとなる。……「麟趾」④「關雎」⑤という詩を詠じており、代々に徳があふれる太姒のことを褒める。帝嚳が王位を継いだとき、三人の妃⑥には聖賢の子息が生まれた。また、『詩経』には太姒が太姜の仁徳を見習って、100人の子息を生んだことを褒めたとある⑦。

オ．子育てにおいて子に厳しく教えることが大事。

賢母として子育てにおいて子に厳しく教えることを求める。すなわち、幼い時はマナー、常識を、大きくなったら挨拶、禮儀を教える。禮儀作法に従い、相手を嘲

---

① 注29前掲、「訓女演音歌新訂」、第七葉裏、第八葉表。
② 注19前掲、「訓女子歌」第四葉表。
③ 注20前掲、「國朝女範演義詞」、第四葉表。
④ 「麟趾」、すなわち『詩経』「國風・周南」篇にある「麟之趾」詩である。このことは「麟之趾、振振公子、于嗟麟兮。麟之定、振振公姓、于嗟麟兮。麟之角、振振公族、于嗟麟兮」とある。
⑤ 「關雎」は『詩経』「國風・周南」篇にある詩である。このことは「關關雎鳩、在河之洲。窈窕淑女、君子好逑。參差荇菜、左右流之。窈窕淑女、寤寐求之。求之不得、寤寐思服。悠哉悠哉、輾轉反側。參差荇菜、左右采之。窈窕淑女、琴瑟友之。參差荇菜、左右芼之。窈窕淑女、鐘鼓樂之」とある。
⑥ 韻文には「三人の妃」と記されているが、散文には「元妃姜源、次妃簡狄、三妃慶都」という説明がある。
⑦ このことは『詩経』「大雅・思齊」には「思齊大任，武王之母，思媚周姜，京室之婦。太姒嗣徽音，則百斯男」とある。

弄しほらを吹いたり尊大ぶることはいけない。男の子には儒教の経典を集中的に學習させ、女の子には機織りを教えなければならないという。

【原文】䮒些沛腰傷、腰傷些沛尋塘吶嚩。吒□吒吶吒唵。吒䮒畑册專勤䫂晄①。……渚朱制汫制泑、渚朱塘永扲刀蔑躺。先了吒保冷々、係玉不琢時罡坤𡈽。小時□撒哂啫、奇時吒呫呈疎吶朝。於時渚固彰劳、啍渚喋唎□仦昜旳。耨時经史鎚埋、姱時更改午埋𡈽茹②。

【日本語訳】生まれた子をかわいがるのは良いが、躾はしっかりとしなければならない。母親として子供に話しかけ、笑いかけ、食べ方を教え、そして、日夜、子供を學問に励まさなければならない。……子供を井戸、池の近くでは遊ばせず、人気のない道で一人でナイフを持たせてはならない。將來を見越して子供をきちんと教養しなければならない。玉を磨かないと立派にならない。幼い時はかわいがって育てるが、大きくなったら挨拶、禮儀を教える。禮儀作法に従い、相手を嘲弄しほらを吹いたり尊大ぶることはいけない。男の子には儒教の経典を集中的に學習させ、女の子には機織りを教えれば、將來、家が盛んになるであろう。

＊

このように、女子に対する伝統倫理には、従順で柔和な女性、寛容な正妻、仁義の継母になること、親孝行、祖先祭祀、「婦功」「婦容」「婦言」「婦行」の「四德」、「三従」、夫の事業を扶助すること、「夫唱婦随」、嗣子を生むこと、母として子にマナー、常識、禮儀、仁義、人間の道、人格を教えることなどが求められる。特に自分より不幸な運命に會う人に対する「心」、「慈」の理念に従い実施することも重視される。言い換えれば、女子に対する伝統倫理はもっぱら修身、斉家、父系親族集団に焦点を當てている儒教思想に従う生き方が強調されているといってもよいであろう。

おわりに

以上の考察を総合すると、「家訓」文献から男性には修身、子教育を含む斉家、親孝行、祖先祭祀、村との付き合いに関わる伝統倫理が重要であるということがわか

---

① 注29前掲、「訓女演音歌新訂」、第五葉表。
② 注19前掲、「訓女子歌」第七葉表。

る。また、時代、社會の狀況によって傳統的倫理觀は多少變わることがある。例えば、19世紀以前、素行不良の者には近づかず、酒・色欲・賭博を避けてはいけないというが、19世紀以降、アヘンや六賊（すなわち酒、色、財、気、煙、博）を避けながら、徳育、知育、体育を実施しなければならないことを求めている。

一方、女性に対しては、修身、斉家、親孝行、祖先祭祀、貞節観、対人・処世術、夫の扶助、子育て、「慈愛」、「慈悲」の心を持ち、善行、福徳を積むことが強調されている。

このように、修身、斉家、子教育、親孝行、祖先祭祀は男女共通の伝統倫理になり、伝統倫理の基準には不可欠な存在であり、そして、「孝」はベトナム人の文化、伝統倫理に大事な位置を占めていることがわかる。また、父も母も親として子育てに不可欠な存在であり、父は子供に學問、職業、家業を教え、母は子供にマナー、常識、人格などを教えることが求められている。それゆえ、伝統倫理は儒教的規範に従っている。さらに、「家訓」文獻はベトナムにおける家庭の倫理道徳の規範書、日用類書として大きな役割を果たし、ベトナムの家庭教育の文化、伝統倫理を伝えるかけ橋を形成するのに寄与したのと同時に、家における孝子や、村や國家における仁愛や大義の人物を誕生させることにも大きく貢献しているといえるであろう。

さらに、父系親族集団（嗣子を生むこと、祖先祭祀）、親孝行、貞節観を重視することなどは現代のベトナム社會に色濃く見られる。このように「家訓」文獻はある意味で現代ベトナム社會の価値観と共通するものを持っているといえるであろう。

＊

本稿は、科學研究費助成事業（學術研究助成基金助成金）「基盤研究（C）」（課題番号15K02092、平成27年度〜30年度、佐藤トゥイウェン研究代表）「ベトナムの「家訓」文獻と伝統倫理の研究」における成果の一部である。

附：提交會議論文目録

大會報告

禮樂教化與儒家的修齊治平之道（彭林）

日本近世における儒教喪祭儀禮——『家禮』と日本（吾妻重二）

漢代における即位儀禮・郊祀親祭と「天子之璽」（阿部幸信）

從天與祖的儒道祭祀論中古郊廟禮之變遷（吳麗娛）

"禮法儒家"：從先秦文獻論儒家政治思想中"法制"的重要性（周啓榮）

儒家禮學之實踐——以陳璸家書爲例（汪中文）

論鄉禮的禮義及其鵲巢化（顧濤）

宋真宗"封禪滌恥"説質疑——試論真宗朝統治危機與天書降臨、東封西祀之關係（湯勤福）

觀察禮學對大學文科教材影響的一個視角——試論王力先生主編《古代漢語》在禮學方面的若干失誤（吕友仁）

説"禮"——以諸《禮》爲例（黄懷信）

儒家禮樂文明的人文精神及其現代意義（郭齊勇）

第一組

中國禮圖學的歷史、現狀與發展趨勢（丁鼎）

説袥（王鍔）

兩漢喪儀中的新元素：漆面罩及銅鏡功用之考察（吕静）

兩晉時期《喪服》詮釋略論（鄧聲國）

論楊複《儀禮圖》之學術價值（馬延輝）

鄭玄的"古今"之辨（陳壁生）

《通典》凶禮議初探（下倉涉）

略論魏了翁對古代禮制的考釋及特點、得失——以魏了翁著《周禮折衷》爲考察中

心（郭善兵）

  江永的禮學與科學（田中有紀）
  《穆天子傳》卷六盛姬之喪禮典性質芻議（徐淵）
  說"下酒"——《周禮》鄭注的考古學研究之二（朱紅林）
  《賈誼新書》的禮學來源——《容經·容》與先秦禮說之比較（工藤卓司）
  曹操"春祠令"校勘問題二則（梁滿倉）
  秦簡祠祀律令及相關問題（楊勇）
  成伯璵與中古三禮總義之學（張濤）
  時代學風與宋儒通經致用的經典詮釋取向——以"三禮"詮釋爲中心的考察
（潘斌）
  再論《儀禮集說》（蔣鵬翔）
  《儀禮》揖禮的禮法與禮義考釋（鍾誠）
  成也《禮記》，敗也《禮記》——《古詩爲焦仲卿妻作》中劉蘭芝文學形象解讀（李慧玲）

第二組
禮、宗教與中國早期文明的生成模式（曹建墩）
鑄造永生容器：夏商喪禮的一個角度（郭靜云）
禮制與西周時期的祭祖範圍（羅新慧）
禮創造了神：神靈形象與商周屍禮研究（李志剛）
從"賜貝"到"册命"——金文所見殷周文化制度的繼承與變革（劉源）
秦漢社會禮儀中的用色考察——以喪禮和降禮爲例（曾磊）
《大唐開元禮》賓禮淵源考（尹承）
南宋大禮鹵簿制度及其實踐（朱溢）
從極廟到郊祀——秦漢國家祭祀的系統化（金龍溎）
樂浪漆篋圖像所見漢代禮俗（施宇莉）
唐初明堂設計理念的變化（吕博）
五方帝，五行觀與明堂禮——北宋皇祐二年明堂大禮五室佈局引發的思考（王剛）
皇帝祭天禮與五代十國的正統意識（王美華）
五代時期都城開封的崛起與國家儀禮（金相範）
太平天國以後徽州祭祀禮儀的重整——以抄本《祭神祀祖大例集記》爲例（王振忠）

酬世文獻與中國古代禮制的下移(楊華)

第三組

三年喪起源考論(吳飛)

上博楚簡《民之父母》的儒道融合(西山尚志)

儒家禮樂互建思想與社會和諧(龔建平)

朱子三《禮》學體系的特點和價值(殷慧)

孔廟祭祀與鄉村教化——以山西現存鄉村孔廟及方志碑刻爲中心(張煥君)

明清鄉賢祠祀的演化邏輯(趙克生)

經義、奏疏與判詞：清前期關於繼嗣問題的爭論與困境(任慧峰)

禮：中國古代的犯罪預防學(董恩林)

中國古代以禮爲核心的"混合法"體系借鑒(馬小紅)

春秋時代的"樂"——從音樂與國家統治的關係出發(水野卓)

ベトナムの「家訓」文獻から見た伝統倫理(佐藤トゥイウェン)

授几儀考述(駱瑞鶴)

東周至兩漢禱祠的類型演變探論(鄭雯馨)

曹魏、西晉郊禮重構及其對鄭玄、王肅説之擇從(楊英)

嘉靖初期陳鳳梧的地方禮治——以山東、應天兩地的公文碑史料爲中心(熊術之)

行禮樂之道，致中和之德——孔子道德理想實現的必由路徑(蘭甲雲)

論《四庫全書·集部》的古代禮學文獻(陳戍國)

義和儀在早期禮文化發展中的合一和分離(賈晉華)

"方帝"卜辭與殷人祭帝之禮(郭旭東)

賜服制度與職官分設(賈海生)

圖書在版編目(CIP)數據

經國序民：禮學與中國傳統文化國際學術研討會論文集／楊華、薛夢瀟主編．—上海：上海古籍出版社，2021.4
ISBN 978-7-5325-9953-0

Ⅰ.①經… Ⅱ.①楊… ②薛… Ⅲ.①禮儀—中國—古代—國際學術會議—文集②中華文化—國際學術會議—文集 Ⅳ.①K892.9-53②K203-53

中國版本圖書館 CIP 數據核字(2021)第 066253 號

經國序民：禮學與中國傳統文化國際學術研討會論文集
楊華、薛夢瀟　主編
上海古籍出版社出版發行
(上海瑞金二路 272 號　郵政編碼 200020)
(1) 網址：www.guji.com.cn
(2) E-mail：guji1@guji.com.cn
(3) 易文網網址：www.ewen.co
浙江臨安曙光印務有限公司印刷
開本 787×1092　1/16　印張 33.25　插頁 4　字數 591,000
2021 年 4 月第 1 版　2021 年 4 月第 1 次印刷
ISBN 978-7-5325-9953-0
G·736　定價：128.00 元
如有質量問題，請與承印公司聯繫